中国社会科学院创新工程学术出版资助项目

中国哲学社会科学学科发展报告

当代中国逻辑学研究

STUDIES OF LOGIC IN CONTEMPORARY CHINA

（1949-2009）

鞠实儿 主编

中国社会科学出版社

图书在版编目(CIP)数据

当代中国逻辑学研究：1949—2009／鞠实儿主编．—北京：中国社会科学出版社，2013．3

ISBN 978－7－5161－1698－2

Ⅰ．①当…　Ⅱ．①鞠…　Ⅲ．①逻辑学—研究—中国—1949—2009　Ⅳ．①B81

中国版本图书馆CIP数据核字(2013)第002229号

出 版 人　赵剑英
责任编辑　陈　彪
特约编辑　刘新文等
责任校对　徐　楠
责任印制　王炳图

出　　版　中国社会科学出版社
社　　址　北京鼓楼西大街甲158号（邮编100720）
网　　址　http://www.csspw.cn
　　　　　中文域名:中国社科网　　010－64070619
发 行 部　010－84083685
门 市 部　010－84029450
经　　销　新华书店及其他书店

印　　刷　北京金瀑印刷有限责任公司
装　　订　廊坊市广阳区广增装订厂
版　　次　2013年3月第1版
印　　次　2013年3月第1次印刷

开　　本　710×1000　1/16
印　　张　35.75
插　　页　2
字　　数　605千字
定　　价　89.00元

《中国哲学社会科学学科发展报告》
编辑委员会

总　序

当今世界正处于前所未有的激烈的变动之中，我国正处于中国特色社会主义发展的重要战略机遇期，正处于全面建设小康社会的关键期和改革开放的攻坚期。这一切为哲学社会科学的大繁荣大发展提供了难得的机遇。哲学社会科学发展目前面对三大有利条件：一是中国特色社会主义建设的伟大实践，为哲学社会科学界提供了大有作为的广阔舞台，为哲学社会科学研究提供了源源不断的资源、素材。二是党和国家的高度重视和大力支持，为哲学社会科学的繁荣发展提供了有力保证。三是“百花齐放、百家争鸣”方针的贯彻实施，为哲学社会科学界的思想创造和理论创新营造了良好环境。

国家“十二五”发展规划纲要明确提出：“大力推进哲学社会科学创新体系建设，实施哲学社会科学创新工程，繁荣发展哲学社会科学。”中国社会科学院响应这一号召，启动哲学社会科学创新工程。哲学社会科学创新工程，旨在努力实现以马克思主义为指导，以学术观点与理论创新、学科体系创新、科研组织与管理创新、科研方法与手段创新、用人制度创新为主要内容的哲学社会科学体系创新。实施创新工程的目的是构建哲学社会科学创新体系，不断加强哲学社会科学研究，多出经得起实践检验的精品成果，多出政治方向正确、学术导向明确、科研成果突出的高层次人才，为人民服务，为繁荣发展社会主义先进文明服务，为中国特色社会主义服务。

实施创新工程的一项重要内容是遵循哲学社会科学学科发展规律，完善学科建设机制，优化学科结构，形成具有中国特色、结构合理、优势突出、适应国家需要的学科布局。作为创新工程精品成果的展示平台，哲学社会科学各学科发展报告的撰写，对于准确把握学科前沿发展状况、积极推进学科建设和创新来说，是一项兼具基础性和长远性的重要工作。

中华人民共和国成立以来，伴随中国社会主义革命、建设和改革发展的历史，中国特色哲学社会科学体系也处在形成和发展之中。特别是改革开放以来，随着我国经济社会的发展，哲学社会科学各学科的研究不断拓展与深化，成就显著、举世瞩目。为了促进中国特色、中国风格、中国气派的哲学社会科学观念、方法和体系的进一步发展，推动我国哲学社会科学优秀成果和优秀人才走向世界，更主动地参与国际学术对话，扩大中国哲学社会科学话语权，增强中华文化的软实力，我们亟待梳理当代中国哲学社会科学各学科学术思想的发展轨迹，不断总结各学科积累的优秀成果，包括重大学术观点的提出及影响、重要学术流派的形成与演变、重要学术著作与文献的撰著与出版、重要学术代表人物的涌现与成长等。为此，中国社会科学出版社组织编撰“中国哲学社会科学学科发展报告”大型连续出版丛书，既是学术界和出版界的盛事，也是哲学社会科学创新工程的重要组成部分。

《中国哲学社会科学学科发展报告》分为两个子系列：《年度综述》和《前沿报告》。《年度综述》按一级学科分类，每年度发布，《前沿报告》每三年发布，并都编撰成书陆续出版。学科《年度综述》内容包括本年度国内外学科发展最新动态、重要理论观点与方法、热点问题，代表性学者及代表作；学科《前沿报告》内容包括学科发展的总体状况，三年来国内外学科前沿动态、最新理论观点与方法、重大理论创新与热点问题，国内外学科前沿的主要代表人物和代表作。每部学科发展报告都应当是反映当代重要学科学术思想发展、演变脉络的高水平、高质量的研究性成果；都应当是作者长期以来对学科跟踪研究的辛勤结晶；都应当反映学科最新发展动态，准确把握学科前沿，引领学科发展方向。我们相信，该出版工程的实施必将对我国哲学社会科学诸学科的建设与发展起到重要的促进作用，该系列丛书也将成为哲学社会科学学术研究领域重要的史料文献和教学材料，为我国哲学社会科学研究、教学事业以及人才培养作出重要贡献。

王伟光

目　　录

前言 ……………………………………………………………………………… (1)

第一章　传统逻辑与非形式逻辑 ……………………………………………… (1)

第一节　概述 ……………………………………………………………………… (1)

第二节　新中国成立前的传统逻辑 ……………………………………………… (1)

一　传统形式逻辑东渐 …………………………………………………………… (1)

二　以辩证法的名义：形式逻辑曾被取消科学地位 …………………………… (3)

第三节　新中国成立后传统逻辑的一次大普及与大传播 ……………………… (5)

一　苏联逻辑学教材对我国普及传统逻辑的影响 ……………………………… (5)

二　毛泽东对逻辑学的关注 ……………………………………………………… (7)

第四节　50—60 年代逻辑问题大讨论 ………………………………………… (7)

一　政治和哲学背景 ……………………………………………………………… (7)

二　焦点问题 ……………………………………………………………………… (8)

三　毛泽东的观点 ………………………………………………………………… (12)

四　实质和意义 …………………………………………………………………… (13)

第五节　现代化大潮中的传统逻辑 ……………………………………………… (14)

一　传统逻辑的第二次大传播、大普及 ………………………………………… (14)

二　逻辑现代化：背景和含义 …………………………………………………… (15)

三　逻辑现代化：一个战略口号的提出 ………………………………………… (17)

四　逻辑现代化：激烈的争论 …………………………………………………… (19)

第六节　逻辑通识教育的发展与改革 …………………………………………… (20)

一　普通逻辑：一种“吸收论”的改革模式 …………………………………… (20)

二 逻辑导论：逻辑通识课的主流模式 …………………… (22)
三 关于若干传统逻辑问题的讨论 ………………………… (24)
第七节 非形式逻辑的兴起及其对我国逻辑教学的影响 ……… (26)
一 非形式逻辑的兴起及其背景 …………………………… (26)
二 非形式逻辑在我国的传播和发展 ……………………… (28)
第八节 法律逻辑 ……………………………………………… (32)
一 法律逻辑在我国的兴起 ………………………………… (32)
二 传统逻辑研究方法阶段 ………………………………… (33)
三 现代逻辑研究方法阶段 ………………………………… (34)
四 法理学研究方法阶段 …………………………………… (35)
五 "百花齐放"的非形式逻辑研究方法阶段 …………… (36)
第二章 数理逻辑（含：理论计算机） ……………………… (50)
第一节 导论 …………………………………………………… (50)
一 数理逻辑传入中国 ……………………………………… (50)
二 新中国成立初期的数理逻辑（1949—1966） ………… (51)
三 改革开放后的中国数理逻辑（1978—1996） ………… (53)
四 跨世纪的中国数理逻辑（1996—2009） ……………… (58)
第二节 模型论 ………………………………………………… (60)
一 一阶模型论 ……………………………………………… (60)
二 其他逻辑的模型论 ……………………………………… (62)
三 格值模型论 ……………………………………………… (63)
四 模型论在数学中的应用 ………………………………… (64)
第三节 可计算性与计算复杂性理论 ………………………… (66)
一 递归论 …………………………………………………… (66)
二 计算复杂性理论 ………………………………………… (74)
三 可计算分析 ……………………………………………… (78)
第四节 公理集合论 …………………………………………… (80)
一 集合论系统及其分层 …………………………………… (80)
二 大基数、无穷组合性质、基数不变性 ………………… (81)
三 描述集合论 ……………………………………………… (85)
四 布尔值模型 ……………………………………………… (87)
第五节 形式化方法 …………………………………………… (87)

第六节 自动推理 …………………………………………………… (93)
一 经典逻辑的自动推理…………………………………………… (93)
二 非经典逻辑的自动推理………………………………………… (97)
第三章 哲学逻辑 …………………………………………………… (123)
第一节 概述 ……………………………………………………… (123)
第二节 模态逻辑 ………………………………………………… (124)
一 模态逻辑概述 ……………………………………………… (124)
二 狭义模态逻辑 ……………………………………………… (124)
三 认知逻辑 …………………………………………………… (126)
第三节 博弈逻辑 ………………………………………………… (131)
一 将博弈论方法应用于逻辑理论研究 ………………………… (131)
二 运用逻辑理论为工具研究博奕论 …………………………… (132)
第四节 多值逻辑 ………………………………………………… (134)
一 概述 ………………………………………………………… (134)
二 函数完全性研究 …………………………………………… (135)
三 中介逻辑 …………………………………………………… (136)
四 模糊逻辑 …………………………………………………… (138)
五 其他学者的多值逻辑研究 ………………………………… (141)
第五节 基于格蕴涵代数的格值逻辑 …………………………… (142)
一 关于格蕴涵代数的研究 …………………………………… (142)
二 基于格蕴涵代数的格值逻辑系统研究 ……………………… (144)
三 依据基于格蕴涵代数的格值逻辑系统的不确定性推理研究 ………………………………………………………… (146)
四 依据基于格蕴涵代数的格值逻辑系统的归结自动推理研究 ………………………………………………………… (147)
第六节 泛逻辑 …………………………………………………… (149)
一 泛逻辑产生的理论背景 …………………………………… (149)
二 泛逻辑学研究纲要和主要成果 …………………………… (150)
第七节 其他哲学逻辑 …………………………………………… (153)
一 弗协调逻辑 ………………………………………………… (153)
二 辩证逻辑 …………………………………………………… (157)
三 信念偏好逻辑 ……………………………………………… (158)

四 人工智能逻辑 …………………………………………… (162)
五 条件句逻辑等 …………………………………………… (164)
第四章 归纳逻辑（含决策论） ………………………………… (190)
第一节 概述 ……………………………………………………… (190)
一 中国归纳逻辑研究的发展趋势和特点 ……………… (190)
二 归纳逻辑发展分期 ……………………………………… (198)
三 归纳逻辑的发展脉络和主要问题 …………………… (200)
第二节 归纳合理性研究：归纳逻辑的主要哲学问题 ………… (204)
一 休谟问题：归纳合理性问题研究 …………………… (204)
二 新的归纳之谜：古德曼悖论研究以及解决方案 ……… (214)
三 概率解释的研究 ………………………………………… (216)
四 非巴斯卡概率逻辑的哲学问题 ……………………… (219)
第三节 经典概率逻辑研究 …………………………………… (221)
一 从传统归纳到现代归纳 ………………………………… (221)
二 主观贝叶斯主义理论的探讨 …………………………… (222)
三 概率归纳逻辑形式化研究："无限全称命题概率为0"
问题的解决方案 …………………………………………… (223)
四 概率逻辑形式化的问题与出路 ……………………… (226)
第四节 非经典概率逻辑研究 ………………………………… (229)
一 引进和评价：柯恩非经典概率逻辑在中国的传播 …… (229)
二 批判与反思：对柯恩系统的改造 …………………… (232)
三 非经典逻辑与决策：对沙克尔非经典逻辑的关注 …… (236)
四 非经典概率逻辑的问题和出路 ……………………… (239)
第五节 归纳与决策、博弈研究 ……………………………… (240)
一 归纳、决策与博弈：沿着主观贝叶斯主义的
道路前进 …………………………………………………… (240)
二 决策与合理选择：归纳逻辑的应用 ………………… (241)
三 归纳逻辑在计算机、人工智能中的应用 …………… (243)
四 归纳逻辑与认知模式推理 …………………………… (246)
五 不确定推理与认知悖论研究 ………………………… (250)
第五章 语言逻辑（含符号学） ………………………………… (258)
第一节 概述 ……………………………………………………… (258)

第二节 形式语义学 …………………………………………………… (259)
一 蒙太格语法及相关问题 ……………………………………… (259)
二 情境语义学、话语表现理论与动态语义 ……………………… (263)
三 面向知识表示与推理的自然语言逻辑 ………………………… (267)
第三节 语用的逻辑 …………………………………………………… (269)
一 言语交际的逻辑 ……………………………………………… (269)
二 蕴涵与预设 …………………………………………………… (270)
三 语用逻辑的形式化 …………………………………………… (276)
四 隐喻理解的相关研究 ………………………………………… (277)
第四节 汉语的逻辑研究 ……………………………………………… (279)
一 描述性研究 …………………………………………………… (279)
二 形式化研究 …………………………………………………… (283)
第五节 作为语言逻辑元科学的符号学研究 ………………………… (289)
一 符号学与语言逻辑 …………………………………………… (289)
二 中国符号学思想研究 ………………………………………… (295)
三 语言符号学和一般符号学研究 ……………………………… (302)
第六章 逻辑哲学 ……………………………………………………… (313)
第一节 概述 ………………………………………………………… (313)
第二节 逻辑观研究 …………………………………………………… (316)
一 形式逻辑与数理逻辑的关系研究 …………………………… (316)
二 狭义逻辑观与广义逻辑观之辩 ……………………………… (320)
三 逻辑的社会文化功能研究 …………………………………… (325)
第三节 真理理论研究 ………………………………………………… (329)
一 真理与真理论 ………………………………………………… (329)
二 逻辑真理及其性质 …………………………………………… (331)
三 逻辑是可修正的吗? ………………………………………… (334)
第四节 专名与通名理论研究 ………………………………………… (336)
一 专名理论研究 ………………………………………………… (337)
二 通名理论研究 ………………………………………………… (341)
三 综合性研究 …………………………………………………… (342)
第五节 逻辑悖论研究 ………………………………………………… (344)
一 逻辑悖论的矛盾归属问题研究 ……………………………… (344)

二 悖论的定义与分类问题研究 ……………………（346）
三 狭义逻辑悖论研究 ……………………（348）
四 关于悖论的一般方法论研究 ……………………（353）
第六节 蕴涵研究 ……………………（355）
一 蕴涵的类型 ……………………（355）
二 实质蕴涵及其“怪论” ……………………（359）
第七节 模态逻辑的哲学问题研究 ……………………（362）
一 可能世界的含义与本体论地位 ……………………（362）
二 本质主义 ……………………（364）
三 模态逻辑的合法性及其与哲学的关系 ……………………（366）
第八节 辩证逻辑研究 ……………………（367）
一 辩证逻辑研究的历史背景 ……………………（367）
二 “文化大革命”前辩证逻辑研究概况 ……………………（371）
三 新时期辩证逻辑研究的主要进路 ……………………（375）
第七章 逻辑史 ……………………（396）
第一节 概述 ……………………（396）
第二节 中国逻辑史 ……………………（397）
一 总论 ……………………（397）
二 20世纪50年代至60年代中国逻辑史研究 ……………………（399）
三 中国逻辑史学科建设（1978—1989） ……………………（404）
四 中国逻辑史研究的深化与反思时期（1990—2009） ……………………（411）
第三节 西方逻辑史 ……………………（419）
一 总论 ……………………（419）
二 西方形式逻辑史研究 ……………………（420）
三 西方逻辑史专题研究举要 ……………………（428）
第四节 汉传因明 ……………………（441）
一 当代因明（佛教逻辑）研究概况 ……………………（441）
二 因明与逻辑比较研究述要 ……………………（446）
第五节 藏传量论 ……………………（463）
一 总论 ……………………（463）
二 新的起点 不幸夭折（1949—1979） ……………………（467）

三 走出低谷 臻于辉煌（1979—1999） …………………（471）
四 深入拓展 继往开来（1999—2009） …………………（483）

附录 台湾地区60年（1949—2009）逻辑学研究 …………………（503）
第一节 概述 ……………………………………………（503）
第二节 60年来台湾学者所出版与逻辑学相关的专著…………（504）
第三节 60年来台湾学者所出版与逻辑学相关的期刊论文 …（512）
第四节 60年来台湾学者所出版与逻辑学相关的博硕士论文 ……………………………………………（524）
第五节 60年来台湾学者所出版与逻辑学相关的翻译作品 …（527）
第六节 60年来在台湾成立的与逻辑学相关的学术组织和学术会议、工作坊 ……………………………（531）
第七节 结语 ……………………………………………（534）

索引 ……………………………………………………（537）

前　　言

2009年4月10－12日，中国社会科学院文史哲学部、中国社会科学出版社在浙江师范大学召开“第一届中国社会科学论坛暨当代中国学术史研讨会”，会议重要议题之一是启动编纂《当代中国学术史》丛书（共32卷）。我应邀参加会议，并接受委托承担丛书中《当代中国逻辑学研究（1949－2009）》卷的主编工作。

2009年9月19－20日，由中山大学逻辑与认知研究所主办、贵州大学哲学系承办的“当代中国逻辑学研究”学术研讨会在贵州大学召开，该研讨会得到贵州省候鸟计划的支持。来自中山大学、中国社会科学院、中国人民大学、南开大学、南京大学、浙江大学、复旦大学、华南师范大学、西南大学、贵州大学等单位的十多位专家学者参加了会议。与会者经过讨论，确定了《当代中国逻辑学研究（1949－2009）》卷的主要内容、写作方针、写作规范和章节编排等事项；同时也确定了编写任务分工。2009年10月在成都召开的纪念中国逻辑学会成立30周年大会期间，对分工做了进一步细化。

本卷共分七章和一个附录。第一章共有八节，第一节到第七节由陈慕泽编写，第八节由熊明辉编写。第二章由赵希顺负责。第三章共有七节，除第三节由唐晓嘉、崔建英编写，其余均由杜国平编写。第四章共有五节，由任晓明、李章吕、陈献礼编写。第五章也有五节，由黄华新、邹崇理编写。第六章共有八节，由胡泽洪、张建军编写。第七章共有五节，第一节到第三节由曾昭式编写，第四节由郑伟宏编写，第五节由张连顺编写。附录由王文方编写。本卷各部分内容反映了它的编写者的观点。编写者所在学校的部分师生也参与了相关章节的数据搜集和参考文献编排工作。作为本卷主编，我负责协调全书的编辑工作。

从初稿开始，经过数次修改，直到最终完成，编写本卷的工作历时三年。为此我感谢全体参编人员辛勤而卓有成效的工作。完成书稿并不等同于相关研究的终止。事实上，编者主要从人文社科的角度描述六十年来中国逻辑学研究的进展。这决定本卷还有很大的发展空间。我盼望大家能通过跨学科交流、吸取各方的意见和采纳新近的研究成果，进一步完善我们已经开始的工作，为日后修订和扩展做准备。其次，感谢中国社会科学出版社赵剑英社长对我的信任。最后，我特别感谢曾昭式教授和本卷责任编辑陈彪先生，没有他们的努力，本卷便不可能面世。

鞠实儿

2012 年夏

第一章　传统逻辑与非形式逻辑

第一节　概述

在西方逻辑发展史上，传统逻辑是指由古希腊亚里士多德创立，经中世纪和近代演变，发展到19世纪的形式逻辑。区别于作为现代形式逻辑的数理逻辑，传统逻辑是传统的形式逻辑。传统逻辑不仅具有史学意义，而且作为逻辑学的一个独立分支存在并且发展，这是西方现、当代逻辑学发展的史实，也是中国当代逻辑学发展的史实。其原因在于传统逻辑（包括它的各种发展形态）所覆盖的知识及其阐述方式，和普通人的日常思维密切相关，和普通人的逻辑思维素养密切相关，和逻辑学的通识教育和社会普及密切相关，特别在我国，和弘扬分析理性、培植科学与民主基质，体现逻辑学的社会功能密切相关。

传统逻辑关注日常思维。日常思维合乎逻辑或不合乎逻辑的理由，一部分是形式的，另一部分是非形式的。非形式逻辑研究后者。非形式逻辑（Informal Logic）作为一个逻辑学分支被正式提出是20世纪50年代的事，但非形式逻辑的理论和方法早就存在。传统逻辑在用于教学的过程中，吸收了若干非形式逻辑的内容，这些内容成为传统逻辑教学体系的一部分。传统逻辑与非形式逻辑的结合，是题中应有之义。

第二节　新中国成立前的传统逻辑

一　传统形式逻辑东渐

西方逻辑学自明末传入中国，经历了漫长的传播之旅，最终得以广泛传播是在近代以来，尤其是在20世纪初，西方逻辑学以传统逻辑的形态传入中国，乃是西方科学技术敲响中国文化大门的一曲协奏。

严复（福建人，1854—1921年）是引进西方传统逻辑的最早代表。1902年和1908年，严复先后完成《穆勒名学》和《名学浅说》两部译著。《穆勒名学》原本是英国逻辑学家密尔所著《逻辑体系：演绎与归纳》，为西方传统逻辑名著，译本由南京金粟斋1905年木刻出版，商务印书馆、三联书店多次再版。《名学浅说》原本是英国逻辑学家耶芳斯所著《逻辑初级读本》，概述西方传统逻辑主要内容，译本由商务印书馆1909年出版，后多次再版。

严复译介西方逻辑名著有明确的目的，这就是转变国人思维方式。严复1901年致张元济信说，其译著一出，“其力能使中国旧理十九尽废，而人心得所用力之端”①。严复1900年应邀在上海讲逻辑。王遽常《严几道年谱》中说：“（严复）开名学会，讲名学，一时风靡，学者闻所未闻，吾国政论之根柢名学理论者，自此始也。”②

和严复一起引进传统逻辑的，还有王国维、胡茂如等。王国维于1908年翻译出版耶芳斯《逻辑基础教程》，取名《辩学》，由北京文化书社出版。原本在伦敦出版，颇有影响。该书分名辞、命题、推理、谬误论等部分，演绎和归纳并重，知识较全面系统，译本简洁明快，影响颇大。胡茂如于1906年在留日期间翻译大西祝著《论理学》，由河北译书社出版，全面介绍亚氏演绎逻辑和培根、穆勒归纳逻辑。

20世纪20年代至40年代，中国译介西方传统逻辑著作近30种，其中包括国外大学流行教材，如美国康乃尔大学教授兼该校研究院主任枯雷顿所著《逻辑概论》，根据其数十年教学经验写成，内容丰富，体系完整，在美国是有影响的大学教科书，作者在世时曾发行4版。该书由刘奇翻译，商务印书馆1926年出版。该书原作者枯雷顿1905年逝世，到该书1933年要发行第5版时，由司马特修改、增补，改为两人合著，是当时美国大学讲授传统逻辑内容最详、体系最全的教科书。该书由丘瑾璋翻译，取名《论理学大纲》，世界书局1934年出版。我国大学选用国外大学流行教材，使传统逻辑教学水平与国外接近。

① 王栻主编：《严复集》，中华书局1986年版，第546页。

② 王遽常：《严几道年谱》，商务印书馆1936年版，第55—56页。

20世纪初十余年，我国学者撰写传统逻辑著作10余种。如商务印书馆1913年出版蒋维乔著《论理学教科书》，1914年出版张子和著《新论理学》等。20世纪20年代至40年代，我国学者撰写传统逻辑著作80种。如屠孝实著《名学纲要》，商务印书馆1925年出版。该书认为逻辑是“研究思维形式及法则之学”[①]，特称量项“有”只断定对象存在，不具体断定存在量多少。该书为大学教材，有一定影响。王章焕著《论理学大全》，商务印书馆1930年出版。该书明确论述中国古代逻辑成就，全面论列西方逻辑、中国名辩和印度因明三大传统逻辑体系，为名副其实传统逻辑“大全”，是当时内容最详、体系最全的教科书，为作者在浙江学校任教的教材。

二　以辩证法的名义：形式逻辑曾被取消科学地位

随着马克思主义哲学和苏联哲学传入中国，有着深厚根基的思辨理性取得了唯物辩证法的理论形态，表现出强大的生命力，在中国知识分子中产生了巨大的影响。在当时，作为一种革命哲学的辩证法，对被称之为主张静止、固定、片面、孤立的形而上学保持着高度的警觉和无情的批判。这当然有理论和历史的合理性，但至少同样重要的合理性是，灵活性必须基于对确定性的准确把握，思辨必须基于分析并经得起分析，辩证法必须遵从形式逻辑的科学规律。这一合理性曾被严重忽视，在理论特别是当代中国的社会主义实践中造成过巨大危害。在这点上，逻辑学和它所代表的分析理性，在当代中国实际上担负有特殊的重大职责与使命。不同于学术功能，这属于逻辑学的社会功能。

忽视上述合理性的最初也是最极端的理论表现，是20世纪二三十年代，一些知识分子，包括一些著名的左翼、革命知识分子，在苏联的影响下，把形式逻辑等同于形而上学，以辩证法的名义取消其作为科学或学科的地位。

毛泽东在著名的《矛盾论》的最初版本中曾把形式逻辑定性为形而上学加以批判，后在正式版本上去掉了。1930年毛泽东在延安精读中译苏联哲学著作。苏联哲学著作误批形式逻辑为形而上学、唯心主义，毛泽东也

---

① 中国逻辑史研究会资料编选组：《中国逻辑史资料选·现代卷（上）》，甘肃人民出版社1991年版，第59页。

受其影响。如毛泽东在中译苏联西洛可夫、爱森堡《辩证法唯物论教程》误批形式逻辑为形而上学的话旁，写了赞同性的批语。1937年毛泽东写《矛盾论》，有专论“形式论理的同一律与辩证的矛盾律”一节，与苏联著作误批形式逻辑为形而上学相同。1940年斯大林提倡干部学习形式逻辑，1946年苏共中央决定在学校开设逻辑课程，1950年斯大林发表《马克思主义和语言学问题》，有利于纠正苏联哲学界否定形式逻辑的谬见，1951年《哲学问题》杂志刊登总结逻辑问题讨论文章，批评苏联哲学界误批形式逻辑为形而上学的谬见为“马克思主义庸俗化”，肯定了形式逻辑的科学地位。在这种国际哲学背景下，毛泽东说《矛盾论》中“论形式逻辑的后面几段，词意不达，还须修改”①，在正式发表《矛盾论》时，把误批形式逻辑为形而上学一节删除，与苏联著作的谬见划清界限。②

许兴凯1929年在《“演绎法”、“归纳法”与辩证法唯物论》一文中说：“演绎法、归纳法有一个共同的错误，都是以静止的、固定的、孤立的、绝对的方法观察一切自然的和社会的现象。”③ 郭湛波1930年在《辩证法研究》一文说：“形式逻辑是静的、固定的观察事物的关系及法则。”④ 而后，亦英1932年在《论认识论中之形式论理与矛盾论理》一文中说，“在认识论上，只有两大阵营：形式论理与矛盾论理”；“形式论理认为是正确的（指“是乃是，非乃非”——作者），倒是错误的，而它认为是错误的（指“是乃非，非乃是”——作者）倒是正确的”；“矛盾论理否定形式论理，形式论理已经失去了认识中的作用，变成了历史的陈迹”⑤。叶青1934年在《新哲学的两条战线》一文中说，形式逻辑“复古和保守”，“是进化的蟊贼”，“要竖出革命的旗子来打倒形式逻辑”⑥；1937年在《论理学问题》一书中说，形式逻辑“反辩证法”⑦，

① 毛泽东：《矛盾论》，转引自孙中原《中国逻辑研究》，商务印书馆2006年版，第78页。

② 孙中原：《中国逻辑研究》，商务印书馆2006年版，第78—79页。

③ 许兴凯：《“演绎法”、“归纳法”与辩证法唯物论》，《民铎》1929年第10卷。

④ 中国逻辑史研究会资料编选组：《中国逻辑史资料选·现代卷（上）》，甘肃人民出版社1991年版，第95页。

⑤ 亦英：《认识论中之形式论理与矛盾论理》，《东方杂志》1932年第29卷第6期。

⑥ 中国逻辑史研究会资料编选组：《中国逻辑史资料选·现代卷（上）》，甘肃人民出版社1991年版，第467页。

⑦ 叶青：《论理学问题》，转引自孙中原《中国逻辑研究》，商务印书馆2006年版，第77页。

"必须推翻"①。缪南 1936 年在《时代论坛》撰文说，要"消灭形式逻辑"②。艾思奇 1936 年在《大众哲学》说，"我们早已宣布了形式论理学的死刑"③，"用不着形式论理学"④，"决不能让形式论理学占据地盘"⑤。潘梓年 1937 年在《逻辑与逻辑学》一书中说，形式逻辑"不能再成为逻辑"⑥，其规律"已绝对不能用"⑦。李达 1939 年在《社会学大纲》一书中说，形式逻辑是唯心主义世界观和"形而上学"、"方法论"，它"全无用处"⑧，为"辩证法所否定"⑨。

第三节　新中国成立后传统逻辑的一次大普及与大传播

从中华人民共和国成立到 20 世纪 60 年代初，传统形式逻辑在中国得到一次大普及、大传播。形式逻辑通过大学课堂及其他诸多形式向社会传播。在毛泽东的倡导下，整个社会关注逻辑，学习逻辑。逻辑学工作者思想空前活跃，出现了一场政治领袖关注，专业工作者踊跃参与，具有广泛社会影响的历时十多年的逻辑学大讨论。这一时期传统逻辑的普及与传播有两个特点，一是受苏联的影响，二是受政治领袖的关注。

一　苏联逻辑学教材对我国普及传统逻辑的影响

中华人民共和国成立初期，政治战略上一边倒，向苏联学习是社会发展的主流取向，这也实质性地影响到逻辑学在中国的发展。

1950 年，苏联学者斯特罗果维契所著《逻辑》由北京新华书店出版了第一个中译本。以此为开端，10 年中先后有 7 部苏联学者主编或撰写的逻辑学教科书中译本引进我国。其中，有维诺格拉道夫和古齐明合著

---

① 叶青：《论理学问题》，转引自孙中原《中国逻辑研究》，商务印书馆 2006 年版，第 77 页。

② 缪南：《叶青〈形式逻辑与辩证逻辑〉批判》，《时代论坛》1936 年第 1 卷第 7 期。

③ 《艾思奇全书》（第一卷），人民出版社 2007 年版，第 541 页。

④ 同上书，第 544 页。

⑤ 同上书，第 542 页。

⑥ 中国逻辑史研究会资料编选组：《中国逻辑史资料选·现代卷（上）》，甘肃人民出版社 1991 年版，第 315 页。

⑦ 同上书，第 319 页。

⑧ 李达：《社会学大纲》，武汉大学出版社 2007 年版，第 217 页。

⑨ 同上书，第 94 页。

的《逻辑》，上海人民出版社1951年出版；高尔斯基和塔瓦涅茨主编的《逻辑》，北京三联书店1957年出版；高尔斯基撰写的《逻辑》，人民出版社和上海人民出版社分别于1957年和1958年出版；马卡洛夫主编的《逻辑教学大纲》，北京三联书店1956年出版。在这些教科书中，斯特罗果维契的《逻辑》和高尔斯基、塔瓦涅茨主编的《逻辑》发行量最大，使用者最多。

上述苏联逻辑学教材的框架是传统逻辑的理论体系，反映了当时苏联的逻辑学发展的状况与水平，也符合在我国传播传统逻辑的需求和条件。以高尔斯基、塔瓦涅茨主编的《逻辑》为例，苏联逻辑学教材体系的基本结构是：概念、判断、推理、证明、逻辑基本规律。其中，判断分为简单判断和复杂判断；对简单判断，以量为标准，分为单称、特称和全称判断；以质为标准，分为肯定和否定判断；以所作的断定为标准，分为存在、性质和关系判断；以模态为标准，分为实然、必然和或然判断。复杂判断分为联言、选言、假言判断和负判断。推理部分，依次为直接推理、三段论、选言推理和假言推理、关系推理、归纳推理、求因果五法、类比推理。全书的最后三章覆盖证明和逻辑基本规律。这一体系在相当长的时间中一直是我国形式逻辑教学大纲的依照。

新中国成立之初，逻辑课程重新回到大学课堂。传统逻辑继三、四十年代之后于50年代能基本不间断地在我国传播，得益于苏联教材的引入。其间，我国一部分精通俄语的逻辑学工作者发挥了重要作用。为了适应逻辑学在我国日益增大的传播的需求，在引进苏联逻辑教科书的同时，我国的逻辑学工作者开始着手编写自己的教材。1955年，一兵所著《逻辑学讲话》和赵俪先所著《逻辑学教程》由山东人民出版社首次出版，拉开了新中国成立后我国学者出版逻辑著作的序幕。接着，相继出版的著作有：江天骥著《逻辑论丛》，北京大学哲学系逻辑教研室著《逻辑学讲授提纲》，杜岫石著《逻辑学讲话》，郭扬著《逻辑学讲义》，石村著《逻辑杂谈》和《逻辑分析偶举》，徐元瑛著《逻辑学的对象和意义》，陆征麟等著《逻辑思维基本规律》，潘梓年著《逻辑与逻辑学》，金岳霖等著《逻辑通俗读本》。自1962年起金岳霖先生主持全国高等学校文科逻辑教材（形式逻辑）的编写，1963年完成初稿，1965年定稿。此时，已是“文化大革命”山雨欲来风满楼。此书至1979年才正式出版。

二　毛泽东对逻辑学的关注

毛泽东同志对逻辑学的关注，是促成20世纪五六十年代逻辑学繁荣的一个重要原因。毛泽东的一系列指示和号召，对这一时期逻辑学在中国的传播和发展，产生了重大的影响。1955年10月11日，毛泽东说："写文章要讲逻辑。就是要注意整篇文章、整篇说话的结构，开头、中间、尾巴要有一种关系，要有一种内部的联系，不要互相冲突。还要讲文法。许多同志省掉了不应当省掉的主词、宾词，或者把副词当作动词用，甚至省掉动词，这些都是不合文法的。还要注意修辞，怎样写得生动一点。总之，一个合逻辑，一个合文法，一个较好的修辞，这三点请你们在写文章时注意。"① 1958年，毛泽东在《工作方法（草案）》中再次指示广大干部"学点文法和逻辑"。毛泽东指出："文章和文件都应当具有这样的三种性质：准确性、鲜明性、生动性。准确性属于概念、判断和推理问题，这些都是逻辑问题。"② 毛泽东还指示把一些逻辑学著作印成大字本供年龄较大的高级干部阅读。在毛泽东的号召下，在广大干部和青年学生中出现了学习逻辑的热潮，相关的学术机构和刊物也纷纷建立。当时的中共中央政治研究室成立了逻辑组，并组织出版了一套《逻辑丛刊》，总结和交流干部学习、研究逻辑的认识与体会。中国人民大学设置了逻辑学专业。北京大学在哲学本科高年级中分出逻辑本科生，为逻辑教学与研究培养专业人才。中共中央党校、教育部、中国人民大学先后举办过逻辑学训练班，培养出一批逻辑学工作者。到"文化大革命"开始时的1966年，全国的逻辑学专业工作队伍已拥有300多人。

第四节　50—60年代逻辑问题大讨论

一　政治和哲学背景

在毛泽东的引领和倡导下，出现了一场历时久、影响大的逻辑学大讨论。这场大讨论的实质是：一些中国学者，包括毛泽东本人，对当时具有

---

① 孙中原：《中国逻辑研究》，商务印书馆2006年版，第82页。

② 中央文献出版社：《建国以来毛泽东文稿》（第七册），中央文献出版社1992年版，第61页。

强大影响力的苏联哲学思潮的冷静思考。它在哲学与思想政治领域中的意义，高于在逻辑学术领域的意义。

20 世纪 30 年代前后，以苏联为中心，出现了一股以辩证法否定形式逻辑的思潮。1930 年，苏联哲学界展开了对德波林学派的批判，其中包括把形式逻辑等同形而上学加以全盘否定。这是我国 30 年代批判与否定形式逻辑的背景。1940 年斯大林为形式逻辑恢复名誉，苏联哲学界对形式逻辑的批判暂告结束，1947 年苏联恢复形式逻辑的教学，1950 年斯大林发表了《马克思主义和语言学问题》，肯定了形式逻辑的作用，形式逻辑在苏联的地位有了根本性的变化。这是 50 年代苏联影响我国逻辑学发展的背景。但是，辩证法对形式逻辑的情结，无论在苏联哲学思潮的影响中，还是在相当多的中国学者中，都还没有真正解开。在我国 50—60 年代的逻辑大讨论中，又附着在新的论题中表现出来。

1951 年，苏联《哲学问题》刊登的一篇总结苏联逻辑问题讨论情况的文章中指出，执行列宁关于对形式逻辑加以修正的指示应当遵循的方向，是完全清除形式逻辑中的中世纪的经院哲学，就是消灭形式逻辑脱离生活、脱离实践的现象，应当驱除形式逻辑在解释思维的规律和形式方面，特别是在解释三段论式、归纳的研究方法等本质方面的经院哲学和唯心主义。我国的逻辑大讨论，直接受到苏联逻辑问题讨论的影响。

二　焦点问题

1953 年，马特在《新建设》上发表《论逻辑思维的初步规律》一文，重开形式逻辑与辩证法关系的讨论，50—60 年代的这场大讨论由此开端。这场争论集中在五个问题上。一是形式逻辑与辩证法的关系；二是形式逻辑的客观基础；三是形式逻辑的对象、性质与作用；四是推理中真实性与正确性的关系；五是形式逻辑的修正、改造与发展。

关于形式逻辑与辩证法的关系。这是 30 年代以来我国逻辑学界一直争论的问题。此次争论的焦点是：形式逻辑是不是哲学层面的认识方法？如果是，那么它和辩证法的区别在哪里？如果不是，它的作用是什么？什么是它作为一门科学或学科的确切定位？对此，有两种对立的观点。

一种观点认为，同辩证法一样，形式逻辑也是哲学上的认识方法；但和辩证法不同，形式逻辑只是一种初步的认识方法。依据形式逻辑，可以达到对客观世界一定程度的认识，但这种认识有局限。当认识直接涉及客观事物的运动、变化、发展时，必须运用唯物辩证法。持这种观点的学者有马特、江天骥、李志才、沈秉元、马佩等。

马特在《马克思主义与逻辑问题》一文中指出："形式逻辑是一种低级的思维方式。"① 他认为，形式逻辑的适用范围是"家事"，而扩大到"国事"、"天下事"，形式逻辑就不够用了。20 世纪 30 年代，一些苏联学者和中国学者，依据恩格斯在《反杜林论》中关于初等数学是形式逻辑的活动范围，而高等数学是辩证法之运用的说法，曾称形式逻辑是"静的逻辑"，辩证法是"动的逻辑"。这里，马特明确称形式逻辑和辩证法的关系，是初等逻辑和高等逻辑的关系。他认为，辩证法并不排斥形式逻辑，形式逻辑的规律是辩证法的一个简单要素。"就人类对对象反映的深度说，形式逻辑所达到的终点，正是辩证逻辑以之作为思维活动的基础的起点。"② 江天骥认为，形式逻辑和辩证逻辑是同一系列的科学，但他认为，"形式逻辑只适用认识事物的简单的关系。"③

与上述见解不同的另一种观点是，形式逻辑不是哲学认识方法，它和马克思主义哲学的关系是具体科学和哲学、世界观的关系。持这一观点的有周谷城、王方名等。

周谷城先生先后撰写了九篇论述形式逻辑与辩证法的文章。他认为，"形式逻辑不能与形而上学混同，也不能与辩证法并列，而是与文法学修辞学相近似的学问。"④ 周谷城把形式逻辑的作用归纳为四点："一曰由隐推到显，使认识更明确；二曰由零到整，使认识更完整；三曰由已知推到未知，使我们的认识范围更扩大；四曰揭发论敌的错误，防止是非的混淆。"⑤ 可见，周谷城先生并不反对形式逻辑是认识方法，反对的是把它上升到哲学认识论。

王方名先生基本上和周谷城先生持相同观点。他反对把形式逻辑看成哲学认识方法，否则形式逻辑就会变成形而上学，但形式逻辑有认识作用，这种作用表现为："合逻辑的思维对于具有科学世界观的人就能更好

---

① 马特：《马克思主义与逻辑问题》，转引自孙中原《中国逻辑研究》，商务印书馆 2006 年版，第 79 页。

② 马特：《关于形式逻辑在认识过程中的作用问题》，《哲学研究》1955 年第 3 期。

③ 江天骥：《逻辑论丛》，湖北人民出版社 1957 年版，第 37 页。

④ 周谷城：《形式逻辑与辩证法》，生活·读书·新知三联书店 1979 年版，第 5 页。

⑤ 同上书，第 64 页。

认识世界；合逻辑的思维对于具有不科学乃至反科学的世界观的人，就只能使他的错误思想表现得更加明确，不能使他更好地认识世界。”①

关于形式逻辑的客观基础。逻辑学者都承认形式逻辑有客观基础，争论的是，这种客观基础是什么？一种观点认为，形式逻辑的客观基础是客观事物的有关特性或规律；另一种观点认为，形式逻辑的客观基础不在客观事物，而是人们主观地确立的规则，或者社会的制约性。持前一种观点的有马特、马佩、江天骥等。持后一种观点有周谷城、朱丰杰、王方名等。如马特认为：“逻辑形式和逻辑规律虽然是思维领域的现象，它对于客观事物来说，具有一定的相对独立性，但它无疑地来源于客观世界，是客观世界的特定关系在人的思维中的反映。”②

王方名在《论形式逻辑问题》中对此种观点提出了质疑。他说，规定形式逻辑的客观基础是客观事物的规定性，这种说法是有困难的。因为，思维的形式结构从语言的组织结构中来，思维的抽象的形式结构同语言相关，而不受客观事物支配。探讨逻辑形式的客观来源要从语言的客观性质入手。因此，他认为形式逻辑的客观基础是与语言的社会制约性密切相关的思维的社会制约性。

关于推理中真实性与正确性的关系。由于对“真实性”和“正确性”这两个概念解读的不准确与含混，使得围绕这一问题的热烈争论，在理论上并不清晰。比较明确的争论焦点是，形式逻辑管不管思维内容的真假？对此，一种观点是，形式逻辑不要求解决前提的真实性问题。认识的真不真是各门具体科学的事，而推理的错不错才是形式逻辑的事。形式逻辑作为论证的工具，可以为正确的主张服务，也可以为错误的主张服务。有些学者对此种观点持批判态度，认为这是一种形式脱离内容，理论脱离实际的资产阶级学术观点，是一种形式主义。如马特认为形式逻辑在研究思维形式及思维规律时，不能不关涉认识内容，即不能不要求前提真实。逻辑科学是揭露诡辩的工具，而不是诡辩的工具。

在这一问题的讨论中，暴露出一些学者对逻辑学的一些最基本的概念与问题缺少必要的把握。如周谷城把推理的正确性解读为前提和结论不矛盾。李世繁在《关于〈论真实性与正确性的统一〉一文的商榷》中甚至提

---

① 《哲学研究》编辑部：《逻辑问题讨论续集》，上海人民出版社 1960 年版，第 131 页。

② 《哲学研究》编辑部：《逻辑问题讨论集》，上海人民出版社 1959 年版，第 367—368 页。

出："当前提是虚假的时候，形式是错误的。"①

关于修正和发展形式逻辑。1960 年中国哲学会为纪念列宁诞辰 90 周年举行的逻辑报告会将其列为专题。会后参与讨论的文章陆续发表。吴家国先生在总结这一讨论时，归纳出七种修正方案。②

第一，修正形式逻辑不只是在形式逻辑中贯彻辩证唯物主义观点，而同时就是创立辩证逻辑，二者是一回事。这一主张由刘丹岩在 1957 年于《论逻辑学与唯物辩证法》一文中提出。

第二，对形式逻辑实行根本改造，打碎以往的形式逻辑理论体系，建立新的无产阶级的逻辑体系。构建起来的形式逻辑还是形式逻辑，只不过它接受辩证逻辑的指导，听辩证逻辑的话。这一主张由郑毅男在 1960 年于《形式逻辑必须根本改造》一文中提出。

第三，建立一个统一的新逻辑体系。"这个体系是既有辩证逻辑因素在内，又有形式逻辑因素在内的而又以前者为主的统一的逻辑学体系。"③这一主张出自金岳霖在 1961 年所写的《关于修改形式逻辑和建立统一的逻辑学体系问题》一文。

第四，用数理逻辑取代形式逻辑。古典形式逻辑和传统逻辑中的形式逻辑学说皆已过时了，"数理逻辑就是现代形式逻辑"④，应该把形式逻辑的研究转上数理逻辑的轨道。这一主张由康宏逵在 1961 年于《数理逻辑就是现代形式逻辑》一文中提出。

第五，划清形式逻辑和形而上学及形式主义的界限，去掉形而上学和唯心主义对形式逻辑的歪曲。但注意避免因不当修改而导致取消形式逻辑。章沛、陈政翔在 1960 年于《关于修正形式逻辑的几个问题》一文中持这一主张。

第六，联系思维实际来发展形式逻辑。具体做法为"从理论上概括现代思维材料，以发展形式逻辑。"⑤ 周礼全在 1961 年于《形式逻辑应当尝试研究自然语言的具体意义》一文中指出，应当联系自然语言、联系语法、修辞来研究和发展形式逻辑。

---

① 李世繁：《在三段论里，前提虚假，形式是否正确？》，《光明日报》1959 年 5 月 17 日。

② 吴家国：《关于形式逻辑问题讨论的回顾》，《哲学研究》1979 年第 4 期。

③ 金岳霖：《关于修改形式逻辑和建立统一的逻辑学体系问题》，《新建设》1961 年第 1 期。

④ 《哲学研究》编辑部编：《逻辑问题讨论三集》，上海人民出版社 1960 年版，第 604 页。

⑤ 吴家国：《关于形式逻辑问题讨论的回顾》，《哲学研究》1979 年第 4 期。

第七，根据思维的分类，分析形式逻辑的内容，让现有形式逻辑框架所包含的“思维结构的逻辑”、“经验思维的逻辑”、“素朴唯物的不辩证的逻辑”各自独立，也可将它们暂时放在一起，名为“普通逻辑”。这一主张散见一些学者的著述中。

三 毛泽东的观点

毛泽东非常关注这场逻辑大讨论，并在一些场合表达了自己对其中若干问题的看法。

毛泽东不赞成“形式逻辑是初等逻辑，辩证逻辑是高等逻辑”的提法。1965 年 12 月，毛泽东在杭州说：“形式逻辑好比低级数学，辩证逻辑好比高等数学，我看不对。形式逻辑是讲思维形式的，讲前后不相矛盾的。它是一门专门科学，同辩证法不是初等数学和高等数学的关系。”① 1967 年 3 月 15 日，毛泽东在中南海颐年堂的一次谈话中讲到逻辑问题，反复强调：“形式逻辑与辩证法之间没有低级、高级之分。”②

毛泽东不赞成“形式逻辑对思维形式正确性的研究是形式主义”的指责，明确认为，形式逻辑不具有阶级性。他对周谷城说：“formal logic 本来就是 formal。”（“形式逻辑本来就是形式的”——引者著）③ 1965 年 12 月，毛泽东在杭州说：“形式逻辑对大前提是不管的，要管也管不了。那得由各门科学来管。”“各个阶级可能从不同的前提出发进行推理，政治上互相对立的派别会从对立的前提作推理，得出的结论也相反，但并不妨碍他们的推理都是合乎形式逻辑的。”④ 1961 年 1 月 4 日，毛泽东对何其芳说：“管大前提正确与否，那是各门科学的问题，天文、地理、自然科学、社会科学，等等，逻辑学哪能管那么多。”⑤ 毛泽东说过，从错误的前提推出错误的结论，在形式上也可以是正确的。

毛泽东不同意有充足理由律。1965 年，毛泽东在杭州说：“什么充足理由律？我看没有什么充足理由律。不同的阶级有不同的理由。哪一个阶

① 龚育之等：《毛泽东的读书生活》，生活·读书·新知三联书店 1986 年版，第 131 页。
② 同上书，第 134—135 页。
③ 周谷城：《回忆毛主席的教导》，《光明日报》1978 年 12 月 20 日。
④ 龚育之等：《毛泽东的读书生活》，生活·读书·新知三联书店 1986 年版，第 131 页。
⑤ 何其芳：《毛泽东之歌》，《人民文学》1977 年第 9 期。

级有充足的理由?”[①] 充足理由律最初由莱布尼兹提出，由后人引入传统逻辑和亚里士多德三条逻辑基本规律并列，但一直未能受到和后者同样重视。苏联和我国的一部分学者强调充足理由律，和他们强调形式逻辑离不开内容的理论取向相关。同样，毛泽东不认为有充足理由律，是表达他不认同这种理论取向。

四　实质和意义

我国的这场逻辑大讨论，载体是逻辑学，确实也涉及这一学科的一些理论和学术问题，但其实质是哲学层面和政治层面关于思想方法的论争，真正的焦点是弘扬还是贬抑分析理性和科学精神。这一焦点在当代中国现代化的进程中具有重大意义。

历史已经证明，中国现代化的真正课题是，第一，科学技术现代化；第二，民主与法制建设。二者的思想支柱是分析理性。分析理性的要义是合乎逻辑。逻辑提供系统的规则和方法研究逻辑学理，为分析日常思维和研究相关学科提供工具，这是逻辑之术；另一方面，逻辑体现分析理性和科学精神，这是逻辑之道。通过逻辑的传播，在整个民族中弘扬分析理性，优化传统文化，培植民主基质，提高科学素养，这是在中国布逻辑之道。缺失分析理性的传统，是中华传统文化不能自然衍生现代科学技术的主要原因。对中国来说，现代科学技术是“舶来品”，需要同时“舶来”分析理性。逻辑学对国人之意义在于此。

有深远根基的中国传统思辨理性在取得唯物辩证法形态后在中国革命中显示出强大生命力，并因而在中国知识分子中产生了强大影响力，这使得苏联哲学界存在的以辩证法名义贬抑形式逻辑的倾向自然地在中国产生广泛呼应。此种对形式逻辑的贬抑，实际上是对分析理性和科学精神的贬抑。它隐含并衍生出一种危险倾向：思辨的滥用和辩证法的庸俗化。这种倾向后来在中国酿成巨大祸害。因此，这场逻辑大讨论真正可圈点之处在于，一批中国学者，包括毛泽东本人，对苏联以辩证法名义贬抑形式逻辑的哲学思潮的冷静思考和抵制，以及为维护形式逻辑的科学含义和学科地位所做的努力。

值得关注的是毛泽东在这场大讨论中的正确取向和他作为一个思想家

① 龚育之等：《毛泽东的读书生活》，生活·读书·新知三联书店1986年版，第137页。

的睿智。他说，形式逻辑与辩证法之间没有低级、高级之分，这敏锐而准确地抓住了争论的要点。他说，形式逻辑不管大前提，想管也管不了；从错误的前提推出错误的结论，在形式上也可以是正确的。这些话都深得逻辑学的要领。

20世纪30年代，数理逻辑已臻成熟。从现代逻辑的视角，无论是着眼于对传统逻辑的史学研究或哲学研究，还是着眼于传统逻辑的教学，我国的这场逻辑大讨论都缺乏学术含量。这场大讨论反映出当时我国逻辑工作者队伍知识结构的陈旧。一些有现代逻辑背景的学者，由于各种条件的限制，当时还不能发挥应有作用。

在“文化大革命”的动乱中，中国的逻辑教学与研究中断，逻辑工作者队伍瓦解，中国当代逻辑学的发展出现了从1966年至1977年为期12年的空白。其间，唯物辩证法走出哲学书斋，在民众中经历了一场空前大普及。但与此同时，以辩证法名义对分析理性的否定，由贬抑发展为践踏，思辨的滥用发展到了极致，辩证法被严重庸俗化。任何一种现象和观点，哪怕极端荒谬，都可以辩证法的名义辩护，都足以使诸多视荒谬者为荒谬的人相信，荒谬的是自己的头脑受了形而上学的毒害。对这一时期，事实上还包括50年代的大跃进时期，以辩证法名义所造成的思想混乱，需要在思想方法论和科学理性的高度进行认真的清理。这一作业是留给中国的哲学工作者的，也是留给中国的逻辑学工作者的。

第五节　现代化大潮中的传统逻辑

一　传统逻辑的第二次大传播、大普及

历史的一页翻到了1978年，中国真正开始了现代化的进程。这一进程的目标是经济现代化，实质内容是发展现代科学技术和建设民主法制。这使得弘扬分析理性和科学精神，获得了扎实的根基和强劲的动力。自20世纪70年代末起的20余年中，传统形式逻辑在中国又一次大传播。和前一次不同，形式逻辑的这次传播有两个前所未有的特点：第一，摆脱了政治和哲学的羁绊；第二，和现代逻辑的发展结合。

1977年起，形式逻辑成为全国各高校文科专业的基础课，到20世纪末，全国高校的毕业生中，不下七八百万学生接受了专门、系统的逻辑教育和训练。

这一时期还创立了一些传播和普及传统形式逻辑的新方式，如在全国成人自学考试中设立形式逻辑科目；创办民办大学进行逻辑学教育；由中央和地方教育行政部门设立广播电视大学进行逻辑学电视教育。

从1982年起，从事学历教育和非学历教育的成人高等学校开始在党政干部专业，随后在中文、财政、会计等专业中先后设置逻辑课。1989年，全国成人自学考试开始实施，在诸多专业中，逻辑学均是必考科目。当时的全国形式逻辑研究会会长吴家国先生受全国高等教育指导委员会的委托，负责编写了《普通逻辑自学考试大纲》，于1985年出版。以该大纲为依据，作为逻辑学自学考试的通用教材，《普通逻辑原理》于1989年出版，吴家国主编，马玉珂副主编。自学考试实施的十几年中，进入各种培训班学习逻辑学的人数据不完全统计至少有三百多万，通过考试获得证书的有十几万人。

各种社会力量举办的民办大学也是当时传播逻辑学的重要形式。其中，规模最大、成效最显著的是由全国逻辑与语言研究会主办的“中国逻辑与语言函授大学”。该大学自1982年创建到20世纪末，招生人数超过40万，在传播逻辑学知识，培养逻辑学人才方面起到重要作用。

二　逻辑现代化：背景和含义

从20世纪70年代末起，中国发展的总课题是现代化。作为四个现代化之一的科学技术现代化，自然包括逻辑科学的现代化。现代化是理解中国当代史的主线索，也是理解中国当代逻辑学史的主线索。

当时，在世界范围内，现代逻辑在完全成熟的经典逻辑的基础上，已发展为一个大的学科群体，在自身的学理研究基础上以新的广度和深度开拓，同时为哲学、数学、语言学、决策学、计算机和人工智能等诸多学科提供了强有力的研究工具。毫无疑问，在逻辑学领域，中国和世界存在巨大差距。缩小此种差距，逐步实现与世界接轨，是20世纪七八十年代中国逻辑学工作者面临的历史性任务。

中国有一些优秀的逻辑学者，如金岳霖、沈有鼎、莫绍揆、王宪钧等，他们代表中国逻辑学发展的主流。但由于各种原因，20世纪80年代前，中国的逻辑学界，主流不是主体，也未能完全发挥应有的主导作用。当时中国的逻辑学工作者队伍未融入世界逻辑学术共同体，其主要原因，不是因为尚未完全打开与世界沟通的渠道，而是因为我国逻辑工作者总体上的知识结构。50年代至80年代初我国的逻辑工作者，作为一代人，总体上是基于传统逻辑体系的苏联教科书培养的，大都是文科背景。从算术到代数，是知识更新；从语文到数学，是知识转型。从传统逻辑到现代逻辑，本质上不是知识更新，而是知识转型。因此，逻辑现代化的第一个重要含义是完成中国逻辑工作者队伍的知识转型，这是中国的逻辑学和世界接轨的前提。

20世纪50年代，我国就开始了培养逻辑人才的专门教育。1952年北京大学哲学系设立了逻辑专门化，本科生从三年级起选入专门化，接受逻辑的专业教育。专门化共办了四届。1956年北京大学哲学系开始招收逻辑硕士研究生（当时称为副博士研究生）。1957年开始，南京大学莫绍揆、北京师范大学王世强、中科院胡世华也陆续招收逻辑学研究生。1960年中国人民大学哲学系举办五年制本科逻辑专业。1978年起我国恢复研究生培养制度，逻辑专业硕士和博士研究生培养，由少数几个重点院校逐渐进入一般高校。

在我国的高等教育中，这是一种新的逻辑教学类型，它和大学中及社会上的一般逻辑教学有不同的目标。逻辑教学现代化，是逻辑现代化的第二个重要含义。逻辑现代化对于不同的逻辑教学类型有不同的具体含义。

大学逻辑教育分为专业教育和通识教育。专业教育的对象是逻辑学研究生和对口院系（如哲学系）的本科生；目标是培养逻辑学科的专业人才，或对逻辑学专业知识有特殊需求的相关学科的专业人才；内容是学习和研究逻辑学理与方法及在各门相关学科中的应用。通识教育的对象是泛专业或大学文科专业的本科生；目标是提高逻辑思维素养，即具有一般可比性的日常逻辑思维能力；内容是学习与日常思维密切相关的逻辑学基础知识及其运用，进行逻辑思维的强化训练。

20世纪80年代前，我国的逻辑教学方式主要是通识教育，专业教育是通过通识教育实施的，二者没有明确的界限。当时新一代的逻辑专业工作者大都是基于通识教育的方式培养的。80年代起，研究生培养制度的恢复标志着我国逻辑专业教育的正式明确，但当时我国仍是传统逻辑一统的天下。因此，对于逻辑专业教育，逻辑现代化的确定含义应该是完成由传统逻辑向现代逻辑的转型，这涉及培养目标、课程设置和教师知识结构这几个重要因素，其中关键因素是课程设置。对此，逻辑现代化的确定含义应该是：普及一阶逻辑，逐步过渡到普及模态逻辑；以此为基础课，实施现代逻辑的理论学习和方法训练。

对于逻辑通识教育，现代化应该有不同的含义。因为传统逻辑（包括它的各种发展形态）所覆盖的知识及其阐述方式，和普通人的日常思维及素养密切相关，因而和通识教育的对象和目标密切相关，因此，传统逻辑是逻辑通识教育的载体。逻辑通识教育的现代化，不是以现代逻辑取代这个载体，而是站在现代逻辑的高度改革这个载体。这是国际上逻辑通识教育沿革的事实。对于中国逻辑学者来说，逻辑通识教育的现代化是指：第一，关注国外逻辑通识教育的发展沿革及其新形态；第二，站在现代逻辑的高度，纠正传统逻辑教材中不准确的内容，删除不恰当不必要的内容，增加超越传统逻辑但有利于通识教育的现代逻辑内容；第三，注重联系日常思维实际，注重强化思维训练；第四，完成逻辑通识课教师队伍由传统逻辑向现代逻辑的知识转型。

三　逻辑现代化：一个战略口号的提出

1978 年，改革开放伊始，中国的学者就提出了逻辑现代化的问题。

第一个明确提出逻辑现代化口号的是中国社会科学院的张家龙。1978 年 5 月，在北京举行的全国逻辑讨论会上，张家龙提交了题为《形式逻辑要现代化》的论文。论文分析了传统逻辑教材中存在的诸多问题。他认为，这些问题包括：（一）把概念外延间的包含关系和交叉关系并列，而实际上交叉关系是类的一种运算。（二）传统逻辑不讨论直言命题对主项存在的断定问题，因而一些不正确的逻辑推演被当做正确的。（三）日常语言中的系词“是”有多种含义，如表示类的包含、个体属于类、相等。现有的一般逻辑教材对此不作区分，因而很不精确。（四）传统形式逻辑不区分专名和摹状词，这会导致命题意义和命题性质的错乱。（五）传统形式逻辑不研究关系命题，把关系命题牵强地化为主谓命题，这是重大缺陷。有些关系命题因而在传统形式逻辑中根本无法表示。（六）传统形式逻辑缺乏许多处理问题的逻辑工具，如它很难处理对一个结构复杂的命题的否定。作者最后提出要用现代逻辑为工具来丰富和发展传统形式逻辑，并建议编写新的现代化的形式逻辑教科书。张家龙的“形式逻辑要现代化”的提法曾被认为不准确，理由是形式逻辑早就现代化了。这一质疑是不成立的。按照这一质疑，逻辑现代化也不准确，因为逻辑学早就现代化了；甚至四个现代化也不准确，因为那四个东西在发达国家早就现代化了。这种似是而非的质疑，淡化和模糊了“逻辑现代化”这一发展中国逻辑学的战略口号在首次提出时的意义。正如张家龙后来对此解释的：“我们提出我国形式逻辑的现代化问题，不是因为这门学科没有现代化，而是基于我国的形式逻辑的教学和研究水平远远落后于国际水平。”[①]

1979年8月，在北京举行第二次全国逻辑讨论会。北京大学王宪钧在会上作了题为《逻辑课程的现代化》的报告，主题是我国高等院校为文科开设的逻辑学课程要改革，要现代化。王宪钧说，形式逻辑是学科名称，在我国它也被当做课程名称，里面讲的东西有些不是形式逻辑，如归纳法。他建议把这门课程改为“普通逻辑”，包括演绎和归纳。王宪钧指出：“目前这一课程内容基本上还是所谓的传统逻辑，加上19世纪50年代的关系推理及密尔五法，是比较陈旧的。目前欧美不这样讲，苏联东欧也不这么讲。他们都增加了数理逻辑的内容。”他说：“19世纪末叶以来，形式逻辑亦即演绎法的研究并没有停止，而且得到了丰富和重要的成果。这百余年的成果是不是应该适当地吸收到普通逻辑课程里来呢，是不是在这课程里应该有所介绍呢？答案应该是肯定的。所以我说，普通逻辑课程要现代化。”[②] 关于高等院校普通逻辑课的目的和作用，王宪钧认为至少有以下一些：（一）提高逻辑思维能力。（二）提高识别逻辑错误并从理论上加以说明的能力。（三）提供批判唯心主义哲学的预备知识。（四）为进一步研究逻辑学、心理学、方法论和认识论做准备。（五）提供研究语言学的工具。（六）普通逻辑是一门导论课，它应该把形式逻辑的现代发展情况介绍给学生，作为学生选择专业方向的参考。王宪钧还提出具体的改革设想，可以把课程分为两部分，前一部分讲传统逻辑，后一部分讲现代形式逻辑。但无论如何，改革和提高是必要的，吸收现代成果是必要的。[③]

显然，张家龙和王宪钧把形式逻辑的现代化和逻辑课程的现代化解释为改革传统逻辑，指的是逻辑通识教育的现代化。1952年，王宪钧所在的北京大学哲学系设立逻辑专门化，开设的逻辑课程有数理逻辑、西方逻辑史和逻辑理论专题，但没有传统逻辑。王宪钧没有在这一教学领域提出改

① 中国逻辑学会形式逻辑研究会编：《形式逻辑研究》，北京师范大学出版社1984年版，第41页。

② 北京市逻辑学会编辑组编：《全国逻辑讨论会论文选集》（1979），中国社会科学出版社1981年版，第2页。

③ 宋文坚：《逻辑学的传入与研究》，福建人民出版社2005年版，第186—187页。

革传统逻辑问题，因为它属于逻辑专业教育，不属于逻辑通识教育。逻辑专业教育的现代化是指用现代逻辑而不是用传统逻辑，哪怕是加以改革的传统逻辑，来培养专业人才，这应该是不言自明的。

四　逻辑现代化：激烈的争论

“逻辑现代化”的口号一提出，就在我国逻辑学界产生了巨大的影响，并引起争论，这一争论一直延续，数度非常激烈。学界一般把这一争论中出现的不同意见归纳为四种：第一种被称为“取代论”。这种意见认为，传统逻辑的所有问题都可以在现代逻辑中得到更好的处理。现代逻辑从理念到方法都比传统逻辑优越。在大学逻辑教学中应逐步由现代逻辑取代传统逻辑。第二种被称为“吸收论”。主张以传统逻辑为基础，适当吸收现代逻辑的内容，丰富普通逻辑的内容，使之精确化。第三种被称为“并存论”。主张传统逻辑具有永恒性，其存在具有独立性，其发展具有定向性。改革以后的传统形式逻辑仍然是传统逻辑。传统逻辑和数理逻辑应当并存。第四种被称为“统一论”。主张在保留传统逻辑一切合理、有用内容和充分吸收数理逻辑成果的基础上，以辩证逻辑为统率建立一门统一的逻辑学。

“取代论”的合理性在于，它是针对逻辑专业教育的。20 世纪 80 年代，我国成规模的逻辑专业教育处于起步阶段，逻辑专业教育和通识教育的界限不分明，相当多院校的逻辑专业教育仍然基于传统逻辑。针对这种状况，“取代论”的观点切中时弊。“取代论”引起的争论在很大程度上缘于逻辑专业教育和通识教育的混淆，缘于移“取代论”于逻辑通识教育。现代逻辑就是数理逻辑。大学逻辑通识课只上数理逻辑课，在国内国外恐怕都行不通。“并存论”可以解读为，在与人的日常思维及逻辑通识教育的关系上，传统逻辑有数理逻辑不可取代的独立意义和地位。这一观点的合理性应该受到关注。“统一论”提出以辩证逻辑为统率建立“统一逻辑”，只是表达一种哲学理念，和逻辑学理无确定的关系，不具有可操作性。20 世纪 30 年代，“统一逻辑”（当时称为“综合逻辑”）的观点曾流行过。不过，30 年代的“综合逻辑”是为了在辩证法的高压下为形式逻辑争得一块地盘；80 年代的“统一逻辑”是为了表达辩证法高于形式逻辑（传统的和现代的）。事实证明，这都是不成功的尝试。“吸收论”是最有影响的一种观点。几十年来我国逻辑通识教育的发展和沿革，在很大程度上是吸收论的探索和实施。

第六节 逻辑通识教育的发展与改革

一 普通逻辑：一种“吸收论”的改革模式

“普通逻辑”一词有两个含义，一是对逻辑通识课的一般称谓，另一个是指改革传统逻辑的一种有影响的教材模式。

在发展和改革普通逻辑教学的过程中，中国逻辑学会所属的形式逻辑研究会（后改为形式逻辑专业委员会）起了重要的作用。这一研究会自1981年成立以来，每两年举行一次全国形式逻辑讨论会，主题是普通逻辑教学，实际上也就是逻辑通识教育的发展与改革及其相关学术问题的探讨。1985年第三次全国形式逻辑讨论会就普通逻辑教学改革的大纲进行了交流。提出的大纲有马玉珂等的《现代逻辑基础》，吴家国的《普通逻辑》，马佩的《逻辑学原理》，何应灿、澎漪涟的《逻辑学引论》，徐元英、沙青的《普通逻辑》，戴希培的《形式逻辑课程》，陶景侃的《形式逻辑基础》等。基于这些大纲编写的逻辑教材先后大都出版。

从20世纪70年代末到90年代后期，对我国逻辑通识教育影响最大的教材是北京师范大学吴家国主持的《普通逻辑》，该书由教育部组织11所院校合作编写，由上海人民出版社在1979年初版，1982年再版，1986年第三版（修订本），1993年第四版（增订本）。

初版的《普通逻辑》采用20年代流行的体系：引论、概念、思维规律、判断、演绎推理、类比假说、论证。该教材内容讲述清晰、文字简练、适宜阅读，且类比假说一章实例较新。1982年第二版的《普通逻辑》开始体现改革的取向，引进数理逻辑的表达式刻画复合命题推理，对练习题作了较大的删改增补。1986年《普通逻辑》第三版（修订本）出版，修订本强调，高校的普通逻辑的教学体系和内容迫切需要改革。该版扩大了对数理逻辑内容的引进，在概念部分引进了集合运算，判断部分引进了真值表，三段论部分引进了文恩图，复合命题推理部分引进重言式概念及其形式判定。1993年《普通逻辑》出第四版（增订本），增订本强调此次再版的指导思想是：立足普通逻辑，调整原有框架，进一步引进现代逻辑知识。增订本有以下变动：（一）在体系安排上努力体现以现代思想为依据，把推理作为普通逻辑的主要对象，把推理分为必然推理和或然推理，讲必然推理时先讲复合命题及其推理，再讲简单命题及其推理；（二）删除辩证逻辑相关内容、三段论公理、三段论化归、科学归纳推理、充足理由律等；（三）增加对直言命题主词存在问题的讨论，增加了命题的判定与自然推理、谓词自然推理两章。

以《普通逻辑》为代表的改革和发展我国逻辑通识教育的模式受到了一些学者的批评，这是“取代论”和“吸收论”之争的继续。中国社会科学院王路在《论我国的逻辑教学》一文中说，“我国的逻辑学界从1978年提出‘逻辑要现代化’的口号。但20年过去了，高校的逻辑教学依然以传统逻辑为主。这种种做法实际上仍然是拒绝现代逻辑：它肢解了现代逻辑的知识体系，歪曲了现代逻辑的基本精神。逻辑理论和方法是一个整体。它在我国亟待普及和提高，所谓普及应该是一阶逻辑，而不是传统逻辑。”[①]中国社会科学院诸葛殷同在《“吸收论”的两种归宿——中国高校文科逻辑教学走向何处》一文中指出：“吸收论不过是权宜之计，不可能无穷无尽地吸收下去。”“吸收论理应向取代论转化。”他还认为：“大学里还是需要讲传统逻辑的，它是西方逻辑史的内容，不是普通逻辑，即逻辑概论的内容。”[②] 王路在转入清华大学任教后，多次说过，他所说的普及一阶逻辑，是指在哲学系。这说明，王路所持的“取代论”在含义上有变化，变为主要针对逻辑专业教育。而诸葛殷同则明确认为，“取代论”就是针对通识教育的。北京大学宋文坚在总结《普通逻辑》的改革过程时认为，想把普通逻辑建成为一个异于传统逻辑和现代逻辑的逻辑学科，这种一箭双雕的做法和努力不会成功。[③]

正如前面指出的，“取代论”和“吸收论”之争很大程度上源于逻辑专业教育和通识教育的概念混淆。随着逻辑教学的深入，中国的逻辑学者意识到明确区分这两个概念的必要。在2008年举行的北京市逻辑学会前沿论坛上，北京大学的周北海在专题报告中指出，要区分大学逻辑教学的两种不同功能，一种是培养逻辑专门人才，另一种是提高大学生的综合素养。普通逻辑或逻辑导论的教学不能培养逻辑学家。但以提高综合素养为目标的逻辑教学可以用和培养逻辑专门人才不同的教学方式，例如批判性

① 王路：《论我国的逻辑教学》，《西南师范大学学报》1993年第2期。

② 诸葛殷同：《“吸收论”的两种归宿——中国高校文科逻辑教学走向何处》，《南京社会科学》2000年8月。

③ 宋文坚：《逻辑学的传入与研究》，福建人民出版社2005年版，第195页。

思维或逻辑导论。

随着我国逻辑专业教育从成型到逐步成熟，随着逻辑专业教育和通识教育区分的明确，"取代论"和"吸收论"这一在我国有大影响的争论的实际内容变得清晰。如果"取代论"针对的是专业教育，那么，实际上并没有出现争论。随着"文化大革命"后培养的新一代逻辑学教师登上大学讲台，我国的逻辑专业教育（主要是研究生培养）顺利地完成了一阶逻辑和模态逻辑的普及，可能还有少数大学未能完成这一点，那也不是因为出于对"取代论"的抵制。如果"取代论"针对的是逻辑通识教育，那么其不当是显然的，因为几乎没有一所大学在逻辑通识课上只教数理逻辑。可能有过这样的尝试，但肯定是失败的，因为它不符合逻辑通识教育的目标和对象。"吸收论"如果针对专业教育，那么它仅在这种教育的起步阶段有某种合理性；事实上，它是针对通识教育的。"吸收论"既符合我国也符合国际上逻辑通识教育发展的事实。

二　逻辑导论：逻辑通识课的主流模式

国外的逻辑通识教育的发展，走的也是"吸收论"路子。美国学者欧文·M. 柯匹和卡尔·科恩合著的《逻辑学导论》（*Introduction to Logic*）是美国大学中有影响的逻辑学通识课教材，自 1953 年初版以来，不断修订，迄今已有 14 版，而且新版更替的时间间隔越来越短，从 8 年、6 年，到 4 年、3 年。该书第 11 版由南京大学张建军、潘天群翻译，中国人民大学出版社 2008 年出版。该书的内容有几个明显特点：第一，保留了传统逻辑的主要内容，如直言命题的对当关系和直言三段论，密尔的求因果方法等；第二，保留了传统逻辑在用于教学的过程中在教学体系上所增加的非形式逻辑的内容，如概念和谬误、科学和假说等；第三，增加了现代逻辑的内容，如在符号逻辑一章中用现代命题逻辑的方法改写了传统的命题逻辑（复合判断及其推理）。这是一种典型的"吸收论"模式，这种模式可称为"导论"模式。柯匹是美国夏威夷大学教授，有丰富的逻辑教学经验，同时著有教材《符号逻辑》（*Symbolic Logic*）。作者显然清楚，《逻辑学导论》和《符号逻辑》是两种对象和目标不尽相同的逻辑学教材或教学模式。

《普通逻辑》的模式，特别是它的修订本和增订本，就是"导论"模式。20 世纪 80 年代到 90 年代末，我国有数十本逻辑教材出版，它们各有特点或侧重，但总体上都是“导论”模式。这一阶段我国大学逻辑通识教育的形式总体上就是“导论”模式。

1982 年人民出版社出版由中国科学院诸葛殷同等著的《形式逻辑原理》，为高等院校文科逻辑学课程教学参考书。本书总体上是旧框架，但在内容上有较多更新：明确形式逻辑的研究对象是推理形式和证明形式；增加了集合和集合运算的内容；定义部分增加若干新的定义方式；对带量词的关系命题的形式及其关系作了细致分析；区分了命题和判断，明确逻辑中讲的是命题；对传统演绎推理部分作了较大改进，介绍了命题演算和谓词演算系统；在归纳部分增加了概率和统计的内容。

1988 年华东师范大学出版社出版由何应灿、澎漪涟主编的《逻辑学引论》。作者提出使本书成为“包括传统逻辑基本内容在内的，并符合现代逻辑发展趋势的新的逻辑教学体系”①。该书在教学体系上有新的安排：先讲命题逻辑；其后是直言命题和直言三段论，其间贯穿用类概念所作的解释；然后是谓词逻辑的初步讨论，包括基本概念、命题形式和关系命题、关系推理；其后是模态逻辑初步讨论，简要介绍了模态逻辑、规范逻辑、多值逻辑和时态逻辑的概念和公式；最后是归纳方法和论证。

1992 年北京大学出版社出版由宋文坚主编的《新逻辑教程》。该书虽然也保留了传统逻辑的直言命题、直言三段论和求因果联系方法等内容，但体现了在大学逻辑教学（包括通识课）中用现代逻辑取代传统逻辑的意向。该教程的主体结构是一阶逻辑、模态逻辑和素朴集合论。在一阶逻辑的命题逻辑部分，构造了完全形式化的命题演算，包括形式语义和元理论，这和数理逻辑的讲法已无区别。谓词逻辑部分是用非形式化方式处理的，即未构造形式系统和涉及形式语义，这可能是考虑到该教材用于非专业教育的结果。模态逻辑部分也讲了诸模态系统和可能世界形式语义，这基本上也就是数理逻辑的讲法。

1995 年中国人民大学出版社出版由中国人民大学哲学系逻辑教研室编写的《逻辑学》，该书在 2008 年出第二版。和《新逻辑教程》不同的是，该书注意到现代逻辑的形式方法和形式化方法的区别及此种区别对逻辑通识教材的意义。在命题逻辑、谓词逻辑、模态逻辑等包含现代逻辑内容的章节中，该书注意运用现代逻辑形式的而非形式化的方法处理日常语言推

---

① 何应灿、澎漪涟：《逻辑学引论》，华东师范大学出版社 1988 年版，前言第 2 页。

理，例如，运用谓词逻辑的符号语言分析自然语言的结构，运用形式规则构造量化自然推理，但不构造形式系统，不涉及谓词逻辑的形式语义。

1997 年中国人民大学出版社出版由陈波编写的《逻辑学》。该书包括命题逻辑、词项逻辑、谓词逻辑、归纳逻辑和非形式逻辑五个部分，结构简明，内容充实，和《逻辑学》一样，注意运用现代逻辑形式的而非形式化的方法。

1996 年中山大学出版社出版由中山大学逻辑教研室编写的《逻辑导论》。该书前言中说，“大学的逻辑课应当主要讲授现代逻辑，这是逻辑发展也是培养现代人才所要求的。不讲现代逻辑，学生对逻辑的认识将十分狭窄，逻辑也将走向枯萎。”① 在《逻辑导论》的基础上，1998 年中山大学出版社出版由梁庆寅主编的《传统和现代逻辑概论》。前言中强调：“逻辑是一门统一的科学，不存在哲学专业的逻辑和非哲学专业的逻辑之分。所谓非哲学专业逻辑教材的特点，只是从编写要求和体例上而言的。”②

1999 年高等教育出版社出版由何向东主编的《逻辑学教程》。此书由 11 所高等院校参与编写。编写的指导思想是以现代逻辑为主体，并立足于现代逻辑的高度处理传统逻辑的内容，保留其精华，力求密切联系思维和日常语言的实际，实现现代逻辑和传统逻辑的有机结合；本书的特点是增加了逻辑语用学一章。2000 年由浙江大学出版社出版，黄华新、胡龙彪编著的《逻辑学教程》也包含语用逻辑一章。

以现代逻辑为主吸收传统逻辑的内容，这是“吸收论”的另一种解读。宋文坚主编的《新逻辑教程》是这种“吸收论”的代表性版本。这种版本，不同于国外例如柯匹的也不同于国内例如陈波的“导论”版本。以现代逻辑为主，不光关乎内容，而且关乎方法。现代逻辑的方法是形式化。以现代逻辑为主，在方法上不可能不运用形式化，不可能不构造逻辑形式系统和形式语义。《新逻辑教程》在讲一阶逻辑和模态逻辑时就是这么做的。这种模式是否适用逻辑通识教育，是需要经受教学实践检验的。

三 关于若干传统逻辑问题的讨论

传统逻辑的教学引发过对一些理论问题的探讨，出现过不同意见的

① 中山大学逻辑教研室编：《逻辑导论》，中山大学出版社 1996 年版，前言第 1—2 页。

② 梁庆寅等：《传统和现代逻辑概论》，中山大学出版社 1998 年版，前言第 2 页。

争论。

第一，关于直言命题的词项周延性。一种意见认为全称肯定命题的谓项无例外都不周延。另一种意见认为存在谓项周延的全称肯定命题，例如“所有商品都是为交换而生产的劳动产品”。这一讨论的意义在于区分一个命题的形式含义和语境含义。全称肯定命题的形式“所有S都是P”自身只断定谓项P的部分外延；有的全称肯定命题谓项的全部外延都被断定，是基于特殊语境，不是基于本身的形式。词项周延性是传统逻辑判定直言推理包括直言三段论形式有效性的一个重要概念，它只涉及直言命题的形式含义，不涉及语境含义。1997年中国人民大学陈慕泽在论文中给出直言命题词项周延性的一阶语言定义，并以此分析为什么有些依据传统规则可判定为有效的直言命题连续变形推理，会出现一个词项在前提中不周延，到结论中周延的现象。①

第二，关于虚概念（空概念）的内涵和外延。有三种意见：第一种意见，有内涵没有外延；第二种意见，既有内涵，也有外延；第三种意见，既没有内涵，也没有外延。这一讨论的意义在于关注用素朴集合论来表达概念的内涵和外延。传统逻辑把概念的内涵定义为所反映的对象的本质（特有）属性，把外延定义为具有该属性的所有对象组成的类。这相当于素朴集合论的概括规则。这一规则虽然会导致罗素悖论，但用来表述概念的内涵和外延是准确和简明的。按照这一表达，虚概念的外延是空类，空类也是类，因而不能说虚概念没有外延。

第三，关于集合“概念”是单独概念还是普遍概念。这一问题本身不成立。这一问题的争论反映出参与者的概念含混。传统逻辑是基于概念外延中对象数量的一或多来区分单独概念和普遍概念的，外延就是类。由于外延中的对象都具有概念的内涵，因此，诉诸外延的概念是类概念（非集合概念）。单独概念和普遍概念是对非集合概念的划分，用于集合“概念”没有意义。在日常思维中，有时在集合体而非类的意义上使用一个概念。因此，集合“概念”的讨论是有意义的。但是传统逻辑所定义的概念是类概念，因此，集合“概念”中的“概念”应打上引号。

第四，关于条件关系的准确表述。一些形式逻辑教材在把“p是q的必要条件”定义为“无p必无q”的同时，把“p是q的充分条件”定义

① 陈慕泽：《词项周延性的一阶语言定义》，《中国人民大学学报》1997年第5期。

为“有 p 必有 q，无 p 未必无 q”。北京大学郭世铭认为，这是把“充分”定义为“充分不必要”，属“定义过窄”。反对意见认为，“有 p 必有 q，无 p 未必无 q”断定的是充分不一定必要，而不是充分不必要。这一反对意见不能成立。如果把“必要”定义为“无 p 必无 q”，则“不必要”自然为“无 p 未必无 q”，“不一定必要”则为“未必无 p 必无 q”。“未必无 p 必无 q”不等同于“无 p 未必无 q”。从模态的角度看，前者有两个模态词，后者有一个模态词。

第七节　非形式逻辑的兴起及其对我国逻辑教学的影响

一　非形式逻辑的兴起及其背景

从 20 世纪 80 年代初到 90 年代，在我国的逻辑教学中，传统逻辑实现了两个转变。一是在专业教育中转型为数理逻辑，即用数理逻辑取代传统逻辑；二是在通识教育中转化为逻辑导论，即在传统逻辑的基础上吸收现代逻辑。国际上以北美为例，上述转变完成于 20 世纪 30 年代至 50 年代。

从 20 世纪 70 年代起，北美开始出现一种新的逻辑学发展趋向并扩展到全球，这就是非形式逻辑的兴起。非形式逻辑从字面上看是强调和“形式的”特别是“形式化”的区别，实质上是强调关注逻辑和日常思维及社会生活的关系，强调关注逻辑的社会功能。

当时的美国社会包括一部分逻辑学者对逻辑的社会功能产生困惑，这也是这一逻辑发展新趋向在北美出现的一个重要原因。从弗雷格、罗素到哥德尔，逻辑学已发展为一门纯形式的数学学科，现代逻辑就是数学逻辑。这门科学与人的日常思维的距离越来越远。20 世纪 60 年代至 70 年代，正是美国国内外矛盾丛生，整个社会特别是年轻人充满困惑的年代。逻辑学，作为一门产生并服务于人的日常思维的学科，能给当代美国人的解惑以何种帮助？《逻辑与当代修辞学——理性在日常生活中的运用》（*Logic and Contemporary Rhetoric*: *The Use of Reason in Everyday Life*）的作者卡恩（Howard Kahane）在该书的前言中提到，正当他要学生复习那些“精巧的谓词逻辑的量化规则”时，一个学生以一种颇为反感的口气质问，他花了整整一个学期所学的这些东西与约翰逊总统有关使越南战争升级的决定之间究竟有什么关系。卡恩所提到的这个问题是成立的，并且是尖锐的，是逻辑学家不能回避的。特殊地，数理逻辑可以说，我不回答这个问题；一般的，逻辑不可以这么说。这一问题不仅是针对“数理逻辑”的，也是针对“导论”的。在逻辑导论的教科书中，太多的实例都是逻辑学家为说明某种学理编出来的。这一背景促使非形式逻辑作为一门学科，作为一个新的逻辑学分支的产生。

和非形式逻辑密切相关并同时产生重大影响的另一个概念是批判性思维（Critical Thinking）。和非形式逻辑不同，批判性思维不是一门学科，而是一种教育学理念。批判性思维的含义比非形式逻辑宽。批判性思维不限于逻辑思维，但其实质部分是逻辑思维。作为逻辑思维的批判性思维，或作为批判性思维的逻辑思维，就是日常逻辑思维；这种思维的逻辑，有形式的，也有非形式的；大量的是非形式的。和非形式逻辑相比，批判性思维更强调逻辑知识和技能（形式的和非形式的）通过训练转化为思维素养。非形式逻辑和批判性思维结合，在北美被称为一种新浪潮。

推动这一浪潮的动力，除了上述非形式逻辑兴起的原因以外，还有美国面临的发展素质教育的压力。在20世纪六、七十年代，美国的教育评估系统连续对美国这一世界公认的教育大国的教育现状发出警告。据研究数据显示，和以前相比，一方面，现在的美国大学生所学的知识更多更新，但另一方面，他们解决问题的思考能力明显低于其他工业化国家的平均水平，且有继续下降的趋势。美国人这样总结自己的教训：我们应当教学生如何思考，但我们只是教学生思考什么。这是美国人意识到并强调在大学教育中能力培养高于知识传授。这一背景使批判性思维的理念对美国的大学教育产生重大影响，由此产生两个重要结果。

第一个结果，以“批判性思维”命名的课程及教材成为美国大学通识教育中和“逻辑导论”并列的一种显示出生命力的新模式。和“导论”模式相比，“批判性思维”更注重日常思维实际，更注重非形式论证，更注重思维训练及其素材的选择。“批判性思维”对逻辑知识的覆盖，较不关注它们的“新”或“旧”，“现代”或“传统”，而更关注它们和人的日常思维和逻辑素养的实质性关联。

第二个结果，出现了一种以测试批判性思维能力为目标的综合能力标准化考试模式，即以美国的GRE、GMAT、LSAT等为代表的考试模式。这种考试的逻辑部分就称为Critical Reasoning（批判性推理）或Logical Reasoning（逻辑推理）。在逻辑教学史上，这种逻辑试题是一种全新的创造，它的科学性经受了时间和技术的严格检验。什么是逻辑思维素养，如何有效测试此种素养，在这里得到了生动的说明。这种逻辑试题，是批判性思维理念的实体形态。研究这样的试题，或许比研究繁多的定义更能理解什么是非形式逻辑和批判性思维。

南佛罗里达大学的托马斯的《自然语言中的实际推理》（*Practical Reasoning in Natural Language*）被看成是非形式逻辑的奠基性著作。此书展示了分析、评估出现于自然语言语境如书、论文、随笔、演说、社论、交谈中的实际推理或论证的技巧。从地域上说，非形式逻辑起源于北美。在其发展中，最有影响的人物是加拿大温莎大学的约翰逊和布莱尔。他们的《逻辑的自我辩护》（*Logical Self - Defence*）是第一个强调非形式推理具体例子的导论性教科书之一。1996 年开始，《斯坦福哲学百科全书》（*Stanford Encyclopedia of Philosophy* ）列上了“非形式逻辑”词条，并解释为“一种发展能够用于评估、分析和改进非形式推理的逻辑的尝试，而这些非形式推理不仅出现在人际交流、广告、政治辩论、法律论证之中，而且存在于报纸、电视、互联网和别的大众媒体所刊载的社会评论中。”

非形式逻辑最早被我国大陆学者了解是在 1984 年。当时，美国田纳西大学诺尔特（John Nolt）在中国旅游期间顺访南京工学院，在该校作了一个报告，介绍了非形式逻辑在美国和加拿大的发展。诺尔特后来说，虽然中国的哲学教授对西方逻辑学新近的发展（如模糊逻辑和蒙太古语法）了解不少，但没有一个人听说过非形式逻辑。诺尔特本人可能不知道，直到 1988 年，中国出版的《哲学大辞典 · 逻辑学卷》仍然把他的一部重要著作“*Informal Logic*: *Possible Worlds and Imagination*”书名中的“非形式逻辑”译作“非正统的逻辑”。诺尔特这样表述此次中国行给他的印象：“在中国的大学里，非形式逻辑的教学和发展有巨大的潜力（分析材料并不缺乏；普通中国出版物中最为频繁使用的论证模式似乎是诉诸权威）……如果中国人参与到非形式逻辑领域，他们将无可怀疑地带来他们新的理念，这将在实质上丰富我们的学科。”①

二　非形式逻辑在我国的传播和发展

我国非形式逻辑的传播和发展有三个阶段。

第一个阶段是谬误研究。

---

① John Nolt, “Informal Logic in China”, *Informal Logic*, Vol. 6, No. 3, 1984.

谬误是传统逻辑教材中重要的非形式内容。从 1988 年开始，谬误研究在我国和非形式逻辑结合。一批在非形式逻辑框架内研究谬误的论文和专著发表和出版。如武宏志、丁煌的论文《谬误研究对传统逻辑的意义》和《当代谬误研究评论》，先于 1988 年和 1989 年分别发表于《湖北师范学院学报》和《哲学动态》。丁煌、武宏志所著《谬误：思维的陷阱》一书于 1990 年由延边大学出版社出版。黄华新、汤军所著《雾区的寻觅：谬误学精华》于 1990 年由上海文化出版社出版。90 年代末起，香港学者黄展骥在大陆连续发表数十篇论谬误的文章，他的谬误分析突出了非形式逻辑的两个精神要点：脱离形式有效性标准；集中自然语言论证分析。特别是他对歧义谬误的分析很有新意。

第二个阶段是非形式逻辑的专门研究。

虽然“非形式逻辑”一语在研究谬误的著述中就已提到，但介绍非形式逻辑的专文是在 90 年代出现的。首篇介绍非形式逻辑的论文是南开大学王左立于 1990 年 1 月在《逻辑与语言学习》上发表的《非形式逻辑——一个新的逻辑学分支》。之后华东师范大学阮松于 1991 年 7 月在《哲学动态》发表的论文《非形式逻辑的兴起及其哲学意蕴》；随后，他在《逻辑与语言学习》杂志上开设专栏，连载“非形式逻辑讲座”，内容涉及非形式逻辑的兴起、论证的评估、预设、非形式谬误以及论证的建构等方面的内容。1996 年，他在《南开学报》第 6 期发表《西方的非形式逻辑运动与我国逻辑学的走向》一文，介绍了非形式逻辑主要研究的 11 个方面的问题，并对中国当代逻辑学的走向以及非形式逻辑与传统逻辑、现代逻辑的关系提出了看法。

刘春杰 1991 年出版的《论证逻辑研究》是一部系统研究非形式逻辑的专著。该书整合非形式逻辑、批判性思维、论辩和谬误等互相关联的内容和方法，展开讨论了论证的各个方面，分析了传统论证理论中未曾考虑的一些重要问题，如论证的终点、论证的预设、论证的运动等，而且对一些老问题析出了新意。有学者认为，这部著作是传统论证理论的现代化。该书于 2003 年获第三届金岳霖学术奖（逻辑学）三等奖。

2003 年，中山大学梁庆寅与其学生赵利合作撰写的《非形式论证的评价方法》（哲学动态，2003 年第 4 期）提出，非形式论证是与形式论证相区别的逻辑论证，并进一步认为前者是非形式逻辑研究的内容，而后者是形式逻辑研究的内容。他们认为，非形式论证的结构常常是不明显的，因此，非形式逻辑是一种不严格的逻辑。论证评价方法是非形式逻辑的核心内容，文中他们重点介绍了沃尔顿（Douglas Watlon）的谬误评价法、托马斯（Stephen Thomas）和格林南（Wayne Grennan）的矩阵评价法以及诺尔特（John Nolt）的可能世界评价法。

语用论辩学派是当前非形式逻辑的非常有影响的学派。语言学家们分别于1991年和2002年引入了两本语用论辩理论经典著作：（1）爱默伦和荷罗顿道斯特著《论辩、交际、谬误》（施旭译，北京大学出版社1991年）；（2）爱默伦和荷罗顿道斯特著《批判性论辩：论辩的语用辩证法》（张树学译，北京大学出版社2002年）。为了展现逻辑学家视角下的语用论辩理论，熊明辉和赵艺共同翻译了凡·爱默伦和汉克曼斯的《论辩：分析、评价与表达》一书，该书中文名更名为《论辩巧智：有理说得清的技术》，由苏天辅先生校对，2005年新世纪出版社出版。

2006年，华东师范大学晋荣东在《论非形式逻辑的现代性特征》一文中提出，非形式逻辑是现代逻辑。他认为，作为新的逻辑分支，非形式逻辑是一种具有现代性特征的逻辑：从其兴起的动力说，它是一种旨在应对现代性问题的逻辑；从其发展的方式看，它是一种体现着逻辑自身现代性的逻辑；从其在中国的引入历程讲，它是一种对传统逻辑的现代化具有示范意义的逻辑。

根据斯坦福哲学百科全书上"非形式逻辑"词条，演绎主义、谬误理论、论辩术与修辞学均是非形式逻辑的理论前提。2007年，梁庆寅与其学生江龙发表了《论辩术的新发展及其对科学论证的贡献》（哲学研究，2007年第6期）一文，他们讨论了从古希腊的论辩术到当代的语用论辩术以及沃尔顿的新论辩术的发展。然后，他们重点讨论了沃尔顿的新论辩术对科学论证分析与评价的贡献所在。

自2003年至2008年，延安大学武宏志发表了关于非形式逻辑的一系列研究论文。这些论文共计十余篇，分别发表于《华南师范大学学报》、《湖南科技大学学报》、《延安大学学报》、《青海师范大学学报》、《佳木斯大学学报》、《榆林学院学报》、《求索》杂志和《法商研究》杂志。这一序列论文系统地介绍和探讨了非形式逻辑产生的背景，相关核心概念的含义，它在对象、内容、方法等方面作为一门新学科所面临的挑战及其创新性的应对，以及这门学科和我国逻辑教学的关系。2009年，武宏志、周建武和唐坚合著的《非形式逻辑导论》（上、下册）由人民出版社出版。该书是对近十年来非形式逻辑研究的系统总结。武宏志教授是我国最早关注西方非形式逻辑的兴起，并在这一领域中研究著述最为丰富的学者之一。

2005 年至 2008 年间，中山大学熊明辉在《哲学研究》、《自然辩证法研究》、《自然辩证法通讯》、《中山大学学报》、《学术研究》等国内权威刊物以及第六届国际论辩大会（ISSA 2006）公开发表论文多篇，主要讨论了当前非形式逻辑的研究对象及其发展趋势，讨论了当前非形式逻辑视野下的论证评价理论及其逻辑困难，探讨了阿姆斯特丹大学凡·爱默伦和荷罗顿道斯特共同创立的语用论辩理论中的一系列重要问题，结合北美的非形式逻辑理论给出了一个以自然语言论证的分析与评价为中心的论证评价框架，并提出了一个“广义非形式逻辑理论”的基本思想。

第三个阶段是和批判性思维结合。

非形式逻辑的前两个发展阶段侧重于研究，而和批判性思维的结合则侧重于教学。

我国的逻辑教学在 20 世纪 80 年代完成了传统逻辑向数理逻辑（针对专业教育）和逻辑导论（针对通识教育）的转化。到 90 年代中后期，在逻辑专业教育稳步发展的同时，在当代曾数度辉煌的我国逻辑通识教育却出现了停滞乃至萎缩的现象。不少院校原来为中文、法律、新闻、财经、政治、教育等院系开设的逻辑课或被取消，或被缩减课时，一部分青年教师转换专业方向，甚至调离教师岗位。曾有重要社会影响的我国高等教育自学考试中的逻辑考试，被许多重要专业，如法律、中文等取消。造成这种结果的主要原因是相关的教学没有提供令受众，包括学生和决策者信服和满意的教学效果。这从整体上涉及我国逻辑学通识教育的方式。另一方面，20 世纪 90 年代中期，美国的综合能力标准化考试模式传入中国。1995 年，我国的工商管理硕士（MBA）全国统考率先采用美国 GMBA 的综合能力考试方式，其中，逻辑测试是核心部分。这种逻辑测试的目标和内容，和逻辑通识教育有着实质性的联系。这种考试模式立即在我国显示出强大生命力。经过十多年的发展，目前我国 17 个培养管理型人才的硕士专业全部实行综合能力全国统考，每年有 20 万考生为应试通过各种方式接受批判性思维能力的强化训练。

上述两方面情况促使我国的逻辑学工作者从进一步发展和改革逻辑通识教育的角度，关注批判性思维，关注非形式逻辑和批判性思维的结合。

国外批判性思维教材种类版本繁多，如何准确把握批判性思维的理念，正确处理与逻辑导论和非形式逻辑的关系，编写出在中国的课堂上有理想效果的教材，是有志于在中国逻辑教学中填补这一空白的中国逻辑学者面临的挑战。经过近十年的探索，批判性思维已成为和逻辑导论并列的我国逻辑通识课的另一种模式。目前开设“逻辑与批判性思维”课程的有北京大学、中国人民大学、中山大学、中国政法大学、中国青年政治学院、延安大学、燕山大学等。推出的主要教材有：武宏志和刘春杰所著《批判性思维——以论证逻辑为工具》（陕西人民出版社2005年出版）；谷振诣和刘壮虎所著《批判性思维教程》（“十五”国家级规划教材，北京大学出版社2006年出版）；杨武金所著《逻辑与批判性思维》（中国人民大学出版社2009年出版）。2010年3月，《批判性思维——以论证逻辑为工具》的修订版——《批判性思维——论证逻辑视角》（武宏志和周建武主编，中国人民大学出版社）面世，该书吸收了批判性思维和非形式逻辑研究的新成果，比第一版内容更为丰富。

第八节 法律逻辑

法律逻辑是以法律论证或法律推理的分析、评价与建构为对象的应用逻辑。这种应用逻辑本身取决当时的主流逻辑理论，它可以涉及逻辑学各分支在法律领域中的应用。但从我国近60年来研究成果来看，我们法律逻辑研究分为传统逻辑研究方法阶段、现代逻辑研究方法阶段、法理学研究方法阶段和非形式逻辑研究方法阶段。其中，从逻辑学角度来看，传统逻辑研究方法和非形式逻辑方法构成了这60年法律逻辑研究的主旋律。

一 法律逻辑在我国的兴起

在古希腊，逻辑学的产生被认为有两大动因：一是公共演讲；二是法庭辩论。因此，法律与逻辑有着悠久的历史。这个历史至少可以追溯到古希腊的智者学派，而智者们的一项重要工作就是教人们如何打赢官司。不过，“法律逻辑”作为逻辑学的一个分支却是20世纪中叶的事。1951年，德国法哲学家克卢格（Ulrich Klug）出版了《法律逻辑》（*Juirstische Logik*）是法律逻辑作为一个学科形成的标志。1972年，霍洛维奇（Jospeh Horovitz）出版了《法律与逻辑》一书，批判性地探讨了法律论证的逻辑分析评价问题，同时也讨论了自克卢格以来西方法律逻辑的发展。

在汉语世界里，“法律逻辑”这一术语主要来源于英文单词“legal logic”。同时，在汉语中，与“法律逻辑”相竞争的术语还有“司法逻辑”、“裁判逻辑”、“审判逻辑”，等等。后面几个术语实际上都主要来源于英文单词“judicial logic”或“juridical logic”。很明显，“法律逻辑”与“司法逻辑”一开始几乎是在相同的内涵与外延下使用的，并没有本质差异，因而不同学者对“法律逻辑”、“司法逻辑”、“裁判逻辑”、“审判逻辑”、“判决逻辑”，等等各种术语的选择往往仅取决于他们对某一术语的偏好。还有少数学者曾经叫“法学逻辑”。

在我国，20 世纪 80 年代法律逻辑研究才开始起步。由于历史原因，如果西方法律逻辑从克卢格的《法律逻辑》问世开始计算的话，我国法律逻辑研究差不多比西方研究落后了至少 30 年。实际上，从研究内容来看，这个差距远不止 30 年。令人高兴的是，21 世纪以来，这个差距在逐渐缩小。

纵观我国法律逻辑发展史，根据法律逻辑的研究方法，我们可以将法律逻辑研究区分为四个阶段，即传统逻辑研究方法阶段、现代逻辑研究方法阶段、法理学研究方法阶段和非形式逻辑研究方法阶段。

二　传统逻辑研究方法阶段

这个阶段大致相当于 20 世纪 80 年代前期，甚至延续到 80 年代末期。在这个阶段，主要采用了“传统逻辑原理 + 法律领域例子”的研究框架，基本上没有涉及法律逻辑的特殊性。如果一定要说这个阶段的法律逻辑与形式逻辑相比有其特殊性的话，那么就是其中所使用的例子是特殊的。然而，这一阶段是西方法律逻辑产生和发展过程中所没有的，因为当法律逻辑在西方兴起时以数理逻辑为主的形式逻辑理论已占据逻辑学的主导地位。克卢格在 1951 年的《法律逻辑》一书中，也声称他是追随了伯亨斯基、丘奇等人的逻辑观，也就是把法律逻辑看做是当时占绝对支配地位的现代演绎逻辑在法律领域中的应用。

1979 年，吴家麟出版了《故事里的逻辑》一书，其中涉及不少关于传统逻辑理论在法律案例中的运用例子。1980 年，阳作洲先后在《西南政法学院学报》发表了《在刑事侦查中怎样运用选言判断和假言判断》和《刑事侦查中怎样运用假言推理》两文，随后雍琦也发表了《比对推理在刑事侦查中的运用》。这是我国开展法律逻辑研究的最早一批成果。

1981 年，四川人民出版社出版了阳作洲等人合编的《法律专业逻辑学》。这成为我国第一本法律专业逻辑学教科书，也就是传统意义上的法律逻辑教科书。但显然作者们并没宣称这就是法律逻辑教科书。第二年，群众出版社出版了由吴家麟担任主编阳作洲和石子坚任副主编的《法律逻辑学》一书。该书被纳入当时司法部统编的高等学校法学试用教材，1991 年在台湾五南图书出版公司出版发行。随后，一批冠以“法律专业形式逻辑”或“法律逻辑”的专门教科书相继问世，如杜汝楫主编、黄厚仁和黄菊丽副主编的《法律专业形式逻辑》（1983）、雍琦主编的《法律逻辑基础》（1986）、张世珊主编的《诉讼逻辑》（1986）等。与此同时，也涌现了一批专门针对公安专业的法律逻辑教科书，如朱武和黄浩森主编的《刑侦专业逻辑学》及《刑案逻辑解析》（1985）、朱武等人编著的《公安专业形式逻辑》（1986）等。

如何开展面向法律专业或公安专业的逻辑教学是本阶段法律逻辑学研究的主旋律。相应的，在科研论文发表上，也集中体现在这个方面。因此，这个阶段的法律逻辑研究论文主要是教学性成果。同时，研究者们又在试图建立一种特殊的法律逻辑或刑侦逻辑框架，但实际上发表的也是一系列教学论文。无论如何，这一阶段给法律逻辑研究一个非常好的初始推动。

1983 年，中国法律逻辑研究会成立。在成立大会上，学者们一方面讨论了立法、侦查、审判、辩护以及司法文书等法律实践中的逻辑问题，另一方面也讨论了法律逻辑的对象、内容、体系和研究方法等。这两个方面的研究内容至今仍然是法律逻辑学家们所关注的核心。

三　现代逻辑研究方法阶段

第二阶段是现代逻辑研究方法阶段。西方法律逻辑研究正是从这个阶段起步的。在我国，这个阶段大致相当于 20 世纪 80 年代后期，当然至今仍然有断断续续的研究。在“逻辑学要现代化”的视野下一些学者开始大胆尝试和探索“法律逻辑现代化”之路，涌现出了一批专门研究基于道义逻辑或规范逻辑的法律逻辑研究者，他们企图建构贴近现代逻辑的法律逻辑体系。但是这种研究方法尽管在丰富哲学逻辑研究方面作出了贡献，但在建立法律逻辑方面却收效甚微。

1978 年 5 月，在北京举行的全国逻辑讨论会上，张家龙明确提出了

“逻辑现代化”口号，其基本思想就是在逻辑教学中如何贯穿现代逻辑理论。但是，法律逻辑现代化研究却相对滞后，从20世纪80年代中期才开始，而且在我国几乎没有形成什么气候，只有极少数学者尝试投入时间和精力去研究，但收效甚微，成果发表很少，探讨问题相对肤浅，主要讨论规范逻辑在法律领域中的应用问题。其代表性成果有黄厚仁的《规范逻辑在法律中的应用》（1984）、陶景侃的《法律命题逻辑系统及其实践意义》（1987）、《法律命题逻辑的元逻辑》（1988）以及《法律规范的逻辑演算Q_ s系统》（1997）等。

尽管这种方法并未成为法律逻辑研究方法的主流，鉴于20世纪数理逻辑在逻辑学科领域中的主流地位之影响，法律逻辑的现代逻辑研究方法至今仍然有少数学者在坚持不懈地尝试着。如王洪在《司法判决与法律推理》（2002）一书中将自然推理系统作为附录引入到其著作中；又如，陈锐在《规范推理与法律科学》（2006）中系统地讨论了规范逻辑在法律科学中的应用。

四　法理学研究方法阶段

这个阶段从20世纪80年代末开始到90年代末。传统逻辑研究方法阶段和现代逻辑研究方法阶段的工作主要是由具有逻辑学背景的教学与科研工作者来实施的。20世纪，我国法律逻辑研究所关注的对象是法律推理的分析与评价问题。在讨论法律推理的评价时，学者们总是要从当时流行的逻辑观来讨论问题，因此，在20世纪80年代，法律逻辑研究者们从传统逻辑或现代逻辑角度来讨论法律推理，这是很正常的事。然而，用当时流行的传统逻辑理论或现代逻辑理论去分析法律推理，总是会遇到这样或那样的麻烦，其根源在于，无论是传统逻辑还是现代逻辑，主要是基于推理的形式语义或形式语形维度来展开的，而法律推理明显包括一个语用维度。这就产生了一个推理或论证分析与评价的“语用空缺”。

为了解决上述“语用空缺”，法律逻辑学家或法律推理研究者们引入了“实质法律推理”或“实质推理”概念，使之与“形式法律推理”或“形式推理”相对应，在此基础上提出了法律适用中需要形式推理和实质推理相结合的基本思想。1988年，沈宗灵在《法律推理与法律适用》中提出形式推理“在某些情况下，特别是在一些疑难案件中已经不再适用，必须代之以高层次的实质推理"[1]。虽然我们至今仍然无法断定"实质推理"在层次上是否高于"形式推理"，但沈宗灵先生毕竟在我国最早看到实质推理在法律推理中的重要地位。从那以后，形式推理与实质推理在法律推理中交互发挥作用的研究成为我国法律逻辑研究领域的主旋律。值得注意的是，"形式推理"有时又被人们称为"分析推理"，而"实质推理"有时又被某些学者称为"辩证推理"。这种"辩证推理"并非是要用马克思主义辩证法进行推理，而是一种"论辩推理"。

在这一阶段，法律逻辑的定位问题曾一度成为学界讨论的重点问题之一。法律逻辑有没有特殊对象？这个问题在1983年中国法律逻辑研究会成立大会上就出现了两派截然对立的观点。1989年，郝建设在《法律逻辑的对象和内容》一文中把法律逻辑定义为逻辑科学在法律领域具体应用的产物。后来，许多学者发表论文讨论这个问题，当然其基本趋势是：法律逻辑是一门应用逻辑，但也有其特殊对象。一批五花八门的与法律有关的"××逻辑"出现在学术殿堂上，如"办案逻辑"、"侦查（察）逻辑"、"劳改逻辑"、"狱政逻辑"、"刑侦逻辑"。

把焦点之一开始投向法律审判或诉讼成为本阶段法律逻辑研究的一大特征。20世纪90年代出版的论著就可以清楚看到这一点。1990年雍琦出版了专著《审判逻辑简论》，1994年熊文轩、周光明编著了《法庭辩论逻辑》，1995年于绍元、傅国云和姚向东编著了《诉讼逻辑》，等等。

鉴于有时法律推理既不能被还原成演绎推理，也不能还原成归纳推理。一种不同于二者的、由皮尔士提出的第三类推理"回溯推理"或"溯因推理"（abductive reasoning）被引入到法律推理的研究领域。这种推理尤其与刑事侦查中的推理模式非常相似，因此，回溯推理与刑事侦查的关系曾被学者们作为重点来探讨。尽管许多论文都是"炒旧饭"，但在20世纪90年代十年间至少有十篇论文讨论这个问题。与此同时，少量外国法律推理著作被译成中文，如伯顿著《法律与法律推理导论》（1998）。

五　"百花齐放"的非形式逻辑研究方法阶段

进入21世纪后，法律逻辑研究进入百花齐放的时代，从逻辑基础上

---

① 沈宗灵：《法律推理与法律适用》，《法学》1988年第5期。

来看，这实际上进入了非形式逻辑研究方法时代。在这个时代，“法律推理”和“法律论证”的分析与评价成为法律逻辑学家们与法律方法论专家共同讨论的主题。

2000 年，张保生出版了《法律推理的理论与方法》专著，他把法律推理置于一个非常广阔的背景下来讨论，提出法律推理的一般方法涵盖了逻辑方法、科学方法、哲学方法和经验方法，认为法律推理的生态学方面包括了物理环境、社会环境、法律方法和法律教育等诸多方面。2002 年，舒国滢翻译了阿列克西的《法律论证理论》。阿列克西是当代西方法律论证理论领域的领军人物之一，他的这本书德文版虽然在 1978 年出版，但它的翻译本事实上对于推动我国法律论证理论研究已发挥出重要影响力。随后，一大批有关法律逻辑的论著在我国问世，同时，一大批有关法律逻辑的译著也在国内出版。这些论著大体可归为以下三类。

（一）法律逻辑类

这类著作大多数是以教科书形式出现的。在教科书中，有些是新编的，有些是修订版，还有少数是翻译的。有法律逻辑学界老前辈的著作，有学界新秀的成果。在 21 世纪第一个十年期间，冠以“法律逻辑”出版的法律逻辑教科书有将近 20 本。有少数教科书在体系与内容上做了一些尝试性工作，但有些教科书只不过在重复 20 世纪 80 年代主流教科书的框架。代表性的教科书有：王洪主编《法律逻辑学》（2001）、雍琦著《法律逻辑学》（2004）、张继成主编《实用法律逻辑教程》（2004）、黄伟力著《法律逻辑学新论》（第二版，2005）、张大松和蒋新苗主编《法律逻辑学教程》（第二版）、孔庆荣主编《法律逻辑学》（2008）以及亚狄瑟著《法律的逻辑》（译著，2007）等。这类的学术性著作有：雍琦主编《法律适用中的逻辑》（2001）、梁庆寅主编《法律逻辑研究》第 1 卷（2005）、张晓光主编《法律逻辑的理论与实践》（2010）、张静焕著《法律逻辑方法与个案评价》（2009）、张斌峰等编《法律逻辑学导论》（2010）等。

在此期间，许多学者公开发表论文讨论与法律逻辑有关的问题。2001 年，缪四平的《关于法律逻辑对象和性质的思考》一文把法律推理作为法律逻辑的研究对象，认为法律推理是形式推理、规范推理与法律适用的综合体。2003 年，孔红在《法律逻辑的研究工具与对象》一文中针对法律逻辑研究中逻辑工具的不足提出了法律逻辑研究的核心问题是法律论证。

2006年，熊明辉在《法律逻辑与批判性思维》一文提出法律论证是一种特殊的自然语言论证或非形式论证，是一种非单调的论证，因此，法律逻辑的研究对象也应当从“基于传统逻辑的法律推理分析与评价”转移到“基于非形式逻辑的法律论证分析与评价”上来。同年，武宏志在《法律论证和论证逻辑的互动》一文中从图尔敏论证模式出发，认为非形式逻辑或论证逻辑不仅可以尝试作为法律逻辑的一个新的基本框架，而且它和法律逻辑培养学生批判性思维的最终目标完全契合。2007年，熊明辉在《从法律论证到诉讼论证》一文中提出把法律论证定位成法律逻辑的研究对象既过于宽泛又过于狭窄，因此，应当把法律逻辑的研究重点从法律论证转移到诉讼论证上来。鉴于这个原因，熊明辉2008年在《法律逻辑中的推论规则》一文中提出法律逻辑中的推论规则有两条：一是形式演绎逻辑的基本推理规则——分离规则，二是法律诉讼中的证明责任规则。

（二）法律推理类

通过翻译引入一批国外成果是近十年法律推理研究的一大特征。但遗憾的是，这批成果大多数是二十多年前西方学者的成果。2002年出版的列维的《法律推理引论》的原著是20世纪中叶出版的。2005年出版的阿蒂亚和萨默斯的《英美法中的形式与实质：法律推理、法律理论和法律制度比较研究》的英文版是1987年出版的。2005年出版的麦克密克的《法律推理与法律理论》的原版是1978年出版的。

与此同时，一批具有某种原创性的法律推理专著也在国内相继问世。除了前面已经提及的张保生的专著《法律推理的理论与方法》之外，还有解兴权著《通向正义之路：法律推理的方法论研究》（2000）、王洪著《司法判断与法律推理》（2002）、陈锐著《法律推理论》（2006）、罗仕国著《科学与价值：作为实践理性的法律推理导论》（2008）、张骐著《法律推理与政治制度》（2003）等。

“法律推理”被称为一个重要章节写入法理学教科书中。在西方，“法律推理”通常都是法理学教科书不可缺的组成部分。然而，在我国，尽管早在1990年沈宗灵在《法理学研究》一书中就专门写了有关法律推理的章节，但在20世纪作为法律逻辑研究对象的法律推理似乎并没得到我国法理学家们的青睐，至少在写法理学教科书时如此。进入21世纪后，在法理学著作中如果再忽略“法律推理”的地位，法律理性的基础似乎便欠缺了点什么。随着法律逻辑学和法理学家们共同去关注法律推理的重要性，法律推理已被21世纪的众多法理学著作纳入其主题范畴之内，如：孙笑侠和夏立安主编《法理学导论》（2005）、刘作翔主编《法理学》（2005）、舒国滢主编《法理学导论》（2006）、姚建忠主编《法理学》（2010）、於兴中著《法理学检读》（2010）、付子堂著主编《法理学进阶》（第三版，2010）等。

在此期间，以“法律推理”为研究对象的论文相当活跃。在中国知网全文期刊数据库中达150多篇。法律推理的构成要素、类型、功用及其逻辑基础是本阶段关注的热点问题。2000年，张骐在《形式规则与价值判断的双重变奏——法律推理方法的初步研究》一文中提出了形式规则（包括形式逻辑规则与法律规则）与价值判断是形成法律推理方法的基本要素，缺一不可，人们在进行法律推理时依情况的不同而对它们有不同的侧重。2001年，张继成在《价值判断是法律推理的灵魂》一文中认为形式法律推理中，只有进行价值判断，才能打开前提与结论间的逻辑通道。同年，郝建设在《论法律推理》一文中提出形式推理是在法律适用过程中运用形式逻辑推理的思维活动，是一个复杂的思维过程；而实质推理以法律价值作为推理的基本要素，是一种高层次的法律推理。同年，梁庆寅和柯华庆在《论形式推理与实质推理在法治化过程中的定位》一文中提出，鉴于法律推理在中国法治化进程中的重要地位，法律推理应当“以形式推理为基本推理模式，以实质推理为辅”[①] 的基本思想。2005年，熊明辉在《法律推理的逻辑基础》一文中提出，法律推理是一种实践推理，非单调逻辑是法律推理的逻辑基础，因此，要从逻辑层面研究法律推理，必须引入非形式逻辑思想，提出了“法律逻辑研究的非形式转向”[②]。

（三）法律论证类

“法律论证”与“法律推理”有时被学者们严格区分开来，但大数情况下被人们不加区别地使用。实际上，他们两者的出发点是不同的，前者是从主张（结论）出发的，后者是从前提（理由）出发的。“法律论证”这一概念被引进到法律逻辑和法理学之中，与舒国滢翻译阿列克西的《法律论证理论》（2002）的问世是密不可分的。在西方，有三本

① 梁庆寅、柯华庆：《论形式推理与实质推理在法治化过程中的定位》，《中山大学学报》2001年第4期。

② 熊明辉：《法律推理的逻辑基础》，《法律方法与法律基础》2005年。

重要的法律论证著作，即霍洛维奇著《法律与逻辑：法律论证的批判性分析》（1972）、阿列克西著《法律论证理论》（1978）和菲特丽丝著《法律论证原理》（1999）。其中，后两本著作已被翻译成中文分别于2002年和2005年出版。此外，梁庆寅、熊明辉等人共同翻译了道格拉斯·沃尔顿2002年出版的《法律论证与证据》，这是法律逻辑与证据学交叉研究的新著，该书于2010年纳入中国政法大学出版社的“美国法律文库”出版。

在我国，一批具有一定原创性的法律论证著作也于最近几年相继问世。焦宝乾分别于2006年和2010年出版了《法律论证导论》和《法律论证：理论与方法》。2009年，侯学勇出版了《法律论证的融贯性研究》。这些著作的共同特点是：作者主要从法律方法进入法律论证的分析与评价问题，在逻辑学视角方面相对显得比较薄弱。2010年，熊明辉出版了《诉讼论证：诉讼博弈逻辑的分析》一书。该书是2006年国家社科基金项目“基于非形式逻辑的法律论证研究”的最终结项成果，结项时被鉴定为优秀。该书从“广义非形式逻辑”角度研究法律逻辑，把法律论证置于诉讼论证博弈框架下来讨论，开辟了一个法律逻辑或法律论证评价研究的新视角，在国内学者中首次把法律论证研究与非形式逻辑、人工智能逻辑、语用论辩理论和博弈理论结合在一起，提出了“诉讼论证”、“诉讼论证博弈”等新概念。2007年，在陈金钊主编的普遍高等教育“十一五”国家级规划教材《法理学》一书中，“法律论证”被作为“法律推理”的替代品被写入。

“法律论证是什么?”，这是21世纪以来我国法律逻辑学家或法律论证理论家们一直在探讨的问题。“法律论证”也成为21世纪头十年法理学的一个热门术语。2003年，刘治斌在《法律论证释义》一文中给出了一个法律论证定义，即法律论证是指通过交互对话或商谈，为法律活动提供合法性、正当性理由的证明活动。随后，许多学者都撰文讨论法律论证有关问题，如：葛洪义的《试论法律论证的概念、意义和方法》（2004）、陈金钊的《法律论证的理论探寻》（2005）、梁庆寅和张南宁的《法律论证的有效性条件》（2005）、熊明辉的《法律论证及其评价》（2005）、张晓光的《法律论证中的理由逻辑》（2008）、焦宝乾的《法律论证的思维特征》（2009）、王晓的《法律论证中的因果关系研究》（2010）。

参考文献

[1]《艾思奇全书》（第一卷），人民出版社 2007 年版。

[2] 北京大学哲学系逻辑学教研室：《逻辑学讲授提纲》，高等教育出版社 1958 年版。

[3] 北京市逻辑学会编辑组编：《全国逻辑讨论会论文选集》（1979），中国社会科学出版社 1981 年版。

[4] 陈波：《逻辑学》，中国人民大学出版社 1997 年版。

[5] 陈金钊：《法律论证的理论探寻》，《东岳论丛》2005 年第 1 期。

[6] 陈金钊主编：《法理学》，山东大学出版社 2008 年版。

[7] 陈慕泽：《词项周延性的一阶语言定义》，《中国人民大学学报》1997 年第 5 期。

[8] 陈锐：《法律推理论》，山东人民出版社 2006 年版。

[9] 陈锐：《规范逻辑与法律科学》，天津人民出版社 2002 年版。

[10] 戴希培：《形式逻辑导论》，东北林业大学出版社 1987 年版。

[11] [德] 阿列克西：《法律论证理论》，舒国滢译，中国法制出版社 2002 年版。

[12] [德] 恩格斯：《反杜林论》，吴黎平译，人民出版社 1956 年版。

[13] 杜汝楫主编：《法律专业形式逻辑》，群众出版社 1983 年版。

[14] 杜岫石：《逻辑学讲话》，吉林人民出版社 1958 年版。

[15] 付子堂主编：《法理学进阶》，法律出版社 2010 年版。

[16] 葛洪义：《试论法律论证的概念、意义与方法》，《浙江社会科学》2004 年第 2 期。

[17] 龚育之等：《毛泽东的读书生活》，生活·读书·新知三联书店 1986 年版。

[18] 谷振诣、刘壮虎：《批判性思维教程》，北京大学出版社 2006 年版。

[19] 郭扬：《逻辑学讲义》，三联书店 1958 年版。

[20] 郝建设：《法律逻辑研究的对象和内容》，《辽宁大学学报》（哲学社会科学版）1989 年第 2 期。

[21] 郝建设：《论法律推理》，《辽宁大学学报》（哲学社会科学版）2001 年第 1 期。

[22] [荷] 爱默伦、荷罗顿道斯特：《论辩、交际、谬误》，施旭译，北京大学出版社 1991 年版。

[23] [荷] 爱默伦、荷罗顿道斯特：《批判性论辩：论辩的语用辩证法》，张树学译，北京大学出版社 2002 年版。

[24] [荷] 凡·爱默伦、汉克曼斯：《论辩巧智：有理说得清的技术》，熊明辉、赵艺译，新世纪出版社 2006 年版。

［25］［荷］菲特丽丝：《法律论证原理》，张其山等译，商务印书馆 2005 年版。

［26］何其芳：《毛泽东之歌》，《人民文学》1977 年第 9 期。

［27］何向东：《逻辑学教程》，高等教育出版社 1999 年版。

［28］何应灿、澎漪涟：《逻辑学引论》，华东师范大学出版社 1988 年版。

［29］侯学勇：《法律论证的融贯性研究》，山东人民出版社 2009 年版。

［30］黄华新、胡龙彪：《逻辑学教程》，浙江大学出版社 2000 年版。

［31］黄华新、汤军：《雾区的寻觅：谬误学精华》，上海文化出版社 1990 年版。

［32］黄厚仁：《规范逻辑在法律工作中的应用》，《政法论坛》1984 年第 1 期。

［33］黄伟力：《法律逻辑学新论》，上海交通大学出版社 2005 年版。

［34］黄展骥：《“赋值”与“非赋值”平分秋色？——评克里普克的“悖论观”》，《安徽大学学报》（哲学社会科学版）1999 年第 5 期。

［35］黄展骥：《“矛盾被证”是卓论？是谬论？——澄清陈波教授的误解》，《安徽大学学报》（哲学社会科学版）2000 年第 6 期。

［36］黄展骥：《评塔斯基的“说谎者”悖论——矛盾的“显”、“隐”与“被证”》，《佳木斯大学社会科学学报》2000 年第 5 期。

［37］江南：《回溯推理在刑侦中的作用及要求》，《思维与智慧》1998 年第 1 期。

［38］江天骥：《逻辑论丛》，湖北人民出版社 1957 年版。

［39］蒋维乔：《论理学教科书》，商务印书馆 1913 年版。

［40］焦宝乾：《法律论证导论》，山东人民出版社 2006 年版。

［41］焦宝乾：《法律论证的思维特征》，《法律方法》（第八卷）2009 年。

［42］焦宝乾：《法律论证：思维与方法》，北京大学出版社 2010 年版。

［43］晋荣东：《论非形式逻辑的现代性特征》，《延安大学学报》（社会科学版）2006 年第 3 期。

［44］金岳霖：《关于修改形式逻辑和建立统一的逻辑学体系问题》，《新建设》1961 年第 1 期。

［45］金岳霖：《形式逻辑》，人民出版社 1979 年版。

［46］金岳霖等：《逻辑通俗读本》，中国青年出版社 1964 年版。

［47］康忠睦、刘汉民：《论回溯推理及其在公安工作中的运用》，《政法学刊》1996 年第 4 期。

［48］孔红：《法律逻辑的研究工具与对象》，《中山大学学报》（社会科学版）2003 年第 1 期。

［49］孔庆荣主编：《法律逻辑学基础》，中国法制出版社 2008 年版。

［50］李达：《社会学大纲》，武汉大学出版社 2007 年版。

［51］李世繁：《在三段论里，前提虚假，形式是否正确?》，《光明日报》1959 年 5 月 17 日。

[52] 梁庆寅等:《传统和现代逻辑概论》，中山大学出版社 1998 年版。

[53] 梁庆寅、江龙:《论辩术的新发展及其对科学论证的贡献》，《哲学研究》2007 年第 6 期。

[54] 梁庆寅、柯华庆:《论形式推理与实质推理在法治化过程中的定位》，《中山大学学报》2001 年第 4 期。

[55] 梁庆寅、张南宁:《法律论证的有效性条件》，《法律方法与法律思维》2005 年。

[56] 梁庆寅、赵利:《非形式论证的评价方法》，《哲学动态》2003 年第 4 期。

[57] 梁庆寅主编:《法律逻辑研究》（第 1 卷），法律出版社 2005 年版。

[58] 刘春杰:《论证逻辑研究》，青海人民出版社 1991 年版。

[59] 刘丹岩:《论逻辑学与唯物辩证法 关于逻辑学四个基本问题的研究》，吉林人民出版社 1957 年版。

[60] 刘治斌:《法律论证释义》，《甘肃教育学院学报》（社会科学版）2003 年第 3 期。

[61] 刘作翔主编:《法理学》，社会科学文献出版社 2005 年版。

[62] 陆征麟等:《逻辑思维基本规律》，河北人民出版社 1960 年版。

[63] 罗仕国:《科学与价值：作为实践理性的法律推理导论》，中国社会科学出版社 2008 年版。

[64] 马佩:《逻辑学原理》，开封：河南大学出版社 1987 年版。

[65] 马特:《关于形式逻辑在认识过程中的作用问题》，《哲学研究》1955 年第 3 期。

[66] 马特:《马克思主义与逻辑问题》，科学出版社 1958 年版。

[67] 毛泽东:《矛盾论》，转引自孙中原《中国逻辑研究》，商务印书馆 2006 年版。

[68] [美] 阿蒂亚、萨默斯:《英美法中的形式与实质：法律推理、法律理论和法律制度的比较研究》，金敏等译，中国政法大学出版社 2005 年版。

[69] [美] 伯顿:《法律与法律推理导论》，张志铭、解兴权译，中国政法大学出版社 1998 年版。

[70] [美] 道格拉斯·沃尔顿:《法律论证与证据》，梁庆寅、熊明辉等译，中国政法大学出版社 2010 年版。

[71] [美] 柯匹:《符号逻辑》，宋文坚译，北京大学出版社 1988 年版。

[72] [美] 柯匹、科恩:《逻辑学导论》，张建军、潘天群译，中国人民大学出版社 2007 年版。

[73] [美] 枯雷顿:《逻辑概论》，刘奇译，商务印书馆 1926 年版。

[74] [美] 枯雷顿、司马特:《论理学大纲》，丘瑾璋译，世界书局 1934 年版。

［75］［美］列维：《法律推理引论》，庄重译，中国政法大学出版社 2002 年版。

［76］［美］亚狄瑟：《法律的逻辑》，唐欣伟译，法律出版社 2007 年版。

［77］缪南：《叶青〈形式逻辑与辩证逻辑〉批判》，《时代论坛》1936 年第 1 卷第 7 期。

［78］缪四平：《关于法律逻辑对象和性质的思考》，《华南政法学院学报》2001 年第 2 期。

［79］潘梓年：《逻辑与逻辑学》，三联书店 1961 年版。

［80］《普通逻辑》编写组：《普通逻辑》，上海人民出版社 1979 年版。

［81］《普通逻辑》编写组：《普通逻辑》，上海人民出版社 1982 年版。

［82］《普通逻辑》编写组：《普通逻辑》，上海人民出版社 1986 年版。

［83］《普通逻辑》编写组：《普通逻辑》，上海人民出版社 1993 年版。

［84］全国高等教育自学考试指导委员会编：《普通逻辑自学考试大纲》，红旗出版社 1986 年版。

［85］阮松：《第二讲 论证的评估——比尔兹利图》，《思维与智慧》1991 年第 5 期。

［86］阮松：《第三讲 预设：合作原则与隐含前提》，《思维与智慧》1991 年第 6 期。

［87］阮松：《第四讲 非形式谬误》，《思维与智慧》1992 年第 4 期。

［88］阮松：《第五讲 论证的建构》，《思维与智慧》1992 年第 5 期。

［89］阮松：《第一讲 非形式逻辑的兴起》，《思维与智慧》1991 年第 4 期。

［90］阮松：《非形式逻辑的兴起及其哲学意蕴》，《哲学动态》1991 年第 7 期。

［91］阮松：《西方的非形式逻辑运动与我国逻辑学的走向》，《南开学报》（哲学社会科学版）1996 年第 6 期。

［92］沈宗灵：《法律推理与法律适用》，《法学》1988 年第 5 期。

［93］沈宗灵主编：《法理学研究》，上海人民出版社 1990 年版。

［94］石村：《逻辑分析偶举》，山东人民出版社 1962 年版。

［95］石村：《逻辑杂谈》，湖北人民出版社 1959 年版。

［96］舒国滢主编：《法理学导论》，北京大学出版社 2006 年版。

［97］宋文坚：《逻辑学的传入与研究》，福建人民出版社 2005 年版。

［98］宋文坚主编：《新逻辑教程》，北京大学出版社 1992 年版。

［99］［苏］高尔斯基：《逻辑学》，马兵译，上海人民出版社 1960 年版。

［100］［苏］高尔斯基、塔瓦涅茨主编：《逻辑》，宋文坚译，三联书店 1957 年版。

［101］［苏］马卡洛夫主编：《逻辑教学大纲》，李志才译，三联书店 1956 年版。

［102］［苏］斯特罗果维契：《逻辑》，曹葆华、谢宁译，新华书店 1950 年版。

［103］［苏］维诺格拉道夫、古齐明：《逻辑》，齐大衍译，上海人民出版社 1951 年版。

［104］［苏］西洛可夫、爱森堡等：《辩证法唯物论教程》，李达、雷仲坚译，上海笔耕堂书店 1932 年版。

［105］孙笑侠、夏立安主编：《法理学导论》，高等教育出版社 2004 年版。

［106］孙中原：《中国逻辑研究》，商务印书馆 2006 年版。

［107］陶景侃：《大学逻辑教程》，兰州大学出版社 1993 年版。

［108］陶景侃：《法律规范的逻辑演算 Q_ s 系统》，《兰州大学学报》（社会科学版）1997 年第 2 期。

［109］陶景侃：《法律命题逻辑的元逻辑》，《兰州大学学报》（社会科学版）1988 年第 3 期。

［110］陶景侃：《法律命题逻辑系统及其实践意义》，《兰州大学学报》（社会科学版）1987 年第 4 期。

［111］屠孝实：《名学纲要》，生活·读书·新知三联书店 1960 年版。

［112］王方名：《论形式逻辑问题》，中国人民大学出版社 1957 年版。

［113］王洪：《司法判断与法律推理》，时事出版社 2002 年版。

［114］王洪：《司法判决与法律推理》，时事出版社 2002 年版。

［115］王洪主编：《法律逻辑学》，中国政法大学出版社 2001 年版。

［116］王蘧常：《严几道年谱》，商务印书馆 1936 年版。

［117］王路：《论我国的逻辑教学》，《西南师范大学学报》1993 年第 2 期。

［118］王栻主编：《严复集》，中华书局 1986 年版。

［119］王维贤、李先焜、陈宗明：《语言逻辑引论》，湖北教育出版社 1989 年版。

［120］王晓：《法律论证中的因果关系研究——兼论法律论证中的逻辑关系》，《北方法学》2010 年第 2 期。

［121］王章焕：《论理学大全》，商务印书馆 1930 年版。

［122］王左立：《非形式逻辑——一个新的逻辑学分支》，《思维与智慧》1990 年第 1 期。

［123］武宏志：《标准谬误论的批评和重新解读》，《延安大学学报》（社会科学版）2008 年第 1 期。

［124］武宏志、陈如松：《非形式逻辑和人工智能》，《佳木斯大学社会科学学报》2006 年第 5 期。

［125］武宏志、丁煌：《当代谬误研究评论》，《哲学动态》1988 年第 9 期。

［126］武宏志、丁煌：《谬误：思维的陷阱》，延边大学出版社 1990 年版。

［127］武宏志、丁煌：《谬误研究对传统逻辑的意义》，《湖北师范学院学报》（哲学社会科学版）1988 年第 1 期。

［128］武宏志：《法律逻辑和论证逻辑的互动》，《法商研究》2006 年第 5 期。

［129］武宏志：《非形式逻辑的核心概念："论证"》，《湖南科技大学学报》（社会科学版）2006 年第 2 期。

［130］武宏志、李延梅：《非形式逻辑的合法性》，《求索》2004 年第 7 期。

［131］武宏志、李延梅：《非形式逻辑或论证逻辑：解释论证的策略》，《华南师范大学学报》（社会科学版）2004 年第 3 期。

［132］武宏志、刘春杰：《"非形式逻辑"的概念及其义理》，《青海师范大学学报》（哲学社会科学版）2004 年第 6 期。

［133］武宏志、刘春杰：《"非形式逻辑"诠释》，《延安大学学报》（社会科学版）2007 年第 1 期。

［134］武宏志、刘春杰：《批判性思维——以论证逻辑为工具》，陕西人民出版社 2005 年版。

［135］武宏志、周建武、唐坚：《非形式逻辑导论》（上、下），人民出版社 2009 年版。

［136］武宏志、周建武主编：《批判性思维——论证逻辑视角》，中国人民大学出版社 2010 年版。

［137］吴家国：《从传统逻辑到普通逻辑》，北京师范大学出版社 2006 年版。

［138］吴家国：《关于形式逻辑问题讨论的回顾》，《哲学研究》1979 年第 4 期。

［139］吴家国：《逻辑散论》，广西师范大学出版社 1996 年版。

［140］吴家国主编：《普通逻辑原理》，高等教育出版社 1989 年版。

［141］吴家麟：《故事里的逻辑》，宁夏人民出版社 1979 年版。

［142］吴家麟主编：《法律逻辑学》，群众出版社 1983 年版。

［143］解兴权：《通向正义之路：法律推理的方法论研究》，中国政法大学出版社 2000 年版。

［144］熊明辉：《从法律论证到诉讼论证——谈谈法律论证逻辑研究对象的转变》，《求是学刊》2007 年第 6 期。

［145］熊明辉：《法律逻辑研究的非形式转向——第一届全国非形式逻辑与法律逻辑学术研讨会综述》，《哲学动态》2005 年第 3 期。

［146］熊明辉：《法律逻辑与批判性思维》，《重庆工学院学报》2006 年第 7 期。

［147］熊明辉：《法律推理的逻辑基础》，《法律方法与法律基础》2005 年。

［148］熊明辉：《非形式逻辑的对象及其发展趋势》，《中山大学学报》（社会科学版）2006 年第 2 期。

［149］熊明辉：《非形式逻辑视野下的论证评价理论》，《自然辩证法研究》2006 年第 12 期。

［150］熊明辉：《论法律逻辑中的推论规则》，《中国社会科学》2008 年第 4 期。

［151］熊明辉：《论证评价的非形式逻辑模型及其理论困境》，《学术研究》2007年第9期。

［152］熊明辉：《试论批判性思维与逻辑的关系》，《现代哲学》2006年第2期。

［153］熊明辉：《诉讼论证：诉讼博弈逻辑的分析》，中国政法大学出版社2010年版。

［154］熊明辉：《自然语言论证评价的逻辑分析》，《哲学研究》2006年第10期。

［155］熊明辉、赵艺：《语用论辩学派的论证评价理论探析》，《自然辩证法通讯》2007年第4期。

［156］熊文轩、周光明：《法庭辩论逻辑》，广西教育出版社1993年版。

［157］许兴凯：《"演绎法"、"归纳法"与辩证法唯物论》，《民铎》1929年第10卷。

［158］徐元瑛：《逻辑学的对象和意义》，河北人民出版社1960年版。

［159］徐元瑛、张维真：《普通逻辑简明教程》，天津人民出版社2000年版。

［160］杨武金：《逻辑与批判性思维》，中国人民大学出版社2009年版。

［161］阳作洲等：《法律专业逻辑学》，四川人民出版社1981年版。

［162］阳作洲：《刑事侦察中怎样运用假言推理》，《现代法学》1980年第2期。

［163］阳作洲：《在刑事侦察中怎样运用选言判断和选言推理》，《现代法学》1980年第1期。

［164］姚建宗主编：《法理学》，科学出版社2010年版。

［165］叶青：《论理学问题》，转引自孙中原《中国逻辑研究》，商务印书馆2006年版。

［166］一兵：《逻辑学讲话》，山东人民出版社1955年版。

［167］亦英：《认识论中之形式论理与矛盾论理》，《东方杂志》1932年第29卷第6期。

［168］［英］麦克密克：《法律推理与法律理论》，姜峰译，法律出版社2005年版。

［169］［英］穆勒：《穆勒名学》，严复译，商务印书馆1981年版。

［170］［英］耶芳斯：《辩学》，王国维译，北京文化书社1908年版。

［171］［英］耶芳斯：《名学浅说》，严复译，商务印书馆1981年版。

［172］雍琦：《比对推理在刑事侦查中的运用》，《现代法学》1980年第3期。

［173］雍琦：《法律逻辑学》，法律出版社2004年版。

［174］雍琦：《审判逻辑简论》，四川人民出版社1990年版。

［175］雍琦主编：《法律逻辑基础》，四川省社会科学院出版社1986年版。

［176］雍琦主编：《法律适用中的逻辑》，中国政法大学出版社2002年版。

［177］于绍元等：《诉讼逻辑》，法律出版社1995年版。

［178］於兴中：《法理学检读》，海洋出版社 2010 年版。

［179］张保生：《法律推理的理论与方法》，中国政法大学出版社 2000 年版。

［180］张斌峰等编：《法律逻辑学导论》，武汉大学出版社 2010 年版。

［181］张大松、蒋新苗主编：《法律逻辑学教程》，高等教育出版社 2003 年版。

［182］张继成：《价值判断是法律推理的灵魂》，《北京科技大学学报》（社会科学版）2001 年第 1 期。

［183］张继成主编：《实用法律逻辑教程》，中国政法大学出版社 2004 年版。

［184］张静焕：《法律逻辑方法与个案评价》，吉林大学出版社 2009 年版。

［185］张骐：《法律推理与政治制度》，山东人民出版社 2003 年版。

［186］张骐：《形式规则与价值判断的双重变奏——法律推理方法的初步研究》，《比较法研究》2000 年第 2 期。

［187］张世珊主编：《诉讼逻辑》，广西人民出版社 1986 年版。

［188］张晓光：《法律论证中的理由逻辑》，《经济师》2008 年第 1 期。

［189］张晓光主编：《法律逻辑的理论与实践》，学林出版社 2010 年版。

［190］张学立：《回溯推理——一种独立的推理类型》，《贵州社会科学》1998 年第 1 期。

［191］张子和：《新论理学》，三联书店 1959 年版。

［192］赵俪生：《逻辑学教程》，山东人民出版社 1955 年版。

［193］赵总宽：《逻辑学百年》，北京出版社 1999 年版。

［194］《哲学大辞典·逻辑学卷》编辑委员会编：《哲学大辞典·逻辑学卷》，上海辞书出版社 1988 年版。

［195］《哲学研究》编辑部编：《逻辑问题讨论集》，上海人民出版社 1959 年版。

［196］《哲学研究》编辑部编：《逻辑问题讨论续集》，上海人民出版社 1960 年版。

［197］《哲学研究》编辑部编：《逻辑问题讨论三集》，上海人民出版社 1962 年版。

［198］中国逻辑史研究会资料编选组：《中国逻辑史资料选·现代卷（上）》，甘肃人民版社 1991 年版。

［199］中国逻辑学会形式逻辑研究会编：《形式逻辑研究》，北京师范大学出版社 1984 年版。

［200］中国人民大学哲学系逻辑教研室编：《逻辑学》，中国人民大学出版社 1996 年版。

［201］中国人民大学哲学系逻辑教研室编：《逻辑学》，中国人民大学出版社 2008 年版。

［202］中国社会科学院科研局组织编：《周礼全集》，中国社会科学出版社 2000

年版。

［203］中山大学逻辑教研室:《逻辑导论》，中山大学出版社 1996 年版。

［204］中央文献出版社:《建国以来毛泽东文稿》（第七册），中央文献出版社 1992 年版。

［205］周安平:《回溯推理与侦查假设》，《江西公安专科学校学报》1999 年第 3 期。

［206］周光明:《论回溯推理》,《探索》1997 年第 1 期。

［207］周谷城:《回忆毛主席的教导》,《光明日报》1978 年 12 月 20 日。

［208］周谷城:《形式逻辑与辩证法》，生活・读书・新知三联书店 1979 年版。

［209］诸葛殷同:《“吸收论”的两种归宿——中国高校文科逻辑教学走向何处》,《南京社会科学》2000 年 8 月。

［210］诸葛殷同:《形式逻辑原理》，人民出版社 1982 年版。

［211］朱武、黄浩森主编:《刑侦专业逻辑学》，南开大学出版社 1985 年版。

［212］朱武主编:《刑案逻辑解析 第一辑》，南开大学出版社 1985 年版。

［213］John Nolt, “Informal Logic in China”, *Informal Logic*, Vol. 6, No. 3, 1984.

第二章 数理逻辑(含:理论计算机)*

第一节 导论

一 数理逻辑传入中国

1920 年，英国数学家罗素（B. Russell）应邀来华讲学一年，从此数理逻辑开始传入中国。1922 年，傅种孙等将罗素的《罗素算理哲学》翻译出版。其后，汤璪真、朱言钧（公谨）等对数理逻辑和数学基础作过介绍。1926 年金岳霖在清华大学开设逻辑学课。1927 年汪奠基的《逻辑和数学逻辑论》出版。1937 年，金岳霖的《逻辑》出版，其中有专门章节论及数理逻辑。同年，汪奠基的又一著作《现代逻辑》出版。1930 年代后期到 1950 年代初，沈有鼎、王宪钧、胡世华、莫绍揆等先后从国外学成回国，数理逻辑开始在中国发展。

沈有鼎于 1929—1931 年在美国哈佛大学谢弗和怀德海指导下从事数理逻辑研究，后又留学德国，1940 年代还曾赴英国牛津大学访问研究。新中国成立后沈有鼎曾任北京大学教授，1955 年调任中国科学院哲学研究所研究员。他在 1950 年代主要从事数理逻辑的研究和教学。王宪钧早年在奥地利和德国学习逻辑。新中国成立后，他任北京大学教授，长期从事数

---

* 本章主要收入以下方面的成果:模型论、可计算性与计算复杂性理论、公理集合论,形式化方法,以及自动推理。仅收录被美国《数学评论》收入的成果。不收录中国学者代表国外发表的论文。本章除第三节递归论部分由王玮撰写外,其余均由赵希顺执笔。沈榆平、孙永新、金继伟、冯世光、罗小凯和党光瑞协助搜集资料。丁德成先生提供《十年来的中国科学数学卷——数理逻辑》(金岳霖、王宪钧、胡世华撰,中国科学出版社 1959 年出版)。另外还参考了《逻辑学百年》(赵总宽主编,北京出版社,1999 年)。在此一并致以衷心感谢!

理逻辑的研究与教学，提倡形式逻辑现代化，著有《数理逻辑引论》。

胡世华于1936—1940年间在欧洲学习和研究数理逻辑和数学基础，1941年回国。胡世华1950年起调任中国科学院数学研究所研究员，于1958年在数学所建立数理逻辑研究室。从此数理逻辑在中国科学院得到了发展。1963年至1985年数理逻辑研究室并入中国科学院计算技术研究所，改称第九研究室；1985年起第九研究室划入中国科学院软件研究所（杨东屏为主任）。胡世华还于1958年至1963年兼任中国科学技术大学应用数学系工程逻辑教研室主任。胡世华撰写了有关数理逻辑和许多阐明数理逻辑和数学基础的特征和意义的论文，例如《数理逻辑基础》（与陆钟万合著）、《数理逻辑的基本特征和科学意义》、《略论数理逻辑的发生、发展和现状》、《数理逻辑》和《数学基础》。

莫绍揆于1947年赴瑞士洛桑大学、国立高等工业学校和巴黎大学留学，师从国际著名的数理逻辑大师贝尔奈斯（P. Bernays），研究数理逻辑和数学基础。莫绍揆于1950年4月回国，任南京大学副教授、教授，创建数理逻辑专业，并长期担任数理逻辑教研室主任。他在数理逻辑研究和数学教育的园地上辛勤耕耘了50余年，是我国数理逻辑教育和研究的开拓者之一。他的著作《数理逻辑导论》（1956）和《递归函数论》（1965）获1978年全国科技大会奖；《数理逻辑教程》获全国优秀教材奖。

1944年当王世强读到A. Church的《Introduction to Mathematical Logic》一书时，深深感受到形式化方法对数学的影响。从此，他与数理逻辑结下了不解之缘。1960年代初，王世强就开设数理逻辑选修课。1978年，恢复研究生后，立即开设模型论。他的著作《模型论基础》，《独立于ZFC的数学问题》获1995年度国家教委优秀学术著作奖。王世强领导的科研小组获得国家教委1986年度科技进步一等奖。

这些老一代数理逻辑学家不仅在国内做出了具有国际影响的成果，他们还培养了一批世界知名的数理逻辑工作者。他们为新中国的数理逻辑的发展和繁荣奠定了必要的基础。另外，他们培养的学生有许多转向计算机科学的研究，也取得了辉煌的成就。

二　新中国成立初期的数理逻辑（1949—1966）

中华人民共和国成立初期的各项工作几乎照搬前苏联模式。由于当时苏联批判数理逻辑，国内也跟着批判数理逻辑。1951年《科学通报》第六期翻译发表 B. П. 屠尤利诺夫，Л. Е. 迈斯特洛夫的文章《反对数理逻辑中的唯心主义》[1]。对于数理逻辑的唯心主义歪曲以及由此而产生的误解阻碍了它的发展[47]。然而，由于科学技术发展中提出了许多数理逻辑的问题，发展数理逻辑的要求逐步为我国部分科学家所关注。1956 年春节毛泽东在宴请科学家时向金岳霖先生讲：数理逻辑重要，应该搞。毛泽东的话给了中国数理逻辑工作者极大的鼓舞（毛泽东的话并未正式发表）。应该说，1956 年至 1965 年间是中国逻辑学发展走向初步繁荣的时期。主要体现在以下几个方面。

（一）由金岳霖、王宪钧和胡世华负责制定了数理逻辑发展远景规划。

（二）许多逻辑学工作者撰文宣传、介绍数理逻辑。晏成书在 1956 年 4 月 8 日的《光明日报》发表文章《什么是数理逻辑》。胡世华在 1956 年 6 月 8 日的《人民日报》撰文《数理逻辑是应该重视的一门学科》，分析了数理逻辑与数学、逻辑学、计算机科学以及语言学之间的本质联系；之后他又在《哲学研究》上撰文介绍数理逻辑的基本特征与科学意义[38]。王宪钧撰文批驳了某些对数理逻辑的误解[139]。

（三）翻译、编写数理逻辑教材。莫绍揆 1958 年翻译希尔伯特和阿克曼合著的《数理逻辑基础》，培特的《递归函数论》；周礼泉、吴允曾和晏成书翻译塔斯基的《逻辑与演绎科学方法论导论》。此外我国学者也编写了自己的数理逻辑教材。莫绍揆 1965 年编写《数理逻辑导论》和《递归函数论》。另外由于历史的原因，有些译著和著作直到 1980 年代才出版（例如：莫绍揆翻译的 Kleene 的名著《元数学导论》）。

（四）相继开设逻辑学专业、成立了数理逻辑研究室，培养了一批数理逻辑后备人才。1952 年北京大学哲学系设立了包括数理逻辑在内的逻辑专门化课程。1957 年北京大学数学系开设了数理逻辑专门化课程。1958 年胡世华在数学所建立数理逻辑研究室，从此数理逻辑在中国科学院得到了发展。同年，莫绍揆在孙钟秀协助下在南京大学数学系创建我国第一个数理逻辑专业。1960 年中国人民大学哲学系开设了五年制本科逻辑学专业。

（五）形成了相当规模的研究队伍。1963 年在西安召开了全国性数理逻辑工作会议，参加者有 20 余人，提交论文 20 多篇，研究内容涉及：算法论、证明论、多值逻辑、自动推理以及程序设计。会议的论文汇编成《1963 年全国数理逻辑专业学术会议论文选集》（国防工业出版社，1965

年)。这说明，当时中国数理逻辑研究已初具规模。

(六) 取得了重要研究成果。胡世华和他的数理逻辑室成员合作从1949年到1965年期间发表关于多值逻辑、递归论的学术论文15篇。他关于多值逻辑的成果发表在国际权威逻辑杂志 Journal of Symbolic Logic[255]。他1956年发表在数学学报的文章解决了莫绍揆1954年提出的一个问题[39]。他关于递归算法的三篇文章把自然数上的递归函数论推广到了字集上[254][256][257]。

莫绍揆1950年至1965年间发表学术论文12篇，有两篇文章发表在 Journal of Symbolic Logic 上。他在1950年发表的论文中，构造了两个新的逻辑系统。这两个系统有效地避免了“蕴含怪论”[315]。1954年，莫绍揆发表了他的论文“多值系统的逻辑悖论”。在这篇论文中，他指出，即使引入多值逻辑也不能无条件地使用概括原理，否则在多值逻辑系统中仍能构造出类似二值逻辑悖论的悖论[314]。1959年，莫绍揆提出了两个新的模态系统，在这两个系统中蕴涵怪论已绝迹，蕴涵词及模态词均与直觉相符[82]。1950年代，莫绍揆还系统地研究了原始递归函数定义的简化、一般递归函数的构造，他提出了初基函数和五则函数等新概念[73]。

沈有鼎于1950年代研究有根类悖论和语义悖论，他的两篇论文发表在 Jornal of Symbolic Logic 上[332][333]。沈有鼎还构造了比 Johansson 的极小演算更“小”的命题演算[91]。

王世强在1953年发表第一篇关于命题演算的文章，改进了 Hilbert - Goetlind 的命题演算公理体系[130]。王世强还研究逻辑电路的构作[136][137]。

三 改革开放后的中国数理逻辑(1978—1996)

从我们收集的资料看，中国数理逻辑文献要么是1966年之前发表的，要么是1978之后发表的。这似乎说明，在“文化大革命”的十年间，中国数理逻辑是停滞不前。然而，实际上中国数理逻辑研究并没有中断。1972年，世界著名的美籍华裔数理逻辑学家王浩先生首次回国时曾受周恩来总理的接见。这极大地鼓舞了全国(特别是北京的)数理逻辑工作者。之后，王浩先生数次回国做学术报告。仅1977年，王浩先生回国就做了六次关于数理逻辑的广泛而通俗的讲演，后来中国学者把这些报告整理成册出版《数理逻辑通俗讲话》。这至少使得中国学者了解了当时世界数理逻辑的发展状况与动向，为中国逻辑学工作者以后取得高水平成果提供了极大的帮助。“文化大革命”动乱时期，中国许多数理逻辑工作者虽然身处逆境，但仍然坚持学习和研究。例如，1972 年王世强从山西临汾下放劳动回来后就研读 A. Robinson 的《非标准分析》。虽然罗里波从 1950 年代末就受到打击，但他没有放弃数理逻辑研究。李祥在资料匮乏的贵州中学里还坚持学习研究数理逻辑。还有一些人在工厂、农村甚至监狱里还坚持逻辑和计算机科学理论的研究。随着 1970 年代后期政治气候的好转，科研人员也陆续回到高校和科研单位，中国知识分子压抑已久的能量得以爆发，他们夜以继日，争分夺秒，恨不得把过去白白流失的时间夺回来，相继发表了前期取得的重要成果。莫绍揆在 1979—1980 两年内发表了六篇关于集合论和递归论的学术论文。王世强在 1980—1981 两年内发表了六篇关于格值模型论的论文。沈有鼎在研究中国古代逻辑的同时，还在数学学报发表关于“纯逻辑演算”的成果[90]。杨东屏在高阶递归论取得了重要成果[149]。张锦文在 1979—1980 两年间发表七篇关于弱谓词演算上的公理集合论及非标准分析的论文。周浩旋关于 Martin 公理发表了三篇文章。尽管李祥当时在中学教书，他在 1979 年发表了两篇数理逻辑论文，使得他成为改革开放后我国大陆地区第一批出国参加亚洲逻辑会议的学者[51][52]。洪加威 1979—1980 在中国科学和科学通报发表两篇关于计算复杂性的成果[33][249]。正是数理逻辑工作者的不懈坚持和努力，在 1980 年代初期他们就取得了高质量的成果，论文发表在高水平的国际杂志上。例如：杨东屏关于 α－递归论的成果、罗里波关于模型论和自由群的可判定性的成果发表在《符号逻辑杂志》[295][296][363]。周浩旋用集合论公理研究拓扑问题，在国际杂志上发表三篇学术论文[405][407][408]。张锦文关于弱谓词逻辑上的集合论的文章被收入国际论文集[378]。洪加威关于计算复杂性理论的成果在国际杂志上发表三篇论文[247][250][251]。

1978 年后，中国各大学恢复了研究生招生。1981 年，胡世华、莫绍揆、王世强被国务院学位委员会批准为首批博士生导师。自此，我国老一辈数理逻辑学家重新开始培养数理逻辑学专业的硕士和博士研究生。同时，1960—1970 年代成长起来的数理逻辑工作者从 1980 年代也陆续开始招收研究生。1979 年华中工学院举办数理逻辑班。1981 年杭州大学数学系在本科基础数学专业开设了数理逻辑方向。1986 年中国科学院软件所与河南师范大学联合举办数理逻辑助教进修班。从 1970 年代末到 1980 年代，中国培养了一批数理逻辑人才。这一批人后来大都是中国数理逻辑的中坚力量。

1978 年，由中国社会科学院哲学研究所和《哲学研究》编辑部发起并组织的全国逻辑讨论会在北京中共中央党校召开。1979 年在北京举办了第二次全国逻辑讨论会，并成立了中国逻辑学会。进入 1980 年代，中国数理逻辑的组织和学术活动逐步正规化。1982 年 8 月 24 日至 28 日，中国逻辑学会和中国社会科学院哲学研究所在北京大学召开全国数理逻辑讨论会，我国逻辑、数学和计算机界的数理逻辑工作者近 60 人参加了会议。选举出第一届理事会及其领导成员：王宪钧任会长，张尚水任秘书长。1987 年成立中国数学会数理逻辑分会，杨东屏任理事长，理事分别来自中国科学院、南京大学、北京师范大学。数理逻辑分会在 1989 年召开第一次全国数理逻辑大会，并出版《纯粹与应用逻辑》论文集第一卷（张锦文主编，北京大学出版社，1989 年）。1992 年召开第二次全国数理逻辑大会(暨祝贺胡世华先生 80 岁寿诞)，出版论文集《纯粹与应用逻辑》第二卷(张锦文主编，北京大学出版社，1992 年)。

改革开放后，中国的数理逻辑呈现全面发展的局面。除了传统的递归论、模型论、公理集合论之外，计算机科学理论（如：自动推理、形式化方法、算法与计算复杂性）在 1980 年代也有长足的发展。涌现出一批非常出色的中青年科学家。如洪加威、周巢尘、陆汝钤、马希文、陶仁骥、刘叙华等。1983 年长沙召开第一届全国计算机理论会议，会议由陈火旺主持。会议邀请了吴文俊，吴允曾作特邀报告；唐稚松等十人作专题报告；还有 19 位作了分组报告。

进入 1980 年代，随着国家改革开放的深入，我国新成长起来的逻辑学工作者陆续到数理逻辑研究发达的西方国家留学、进修或访问研究。王浩先生 1978 年来华访问期间了解了洪加威的工作，就把他介绍给了世界计算复杂性理论的权威——加拿大多伦多大学的 S. Cook 教授。1979 年 10 月，洪加威应 Cook 教授邀请前往加拿大访问研究。杨东屏于 1980 年代初在国家留学基金委的资助下前往美国访问研究。黄文奇于 1981—1982 年在美国康乃尔大学数学系作为访问学者进修递归论。朱洪 1980 年前后被派往英国布朗大学进修计算机科学，先后跟随 Savage 和 Sedgewick 工作。沈复兴在北京师范大学取得博士学位后于 1986—1987 年赴德国海德堡大学数学系访问研究。刘叙华 1985—1986 年在美国依利诺大学计算机系做访问学者。张锦文 1989—1991 年先后两次到捷克斯洛伐克科学院国际人工智能实验室工作。还有一批中国学者留学海外，取得博士学位后回国工作。李未于1979—1983年间在英国爱丁堡大学计算机科学系留学，并获博士学位。罗里波自1981年硕士研究生毕业后去美国留学，取得博士学位，其后去日本、美国工作，后来回国。丁德成于1980年代中后期在德国海德堡大学工作，与世界著名数理逻辑学家G. Mueller、Ambos Spies合作研究，取得博士学位后回国。冯琦1980年代在美国宾州州立大学数学系获博士学位，师从国际上著名的集合论学家T. Jech教授，曾与世界著名逻辑学家（如：美国艺术与科学院院士、加州柏克利大学数学系教授W. Hugh Woodin，新加坡国立大学数学系教授庄志达）合作。王驹1988年毕业于美国加州大学洛杉矶分校，获博士学位。傅育熙于1988年4月由国家教委公派到英国曼彻斯特大学计算机系攻读博士学位，1992年获博士学位。中山大学周青1992年在美国明尼苏达大学获博士学位。蒋颖在巴黎第七大学获得博士学位后回国。最后必须指出，中国培养的一些数理逻辑学者到国外留学获得博士学位后留到国外任教（如：史念东、易小丁、郑锡忠、杨跃、高速、胡洪德，等等）。

中国学者出国进修、访问、留学的同时，我国也陆续邀请国际著名数理逻辑学家来华讲学。王浩先生在1980年代多次访华，在中国科学院、北京大学、清华大学作报告。他曾把中国的一些优秀学者介绍给世界著名的数理逻辑学家。新加坡国立大学庄志达先生在1984年访问贵州大学，连续五天作学术报告。之后多次访问北京、南京等地各大高校。庄先生对中国数理逻辑的发展给予了热心而无私的帮助，早在1981年他就帮助李祥参加亚洲逻辑会议，曾资助众多中国逻辑工作者赴新加坡国立大学学习、工作或参加学术会议。从1980年代中后期开始，世界著名的数理逻辑学家大都曾应邀访问中国各高校，并作学术报告（如：K. Kunen，T. Jech，R. Sore，A. Nerode，G. Sacks，G. Mueller，Ambos Spies，等等）。他们都对中国数理逻辑的发展提供了力所能及的帮助，比如，有的把他们的专著赠送给中国学者，帮助中国学者到国外进修，等等。其中德国海德堡大学的G. Mueller教授非常重视数理逻辑在中国的发展，他请王世强协助编辑《Ω - Bibliography of Mathematical Logic》（《数理逻辑文献》的中国部分），把中国数理逻辑研究工作系统地介绍给国际逻辑界。

改革开放后，国家订购并影印了一些重要的数理逻辑杂志和专著。例如：Journal of Symbolic Logic，Annals of Pure and Applied Logic等杂志，以及

《Axiomatic Set Theory》(T. Jech)、《Set Theory》(K. Kunen)、《Model Theory》(C. C. Chang, H. J. Keisler)、《Recursively Enumerable Sets and Degrees》(R. Soare)、《Proof Theory》(G. Takeuti)等专著。另外中国学者还翻译或编写一些数理逻辑教材。如:胡世华和陆钟万的《数理逻辑基础(上、下册)》(北京科学出版社,1981 年)、莫绍揆翻译 S. Kleene 的《元数学导论(上、下册)》(北京科学出版社,1987 年)、王世强的《模型论基础》(北京科学出版社,1987 年)和《独立于 ZFC 的数学问题》(北京师范大学出版社,1992 年)、张锦文的《公理集合论导引》(北京科学出版社,1991 年)、刘叙华著《基于归结方法的自动推理》(北京科学出版社,1994 年)、朱水林翻译英国逻辑学家哈密尔顿的《数理逻辑》、张家龙等翻译英国海涅尔夫妇合著的《逻辑学的发展》,以及郭维德等翻译美国 D. R. Hofstadter 的《哥德尔·艾舍尔·巴赫:集异壁之大成》,等等。

我国老一辈逻辑学家在 1980 年代中后期仍辛勤耕耘。莫先生研究了集合论的公理系统的简化,把 ZFC 系统中的九条公理简化为四条[81]。胡先生研究了递归结构[35][36]。王先生开创性地研究了格值模型论,给出了格值模型论的基础性概念、方法和定理[348]。王世强还把模型论方法应用于代数研究。比如,他研究了 Goldbach 猜想与环理论的独立性、Hilbert 零点定理等[350]。更重要的是,改革开放后成长起来的逻辑学家也取得了令人瞩目的成果。沈复兴等进一步丰富了格值模型论。罗里波证明交换群理论的判定复杂性在三重指数时间二重指数空间内[294]。丁德成将递归算术系统中的存在性公理减弱为迭代式,建立了迭代算术系统[17][18]。丁德成还对各种 generic - r. e. 度进行了系统研究,解决了 C. G. Jockusch 和 M. A. Ingrassia 的猜想[207]。冯琦从 1980 年代到 1990 年代中期主要在国外学习和工作,1996 年回国。他在 1990 年的文章中引进了 Ramsey 算子,给出了 Ramsey 基数的分层[225]。堵丁柱研究了 NP - 完全问题的复杂性核的结构特性[221]。沈恩绍研究了分划逻辑的模型论性质[328]。与此同时,数理逻辑与计算机科学和人工智能等学科的交叉领域也取得重要成果。唐稚松设计了一个广谱的结构程序语言,简称 XYZ 系统。在 1980 年代,唐为 XYZ 建立了时序逻辑基础,提出了可执行时序逻辑语言 XYZ/E。周巢尘致力于实时系统的模型、语义描述及其正确性的研究,提出了一阶谓词时序逻辑——时段逻辑。陆汝钤把数学中黎曼曲面的思想引进 PETRI 网论,建立了多层 PETRI 网模型 Petri/Riemann (P/R) 网。林惠民提出进程代数,在此基础上实现了通用的交互式进程代数验证工具 PAM[242][243]。徐家福和伊波合作提出了类比演算[154][366]。应明生提出了关于近似推理的逻辑系统[309]。李未把认知过程看成是形式理论的序列，提出了关于形式理论序列的极限理论——开放逻辑。汪湘浩和刘叙华提出了广义归结。孙吉贵和刘叙华在 SUN 工作站上设计实现了基于广义归结的两个定理机器证明系统 GRM，证明了《数学原理》中 PART 1：Mathematical Logic 中 Section A 与 Section B 中的全部定理（350 个）。黄文奇的拟物拟人算法参加 1996 年第三届 SAT 问题快速算法国际竞赛获得第一名。吴尽昭和刘卓军将一阶谓词演算的定理证明转化为代数簇的计算[140]。张明义提出自相容缺省逻辑，研究缺省推理的复杂性[235][381]。还有，周北海定义了模态逻辑的一种新的语义框架，基于此他证明了刘易斯的 S1 系统的完全性[404]。张清宇建立了一个弱弗协调逻辑系统[382]。

第三届和第六届亚洲逻辑会议分别于 1987 年和 1996 年在北京举办。

四　跨世纪的中国数理逻辑（1996—2009）

到了 20 世纪 90 年代老一代数理逻辑学家陆续退休，改革开放后成长起来的数理逻辑学家已成为中国数理逻辑的主力军，他们培养了一批高水平的数理逻辑专门人才，加之新一代留学归国的学者，目前我国已形成新老结合的数理逻辑研究群体。

进入到 20 世纪后期，中国国家实力进一步增强，政府也越来越重视科学技术的发展。教育部的“211 工程”和“985 工程”为高校科研人员提供了必要的科研经费支持。同时国家自然科学基金项目的资助力度也在不断加大。国家留学基金委不断增加支持科研人员国际学术交流的力度。同时各省市、各高校也出台多种政策以支持科研人员的工作。1998 年国家自然科学基金设立数理逻辑重大项目，2000 年教育部建设了全国唯一的逻辑学研究基地——中山大学逻辑与认知研究所。

到了 20 世纪 90 年中后期，我们有理由说，中国的数理逻辑及其应用研究已经融入世界数理逻辑的发展。中国学者对受国际关注的重要问题的研究有以下几个特点：（1）在某一领域有系统而独特的研究；（2）解决了重要难题或猜想；（3）提出了新的理论、新的方法、新的逻辑系统等；（4）把数理逻辑应用于新领域。冯琦在公理集合论方面获得了重要成果。例如，他给出了实平面分划齐一性定理，发现了平面开、闭分划与大基数的联系；他和他人合作提出了投影稳定原则；研究了 Radu 猜想；揭示强反映原则的本质特性，等等。丁龙云证明了 G. Hjorth 猜想，论文发表在顶级数学杂志 Advance Mathematics。喻良和丁德成解决了 R. Downey 关于随机实数的复杂性的问题。丁德成与吴永成建立了可计算测度空间理论。陈翌佳对固定参数复杂性的 W—分层进行了深入研究。赵希顺提出并研究了量化布尔公式的模型理论。张树果和张羿解决了关于基数不变量的若干重要问题。李昂生、王玮也都在可计算理论领域取得了具有国际水平的成果。应明生建立了基于量子逻辑的计算理论。傅育熙提出并研究一种新型并发计算模型—χ—演算。张健把数理逻辑应用于自动推理和程序分析。苏开乐把认知逻辑应用于信息安全验证，他的 MAX－SAT 求解器曾取得世界领先的成绩。王国俊及其团队发展了计量逻辑。何华灿提出了泛逻辑。鞠实儿和刘虎创立了二维逻辑系统。

越来越多的中国数理逻辑工作者活跃于国际学术舞台。丁德成、冯琦是中国数理逻辑的代表人物，代表中国活跃于国际数理逻辑学术活动。张羿是国际杂志《Logic and Algebra》主编。应明生在 Springer 出版社出版专著 Topology in Process Calculus: Approximate Correctness and Infinite Evolution of Concurrent Programs。张明义担任国际学术刊物《AI Communication》编委，多次担任人工智能学术会议的程序委员会委员，曾任 isfst－2000 的大会组织委员会主席。张健曾担任多个重要国际会议的程序委员会成员。赵希顺担任国际杂志 Journal of Satisfiability，Modeling and Computation 编委，国际学术会议 SAT08 大会主席，国际 SAT 年会 Steering Commeetee 成员。喻良组织 2008 年的国际会议 Computability，Complexity and Randomness (CCR08)。李昂生发起的学术会议 Logic and Computation 逐步发展成为国际年会 Theory and Application of Models of Computation。另外，众多中国学者被各种与数理逻辑相关的国际会议邀请作特邀报告。2002 年，世界数学家大会在中国举行，亚洲逻辑会议作为卫星会议在重庆举办。CCR08 在南京举办，SAT08 在广州举办。

进入 21 世纪，数理逻辑的传统分支不断开拓出新的研究方向，因而仍然有着强大的生命力。数理逻辑的重要方法在数学、计算机科学和人工智能领域的研究中将继续大放异彩。同时，随着科学技术的发展，数理逻辑的研究已延伸或正在延伸至网络、通讯、自动控制、机器学习、认知科学、经济学、社会组织学等领域。

第二节　模型论

模型论是数理逻辑的重要分支，是研究形式语言及其解释（模型）之间的关系的理论。早在20世纪20年代，数理逻辑的研究中就有了模型论性质的重要结果。但直到1950年以后，模型论才逐渐发展成为系统的理论。模型论的发展主要有两条主线：

（1）从具体的数学结构（如实数域）出发，利用模型论方法获得关于该结构以及该结构中的可定义集合的新性质。

（2）对于一些重要的理论，研究它们的模型的一般性质。

还应当指出，每种逻辑都有其相应的模型论。因此，除了一阶模型论之外，还有其他逻辑的模型论。例如，无穷长语言的模型论，广义量词的模型论，多值逻辑的模型论，等等。

一　一阶模型论

早在20世纪60年代，Vaught就提出如下猜想：如果一个可数理论有不可数多个互不同构的可数模型，那么它就有连续统个这样的模型。罗里波证明了当限制到齐性模型时，Vaught猜想是成立的[295]。1998年，罗里波还研究了多个一元关系上的Vaught猜想[308]。关于齐性模型的个数还有如下开问题（见C. C. Chang和Keisler的模型论专著）：对于哪一个大于3自然数n，存在可数完全理论T使得对任意无穷基数α，T恰有n个互不同构的势为α的齐性模型？罗里波通过研究模型的并与积运算，证明了对于型如$n = 2^r3^s$的自然数，上述理论是存在的[66]。在研究限制到超稳定模理论的Vaught猜想时，Prest建议讨论模的一些性质的保持性。王捍贫考察了交换环上的模的稳定性和超稳定性的保持性[117][355]。他讨论了将分式环$S^{-1}R$上的模归约到R上的模时包（hull）、类（class）、界（bound）、秩（rank）的保持性，证明了N_R是A在M_R中的包当且仅当$N_{S^{-1}R}$是A在$M_{S^{-1}R}$中的包，还讨论了分式模$S^{-1}M_{S^{-1}R}$与M_R之间上述性质存在单向或双向保持性的条件[118]。王进一步研究了将分式环$S^{-1}R$上的模归约到R上的模时noforking性质的保持性[346]。

V. Huber-Dyson在1979年考察了一种扩张的群论语言$(1, \cdot, \tau)$，其中$\tau(x)$表示x的已约（reduced）串的尾字母（terminal syllable）。他引入了两个

理论$F(E_n)$和$F(A_n)$，其中$F(E_n)$是语言$(1,\cdot,\tau)$中的 n 次自由群理论，而$F(A_n)$则是把群中的生成员作为常项的扩充语言中的该群的理论。Huber - Dyson 问：$F(E_n)$是否是完全的？$F(A_n)$是否是模型完全的？罗里波仅用四页长的论文就否定地回答了她的问题，并证明了$F(E_n)$是不可判定的[296]。但对于交换群，情况就不同了。Szmielew 证明了交换群的理论是可判定的。Ferrante 和 Rackoff 研究这一判定问题的复杂性。而罗里波给出了当时最好的复杂性结果。即，证明了存在时间复杂度不超过三重指数、空间复杂度不超过二重指数的算法，它能判定一个一阶语句（1）是否在所有交换群中成立？（2）是否在所有有穷交换群中成立？罗的这篇发表在 Annal of Pure and Applied Logic 的文章长达 44 页[294]。

众所周知，看似简单的整数环上的理论却是不可判定的（Gödel 不完全定理）。然而，Tarski 证明了貌似复杂的实数域上的理论是可判定的。在证明过程中，Tarski 发展了一种称之为量词消去的方法。从此，量词消去性质成了模型论的一个重要研究方向。沈云付证明了闭有序微分域理论容许量词消去[334]。他还证明了语言 {+，0，e} 上的素数阶群理论的量词消去性，给出了判定该理论的复杂度的上界[95][96]。薛瑞通过研究完全布尔代数理论的量词消去性得到了该理论的计算复杂性[146]。罗里波和刘吉强、廖东升证明了完全二叉树理论可量词消去[57]，且证明该理论是可判定的。进而，罗里波、李祥等分析了该理论的判定复杂性。他们用有界 Ehrenfeucht - Fraisse 博弈证明了完全二叉树理论可在二重指数时间和指数空间内判定[56]。沈复兴与陈磊还通过研究完全稠密二叉偏序理论的可数模型[9]，证明了以$\{\leq,R\}$为语言的完全稠密二叉偏序理论不具有量词消去性质，但是该理论在语言$\{\leq,R,*\}$中具有量词可消去性质[10]。

20 世纪 50 年代以来，研究 κ - 范畴理论的特性一直是模型论的主要方向，这一研究通过稳定性理论的方法不断发展。沈复兴和陈磊定义了完全二叉树理论的决定公式，利用该类公式证明了此理论是原子理论，且型的个数是可数的，还给出了它的可数原子模型和饱和模型，进而证明了完全二叉树理论的 ω_1 - 范畴性[11]。在此基础上，他们又分析了该理论的 1 - 型和 2 - 型，进而证明了空集上的每个型的 Cantor - Bendixon 秩小于第一个不可数基数[12]。沈复兴和刘吉强从一些特殊情况出发讨论了不同可数模型的分式模型之间的关系，然后利用量词消去方法证明了当 T 是完全理论时T_ψ的完全性，进一步给出了T_ψ是 ω - 范畴理论的一个充分必要条件，回答了 Ash 的一个问题[58]。沈复兴和周明宏讨论了 p 阶拟循环群理论的可数饱和模型，并用强极小理论证明了 p 阶拟循环群理论是 ω_1－范畴的，进而 p 阶拟循环群理论的每一个模型都是齐次模型[176]。沈复兴和吴兴玲依次用 Δ－秩、U－秩与 SU－秩证明了 p 阶拟循环群理论的稳定性、超稳定性与超单纯性，并证明了该理论中任意 n 元型的 CB－秩均小于 ω_1[142]。

型空间和强极小理论在范畴性的（如小 Vaught 猜想，Morley 猜想）研究中起着举足轻重的作用。沈云付定义了强型拓扑空间，证明了该空间要么是有穷的，要么是具有连续统[335]。陈国龙通过研究型拓扑空间得到了 ω－范畴完全理论的一个等价定义[8]。童雪和别荣芳等研究了强极小理论之间的关系。他们证明了，对于完全理论的两个强极小公式，要么其中一个可由另一个 X－表示，要么二者是独立的[111]。

二　其他逻辑的模型论

H. M. Friedman 于 1975 年发表 102 个当时未解决的开问题。其中第 24 各问题是关于无穷长命题演算 $\mathcal{P}(\kappa)$ 的。$\mathcal{P}(\kappa)$ 中有 κ 多个原子命题，允许小于 κ 多个命题的合取。Friedman 的问题是下面论断是否正确：$\mathcal{P}(\kappa)$ 具有内插定理当且仅当 κ 要么是强不可达基数，要么是共尾于 ω 的强极限基数的后继。罗里波在广义连续统假设（GCH）下肯定地回答了这一问题[67]。$\mathcal{L}_{\omega_1\omega}$ 是一个重要的无穷长语言，它允许可数多个公式的合取。如果仅允许具有有穷多个自由变元的可数多个公式的合取，就得到 $\mathcal{L}_{\omega_1\omega}$ 的一个子语言。M. D. Morley 于 1971 年引进了该子语言上的一理论的型结构（type structure）和部分型结构。Morley 的问题是，在什么条件下，一个部分型结构可以拓展为一个完整的型结构。黄且圆给出了三个条件，并给出了一个部分型结构不能拓展为型结构的反例[258]。童雪和别荣芳建立了 $\mathcal{L}'_{\omega_1\omega}$ 上的一种 α－省略型定理，并利用这一定理证明了当 T 是可测基数时的 Morley 猜想（即不存在可有穷公理化的 ω－范畴理论）[112]。

1991 年，Ebbinghaus 引进了一种广义量词，即单分划量词 $P^{m,n}$。分划逻辑 L（MP）是在一阶逻辑中加入单分划量词。田启佳和沈恩绍等证明了，两个模型 M，N 在单分划逻辑中是初等等价的当且仅当存在具有 $P^{1,1}$ back－and－forth 性质的从 M 到 N 的部分同构的无穷序列[109]。这是 Fraisse 定理在分划逻辑上的推广。紧接着，沈恩绍和田启佳在国际杂志 Theoretical Computer Science 上撰文把染色 pebble 博弈方法引入到分划逻辑中，证明了，虽然单分划逻辑的表达能力比单二阶逻辑严格地弱，但却有很好的语义特性，为研究有穷自动机提供了形式化方法[328]。沈恩绍比较了二阶逻辑中有穷加标图（finite labeled graph）与有穷图自动机（tiling 系统），证明了，在 picture 上，存在型单二阶逻辑中的公式等价于存在型的单分划逻辑公式[327]。分划逻辑也是研究字语言的有力工具，别荣芳、沈恩绍详细讨论了字模型在分划逻辑模型论博弈之下等价类数目的上界，在此基础上利用 Z - 自动机和 ω - 自动机讨论了$(\omega,<)$和$(Z,<)$的分划逻辑理论的具体的可执行判定过程[2]。2000 年沈恩绍、陈翌佳在 Mathematical Logic Quaterly 撰文证明了，分划逻辑和带有 Malitz 量词的逻辑具有降 Löwenheim - Skolem - Tarski 性质，而对于单分划逻辑，初等链定理成立[329]。他们还研究了分划逻辑的描述复杂性（属于有穷模型论的研究方向），给出了分划逻辑的子逻辑，他们分别刻画了复杂度类 NP，P 和 NL[193]。

宋契对一种附加量词逻辑 $L(Q)$ 的一些模型论性质进行了讨论，用构造性证明方法证明了完全理论和模型完全理论的一些等价条件，还给出了完全理论 T 的一种判定定理[100]。

三 格值模型论

一般而言，以不同格中的元素作为真值就会产生不同的格值逻辑。为了研究格值逻辑的模型论，王世强、吴望名研究了在什么情况下，两个不同的格产生同样的逻辑[349]。王世强和翁稼丰还研究了格值一阶谓词逻辑的前束范式和 Skolem 范式的存在性[122]。有了这些准备工作，王世强首先证明了对于有穷补格 L，在 L - 值逻辑中紧致性定理成立[126]。紧接着王世强和卢景波研究了两类格下的格值模型论性质，证明了超积基本定理，强升、强降 Löwenheim - Skolem 定理、初等链定理，Robinson 和谐定理，Craig 内插定理[121][337]。王世强还定义了格值模型的原子模型和可数饱和模型，讨论了它们的基本性质[127]；证明了省略型定理[125]。王世强建立了格值模型论的基本概念、方法和定理。在此基础上，王世强的学生们对格值模型论的研究更加深入。沈复兴定义了格值模型的 $\sum_n$ - 初等子模型[330]，给出了一个分划理论是模型完全的充分必要条件[88]。沈复兴把传统模型论中的力迫方法引入到格值模型论中，定义了格值模型的有穷力迫和脱殊模型，证明了脱殊模型存在性定理[86]。沈复兴还建立了无穷长语言 $\mathcal{L}_{\omega_1\omega}$的格值模型论，在给出一个格值模型满足一个无穷长公式的定义之后，他做了如下工作[331]：

- 证明了 Scott 同构定理；
- 推广了和谐性质，证明了模型存在定理；
- 证明了降 Löwenheim – Skolem 定理，弱 Robinson 和谐定理，以及 Craig 内插定理。

之后，沈复兴又把力迫方法引入无穷长语言中的格值模型论中[87]。继沈复兴的工作，别荣芳证明了$\mathcal{L}_{\omega_1\omega}$子语言$\mathcal{L}_{\mathcal{A}}$的格值模型论中的省略型定理[6]。在此基础上，她证明了原子模型的存在性；给出了素模型存在的充分必要条件，一模型是素模型的充分必要条件等。别荣芳还证明了$\mathcal{L}_{\omega_1\omega}$的格值模型的 Malitz 插入定理[5]。宋契则证明了逻辑$\mathcal{L}_{\infty}$的格值模型论中的超积基本定理[339]。

前面提及的工作，主要是把 2 – 值模型论的方法和结论推广到格值模型中。沈云付则研究格值模型的性质与格的性质之间的联系。他给出了若干条件，当一个格满足这些条件（之一）时，格值模型论的一些定理可以通过 2 – 值模型论来讨论。进而他给出了强升 Löwenheim – Skolem 定理在格值模型论中不成立的反例[93]。他还给出了 Keisler – Shelah 同构定理在格值模型论中不成立的反例[92][94]。

王捍贫和谢惠扬将带广义量词 Q 的一阶逻辑的二值弱模型推广到取值于完备弱可补格上，对有限的线性序弱可补格证明了省略型定理[119]，还讨论了初等子模型的一些性质，如强升和强降 Löwenheim – Skolem 定理等[144]。

四　模型论在数学中的应用

模型论的思想和方法应用于具体的数学结构取得了惊人的成功。

王世强不但研究模型论，也重视模型论的应用。他定义了交换环上的哥德巴赫性质：即对任何非 0 非单位元 a，2a 都可表示为两个不可约元（亦称素元）的和。王世强利用模型论和数论方法首先证明了：每个二次代数整数环都存在满足哥德巴赫性质的扩环[133]。紧接着王和武涛又证明了：每个二次代数整数环都存在不满足哥德巴赫性质的扩环[123]。这一结果表明哥德巴赫猜想对这些环理论的独立性。构作这些扩环的基本思路是：考虑上述任意代数整数环 I 的某些剩余类环，由于它们是有限环，所以易于判断哥德巴赫性质对之是否成立。如果能找到 I 的无限多个适合此性质的剩余类环，则可构作它们的一个适当的超积 J，使 J 成为 I 的扩环。又由于哥德巴赫性质是一阶逻辑语言中的命题，所以由模型论中的超积基本定理可知 J 也适合哥德巴赫性质。对于哥德巴赫性质的反面以及孪生素数命题及其否定命题，也都可沿着类似思路构作出 I 的相应扩环。到了 1984 年，王世强又证明了某些三次代数整环也分别有满足和不满足哥德巴赫猜想的扩环[134]。他在某些满足哥德巴赫性质的环中还得到了，Dirichlet 定理的一种弱形式和“最后”费马定理的弱形式[135]。然而，沈复兴构造一种新环其中哥德巴赫性质成立，但 Dirichlet 定理却不成立[89]。沈复兴和丁震讨论了王世强于 1984 年定义的两个环中的数论性质，特别地，丢番图方程$y^2 = x^3 + k$（其中 k 是正整数）在某一个环中有非零解[85]。到了 2007 年，王世琪证明了：对于很多 4 次代数整数环，存在着不具有 Goldbach 性质的扩环[120]。而别荣芳证明了，对于很多 5 次代数整数环，存在着具有哥德巴赫性质的扩环[4]。

王世强于 1988 年又转向归纳环和归纳域的研究[129]。他于 1989 年在国际杂志 Annals of Pure and Applied Logic 撰文证明了：每个特征为 0 的代数闭域都是归纳域；对于有单位元和非 0 特征的环，它是归纳的当且仅当它同构于$\mathbb{Z}$的剩余类环；对每一基数 k，王构造出无穷多个互不同构的基数为 k 的归纳环；王还给出了两个不是归纳环的例子[350]。别荣芳研究了整数环的归纳扩环的多样性[3]。别荣芳和王世强证明了，数论中的某些无解的三次丢番图方程在整数环的某些归纳扩环中有解[186]。

王世强结合模型论方法，给出了代数闭域上希尔伯特零点定理的一些推广形式[124]。他将前人关于任意域上无限线性方程组可解性的定理在不可数域上推广到可以包括高次不等式组的情况，这样可便于讨论线性代数中例如方阵的非异性等问题[132]。童雪与别荣芳以 α－型和紧致性定理为工具研究 Hilbert 零点问题，推广了 Abiande 的结果，给出了域上的无限线性方程组有解的一些判定准则[110]。

王世强把他的关于 Hilbert 零点的结果应用于有关域上无限方阵的问题的研究。例如证明了如下结论：设 F 为一有限域或为一不可数代数闭域，则 F 上每一无限矩阵 M 都能表示为两个特殊形状无限矩阵的平方和[128]。王世强对域上某些无限维向量引入“无限线性相关”的概念，给出了任意域上行列有限矩阵 M（即：每行及每列都只含有限个非零元的无限矩阵，以下简称 rcf 矩阵）存在各种逆方阵的充分必要条件。例如：任域 F 上 rcf

矩阵 M 具有 rcf 双侧逆矩阵的充分必要条件是：M 的诸行及诸列都是与无限线性无关的[131]。在此基础上，他解决了任意域上 rcf 矩阵 M 在等价变换下的对角化问题，给出了 M 可对角化的充分必要条件及可对角化 rcf 方阵的完全分类[347]。这项分类的成果显示了 rcf 矩阵与有限矩阵在性质上的很大差异。F 上的 rcf 矩阵并不都是可对角化的。张玉平和王世强给出了 ω_1 - 饱和域上的矩阵可对角化的一个充分条件[166]。陈国龙则研究了可除环上的上三角矩阵双侧可逆的充分条件[7]。

沈恩绍用布尔值模型的方法引入了弱力迫的一种表示，并把它用于f-伴随理论的表示[84]。他还发现了一种构造存在闭结构的新方法[326]。沈恩绍还把 Henkin 方法的能行形式与 Robinson 的模型论力迫法结合起来研究最大和最小存在完全结构的可判定性和存在性，给出了相应的充分必要条件[325]。王世强讨论了域理论中全称公式的可判定性[138]。薛瑞利用广义 Ehrenfeucht 博弈理论证明了有限可换主理想环上模的理论是可判定的，并且判定过程的计算复杂性上界为2^{cn^2}[148]；他还证明了广义模理论 $T(Q)$ 的模型可归约性[147]。

于丽荣和罗里波应用紧致性定理构造算术系统的非标准模型，讨论了中国剩余定理的非标准形式[155]。沈复兴和马鑫用模型论的方法证明了一类三素元组猜想独立于一公理组，此公理组在自然数系$\mathbb{N}$上与 Peano 算术公理系统是等价的[69]。

汪芳庭利用模型论研究一种特殊语言上的算术理论，建立了构造实数的新方法[114]。

第三节　可计算性与计算复杂性理论

一　递归论

递归论或称可计算性理论，是数理逻辑的主要分支之一。递归论起源于哥德尔不完全性定理的证明，哥德尔在不完全性定理的证明中引入了递归函数的概念，第一次用数学严格描述了“算法”这一直观概念。随后，在 1930 年代丘奇、图灵等分别提出了各种不同的数学模型用于刻画算法，这些模型陆续被证明与递归函数等价，因此丘奇论题（即：算法 = 递归函数 = 图灵机）为人们广泛接受。经过七十几年的发展，递归论已经衍生出众多子分支，包括：数学中的不可判定问题，图灵度的结构，α 递归论，算法随机性等，并且在数理逻辑的其他领域（比如：描述集合论，证明论）和可计算数学、反推数学等新领域有着重要应用。

（一）中国递归论的早期研究

中国递归论的先驱当属胡世华和莫绍揆。自 1950 年代开始，莫绍揆和胡世华就陆续在国内学术杂志上发表递归论的论文，并引起国际逻辑学家的注意。莫绍揆早在 1950 年代研究了原始递归函数定义的简化、一般递归函数的构造，他提出了初基函数和五则函数等新概念[73]。莫绍揆和沈百英在 1960 年代研究了原始递归算术系统，他们给出了 Goodstein 提出的递归算术系统的一个变化版本和一些可能的简化[74][75]。1980 年代莫绍揆、沈百英和丁德成继续这方面的研究。莫绍揆和沈百英在递归算术系统中研究算术函数的求逆运算[76][77]，莫绍揆和丁德成提出了递归算术的三个简化系统[78]。1950 年代后半期，胡世华转向递归函数理论的研究。他关于递归算法的三篇文章把自然数上的递归函数论推广到了字集上[254][256][257]。他和杨东屏研究了原始递归算子在可计算函数类的作用。胡世华在 1980 年代末提出了一类代数结构，称之为递归结构，并研究了递归结构上的可判定性理论[34][37]。

（二）数学问题的不可判定性

数学问题的不可判定性是递归论中最早的子分支，其中著名的成果包括：哥德尔不完全性定理说明了算术的一阶理论不可判定；Novikov 在 1950 年代所证明的字问题的不可判定性[319]；1970 年代 Matiyasevich[312]在 Davis - Putname - Robinson[206]工作基础上证明了希尔伯特第十问题的不可判定性，这一结论现在简称 MDPR 定理。在 Matiyasevich 的证明中，他构造了非常复杂的丢番图方程用于表示停机问题。1982 年 J. P. Jones 在《符号逻辑杂志》上发表文章证明无法判定有 27 个未知数的丢番图方程是否有整数解[269]。1992 年，孙智伟在《中国科学 A 辑》发表论文将以上定理中的未知数的个数减至 11[105]。孙智伟的这一定理至今依然是最优的答案。朱洪、卢先捷等证明了乘法在$(\mathbb{N},+,\mathrm{pow}_2,R)$（其中 $\mathrm{pow}_2=2^n$，$R(m,n)$ 当且仅当 2^m 整除 n）和$(\mathbb{N},+,f)$（其中$f(n)=\log_2 n$）中可定义，从而这两个结构的一阶理论都是不可判定的[178]。李廉、李慧陵和刘义循研究了任意主理想整环上有穷生成模 M 中的判定问题。如果将判定问题限定于没有析取和否定词的一阶语句，他们证明这些语句的可判定性；如果给定的环是整数环或者有理数域上的一元多项式环，则上述判定性可以在多项式时间内完成[289]。

（三）图灵度和其他度的理论

1944 年 Post 在美国数学会上作了一次著名的演讲，提出了著名的 Post 问题：是否存在严格在 0 和 0′之间的递归可枚举图灵度。为了解决这个问题，Post 提出了一系列可能的方案[321]，逻辑学家对图灵度的研究即由此发端。Post 问题与 1956 年和 1957 年由前苏联数学家 Muchnik[316]和美国数学家 Friedberg[232]各自独立地给出肯定答案。Friedberg - Muchnik 的方法现在被称为有穷损害优先方法。这一新方法的引入使得递归可枚举度的研究成为图灵度研究中的热点，对一般图灵度结构的研究也带来革命性的变化。

1982 年北京师范大学的王世强参加由美国数学会和符号逻辑学会在康奈尔大学举办的数理逻辑暑期研讨会。在会议上，Soare 散发了 Recursively Enumerable Sets and Degrees 一书的部分手稿。王世强将这部分手稿带回中国。随后北京的杨东屏、南京的丁德成、贵州的李祥和武汉的胡静婉分别组织讨论班研究这些手稿。由此，图灵度的结构，特别是递归可枚举图灵度的结构，成为中国递归论学界的主要研究方向。中国逻辑学家在图灵度结构的研究中取得很多具有国际先进水平的成果，其中很大一部分是对递归可枚举度的研究。

1. 与递归可枚举度相关的研究

在递归可枚举度的研究中，Sacks 稠密性定理可以说是一个里程碑。Sacks 稠密性定理的证明使得很多递归论学家们猜测递归可枚举度的一阶理论是可判定的，Shoenfield 则明确猜想递归可枚举度的偏序结构 R 是齐次的（Shoenfield 猜想）。另一个里程碑则是 Lachlan - Yates 的极小对定理。在 R 中，如果两个度 x，y 的交（下确界）是 0，则 x，y 形成“极小对”；进一步，如果 y > 0，则 x 是“可成帽”的，M 是 R 中所有可成帽度的集合。1966 年 Lachlan 和 Yates 各自独立地证明了递归可枚举度中极小对的存在，从而否定了 Shoenfield 猜想。Lachlan - Yates 极小对定理促使递归论学家们通过研究递归可枚举度结构的局部性质来理解其整体性质。在 R 中，和可成帽对偶的一个概念是“可成杯”。如果 x，y 的并（上确界）是 0′且 y < 0′，则 x 可成杯。各种带限制条件的可成帽、可成杯现象是人们较为熟识的局部性质。中国递归论学界在这类局部性质上作出了很多有意义的研究工作。张再跃扩展了 Cooper 关于极小对的一个定理，证明了：如

果 h 是一个高的递归可枚举度，而 b 是一个不在 h 之上的递归可枚举度，则 h 之下存在两个不能被 b 计算的递归可枚举度构成极小对[391]。王勇和李昂生引入所谓 n – 强成杯的概念：如果 x 下面的所有非递归的 n – 低度都可成杯，则 x 是 n – 强成杯的，他们证明 1 – 强成杯是 2 – 强成杯的真子集[354]。李登峰和李昂生构造了一个极小对 a，b 使得 a，b 的上确界 c 是一个强成杯度，即每一个 c 下的非递归度都可成杯[288]。张庆龙证明了"交不可达"的度在递归可枚举度中的稠密性[390]。喻良和丁德成扩展 Harrington 的不可成杯定理，引入"x – 反成杯"和"处处反成杯"性质：如果存在 b< a，使得没有 w ≠ x 满足 b + w = a + w，则 a 是 x – 反成杯的；如果对所有 x，a 总是 x – 反成杯，则 a 处处反成杯，并证明高递归可枚举度都是处处反成杯的[371]。正如 Lachlan – Yates 定理否定 Shoenfield 猜想一样，一些特殊的局部性质或者从中发展出来的技术往往能够用于回答 R 的整体性质问题。Ambos – Spies 和丁德成证明了最大 a – 极小对的存在性，即存在度 a 和 b，c，使得任意一对下确界为 a 的度 x，y 总是分别在 b，c 之下[182]。这篇论文的方法在对 R 整体性质的研究中有着重要应用。Ambos – Spies 和 Shore 运用该文的方法，用全新的、更简单的方法重新证明 Harrington – Shelah 定理：R 的一阶理论不可判定，并且证明 R 上有不可数多个 1 – 型[181]。Jockusch、李昂生和杨跃证明了：给定一个度 w，都可以找到一个 2 – 低的度 a 使得 a 和 w 的上确界是高的[267]。结合 Cholak – Groszek – Slaman 的主要定理，这说明低度和 2 – 低度作为 R 的两个子结构，相互是不初等等价的。继 Lachlan – Yates 定理之后，Ambos – Spies 等在他们的经典论文[184]中证明了可成帽和低可成杯是递归可枚举度的两个互补性质。在作为这一等价定理最优性的一个证据，李昂生、吴国华和张再跃构造了一个 2 – 低可成杯、同时可成帽的递归可枚举度[287]。在递归可枚举度的研究中，一个重要问题是格的嵌入。至今，哪些有穷格可以嵌入 R 中，依然是一个未解决的问题。这个问题的答案关系到 R 的理论是否可以判定。我们知道有穷格总是有最大元 1 和最小元 0。在格的嵌入问题上，一个可以嵌入的格能否以特殊的方式嵌入也是一类重要子问题，比如：能否将 1 映射至 0（保持 1），而 0 映射至递归度 0（保持 0）。Ambos – Spies、丁德成和 Fejer 证明：如果 a > 0 而 L 是一个可数分配格，则 L 可以嵌入 a 所决定的主理想中，并且 L 的最大元（如果存在）可以映至 a[183]。Lachlan 证明钻石格（即四个元素的有穷布尔代数）不能以保持 1 且保持 0 的方式嵌入

R 中，但 R 中任何非递归元素都可以是某个钻石格的最大元（Lachlan 分离定理）。眭跃飞和 Lempp 合作给出了 Lachlan 分离定理的一个扩展形式：任意 $n>0$ 个钻石格堆在一起可以形成一个新的格，暂且称为 n – 钻石格堆，R 中任何非递归元素都可以是一个 n – 钻石格堆的最大元[271]。Ambos – Spies 等证明了 M 形成递归可枚举度的一个素理想[184]，因此“模 M”就定义了递归可枚举度上的一个等价关系。递归可枚举度的商结构 R/M 就自然成为递归论的一个研究对象，比如我们可以问：Shoenfield 猜想对R/M 是否成立。在 R 中，极小对的存在是 Shoenfield 猜想的一个反例，而另一个是所谓“不可成杯”现象的存在性。然而在 R/M 中，眭跃飞和张再跃证明“不可成杯”现象不可能出现，即：对于任意［b］＜［a］，都存在［c］＜［a］使得［a］是［b］，［c］的上确界[340]；然而另一方面，张再跃和眭跃飞又证明“不可成杯”现象可以在局部出现，即：存在［d］＜［b］＜［a］，使得对于任何在区间（［d］，［a］）的［c］，［a］都不是［b］，［c］的上确界[392]，由此说明 Shoenfield 猜想对 R/M 也不成立。以上 Ambos – Spies 等关于 R 中理想的存在性定理引起人们的广泛兴趣，特别是 M 是一个可定义的理想，而 R – M ＝ LC（低可成杯度，即与某个低度的并为 0 的度）是一个可定义的滤子。R 中另一个显而易见的可定义理想是 NC（不可成杯度）。因此，Shore 提出一个自然的问题：R 中是否有其他可定义的理想和滤子[338]？喻良和杨跃应用 Nies 的一个定理[317]，证明 Lachlan 定义的非囿界度 NB 生成的理想可定义并且是 M 的真子理想；在同一篇文章中，他们还证明了其他可定义理想的存在性[375]。同样在 Nies 工作[317]的基础上，丁德成和王玮证明 R 中的可定义集合生成的滤子也是可定义的，并应用这一定理证明了 R 中存在若干和 LC 不同的可定义滤子[353]。从方法上，R 的研究中发展出来的优先方法是逻辑学家们普遍感兴趣的技术。优先方法可以说是一种能行化的力迫法，许多递归论学家尝试引入各种能行化的力迫法刻画来理解优先方法，比如 Jockusch 提出 p – 兼纳、e – 兼纳和 s – 兼纳等概念[268]，后来 Jockusch、Downey 和 Stob 又提出 pb – 兼纳[219]。丁德成在各种兼纳递归可枚举度的结构上做出了一系列研究。他研究了各种兼纳度的分布，证明了 p – 兼纳和非 p – 兼纳的度在递归可枚举度中都是稠密的，并且 p – 兼纳度不可能是某两个度的交，而 e – 兼纳度则在低度中是稀疏的[207]。后来，丁德成进一步证明 p – 兼纳度都是交不可达的，因此张庆龙的定理[390]可以作为此结构定理的一个推论：交不可达的度在递归可枚举度中稠密[215]。

2. n - 递归可枚举图灵度

我们知道递归可枚举集合的一个等价定义是：X 递归可枚举，当且仅当存在一个二元递归函数 f 满足以下条件：

(1) 任意 x, s, $f(x, s) = 0$ 或 1，且 $f(x, 0) = 0$；

(2) $\{s: f(x, s) \neq f(x, s+1)\}$ 最多只有 1 个元素；

(3) x 在 X 中当且仅当存在 s 使得 $f(x, s) = 1$。

一般的，如果在以上第 2 条中要求 $\{s: f(x, s) \neq f(x, s+1)\}$ 最多只有 n 个元素，则称 X 是 n - 递归可枚举的。具有 n - 递归可枚举代表元的图灵度就称为 n - 递归可枚举度，因此递归可枚举度就是 1 - 递归可枚举度。所有 n - 递归可枚举度的集合记作 D_n。递归论学界引入 D_n 的最初动机是为了理解 R。显然 R 是 D_n 的子集，实际上 R 是 D_n 的真子集；一般的 D_n 是 D_{n+1} 的真子集。对 D_n 的研究通常有这些问题：考虑 D_n 中与 R 平行的问题；考虑 D_n（特别是 D_2）与 R 的相互关系，比较 D_m 和 D_n 的异同。对 D_n 中与 R 平行问题的研究通常也从一些方面比较了 D_n 与 R 的异同。

丁德成和钱磊研究了 D_2 中的格嵌入问题，他们改进了 Downey 的钻石格嵌入定理，证明钻石格可以嵌入 D_2 中并保持 0 和 1，并且 0 和 1 之间的一个点可以是递归可枚举度；同时他们还以保持 0 和 1 的方式将 M_5（最小的非分配模格）和 N_5（最小的非模格）嵌入 D_2 中[218]。在 R 的理论中，著名的 Lachlan 非分裂定理给出了两个 R 中的元素 $a<b$，使得 R 中任何严格处于 a，b 之间的两个度不可能以 b 为并。然而在 D_2 中，给定两个 R 中的度 $a<b$，陆宏、丁德成和钱磊证明 b 可以分裂为 a，b 之间的两个 2 - 递归可枚举度 c 和 d，即 b 是 c 和 d 的并，并且保证 c 和 d 的交在 R 中[304]。在 R 中，Slaman - Shore 的一个定理说明任何一个高度之下都存在极小对。而在 D_2 中，庄志达、李昂生和杨跃构造了一个高的度 d，其下不存在极小对[198]。Jockusch 和李昂生证明了一个 Robinson 插值定理的变形：如果 d 是一个低的 2 - 递归可枚举度，在 d 之上有一个递归可枚举度 a，而 s 是一个 $0'$ 之上的度且相对于 a 递归可枚举，则存在 d，a 之间的 2 - 递归可枚举度 x，其图灵跃迁为 s[266]。而对 D_n 特别是 D_2 与 R 相互关系的研究则往往希望能够回到类似如下的问题：能否在 D_2 中定义 R？为此人们引入许多和 R 相关的 D_2 性质。

Cooper 和李昂生引入了 D_2 一个的子集 C，C 中的元素 b 具有如下的分裂性质：对于 D_2 中任意的 a < b，都存在 a，b 之间的 2 - 递归可枚举度 c，d 使得 b 是 c，d 的交。他们证明所有非递归的递归可枚举度都在 C 中，而由于 D_2 是非稠密的，C 是 D_2 的真子集[202]。Downey、李昂生和吴国华证明了一个递归可枚举度 a 可成杯当且仅当 a 在 D_2 中有补，即存在 d 在 D_2 中使得 a，d 的并为 0′而交为 0[220]。李昂生、吴国华和杨跃证明给定一个非递归的递归可枚举度 a，都存在 a 之下的递归可枚举度 b 和一个 b 之上的高 2 - 递归可枚举度 d，使得 d 之下的所有递归可枚举度都在 b 之下[286]。这一定理直接蕴涵了以上庄志达—李昂生—杨跃的定理，以及 Ishmukhametov 和吴国华的一个定理（存在一个低的递归可枚举度孤立一个高的 2 - 递归可枚举度[264]）。丁德成和钱磊证明了被孤立的 2 - 递归可枚举度在 R 中的向下稠密性，即 R 中任何一个非递归的度之下都有一个被孤立的 2 - 递归可枚举度[214]。后来，他们更进一步证明了被孤立的 2 - 递归可枚举度在 R 中稠密，即任意两个 R 中可比较的不同度 a < b 中间都有一个被孤立的 2 - 递归可枚举度 d[217]。

在比较 D_n 和 R 的异同方面，一个自然的问题是：作为一个子结构，R 能够保持多少 D_n 的性质。杨跃和喻良证明了 R 不是 2 - 递归可枚举图灵度构成的偏序结构的存在性初等子结构[365]。

3. 一般图灵度的结构

作为图灵度中区间的推广，郑锡中引入了所谓菱形类的概念：一个菱形类是一个具有如下性质的图灵度集合：其中 $n< m$，$n<l$，$k <m$。郑锡中研究了菱形类和图灵跃迁相关的一些性质[403]。在图灵度整体结构性质的研究中，很多问题往往和集合论联系在一起。比如：根据选择公理，我们可以找到一个图灵度的极大链 A，即 A 中的度相互可比较且 A 不可能扩张为具有此性质的更大集合。庄志达和喻良用集合论的工具研究选择公理在这里所起的作用[189]。他们证明在 ZF + DC 之下，“不存在图灵度的极大链”这一命题和“选择公理 + 存在一个不可达基数”具有相同的协调性，即前者协调当且仅当后者协调。同时，他们证明了以下命题的等价性：

（1）ω_1^L，即在哥德尔可构成论域 L 中的第一个不可数基数正是 V 中的第一个不可数基数；

（2）存在一个Π_1^1的图灵度极大链；

（3）存在一个Π_1^1且不可数的图灵度链。

庄志达和喻良的这一系列成果说明图灵度结构的整体性质和集合论有着紧密联系。在随后的论文中，庄志达和喻良继续研究了集合论和图灵度结构的关系。他们引入了一个Π_1^1－一致化原理I，并且证明I与$\omega_1^L=\omega_1$等价；进一步，他们证明I可以简化上一篇文章中一些结论的证明，比如$\omega_1^L=\omega_1$蕴涵图灵度中存在Π_1^1的极大链，$\omega_1^L=\omega_1$等价于图灵度中存在瘦（不包含与康托空间同胚的闭子集）的Π_1^1极大反链（即其中任意两个图灵度均不可比较，且相对于此性质极大）[188]。

4. 其他归约关系和度结构

在图灵度中，D_n（$n>1$）不具有R的稠密性，Cooper等证明了D_2中存在$0'$以下的极大图灵度，他们的方法可以用于构造D_n（$n>1$）中的极大度。在枚举度中，李昂生、杨跃和国外学者合作构造了一个3－递归可枚举的不完全枚举度，使得它在所有n－递归可枚举（$3\leqslant n\leqslant\omega$）的枚举度中都是极大的[204]。他们证明每一个非0的Δ_2^0枚举度之下都有一个枚举度的极小对；另一方面，他们同时构造了一个Σ_2^0枚举度，其下不存在极小对[203]。

在递归可枚举图灵度中，Harrington和Soare证明了成帽现象的连续性，即：如果b＞0且与c成帽，则存在a＞b与c成帽。在弱真值表递归可枚举度中，Brodhead、李昂生和李委霖证明了成帽现象的强连续性：如果b在0和$0'$之间，则存在a＞0使得任意c，c和b成帽当且仅当c和a成帽[187]。

陈志祥和黄文奇在一系列文章中研究了递归集的k－1度结构R_k^1，比如他们证明R_k^1是一个非分配的上半格，并且其中有元素不具有补[40]；所有的可数分配格和可数偏序都可以嵌入其中的任何区间[13]。

（四）α递归论

α递归论将递归论的研究对象从自然数的子集推广至一般admissible序数的可构成子集（Sacks，1990），因此既需要递归论的技术也需要集合论的知识。

国内递归论学界在α递归论上的研究并不多见。其中杨东屏在α递归论上做出过突出贡献，1984年他在《符号逻辑杂志》上发表的论文中证明：任意α递归可表示的部分格都可以嵌入D_α［0，0′］，即α－停机问题以下的α度结构中，其中α为admissible序数。由此可以得到一个重要的推论：如果 α 是一个大于 ω 的 admissible 序数，则 D_α ［0，0′］与 D_ω ［0，0′］不同构，其中 D_ω ［0，0′］即 0′以下的一般图灵度[364]。

（五）算法随机性

算法随机性可以说起源于描述复杂性理论[290]和递归测度论。早在 1980 年代，东欧的递归论学家 Kucera 等就从递归论的角度研究算法随机性[270]，但他的工作并没有引起递归论学界的广泛关注。进入 21 世纪，在 Andre Nies 和 Rodney Downey 等人的大力推广之下，算法随机性赢得递归论学界的普遍兴趣，成为递归论一个方兴未艾的热门分支。近年来涌现出一批优秀的青年递归论学家，他们或多或少都在算法随机性上取得一些突出的研究成果。在国内，丁德成和喻良是最早研究算法随机性的递归论学家，他们取得了一批具有国际先进水平的研究成果。为了用递归论的方法比较不同实数的随机性，递归论学家引入了各种归约关系，比如 Downey 曾经引入一个所谓 sw－归约。2004 年，喻良和丁德成证明了不存在 sw－完全的递归可枚举实数[373]，从而说明从递归论的观点看 sw－归约并不是一个合适的归约关系；随后，范瓒分析了丁德成、喻良的方法，构造了一个强递归可枚举实数，使之不能 sw－归约于任何随机的递归可枚举实数[224]。另一个重要的归约关系是 K－归约。相对于 sw－归约，K－归约更加自然；从描述复杂性的角度来看，K－归约是更加合理的归约关系。然而 K－归约和图灵归约的性质截然不同，因此经典递归论的技术不能直接应用于 K－归约的研究，K－归约不可比较实数的存在性引起递归论界的广泛兴趣。喻良、丁德成与 Downey 合作，用递归测度论的方法证明了 K－归约不可比较实数的存在性[374]；随后，喻良与丁德成又进一步在 ZFC 系统中，用描述集合论的方法证明存在连续统多个两两 K－归约不可比较的实数[372]。2006 年至 2008 年，喻良先后在新西兰威灵顿维多利亚大学和新加坡国立大学从事博士后研究，在这期间他继续在算法随机性上取得了很多突出的成果，比如他与 Joseph Miller 的合作论文[313]继续研究了实数初始段的科莫格洛夫复杂性与随机性的关系。

2008 年喻良回到南京大学现代数学研究所工作，继续从事算法随机性的研究。他与庄志达和 Andre Nies 合作，从高阶递归论（higher recursion theory）和测度论的角度入手，引入了 Π^1_1－随机性等概念[199]。

二　计算复杂性理论

什么样的问题是可计算的？这是数理逻辑所关心的一个重要问题。为了回答这个问题，需要给出一个计算模型，然后规定，凡是这个模型能计算的问题类就叫做可计算的，否则就叫做不可计算的。于是产生了各种计算模型：图灵机、递归函数、λ－演算、马尔可夫算法和递归算法等。但是，会不会有一类问题，在一个模型中是可计算的，而在另一个模型中却是不可计算的呢？著名的丘奇—图灵论题回答了这个问题。这个论题说："凡是合理的计算模型都是等价的，即一个模型能算的问题类别的模型也能算，一个模型不能算的别的模型也不能算。"但是，对于一类问题，只知道它能否可计算还很不够，更有实际意义的是要知道计算起来要耗费多少时间，要用多大的空间来存储计算的中间结果，等等。为了回答这些进一步的问题，就产生了计算复杂性理论。与可计算性理论相比，国内学者对计算复杂性理论的研究相对较少。当然境外华裔学者在复杂性理论取得了举世瞩目的成果。

洪加威在北京大学学习期间专攻数理逻辑和计算机科学。到了1980年代，经王浩推荐，著名数理逻辑学家库克教授邀请洪加威到加拿大进行访问研究。早在1970年代洪加威就定义了通用机器上的两类程序，它们可以模拟任何图灵机。洪分析了许多计算任务（如：搜索、排序）的时间复杂性[249]。自从丘奇—图灵论题提出以来，我们知道，不同的计算模型就可计算性而言都是与图灵机等价的，例如，图灵机、RAM、矢量机器、一致（uniform）电路、存储修改机器，硬件监测机器等。但洪加威得出，这些计算模型所使用的并行时间、序列时间和存储空间在本质上都是一样多的，即具有所谓的相似性[33][250]。洪加威首次提出了确定性空间DSPACE(n)－完全问题。洪加威还发现一些问题，它们的确定性空间复杂性的上界和下界非常接近[251]。洪加威揭示了图灵机所使用的空间资源与其读写头逆转的次数之间的联系[247]。洪加威早在1980年代就研究了形式证明的复杂性，他引进了证明的长度、深度以及宽度等概念，证明了深度和长度的对数是线性相关的。从而定理的证明可高度并行化[252]。国际人工智能界的"联结模型"（一种大脑的数学模型），被认为是人工智能界最重要的成果之一。洪加威严格证明了这种模型和其他计算模型是等价的，并分析了它们的规模差异以及时间复杂性[248]。

N. A. Lynch在1975年引进了不在P中的递归集的多项式复杂性核（polynomial complexity core）的概念（［*J. Assoc. Comput. Mach.* Vol. 22, 1975, pp. 341－345］）。P. Orponen则研究了复杂性核的结构特性[320]。

堵丁柱和 Ronald V. Book 合作推把 Orponen 关于 P 的工作推广到了其他复杂度类，并引进关于这些类的核的概念[323]。简言之，一集合的复杂性核就是其中那些难以判定属于该集合的元素的集合。在某些合理的假设下，Orponen 和 Schöning 研究了这些核的复杂性。注意 A 的核未必是 A 的子集，如果是，则称之为真核（proper core）。堵丁柱和 Book 发现 Orponen 和 Schöning 的结果对于真核不一定成立，给出了反例，分析了不成立的原因。进而，他们指出了，在什么样的假设下，一个集合才能有在 DEXT 中的真核。他们引进了弱 paddable 集的概念，证明了，如果 P 不等于 NP，则每个弱 paddable NP－完全或 co－NP－完全集合具有在 DEXT 中的非稀疏真核；更进一步，每个 NP－完全或 co－NP－完全都有非稀疏真核。如果去掉 P 不等于 NP 这个假设，则一个 NP－完全集合具有非稀疏真核当且仅当它与它的每个多项式时间内可判定的子集的差是非稀疏的。而这样的 NP－完全集的存在性又等价于长期悬而未决的如下问题：NP 中有 P－immue 集合[221]。堵丁柱还引进了逼近算法的多项式可对准（PLAA）概念。他证明了，所有“自然的”NP－完全问题都是 PLAA 的，DEXP－完全问题都是 PLAA 的[222]。

黄文奇和陈志祥用递归论的方法研究了复杂度类的结构[42]。假设 B 是递归集的类，且关于强图灵归约封闭。黄文奇和陈志祥证明了，B 含有关于强图灵归约完全的集合 B 当且仅当 B = NP（B）∩co－NP（B）[43]。黄和陈还把强非确定多项式归约下的度叫做 $K-1$ 度。他们研究所有 $K-1$ 度的类的结构[40][260]。黄文奇和它的学生还研究了著名的 P 是否等于 NP 问题的相对化。比如，宋恩民，金人超和黄证明了，存在复杂性递增的无穷序列 $A_0, B_0, A_1, B_1\cdots$ 使得$\mathrm{P}^{A_i}=\mathrm{NP}^{A_i}$，$\mathrm{P}^{B_i}\neq\mathrm{NP}^{B_i}$[98][99]。

1975 年，Ladner 在 P≠NP 假设下证明了存在一个 NP 集合它不是 NP－完全的也不是多项式时间可解的（这种集合的全体记做 NPI）。但 Ladner 给出的语言并不是一个自然的语言（这是因为在该语言的构造中需运行所有多项式时间的图灵机）。迄今为止，还没有自然的语言被证明在 P≠NP 假设下属于 NPI。因而在 P≠NP 假设下寻找一个属于 NPI 的自然语言是一个重要的未解决问题。朱洪和赵运磊定义了（2＋f（m））－HAST 模型，基于该模型，给出了在 P≠ NP 假设下 NPI 中自然问题的一个候选者。他们证明在了，在 P≠ NP 假设下它不是 NP－完全的，并且在更强但合理的假设（指数时间假设（ETH））下它的确属于 NPI，从而部分解决了此长期未解决的问题[170]。朱洪和赵运磊引入了布尔公式的一种新模型。这种模型提供了若干新的 NPI 的候选问题[402]。赵运磊、朱洪与人合作还研究仅含 2 - 子句和 3 - 子句的合取范式的可满足问题的复杂性。他们证明，当公式中的 3 - 子句的个数与所有子句个数的比值为$(\log n)^2/n^2$时，则 SAT 问题不是 NP - 完全的，且在指数时间假设下，它不是多项式时间可解的[400]。朱洪和程岐研究了一类 NP 最优化问题。他们引入了 SL - 归约，证明了 SL - 归约保可逼近性；证明了极大团（max - clique）问题在 SL - 归约下是完全的，也就是说，max - clique 问题是这类问题中最难逼近的问题之一[194]。朱洪和赵运磊在存在单向（one - way）置换和无碰撞（collision - free）hash 函数的假设下，给出了 NP 问题的一个四轮零知识交互证明系统[401]。

逻辑系统的表达能力与计算复杂性有着重要的联系。例如，命题公式和逻辑程序的可满足问题都是 NP - 完全的，但 V. Lifschtz 和 A. Razborov 证明了，在$\mathrm{P} \not\subseteq \mathrm{NC}^1/\mathrm{poly}$的假设下，则不存在从逻辑程序到布尔公式的包等价性的多项式空间归约。仅带全称量词的 HORN 公式的可满足问题仍是多项式时间内可解的。有趣的是，赵希顺与德国学者证明了，在$\mathrm{P} \not\subseteq \mathrm{NC}^1/\mathrm{poly}$也不存在从全称 HORN 公式到布尔公式的保等价性的多项式空间归约[361]。

固定参数复杂性是新西兰数理逻辑学家 R. Downey 等人创立的复杂性理论的一个新领域。他定义了固定参数复杂度的分层$\mathrm{FPT} \subseteq W[1] \subseteq W[2] \subseteq \cdots$陈翌佳和 J. Flum 则研究了固定参数问题中参数的小型化（miniaturization）问题。他们证明了，$W[1]$中的问题的小型化后仍在某个$W[t]$中[195]。除了 W - 分层，Downey 等人还定义了W^* - 分层。现在仅知道$W[1]=W^*[1]$和$W[2]=W^*[2]$。陈翌佳和 Flum 证明了$W[t] \subseteq W^*[t] \subseteq W[2t-2]$。而当 t > 2 时，$W[t]$是否等于$W^*[t]$至今仍是开问题[197]。陈翌佳和 M. Grohe 研究了次指数时间（subexponential - time）计算与固定参数计算。他们定义了两个复杂度类 SUBEPT 和 XP。这两个类与 FPT（固定参数易解问题类）的关系是 SUBEPT ⊊ FPT ⊊ XP。为了研究这两个类的结构，他们引入了次指数归约（serf - reduction）。证明了，SUBEPT 在 serf - 归约下的度结构与 XP 在 fpt - 归约（固定参数归约）下的度结构是同构的[191]。在固定参数复杂性理论中，我们关心的是，一个输入“是否有大小为 k 的解”，其中 k 是固定的自然数。而陈翌佳等人研究了“是否有大小为 k 的极小解（或极大解）”的固定参数复杂性。

他们证明了：(1) 存在 W [2] －完全问题，它的极小化形式仍是 W[2]－完全的；(2) 存在 W[1]－完全问题，它的极大化问题却是 W[2]－完全的。一般地，对于 W－分层来说，极大化会增加固定参数复杂性，而极小化则不然[196]。陈翌佳等人还结合经典可逼近理论与参数复杂性理论提出了参数化可逼近理论，以研究最优化问题在固定某个参数下是否有高效的逼近[192]。

三　可计算分析

可计算分析研究连续对象（实数、实函数、实数集以及更一般拓扑空间上的对象）的可计算性。A. Turing 早在 20 世纪 30 年代，在他著名文章中就给出了可计算实数的定义。他注意到二进制和十进制表示不足以恰当的定义实数的可计算性。之后，人们尝试用不同的计算模型来研究分析中的能行性。而德国学者 Weihrauch 教授的二型能行理论（TTE）几乎可以包容所有的能行理论。

贵州大学李祥用程序来表示实数[285]。设 a 为一可计算实数，则所有计算 a 的程序的集合就表示了该实数。李祥研究了与这种表示相关的不可解问题。李祥还引进递归表示能行拓扑空间（recursively presented effective topological space），并研究这种空间中的“处处逐点”（everywhere point-wise）性质[284]。1983 年，P. Hingston 引进了能行 Hausdorff 空间的概念。李祥使用编码、对角化与优先方法来研究能行 Hausdorff 空间中开集的能行性质，主要结果是证明了在每个递归可枚举的图灵度中都有非 r. e. 开集但按点 r. e. 开集存在[49][50]。

黄文奇和 Nerode 合作利用两种编码系统把定义在 [0，1] 区间上的函数的不可计算度结构问题转换为纯递归论问题。从而利用可计算性理论中的工具获得了可构造分析中的若干结果[180]。

堵丁柱和葛可一合作研究 [0，1] 区间上的凸函数的积分和微分的计算复杂性，证明了如下结果（在 P 不等于 NP 的假设下）：(1) 存在多项式时间可计算凸函数，它的积分不是多项式间可计算的；(2) 存在多项式时间可计算凸函数，它在 1/2 处可微分，但此处的微分不是多项式时间可计算的[223]。

中山大学的周青研究了定义在欧氏空间中各种集合上的函数的可计算性。他首先引入了递归开集（闭集）和递归可枚举开集（闭集）的概念。

M. B. Pour－El 和 I. Richards 仅研究了定义在闭正方形上的函数的可计算性，周青则进行了推广，研究了递归紧集和递归开集上的可计算函数。周青还证明了 Tietze 延拓定理和黎曼映射定理的可计算形式[410]。Pour－El 和 Richards 在他们的书《Computability in Analysis and Physics》（Berlin：Springer，1989）的附录中提出研究在 Grzegorczyk 分层框架下的分析中的可计算性。周青于 2000 年做了这方面的工作。它主要考察了实函数序列的ϵ^{T}原始可计算性[411][412]。周青提出了连续函数的相对可计算性的概念。基于这一概念，研究了各种数学算子的不可解度。他证明了紧区间上的可计算函数的导函数最多是半可计算的[414]。周青和他的学生还引进了实数集（如：开集、闭集、函数等）的几乎可判定性的概念，他们声称集合的相等关系、包含关系是几乎可判定的[413]。

南京大学丁德成和吴永成研究了测度空间上的可计算性。首先他们引进了可计算测度空间，它是在测度空间上加上必要的可计算条件使得测度函数和集合的并与差在相应的表示下是可计算的。接着，他们研究如何表示可测集和可测函数以及基于这些表示的可计算性。他们证明了，可测集之间的某些关系（如：几乎处处相等、几乎处处包含、可测集的交集的可测性）是不可判定的[358]。他们发现，在无穷测度空间中，测度的可计算性与集合运算的可计算性总是矛盾的。也就是说，如果测度是全可计算的，那么集合的交与差运算都不完全可计算[359]。紧接着，丁德成和吴永成研究了可测数值函数的基本运算的可计算性。他们证明了，加法和除法总是可计算的，而乘法仅在个别特殊情况下是不可计算的[208][356]。经典的 Daniell－Stone 定理表明从一个抽象的 Daniell 积分可以得到一个测度使得在该测度下的积分正好等同于 Daniell 积分。吴永成和 Weihrauch 利用可计算性测度空间和可计算 Stone 向量格刻画了 Daniell－Stone 定理的可计算形式[360]。

中山大学赵希顺和 Norbert Mueller 合作，提出了用带 Oracle 的 Turing 机来表示实数空间紧集上的可计算算子，分析了一些重要算子的复杂性。证明了凸包算子、投影算子的复杂性与“P 是否等于 NP”问题之间的联系[362]。赵希顺和 Mueller 还研究 Jordan 域的 Grid 表示与边界表示之间的联系，证明了 Grid 表示的边界长度（如果有穷）是弱可计算的[318]。

南京大学陆宏和 Weihrauch 合作在二型能行理论的框架（TTE）内证明了 C［0，1］的对偶空间上的 Riesz 表示定理的可计算形式[305]。紧接着，他们证明了局部紧 Hausdorff 空间上的 Riesz 表示定理的可计算形式[297]。

实数的许多表示诱导出的可计算性是等价的。然而，苏开乐、陈清亮等证明了这些等价的表示所诱导的原始递归性却未必等价[190]。

王国俊在紧 Hausdorff 测度空间上引进了黎曼型积分，证明了一个函数是黎曼可积的当且仅当它是几乎处处连续的。王国俊还引进了可计算性的概念，证明了在紧 Hausdorff 测度空间上，黎曼积分是可计算的当且仅当它可度量化[343]。

第四节 公理集合论

公理集合论是数理逻辑的重要分支。主要研究集合论公理系统及相关的新公理。策梅洛于 1908 年为了对选择公理辩护，提出了第一个集合论公理系统 Z，20 世纪 20 年代经 A. A. 弗伦克尔和 A. T. 斯柯伦的改进和补充，从而得到常用的策梅洛－弗伦克尔公理系统，简记为 ZF。蒯因提出了公理系统 NF，冯・诺依曼、哥德尔、Bernays 也提出了集合论的公理系统 NGB。不过，公理集合论的工作主要集中在 ZF 系统及其扩充。（相对）协调性与（相对）独立性是公理集合论的核心议题。协调性研究涉及集合论模型的构建。构建集合论模型的方法主要是内模型方法和力迫方法。无穷组合公理、大基数（强无穷）公理以及相关的课题是公理集合论的主要的内容。公理集合论的方法还被广泛应用于其他数学分支，如：代数、拓扑、分析等。

一 集合论系统及其分层

莫绍揆除了在可计算性方面的工作，在公理集合论的研究方面也有出色的工作。他研究了集合论公理系统的简化，把 ZFC 系统中的九条公理简化为四条[80]。基数的方幂问题是集合论中一个基本且重要的问题，各国学者对此问题的研究大都是建立在共尾数理论之上，从而未能得出完整的结果，而且不够系统。莫绍揆撇开了共尾数理论，用一种新方法讨论了基数方幂，从而解决了这个问题[81]。莫指出函词的作用功能可以用代入运算来表示，从而函词、函元、量词、函元约束词、概括原理等均可删除不用，一阶谓词逻辑即是功能完全的逻辑演算，以代入运算代替抽象运算更能深刻揭示逻辑本质，并可避免λ演算与集合论所导致的悖论[79]。

张锦文研究建立在弱谓词逻辑系统上的集合论公理系统。他建立了一个称作强蕴涵演算的逻辑系统 WL[160]。该系统是从 Kleene 的元数学导论中的公理和规则 1—12 中去掉模式 1 和 7，再加上模式 A→ ¬ ¬ A 后得到的系统。它不同于古典逻辑，也不同于直觉演算。张锦文考虑建立在 WL 上的 ZF 集合论系统[380]。他证明了 Zadeh 的弗晰（模糊）集合论是这种弱集合论系统的非标准模型。

在通常的集合论中，真类是不能作为其他对象的元素。张锦文在 Gödel - Bernays 系统（GB）基础上构建了公理系统 ACG，试图为范畴论提供逻辑基础。其中他引入了比集合和类更高型的对象——聚合。不仅集合和类可以为聚合的元素，聚合也可以是其他聚合的元素。ACG 系统实际上是在 GB 系统的基础上加上与之相应的关于聚合和聚合的类（称为二型类）的公理。可以证明，ZF + “存在不可大基数”是 ACG 的子系统[161][162]。

根据哥德尔第二不完备性定理，ZF 的协调性只可能在比它强的系统中证明。例如，在 ZF + 大基数公理（即“存在一大基数”）的公理系统中，可以证明 ZF 是协调的。然而，这更强的系统的协调性又成问题。正因为如此，世界著名的华裔美籍数理逻辑学家王浩建议研究公理系统的分层。张锦文构造了集合论公理系统的一个超穷序列$(Z_\alpha : \alpha \in \mathrm{On})$，它具有如下性质（i）$Z_0 = Z$（$Z$ 即 Zermelo 系统），且$\bigcup\{Z_\alpha : \alpha \in \mathrm{On}\}$等价于 ZF 系统；（ii）系统$Z_\alpha$的协调性在系统$Z_{\alpha+1}$中是可证的；（iii）对任意$\alpha \geqslant 1$，存在居于$Z_\alpha$和$Z_{\alpha+1}$之间的公理系统序列$(S_{\alpha,\beta} \mid \beta < \omega_{\alpha+1})$使得$S_{\alpha,\beta}$的协调性在$S_{\alpha,\beta+1}$中可证[377]。对任意固定的（元数学的）自然数 n，把 ZF 系统的替换公理模式限制到Σ_n公式上得到的系统记为 ZF^n。赵希顺证明了，对任意自然数 n，ZF^n 的协调性在 ZF 中可证[169]。1992 年李旭华进一步证明了，ZF^n 的协调性在 ZF^{n+3} 中也是可证的[54]。张锦文还构造了他的 ACG 系统的一个分层[379]。

二 大基数、无穷组合性质、基数不变性

Martin 公理是集合论中的重要公理之一。早在 1979 年周浩旋讨论了 Martin 公理与力迫方法、可构成公理（$V = L$）的关系，总结了 14 种等价形式[174]。继而，周浩旋总结了 Martin 公理在数学各种分支的应用[175]。

一般的，某种大基数的存在性是指相应的理想的存在性。而很多理想可通过理想上的算子而得到。冯琦定义了一种理想上的算子，把该算子作用到 κ 的所有有穷子集组成的理想上，就可得到 Ramsey 理想[225]，因此称该算子为 Ramsey 算子。称基数 κ 为 Π_α - Ramsey 基数如果长度为 α 的迭代应用 Ramsey 算子不会导出 κ 上的平凡理想。称 κ 为完全 Ramsey 基数，如果对任意 α，κ 是 Π_α - Ramsey 基数。冯琦证明了，Π_α - Ramsey 基数形成严格的分层，也就是说，Π_α - Ramsey 基数是 $\Pi_{\alpha+1}$ - Ramsey 基数，但反之不成立。可测基数是完全 Ramsey 的。冯琦还证明了，Π_α - Ramsey 基数和完全 Ramsey 基数相对于 core 模型 κ 是绝对的。

冯琦和 T. Jech 提出了投影稳定原则，它是说：$[H]_\kappa^\omega$（其中 $\kappa \geqslant \omega_2$）中的每个投影稳定集都含有一个长度为 ω_1 的递增连续 $\in$ - 链。他们获得如下结果，投影稳定原则与 Todorcevic 的强反映原则等价，Martin Maximum 公理能推出投影稳定原则。但投影稳定原则也能推出 Martin Maximum 公理的某些推论[229]。

冯琦研究了 Radu 猜想[226]。Radu 猜想蕴涵连续统等于第二个不可数基数，还蕴涵一些重要的无穷组合性质。冯琦证明了，Radu 猜想蕴涵：ω_1 上的不稳定（nonstationary）理想是 presaturated。注意，presaturated 理想曾被用来构造含有 Woodin 基数的内模型。可见 Radu 猜想是很强的。冯琦研究了共尾枝原则与强反映原则之间的强弱关系[227]。共尾枝原则即是：每个高度为 ω_1 的强 Baire 树都有共尾枝。冯琦证明了共尾枝原则蕴涵强反映原则，但反之不成立（该证明用了 semiproper 力迫公理）。

ω 上的 P - point 超滤产生于 20 世纪 50 年代对 βN 的 Stone - Cech 紧致化的研究。连续统假设蕴涵存在 P - point。Shelah 于 20 世纪 70 年代利用 proper 力迫证明了不存在 P - point 也是（相对）协调的。到了 20 世纪 90 年代，Shelah 又证明了存在唯一的 P - point 也是协调的。冯琦和 W. H. Woodin 证明了，P - ponit 的存在性与命题“ω_1 上的不稳定理想是 ω_1 - 稠密的”是无关的[230]。具体如下：

- “不存在 P - point”加上“ω_1 上的不稳定理想是 ω_1 - 稠密的”是协调的。
- “存在唯一的 P - point”加上“ω_1 上的不稳定理想是 ω_1 - 稠密的”是协调的。

他们在 Woodin 的偏序 P_{max} 基础上独立地发展了 P^S_{max}，证明了，在 P^S_{max} 的力

迫扩张模型中，不存在 P－point。接着又定义了 P^r_{max}，证明在 P^r_{max} 的力迫扩张中存在唯一的 P－point。注意，不管是在 P^S_{max} 的力迫扩张模型中还是在 P^r_{max} 的力迫扩张中 ω_1 上的不稳定理想是饱和的（saturated）。为证明它是 ω_1－稠密的，作者又提出了力迫偏序 $\mathbb{Q}^s_{max}$ 和 $\mathbb{Q}^r_{max}$。冯和 Woodin 的这些结论依赖于决定公理 $AD^{L(R)}$。

J. R. Steel 在存在大基数以及不存在含有 Woodin 基数的内模型的假设下，构造了一个 core 模型 κ[265]。构造内模型的目的是为证明相对协调性，如果能在较弱的假设下（如把“不存在可测基数”假设减弱或去掉）构造同样的 core 模型 κ，那么我就得到了更强的相对协调性。冯琦和 R. Jensen 发展了一种构造 Steel 型 core 模型的新方法[228]。他们的新技术“supercompact type 1 extender”使得他们的构造仅需要不可达基数的存在性[231]。

树是公理集合论中的重要概念。张树果证明了满足 Knaster 条件的力迫偏序是保 Souslin 树的[165]。稳定集的反映性质（reflection property）在组合集合论中有着广泛的应用。例如，R. B. Jensen 在 Gödel 可构成模型中发现了反映性质与大基数性质有着密切的联系。C. A. Johnson 证明了，如果一个不可数正则基数上有一致弱正规的（uniformly weakly normal）且 (η,η)－非正则理想，则某种反映性质不成立。张树果大大改进了这一结果[383]。他证明了若一个不可数正则基数 κ 上只要存在弱正规（weakly normal）理想，那么 κ 就不满足该反映性质。分划性质也是集合论中的重要组合性质。张树果与 Di Prisco 合作先把 κ 看成离散拓扑空间，而后把 κ^ω 看成相应的积拓扑空间[384]。他们在 κ^ω 中引进了两种高阶分划关系 R_1（κ）和 R_2（κ），证明了 R_1（κ）蕴涵 R_2（κ），而 R_2（$\kappa,2^\omega$）蕴涵 R_1（κ）。此结果建立了有穷序列的分划与无穷序列分划之间的重要联系。张树果与 J. Brendle 合作探讨了自然数的分划之间的星关系结构基数不变量，彻底解决了关于这一结构的基数不变性问题。并给出了著名极小塔公开问题的一个等价形式[385]。

张羿则关心代数学中的基数不变性问题。张羿考察了几乎不同（eventually different）的函数集的基数[389]。设 $\mathfrak{a}_m$ 为最小的满足如下条件的基数：存在基数为 $\mathfrak{a}_m$ 的几乎不同的函数集 A 使得对任意无穷部分函数 h 都存在 A 中的函数 f 使得 h 和 f 在无穷多个点处的值相等。张羿证明了如下相对协调性结论：（1）$\mathfrak{a}_m=2^\omega$ 是协调的，（2）$\mathfrak{a}_m=\omega_1<2^\omega$ 是协调的，及（3）$\mathfrak{a}<\mathfrak{a}_m$ 是协调的，这里 $\mathfrak{a}$ 是最小的极大几乎不交集族的基数。

张羿研究了极大几乎不交函数集的基数[396]。设 a_e 为最小的极大几乎不交函数集的基数，而 a 与 a_p 和 a_e 的定义方式相同，只是分别加上递增和置换两个条件。张羿应用 Miller 力迫证明了（1）$a_e = \omega_2 = 2^{\omega} + a + a = \omega_1$ 是协调的，（2）$a_p = \omega_2 = 2^{\omega} + a + a = \omega_1$。紧接着，张羿研究了极大共尾群的基数不变性[395]。他证明了，Martin 公理蕴涵 Sym（ω）的每个极大共尾子群的基数为 2^{ω}。之后，张羿研究涉及共尾群的基数不变性[244]。在群论中有如下问题：是否存在自然数集上的置换群，它既是极大的共尾全对称群，也是极大的几乎不交集（当把他看作为集合时）。张羿用复杂的力迫方法证明了，存在这样的群是协调的[393]。接着，张羿在连续统假设下构造了一个极大共尾子群。他还指出，在 Martin 公理下，也可做类似的构造[394]。张羿和 Kastermans 合作研究了下面三个基数的不变性[185]。

a_g：＝最小的极大共尾置换群的基数。

a_p：＝最小的极大几乎不交置换族的基数。

c（Sym（N））：＝ω 上的置换群的共尾数。

他们证明了，$a_p = a_g = \omega_1 < \omega_2 = c$（Sym（N））在 Miller 模型中成立。从而，$a_p = a_g = \omega_1 <$ c（Sym（N））$= \omega_2$ 相对于 ZFC 是协调的。自然数集上的全对称群 Sym（ω）有很多极大共尾子群，问题是有没有可定义的这样的子群。张羿和高速（美国）合作在世界顶级数学杂志上撰文研究该问题[236]。他们证明，在哥德尔可构成公理 $V = L$ 下，存在 ω 上的置换的 Π^1_1 集合，它所产生的群是 Sym（ω）的极大共尾子群[388]。

早在 20 世纪 80 年代，U. Abraham，M. Rubin 和 S. Shelah 为了研究 ω_1 - 稠密实数集的同构及嵌入性质引进了如下公理：半开染色公理 SOCA，开染色公理 OCA，以及递增集公理 ISA。赵希顺用力迫方法证明了，以上提及的每条公理都与“存在 ω_2 - Kurepa 树”＋Martin 公理是相对协调的。从而证明了，ZFC ＋“不存在 ω_1 - Souslin 树”＋“存在 ω_2 - Kurepa 树”是相对协调的[397]。赵希顺利用 proper 力迫方法证明了，如果 ZFC 加上“存在弱紧基数”是协调的，则 ZFC 与 Martin 公理加上“存在 ω_2 - Aronszajn 树”也是协调的[168]。

按照哥德尔可构成模型 L 的定义方式，C. C. Chang 使用无穷长语言 $L_{\omega_1\omega_1}$ 定义了 ω_1 - 可构成模型 C。赵希顺研究了模型 C。由于使用的是无穷长语言，无法在 ZF 中证明 C 满足选择公理。赵希顺证明了，只要在 ZF 加上“存在序数的可数序列间的绝对良序”，就可证明 C 满足选择公理[398]。赵希顺和王驹还研究了 C 中大基数的存在性。他们证明了：（1）弱紧基数在 C 中仍是弱紧的；（2）ineffable 基数在 C 中还是 ineffable 的；（3）完全 ineffable 基数在 C 中仍是完全 ineffable；（4）如果存在初等嵌入 $j: C \to C$，则在 j 下变动的第一个基数在 C 中是完全 Ramsey 基数[167]。赵希顺和王驹还用无穷长语言定义了遗传 ω_1 - 序数可定义集合的类 HOD_1，研究了它与 C 的关系，证明了如下协调性结果：（1）$V = \mathrm{HOD}_1 = C \neq L$ 是协调的；（2）$V = \mathrm{HOD}_1 \neq C \neq L$ 是协调的；（3）$V \neq \mathrm{HOD}_1 = C \neq L$ 是协调的；（4）$V \neq \mathrm{HOD}_1 \neq C \neq L$ 是协调的[399]。

汪芳庭研究 ω 上的算术超滤。回答了 J. E. Baumgartner 和 A. D. Taylor 的一个问题：即两个不相容矢性 P - 点之积一定是算术超滤积[113]。每个非主算术超滤都对应着一个简单的算术模型，用这个模型中的超滤作成的有限分数的等价类便得到了所有正实数。汪芳庭证明了 Matrin 公理的一种弱形式蕴涵存在 ω 上的非主算术超滤[115]。

三　描述集合论

我们知道，具有 G_δ 对角线的空间必有小对角线。周浩旋考察如下问题：具有小对角线的紧 Hausdorff 空间是否有 G_δ 对角线。E. van Douwen 在连续统假设下曾给出部分正面结果。1977 年，W. Fleissner 引进了公理 FA 并证明 FA + GCH 是协调的。周浩旋在 FA + GCH 下，肯定地回答了上述问题[408]。A. V. Arkhangelskii［*Uspekhi Mat. Nauk*, Vol. 21, No. 4, 1966, pp. 133 - 184］于 1966 年引进了弱第一可数公理，并提出了 4 个问题，其中第二个问题是：对于紧 Hausdorff 空间，该弱公理是否蕴涵第一可数公理。N. N. Yakovlev（*Dokl. Akad. Nauk SSSR*, Vol. 229, No. 6, 1976, pp. 1330 - 1331）在 CH 下否定地回答了这一问题。周浩旋在 MA + ¬ CH 下也否证了该问题[406]。周浩旋讨论了如下猜想：一紧 Hausdorff 空间是 Frechet 的当且仅当每个 feebly 紧子集是闭的。周浩旋证明了右边蕴涵左边，在证明过程中回到了 E. van Douwen 的一个问题。然而在 Martin 公理下，反方向的蕴涵关系并不成立[405]。众所周知，每个基数不超过 ω_1 的紧 Hausdorff 空间都是序列紧的。周浩旋考察如下问题：当把“紧”和“不超过 ω_1”分别换成“可数紧”和“小于 2^ω”后，上述结论是否仍成立？他在 Martin 公理下给出了肯定地回答。尔后，周利用迭代力迫方法，构作了一个模型其中存在一个基数小于连续统的可数紧可分 Hausdorff 空间，它既不是紧的也不是序列紧的[407]。周浩旋还把集合论应用于同质性（homogeneity）研究[409]。

杨守廉证明了如果对每个可数序数 α，紧序数 α + 1 的可数次箱积的商空间$\omega(\alpha+1)$是特殊仿紧的，则对任意一个序数 λ，$\omega(\lambda+1)$也是特殊仿紧的[152]。杨守廉讨论箱积空间$\omega(\omega+1)$是否绝对仿紧这一著名问题。他在空间$\omega(\omega+1)$中引进 X－有界集的概念；指出 X－有界集的并是绝对仿紧的。并给出了关于 X－有界集的良加细覆盖的一些重要性质；这些性质实际上导致$\omega(\omega+1)$绝对仿紧的一个充要条件[151]。

张树果与蒋继光合作证明了狭义拟仿紧空间的两个因子的乘积和逆序列极限的稳定性定理[163]。张树果与蒋继光合作证明了：在哥德尔可构成公理下，正规局部紧拟仿紧空间是仿紧的。并证明：当另外因子是强零维的紧空间时狭义拟仿紧空间的乘积保持其特性[164]。

徐书润和丁龙云证明了一族 κ－紧空间的 κ－乘积仍为 κ－紧的充分必要条件是 κ 为紧基数[19]。之后丁龙云在描述集合论取得了突出成绩。设 G 为一个 Polish 群，而 X，Y 为两个 Borel G－空间，且设对应的 orbit－等价关系E^X和E^Y是 Borel 的。丁龙云与高速合作研究对角线 orbit－等价关系$E_G^{X\times Y}$是否是 Borel 的问题[212]。H. S. Becker 和 A. S. Kechris 的一个定理是说：如果 α：$G\times A\to A$ 是 Polish 群 G 作用到其子集 A 上的连续动作，则 a 可以延拓为连续动作 α：$G\times A\to A^*$，其中$A\subseteq A^*$，且 A^* 可以是 G_δ的如果 G 是局部紧的。H. S. Becker 和 A. S. Kechris 的问题是“G 是局部紧的”这个条件可否去掉。丁龙云和高速否定地解决了这一问题。他们提出 Polish 空间的不可延拓性（non－extendability），由此构造了一个精妙的反例[210]。丁龙云和高速肯定地证明了 G. Hjorth 猜想，即存在不可数 Polish 群，它的每个交换子群都是离散的。他们还推广了 Graev 度量，证明了 G 的每个交换群都是循环和离散的[209]。丁龙云和高速用直接构造方法证明了，任意无穷维 Banach 空间都含有具有任意高 Borel 复杂性的线性子空间[211]。丁龙云和他人合作还研究了 Polish 群的$\aleph_0$个 Borel 子群的积的 Borel 性质[213]。Scheeffer 的一个定理是说，如果 G 是实数空间的无处稠密子集，而 A 是可数子集，则对任意区间（a，b）都存在$c\in(a,b)$使得 $A+c$ 和 G 不交。王国俊证明了，在上述定理中，可以把 G 改为第一范畴集[345]。

喻良和庄志达合作研究图灵度序列的存在性与集合论原则之间的关系。他们证明了，如果第一个不可数基数在哥德尔可构成模型 L 中仍是第一个不可数基数，则存在图灵度的Π_1^1－极大链；连续统在 L 中仍是连续统当且仅当存在细的Π_1^1－极大反链[188][189][336]。

四　布尔值模型

20 世纪 60 年代 Scott 和 Solovay 建立了 ZF 系统的布尔值模型，以用于独立性的证明。德国学者哥特瓦尔德注意到弗晰集合论和布尔值模型的某些类似之处，他提出：由于布尔值模型方法更为复杂，能否借助它来研究弗晰集合论呢？张锦文研究了这一问题。张锦文在他的论文《弗晰集合论和布尔值集合论的一个统一处理：弗晰集合结构和正规弗晰结构》中，从弗晰集合论出发，运用布尔值模型方法建立的各种弗晰集合结构和相应的公理系统，不仅解决了哥特瓦尔德的问题，而且建立了这两种集合论的统一处理。杨立群研究了一类弱谓词逻辑 WL′上的一个弱集合论公理体系 ZF_1 的一些性质[150]。他首先建立了逻辑系统 WL′，引进了与之相应的格——完备拟 Boole 格。证明了 ZF_1 中完备拟 Boole 格值模型仍然是 ZF_1 的模型。还证明了若 M 是 ZF_1 的模型，则 M 上的语句在其逻辑运算下形成一完备拟 Boole 格。因而这类格真实地反映了逻辑系统 WL′。他构造了一个格值模型 M（G），它是 ZF_1 的模型但不满足古典 ZF 的某些公理，且在其中连续统假设不成立。

李娜建立了 Bernays－Gödel 集合论 GB 的布尔值模型[280]。李娜在布尔值模型中定义了模态算子，证明了各种模态逻辑的公理在 ZF 的布尔值模型中的布尔值都是 1[278][279]。

第五节　形式化方法

数理逻辑的发展早期主要是研究数学基础问题。虽然这方面没有取得预想的成功，但是数理逻辑的研究揭示了：推理和计算都是从初始符号串出发执行几个简单规则或操作的过程。Church－Turing 论题使得人们有理由认为各种过程（如思维过程、通讯、进程）都可看作是计算因而可以用逻辑的方法进行刻画。这就是所谓的形式化方法。形式化方法建立了软件工程的逻辑基础，成为软件设计和开发的严格方法及工具。形式化方法已被软件工业界所采用，特别是用于严格安全系统的研制。

我国数理逻辑的开拓者们也都注意到了数理逻辑和计算机科学及人工

智能之间的天然联系。20 世纪 50 年代胡世华倡导数理逻辑在计算机科学中的应用研究。在 1960 年代初，莫绍揆亲自参加过一些计算机的研究工作。在 1980 年代，莫绍揆还参加由计算机科学家徐家福、孙钟秀主持的“五代机”讨论班。吴允曾在 1970 年代由数理逻辑转到计算机理论研究，带领其团队开展“形式化方法”的研究[143]。

唐稚松在清华大学读大学时，就学习数理逻辑。早在 1965 年，唐稚松在《数学学报》发表了一篇关于计算机指令系统性质的论文，提出转移指令可用循环替代。这一结果比国外同行的类似结果早发表一年。20 世纪 70 年代中期，唐稚松分析总结了国际上结构程序设计研究方面的大量资料，完成了长篇论文“结构程序设计与结构程序语言”。在此基础上，他设计了一个广谱的结构程序语言，取名为系列化语言族，简称 XYZ 系统。在 1980 年代，唐稚松为 XYZ 建立了时序逻辑基础，提出了可执行时序逻辑语言 XYZ/E。该语言将状态转换的控制机制引入到逻辑系统之中，又将这种时序逻辑形式化理论与最新软件技术结合起来[23][107]。

周巢尘在研究生期间师从胡世华院士，研读数理逻辑。自 1970 年代中期，致力于程序验证和代数符号计算研究[171]。他以一阶谓词演算为工具研究程序模式，证明了程序模式的基本特性的不可判定性[172]。1980 年代，周巢尘从事通信顺序进程的 CSP 的正确性证明，研究大规模分布式系统的内在结构，发展了组合验证技术[173]。之后，周致力于实时系统的模型、语义描述及其正确性的研究。提出了一阶谓词时序逻辑——时段逻辑。时段演算是用于嵌入式实时软件系统设计的演算系统。它是区间时态逻辑的扩展，可用于处理数学分析中函数在连续时间上的一些概念，如：积分、平均值、分段连续性和可微性。该演算能够应用于对混合系统的实时需求进行刻画和精化，同时也能定义计算系统的实时行为和语义[53]。

R. Milner 在 1970 年代首先提出了描述通信系统并发行为的形式演算 CCS。然而 CCS 的交错语义并非是真正的并发语义。为了给出 CCS 的真正意义上的并发语义，P. Degano，R. De Nicola 和 U. G. Montanari 提出了 contact－free A－C/E 系统。然而这个系统是不完全的（比如，没有关于递归主体和非确定主体的并发）。陆汝钤把数学中黎曼曲面的思想引进 PETRI 网论，建立了多层 PETRI 网模型 Petri/Riemann（P/R）网，以定义 A－C/E系统。陆应用 P/R 网给出了 CCS 的完全真并发语义，解决了其特有的（在双模拟意义下的）语义等价问题[299]。陆汝钤把原来只能描述静态控制结构的代数语义推广到能描述动态控制结构，使代数语义具备了描述完整程序控制结构的能力，从而真正体现了“对代数语义来说，程序即抽象数据类型”这一论题[306][307]。

林惠民长期从事计算机程序，特别是并发程序的形式语义学及形式化方法的研究。他提炼出了一个元语言，用它可以描述各种进程演算的公理化语义，并且具有良好的可读性。在此基础上实现了通用的交互式进程代数验证工具 PAM[242][243]。林惠民与英国 Sussex 大学的 Hennessy 教授合作，提出了“符号互模拟理论”。他们引入了“符号迁移图”，在此基础上建立了符号互模拟理论，进一步建立了消息传送进程互模拟的相对完备证明系统[310][311]。为了描述移动式通信，ACM 图林奖获得者 Milner 教授与其合作者于 1989 年正式提出 π－演算（也称“移动进程演算”）。π 演算研究中的一个基本问题是刻画进程的互模拟等价关系。为了对 π－演算中递归定义的无穷进程进行推理，林针对 π－演算建立了符号互模拟的理论。林惠民在 1995 年发表了 π－演算迟、早两种弱互模拟的完备证明系统[240]。为了对 π－演算中递归定义的无穷进程进行推理，林在 π－演算中引入“进程抽象”的构造，并进一步发展了有穷控制 π－演算弱互模拟的完备证明系统[241]。

计算模型是逻辑学和计算机科学研究的重要问题。λ－演算是顺序计算的理论模型之一。为了找到一个可与 λ－演算相比的并发计算模型，Milner 等人提出了 π－演算。借鉴证明论中的一些思想，傅育熙提出了并发计算的一个图模型。在此模型中，计算对象表示为图，计算过程表示为图重写，重写规则将通信过程视为证明的等价变换过程。为便于形式化研究图模型，提出了模型的形式对应物——图演算[24]。在并发计算图模型的基础上，傅育熙提出一种新型并发计算模型——χ－演算。该演算的创新处在于它只有一类前缀操作，故通信是对称的。χ－演算与 π－演算的不同之处在于：具有统一的输入和输出，只有一类受限名，通信的范围由局部化操作子界定，允许更大的并发度[25][233]。χ－演算的引入有两方面的考虑：（1）纠正 χ－演算中前缀操作子的不规范性，统一进程代数中的各类名；（2）将证明论中的一些思想引入并行理论。π－与 χ－的主要区别在于通信机制，前者采用值传送的通信方法，后者采用信息交换的通信方法[28]。傅育熙还给出 π－演算到 χ－演算的转换，从而，前者是后者的子语言。傅育熙还给出了一个高阶 χ－演算[234]。在有关 χ－演算的基础上，傅育熙用统一的方法在 χ - 进程上引入一大类互模拟等价关系，即 L - 互模拟等价关系。证明了只有 4 个不同的 L - 互模拟等价；在包含关系下，它们构成钻石格。许多常见的互模拟等价都可定义为 L - 互模拟等价[26]。在 χ - 进程间互模拟格的基础上，利用 L - 互模拟的开刻画，给出所有 4 个 L - 互模拟等价诱导的同余关系的完全公理化系统 IV[27]。

前面提到的 π - 演算预设了通信频道是无噪声的，但在实际的移动系统中这是不可能的。为此，应明生提出了 πN 演算，它允许噪音出现。应明生提出了该演算中的近似强互模拟和等价关系，建立了各种代数定律。他还引进了可靠性已比较各主体的行为。应明生的工作为处理移动系统的可靠性和正确性提供了工具和技术[369][370]。

胡国定在 1988 年引进了可计算模型的构造型定义，记作 MMCM。这是一个一般的定义，已有的计算模型如图灵机、Post 系统等，以及一阶逻辑系统，公理集合论系统都是特殊的 MMCM 系统[253]。

孙永强早在 1980 年代探讨如何以模态逻辑为形式化工具对顺序、并发以及非确定性程序的论证[104][179]。1995 年以来，何积丰与 C. A. R. Hoare 提出了程序设计统一理论和连接各类程序理论的数学法则。还提出了用形式化的界面理论沟通几种程序语言[55][246]。

自动机是对信号序列进行逻辑处理的装置，可定义为一种逻辑结构，一种算法或一种符号串变换。在计算机科学中自动机用作计算机和计算过程的动态数学模型，用来研究计算机的体系结构、逻辑操作、程序设计乃至计算复杂性理论。在语言学中则把自动机作为语言识别器，用来研究各种形式语言。在神经生理学中把自动机定义为神经网络的动态模型，用来研究神经生理活动和思维规律，探索人脑的机制。在生物学中有人把自动机作为生命体的生长发育模型，研究新陈代谢和遗传变异。在数学中则用自动机定义可计算函数，研究各种算法。现代自动机的一个重要特点是能与外界交换信息，并根据交换得来的信息改变自己的动作，即改变自己的功能，甚至改变自己的结构，以适应外界的变化。也就是说在一定程度上具有类似于生命有机体那样的适应环境变化的能力。

马希文早在 1978 年引进树计算机和这种计算机上的程序——树程序的概念，并进行了有关的讨论。他希望说明，在研究形式语言和编译系统的某些问题时，树计算机和树程序可能成为一种有效的工具[68]。

关于线性自动机的理论，早在 20 世纪 60 年代初，汪湘浩引进了圈环的概念，以此为出发点，管纪文在线性自动机的分析和综合问题上取得了一系列成果[30]。

陶仁骥大学毕业后也曾在中国科学院数理逻辑室工作。陶后来在自动机理论中独创了“可逆有限自动机理论”，并在该理论的基础上，提出和发展了“有限自动机公开钥”方法[108][342]。

洪加威除了在计算复杂性方面的成果外，还研究形式文法[31][32]。董韫美研究形式规约的获取与复用，提出基于复用的文法推断方法，并提出一种新的递归函数理论：上下文无关语言上的递归函数 CFRF[20][21]。

陆汝钤和郑宏提出了格值有穷状态量子自动机（LQA）的量子计算理论。他们引进了推广的 pumping 性质，并证明对于 LQA，推广的 pumping 引理成立[302][303]。邱道文与应明生引进了一种新的量子有穷自动机（qGFA）和相应的量子正规文法（qQRGs），证明了两者不仅等价，还与 MOQFA（仅测一次量子有穷自动机）等价[322]。

量子逻辑早在 1936 年就被 G. Birkhoff 和 J. von Neumann 提出，量子计算近年来也有了长足的发展。应明生建立了基于量子逻辑的计算理论。他首先定义了正交模格值量子自动机，在量子逻辑的框架内研究了这种自动机的性质。而后定义了被这种自动机所接受的正规语言（称作正交模格值正规语言），导出了这种语言的闭包性质。进而，把 Kleene 定理推广到了量子逻辑中。应明生证明了，基于量子逻辑的计算理论中的许多性质依赖于该逻辑的分配性质。从而揭示了，基于量子逻辑的计算理论与经典计算理论的本质差异。他还建立了基于量子逻辑的自动机理论的泵作用（pumping）引理[367][368]。

1968 年由生物学家 A. Lindenmayer 提出的 L 系统是为把形式语言理论应用到发育生物学中而创立的一种并行重写系统，是描述生物体生长发育过程的数学理论，又叫 Lindenmayer 系统。但是，L 系统及其种种变形刻画的都是同步的并发系统。实际上，在自然界中存在着许多异步的并发现象。因此，陆汝钤和张文妍对传统的 L 系统作了推广，提出了广义 L 系统的概念，证明了广义 L 系统不能被传统的 L 系统所覆盖，还划分了广义 L 系统的子类，证明了各子类等价的充分必要条件[61]。

刻画和描述认识过程中知识的进化和更新也是逻辑学方法的一个重要任务。而人类某个阶段在某一领域的知识可以看成是一个形式理论，李未把认知过程看成是形式理论的序列。他提出的开放逻辑就是关于形式理论序列的极限理论。开放逻辑中引进了猜想和反驳（事实反驳、归纳反驳）等基本概念；而后定义了形式系统在猜想或反驳下的重构；进而定义了形式理论序列的极限概念。李未还证明，开放逻辑可以刻画常识推理[282]。开放逻辑引起了国内外学者的关注，国内学者多关注极限存在性及重构算法的研究。开放逻辑的一个重要应用就是关于软件进化过程。我们知道，软件（如操作系统）都是在不断的完善和进化的。我们把某软件的一版本的规范（sepecification）看成是一个形式理论。因而软件的进化过程就是一个形式理论的序列。我们可以把新规则和用户意见看成是猜想与反驳，因而软件升级实际上就是形式理论在猜想或反驳下的重构[281]。

互联网是由分散的、在全球范围内相互链接的 web 文档构成的网络。20 世纪末，Tim Berners Lee 等提出语义 web 的设想，希望通过在 web 文档上附加机器能理解的语义标注，将互联网从文档 web 扩展成为数据 web（数据库），从而可以以机器能理解的方式发布知识，进而实现知识集成和知识推理的自动化。在语义 web 中，所有信息都是具有语义的，语义表达是语义 web 最基本的问题。语义 web 的语义表达的主要问题就是应用领域的语义建模（包括建模语言的选择/设计）的问题。语义表达问题实际上可归结为本体理论在语义 web 中的应用问题。语义 web 中（本体的信息技术应用领域中）普遍接受的本体定义为："本体是对某一个领域概念化的显式、形式化的描述"。我国学者在语义 web 的逻辑基础方面也作了重要工作。林作铨、刘升平等提出了语义定义语言 XSDL、CKML、DAML + OIL 和已成为 W3C 标准 OWL[59]。DAML + OIL 语言与描述逻辑 SHOIQ（D）等价，OWL DL 与描述逻辑 SHOIN +（D）等价，SHOIQ（D）和 SHOIN +（D）有可判定 tableaux 推理算法。由于对应关系的存在，这些语言的本体描述、推理问题的理论研究就可以归为对应描述逻辑的研究。描述逻辑不仅在语义 web 的理论研究中非常重要，在其具体应用中也非常重要，例如：在对本体推理时，DAML + OIL 或 OWL 本体可以直接转换成对应描述逻辑的公式，之后推理问题的计算过程交给描述逻辑推理机完成就可以了。因此，描述逻辑的研究也受到了国内学者的重视（如见注释[45][46][71][97]）。韩婷婷等提出一种 Tree - 逻辑以刻画互联网中的半结构化数据[245]。

必须指出的是，逻辑方法还在机器学习、信息安全、计算语言学、认知科学、经济学等领域都有十分广泛的应用。例如，吕建和徐家福针对自学习软件自动化系统 NDSAIL 的需要，提出了保证归纳结论正确性的一致性准则和可满足性准则以及用多层次的演绎推理加以自动确认的方法，其主要特点是：（1）面向应用的归纳结论正确性准则；（2）验证功能与修正功能相结合的确认方法；（3）基于自动演绎机制的自动实现[65]。吕建等结合 BDI 结构和情境演算的优点，提出了一个能够刻画 Agent 的多种特征，尤其是自主性的智能体结构 AASC（Agent architecture based on situation calculus)。此结构既能表示 Agent 的信念、目标、策略等心智状态，又能进行行动推理和规划，为解释 Agent 的自主性、建构不同类型的 Agent 提供了统一的平台[48]。为了将密码协议的非否认性和公平性统一在一个框架之下更好地进行分析，范钰丹和韩继红提出了一套适用于分析非否认性和公平性的一阶逻辑语法和语义。在此基础上建立了一个用于分析非否认性和公平性的一阶逻辑模型，证明了模型的有效性和正确性[22][70]。

第六节 自动推理

利用计算机进行自动推理一直是热门的研究领域。早期人们主要关注经典逻辑的自动推理。早在 20 世纪 50 年代华裔数理逻辑学家王浩就设计证明程序，有效地证明了罗素与怀特海的《数学原理》中带集式的谓词演算部分的 350 多条定理。1960 年，Martin Davis 等人用 SAT 程序来研究 Hilbert 第 10 问题。卡内基梅隆大学认知心理学家 Alen Newell 因创立了 Logic Machine Theory 和 General Problem Solver（与 Herb Simon 一起）而获得 1975 年图灵奖。当前各种非经典逻辑的自动推理技术也越来越多地受到关注。自动推理广泛应用于软件、硬件检测、模型检测、规划以及数学研究中。

一 经典逻辑的自动推理

逻辑推理的消解（resolution）方法是由 J. A. Robinson 于 1965 年提出的。之后，J. R. Slagle 于 1967 年提出了语义消解，D. W. Loveland 和 D. Luckham 于 1970 年提出了线性消解，R. S. Boyer 于 1971 年提出锁消解。我国有些学者把 resolution 翻译成归结。

1982 年汪湘浩和他的学生研究了归结（即，消解）方法中的取因子问题并提出了广义归结方法[116]。广义归结方法包含了普通归结方法和非子句归结方法（N. V. 默里，1982）。在汪湘浩的指导下，他的学生在归结方法的研究中提出了一些有用的改进策略。例如，刘叙华等把广义归结推广到了带等词的逻辑上[292]。孙吉贵，刘叙华等使用 C－PROLOG 语言在 SUN 工作站上设计实现了基于广义归结和基于归结的两个定理机器证明系统 GRM，RM，证明了《数学原理》中 PART 1：Mathematical Logic 中 Section A 与 Section B 中全部定理（350 个）。他们讨论 GRM 和 RM 的时空复杂性，并在实现设计中提出新的全局调度策略及归结式的化简、排序策略，以单子句恒真、恒假的判断代替了广义归结中的自归结，实现了带 OCCUR 检查的模式匹配[14]。N. V. Murray 在 1982 年提出 NC－消解。刘叙华和孙吉贵比较了广义归结与 NC－归结[293]。

刘叙华认为各种消解方法的相容性（compatibility）是改进消解方法的一种途径。在 20 世纪 70 年代刘叙华就证明了，语义消解和锁消解是相容的，基于此结果，他提出了锁语义消解。进而，他证明语义消解与线性消解是不相容的。到了 1986 年刘叙华又证明了，当限制到 HORN 公式上，线性消解和锁消解在某些提条件下是相容的。到了 1991 年，刘叙华和他的学生提出了半锁（semi－lock）消解，并证明它和线性消解是相容的，进而，他们提出了线性半锁消解[291]。

众所周知，正单元消解对于 HORN 公式是（反驳）完全的，陆汝钤证明了正单元消解加上“有序”的限制后对 HORN 公式仍是完全的[298]。这一结果推广了 L. Henschen 和 L. Wos 的结果［*J. Assoc. Comput. Mach.*，Vol. 21，1974，pp. 590－605］。进而，陆汝钤证明了，强有序输入消解对 HORN 公式也是完全的[300][301]。李大法也研究了关于 HORN 公式的消解方法[273]。

R. Boyer 和 L. Moore 经过十多年的努力建立了一个定理证明器（下文称 BM 证明器），陆汝占和孙永强等对 Boye－Moore 方法进行了扩充和修改[62][64]。陆汝占和孙永强等还给出一种新的语义归结方法，称为着色归结方法，证明了 PI 着色碰撞与电子排列次序无关，同时给出该方法的完备性证明[63]。

Robinson 于 1965 年提出的合一（unification）算法，仅适用于没有量词的合取范式。清华大学李大法提出了适用于带量词公式的合一算法，该算法不需要 Skolem 化，因而可以应用于基于自然推导的定理自动证明系统。李大法实现了他的算法，并解决了 Andrews，Bledsoe 和 Pelletier 提出的挑战[272][275]。P. B. Andrews 和 G. P. Huet 分别把 J. A. Robinson 的消解原理和合一算法推广到了高阶逻辑。D. A. Miller 在他的博士论文中[205]提出在扩张树中可以删除高层 Shallow 公式，李大发则认为应删除底层公式[274]。李大法还对 J. von Plato 提出的仿射和射影几何公理系统进行了改进和简化[276][277]。

Z. Galil 于 1977 年提出了如下问题，是不是消解树中每个最短的（concensus）路径都是正则的（regular)？黄文奇等给出一个反例，从而否定地回答了这一问题[263]。黄文奇、李未以及金人超、宋恩民、余向东、许如初等把数学、物理学以及社会学中的思想应用于 SAT 算法[259][262][283]。黄文奇和金人超设计出了求解 SAT 问题的拟物拟人算法——Solar,基于该算法的 SAT Slover 在北京“SAT 问题快速算法国际邀请赛”（1996 年 3 月）上获得第一名[261]。

张健于 1992 开始研究自动推理。重写技术是处理等式理论的一种有效方法，它已成功地应用到带等词的一阶谓词逻辑中定理的自动证明。张健将几种重写证明技术与经典的消解证明方法加以比较[156]。张健还以一阶逻辑的方法处理约束满足问题，他研究了一阶逻辑公式可满足性的局部搜索法，并与命题逻辑中的可满足性过程加以比较，以皇后问题和哈密顿回路问题为例，说明基于一阶逻辑能处理较大的问题实例[159]。关于张健在 2000 年前的工作可参考他的专著[157]。当解释的论域是一个固定大小的有限集合时，一阶逻辑公式的可满足性问题可以等价的归约为 SAT 问题，为了利用现有的高效 SAT 工具，张健和黄拙提出了一种从一阶逻辑公式生成 SAT 问题实例的算法，并描述了一个自动的转换工具，给出了相应的实验结果，还讨论了通过增加公式来消除同构从而减小搜索空间的一些方法，实验表明，这一算法是有效的，可以用来解决数学研究和实际应用中的许多问题[44]。张健和徐贵红研究了一阶逻辑推理工具对语义网的推理支持。语义网的关键推理问题可以化为公式的可满足性判定问题，一阶逻辑的自动定理证明器可以证明不可满足性，而有限模型查找器为可满足的公式在有限域内构造模型。张健提出在语义网的推理中，同时使用定理证明器和有限模型查找器。实验结果表明，这样可以解决描述逻辑工具的不足，并可以弥补定理证明器对可满足的公式推理的不完备性[145]。

吴尽昭和刘卓军将一阶谓词演算的定理证明转化为代数簇的计算，从而获得了代数化的 Herbrand 过程，又通过一阶多项式间的求余运算，给出了余式方法并证明了它的完备性。同时，证明了归结原理是余式方法的一种特例[140][357]。

由于在消解过程中，一个子句可以被使用任意多次，致使消解证明可能需要指数多步。为了限制消解步数，日本学者 Iwama 等人提出了只读消解，即要求每个子句最多只能被用一次。Iwama 意识到判定一公式是否有只读消解证明是 NP - 完全的。赵希顺与德国学者合作给出了严格证明。众所周知，对任意固定的 k，一个公式是否有 k - 消解证明是多项式时间可解的。但赵希顺证明了，只读 k - 消解证明的存在性却变成 NP - 完全的了[237][238]。

苏开乐和他的学生在知识结构（knowledge structure）的语义基础上，通过挖掘知识结构语义中各元素的关系，把知识的计算归约于可满足性问题（SAT）。因为 SAT Solver 在符号化计算方面以及在计算规模和效率上都要明显优于 BDD，实验结果证实了这种方法的有效性[101]。苏开乐和他的学生还把各种形式化方法（如：有界模型检测）应用于知识推理和信息安全技术[102]。苏开乐和他的学生所实现的 MAX - SAT 算法在 2008 年和 2009 年的 SAT 年会举办的相关竞赛中取得优异成绩。

张文辉在 20 世纪 90 年代研究命题逻辑的自动推理。他主要研究 cut - 消去的复杂性及其对证明结构的影响[386][387]。

近年来，由于描述逻辑在语义网中的广泛应用，描述逻辑的自动推理技术也是研究热点。描述逻辑的推理一般用结构包含算法（structural subsumption algorithms）进行推理，该类算法对某些描述逻辑是合理和完备的。对包含析取、取非、存在限制等算子的描述逻辑的推理则一般求助于 tableaux 方法。我国研究人员古华茂提出了一种 ALCN 概念可满足性判定的完全析取范式（CDNF）算法，该算法比 Tableau 算法能节省线性甚至指数倍于输入概念描述长度的空间代价[29]。叶育鑫在 tableaux 基础上，通过引入回跳和布尔约束传播优化技术，提出一种 SHOIQ（D）的本体一致性检测算法以提高算法推理效率[153]。牛悦则提出了一种模块提取方法，该方法通过分析符号解释域的边界与公理之间的关系计算出基于边界的模块，减少推理的搜索空间，使用边界模块进行推理后，推理性能显著提高[83]。张健和徐贵红利用描述逻辑公式与一阶谓词逻辑公式的对应关系，借助一阶逻辑公式的有限模型查找工具和自动定理证明器，在描述逻辑的推理技术上另辟蹊径，以解决描述逻辑工具的某些不足[145]。

二　非经典逻辑的自动推理

刘叙华与他人合作提出了算子模糊逻辑（fuzzy operator logic），并建立了这种逻辑的推演系统。这个推演系统实际上就是基于消解原理的一种推广。他们证明了系统的可靠性与完全性[341]。评论者认为这是不确定自动推理领域的重要工作。刘叙华和司徒芊提出算子模糊逻辑中的广义λ－消解方法，证明了它和广义λ－归结的联合使用，对于λ－不可满足广义子句集是完备的[60]。唐日昆和刘叙华在广义λ－归结方法中引进删除策略，并证明：以λ－蕴涵为基础的删除策略不破坏广义λ－归结方法的完备性[106]。邓安生和刘叙华在布尔算子 Fuzzy 逻辑中引入公式的恒假水平的概念，证明了归结原理在定性和定量这两种度量意义下的广义完备性[16]。

吴尽昭由给定的有穷值逻辑系统中的一组公式 T 及一个公式 A 出发，构造出了一组有理数域上的多项式 PS，使得 A 是 T 的逻辑结论，当且仅当 PS 定义的代数簇为空集，当且仅当 PS 生成的理想是平凡理想。从而，利用特征列方法和 Groebner 基方法，给出了判定多值逻辑推理的两种算法[141]。

孙吉贵和刘叙华提出了一种模态归结的弱包含删除策略，证明了使用弱包含删除策略模态归结的完备性。从而将 Auffray 等人提出的开问题——模态归结包含删除策略的完备性向前推进了一步[103]。他们提出了一种基于标准子句集的模态归结方法的变型，称之为标准模态归结。证明了任意模态子句集恒假当且仅当存在从它的标准子句集出发，使用标准模态归结推出空子句的演绎。从而证明了对于不可满足标准子句集、标准模态归结是完备的[177]。他们将经典逻辑的 Davis－Putnam 纯文字化简规则推广到了命题模态逻辑 D 系统的自动演绎中，并给出了一些刻画 D 逻辑自动演绎特征的化简规则。这些化简规则通过对公式、子公式和公式集的有效性（或不可满足性）的有条件的判断，进行证明过程的剪枝和化简，以提高 D 逻辑自动演绎的效率，这些化简规则可用于 D 逻辑的任意一种推理实现系统，在机器上是容易实现的[15]。

张健研究了模态逻辑推理的翻译法，即把模态逻辑公式按照一定的规则翻译成经典逻辑公式，再用传统的定理证明器进行推理。文中指出，该方法在理论上保持了正规命题模态逻辑的可判定性。还给出了一些试验结果，说明该方法是实际可行的[158]。

沈榆平、赵希顺则研究了回答集语义下的逻辑程序的自动推理技术。他们提出并实现了破圈启发方法与基部限制式前向搜索技术。与其他逻辑程序系统比较，沈和赵的系统能高效地解决相变难区域中推理问题[376]。

徐扬和王伟对格值命题逻辑系统 LP（X）中基于 α－归结原理的 α－自动推理方法进行了研究，给出了用符号矩阵表示一类简单的广义子句集合（只含命题变元和非正则 1－IESF 广义文字）的方法，把 α－归结原理转换成矩阵的列变换[351]。徐扬、秦克云等基于格蕴涵代数的格值命题逻辑系统 LP4（X）的相关概念和结果，给出了 LP4（X）上的归结原理，并证明了其可靠性和完备性。四值命题逻辑系统 LP4（X）作为含有不可比真值的一种基本且重要的格蕴涵代数结构，其上归结原理的研究为归结算法的实现提供了理论基础，从而为处理含有不可比真值的格值逻辑系统在智能推理系统中的实际应用提供了有力的支持[72]。

王国俊、惠晓静等研究了模糊逻辑的分离规则（FMP），给出了解决 FMP 的新算法[344]。

参考文献

［1］［苏］В. П. 屠尤利诺夫、Л. Е. 迈斯特洛夫：《反对数理逻辑中的唯心主义》，关肇直译，《科学通报》1951 年第 6 期。

［2］别荣芳、沈恩绍：《Z－自动机与分化逻辑》，《数学学报》1998 年第 1 期，第 67—74 页。

［3］别荣芳：《关于整数环的无限 n 元素组归纳扩环的多样性》，《北京师范大学学报》2005 年第 4 期，第 339—342 页。

［4］别荣芳：《一些 5 次数环的具有 Goldbach 性质的扩环》，《南京大学学报（数学半年刊）》2007 年第 2 期，第 213—221 页。

［5］别荣芳：《$\mathcal{L}_{\omega_1\omega}$语言格值模型论的 Malitz 插值定理》，《数学学报》1997 年第 4 期，第 505—510 页。

［6］别荣芳：《$\mathcal{L}_{\omega_1\omega}$语言格值模型论的省略型定理及其应用》，《北京师范大学学报》1996 年第 3 期，第 307—311 页。

［7］陈国龙：《除环上 rcf 方阵的逆方阵》，《高校应用数学学报》2000 年第 3 期。

［8］陈国龙：《ω－范畴完全理论的特征》，《数学杂志》2000 年第 2 期。

［9］陈磊、沈复兴：《完全稠密二叉偏序理论的可数模型》，《北京师范大学学报》2007 年第 2 期，第 111—113 页。

［10］陈磊、沈复兴：《完全稠密二叉偏序理论的量词消去（I）》，《北京师范大学

学报》2008 年第 6 期，第 568—572 页。

[11] 陈磊、沈复兴:《完全二叉树理论的模型及性质》，《北京师范大学学报》2004 年第 2 期，第 177—180 页。

[12] 陈磊、沈复兴:《完全二叉树种元素的 CB 秩》，《数学学报》2005 年第 2 期，第 245—250 页。

[13] 陈志祥、黄文奇:《递归集的 K-1 - 度上半格的格嵌入性》，《华中科技大学学报(自然科学版)》1990 年第 18 期，第 145—152 页。

[14] 程晓春、孙吉贵、刘叙华:《基于广义归结的定理机器证明系统》，《软件学报》1995 年第 7 期。

[15] 程晓春、孙吉贵、刘叙华:《模态逻辑 D 演绎过程的化简规则》，《吉林大学自然科学学报》1995 年第 2 期，第 39—43 页。

[16] 邓安生、刘叙华:《布尔算子 Fuzzy 逻辑中归结的广义完备性》，《计算机学报》1997 年第 20 卷第 2 期，第 185—189 页。

[17] 丁德成:《递归算术的复迭系统 I》，《数学年鉴 A 辑》1986 年第 3 期，第 289—297 页。

[18] 丁德成:《递归算术的复迭系统 II》，《数学年鉴 A 辑》1986 年第 5 期，第 505—513 页。

[19] 丁龙云、徐书润:《κ - 紧空间的 κ - 乘积定理》，《南开大学学报》1998 年第 31 卷第 4 期，第 40—42 页。

[20] 董韫美:《上下文无关语言上的递归函数——I. CFPRF 及 CFRF 的定义》，《中国科学 E 辑》2002 年第 1 期，第 103—115 页。

[21] 董韫美:《上下文无关语言上的递归函数——II: CFPRF 及 CFRF 定义的合宜性》，《中国科学 E 辑》2002 年第 2 期，第 254—273 页。

[22] 范钰丹、韩继红、王亚弟、赵宇、朱玉娜:《基于一阶逻辑的非否认协议模型》，《计算机应用》2007 年第 9 期。

[23] 冯玉琳、林惠民、唐稚松:《时序逻辑程序的证明系统》，《计算机研究与发展》1985 年第 10 期。

[24] 傅育熙:《并发计算的元模型 I——图模型》，《上海交通大学学报》2000 年第 6 期。

[25] 傅育熙:《并发计算的元模型 II——对称通信》，《上海交通大学学报》2000 年第 6 期。

[26] 傅育熙:《并发计算的元模型 III——互模拟格》，《上海交通大学学报》2000 年第 6 期。

[27] 傅育熙:《并发计算的元模型 IV——公理化》，《上海交通大学学报》2000 年第 7 期。

［28］傅育熙：《新型移动进程模型——χ－演算》，《上海交通大学学报》1997 年第 8 期。

［29］古华茂、高济、王勋：《完全析取范式检测 ALCN－概念的可满足性》，《四川大学学报（工程科学版）》2009 年第 6 期。

［30］管纪文：《线性自动机引论》，吉林大学出版社 1986 年版。

［31］洪加威：《TD［d，k］文法和自上而下的语法分析（上）》，《计算机学报》1978 年第 1 期。

［32］洪加威：《TD［d，k］文法和自上而下的语法分析（下）》，《计算机学报》1978 年第 2 期。

［33］洪加威：《计算的相似性与对偶性原理》，《科学通报》1980 年第 18 期，第 823—824 页。

［34］胡世华：《递归结构——I. 可解决性理论》，《中国科学 A 辑》1990 年第 33 卷，第 19—27 页。

［35］胡世华：《递归结构——可解决理论》，《中国科学》1990 年第 11 期，第 1137—1145 页。

［36］胡世华：《递归结构理论的形式系统和语言的可判定性——可解决理论》，《中国科学》1990 年第 12 期，第 1235—1242 页。

［37］胡世华：《递归结构理论的形式系统和语句的可判定性——可解决性理论 II》，《中国科学 A 辑》1990 年第 33 卷，第 3—10 页。

［38］胡世华：《数理逻辑的基本特征与科学意义》，《哲学研究》1957 年第 6 期，第 1—44 页。

［39］胡世华：《一种递归式的原始递归性》，《数学学报》1956 年第 1 期，第 93—104 页。

［40］黄文奇、陈志祥：《K-1－度上半格的结构》，《计算机学报》1989 年第 4 期，第 249—257 页。

［41］黄文奇、陈志祥：《递归集的 K-1－度上半格的不可补性与不可分配性》，《数学学报》1989 年第 32 卷，第 517—524 页。

［42］黄文奇、陈志祥：《复杂类的集合分裂》，《数学年刊》1989 年第 5 期，第 565—570 页。

［43］黄文奇、陈志祥：《复杂类中的完全集问题》，《华中科技大学学报》1989 年第 6 期，第 73—75 页。

［44］黄拙、张健：《由一阶逻辑公式得到命题逻辑可满足性问题实例（英文）》，《软件学报》2005 年第 3 期，第 327—335 页。

［45］蒋运承、史忠植、汤庸、王驹：《一种分布式动态描述逻辑》，《计算机研究与发展》2006 年第 9 期。

[46] 蒋运承、王驹、邓培民、汤庸、周生明:《描述逻辑 μALCIO 的语义及推理》,《计算机学报》2009 年第 7 期。

[47] 金岳霖、王宪钧、胡世华:《十年来的中国科学数学卷——数理逻辑》,中国科学出版社 1959 年版,第 28—54 页。

[48] 李斌、吕建、朱梧槚:《基于情境演算的智能体结构》,《软件学报》2003 年第 4 期。

[49] 李祥:《能行 Hausdorff 空间中按点 r. e. 开集的图灵度》,《科学通报》1985 年第 3 期,第 237—237 页。

[50] 李祥:《能行 Hausdorff 空间中开集的能行性质》,《数学年鉴》1987 年第 1 期。

[51] 李祥:《能行计算复杂性 Blum 测度的产生性》,《计算机学报》1979 年第 1 期。

[52] 李祥:《能行计算复杂性理论及其在计算机科学中的意义》,《计算机科学》1979 年第 3 期。

[53] 李晓山、周巢尘:《时段演算综述》,《计算机学报》1994 年第 11 期,第 842—851 页。

[54] 李旭华:《On the Consistency of ZF^n in ZF^{n+3}》,《数学季刊》1993 年第 8 期,第 7—12 页。

[55] 李勇坚、何积丰、孙永强:《Verilog 代数语义研究》,《软件学报》2003 年第 3 期,第 317—327 页。

[56] 李志敏、罗里波、李祥:《完全二叉树理论的计算复杂性》,《数学学报》2008 年第 2 期,第 311—318 页。

[57] 刘吉强、廖东升、罗里波:《完全二叉树的量词消去》,《数学学报》2003 年第 1 期,第 95—102 页。

[58] 刘吉强、沈复兴:《可数模型的 Ψ - 分式》,《北京师范大学学报》1997 年第 4 期,第 444—447 页。

[59] 刘升平、林作、铨梅婧、岳安步:《一种 XML 的模型论语义》,《软件学报》2006 年第 5 期。

[60] 刘叙华、司徒芊:《广义 λ - 消解》,《计算机学报》1995 年第 18 卷第 2 期,第 135—140 页。

[61] 陆汝钤、张文妍:《广义 L 系统》,《中国科学 E 辑》2002 年第 4 期,第 530—540 页。

[62] 陆汝占、毕华、孙永强:《定理证明环境》,《计算机研究与发展》1989 年第 8 期,第 14—19 页。

[63] 陆汝占、林凯、孙永强:《着色归结、PI 着色碰撞及其完备性》,《计算机学

报》1987 年第 12 期。

［64］陆汝占、孙永强、毕华、赵毅：《定理证明环境 KTPE 系统的实现与应用》，《计算机学报》1988 年第 8 期。

［65］吕建、徐家福：《NDSAIL 系统的归纳结论正确性准则及其自动确认方法》，《计算机学报》1993 年第 10 期。

［66］罗里波：《齐性模型的并与积》，《北京师范大学学报》1980 年第 3—4 期，第 31—39 页。

［67］罗里波：《当 κ 为强不可大基数时命题演算 $\mathcal{P}(\kappa)$ 的插入定理》，《数学学报》1980 年第 2 期，第 177—182 页。

［68］马希文：《树计算机与树程序》，《计算机学报》1978 年第 1 期。

［69］马鑫、沈复兴：《三素元组猜想对于 Peano 公理组的条件独立性》，《北京师范大学学报》2008 年第 4 期，第 360—361 页。

［70］梅宏、孙永强：《合成语言 FOPL 基于方程逻辑的语义》，《软件学报》1995 年第 7 期，第 407—415 页。

［71］梅婧、林作铨：《从 ALC 到 SHOQ（D）：描述逻辑及其 Tableau 算法》，《计算机科学》2005 年第 3 期。

［72］孟丹、郑逢斌、徐扬、秦克云：《四值非链格值命题逻辑系统 LP4（X）的归结原理》，《河南大学学报（自然科学版）》2003 年第 33 卷第 3 期。

［73］莫绍揆：《原始递归函数的定义》，《数学学报》1955 年第 5 期，第 109—115 页。

［74］莫绍揆、沈百英：《原始递归算术的新系统（I）》，《数学进展》1966 年第 9 期，第 1—26 页。

［75］莫绍揆、沈百英：《原始递归算术的新系统（II）》，《数学进展》1966 年第 9 期，第 103—148 页。

［76］莫绍揆、沈百英：《数论函数的逆函数（I）》，《数学年刊 A 辑》1982 年第 3 期，第 103—114 页。

［77］莫绍揆、沈百英：《数论函数的逆函数（II）》，《数学年刊 A 辑》1982 年第 3 期，第 381—394 页。

［78］莫绍揆、丁德成：《递归算术公理的简化》，《数学年刊 A 辑》1984 年第 5 期，第 169—176 页。

［79］莫绍揆：《概括原理及其消除：一个完备的逻辑演算》，《中国科学》1993 年第 9 期，第 897—903 页。

［80］莫绍揆：《集合论的一些新公理系统》，《数学年刊》1981 年第 2 期，第 309—316 页。

［81］莫绍揆：《集论公理的简约与基数的方幂》，《数学年刊》1987 年第 2 期，第

189—194 页。

［82］莫绍揆：《模态系统与蕴涵系统》，《数学学报》1959 年第 9 期，第 121—142 页。

［83］牛悦、刘秋让、方俊：《描述逻辑中基于边界模块的推理方法》，《计算机应用研究》2009 年第 8 期。

［84］沈恩绍：《弱力迫的布尔值模型表示》，《北京师范大学学报》1990 年第 3 期，第 9—17 页。

［85］沈复兴、丁震：《有理数环的一些可换扩环的数论性质》，《北京师范大学学报》1990 年第 1 期，第 1—8 页。

［86］沈复兴：《格值模型论中的力迫方法》，《数学年鉴》1986 年第 1 期，第 46—54 页。

［87］沈复兴：《格值模型论中的无穷力迫方法》，《北京师范大学学报》1988 年第 1 期，第 1—10 页。

［88］沈复兴：《格值模型完全理论》，《北京师范大学学报》1985 年第 2 期，第 9—14 页。

［89］沈复兴：《一种 Goldbach 可换环上的 Dirichlet 定理》，《数学进展》1989 年第 2 期，第 242—244 页。

［90］沈有鼎：《“纯逻辑演算”中不依赖量词的部分》，《数学学报》1984 年第 5 期。

［91］沈有鼎：《初基演算》，《数学学报》1957 年第 1 期。

［92］沈云付：《格值模型的初等类及几点注记》，《数学学报》1995 年第 1 期，第 111—116 页。

［93］沈云付：《格值模型论的双基数定理和强降 L－S－T 定理》，《数学学报》1987 年第 6 期，第 767—770 页。

［94］沈云付：《两个初等等价的不同构的有限格值模型》，《北京师范大学学报》1994 年第 3 期，第 317—320 页。

［95］沈云付：《素数阶群理论的量词消去及复杂性》，《数学学报》2001 年第 1 期，第 21—28 页。

［96］沈云付：《素数阶群理论的量词消去算法及其上界》，《数学学报》2005 年第 3 期，第 549—554 页。

［97］史忠植、董明楷、蒋运承、张海俊：《语义 Web 的逻辑基础》，《中国科学 E 辑》2004 年第 10 期。

［98］宋恩民、黄文奇：《相对的 P＝NP 问题研究》，《华中科技大学学报》1994 年第 6 期，第 25—30 页。

［99］宋恩民、金人超、黄文奇：《相对的 P＝NP 问题的一个注记》，《数学研究与

评论》1993 年第 3 期，第 443—450 页。

［100］宋契：《L（Q）逻辑的完全理论》，《河北大学学报（自然科学版）》2000 年第 4 期。

［101］苏开乐、陈清亮、岳伟亚：《一种规约于可满足性问题（SAT）的知识推理算法》，《计算机科学与探索》2007 年第 1 期。

［102］苏开乐、吕关锋、陈清亮：《基于知识结构的认证协议验证》，《中国科学 E 辑》2005 年第 4 期，第 337 —351 页。

［103］孙吉贵、刘叙华：《模态归结弱包含删除策略》，《计算机学报》1994 年第 17 卷第 5 期，第 321—329 页。

［104］孙永强：《程序展开及其正确性验证》，《计算机科学》1980 年第 6 期。

［105］孙智伟：《Reduction of unknowns in Diophantine representations》，《中国科学 A 辑》1992 年第 35 卷，第 257—269 页。

［106］唐日昆、刘叙华：《广义 λ - 归结中的删除策略》，《吉林大学自然科学学报》1993 年第 2 期，第 37—41 页。

［107］唐稚松：《XYZ 系统的设计思想》，《软件学报》1990 年第 1 期，第 47—57 页。

［108］陶仁骥：《自动机引论》，北京科学出版社 1986 年版。

［109］田启佳、沈恩绍等：《Monadic 分划逻辑中的 Fraisse 定理》，《北京师范大学学报》1995 年第 3 期，第 285—289 页。

［110］童雪、别荣芳：《α - 型及其应用》，《数学进展》2003 年第 3 期，第 341—344 页。

［111］童雪、别荣芳等：《模型中强极小集之间的关系》，《数学学报》2008 年第 2 期，第 327—334 页。

［112］童雪、别蓉芳：《$\mathcal{L}'_{\omega_1\omega}$上的 α - 省略型定理及其应用》，《数学进展》2006 年第 5 期，第 590—594 页。

［113］汪芳庭：《关于算术超滤的一个结果》，《中国科技大学学报》2000 年第 30 卷第 5 期，第 517—522 页。

［114］汪芳庭：《模型论对实数理论的应用》，《曲阜师范大学学报》1997 年第 2 期，第 57—60 页。

［115］汪芳庭：《ω 上非主算术超滤的存在性定理》，《数学学报》2006 年第 2 期，第 283—288 页。

［116］汪湘浩、刘叙华：《广义归结》，《计算机学报》1982 年第 2 期，第 81—92 页。

［117］王捍贫：《分式化时模的模型论性质的保持性》，《北京大学学报（自然科学版）》1997 年第 3 期，第 368—374 页。

［118］王捍贫:《分式化时模理论的一些稳定性性质的保持性》,《数学学报》1999 年第 1 期, 第 187—192 页。

［119］王捍贫、谢惠扬:《L（Q）格值模型的省略型定理》,《北京大学学报》1999 年第 3 期, 第 409—413 页。

［120］王世琪:《4 次数环的不具有哥德巴赫性质的扩环》,《南京大学学报（数学半年刊)》2007 年第 24 卷第 1 期。

［121］王世强、卢景波:《格值模型的超积基本定理》,《科学通报》1981 年第 2 期, 第 71—74 页。

［122］王世强、翁稼丰:《一些多值狭义谓词演算中的标准形》,《北京师范大学学报》1980 年第 2 期, 第 19—23 页。

［123］王世强、武涛:《二次数环的不具有 Goldbach 性质的扩环》,《北京师范大学学报》1982 年第 3 期, 第 21—25 页。

［124］王世强:《Hilbert 零点定理的推广》,《科学通报》1989 年第 20 期, 第 1523—1525 页。

［125］王世强:《格值模型论中的省略型定理》,《数学学报》1982 年第 2 期, 第 202—207 页。

［126］王世强:《格值模型论中紧致性定理的一种证法》,《北京师范大学学报》1980 年第 3—4 期, 第 25—30 页。

［127］王世强:《格值原子模型与可数饱和模型》,《数学进展》1984 年第 2 期, 第 144—146 页。

［128］王世强:《关于域上无限方阵的逆方阵》,《北京师范大学学报》1993 年第 3 期, 第 327—330 页。

［129］王世强:《归纳环与归纳域》,《北京师范大学学报》1988 年第 3 期, 第 12—18 页。

［130］王世强:《命题演算的一个公理系统》,《数学学报》1953 年第 2 期, 第 267—274 页。

［131］王世强:《无限矩阵的 Jordan 标准型》,《科学通报》1996 年第 21 期, 第 1921—1923 页。

［132］王世强:《无限维复仿射空间的 Hilbert 零点定理》,《北京师范大学学报》1990 年第 2 期, 第 1—5 页。

［133］王世强:《一类具有 Goldbach 性质的可换环》,《北京师范大学学报》1982 年第 1 期, 第 17—22 页。

［134］王世强:《一些三次数环的具有及不具有 Goldbach 性质的扩环》,《中国科学》1984 年第 1 期, 第 16—23 页。

［135］王世强:《一种 Goldbach 可换环的数论性质》,《中国科学》1984 年第 3 期,

第 210—216 页。

［136］王世强：《一种逻辑电路演算的初步构作》，《北京师范大学学报》1959 年第 4 期，第 1—8 页。

［137］王世强：《一种逻辑电路演算的构作》，《北京师范大学学报》1960 年第 1 期，第 7—15 页。

［138］王世强：《域的一阶理论中可满足语句》，《北京师范大学学报》1996 年第 3 期，第 321—324 页。

［139］王宪钧：《批判逻辑实证主义的意义理论》，《北京大学学报》1959 年第 2 期，第 95—102 页。

［140］吴尽昭、刘卓军：《一阶谓词演算定理机器证明的余式方法》，《计算机学报》1996 年第 10 期，第 728—734 页。

［141］吴尽昭：《多值逻辑定理机器证明的代数方法》，《计算机学报》1996 年第 10 期，第 773—779 页。

［142］吴兴玲、沈复兴：《p - 阶拟循环群理论的可数模型》，《北京师范大学学报》2005 年第 1 期，第 7—9 页。

［143］吴允曾：《关于软件可靠性技术的几个问题》，《计算机科学》1980 年第 3 期。

［144］谢惠扬、王捍贫：《L（Q）格值模型的初等子模型》2001 年第 5 期，第 623—629 页。

［145］徐贵红、张健：《语义网的一阶逻辑推理技术支持》，《软件学报》2008 年第 12 期，第 3091—3099 页。

［146］薛瑞：《完备布尔代数理论的计算复杂性》，《北京师范大学学报》1999 年第 3 期，第 303—309 页。

［147］薛瑞：《有限可换主理想环上广义模理论 T（Q）的模型可归约性》，《数学研究与评论》1998 年第 18 卷，第 618—622 页。

［148］薛瑞：《有限可换主理想环上模理论可判定性及其复杂性》，《数学研究与评论》1997 年第 17 卷，第 437—440 页。

［149］杨东屏：《α - 算子间隙定理》，《计算机学报》1979 年第 3 期。

［150］杨立群：《一种弱谓词逻辑上的集合论》，《广西师范大学学报（自然科学版）》1986 年第 1 期。

［151］杨守廉：《X - 有界集及其良加细覆盖》，《北京师范学院学报》1991 年第 12 卷第 3 期，第 8—18 页。

［152］杨守廉：《关于紧序数空间可数次箱积的仿紧性》，《数学学报》1991 年第 34 卷第 6 期，第 793—802 页。

［153］叶育鑫、欧阳丹彤、刘瑶、孙吉贵：《基于 SHOIQ（D）的本体一致性检

测》,《计算机工程与科学》2009 年第 8 期。

[154] 伊波、徐家福:《类比模型和类比对应》,《中国科学 A 辑》1992 年第 3 期,第 374—384 页。

[155] 于丽荣、罗里波:《中国剩余定理在非标准数论中的推广》,《数学学报》2005 年第 5 期,第 1029—1034 页。

[156] 张健:《基于重写技术的自动定理证明》,《计算机科学》1992 年第 2 期,第 79—81 页。

[157] 张健:《逻辑公式的可满足性判定——方法、工具及应用》,北京科学出版社 2000 年版。

[158] 张健:《模态逻辑推理的翻译方法》,《计算机研究与发展》1998 年第 5 期,第 389—392 页。

[159] 张健:《一阶逻辑中约束求解的局部搜索法》,《软件学报》1998 年第 8 期。

[160] 张锦文:《弗晰集合结构 (I)》,《华中工学院学报 (自然科学版)》1979 年第 4 期,第 10—16 页。

[161] 张锦文:《公理系统 ACG 的层谱》,《中国科学 (A 辑)》1990 年第 33 卷,第 474—478 页。

[162] 张锦文:《聚合、序量与基量》,《数学学报》1986 年第 29 卷,第 217—223 页。

[163] 张树果、蒋继光:《关于狭义拟仿紧空间》,《数学年刊》2003 年第 24A 期。

[164] 张树果、蒋继光:《拟仿紧性与乘积空间》,《数学年刊》2005 年第 26A 期。

[165] 张树果:《Souslin 树在特殊力迫扩张中是保持的》,《数学学报》1993 年。

[166] 张玉平、王世强:《域上无限方阵的弱对角化》,《北京师范大学学报:自然科学版》1994 年第 4 期。

[167] 赵希顺、王驹:《Chang 氏模型 C 中的大基数》,《数学进展》1996 年第 6 期,第 525—531 页。

[168] 赵希顺:《ω_2 - Aronszajn 树与 Martin 公理》,《数学学报》1991 年第 3 期,第 372—377 页。

[169] 赵希顺:《系统 $Z+\Sigma_n$ - 公式的替换公理模式的协调性结果》,《科学通报》1989 年。

[170] 赵运磊、朱洪:《$P\neq NP$ 假设下 NP - NPC - P 中自然问题的一个候选者 (英文)》,《软件学报》2001 年第 5 期,第 656—658 页。

[171] 周巢尘:《并发进程系统正确性的验证图式》,《计算机学报》1978 年第 2 期。

[172] 周巢尘:《程序模式和谓词演算》,《计算机学报》1979 年第 3 期。

[173] 周巢尘:《通信的顺序进程及其研究》,《计算机学报》1983 年第 1 期。

［174］周浩旋：《Martin 公理及其应用——I》，《华中工学院学报》1979 年第 3 期，第 15—26 页。

［175］周浩旋：《Martin 公理及其应用——II》，《华中工学院学报》1979 年第 4 期，第 33—48 页。

［176］周明宏、沈复兴：《p 阶拟循环群理论的模型论性质》，《北京师范大学学报》2005 年第 1 期，第 4—6 页。

［177］周萍、唐日、孙吉贵、刘叙华：《命题模态归结的一种变型》，《计算机学报》1994 年第 17 卷第 9 期，第 662—668 页。

［178］朱洪、卢先捷，Richard Denis：《算术结构的不可判定性》，《数学年刊 A 辑》1997 年第 18 卷，第 1—6 页。

［179］Z. Manna、孙永强：《程序逻辑》，《计算机科学》1982 年第 3 期。

［180］A. Nerode, Huang Wenqi, "An application of pure recursion theory to recursive analysis", *Acta Math. Sinica*, Vol. 28, No. 5, 1985, pp. 625 - 636.

［181］Ambos - Spies. K., Shore. R. A., "Undecidability and 1 - types in the recursively enumerable degrees", *Ann. Pure Appl. Logic*, Vol. 63, 1993, pp. 3 - 37.

［182］Ambos - Spies. K., Ding D., "Discontinuity of capping in the recursively enumerable degrees and strongly nonbranching degrees", *Math. Logic Quart.*, Vol. 40, 1994, pp. 287 - 317.

［183］Ambos - Spies. K., Ding D., Fejer P. A., "Embedding distributive lattices preserving 1 below a nonzero recursively enumerable Turing degree", in *Logicl Methods*, Ithaca, NY: Birkhauser, 1992, pp. 92 - 129.

［184］Ambos - Spies K., Jockusch C. G., Shore R. A., Soare R. I., "An algebraic decomposition of the recursively enumerable degrees and the coincidence of several degree classes with the promptly simple degrees", *Trans. Amer. Math. Soc.*, Vol. 281, 1984, pp. 109 - 128.

［185］B. Kastermans, Zhang Yi, "Cardinal invariants related to permutation groups", *Ann. Pure Appl. Logic*, Vol. 143, No. 1 - 3, 2006, pp. 139 - 146.

［186］Bie Rongfang, Wang Shiqiang, "Inductive rings and systems of Diophantine equations", *Acta Math. Sin.* (*Engl. Ser.*), Vol. 22, No. 5, 2006, pp. 1549 - 1556.

［187］Brodhead P., Li A., Li W., "Continuity of capping in $C_b t$", *Ann. Pure Appl. Logic*, Vol. 155, 2008, pp. 1 - 15.

［188］C. T. Chong, Yu Liang, "Π_1^1 Π_1^1 - uniformization principle for reals", *Trans. Amer. Math. Soc.*, Vol. 361, No. 8, 2009, pp. 4233 - 4245.

［189］C. T. Chong, Yu Liang, "Maximal chains in the Turing degrees", *J. Symbolic Logic*, Vol. 72, No. 4, 2007, pp. 1219 - 1227.

[190] Chen Qingliang, Su Kaile, Zheng Xizhong, "Primitive recursiveness of real numbers under different representations", *Electron. Notes Theor. Comput. Sci.*, Vol. 167, 2007, pp. 303 – 324.

[191] Chen Yijia, Grohe Martin, "An isomorphism between subexponential and parameterized complexity theory", *SIAM J. Comput.*, Vol. 37, No. 4, 2007, pp. 1128 – 1258.

[192] Chen Yijia, Grohe Martin, Grüber Magdalena, "On parameterized approximability. Parameterized and exact computation", in *Lecture Notes in Comput. Sci.* 4169, Berlin: Springer, 2006, pp. 109 – 120.

[193] Chen Yijia, Shen Enshao, "Capture complexity by partition", Computer science logic (Paris, 2001), *Lecture Notes in Comput. Sci.*, 2142, Berlin: Springer, 2001, pp. 84 - 98.

[194] Cheng Qi, Zhu Hong, "MNP: a class of NP optimization problems", *J. Comput. Sci. Tech.*, Vol. 12, No. 4, 1997, pp. 306 – 313.

[195] ChenYijia, Flum J., "On miniaturized problems in parameterized complexity theory", *Theoret. Comput. Sci.*, Vol. 351, No. 3, 2006, pp. 314 – 336.

[196] ChenYijia, Flum J., "The parameterized complexity of maximality and minimality problems", *Ann. Pure Appl. Logic*, Vol. 151, No. 1, 2008, pp. 22 – 61.

[197] ChenYijia, Flum J., Grohe Martin, "An analysis of the W^* – hierarchy", *J. Symbolic Logic*, Vol. 72, No. 2, 2007, pp. 513 – 534.

[198] Chong C., Li A., Yang Y., "The existence of high nonbounding degrees in the difference hierarchy", *Ann. Pure Appl. Logic*, Vol. 138, 2006, pp. 31 – 51.

[199] Chong C., Nies A., Yu L., "Lowness of higher randomness notions", *Israel J. Math.*, Vol. 166, 2008, pp. 39 – 60.

[200] Chong C., Yu L., "A Π_1^1 Π_1^1 – uniformization principle for reals", *Trans. Amer. Math. Soc.*, Vol. 361, 2009, pp. 4233 – 4245.

[201] Chong C., Yu L., "Maximal chains in the Turing degrees", *J. Symbolic Logic*, Vol. 72, 2007, pp. 1219 – 1227.

[202] Cooper S. B., Li A., "Turing definability in the Ershov hierarchy", *J. London Math. Soc.*, Vol. 66, 2002, pp. 513 – 528.

[203] Cooper S. B., Li A., Sorbi A., Yang Y., "Bounding and nonbounding minimal pairs in the enumeration degrees", *J. Symbolic Logic*, Vol. 70, 2005, pp. 741 – 766.

[204] Cooper S. B., Li A., Sorbi A., Yang Y., "There exists a maximal 3 – c. e. enumeration degree", *Israel J. Math.*, Vol. 137, 2003, pp. 285 – 320.

[205] D. A. Miller, "Proofs in higher – order logic", Ph. D. Thesis, Carnegie – Mellon Univ., Pittsburgh, PA, 1983.

[206] Davis M., Putnam H., Robinson J., "The decision problem for exponential diophantine equations", *Ann. of Math.*, Vol. 74, No. 2, 1961, pp. 425 – 436.

[207] Ding Decheng, "The distribution of the generic recursively enumerable degrees", *Arch. Math. Logic*, Vol. 32, No. 2, 1992, pp. 113 – 135.

[208] Ding Decheng, Weihrauch Klaus, Wu Yongcheng, "Absolutely non – effective predicates and functions in computable analysis", in *Theory and Applications of Models of Computation*, *Lecture Notes in Comput. Sci.* 4484, Berlin: Springer, 2007, pp. 595 – 604.

[209] Ding Longyun, Gao Su, "Graev metric groups and Polishable subgroups", *Adv. Math.*, Vol. 213, No. 2, 2007, pp. 887 – 901.

[210] Ding Longyun, Gao Su, "On generalizations of Lavrentieff's theorem for Polish group actions", *Trans. Amer. Math. Soc.*, Vol. 359, No. 1, 2007, pp. 417 – 426.

[211] Ding Longyun, Gao Su, "On separable Banach subspaces", *J. Math. Anal. Appl.*, Vol. 340, No. 1, 2008, pp. 746 – 751.

[212] Ding Longyun, Gao Su, "Diagonal actions and Borel equivalence relations", *J. Symbolic Logic*, Vol. 71, No. 4, 2006, pp. 1081 – 1096.

[213] Ding Longyun, Li Bingqing, "Products of Borel subgroups", *Proc. Amer. Math. Soc.*, Vol. 136, No. 9, 2008, pp. 3319 – 3326.

[214] Ding D., Qian L., "Isolated d – r. e. degree below r. e. degree", *Sci. China Ser. A*, Vol. 38, 1995, pp. 419 – 427.

[215] Ding D., "Every p – generic r. e. degree is meet – inaccessible", *Chinese J. Contemp. Math.*, Vol. 14, 1993, pp. 331 – 337.

[216] Ding, D., "The distribution of the generic recursively enumerable degrees", *Arch. Math. Logic*, Vol. 32, 1992, pp. 113 – 135.

[217] Ding, D., Qian, L., "Isolated d. r. e. degrees are dense in the r. e. degree structure", *Arch. Math. Logic*, Vol. 36, 1996, pp. 1 – 10.

[218] Ding D., Qian L., "Lattice embedding into d – r. e. degrees preserving 0 and 1", in C. Chong, Q. Feng, D. Ding, Q. Huang, M. Yasugi (Ed.), *Proceedings of the Sixth Asian Logic Conference*, Beijing: World Sci. Publ, 1996, pp. 67 – 81.

[219] Downey R., Jockusch C. G., Stob M., "Array nonrecursive degrees and genericity", in S. B. Cooper, T. A. Slaman, S. S. Wainer (Ed.), *Computability, enumerability, unsolvability*, Cambridge University Press, 1996, pp. 93 – 104.

[220] Downey R., Li A., Wu G., "Complementing cappable degrees in the difference hierarchy", *Ann. Pure Appl. Logic*, Vol. 125, 2004, pp. 101 – 118.

[221] Du Dingzhu, "Book Ronald V., On inefficient special cases of NP – complete problems", *Theoret. Comput. Sci.*, Vol. 63, No. 3, 1989, pp. 239 – 252.

[222] Du Dingzhu, "Notes on polynomial levelability", *Acta Math. Appl. Sinica (English Ser.)*, Vol. 4, No. 2, 1988, pp. 122 – 130.

[223] Du Dingzhu, Ko Ker – I, "Computational complexity of integration and differentiation of convex functions", *Systems Sci. Math. Sci.*, No. 1, 1989, pp. 70 – 79.

[224] Fan Y., "The method of the Yu – Ding theorem and its application", *Math. Structures Comput. Sci.*, Vol. 19, 2009, pp. 207 – 215.

[225] Feng Qi, "A hierarchy of Ramsey cardinals", *Ann. Pure Appl. Logic*, Vol. 49, No. 3, 1990, pp. 257 – 277.

[226] Feng Qi, "Rado's conjecture and presaturation of the nonstationary ideal on ω_1", *J. Symbolic Logic*, Vol. 64, No. 1, 1999, pp. 38 – 44.

[227] Feng Qi, "Strongly Baire trees and a cofinal branch principle". *Israel J. Math.*, Vol. 117, 2000, pp. 71 – 92.

[228] Feng Qi, R. Jensen, "Supercomplete extenders and type 1 mice. I", *Ann. Pure Appl. Logic*, Vol. 128, No. 1 – 3, 2004, pp. 1 – 73.

[229] Feng Qi, T. Jech, "Projective stationary sets and a strong reflection principle", *J. London Math. Soc.*, Vol. 58, No. 2, 1998, pp. 271 – 283.

[230] Feng Qi, W. Woodin, "P – points in Q^{max} models", Ann. Pure Appl. Logic, Vol. 119, No. 1 – 3, 2003, pp. 121 – 190.

[231] Feng Qi, "A new characterization of supercompactness and applications", *Ann. Pure Appl. Logic*, Vol. 160, No. 2, 2009, pp. 192 – 213.

[232] Friedberg R. M., "Two recursively enumerable sets of incomparable degrees of unsolvability (solution of Post's problem, 1944)", *Proc. Nat. Acad. Sci. U. S. A*, Vol. 43, 1957, pp. 236 – 238.

[233] Fu Yuxi, "Symmetric π – calculus", *J. Comput. Sci. Tech.*, Vol. 13, No. 3, 1998, pp. 202 – 208.

[234] Fu Yuxi, "Variations on mobile processes", ICALP '97 (Bologna), *Theoret. Comput. Sci.*, Vol. 221, No. 1 – 2, 1999, pp. 327 – 368.

[235] G. Gottlob, Zhang Mingyi, "Cumulative default logic: finite characterization, algorithms and complexity", *Artificial Intelligence*, Vol. 69, 1994, pp. 329 – 345.

[236] Gao Su, Zhang Yi, "Definable sets of generators in maximal cofinitary groups", *Adv. Math.*, Vol. 217, No. 2, 2008, pp. 814 – 832.

[237] H. Kleine Buening, Xishun Zhao, "The Complexity of Read – Once Resolution", *Annals of Mathematics and Artificial Intelligence*, Vol. 36, 2002, pp. 419 – 435.

[238] H. Kleine Buening, Xishun Zhao, "Read – Once Unit Resolution", in *Lecture Notes in Computer Science* 2919, Berlin: Springer, 2004, pp. 356 – 369.

[239] H. Lin, "A Verification Tool for Value - Passing Process Algebras", in *IFIP Transactions C - 16: Protocol Specification, Testing and Verification*, North - Holland, 1993, pp. 79 - 92.

[240] H. Lin, "Complete Inference Systems for Weak Bisimulation Equivalences in the π - Calculus", Proc. 6th International Joint Conference on Theory and Practice of Software Development, Aarhus, Denmark, May 1995, in *Lecture Notes in Computer Science*, Vol. 915, Springer - Verlag, 1995, pp. 187 - 201.

[241] H. Lin, "Complete Proof Systems for Observation Congruences in Finite Control π - Calculus", Proc. Of 25th International Colloquiumon Automata, Languages and Programming, Aalborg, Denmark, July 1998, in *Lecture Notes in Computer Science*, Vol. 1443, Springer - Verlag, 1998, pp. 443 - 454.

[242] H. Lin, "PAM: A Process Algebra Manipulator", *Formal Methods in System Design*, Vol. 7, No. 3, 1995, pp. 243 - 259.

[243] H. Lin, "A Verification Tool for Value - Passing Process Algebras", in *IFIP Transactions C - 16: Protocol Specification, Testing and Verification*, North - Holland, 1993, pp. 79 - 92.

[244] H. Michael, S. Juris, Zhang Yi, "Cofinitary groups, almost disjoint and dominating families", *J. Symbolic Logic*, Vol. 66, No. 3, 2001, pp. 1259 - 1276.

[245] Han Tingting, Chen Taolue, Yu Chun, Lü Jian, "Tree logic for semistructured data and its properties", *J. Nanjing Univ. Nat. Sci.*, Vol. 41, No. 2, 2005, pp. 162 - 170.

[246] He Jifeng, Li Xiaoshan, Liu Zhiming, "rCOS: a refinement calculus of object systems", *Theoret. Comput. Sci.*, Vol. 365, No. 1 - 2, 2006, pp. 109 - 142.

[247] Hong Jiawei, "A tradeoff theorem for space and reversal", *Theoret. Comput. Sci.*, Vol. 32, No. 1 - 2, 1984, pp. 221 - 224.

[248] Hong Jiawei, "On connectionist models", *Comm. Pure Appl. Math.*, Vol. . 41, No. 8, 1988, pp. 1039 - 1050.

[249] Hong Jiawei, "On lower bounds of time complexity of some algorithms", *Sci. Sinica*, Vol. 22, No. 8, 1979, pp. 890 - 900.

[250] Hong Jiawei, "On similarity and duality of computation", *Inform. and Control*, Vol. 62, No. 2 - 3, 1982, pp. 109 - 128.

[251] Hong JiaWei, "On some deterministic space complexity problems", *SIAM J. Comput.*, Vol. 11, No. 3, 1982, pp. 591 - 601.

[252] Hong JiaWei, "The complexity of formal proving", *Sci. Sinica Ser. A*, Vol. 27, No. 10, 1984, pp. 1046 - 1054.

[253] Hu Guoding, "On the mathematical model of computing machine", *J. Comput.*

Sci. Tech., No. 4, 1988, pp. 273 - 288.

[254] Hu Shihua, "Kernal Functions, the theory of R. A. —II", *Scientia Sinica*, No. 9, 1960, pp. 876 - 888.

[255] Hu Shihua, "m - valued Subsystem of ($m+n$) - valued propositional calculus", *Journal of Symbolic Logic*, 14, 1949, pp. 177 - 181.

[256] Hu Shihua, "Normal Forms of Recursive Functions, the theory of R. A—III", *Scientia Sinica*, No. 9, 1960, pp. 889 - 896.

[257] Hu Shihua, "Recursive Algorithms, the theory of R. A—I", *Scientia Sinica*, No. 9, 1960, pp. 844 - 875.

[258] Huang Qieyuan, "Type structures", *Acta Math. Sinica (N. S.)*, No. 2, 1985, pp. 161 - 172.

[259] Huang Wenqi, "An ordinary differential equation method for solving the CNF - SAT problem", *J. Huazhong Univ. Sci. Tech.*, Vol. 23, No. 3, 1995, pp. 1 - 3.

[260] Huang Wenqi, Chen Zhixiang, "Nondistributivity and noncomplementarity of the semilattice of K - 1 degrees of recursive sets", *Acta Math. Sinica*, Vol. 32, No. 4, 1989, pp. 517 - 524.

[261] Huang Wenqi, Jin Renchao, "Quasiphysical and quasisociological algorithm Solar for solving SAT problem", *Sci. China Ser. E*, Vol. 42, No. 5, 1999, pp. 485 - 493.

[262] Huang Wenqi, Li Wei, Lu Weifeng, ZhangYuping, "A physical model for the satisfiability problem", in *Lecture Notes in Comput. Sci.*, Vol. 959, Berlin: Springer, 1995.

[263] Huang Wenqi, Yu Xiangdong, "A DNF without regular shortest consensus path", *SIAM J. Comput.*, Vol. 16, No. 5, 1987, pp. 836 - 840.

[264] Ishmukhametov S., Wu G., "Isolation and the high/low hierarchy", *Arch. Math. Logic*, Vol. 41, 2002, pp. 259 - 266.

[265] J. R. Steel, *The core model iterability problem*, Berlin: Springer, 1996.

[266] Jockusch C. G., Li A., "Restricted jump interpolation in the d. c. e. degrees", *Math. Structures Comput. Sci.*, Vol. 16, 2006, pp. 841 - 865.

[267] Jockusch C. G., Li A., Yang Y., "A join theorem for the computably enumerable degrees", *Trans. Amer. Math. Soc.*, Vol. 356, 2004, pp. 2557 - 2568.

[268] Jockusch C., "Genericity for recursively enumerable sets" in *Recursion theory week*, Oberwolfach: Springer, Berlin, 1984, pp. 203 - 232.

[269] Jones J. P., "Universal Diophantine equation", *J. Symbolic Logic*, Vol. 47, 1982, pp. 549 - 571.

[270] Kucera A., "Measure, Pi01 - classes and complete extensions of PA", in *Recursion theory week*, Berlin: Springer, 1984, pp. 245 - 259.

[271] Lempp S., Sui Y., "An extended Lachlan splitting theorem", *Ann. Pure Appl. Logic*, *Vol.* 79, 1996, pp. 53 – 59.

[272] Li Dafa, "A unification algorithm with quantifiers", *J. Tsinghua Univ.*, Vol. 32, No. 3, 1992, pp. 30 – 36.

[273] Li Dafa, "Semantically positive unit resolution for Horn sets", *J. Tsinghua Univ.*, Vol. 25, No. 2, 1985, pp. 88 – 91.

[274] Li Dafa, "Simple proofs of soundness and completeness for ET – proofs", *J. Tsinghua Univ.*, Vol. 27, No. 6, 1987, pp. 49 – 56.

[275] Li Dafa, "Unification algorithms for eliminating and introducing quantifiers in natural deduction automated theorem proving", *J. Automat. Reason.*, Vol. 18, No. 1, 1997, pp. 105 – 134.

[276] Li Dafa, "Using the prover ANDP to simplify orthogonality", *Ann. Pure Appl. Logic*, Vol. 124, No. 1 – 3, 2003, pp. 49 – 70.

[277] Li Dafa, Jia Peifa, Li Xinxin, "Simplifying von Plato's axiomatization of constructive apartness geometry", *Ann. Pure Appl. Logic*, Vol. 102, No. 1 – 2, 2000, pp. 1 – 26.

[278] Li Na, "On a Boolean – valued model of the deontic logical systems", *Nanjing Daxue Xuebao Shuxue Bannian Kan*, Vol. 21, No. 1, 2004, pp. 34 – 42.

[279] Li Na, "On a Boolean – valued model of the strict implication system", *Nanjing Daxue Xuebao Shuxue Bannian Kan*, Vol. 20, No. 2, 2003, pp. 161 – 168.

[280] Li Na, "The Boolean – valued model of the axiom system of GB", *Chinese Sci. Bull.*, Vol. 36, No. 2, 1991, pp. 99 – 102.

[281] Li Wei, "A logical framework for evolution of specifications", Programming languages and systems – ESOP '94 (Edinburgh 1994), in *Lecture Notes in Comput. Sci.*, Vol. 788, Berlin: Springer, 1994, pp. 394 – 409.

[282] Li Wei, "An open logic system", *Sci. China Ser. A*, Vol. 36, No. 3, 1993, pp. 362 – 375.

[283] Li Wei, Huang Wenqi, "A mathematic – physical approach to the satisfiability problem", *Sci. China Ser. A*, Vol. 38, No. 1, 1995, pp. 116 – 128.

[284] Li Xiang, "Everywhere nonrecursive r. e. sets in recursively presented effective topological spaces", *Chinese Ann. Math. Ser. A*, Vol. 6, No. 3, 1985, pp. 383 – 386.

[285] Li Xiang, "Study on the theory of computability and computational complexity of real numbers. I. Unsolvable problems in the constructive continuum", *J. Huazhong Inst. Tech*, Vol. 3, No. 1, 1981, pp. 1 – 14.

[286] Li A., Wu G., Yang Y., "Bounding computably enumerable degrees in the Ershov hierarchy", *Ann. Pure Appl. Logic*, Vol. 141, 2006, pp. 79 – 88.

[287] Li A., Wu G., Zhang Z., "A hierarchy for cuppable degrees", *Illinois J. Math.*, Vol. 44, 2000, pp. 619 – 632.

[288] Li D., Li A., "A minimal pair joining to a plus cupping Turing degree", *MLQ Math. Log. Q.*, Vol. 49, 2003, pp. 553 – 566.

[289] Li L., Li H., Liu Y., "A decision algorithm for linear sentences on a PFM", *Ann. Pure Apppl. Logic*, Vol. 59, 1993, pp. 273 – 286.

[290] Li M., Vitanyi P., *An Introduction to Kolmogorov Complexity and Its Applications*, New York: Springer – Verlag, 1997.

[291] Liu Xu Hua, Yang Yupu, "Linear semi – lock resolution", *Chinese Sci. Bull.*, Vol. 36, No. 9, 1991, pp. 778 – 781.

[292] Liu Xu Hua, An Zhi, "Generalized resolution using paramodulation", *Kexue Tongbao*, Vol. 31, No. 21, 1986, pp. 1441 – 1444.

[293] Liu Xu Hua, Sun Ji Gu, "Generalized resolution and NC – resolution", *J. Comput. Sci. Tech.*, Vol. 9, No. 2, 1994, pp. 160 – 167.

[294] Lo Libo, "On the computational complexity of the theory of abelian groups", *Ann. Pure Appl. Logic*, Vol. 37, No. 3, 1988, pp. 205 – 248.

[295] Lo Libo, "On the number of countable homogeneous models", *J. Symbolic Logic*, Vol. 48, No. 3, 1983, pp. 539 – 541.

[296] Lo Libo, "The $\mathcal{T}$ – theory for free groups is undecidable", *J. Symbolic Logic*, Vol. 48, No. 3, 1983, pp. 700 – 703.

[297] Lu Hong, K. Weihrauch, "Computable Riesz representation for locally compact Hausdorff spaces", *Notes Theor. Comput. Sci.*, Vol. 202, 2008, pp. 3 – 12.

[298] Lu Ruqian, "A resolution theorem on Horn sets", *Sci. Sinica Ser. A*, Vol. 25, No. 3, 1982, pp. 310 – 317.

[299] Lu Ruqian, "A true concurrency model of CCS semantics", *Theoret. Comput. Sci.*, Vol. 113, No. 2, 1993, pp. 231 – 258.

[300] Lu Ruqian, "Semantic mappings on Herbrand base", *Kexue Tongbao*, Vol. 27, No. 10, 1982, pp. 1042 – 1045.

[301] Lu Ruqian, "The principle of strong ordered input resolution", *Sci. Sinica Ser. A*, Vol. 25, No. 4, 1982, pp. 430 – 439.

[302] Lu Ruqian, Zheng Hong, "Lattices of quantum automata", *Internat. J. Theoret. Phys.*, Vol. 42, No. 7, 2003, pp. 1435 – 1459.

[303] Lu Ruqian, Zheng Hong, "Pumping lemma for quantum automata", *Internat. J. Theoret. Phys.*, Vol. 43, No. 5, 2004, pp. 1191 – 1217.

[304] Lu H., Ding D., Qian L., "A splitting with infimum in the d – c. e. degrees",

Math. Log. Q., Vol. 46, 2000, pp. 53 – 76.

[305] Lu Hong, K. Weirauch, "Computable Riesz representation for the dual of C [0; 1]", *Math. Log. Q.*, Vol. 53, No. 4 – 5, 2007, pp. 415 – 430.

[306] Lu Ruqian, "P/R nets and process concepts. I", *Sci. China Ser. A*, Vol. 35, No. 1, 1992, pp. 21 – 31.

[307] Lu Ruqian, "P/R nets and process concepts. II", *Sci. China Ser. A*, No. 2, 1992, pp. 148 – 157.

[308] Luo Libo, "Vaught' s conjecture on unitary relations", *Acta Math. Sinica (N. S.)*, Vol. 14, No. 2, 1998, pp. 277 – 284.

[309] M. S. Ying, "A logic for approximate reasoning", *J. Symbolic Logic*, Vol. 59, No. 3, 1994.

[310] M. Hennessy, H. Lin, "Proof Systems for Message – Passing Process Algebras", *Formal Aspects of Computing*, Vol. 8, 1996, pp. 397 – 407.

[311] M. Hennessy, H. Lin, "Symbolic Bisimulations", *Theoretical Computer Science*, Vol. 138, 1995, pp. 353 – 389.

[312] Matijasevic J. V., "The Diophantineness of enumerable sets", *Dokl. Akad. Nauk SSSR*, Vol. 191, 1970, pp. 279 – 282.

[313] Miller J., Yu L., "On initial segment complexity and degrees of randomness", *Trans. Amer. Math. Soc.*, Vol. 360, 2008, pp. 3193 – 3210.

[314] Mo Shaokui, "Logical paradoxes for many – valued systems", *J. Symbolic Logic*, Vol. 19, 1954, pp. 37 – 40.

[315] Mo Shaokui, "The deduction theorems and two new logical systems", *Methodos*, No. 2, 1950, pp. 56 – 75.

[316] Muchnik A. A., "On the unsolvability of the problem of reducibility in the theory of algorithms", *Dokl. Akad. Nauk SSSR (N. S.)*, Vol. 108, 1956, pp. 194 – 197.

[317] Nies A., "Parameter definability in the recursively enumerable degrees", *J. Math. Log.*, No. 3, 2003, pp. 37 – 65.

[318] Norbert Mueller, Xishun Zhao, "Jordan Areas and Grids", *Electroic Notes in Theoretical Computer Science*, Vol. 221, 2008, pp. 191 – 206.

[319] Novikov P., "On the algorithmic unsolvability of the word problem in group theory", *Trudy Mat. Inst. im. Steklov*, Vol. 44, 1955.

[320] P. Orponen, "The structure of polynomial complexity cores", Dissertation, Univ. Helsinki, Helsinki, 1986; per bibl.; *Theoret. Comput. Sci.*, Vol. 47, No. 2, 1986, pp. 121 – 130.

[321] Post E. L., "Recursively enumerable sets of positive integers and their decision

problems", *Bull. Amer. Math. Soc.*, Vol. 50, 1944, pp. 284 – 316.

[322] Qiu Daowen, Ying Mingsheng, "Characterizations of quantum automata", *Theoret. Comput. Sci.*, Vol. 312, No. 2 – 3, 2004, pp. 479 – 489.

[323] Ronald V. Book, Du Ding Zhu, "The structure of generalized complexity cores", *Theoret. Comput. Sci.*, Vol. 61, No. 2 – 3, 1988, pp. 103 – 119.

[324] Sacks G., *Higher Recursion Theory*, Berlin Heidelberg: Springer – Verlag, 1990.

[325] Shen EnShao, "Decidability of large and small existentially complete structures", *Acta Math. Sinica*, Vol. 40, No. 3, 1997, pp. 465 – 472.

[326] Shen EnShao, "Existentially closed structures and e – companions", *Chinese Sci. Bull.*, Vol. 35, No. 6, 1990, pp. 441 – 444.

[327] Shen Enshao, "Some notes on graph automata, tiling systems and partition logic", *J. Comput. Sci. Tech.*, Vol. 13, No. 6, 1998, pp. 483 – 489.

[328] Shen Enshao, Tian Qijia, "Monadic partition logics and finite automata", *Theoret. Comput. Sci.*, Vol. 166, No. 1 – 2, 1996, pp. 63 – 81.

[329] Shen Enshao, Chen Yijia, "The downward transfer of elementary satisfiability of partition logics", *Math. Log. Q.*, Vol. 46, No. 3, 2000, pp. 477 – 487.

[330] Shen Fuxing, "Elementary extensions and elementary chains of lattice – valued models", *Kexue Tongbao (English Ed.)*, Vol. 27, No. 7, 1982, pp. 691 – 693.

[331] Shen Fuxing, "The consistency property in lattice – valued model theory for infinitary logic", *Acta Math. Sinica (N. S.)*, No. 2, 1987, pp. 103 – 108.

[332] Shen Youding, "Paradox of the Class of All Grounded Classes", *The Journal of Symbolic Logic*, Vol. 18, No. 2, 1953.

[333] Shen Youding, "Two Semantical Paradoxes", *The Journal of Symbolic Logic*, Vol. 20, No. 2, 1955.

[334] Shen Yunfu, "Elimination of algorithmic quantifiers for ordered differential algebra", *Arch. Math. Logic*, Vol. 38, No. 3, 1999, pp. 139 – 144.

[335] Shen Yunfu, "The space of strong types and an open map theorem", *Acta Math. Sinica (N. S.)*, Vol. 13, No. 1, 1997, pp. 59 – 63.

[336] Shi Xianghui, "Projective prewell – orderings vs projective well – founded relations", *J. Symbolic Logic*, Vol. 74, No. 2, 2009, pp. 579 – 596.

[337] Shiqiang, Lu Jingbo, "On the fundamental theorem of ultraproducts for lattice – valued models", *Kexue Tongbao (English Ed.)*, Vol. 27, No. 3, 1982, pp. 241 – 245.

[338] Shore R. A., "Natural definability in degree structures", in P. Cholak, S. Lempp, M. Lerman, R. A. Shore (Ed.), *Computability Theory and its Applications: Current Trends and Open Problems*, Providence, Ri: American Mathematical Society, 2000, pp. 255 –

271.

[339] Song Qi, "The Fundamental Theorem of Ultraproducts in Lattice - Valued Model for $\mathcal{L}_{\infty}$, Chinese Quarterly Mathematics, Vol. 13, 1998, pp. 5 - 9.

[340] Sui Y., Zhang Z., "The cupping theorem in R/M", *J. Symbolic Logic*, Vol. 64, 1999, pp. 643 - 650.

[341] T. J. Weigert, Tsai Jing Pha, Liu Xuhua, "Fuzzy operator logic and fuzzy resolution", *J. Automat. Reason.*, Vol. 10, No. 1 - 3, 1993, pp. 59 - 78

[342] Tao Renji, "Invertible linear finite automata", *Sci. Sinica*, Vol. 16, 1973, pp. 564 - 581.

[343] Wang Guojun, "Riemann type integrals on compact Hausdorff measure spaces", *Acta Math. Sinica*, Vol. 47, No. 6, 2004, pp. 1041 - 1052.

[344] Wang Guo - Jun, Hui Xiao - Jing, Song, Jian - She, "The R_0 - type fuzzy logic metric space and an algorithm for solving fuzzy modus ponens", *Comput. Math. Appl.*, Vol. 55, No. 9, 2008, pp. 1974 - 1987.

[345] Wang Guo - Jun, Wang Wei, "Generalization of the Scheeffer's theorem", *Indian J. Math.*, Vol. 41, No. 3, 1999, pp. 407 - 413.

[346] Wang Hanpin, "Noforking properties of theories of modules when they are fracted", *Adv. Math.* (*China*), Vol. 28, No. 3, 1999, pp. 241 - 251.

[347] Wang Shiqiang, "Diagonalization of row - column - finite infinite matrices", Science in China (Series A), Vol. 40, No. 12, 1997, pp. 1279 - 1286.

[348] Wang Shiqiang, "Some studies on lattice - valued model theory", *Advances in science of China. Mathematics*, Vol. 2, New York: Wiley - Intersci. Publ., 1986, pp. 73 - 78.

[349] Wang Shiqiang, Wu Wangming, "On a classification problem for complemented lattices", *Kexue Tongbao* (*English Ed.*), Vol. 26, No. 4, 1981, pp. 289 - 292.

[350] Wang Shiqing, "Inductive rings and fields", *Annals of Pure and Applied Logic*, Vol. 44, 1989, pp. 133 - 137.

[351] Wang Wei, Xu Yang, Wang Xuefang, "α - Automated Reasoning Method Based on Lattice - Valued Propositional Logic LP (X)", *Journal of Southweat Jiaotong University*, vol. 10, No. 1, 2002.

[352] Wang Shiqiang, "Inductive rings and fields", *Ann. Pure Appl. Logic*, Vol. 44, No. 1 - 2, 1989, pp. 133 - 137.

[353] Wang W., Ding D., "On definable filters in computably enumerable degrees", *Ann. Pure Appl. Logic*, Vol. 147, 2007, pp. 71 - 83.

[354] Wang Y., Li A., "A hierarchy for the plus cupping Turing degrees", *J. Symbolic Logic*, Vol. 68, 2003, pp. 972 - 988.

[355] Wang Hanpin, "Some preservation of stability of modules", *Chinese Sci. Bull.*, Vol. 42, No. 19, 1997, pp. 1596 – 1599.

[356] Weihrauch Klaus, Wu Yongcheng, Ding Decheng, "Absolutely non – computable predicates and functions in analysis", *Math. Structures Comput. Sci.*, Vol. 19, No. 1, 2009, pp. 59 – 71.

[357] Wu Jinzhao, Liu Zhuojun, "On first – order theorem proving using generalized odd – superpositions", *Sci. China Ser. E*, VOl. 39, No. 6, 1996, pp. 608 – 619.

[358] Wu Yongcheng, Ding Decheng, "Computability of measurable sets via effective metrics", *Math. Log. Q.*, Vol. 51, No. 6, 2005, pp. 543 – 559.

[359] Wu Yongcheng, Ding Decheng, "Computability of measurable sets via effective topologies", *Arch. Math. Logic*, Vol. 45, No. 3, 2006, pp. 365 – 379.

[360] Wu Yongcheng, Weihrauch Klaus, "A computable version of the Daniell – Stone theorem on integration and linear functionals", Theoret. Comput. Sci. Vol. 359, No. 1 – 3, 2006, pp. 28 – 42.

[361] Xishun Zhao, H. Kleine Büning, "Model – Equivalent Reductions", in *Lecture Notes in Computer Science* 3569, Springer, 2005, pp. 355 – 370.

[362] Xishun Zhao, Norbert Mueller, "Complexity of Operators on Compact Sets", *Electroic Notes in Theoretical Computer Science*, Vol. 202, 2008, pp. 101 – 119.

[363] Yang Dongping, "On the embedding of α – recursive presentable lattices into the α – recursive degrees below 0", *J. Symbolic Logic*, Vol. 49, No. 2, 1984, pp. 488 – 502.

[364] Yang D., "On the embedding of α – recursive presentable lattices into the α – recursive degrees below 0'", *J. Symbolic Logic*, Vol. 49, 1984, pp. 488 – 502.

[365] Yang Y., Yu L., "On Σ_1 – structual differences among finite levels of the Ershov hierarchy". *J. Symbolic Logic*, Vol. 71, 2006, pp. 1223 – 1236.

[366] Yi Bo, Xu Jiafu, "Analogy calculus", *Theoret. Comput. Sci.*, Vol. 113, No. 2, 1993, pp. 211 – 230.

[367] Ying Mingsheng, "A theory of computation based on quantum logic. I", *Theoret. Comput. Sci.*, Vol. 344, No. 2 – 3, 2005, pp. 134 – 207.

[368] Ying Mingsheng, "Automata theory based on quantum logic. II", *Internat. J. Theoret. Phys.*, Vol. 39, No. 11, 2000, pp. 2545 – 2557.

[369] Ying Mingsheng, "π – calculus with noisy channels", *Acta Inform.*, Vol. 41, No. 9, 2005, pp. 525 – 593.

[370] Ying Mingsheng, *Topology in Process Calculus: Approximate Correctness and Infinite Evolution of Concurrent Programs*, New York: Springer – Verlag, February 2001.

[371] Yu L., Ding D., "An extension of Harrington's noncupping theorem", *Sci. China*

Ser. F, Vol. 46, 2003, pp. 199 – 209.

[372] Yu L., Ding D., "There are $2^{\aleph_0}$ many H – degrees in the random reals", *Proc. Amer. Math. Soc.*, Vol. 132, 2004, pp. 2461 – 2464.

[373] Yu L., Ding D., "There is no sw – complete c. e. reals". *J. Symbolic Logic*, Vol. 69, 2004, pp. 1163 – 1170.

[374] Yu L., Ding D., Downey R., "The Kolmogorov complexity of random reals", *Ann. Pure Appl. Logic*, Vol. 129, 2004, pp. 163 – 180.

[375] Yu L., Yang Y., "On the definable ideal generated by nonbounding c. e. degrees", *J. Symbolic Logic*, Vol. 70, 2005, pp. 252 – 270.

[376] Yuping Shen, Xishun Zhao, "An answer set programming system with cycle breaking heuristic", *Journal of Software*, vol. 19, no. 4, 2008, pp. 869 – 878.

[377] Zhang Jinwen, "A Hierarchy of Axiom System ZF", *Acta Math. Sinica* (*N. S.*), Vol. 4, No. 1, 1988, pp. 72 – 75.

[378] Zhang Jinwen, "Between fuzzy set theory and Boolean valued set theory", *Fuzzy information and decision processes*, North – Holland, Amsterdam – New York, 1982, pp. 143 – 147.

[379] Zhang Jinwen, "A Hierarchy of Axiom System ACG", *Science in China*, *Ser. A*, Vol. 33, No. 2, 1990, pp. 129 – 134.

[380] Zhang Jinwen, "Fuzzy Set Structure with Strong Implication", in *Advances in fuzzy sets, possibility theory, and applications*, New York: Plenum, 1983, pp. 107 – 136.

[381] Zhang Mingyi, "A new research into default logic", *Information and Computation*, Vol. 129, 1996, pp. 73 – 85.

[382] Zhang Qingyu, "A Weak Paraconsistent Logic", *Journal of Non – classical Logic*, vol. 8, 1991.

[383] Zhang Shuguo, "Stationary Reflection and Ideals", *J. of Symbolic Logic*, vol. 59, 1994.

[384] Zhang Shuguo, Di Prisco, "Relation Between Two Types of Polarized Partitions", *Science in China* (*series A*), vol. 42, 1999.

[385] Zhang Shuguo, J. Brendle, "Converse Dual Cardinals", *J. of Symbolic Logic*, vol. 71, 2006.

[386] Zhang Wenhui, "A direct construction of polynomial – size OBDD proof of pigeon hole problem", *Inform. Process. Lett.*, Vol. 109, NO. 10, 2009, pp. 472 – 477.

[387] Zhang Wenhui, "Structure of proofs and the complexity of cut elimination", *Theoret. Comput. Sci.*, Vol. 353, No. 1 – 3, 2006, pp. 63 – 70.

[388] Zhang Yi, "Analytic and coanalytic families of almost disjoint functions", *J.*

Symbolic Logic, Vol. 73, No. 4, 2008, pp. 1158 – 1172.

[389] Zhang Yi, "Towards a problem of E. van Douwen and A. Miller", *Math. Log. Q.*, Vol. 45, No. 2, 1999, pp. 183 – 188.

[390] Zhang Q., "The density of meet – inaccessible r. e. degrees", *J. Symbolic Logic*, Vol. 57, 1992, pp. 585 – 596.

[391] Zhang Z., "Extending the Cooper minimal pair theorem", *J. Comput. Sci. Tech.*, Vol. 16, 2001, pp. 77 – 85.

[392] Zhang Z., Sui Y., "Local noncuppability in R/M", *Sci. China Ser. F*, Vol. 44, 2001, pp. 126 – 135.

[393] Zhang Yi, "Adjoining cofinitary permutations. II", *Arch. Math. Logic*, Vol. 42, No. 2, 2003, pp. 153 – 163.

[394] Zhang Yi, "Constructing a maximal cofinitary group", *Lobachevskii J. Math.*, No. 12, 2003, pp. 73 – 81.

[395] Zhang Yi, "Maximal cofinitary groups", *Arch. Math. Logic*, Vol. 39, No. 1, 2000, pp. 41 – 52.

[396] Zhang Yi, "On a class of m. a. d. families", *J. Symbolic Logic*, Vol. 64, No. 2, 1999, pp. 737 – 746.

[397] Zhao Xishun, "The consistencies of MA, SOCA, OCA, and ISA with KT (ω_2 ω_2)", Acta *Math. Sinica* (*N. S.*), Vol. 6, No. 1, 1990, pp. 42 – 46.

[398] Zhao Xishun, "Axiom of choice in the model C", *Chinese Sci. Bull.*, Vol. 35, No. 22, 1990, pp. 1849 – 1852.

[399] Zhao Xishun, Wang Ju, "ω_1 – ordinal definable sets and Chang's model C", *Chinese Quart. J. Math.*, Vol. 13, No. 1, 1998, pp. 98 – 106.

[400] Zhao Yunlei, Deng Xiaotie, Lee Chan Hee, Zhu Hong, "(2 + f (n)) – SAT and its properties", *Discrete mathematics and theoretical computer science* (*DMTCS*). *Discrete Appl. Math.*, Vol. 136, No. 1, 2004, pp. 3 – 11.

[401] Zhao Yunlei, Zhu Hong, "Efficient 4 – round zero – knowledge proof system for NP", *Progr. Natur. Sci.* (*English Ed.*), No. 12, 2002, pp. 948 – 952.

[402] Zhao Yunlei, Zhu Hong, "Some variants of SAT and their properties", *Progr. Natur. Sci.* (*English Ed.*), Vol. 12, No. 10, 2002, pp. 789 – 793.

[403] Zheng X., "The rhombus classes of unsolvability. I. The jump properties", *Arch. Math. Logic*, Vol. 33, 1994, pp. 1 – 12.

[404] Zhou Beihai, "Grafted frames and S1 – completeness", *J. Symbolic Logic*, Vol. 64, No. 3, 1999, pp. 1324 – 1338.

[405] Zhou Haoxuan, "A conjecture on compact Frechet spaces", *Proc. Amer. Math.*

Soc., Vol. 89, No. 2, 1983, pp. 326 – 328.

[406] Zhou Haoxuan, "On a generalization of the first axiom of countability and Arkhangelskii problem", *Acta Math. Sinica*, Vol. 25, No2, 1982, pp. 129 – 135.

[407] Zhou Haoxuan, "On countable compactness and sequential compactness", *Proc. Amer. Math. Soc.*, Vol. 90, No. 1, 1984, pp. 121 – 127.

[408] Zhou Haoxuan, "On the small diagonals", *Topology Appl.*, Vol. 13, No. 3, 1982, pp. 283 – 293.

[409] Zhou Haoxuan, "Two applications of set theory to homogeneity", *Questions Answers Gen. Topology*, Vol. 6, No. 1, 1988, pp. 49 – 56.

[410] Zhou Qing, "Computable real – valued functions on recursive open and closed subsets of Euclidean space", *Math. Logic Quart.*, Vol. 42, No. 3, 1996, pp. 379 – 409.

[411] Zhou Qing, "Grzegorczyk's hierarchy of computable analysis", *Theoret. Comput. Sci.*, Vol. 243, No. 1 – 2, 2000, pp. 449 – 466.

[412] Zhou Qing, "Subclasses of computable real valued functions", in *Lecture Notes in Comput. Sci.* 1276, Berlin: Springer, 1997, pp. 156 – 165.

[413] Zhou Qing, Hu Weihao, "Decidability in analysis", *Computing*, Vol. 75, No. 4, 2005, pp. 319 – 336.

[414] Zhou Qing, "Relatively computable functions of real variables", *Computing*, Vol. 67, No. 2, 2001, pp. 167 – 181.

第三章 哲学逻辑

第一节 概述

哲学逻辑主要指的是20世纪中期兴起的以哲学概念、范畴以及逻辑应用为研究对象的新兴逻辑学科群体，哲学逻辑通常也被认为是从扩充古典逻辑或修改古典逻辑而来的一个逻辑学科群体。哲学逻辑一般包括模态逻辑、时态逻辑、认知逻辑、多值逻辑、道义逻辑、直觉主义逻辑、弗协调逻辑，等等。

胡泽洪（2008）认为哲学逻辑是伴随着现代逻辑与分析哲学、语言哲学的发展而出现的一个新兴交叉研究领域。作为不同于经典逻辑的非经典逻辑、不同于理论逻辑的应用逻辑，哲学逻辑是一个内涵并非十分确定、外延具有开放性、包容量很大的概念，我们在使用或分析它时必须依具体的语境而定，不能笼统视之。

哲学逻辑和应用逻辑关系密切，它们经常相互使用。逻辑可以分为纯逻辑和应用逻辑两大类。纯逻辑研究的是只涉及形式的、抽象的推理结构；应用逻辑研究的是还涉及实质内容的、某一特殊领域的推理结构。应用逻辑所涉及的具体学科领域非常广泛，包括哲学、经验科学甚至生活常识；应用逻辑是某一具体领域推理规律的系统化的理论形式。杜国平（2010）指出应用逻辑不同于逻辑应用，但是它们是相互促进的。应用逻辑的发展是和新兴学科的发展紧密相随的，尤其是和新兴学科的理论基础研究紧密相随的。充分重视应用逻辑研究是我国逻辑学发展的一个重要契机。

我国当代哲学逻辑的发展大体可以分为三个发展阶段。第一阶段，

1949 年至 1965 年，这一时期，我国的哲学逻辑研究处于星星之火状态，主要成果有莫绍揆的模态逻辑研究和胡世华、陈强业、莫绍揆、罗铸楷、刘叙华等人的多值逻辑研究；第二阶段，1966 年至 1977 年，哲学逻辑研究成果几为空白；第三阶段，1978 年至今。其中第三个阶段又可以分为三个时期：引入期、起步期和创新期。

在引入期，出版了一批哲学逻辑的教材，如周礼全、张清宇、冯棉、陈波、朱新民、李建华等，为我国哲学逻辑研究的人才和队伍建设做出了很大的贡献。

在起步期，我国的哲学逻辑研究渐入佳境，比较突出的有马希文的认知逻辑研究、陈挺槐、罗铸楷、朱梧槚、肖奚安等人的多值逻辑研究、苏越等人的应用逻辑和逻辑应用研究，等等。

在创新期，我国的哲学逻辑研究呈现出繁荣之势。不论是研究队伍，还是研究成果都得到了空前的发展。有两个比较突出的特点：一是系统性的创新成果不断出现，如开放类逻辑、格蕴涵逻辑、泛逻辑，等等；二是年轻学者朝气蓬勃。在下面的评述中，我们将突出这两个特点。

第二节　模态逻辑

一　模态逻辑概述

模态逻辑是哲学逻辑的主要分支之一，它研究涉及模态概念的推理。模态逻辑有广义模态逻辑和狭义模态逻辑之分。狭义模态逻辑主要研究的是含有“必然”、“可能”等模态概念的推理；广义模态逻辑研究的是含有各种模态概念的推理，包含认知逻辑、道义逻辑、时态逻辑，等等。

模态逻辑在我国经历了由传入到交流、由教学到研究不断发展的过程。在教学方面，周礼全（1986）、郑文辉（1989）、冯棉（1990）、弓肇祥（1993）、周北海（1997）、何向东（2005）等做了大量的工作，为培养我国的模态逻辑研究人才发挥了非常积极的作用。

我国的模态逻辑研究成果主要集中在狭义模态逻辑和认知逻辑等方面，下面我们将对此进行重点叙述。

二　狭义模态逻辑

莫绍揆（1957）分析了模态数列的基本性质，莫绍揆（1958）研究了如何从必有的关系而构造具有穷个模态数列的模态系统，莫绍揆（1959）构造了一个可以避免蕴涵怪论的模态逻辑系统。

高恒珊、吕建安（1987—1999）自 20 世纪 60 年代开始研究模态逻辑，发表了一系列研究论文，系统地建立了量词模态逻辑的代数语言学。

孙吉贵、刘叙华等系统地研究了模态逻辑的归结问题。孙吉贵、刘叙华（1994）提出了一种模态归结的弱包含删除策略，证明了使用弱包含删除策略模态归结的完备性。从而，将 Auffray 等人提出的开问题——模态归结包含删除策略的完备性向前推进了一步。孙吉贵、刘叙华（1995）改进了 Cialdea 归结系统，引入了两个可能算子约束的公式间的归结规则，得到了一种新的一阶模态 D 逻辑的归结系统，该系统很好地保持了 Cialdea 归结系统的优点，同时，还具有可靠性与完备性。孙吉贵等（1995）建立了 K4 逻辑的归结推理 RK4、D4 逻辑的归结推理 RD4，分别证明了 RK4 和 RD4 关于 K4 和 D4 的可靠性与完备性。孙吉贵、刘叙华（1996）证明了强模态归结的可靠性与完备性，给出了 Cialdea 一阶模态归结系统的两种修正方法。孙吉贵等（1999）提出的高效的命题模态 D 逻辑的标记模态归结方法推广到了命题模态逻辑 K、K4、D4、T、S4 系统，建立了上述命题模态逻辑的标记归结形式系统 MRK、MRK4、MRD4、MRT、MRS4。并用转换子句模式的方法，借助于标记模态归结对命题模态 D 逻辑的可靠性结果，证明了标记模态归结系统 MRK、MRK4、MRD4、MRT、MRS4 分别关于命题模态逻辑 K、K4、D4、T、S4 的可靠性，进而得到了它们的完备性。

林作铨、李未（1995）提出参态逻辑，在其中量词和模态词可得到统一处理，他们给出它的语言、语义和公理系统，并给出参态逻辑的完全性定理，论证了参态逻辑具有足够丰富的形式能力，可表达很大一类逻辑而作为其特殊形式。

周北海（1999）建立了一种新型模态逻辑语义框架——嫁接框架，证明了模态逻辑系统 S1 的完全性。

冯棉（1995，2000）对于模态逻辑中的“可能世界”、“必然性”等概念的基本含义进行了深入、细致的分析。指出模态逻辑涉及的“必然性”具有多样性，作为逻辑系统定理的逻辑规律体现了逻辑的必然性，而模态谓词逻辑中反映“从物模态”的公式中的必然算子则主要体现了事实的必然性。同时，模态系统中的模态公理，从另一个侧面对该系统中的“必然性”概念的逻辑特性作了描述。“必然性”概念的界定与“可能世界”密切相关。在分析现实世界中事物的本质属性时，应限制可能世界概念的范围，摒弃现实世界的非真实情形。

刘壮虎（2002）认为必然性是命题的一种性质。他依据现在逻辑处理命题性质的一般方法，讨论了必然性这种命题性质。他讨论了现在逻辑是如何处理命题和命题性质的，分析了关系语义学如何处理必然性，并指出其不足之处，进而用更一般的方法对其进行分析，给出刻画必然性的特征，在此基础上，他讨论了一些重要类型的必然性。

李娜（2004）证明在严格蕴涵系统 S4 的基础上增加公理 M 所得到的系统 S4.1 的协调性。李娜（2005）首先用布尔值模型方法证明了严格蕴涵系统 S1 的协调性；其次证明模态系统 P1 和严格蕴涵系统 S1 等价，由此她证明了模态系统 P1 的协调性。

李小五（2004）指出模态系统的推理可以用强弱虚实这四种性质进行分类。在一个系统中这几种性质无论在语形上还是语义上都有一定的联系和区别，有些性质在一个系统的变种或扩充中并不一定保持。

周北海、毛翊（2006）对通常的典范模型方法加以改造，在典范结构的基础上，可建立相对于任意给定有穷公式集 Γ 的 Γ - 典范框架和 Γ - 典范模型，证明了 M 的框架类完全性。Γ - 典范模型方法是有穷方法。如果 Γ 有穷，得到的典范模型有穷。这不仅可以证明 M 的完全性，还可证明 M 的有穷模型性，因此 M 是可判定的。

三　认知逻辑

（一）一般理论

胡泽洪（1994）讨论了模态词“相信”的逻辑含义与信念逻辑系统的建构这两个关于信念逻辑的重要问题。他认为，从逻辑的观点出发，可以简单地将“x 相信 p”解释为“x 认为 p 是真的”，与之相对应，信念逻辑系统可以在经典命题逻辑的基础上加入模态词“应该”而得以建立。

鞠实儿（1995）在澄清信念概念的基础上建立信念表达方法；并阐明信念表达和推理的主要性质，进而根据信念表达方法证明信念悖论所假定的推理规则是不合理的，从而消除了三个信念悖论：自我欺骗悖论（Self - Deception Paradox）、抽彩悖论（Lottery Paradox）和序言悖论（Preface Paradox）。

李未、张玉平（1996）定义了一种公理化的抽象逻辑，它以经典逻辑所具有的证明论性质及模型论性质为公理，可以用于构造抽象的开放逻辑理论，因而可以用于描述认识进程。该理论的核心是一种形式化的导出关系，可以证明：经典逻辑、直觉主义逻辑的推出关系、模型论弱力迫关系、非单调推理中的语句与论域限定理论的关系都是该形式化导出关系的具体实例，这种导出关系可以用来构造具体的抽象逻辑，也可以用于描述认识进程，还明确了不同抽象逻辑间的差异主要表现在所对应的特征规则的差别上。

对于多主体认知系统中互知推理的研究，是国际逻辑学界近年来研究的一个热门课题，其成果对于经济学、军事学、人工智能和计算机科学的发展具有重要的价值。陈慕泽（2001、2003）通过实例分析，构造了“知道”模型，用逻辑语义学的方法刻画了多主体之间的互知［陈慕泽（2003）］。

唐晓嘉（1999）指出建立模型是对认知表达式进行逻辑语义分析的前提，可能世界语义学为此提供了有效工具。但是逻辑全能悖论说明认知世界不同于逻辑可能世界，为描述其逻辑特征我们需要“瓮”模型。此外对认知命题来说，名称——对象关系总是相对于认知主体而定，因此在对其逻辑分析中涉及量词的信息独立等问题。这些都说明，我们对认知逻辑进行语义学和语形学方面的研究时，不能完全运用形式化和公理化的方法。

唐晓嘉（2003）认为建立多主体认知推理模型涉及对各种认知算子逻辑特征的系统分析、主体知识库表达以及主体认知的动态性分析等问题。这些问题使多主体认知推理模型的建立面临许多复杂的情况，也产生了许多需要解决的技术问题。唐晓嘉（2004）指出认知往往是多个主体间相互作用的活动，建立多主体认知推理模型就必须考虑主体间互动问题。为此需要区分团体知识与公共知识，需要借助博弈论方法分析描述主体认知的动态性。这就使多主体认知推理模型的建立面临许多需要解决的技术问题。

（二）认知逻辑系统

马希文（1981）针对一个具体的认知问题，给出了关于“知道”的模态逻辑描述、基于“可能界”概念的一阶谓词演算解决方案，并建立了一个形式系统使用可能组合算法能行地解决了该类认知问题。马希文、郭维德（1982）还进一步研究了 W－JS 有关“知道”的模态逻辑。

刘瑞胜、孙吉贵、刘叙华（1998）构造了认识逻辑系统EL、多认识主体的认识逻辑MEL，证明了这两个系统的可靠性和完全性。认识逻辑EL不但可以用来描述人类的认识过程，还可以用于对常识推理以及分布式系统的形式化描述；在MEL中各个认识主体的知识是可以共享的，MEL可以作为分布式多agent系统的逻辑基础。他们还定义了带有索引的认识逻辑ELI，讨论了ELI的语义tableau的证明过程，证明了模态tableau的相容性和完备性。由于ELI与认识逻辑EL是等价的，因而，tableau的证明过程也可以作为EL的证明理论。他们还进一步研究了关于带有索引的认识逻辑ELI的基于语义tableau方法的判定过程，阐明了ELI的Mwff的可判定性。由于认识逻辑EL的公式与ELI的Mwff是对应的，因而，认识逻辑EL也是可判定的。

潘天群（2004、2005）将主体的认知世界可以划分为“信念世界”、“怀疑世界”和“无知世界”。他认为这三个世界中的元素是认知命题，这三个世界之间是不重叠的，并且它们构成一个认知世界全集。一个认知命题是真的，当且仅当它属于相应的认知世界之中。他以笛卡尔的“我思，故我在”作为怀疑逻辑的特征公理，建立了一个怀疑逻辑系统，并证明了怀疑逻辑的独立性。

李小五（2006）构造了认知系统EK1－EK3，给出它们的一些证明了的结果，通过引入邻域语义给出了描述EK1－EK3特征公理和推理规则的框架条件，并证明了EK1－EK3相对于这些框架条件的可靠性和完全性。

（三）动态认知

动态认知逻辑（Dynamic Epistemic Logic，简称DEL）是当代哲学逻辑和人工智能逻辑中的一个重要研究领域。它旨在为信息变化提供一套形式化的处理办法，通常可以分为两部分，一部分编撰和处理知识、信念和偏好等主体关于世界的信息，另一部分追踪由于外部信息进来主体信息的变化和发展。DEL的一个最大优势在于它能处理主体关于其他主体知识的知识（这通常被称为“高阶信息”）。这种高阶信息的这种推理在解释和处理一些知识谜题、投票选举和拍卖等一些社会性活动中占据重要作用。因此，DEL在博弈论和人工智能中都有很大应用。

Plaza（1989）首先建立的公开宣告逻辑（Public Announcement Logic，简称PAL）是DEL中的一个基础逻辑系统 。后来Baltag，et al（1998）在公开宣告逻辑的基础上建立了包括半公开宣告、私下宣告等其他宣告形式各种扩张逻辑。群体知识（Group knowledge）在多主体系统中有重要作用，因为主体之间的影响和互动很多是建立在群体知识的基础之上的。因此，加入群体知识后的公开宣告有重要的研究意义。

刘壮虎、李小五（2005）在通常的动态认知逻辑的基础上，引进对动作的认知。给出对动作认知的语义和特征公理，建立这种新类型逻辑的极小系统，并证明其框架可靠性和框架完全性。

郭美云（2006）在 van der Hoek, et al（1997）建立的逻辑系统 S5m（C, D, E）的基础上考虑（Kooi, van Benthem, 2004）提出的相对化公共知识（Relativized Common Knowledge），并且把群体知识都推广到一般情形。建立起一个包含相对化公共知识和群体隐含知识的公理化系统 S5Bm（RC, D, E），利用滤模型和拆开等手段对典范模型进行转换变形，从而证明它是一个在强框架上完全的公理化系统。然后在公开宣告逻辑的基础之上考虑群体隐含知识，引入相对化公共知识，建立了一个带有相对化公共知识和群体隐含知识的公开宣告逻辑系统 PAL（RC, D, E）。再通过归约的方法，将它归约到静态逻辑系统 S5Bm（RC, D, E），从而给出了完全性证明。

J. Cui, M. Guo and X. Tang（2009）则通过引入概率模态逻辑和公开宣告逻辑来刻画博弈论中一个非常重要的求解纳什均衡的算法—重复可许可算法（the algorithm of Iterated Admissibility）。在为策略式博弈构建逻辑模型和合理定义一个理性概念的基础上，通过重复公开宣告“主体是理性的”使得模型不断收缩的同时达到求解均衡的目的，从而为这一算法提供了一个动态认知基础。

（四）认知逻辑与人工智能

鞠实儿、赵艺、傅小兰（2003）对自我欺骗的认知机制进行了研究。他们认为，自我欺骗现象与经典信念逻辑之间的偏差导致自我欺骗悖论，因此，建立合理的自我欺骗理论的必要条件是提出自我欺骗的认知机制的逻辑结构。他们采用逻辑分析和心理实验相结合的方法解决自我欺骗悖论，即在逻辑学层面说明矛盾信念间的逻辑关系，进而在心理学层面说明自我欺骗发生的机制。为了实现这一目标，他们用逻辑学的术语严格表述自我欺骗悖论；并在文献的基础上给出自我欺骗的逻辑结构；进而根据上述逻辑结构设计并实施两可图认知实验。他们通过对实验结果分析指出，自我欺骗的心理机制满足上述逻辑结构。

逻辑全知问题是哲学逻辑与人工智能逻辑都需要解决的一个问题。在信念逻辑中，逻辑全知问题可以表述为：某人相信 φ，那么他也相信 φ 的所有逻辑后承 ψ。刘虎、鞠实儿（2007）在分析了几种重要的非逻辑全知的信念模型的基础上，尝试将觉知处理为信念的预设，采用语言学家 Bergmann 提出的二维逻辑来建立信念模型，得到了一种新型的非逻辑全知的信念模型。

如何在一定语言形式的基础上，根据语境进行语用推理，从而确定话语的意义，这是语用学和语言逻辑一直寻求解决的问题。黄华新、胡霞（2004）认为日常话语理解中的语用推理是根据认知语境所做的缺省推理，它是一个双层推理系统。在这个推理系统中，大推理系统内嵌一个小推理系统，认知语境中的明示语境和缺省语境分别作为该缺省推理中的显性前提和隐性前提而存在。

蔡曙山（2004）认为认知科学以体验哲学为基础，以涉身心智为研究对象，它对理性主义的逻辑学乃至近代以来整个西方的理性主义思想提出了挑战。他提出建立认知逻辑的体系来适应科学技术特别是认知科学的发展。认为认知逻辑的体系包括哲学逻辑、语言逻辑、心理逻辑、文化与进化的逻辑、人工智能的逻辑、脑与神经系统的逻辑。认知逻辑体现了回归自然语言并基于经验、非形式化和非演绎、反映认知的规律三大特征。认知逻辑放弃作为思维立法者的企图，在语言基础和研究方法上更多地关心人，关心语言的使用者。认知逻辑将语言、逻辑与认知整合成一个以人为中心的体系，并与整个认知科学相关联，从语言、心理、脑与神经、文化与进化等多方面介入对人的生理、心理、语言和文化的研究。因此，认知逻辑是一种在新世纪展现认知科学特征的新的逻辑理论。

理想自省主体的信念修正是人工智能领域的热点问题。稳定集是理想自省主体的较好的表达方式，通过对稳定集的修正可以较好地反映理想自省主体的信念变化。郭佳宏（2006、2007）给出了多种修正稳定集的方案，包括：（1）采用“极大选择收缩”和修正稳定集典范模型的办法修正稳定集；（2）采用 S5 非蕴涵极大集构造出稳定集上类似经典信念修正理论的“偏交收缩”，给出从稳定集到中间理论的修正，然后借用分层自认知逻辑中的办法在中间理论的稳定扩张中选出想要的稳定集；（3）通过“球包系统”和“认知牢固序”研究稳定集的修正。

除了上述领域外，我国学者周祯祥（1999）、余俊伟（2005）在道义逻辑方面，宋文淦、秦豪在问题逻辑方面，唐同浩（1987）、徐明（1988）在时态逻辑方面，弓肇祥（2004）在可接受逻辑方面等都做出了自己独特的研究成果。

第三节 博弈逻辑

博弈论最初是经济学的一个分支，它研究有多个主体参与的（博弈）活动中交互主体应当如何行动的问题。按照经济学诺贝尔奖获得者奥曼（Robert Aumann）教授的说法，博弈论是研究互动决策的理论，它是对理性个体如何行动的一种描述。近十几年来，逻辑学界越来越关注主体间互动过程中由于信息变化导致的主体知识的更新、信念的修正以及偏好升级等问题，注重主体信息变化中知识、信念和偏好等要素的研究。而描述理性主体或群体行为相互作用的博弈论恰恰包含所有的这些主体间互动的过程，因此，博弈论为分析主体理性认知及推理过程提供很好的研究平台。最近几年来，博弈逻辑作为逻辑学和博弈论交叉形成的研究领域，已成为逻辑学的新热点，它的研究成果也受到计算机科学、认知科学、经济学等的重视，以至博弈逻辑成为多个学科共同的热点研究领域。

博弈逻辑的研究可以分为两个方面，一个是应用博弈论方法研究逻辑本身的理论问题，另一个是运用逻辑理论为工具研究博弈论本身的问题。两个方面的博弈逻辑研究都是国际上多学科共同的热门领域，但在我国有关博弈逻辑的研究尚处在初期阶段。

一 将博弈论方法应用于逻辑理论研究

博弈方法在逻辑中的应用已经有很长的历史，如：维护一致性，论辩和对话（Lorenzen，1950s），模型比较（Ehrenfeucht，Fraïssé，1950s），模型检测（Hintikka，1960—1990s）等。逻辑上的一些概念也有相应的博弈论解释，比如，逻辑学的有效概念对应于博弈论的必胜策略，可满足对应于博弈论的赢策略等。许多基本的逻辑问题可以看做主体间的博弈，比如，一阶公式的赋值可以看做是证实者和证伪者相对某个论域的博弈。对于逻辑中一些问题完全可以从博弈的视角去分析和研究，可以借助于博弈论已有的丰富理论成果来促进逻辑的深入研究，拓宽逻辑的研究领域。我国在此方面的研究工作主要来自于鞠实儿及其他所领导的团队。他们重点考察逻辑博弈化研究的语义赋值一面，成功实现了将 Hintikka 关于经典双人语义博弈赋值拓展到多值逻辑的语义博弈赋值，为逻辑与博弈两个不同学科领域间建立起更为宽泛的对应关系，从而，使得逻辑研究者可以借助博弈理论中的已有的丰富成果，深化逻辑理论化研究。例如，在论文《Game - Theoretical Semantics for Many - Valued Logics》① 中，鞠实儿、文学峰和戴细化等人首先证明了经典的双人博弈语义对应于三值逻辑，并在此基础上，扩展这种结果到 n 人博弈的语义赋值与具有 n 元联结词的 n + 1 值逻辑的对应关系中，并借助于语义博弈的这种优势，基于多值逻辑深化和拓展对 IF 逻辑的研究。在此研究的基础上陈招万、郭佳宏在《多值逻辑与语义赋值博弈》② 等论文中进一步完善和细化描述语义博弈的一般结构，并在此一般结构的基础上给出了几个具体的语义赋值博弈模型，将 Lukasiewicz，Kleene 三值逻辑理论博弈化。同时，陈招万还把 Hintikka 的独立联结词和独立量词扩展到多值逻辑中，并根据不完全信息的语义赋值博弈进一步解释了 IF 多值逻辑。

二　运用逻辑理论为工具研究博弈论

博弈论涉及信息流的表达、对事实的推理以及对其他参与者知识的推理，这些恰好都是逻辑学分析处理的内容，并且一般博弈中都具有逻辑结构（这里的一般博弈是指经济竞争、社会合作、下棋、战争和对话等）。例如，博弈树（扩展式博弈）本质上就是一种特殊的 Kripke 框架：可能世界对应树上的节点，可能世界之间的 R 关系对应博弈树的边——代表选手在不同节点上可选择的行动，在各个可能世界上为真的命题可以理解为博弈中选手在不同节点上所获得的性质。更进一步，可以把选手的策略定义为可能世界上的函数，这样，我们可以把逻辑作为工具，去分析和研究博弈进程和博弈论中的一些相关概念，运用逻辑工具为博弈理论分析提供更精细的模型。对于此方向的研究，我国逻辑学界偏重于博弈认知刻画方面，即，博弈内部结构的逻辑分析与刻画，且根据研究方法的不同可大致区分为：非形式化的博弈逻辑化研究和博弈认知结构及其算法的形式刻画研

① A Meeting of the Minds: Proceedings of the Workshop on Logic, Rationality and Interaction; In J. Van Benthem, Shier Ju, Veltman F, editors, 2007; Beijing: College Publication 和论文《An n - Player Semantic Game for an n + 1 - Valued Logic》[Studia Logica, 2008; 89 (1)].

② 《逻辑学研究》2008 年第 1 期。

究。其中，博弈逻辑化的非形式化研究是以潘天群和任晓明等人为代表，着重从认知哲学的角度分析和阐述了博弈论的逻辑分析的意义，博弈模型中选手的认知情形等问题。如在论文《博弈中的行动对话与认知状态变迁》[①]中，潘天群基于言语行为理论，从“说”和“听”的角度分析了博弈中选手的信息交互和知识变化。他把人的行动分成言语行动和实体行动，并认为：言语行动和实体行动的共同特征是理性主体使某个事态为真。无论是实体行动还是言语行动，本质上都可以看成是一种表达，实施者通过某种行动完成某个事态或表达某个命题。所以，他得出博弈就是对话或交流，进而提出静态博弈就是“听—说”过程，动态博弈就是“听—说”轮换过程。在博弈中通过“听”与“说”，参与人的认知状态发生了改变，当然改变程度取决于博弈类型。在动态博弈中，每个参与人归纳地进行学习，从而形成新的知识。同时，在论文《博弈行为中的演绎与归纳推理及其问题》[②]里，他还非形式化地探讨了博弈中参与人的推理方式，分析了参与人是如何运用演绎推理和归纳推理的，并指出博弈参与人运用演绎推理时存在逆向归纳法悖论，而运用归纳推理时存在归纳是否有效的问题。而任晓明在论文《博弈论的逻辑和认知基础》[③]中，详细分析和阐述了博弈论的逻辑、认知以及哲学基础研究的价值意义，认为对博弈论的这些方面的理论研究深化，是博弈论成为未来社会科学的统一分析框架的必经之路。

关于博弈认知结构及博弈剔除算法的形式化研究则是以西南大学唐晓嘉教授和其博士崔建英为代表。她们通过构建用于刻画对应不同标准式博弈类型中的IA算法的逻辑系统，严格形式化证明了以她们所定义的理性概念作为博弈选手间的公共知识所导致的博弈认知结果与利用IA算法求得的博弈结果是完全一致。同时，通过证明这样的理性定义可以作为公告的事实，将其所构建的博弈认知系统与公开宣告逻辑相融合，进一步表明公开宣告这样的理性断定导致的认知结果也是与IA算法求得的博弈结果相一致。从而，不仅从静态认知逻辑角度给IA算法的认知基础，避免该算法背后蕴藏的悖论，并且，还基于动态认知逻辑，更为形象直接地描述和刻画了该算法，为由IA算法所求得的均衡背后的认知条件奠定了坚实

① 《浙江大学学报》（人文社会科学版）2008年第5期。
② 《自然辩证法研究》2003年第3期。
③ 《西南大学学报》（社会科学版）2007年第3期。

的基础。

值得提起的是，近几年来不仅我国逻辑学界正逐步展开博弈逻辑研究，而且，我国计算机科学领域也开始相关的研究工作。不过，计算机学界多是关注于博弈并行结构的逻辑分析和刻画，关注于将研究的理论成果应用到计算机如互联网带宽分配、网络寻址、机器学习系统等。特别是博弈理论与逻辑在计算机科学领域中的一个非常显著的应用领域就是多主体系统理论。其中，上海交通大学计算机系沈浩等人讨论了特定的自动机、自动机的识别能力、逻辑的表达能力和博弈思想之间的关系，认为使用博弈思想可以处理自动机的可决定性和解决逻辑的表达能力问题。他们主要考查了线性时间（linear time）与分支时间（branch time）两种情况，通过这些逻辑与别的时态逻辑的表达能力的等价性可以证明其他逻辑也具有决定性，从而设计相应的自动机去解决模型检查（Model Checking）问题。贵州财经学院信息学院文静华等人提出用一种新的基于博弈逻辑 ATL（Alternating - time Temporal Logic）的电子支付协议建模与分析方法。新方法克服了传统时序逻辑把协议看成封闭系统进行分析的缺点，可以成功地对电子商务中的对抗与合作行为进行描述。另外，由南京航空航天大学曹子宁所指导的多篇学位论文则是围绕多主体系统合作认知逻辑这一主题展开论述，丰富和拓展学界对于合作博弈问题的逻辑分析和研究。

由于博弈理论本身的丰富性，加之我国博弈逻辑的研究尚处在初始阶段，因此，上述的这些研究成果涉及的只是博弈逻辑研究的一小部分，还存在许多问题亟待解决。如对于无穷模型和无穷值逻辑的语义赋值博弈中，博弈选手如何确定一个最优反应策略，如何严格形式化处理后向归纳法求解均衡的认知基础，拓展博弈选手认知能力的刻画到不完美信息博弈以及混合策略型博弈的逻辑化研究等问题。因此，博弈逻辑的研究需要更多的学者关注并加入进来对其进行系统深入的研究，坚持博弈逻辑多元化的观点，拓展博弈逻辑的研究领域，从而，促进博弈逻辑的发展和完善。

第四节　多值逻辑

一　概述

多值逻辑指的是命题可以具有 3 个或者 3 个以上真值的逻辑。我国的多值逻辑研究起步较早，研究人员众多，成果丰硕，在我国还成功召开了多次国际多值逻辑学术会议。

下面，我们选择成果具有系统性，并且成果相对比较集中的几个多值逻辑研究领域来进行综述。

二　函数完全性研究

在多值逻辑理论研究中，函数集的完全性判定问题是一个非常基本而且重要的问题。我国学者罗铸楷、刘任任等在这方面进行了长期的研究，取得了丰硕的成果。

判定多值逻辑函数集的完全性，其方法之一是给出多值逻辑函数集中的所有极大封闭集。主要包括三个方面的问题，即完全多值逻辑函数集、部分多值逻辑函数集、一元多值逻辑函数集的所有极大封闭集。Post（1941）给出了二值逻辑的所有极大封闭集，Jablonskii（1958）给出了所有三值逻辑的极大封闭集，罗铸楷（1963）给出了所有四种逻辑的极大封闭集。罗铸楷（1964）根据王湘浩提出的保关系思想证明了多值逻辑函数的全部极大封闭集是：线性函数集、单调函数集、自对偶函数集、保 E 函数集、保直接分化函数集、保中心分化函数集、保正则分化函数集。罗铸楷（1984）定出了部分多值逻辑函数集中的全部极大封闭集。

对于部分 K 值逻辑函数集中的 Sheffer 函数，我国学者罗铸楷、刘任任等进行了长期的研究，取得了一系列的学术成果。对于 $K=3$，4，刘任任定出了所有 K 值逻辑函数集的极大封闭集的最小覆盖（刘任任，1991）；证明了极大封闭集（即准完备集）保 E 函数集 T_E、L 型函数集 $L(G_{4,2})$、拟线性函数集 L_P在所有 K 值逻辑函数集的极大封闭集之最小覆盖中必须出现（刘任任，1992、1993）；并证明了 $m=2$ 时，其中满足一定条件的完满对称函数集在最小覆盖中必须出现（刘任任，1995、1998）。根据部分多值逻辑的完备性理论，欧阳建权等证明了 $m=2$ 时的一类正则可离函数集在所有 K 值逻辑函数集中极大封闭集之最小覆盖中必需出现（欧阳建权等，2000）；肖凡等证明 $m=2$ 时，其中满足一定条件的完满对称函数集在所有 K 值逻辑函数集的极大封闭集之最小覆盖中必须出现（肖凡等，2001），证明了 $m=2$ 时的两类正则可离函数集必然不包含在所有 K 值逻辑函数集的极大封闭集之最小覆盖中（肖凡等，2002）；李舒证明了 $m=2$ 时的一类单纯可离函数集在所有 K 值逻辑函数集的极大封闭集之最小覆盖中必须出现（李舒等，2002）；刘玉珍等证明了 $m=2$ 时的一类正则可离

函数集在所有 K 值逻辑函数集的极大封闭集之最小覆盖中必不出现（刘玉珍等，2004）。

关于 K 值逻辑 Sheffer 函数，罗铸楷等定出了图形仅含圈环且模为 $k+3$ 的 Sheffer 函数之充要条件，从而给出了大量新的 Sheffer 函数（罗铸楷等，1998）；刘任任等利用保关系的思想，定出了部分二值逻辑函数中准完备集的最小覆盖，从而给出了部分二值 Sheffer 函数的最简判定方法（刘任任等，2004）；并根据部分 K 值逻辑的完备性理论和相似关系概念，利用部分多值逻辑函数集中准完备集之最小覆盖成员的判定构造了部分 4 值逻辑函数集 $P_4{}^*$ 中的 Sheffer 函数（刘任任等，2008）。

三　中介逻辑

中介逻辑是朱梧槚、肖奚安长期合作研究，在 20 世纪 80 年代建立并发展起来的，相关的第一篇论文于 1984 年发表（朱梧槚，肖奚安，1984），26 年来一批中青年逻辑工作者介入了中介逻辑的研究，从理论到应用大大发展了中介逻辑。

自 Aristodle 以来，就区分了有中介的反对对立面（P，╕ P）和无中介的矛盾对立面（P，^-P），如果一个对象 x 部分地具有性质 P，部分地具有性质╕ P，则称 x 为反对对立面（P，╕ P）的中介对象。有一种观点被称之为“无中介原则”，该种观点认为，所有的对立面都是无中介的矛盾对立面（P，^-P）。朱梧槚、肖奚安则认为，既然中介对象在各个学科领域中比比皆是，那么中介对象为什么不能成为数学和逻辑的研究对象呢？为之，他们确立了一条与“无中介原则”相反的一条原则，称之为“中介原则”。该原则认为，并非所有的对立面都是无中介的矛盾对立面。以之为基础，他们建立了一系列的中介逻辑系统。

中介命题逻辑系统 MP 包括三个一元联结词：$\neg$（否定词）、╕（对立否定词）、～（中介词）及一个二元联结词→（蕴涵词）。MP 的推理规则包括：

（$\in$）$A_1, A_2, \cdots, A_n \vdash A_i$（$i=1, 2, \cdots, n$）；

（τ）如果 $\Gamma \vdash \Delta$，$\Delta \vdash A$，则 $\Gamma \vdash A$；

（$\neg$）如果 Γ，$\neg A \vdash B$，Γ，$\neg A \vdash \neg B$，则 $\Gamma \vdash A$；

（$\rightarrow_-$）$A \rightarrow B, A \vdash B$，$A \rightarrow B$，$\sim A \vdash B$；

（$\rightarrow_+$）如果 $\Gamma, A \vdash B$，且 Γ，$\sim A \vdash B$ 则 $\Gamma \vdash A \rightarrow B$；

(γ) A ⊣⊢ ¬ ╕ A，¬ ~A；

(γ~) ~A ⊣⊢ ¬ ╕ A，¬ A；

(γ╕) ╕ A ⊣⊢ ¬ A，¬ ~A；

(╕ ╕) A ⊣⊢ ╕ ╕ A；

(╕ →) A，╕ B ⊣⊢ ¬ A，¬ ~A；

(~ ~) A→A ⊣⊢ ~ ~A；

(¬ →) ¬ A ⊣⊢ A→~A。

中介命题逻辑系统 MP 中联结词的基本语义是：

A	~A	╕ A	¬
0	1	2	2
1	2	1	2
2	1	0	1

A→B (A \ B)	0	1	2
0	1	2	2
1	2	1	2
2	1	0	1

中介逻辑演算系统 ML，除了包括上文所述的中介命题逻辑系统 MP 之外，还包括中介命题逻辑系统 MP*、中介谓词逻辑系统 MF 及 MF*、带等词的中介谓词逻辑系统 ME 及 ME*等 5 个逻辑系统。

今天，中介逻辑已经发展成为一个非常广泛的研究领域，主要包括下列已经建立并发展起来的研究内容或方向：

（1）中介代数系统［吴望名，潘吟（1988）］；

（2）中介模态逻辑系统［张东摩（1995 等）］；

（3）中介公理集合论系统［朱梧槚，肖奚安（1986 等）］；

（4）中介证明论［邹晶（1988），钱磊（1987）］；

（5）中介模型论［朱朝晖（1996），钱磊（1992）］；

（6）中介力迫论［朱朝晖（1996）］；

（7）中介不完全信息推理系统［邓国彩（1994）］；

（8）中介程序设计语言 MILL 及其解释系统［宋云波（1994）］；

（9）中介自动推理的理论与实现系统［张东摩（1994 等）］；

（10）中介甘岑系统［钱磊（1989）］；

（11）中介逻辑的无穷模型［潘正华（2006）］；

（12）中介真值程度词的数值化及其在计算机中的应用［洪龙（2006等），周宁宁（2008等）］。

四　模糊逻辑

王国俊和他的研究团队在模糊逻辑研究方面取得了诸多成果。

王国俊（1979、1983、1989、1992）在刘应明的重域方法的基础上，提出了远域方法，并以分子、远域、和序同态为三个基本工具建立了完善的拓扑分子格理论。王国俊（1982、1983）提出了模糊拓扑的良紧性理论。此文发表后引起较大反响，前苏联数学评论家 Shostak 在《数学科学的成就》上称良紧性为“最为成功的模糊紧性”，波兰拓扑学家 Kobiak 将良紧性称为“中国紧性”，美国科学情报研究所（Institute of Scientific Information，简称 ISI）于 2000 年在北京授予王国俊“经典引文奖”（Citation Classic Award）。经对上述内容整理和扩充后，王国俊（1988）出版了模糊拓扑学的第一部专著《L－fuzzy 拓扑空间论》。该书中提出了许多公开问题，这对推动我国模糊拓扑的研究起到了积极作用，该书至今仍被模糊拓扑领域的研究学者所广泛关注和引用。

王国俊（1996、1997）提出了一种新型的形式演绎系统 L＊及其代数语义—R_0－代数。基于形式系统 L＊，王国俊（1999a）提出了模糊推理的全蕴涵三 I 算法，并利用他所提出的广义重言式理论（王国俊，1998）将三 I 算法纳入到了逻辑轨道，由此为模糊推理建立了严格的逻辑基础。由于三 I 算法采用了全蕴涵思想，即每步推理都使用蕴涵算子，所以它从逻辑角度有效地修正了美国加州大学 Zadeh 所提出的 CRI 算法。同年，王国俊就此文在美国信息科学联合会议上以 Plenary Talk 的形式作了报告并受到高度评价。该文在国内也引起了广泛关注和大量引用，并在 2007 年入选由中国科学技术信息研究所评定的“首届中国百篇最具影响优秀国内学术论文”。特别是受文中全蕴涵思想的启发，清华大学的宋士吉等（2002）提出了模糊推理的反向三 I 算法，北京师范大学的李洪兴（2006）基于三 I 算法构造了模糊推理系统，山东大学的刘华文等（2008）提出了模糊推理的点式三 I 算法，王国俊及他的研究生们（1999b、2000a、2001、2004、2005）也发表了系列相关文章。王国俊（2000b）对上述研究成果做了系统总结，在中国科学出版社出版了专著《非经典数理逻辑与近似推理》。为提高模糊逻辑的语言表达能力进而扩大其应用范围，王国俊等

（2001）进一步发展了广义重言式理论中的程度化思想，在经典二值命题逻辑中基于赋值集上的均匀概率测度空间的无穷可数乘积提出了命题的真度理论；王国俊等（2001）在 Lukasiewicz 模糊命题逻辑系统中利用 McNaughton 函数的 Lebesgue 积分提出了命题的积分真度理论。随后，王国俊等（2003）再次把积分真度理论推广到了标准完备的命题逻辑系统中，建立了积分语义学、逻辑度量空间理论以及近似推理理论。同年，王国俊（2003）在中国科学出版社出版了第二部专著《数理逻辑引论与归结原理》。为弥补真度理论在有限值命题逻辑中的空缺，王国俊和他的研究生李璧镜（2005）又采用加权求和的方法在 n 值 Lukasiewicz 命题逻辑系统中提出了 n 值命题的真度理论，并证明了关于真度函数的极限定理，从而架起了有限值命题逻辑中的真度理论与模糊值命题逻辑中真度理论间的桥梁。随后，王国俊教授和他的研究生周红军（2005、2006a、2006b、2006c）又展开了真度理论的应用研究，提出了逻辑理论的相容度概念，较完善地解决了国际上长期未能很好解决的逻辑理论的相容性问题，提出了若干种近似推理模式及其等价刻画。王国俊和他的研究生折延宏（2006、2007）研究了逻辑理论在逻辑度量空间中的拓扑性质等。在 2006 年，王国俊（2006a）对这部分内容做了总结，提出了计量逻辑学，开辟了数理逻辑与数值计算相结合的一个研究方向。该文经周红军补充整理后以英文形式于 2009 年发表在《Information Sciences》上［见：王国俊，周红军（2009a）］，这一理论一经发表就引起了国内外学者的极大兴趣，同年便在华东师范大学召开了首届计量逻辑与软件计量化国际学术会议，包括德国、日本、捷克、比利时、西班牙等国在内的诸多专家学者对计量逻辑展开了深入探讨和交流［见：陈仪香等（2009）］，并同意于 2010 年 10 月在厦门集美大学召开第二届计量逻辑国际学术会议。在 2006 年，王国俊（2006b）对其专著《数理逻辑引论与归结原理》进行了修订，增加了一章计量逻辑内容，并由中国科学出版社出版。经周红军的再次补充与整理，该论著的英文版于 2009 年由中国科学出版社和英国 Alpha 科学出版社联合出版［见：王国俊，周红军（2009b）］。随后，王国俊等（2006、2009）致力于把计量逻辑中的方法推广到一阶谓词逻辑和模态逻辑中，就模态逻辑建立了一种真度理论。自 2006 年起，王国俊（2008）又开始涉及知识推理和描述逻辑的研究工作，并于 2008 年对其专著《非经典数理逻辑与近似推理》进行补充后再版，增加了知识推理和描述逻辑等相关内容。

赵彬在模糊推理方面取得了诸多研究成果，李永明在智能信息处理及量子逻辑领域做了深入研究，他的研究成果发表在《Journal of Pure and Applied Algebra》、《Algebra Universalis》、《Semigroup Forum》、《International Journal of Theoretical Physics》、《International Journal of Approximate Reasoning》、《Fuzzy Set and Systems》、《Information Sciences》、《IEEE Transactions on Fuzzy Systems》等高层次杂志上，于2005年在中国科学出版社出版专著《模糊系统分析》；陈仪香在形式语义学的稳定论域理论中的序理论、逻辑结构和拓扑方法方面做了系统研究，并于2003年在中国科学出版社出版专著《形式语义学的稳定论域理论》；徐罗山在逻辑代数的拓扑表示方面的工作也颇具特色。

裴道武（2001）提出了L＊中的广义演绎定理，裴道武等（2002，2003）证明了形式系统L＊及其n值扩张系统的标准完备性，裴道武（2005）证明了L＊中公理体系的独立性，特别是裴道武（2003）证明了西班牙学者Esteva等（2001）提出的幂零极小逻辑（Nilpotent Minimum Logic）与L＊等价，从而沟通了中西学者的研究工作；王三民等（2003a，2003b）简化了L＊的逻辑语言，王三民等（2004）给出了L＊中命题真值函数的析、合取范式定理，该论文曾多次被意大利等欧洲学者引用，王三民等（2006）提出了析取消去规则（Disjunctive Elimination Rule）并将其应用于MTL系统中给出了若干逻辑系统的公理体系，王三民等（2006）解决了弱蕴涵模糊逻辑中的若干公开问题；何颖俞等（1998）简化了L＊的公理体系；刘练珍等（2005）研究了R_0－代数中模糊滤子的结构；吴洪博（2002）深入发展了广义重言式理论；覃锋等（2004、2005）在一致模方程及三角模的构造方面做了出色工作；李骏等（2004、2006）提出了逻辑命题的绝对真度理论；任芳（2005）和盐城师范学院的韩诚等（2006）独立地给出了L＊中逻辑命题的有效集；惠小静等（2007）在二值命题逻辑中提出了命题的D－真度理论；周湘南等（2005）研究了Lukasiewicz命题逻辑中无限逻辑理论的相容度理论；周红军等（2006a－c）利用命题逻辑系统中的演绎定理和计量逻辑中的真度理论提出了逻辑理论的语义蕴涵度概念，并基于此概念深入系统地研究了逻辑理论的相容度及广义相容度理论，周红军等（2007）清楚地给出了L＊中极大相容逻辑理论的结构刻画和拓扑刻画，周红军等（2008）在L＊中推广了著名的

Stone 拓扑表示定理，折延宏等（2009）在逻辑度量空间中逻辑理论的拓扑刻画方面取得了诸多有意思的研究成果，刘华文（2008）对三 I 算法做了进一步研究，提出了点式三 I 算法，并在《Computers and Mathematics with Applications》、《Fuzzy Sets and Systems》及《Information Sciences》上发表多篇高层次论文。

五　其他学者的多值逻辑研究

秦玮远、何向东（2007）强调合情推理是介于二值逻辑和模糊逻辑之间的一种非经典逻辑，它广泛地存在于我们的日常生活当中，在科学理论创新和知识创新方面具有重要的作用，但却未得到应有的重视。对合情推理的模式、创新功能以及它与论证推理的关系等方面的探讨，可以引起人们对合情推理的足够重视。

究竟什么是潜无穷、什么是实无穷，它们之间究竟存在着什么样的关系？无穷概念从诞生之日起就伴随着潜无穷和实无穷的长期论争；尽管不同的哲学家、逻辑学家和数学家持有不同的无穷观，但是历史上他们对于潜无穷和实无穷给出的都是直观的描述，一直没有给出严格的数学定义；对于潜无穷和实无穷之间的关系也是莫衷一是。杜国平（2009d）通过对潜无穷、实无穷特征的分析，尝试给出一个严格的潜无穷和实无穷定义，利用这一定义可以对若干悖论进行新的解释，并且可以对集合论研究提供一个新的视角。

Russell 证明，在经典逻辑的基础上，概括原则将导致悖论；Curry 证明甚至仅仅在经典逻辑正命题演算基础上，概括原则将同样导致悖论；莫绍揆（1954）证明了在Łukasiewicz 有穷值逻辑系统中，如果概括原则将导致集合论悖论；郑毓信、肖奚安、朱梧槚（1985）证明了在可数无穷值逻辑中，如果使用概括原则将同样导致集合论悖论；杜国平等（2009c）对于一类 n（$2\leqslant n\leqslant\aleph_n$）值逻辑可以给出一个一般形式的形式语言，通过一个六元组的模型，递归地定义出该形式语言中的公式的值。从而构成了刻画这类逻辑的一个泛逻辑系统。利用该系统的逻辑工具，由概括原则可以构造出三种类型的悖论。从而证明了在通常的有穷值逻辑、可数无穷值逻辑和不可数无穷值逻辑系统中，概括原则都将导致悖论。

霍书全（2009a）构建了一个多值逻辑的一阶谓词逻辑系统，并证明了该系统的可靠性和完全性；霍书全（2009b）建立了一个 $n+1$ 值多值逻辑的希尔伯特型公理系统，利用极大一致集方法证明了它的完全性。

此外，陈强业、刘叙华、吴望名、陈书开等在多值逻辑研究方面也取得了独创性的研究成果。

第五节 基于格蕴涵代数的格值逻辑

作为人工智能的理论基础，非经典逻辑研究具有重要的理论意义及应用价值。基于格蕴涵代数的格值逻辑是一种重要的非经典逻辑，徐扬等从1993年开始对格蕴涵代数、基于格蕴涵代数的格值逻辑系统、基于该逻辑系统的不确定性推理及自动推理理论与方法进行了系统、深入的研究。

一 关于格蕴涵代数的研究

为建立一种新的格值逻辑系统，徐扬于1993年提出了格蕴涵代数的概念，它是一种将格与蕴涵代数相结合而建立的非经典逻辑代数。

格蕴涵代数是一个代数系统 L = $(L, \vee, \wedge, ', \rightarrow, O, I)$，其中：

（1）$(L, \vee, \wedge, O, I)$ 是一个有界格，O，I 分别为其最小元及最大元；

（2）$'$: $L \rightarrow L$ 是一个逆序对合映射；

（3）$\rightarrow$: $L \times L \rightarrow L$ 是一个二元运算且对任意 $x,y,z \in L$，有：

① $x \rightarrow (y \rightarrow z) = y \rightarrow (x \rightarrow z)$；

② $x \rightarrow x = I$；

③ $x \rightarrow y = y' \rightarrow x'$；

④ 若 $x \rightarrow y = y \rightarrow x = I$，则 $x = y$；

⑤ $(x \rightarrow y) \rightarrow y = (y \rightarrow x) \rightarrow x$；

⑥ $(x \vee y) \rightarrow z = (x \rightarrow z) \wedge (y \rightarrow z)$；

⑦ $(x \wedge y) \rightarrow z = (x \rightarrow z) \vee (y \rightarrow z)$。

例1（Łukasiewicz 蕴涵代数）若在 $[0, 1]$ 区间上定义以下运算：

$x \vee y = \max\{x,y\}$，$x \wedge y = \min\{x,y\}$，$x' = 1 - x$，$x \rightarrow y = \min\{1, 1 - x + y\}$，

则 $([0,1], \vee, \wedge, ', \rightarrow, 0, 1)$ 是格蕴涵代数。

例2 若 $L = \{O,a,b,c,d,I\}$，$O' = I$，$a' = c$，$b' = d$，$c' = a$，$d' = b$，$I' = O$，L 的 Hasse 图以及蕴涵 $\rightarrow$ 分别如图1，表1，则 $(L, \vee, \wedge, ', \rightarrow,$

$O,I)$ 是格蕴涵代数。

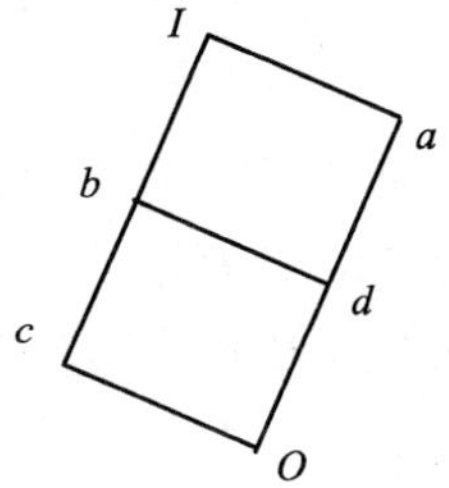

→	O	a	b	c	d	I
O	I	I	I	I	I	I
a	c	I	b	c	b	I
b	d	a	I	b	a	I
c	a	a	I	I	a	I
d	b	I	I	b	I	I
I	O	a	b	c	d	I

图 1　Hasse 图表 1 → 运算

格蕴涵代数是一种广泛的代数结构，所有的格蕴涵代数构成一个真类。格蕴涵代数有许多良好的性质，如：对任意 $x,y,z \in L$，

(1) $(L, \vee, \wedge)$ 是分配格；

(2) $x \leqslant y$ 当且仅当 $x \to y = I$；

(3) $x \to O = x'$，$I \to x = x$；

(4) 若 $x \leqslant y$，则 $z \to x \leqslant z \to y$，$y \to z \leqslant x \to z$；

(5) $x \to y \geqslant x' \vee y$；

(6) 若对于 $\forall x \in L$，$x \vee x' = I$，则 $(L, \vee, \wedge, ')$ 是布尔代数；

(7) $(x \to y) \vee (y \to x) = I$；

(8) $(x \to y) \to y = x \vee y$；

(9) $z \to (x \to y) \geqslant (z \to x) \to (z \to y)$；

(10) $(x \to y) \to (z \to y) = (y \to x) \to (z \to x)$；

(11) $x \vee y = I$ 当且仅当 $x \to y = y$。

对任意 $x,y \in L$，记 $x \otimes y = (x \to y')'$。

若 L 为有限链，则存在 L 上唯一的蕴涵 →，使其成为格蕴涵代数。有限格蕴涵代数可分解为有限链的笛卡尔乘积。在 [0, 1] 区间上，可以定义无穷多种格蕴涵代数。在格蕴涵代数上可适当定义运算使其成为 MV 代数，反之亦然。

按常规方式可以定义格蕴涵代数的子代数以及格蕴涵代数之间的同态映射。

滤子是形式推演中 MP 规则在代数中的表现形式，对于研究非经典逻辑代数以及相应的逻辑系统具有重要意义。格蕴涵代数 l 的一个子集 J 称为它的一个滤子，如果 $I \in J$ 且 $x, x \to y \in J$ 时，有 $y \in J$。l 的滤子可以由 L 的子集生成。适当增加条件可以分别得到关联滤子、生成滤子、素滤子、超滤子、I－滤子、结合滤子、奇异滤子、对合滤子、固执滤子等。格蕴涵代数中的滤子与同余关系可以互相确定，从而借助滤子可产生格蕴涵代数的一种商结构。另外，关于滤子的模糊化方法、滤子的对偶结构（LI－理想、ILI－理想、WLI－理想）、格蕴涵代数构成的范畴以及格蕴涵代数与其他非经典逻辑代数的关系，也有许多研究成果。

二　基于格蕴涵代数的格值逻辑系统研究

基于格蕴涵代数的格值逻辑系统研究始于1993年。此后，徐扬等针对“两个层次”（被处理对象本身及对被处理对象处理的过程）、“两种类型”的不确定性（模糊性和不可比较性），分别建立了以格蕴涵代数为真值域的格值命题逻辑系统 LP（X）、格值一阶逻辑系统 LF（X），并在此基础上进一步建立了分层格值命题逻辑系统 L_{vpl}、分层格值一阶逻辑系统 L_{vfl}（实际上，L_{vpl} 和 L_{vfl} 都是一族逻辑系统，固定一组参量就固定了一个逻辑系统）。以上逻辑系统共同的特点是取公式集合上特定形式的L－模糊集作为形式推演的公理集，在一定水平上讨论形式推演，相应地，语义推导也按水平进行。对于以上逻辑系统，研究了它们的语义、语法结构及相关性质，刻画了系统的可靠性、完备性、相容性以及演绎定理等重要结论。以下以逻辑系统 L_{vpl} 为例，叙述主要的概念与结论。

L_{vpl} 中的公式由命题变元及常值公式经逻辑联结词产生，L_{vpl} 中所有公式的集合 F_p 以相应的逻辑联结为运算也构成格蕴涵代数（仍简记为 F_p）。赋值是 F_p 到一个格蕴涵代数 L 的同态映射。n元推演规则具有形式（r_n，t_n），其中 r_n 是 F_p 上的 n 元部分运算（即公式推演规则），t_n 是L上的n元真值运算（即真值传递函数）。记 r_n 的定义域为 $D_n(r_n)$，R_n 是所有n元推演规则组成集合的一个子集，$R = \bigcup_{n=0}^{+\infty} R_n$。记 F_p 上的 L 型模糊幂集为 $F_L(F_p)$。

定义1　设 X 为 $F_L(F_p)$ 中的任意元素，（r，t）为 R_n 中的一个n元推理规则，α为赋值域？中的任意元素：

（1）在 D_n（r）中，若 $X \circ r \supseteq \alpha \otimes (t \circ \prod^{n} X)$，则称 X 关于（r，t）是

α－Ⅰ型封闭的。

（2）在 D_n（r）中，若 $X^\circ r \supseteq t^\circ \overset{n}{\Pi}(\alpha \otimes X)$，则称 X 关于（r，t）是α－Ⅱ型封闭的。

若对 R 中的任意规则（r，t），X 关于（r，t）是α－Ⅰ（α－Ⅱ）型封闭的，则称 X 关于 R 是α－Ⅰ（α－Ⅱ）型封闭的。

定义 2 设 $T \subseteq F_L(F_p)$，α为赋值域 L 中的任意元素。若对 T 中的任意元素 T，T 关于 R 是α－i 型封闭的，则称 R 关于 T 是α－i 型可靠的，其中，i =Ⅰ，Ⅱ。

定义 3 设 X 为 $F_L(F_p)$ 中的任意元素，$T \subseteq F_L(F_p)$，p 为 F_p 中的一个公式，α，β，θ为赋值域 L 中的任意元素。

（1）定义 X 语义导出 p 的两种形式：

① $C_T^X(p) = \bigwedge_{T \in T}(\bigwedge_{q \in F_p}(X(q) \to T(q)) \to T(p))$，

② $C^{\beta,X}_{(C\varphi,R(\alpha-i))}(p) = \wedge \{(Y(p) \mid Y \supseteq \beta \otimes (C_T^{\varphi} \cup X)$，$Y$ 关于 R 是 $\alpha - i$ 型封闭的$\}$，i =Ⅰ，Ⅱ。

（2）若映射 P^{I}（P^{II}）：$(n) \to F_p \times L$（$(n) = \{1, 2, \cdots, n\}$）

$i \mapsto (p_i, \theta_i)$

满足下列条件：

① $(p_n, \theta_n) = (p, \theta)$

② $\theta_i = \beta \otimes C_T^{\varphi}(p_i)$ 或

③ $\theta_i = \beta \otimes X(p_i)$ 或

④ 存在 $i_1, \cdots, i_k \leqslant i$ 和 R_k 中的规则（r，t），使得：

$(p_i, \theta_i) = (r(p_{i_1}, \cdots, p_{i_k}), \alpha \otimes t(\theta_{i_1}, \cdots, \theta_{i_k}))$（$(p_i, \theta_i) = (r(p_{i_1}, \cdots, p_{i_k}), t(\alpha \otimes \theta_{i_1}, \cdots, \alpha \otimes \theta_{i_k}))$），则称 $(P^i, (n), X, (p, \theta) - (\alpha, \beta))$ 是从 X 到 p 的真值度为θ的一个 $(\alpha, \beta) - i$ 型证明，i =Ⅰ，Ⅱ。

定理 1（可靠性－完备性）若 R 中的真值运算满足有限半连续性，则对 F_p 中的任意公式 p 及 i =Ⅰ，Ⅱ，有：

$C_T^{\beta \otimes X}(p) = C^{\beta,X}_{(C\varphi,R(\alpha-i))}(p) = \vee \{\theta \mid$ 存在$(P^i, (n), X, (p, \theta) - (\alpha, \beta))\}$。

定理 1 说明了语义与语法的一致性。

定义 4 设 δ 为赋值域 L 中的任意元素，T 为 T 中的元素，p 为 F_p 中的一个公式。若 $T(p') = (T(p))'$，$X(p) \to T(p) \geqslant \delta$，则称 T 为 $\delta - i$ 型满足 X，此时也称 X 为 $\delta - i$ 型可满足的，i =Ⅰ，Ⅱ。

定义 5 设 t 为赋值域 L 中的任意元素。若：

$\vee\{C^{\beta,X}_{(C\varphi,\ R(\alpha-i))}(p)\otimes C^{\beta,X}_{(C\varphi,\ R(\alpha-i))}(p')\mid p\in F_p\}\leqslant\tau$，

则称 X 关于（α，β，T）是 t′ - i 型相容的，i =I，II。

定理2（相容性）若 X 为 δ - i 型可满足的，则 X 关于（α，β，T）是 $\delta\otimes\delta$ - i 型相容的，i =I，II。

定理3（演绎定理）设（r_2^0，t_2）为 R 中的一个推理规则，p，q 为 F_p 中的任意两个公式，σ，θ为赋值域 L 中的任意元素。

（1）若 i =I，$C_T^{\beta\otimes X}(p\to q)\geqslant\sigma$，则 $C_T^{\beta\otimes(X\cup\{\theta/p\})}(q)\geqslant\alpha\otimes t_2(\beta\otimes\theta,\sigma)$；

（2）若 i =II，$C_T^{\beta\otimes X}(p\to q)\geqslant\sigma$，则 $C_T^{\beta\otimes(X\cup\{\theta/p\})}(q)\geqslant t_2(\alpha\otimes\beta\otimes\theta,\alpha\otimes\sigma)$；

（3）若 $T_h\subseteq T_H$，则 $C_{T_h}^{\beta\otimes(X\cup\{\theta/p\})}(q)\leqslant C_{T_h}^{\beta\otimes X}(p\to q)$。

其中，r_2^0（p，$p\to q$）=q，T_H = {T | T 为 F_p 到 L 的一个同态映射}。

三　依据基于格蕴涵代数的格值逻辑系统的不确定性推理研究

依据基于格蕴涵代数的格值逻辑系统的不确定性推理是对基于经典逻辑系统的确定性推理的一种合理扩充。记 F_2 为经典逻辑中的合式公式集，T^* 为其赋值集。设 $X,Y\subseteq F_2$。经典逻辑中 $X\,||=Y$ 有下面的等价表示：

$X\,||=Y$ 当且仅当 $\bigwedge\limits_{T\in T^*}\{(\bigwedge\limits_{p\in F_2}(X(p)\to T(p)))\to T(q)\}\geqslant Y(q)$，

（1）

其中 → 是 Kleene 蕴涵。根据 L_{vpl} 中的记号，公式（1）表示 $C^X_{T^*}\supseteq Y$。下面针对“若…则…”型单输入单输出（SISO）不确定性推理模型：

规则：若 X，则 Y，

新信息：$\tilde{X}$

————————————　　（2）

结论：$\tilde{Y}$

简单介绍基于逻辑系统 L_{vpl} 的不确定性推理方法。和其他的不确定性推理方法一样，这种推理方法也有一定的适用范围。我们要求模型（2）在 L_{vpl} 中 (α,β,τ,T) - i 型正规（i =I，II），即存在 $\alpha,\beta,\tau\in L$，$T\subseteq F_L(F_P)$ 及推理规则集 R，使得：

（1）$X,Y,\tilde{X}$ 关于 (α,β,T) 是 τ' - i 型相容的；

（2）$C_T^X \supseteq \tau' \otimes Y$。

其中，第一个条件表示 $X, Y, \tilde{X}$ 在一定程度上是相容的，否则，即使使用正确的推理方法也可能得到不正确的推理结果；第二个条件表示 Y 在一定意义上可由 X 语义导出。模型（2）的推理结果由式子 $\tilde{Y} = C_T^{\beta \otimes \tilde{X}}$ 得出。推理结果主要由"→"和"T"决定。当我们选定一个赋值域 L 时蕴涵算子自然已确定，此时重要的是赋值集 T 的选择。此外推理结果与选择的 α, β, τ 也有关系。因为 L_{vpl} 是一族格值逻辑系统，选择一组 α, β, τ 与 T 以及赋值域 L 与推理规则集 R，也就选择了一个确定的格值逻辑系统，其推理也是在该格值逻辑系统上进行。如果该格值逻辑系统具有可靠性－完备性，则如上推理结果在该格值逻辑系统中既有合理的逻辑语义解释又有严密的逻辑语法论证。

依据基于格蕴涵代数的格值逻辑系统还得到了一些相关的理论研究成果，提出了多种不确定性推理方法，并将其应用于不确定性决策研究。

四　依据基于格蕴涵代数的格值逻辑系统的归结自动推理研究

基于格蕴涵代数的格值逻辑中的蕴涵联结词"→"是一类广泛的蕴涵，一般情况下不能用其他逻辑联结词表示，从而使得逻辑公式中的文字结构比较复杂。通常由常元、原子、原子的非，以及蕴涵联结词构成无法简化的特殊结构的逻辑公式——广义文字。这使得一般的逻辑公式至多能转换为广义文字构成的广义范式。

2000 年，徐扬等将经典逻辑中的归结原理拓广到基于格蕴涵代数的格值逻辑中，提出了 α－归结原理，利用 α－归结原理对格值逻辑中某一真值水平的不可满足广义子句集能够给出某一真值水平的反驳证明。以下以逻辑系统 $LP(X)$ 为例，叙述主要的概念与结论。

定义 6 设 F 为 $LP(X)$ 中的公式，如果删除 F 中的任何常量、文字或蕴涵项，得到的新的格值逻辑公式 F^* 都不与 F 等值，则称 F 为极简式，简记为 ESF；若 F 为 ESF，且 F 中除了 →,′ 之外不含有其他逻辑运算，称 F 为不可分极简式，简记为 $IESF$。设 F 为 $IESF$，若有 x，y 或 a（$\neq I$）使得 $F \geqslant x \to y$ 或 $F \geqslant a \to y$，则称 F 正则。这里，文字与经典逻辑中含义相同。

所有的常量、文字和 $IESF$ 统称为广义文字，广义文字的析取（合取）

称为广义子句（短语），有限个广义子句（短语）的合取（析取）称为广义合取（析取）范式。若广义合取（析取）范式中的所有非常元 *IESF* 是正则的，则称广义合取（析取）范式是正则的。

定义 7（α - 归结原理）设 G_1, G_2 为 $LP(X)$ 中具有如下形式的广义子句：

$G_1 = g_1 \vee \cdots \vee g_i \vee \cdots \vee g_m$，$G_2 = h_1 \vee \cdots \vee h_j \vee \cdots \vee h_n$，

若 $g_i \wedge h_j \leqslant \alpha$，则称 $G = g_1 \vee \cdots \vee g_{i-1} \vee g_{i+1} \vee \cdots \vee g_m \vee h_1 \vee \cdots \vee h_{j-1} \vee h_{j+1} \vee \cdots \vee h_n$ 为 G_1 和 G_2 的 α - 归结式，记为 $G = R_\alpha(G_1, G_2)$，g_i 和 h_j 称为 α - 归结对，记为 $(g_i, h_j) - \alpha$。

定义 8 设 $C_1, C_2, \cdots, C_n$ 广义子句，$S = C_1 \wedge C_2 \wedge \cdots \wedge C_n$（也记 $S = \{C_1, C_2, \cdots, C_n\}$）。称：

$\omega = \{D_1, D_2, \cdots, D_m\}$ 为从 S 到广义子句 D_m 的 α - 归结演绎，若：

（1）$D_i \in \{C_1, C_2, \cdots, C_n\}$，或者：

（2）存在 $j, k < i$，使得 $D_i = R_\alpha(C_j, C_k)$。

定理 4（可靠性定理）设 $C_1, C_2, \cdots, C_n$ 广义子句，$S = C_1 \wedge C_2 \wedge \cdots \wedge C_n$，$\alpha \in L$。若存在一个从 S 到 α - 空子句的 α - 归结演绎，则 $S \leqslant \alpha$。

定理 5（弱完备性定理）设 $C_1, C_2, \cdots, C_n$ 广义子句，$S = C_1 \wedge C_2 \wedge \cdots \wedge C_n$，$\alpha \in L$，$\vee_{a \in L}(a \wedge a') \leqslant \alpha < I$，$\alpha$ 是对偶分子。若存在 $\beta \in L$ 使得 $\beta \to (\beta \to \beta')$ ' α，且 $S \leqslant \alpha$，则存在一个从 S 到 α - 空子句的 α - 归结演绎。

自从依据基于格蕴涵代数的格值逻辑系统的 α - 归结原理提出以来，一些学者依据基于格蕴涵代数的格值逻辑系统，先后讨论了依据基于格蕴涵代数的格值逻辑系统 LF（X）的 α - 归结自动推理，滤子及关联滤子归结自动推理，基于 Petri 网推理模型的归结自动推理，基于路径搜索的归结自动推理，基于神经网络模型的归结自动推理，半正则广义子句集归结自动推理，只含有命题变元和一阶非半正则广义文字的子句集的归结自动推理，真值域为例 2 的格蕴涵代数和有限链格蕴涵代数的逻辑系统的归结自动推理等，特别地，对赋值域为语言真值格蕴涵代数的格值逻辑系统的语言真值归结自动推理进行了系统深入的研究，得到了依据基于格蕴涵代数的格值逻辑系统的各种归结自动推理理论、方法、算法和程序，并将其应用于规则库的相容性研究。

第六节　泛逻辑

一　泛逻辑产生的理论背景

标准逻辑（数理形式逻辑）奠定了计算机科学的理论基础，促进了人工智能学科的诞生，长期以来人们一直相信标准逻辑是人工智能的核心基础理论。20 世纪 80 年代中后期，在世界范围内爆发了人工智能的理论危机，其根本原因是当时在人工智能研究中占统治地位的符号智能学派发现，他们赖以生存的标准逻辑存在明显的局限性，只能解决理想世界中的确定问题。而人工智能应用必须面对各种各样的现实问题，无法回避各种不确定性和矛盾，有的还是一个发展变化的演化过程。人类在解决这些现实问题时，经常需要借助经验知识和常识，而标准逻辑不支持这种推理。危机过后出现了两个不同的发展方向：一部分人坚持使用逻辑，并针对各种不确定性或辩证矛盾提出了各种非标准逻辑；另一部分人则放弃逻辑，直接模仿自然智能机理提出了各种计算智能算法。

在这样的大背景下，西北工业大学计算机学院的何华灿（1996）根据以下理由提出泛逻辑概念：（1）根据他数十年从事计算机科学和人工智能研究的经验，认为逻辑学是描述信息内部结构和规范信息处理过程的核心基础理论，人工智能不能脱离逻辑学而独立发展。理论危机只是表明，由于数理形式逻辑不允许任何形式的不确定性和矛盾出现，它的约束条件太强，所以只能在理想世界中使用。而现实世界中处处充满不确定性、辩证矛盾、发展变化和演化过程，只有放宽数理形式逻辑中的各种约束条件，建立数理辩证逻辑，问题才能解决。（2）现有的各种非标准逻辑都是针对某类不确定性或辩证矛盾提出的，没有从建立数理辩证逻辑的全局高度考虑问题，相互之间的相容性很差。而人的大脑可以机动灵活地处理各种不确定性和辩证矛盾问题，不存在相容性问题。（3）他发现模糊逻辑、概率逻辑和 Lukasiewicz 逻辑的与或算子可以包容到一个连续变化的与或算子簇中，这表明不同的连续值逻辑可以平滑地过渡。于是何华灿在 1996 年提出了泛逻辑概念，2001 年出版专著《泛逻辑学原理》，在书中提出了“泛逻辑学研究纲要”和标准命题泛逻辑。随后何华灿又领导他的研究团队进一步建立了泛逻辑学的语构理论和推理理论［张小红（2003、2005、2008），罗敏霞（2005），薛占熬（2006），马盈仓（2006）］，完善区间逻辑［薛占熬（2006）］和概率逻辑［王万森、何华灿（2004）］，将真度的区间由［0，1］推广到［a，b］和［0，∞］［陈志成（2004），范艳峰等（2009，2010）］，并成功地将泛逻辑学应用于三值光计算机设计［金翊等（2003）］、专家系统［陈志成（2004）］、智能控制［陈丹等（2000），付利华（2005），刘丽（2007），毛明毅等（2009）］、粗糙集［祝峰等（2000），薛占熬等（2003）］、类比推理［谷晓巍等（2000）］、需求工程［王拥军等（2001）］、免疫计算［张剑（2005）］、空间分析［毛明毅（2006）］、多 Agent 系统［王澜等（2004），何汉明等（2004），何汉明（2005），王澜（2006）］和数据挖掘［周延泉（2000），贾澎涛（2008）］之中，建立了泛逻辑应用方法学［陈志成（2004）］。2007 年提出包括形式逻辑和辩证逻辑在内的泛逻辑学是信息时代的核心基础理论［何华灿，马盈仓（2008）］，2009 年又进一步提出了能够包容命题逻辑层面中全部 4 种不确定性的连续值逻辑代数，完整地给出了它的 7 种命题连接词运算模型完整簇［贾澎涛（2008），何华灿（2010）］。

二　泛逻辑学研究纲要和主要成果

泛逻辑学是研究逻辑学一般规律的科学，它包括刚性逻辑（即数理形式逻辑）和柔性逻辑（即数理辩证逻辑）两部分。前者已经发展成熟，是一个完整的理论体系；后者正在形成过程中。何华灿等对于建立柔性逻辑学提出了以下原则和路线：

一个核心目标，任何一个柔性逻辑应该能够在排斥逻辑矛盾的同时，不同程度地包容某个（些）辩证矛盾（或不确定性）。与刚性逻辑只能有一个等价的系统不同，柔性逻辑将有无穷多个不等价的系统，不同的柔性逻辑包容的辩证矛盾（或不确定性）不同。

二条基本路线，包容辩证矛盾（或不确定性）的方法一般有两条：首先，通过时空定位把逻辑的适应范围缩小到能够正好包容这个辩证矛盾（或不确定性）的子空间；然后，通过在逻辑运算模型中引入连续可变的柔性参数和调整函数（即调整机制）来表示该辩证矛盾（或不确定性）带来的全部影响（包括影响的范围和方式）。

三个突破方向，相对于刚性逻辑的各种约束条件来说，各种柔性逻辑的约束条件有三个不同的突破方向：命题真值的数量；真值空间的维数；推理所需信息的完全性。一个柔性逻辑可同时具有一个或者多个突破方向。

四大逻辑要素，要构造一个逻辑系统必须有四大逻辑学要素，它们是：论域、命题连接词、量词和推理模式。

何华灿等经过长期的研究，他们得出了如下结论：

（1）不确定性与辩证矛盾密切相关

不确定性可能由于多种原因引起，如随机性，模糊性，二重性，已知信息不完全，事物本身的发展变化，干扰和虚假信息等。但要全面把握一种不确定性对逻辑运算的影响范围和变化规律，必须分析蕴涵在其中的辩证矛盾。人们一般只注意到事物的不确定性，而忽视引起和制约事物不确定性的内在矛盾，其实不确定性只是事物本身具有的辩证矛盾的外在表现，辩证矛盾才是引起事物不确定性的内在原因，我们把这两者紧密结合起来统一研究，才取得了这些有用的成果。

（2）连续值逻辑可以在排除逻辑矛盾的同时包容各种辩证矛盾

我们应该严格区分两类不同的矛盾：逻辑矛盾和辩证矛盾。逻辑矛盾是应该在理论系统中排除的理论缺陷，如果容忍它的存在，这个理论系统就会面临崩溃的危险，形成所谓的理论危机。在科学发展史上，由于逻辑矛盾引起的理论危机频频出现，这并不都是坏事。因为在一个理论系统内部出现的逻辑矛盾，它往往揭露的是系统的理论缺陷，解决它可以推动该理论系统的完善；如果在一个理论系统外部出现了逻辑矛盾，它暴露的是这个理论的应用局限性，解决它往往可以推动该理论系统向更高级的阶段发展。而辩证矛盾则不同，它通常是现实问题中不可忽略的重要因素，是事物发展变化的内在原因和动力。

标准逻辑不允许一切形式的矛盾和不确定性存在，它在排斥逻辑矛盾的同时把辩证矛盾一起排斥掉了，所以只能在确定的真/假分明的理想世界中使用。现实世界中普遍存在着辩证矛盾和不确定性，不妥善解决这个问题，逻辑学无法面对现实问题。所以非标准逻辑不能简单地将辩证矛盾排斥在外，而应该正面研究辩证矛盾的有关规律，并利用这些规律使事物向着有利的方向发展。这就是说，非标准逻辑应该能够在排除逻辑矛盾的同时包容各种辩证矛盾，本书成功地在连续值逻辑代数中包容了 4 种辩证矛盾，它们是影响连续值命题逻辑运算模型的最基本的不确定性因素，目前尚未发现第 5 种这样的因素。已知的其他不确定性因素，如论域特性的不均匀性、信息的不完整性和动态性，应该在命题逻辑运算模型之外寻求解决方法。

（3）不确定性的存在使连续值逻辑变成了一个逻辑谱

不确定因素的引入，使由一组逻辑算子组成一个逻辑系统的传统概念发生了改变，一个逻辑系统可由无穷多组逻辑算子组成算子簇，形成一个逻辑谱，在不同的条件下应该使用不同的逻辑算子组。现在的做法是在谱中选择一组逻辑算子来组成一个连续值逻辑，这是错误的，必然带来片面性。

在逻辑谱 $SL(h)$、$SL(k, h)$、$SL(h, \beta)$ 和 $SL(k, h, \beta)$ 的基础上，向上可以利用升维规则得到 n－维连续值逻辑。向下可以利用降值规则得到三值逻辑和二值逻辑。

（4）逻辑的信息本质和健全性

人们早已发现在许多非标准逻辑中，标准逻辑的一些重要性质没有了，尽管它仍然具有“可靠性”和“完备性”，但它的逻辑推理失去了“可信性”（我们暂时称可信的逻辑系统为健全的逻辑系统）。例如乘积（概率）逻辑没有幂等律，这意味着其中任何一个命题（如 $p=0.9$）都只能在推理过程中使用一次，如果使用 2 次，就变成了 $P(p\wedge p)=0.9\times0.9=0.81$，使用 10 次，就变成了 $P(p\wedge p\wedge\cdots p)=0.9^{10}=0.35$。一个十分可信的证据，仅仅是因为被反复引用而变得十分不可信；又如模糊逻辑，一方面按照 Zadeh 在隶属度图上的定义，$\sim p=1-p$，说明在 $\sim p$ 和 p 之间，既没有空隙，又没有重叠，包含了全部的可能性。但是按照与、或的定义，它们又不能满足矛盾律和排中律，$P(p\wedge\sim p)=\min(0.9, 0.1)=0.1\neq0$，$P(p\vee\sim q)=\max(0.9, 0.1)=0.9\neq1$。这表明如果 $\sim p$ 和 p 在一个推理过程中先后都被利用了，则会引起额外的信息误差。许多逻辑学家没有从推理过程中的信息保值角度（它与二值逻辑中的命题保真不完全相同）考察这个问题，而是首先承认它是正确的，然后用各种方法去说明它的合理性。我们关于逻辑谱的研究发现揭开了这个秘密：原来除了二值逻辑外，三值以上的逻辑都要受到广义相关系数 h 的影响，幂等律、矛盾律和排中律等都不是无条件成立的，它们仅仅在特殊的 h 下才能成立。

（5）连续值逻辑代数是建立数理辩证逻辑的重要基础

建立柔性逻辑（数理辩证逻辑）有两个主要的途径：一是在二值逻辑的基础上，借用次协调逻辑（para－consistent logic）的思想研究和建立可以包容和处理多对二值矛盾命题 A/~A；B/~B；C/~C；……的超协调逻辑

(super - consistent logic)。即在二值逻辑的基础上，增加论域的不确定性或可变性；另外一个途径是在连续值逻辑代数的基础上建立可以包容和处理各种辩证矛盾的连续值逻辑，所以连续值逻辑代数是建立数理辩证逻辑的重要基础之一。

第七节　其他哲学逻辑

一　弗协调逻辑

弗协调逻辑的英文名称是 Paraconsistent Logic，国内有人翻译为弗协调逻辑、超协调逻辑、次协调逻辑、亚相容逻辑，等等，为了不引起混乱，我们统一使用弗协调逻辑。

形式地说，一个理论 Σ 是不协调的，当且仅当该理论至少包含一对相互否定的命题 α 和 $\neg\alpha$；假设 $\vdash_{LS}$ 是一个逻辑系统 LS 的逻辑后承关系，称 $\vdash_{LS}$ 是爆炸性的，当且仅当对于任一不协调理论 Σ 和任一公式 β，有 $\Sigma\vdash_{LS}\beta$；称 LS 是一个弗协调逻辑系统，当且仅当其逻辑后承关系 $\vdash_{LS}$ 不是爆炸性的。

弗协调逻辑的基本思想是将矛盾圈禁起来，限制其作用范围，不让其扩散。在技术上一般采取的就是取消不矛盾律的普遍有效性，亦即在弗协调逻辑系统中，不矛盾律 $\neg(\alpha\wedge\neg\alpha)$ 不再是有效式，因而司各脱法则 $(\alpha\wedge\neg\alpha)\rightarrow\beta$ 也不是有效式。

我国有众多学者从事弗协调逻辑研究，所取得的成果也比较丰富。早在 20 世纪上半叶我国学者沈有鼎就曾经设想建立“使矛盾局部化”的弗协调逻辑系统[①]。张清宇从 20 世纪 80 年代开始就从事弗协调逻辑的研究工作，取得了一系列的研究成果。他在深入剖析了 da Costa 的弗协调逻辑系统的基础上，构建了弗协调条件句逻辑系统 PIW、C_nW、弗协调模态命题逻辑 C_nG'、极小的弗协调 G'、H 时态逻辑、弗协调逻辑系统 Z_n 和 Z_nUS、极小的弗协调 U、S 时态命题逻辑等一些弗协调逻辑系统，拓展了弗协调逻辑的研究方向、丰富了弗协调逻辑的理论系统，促进了我国的弗协调逻辑研究。

林作铨、李未（1994）将弗协调逻辑分成三类，剖析了三类传统的弗

① 王浩：《数理逻辑通俗讲话》，科学出版社 1981 年版，第 158 页。

协调逻辑的基本结果，各自的优缺点、存在的问题以及相互关系。他们给出一个弗协调逻辑的新定义，并给出在应用研究中提出的三类有代表性的新弗协调逻辑。林作铨（1995）通过应用限制到一个弗协调逻辑给出了一种弗协调限制，并给出了一阶弗协调限制逻辑的定义，证明了它与悖论逻辑和限制逻辑的关系。林作铨、李未（1995）给出了一种优先语义作为弗协调性的模型论基础，并给出一种表演算系统作为弗协调性的证明论基础。这种优先语义和表演算系统，不仅可以包括各种弗协调逻辑，而且能够导出新的弗协调逻辑。他们分析了弗协调逻辑与非单调逻辑的关系，并提出非单调弗协调逻辑作为一种新的逻辑研究及其在形式化常识推理中的重要意义。并且讨论了弗协调逻辑的应用，特别是非单调弗协调逻辑在计算机科学与人工智能中的应用问题。林作铨、李未（1996）提出了一种可靠与完全的表演算作为弗协调逻辑 *LP* 与极小悖论逻辑 LP_m的证明论。

桂起权、陈自立、朱福喜（2002）合作出版的《次协调逻辑与人工智能》是我国弗协调逻辑研究的又一座丰碑。该书共分为三篇，第一编系统阐述了弗协调逻辑的基本原理，包括历史背景、现实原型、弗协调逻辑命题演算，谓词演算、道义演算以及在集合论与辩证逻辑中的初步应用，等等；第二编构造了一系列创新的弗协调公理系统。其中有弗协调相干逻辑 RC 系统、弗协调直觉主义逻辑、弗协调相干模糊逻辑 RFZ 系统、弗协调非单调逻辑以及辩证逻辑等逻辑系统；第三编研究弗协调逻辑在计算机人工智能方面的应用，主要研究了弗协调逻辑在不协调知识库中的应用以及弗协调逻辑自动定理证明的理论与实现。

弗协调逻辑开创者科斯塔在 da Costa（1974）建立了一系列弗协调逻辑系统 C_n（$1 \leqslant n \leqslant \omega$），其中 $C_{\omega w}$为最小。$C_{\omega w}$是以直觉主义命题逻辑的正部分加上排中律和双重否定律得到的；D. Batens（1980）以经典命题逻辑的正部分加上排中律得到了弱的弗协调逻辑 *CLuN*，并以此为基础扩张得到了两个逻辑系统，它们都介于 *CLuN* 和经典逻辑之间。经典命题逻辑的正部分与直觉主义逻辑的正部分相比多了皮尔士律。余俊伟（2006）给出了一个比上述二者更弱的系统，它是在直觉主义命题逻辑的正部分基础上仅加上排中律而得到，相比 $C_{\omega w}$和 *CLuN*，它的推理能力是最弱的。这也说明还有比已知两种否定更弱的否定。余俊伟（2006）给出了一种克里普克语义解释，定义了框架有效的概念，并证明了所给的逻辑系统相对于这种有效性既是可靠的也是完全的。

da Costa and E. H. Alves（1977）指出，弗协调逻辑系列 C_n 是可判定的。余俊伟（2008）指出其中存在的漏洞。根据 Urbas（1989），在 C_1 中，模式（$B \wedge \neg B$）↔（$\neg B \wedge B$）不可导出，即（$\neg B \wedge B$）与（$B \wedge \neg B$）并不等值。然而，根据拟真值表方法，（$\neg B \wedge B$）与（$B \wedge \neg B$）将取相同的值。这就说明，上面所述的拟真值表判定法是有问题的。余俊伟（2008）给出了上述判定方法的一种修正方案。

弗协调认知逻辑是认知逻辑研究中的一个重要课题。经典认知逻辑的认知公理由 Kp 推出 p，即凡是人们所知道的都是真理，和常识不吻合，G. N. Schlesinger（1985）等人对之持怀疑态度。经典认知逻辑还存在着认知悖论、逻辑全能等问题。这些问题的存在都说明了经典认知逻辑的逻辑基础与认知活动的矛盾本性之间存在着整体不一致性。针对这些问题，杨武金、闫景强（2008），在科斯塔弗协调逻辑 Cn 系统的基础上，建构了一个弗协调认知逻辑系统 $CnTm$，证明了该系统的一致性和完全性，该系统能够较好地解决经典认知逻辑中存在的上述问题。

杜国平（2007、2008）对解决司各脱问题的各种可能方案进行了系统的考察，特别是对 da Costa 的弗协调逻辑方案进行了细致的分析，杜国平（2007c）指出 da Costa 的弗协调逻辑系统中的命题 A 与其否定 $\neg A$ 之间是下反对关系。为了解决包含矛盾信息的不协调系统的推理问题，杜国平等提出了几种不同的处理方案。

杜国平等（2006）尝试通过转换的方法来解决相互不协调信息之间的推理问题。证明了存在三种策略，可以将相互不协调的信息转换为相关的相互协调的信息；并进一步证明，存在三种策略，可以将相互不协调的信息转换为相关的具有逻辑后承关系的信息。

杜国平（2009b）认为构成不协调信息系统的关键因素是其中包含相互否定的信息。他通过分析指出，至少有三种不同的否定，即矛盾关系的否定、反对关系的否定和下反对关系的否定。在上述分析的基础上，杜国平等（2007）建立了对当关系逻辑系统。在该系统中，可以对上述三种否定的不同逻辑性质进行描述。特别是在该系统中，对于下反对关系的否定，司各脱法则不成立，因此可以认为对当关系逻辑是一种新的弗协调逻辑，并且是一种比 da Costa 的系统更加一般的弗协调逻辑。

对于不协调信息系统中包含的相互否定信息是矛盾关系的情况，杜国平（2007、2008、2009）提出了一种新的策略。即提出了一种更加符合直觉的DR蕴涵关系，这种蕴涵关系考虑两个因素：一是当前件假后件真时，如果前后件相关，则该蕴涵关系成立；二是一个蕴涵关系成立，首先预设其前件是真的。称符合这两个条件的蕴涵为DR蕴涵。基于这种蕴涵，作者首先建立了DR蕴涵命题逻辑系统。在该系统中，对于矛盾关系的否定，司各脱法则不成立，因此DR蕴涵命题逻辑也是一种新的弗协调逻辑。然后，他将该系统进行了扩充，进一步建立了DR蕴涵模态命题逻辑系统、DR蕴涵时态命题逻辑系统、DR蕴涵直觉主义命题逻辑系统和DR蕴涵谓词逻辑系统，建立了一个新的弗协调逻辑理论系统。由于相互之间是反对关系的一对否定信息可以推演出相互矛盾的信息，因此DR蕴涵逻辑系统也可以用来处理包含一对反对关系否定信息的不协调系统。

杜国平（2009b）还讨论了弗协调逻辑在计算机科学和人工智能中的应用情况。通过比较可以看出，他所建立的对当关系逻辑系统和DR蕴涵逻辑系统比弗协调逻辑系统da Costa的能更加准确地表达不协调信息，更适合作为不协调知识库的逻辑推理工具。

弗协调逻辑是一种哲学逻辑，它同时又属于非经典逻辑的一个分支。它是一种不能“从矛盾推出一切”的哲学逻辑。经典逻辑虽然可以用于研究协调的理论，但不适用于研究不协调但又足道的弗协调理论。建立在经典逻辑之上的广义的模态逻辑，也一样不适用于处理与之相应的弗协调的理论。属于广义模态的认知逻辑最开始是使用类模态的方法来研究认知命题的，它为我们刻画了人类认知世界的基本思维形式。然而，在人类的知识和信念领域，由于知识的深度和广度以及理解的方式与方法等方面的原因，不协调因素的存在几乎就是不可避免的。为把弗协调逻辑的特性延伸给认知逻辑，郝旭东（2009）在中国社科院张清宇先生的弗协调模态逻辑C_nG'的大框架下，建立起了一系列基本的弗协调单主体认知逻辑系统C_nEK、C_nED、C_nET、C_nE4、C_nE4G，以及弗协调多主体认知逻辑系统，并且证明了它们的可靠性和完全性，从而使得静态的认知逻辑也具有弗协调逻辑可以处理“不协调且足道”问题的特性。另外，郝旭东（2009）还将弗协调逻辑和弗协调认知逻辑放在与知识库容错推理、逻辑悖论的弗协调解决方案以及辩证思维的思维形式相联系的层面上，对弗协调的技术措施做了较为深入的逻辑哲学探讨。

二　辩证逻辑

辩证逻辑研究在我国曾经蔚为大观，特别是作为一种非形式的逻辑讨论尤其广泛。关于辩证逻辑的哲学研究和非形式讨论请参考本书其他相关章节，本节主要概述我国辩证逻辑形式化方面的主要成果。

我国的辩证逻辑形式化研究肇始于20世纪80年代，主要可以分为两类，一类是基于经典逻辑的辩证逻辑形式系统（一般称为强辩证逻辑系统），一类是基于非经典逻辑（主要是弗协调逻辑）的辩证逻辑形式系统（一般称为弱辩证逻辑系统）。

赵总宽长期从事辩证逻辑的形式化研究工作，他先后构建了一系列强辩证逻辑形式系统：辩证命题自然推理系统DPNR、辩证谓词自然推理系统DQNR、辩证命题形式公理系统DPA、辩证谓词形式公理系统DQA、辩证模态命题逻辑系统DMT以及辩证道义模态命题逻辑系统DDMT等。他给出了这些系统相应的形式语言、公理模式、推理规则以及语义解释，并证明了这些系统的可靠性、完全性等［参见赵总宽（1995）等］。

陈自立、桂起权（1995）从非经典逻辑的视角研究矛盾和辩证法，构建了弱辩证逻辑形式系统DLA及DLB。这是建立在次协调逻辑（句法上能容忍不平庸的矛盾）、相干逻辑（不允许从前件得出不相干的后件）、模糊逻辑（不承认A与非A之间总是有绝对分明的界限）三者相结合基础上的辩证逻辑。DLA是连续统［0，1］上的逻辑，在该系统中，他们希望能够描述辩证法对立统一规律、量变质变规律和否定之否定规律以及“亦此亦彼”、中介过渡和存在两极等特征。这两个系统在他们随后的研究中得到进一步的完善和发展。

罗翊重（1998）对我国传统辩证思想进行了深入的研究，在此基础上构建了独具特色的辩证逻辑形式系统——非反演算系统。罗翊重（2006）认为形式逻辑是关于断定的逻辑，辩证逻辑是关于描述的逻辑。他通过对性质判断的非反否定演算，将形式逻辑的断定否定演算，辩证逻辑的描述否定演算，认知模态逻辑的真假断定否定演算与规范模态逻辑的对错断定否定演算及其相互间的辩证否定演算，都归结为非和反的哲学否定演算。从而将四种相对独立的逻辑演算分支通过哲学的非反演算而内在地统一起来。罗翊重（2008）基于形式逻辑的“相同者必存在互蕴公理”和辩证逻辑的“相反者必存在互蕴公理”及其逻辑否定，从哲学对象论的所指

"正者或反者"、"正者与反者"、断言"存在或非在"、"存在与非在"这四者的异质合取关系中，得出了涉及两种逻辑关系的断言矛盾方阵。进而分析出此方阵中两种逻辑的多重对立析取关系与统一合取关系，从而证明了此两种逻辑是相互蕴涵的。罗翊重（2009）用中华传统8大阴阳矛盾范畴分析数学中的开闭区间，得出相同、相似、相异、相反这4大逻辑推理基础类型间存在着三极对立统一的组成关系，进而提出涉及此组成关系的逻辑推理基础类型的互蕴公理及其描述内涵的反演算和逻辑外延的非演算。由此说明：只有将对逻辑词的外延否定演算和对描述词的内涵否定演算对称互补起来，才可能形成一个较为完善的现代数理逻辑关于能指否定和断定否定相互结合的逻辑演算体系。罗翊重（2010）用事实验证了逻辑推理4大基础类型的互蕴公理，进而说明此4大公理之内涵与外延间的同构性与异构性的相互转换关系。

柳昌清（1991）构建了辩证命题逻辑公理系统STA、辩证模态命题逻辑公理系统STB等。张金成（1992）区分了真值否定词¬和辩证否定词Z，构建了辩证命题逻辑形式系统Z。周北海（1996）基于辩证命题既非永真式，又非永假式的基本原则，构建了辩证命题逻辑形式系统FD，这是一个经典逻辑的扩充系统。

三　信念偏好逻辑

近年来，理性的主体性成为一个重要的研究课题，涌现出许多新的逻辑理论对理性行为主体的各个方面以及主体之间的互动进行建模，具有代表性的最新著作有van Ditmarsch, van der Hoek and Kooi（2008），Grune-Yanoff and Hansson（2009）和van Benthem（2010）等。本节主要介绍近年来清华大学刘奋荣博士及其合作者们在这个领域的课题研究中所做的一些贡献。

（一）关于偏好与偏好变化的研究

偏好是哲学、博弈论、决策论和效益理论等学科的核心概念，偏好及其逻辑性质在行为哲学和理性选择理论中尤其占有十分重要的地位。先前的大多数逻辑理论只是对相关情境中的"信息"进行描述，探讨如何能从中获得更多的东西。可是，除了这个基本现象外，无论主体做什么事情都有一定的目标，这些目标依赖于主体对相关情境的"评价"。信息和评价是理性主体性的两个主要的驱动力。关于评价性命题的研究就形成偏好逻辑。对偏好一般原则的探讨可以追溯到亚里士多德［参见张家龙(2008)］。20世纪早期有不少哲学家开始利用逻辑的工具研究偏好，偏好逻辑的几个完全的逻辑系统是由哈尔登（Hallden）和冯莱特（von Wright）最初提出来的。［技术细节和理论探索参见 Hallden（1957）和 von Wright(1963)］。之后，偏好逻辑得到了长足的发展，并被广泛应用在经济学和计算机科学中，汉森（Hansson）在《哲学逻辑手册》［Gabbay and Guenthner(2001)］的“偏好逻辑”一章中对2001年之前的偏好逻辑研究做了全面的综述。遗憾的是，关于偏好的变化、偏好产生的原因、偏好与信念的关系等问题，现存的研究相对匮乏。

van Benthem and Liu（2007）主要采用经典的模态方法，对由于新信息的出现而发生的偏好变化进行建模。文章利用近年来发展起来的动态认知逻辑的模型，先给出模态的偏好逻辑，其中，偏好是可能世界上的一个序关系。引起偏好变化的信息在逻辑中被刻画成动态的逻辑事件。文章通过增加改变偏好的动态行为算子，把静态的偏好逻辑扩展成动态偏好逻辑。此外，文章还给出包含动态算子的归约公理，从而证明了动态偏好系统的完全性。

de Jongh and Liu（2009）着重研究基于对象的偏好。这一工作采用一阶语言的一个片段来表述，首先给出了对象性质的优先序列，在此基础上定义个体之间的偏好。文章给出了在不完全的信息状况如何获得偏好的方法。其主要思想是，在基本的偏好逻辑中引入信念，从而，我们关于个体对象是否具有某种性质的信念最终决定我们的偏好。因此，偏好的改变或者是由于优先序列的变化所引起，或者是由于信念的修正所发生。文章给出了对应这两种偏好变化的动态偏好逻辑模型。

研究偏好变化的另一种方法是所谓的AGM方法［参见 Hansson(1995)］，这种方法给偏好改变提出一些公设，证明偏好的改变一定遵循这样一些公设。无论是AGM的方法还是上面提到的两种研究偏好的模型，都是采用定性的视角。与此相反，Liu（2009b）采取量化的视角来研究偏好，利用偏好赋值函数给出偏好的量化语义。文章给出一个包括命题常元的新语言。这个语言既简练又富于表达力。基于这样的量化语义，处理偏好变化的方法就与以往的方法有所不同。根据经典的乘积更新的机制，文章提出了新的加法规则和一个参数化规则，来刻画偏好赋值的细微变化之处。同时，文章还给出一个动态认知赋值逻辑，并证明其完全性。此外，文章还考虑道义逻辑最近的一些研究成果，表明本文给出的模型同样适用于道义的情境。特别是，这个新的模型能够解决困扰人们已久的义务冲突问题。

刘奋荣（2010a）是对 de Jongh and Liu（2009）工作的扩展，文章的主要技术贡献在于以下几个方面：第一，把论文 de Jongh and Liu（2009）中基于个体对象的偏好模型推广到基于情形（即命题）的偏好，并给出了新的命题偏好逻辑，证明了其完全性定理。第二，在不完全信息条件下，本文提出了新的信念偏好逻辑 BP，并证明了完全性定理。此外，文章还证明了适合以上两种逻辑的“表示定理”。而且，文章还从量化的角度进一步研究偏好的形成过程，给出了新的带量化属性的偏好概念，以及基于这个偏好概念的完全的逻辑系统 $BP^{\forall\exists}$。

以上的工作主要研究单个主体的偏好及其偏好的变化。然而，主体总是生活在一定的社会中。在多主体的情境中，主体的偏好呈现出更为有趣的现象：两个主体可能会有相同的偏好，也可能有完全不同的偏好。尤其是，为了完成某个共同的目标多个主体需要相互合作，而有时为了得到不同的结果主体之间要展开激烈的竞争。刘奋荣（2010b）则把视角从单主体转向多主体的情形，重点研究在多主体情景下的一些相关问题。文章引入基于个体对象的单主体的信念偏好逻辑，然后把这个逻辑扩展到多主体的情形，给出多主体的信念偏好逻辑，证明了其完全性，并提出了在新情况下的表示定理。文章还重点研究了两种具体情境：相互合作的主体和相互竞争的主体，表明基于优先序列的偏好概念可以刻画多主体互动的主要特征。

Liu（2010a）则是对偏好结构的本身进行研究，从技术和哲学的层面阐明偏好的概念应该从两个层次上进行理解，即，介于可能世界上的更好关系和介于命题之间的优选关系。文章表明，对应这两个层次都存在有十分重要的逻辑结构。而且，文章还证明，这两个层次之间的关系十分密切，但是却并不能简单地互相规约。文章的主要结果都是技术性，它们可以看做是对动态偏好逻辑现有工作的一种扩展和进一步阐释。

（二）道义逻辑与偏好

道义逻辑是与偏好逻辑密切相关的另外一个重要的哲学逻辑分支。道义逻辑产生于 1950 年代，到现在已经有了长足的发展。道义逻辑是研究理性主体性的一个重要工具，它在计算机领域的多主体系统设计中有着广泛的应用［参见国际会议 DEON（Internationl Conference on Deontic Logic in Computer Science）及其相关的出版物］。道义逻辑集中研究行为规范的问题，常常用语义上的序关系进行解释，因此，从道义逻辑产生之日起就与偏好逻辑有着非常紧密的联系。Van Benthem, Grossi, and Liu（2010）利用新近发展起来的偏好逻辑的技术成果重新研究道义逻辑中的一些问题，把道义逻辑看做是从状态之上更好关系和性质之上的优先序共同产生的结果。文章分析了传统道义逻辑中的一些悖论，利用新的逻辑框架给出了新的令人满意的解释。而且，还讨论了规范变化的机制，把它看做是一种更好关系的变化，并给出了完全的逻辑

（三）信念修正和主体的多样性

信念修正理论是一个从 1980 年代兴起的一个领域［参见 Alchourrón, Gardenfors, and Makinson（1985）］，主要关注主体在接受新信息的情况下如何修正已有的信念理论。然而，长期以来，有一个现象被忽视，即，不同的主体在面对同样的信息时也许会采取不同的修正策略。Liu（2004）针对这个现象进行逻辑研究。文章引入参数、提出了一个新的信念更新模式，以此来刻画五种较为典型的主体的信念修正策略。Van Benthem and Liu（2004）则是从主体的记忆力的角度研究不同主体在博弈中的行为表现。文章给出了具有完美记忆力的主体和健忘型主体的不同的信息更新方式，并证明了相应的刻画定理。而且，文章还探讨了在博弈中主体如何利用对方的弱点而制定策略、赢得博弈。Liu（2009a）则是对主体多样性的一个更为一般的逻辑研究。文章系统地讨论了主体多样性的不同方面，譬如，反思能力、观察能力、记忆力和信念修正策略，表明如何把这些方面融入动态认知逻辑的形式模型中。文章还重点研究了在交流和学习的具体过程中不同主体之间的互动，给出了处理这种现象的逻辑方法。

（四）逻辑和博弈

研究博弈中理性主体的行为及其特点就产生了所谓的博弈逻辑［参见 Parick（1985）, van Benthem（1999－2003）］。现有的博弈逻辑模型一般都是针对序列（sequential）博弈，即，主体按照一定的次序选择自己的策略。另一方面，博弈逻辑没有对共时性（concurrent）博弈（例如，石头剪刀布的博弈）进行深入的研究。van Benthem , Ghosh and Liu（2008）融合了关于博弈的动态逻辑和关于共时性的模态逻辑［Goldblatt（1992）］，建立了新的共时动态博弈逻辑。这个逻辑可以描述主体平行玩博弈的情形。文

章主要给出了这个逻辑的公理化系统，并证明了它的完全性，还表明其可判定性。此外，文章还研究了这个逻辑的一些代数刻画，以及这个逻辑与一阶逻辑的 IF（Independence - friendly ）赋值博弈之间的联系。

（五）逻辑、分析哲学与方法论

Liu（2010b）则是在分析哲学的传统背景下对偏好及其研究所作的一种哲学反思。文章从冯莱特关于内在偏好和外在偏好的概念区分开始，阐明如何通过形式化的分析方法为这两种不同的偏好概念提供逻辑模型，并且在形式模型中进一步探讨偏好的性质。这表明形式化研究如何有助于我们理解哲学概念的含义。文章还探讨了偏好与其他概念，例如，知识、信念等的一些密切联系，旨在表明现存逻辑的形式工具可以用来理解更多的哲学探讨。

上面提到的大部分结果都是在动态认知逻辑（DEL）的框架下研究的，而 DEL 也成为研究理性主体性的一个主要工具。刘奋荣（2010c）主要探讨 DEL 技术结果背后的思想，强调其在方法论方面的一般想法。文章在公开宣告逻辑的基础上展开讨论，重点考察了归约公理的意义，揭示了其本质是在基本语言中提前解析动态信息对认知产生的影响。以公共知识为例文章说明了并非对所有的逻辑算子都能找到归约公理，有时候我们需要丰富基本语言的表达力。而且，文章从如何给出一个逻辑的角度提出动态认知逻辑实际上是在“动态化”认知逻辑，特别的，文章以动态偏好逻辑为例说明这种动态化的方法如何可以应用在其他静态的逻辑系统中。

四 人工智能逻辑

（一）基础理论

马希文（1985）从人工智能的视角对限制逻辑、主观模态逻辑、行动逻辑、内涵逻辑、人工智能与逻辑等问题进行了介绍和分析。他认为：数字计算机的发明基于对计算的深入研究，而后者并未跳出一阶逻辑的领域。对于各种新的逻辑系统的研究，总有一天会导致计算的新概念，只有那时，新型的智能机器才会出现。

黄华新和项后军（2001）在简要回顾人工智能历史发展的基础上，对相关的哲学问题作了多角度、多层次的讨论。他们认为，人工智能哲学反思从更深层次上看就是人类的一切心智活动能否最终归结为逻辑计算并被“计算”两字所概括。

通常的逻辑只涉及静态否定的概念，李小五（2008a）建立了几类动态系统来刻画动态否定的概念，通过引入相应的语义，证明了这些系统的可靠性和完全性。

（二）非单调推理

非单调推理是AI研究中的一个重要课题。林作铨（1994）给出一种三值非单调逻辑形式，它一方面可推广标准非单调逻辑到三值情形，另一方面它能捕捉各种非单调逻辑作为特殊形式，特别是，他证明了三值非单调逻辑与模态非单调逻辑具有密切的关系。林作铨（1996）基于一种关于典型与例外的经验模态语义提出一个模态非单调逻辑，给出它的语义和语形，证明了完全性定理以及它与主要非单调逻辑的关系定理。

Reiter（1980）的缺省逻辑是一种重要的非单调推理系统。由于其表达简单、直观，因而受到许多学者的关注。然而，Reiter的缺省逻辑存在着某些不足，例如某些缺省理论没有扩充、没有累积性，有时还可能推出一些不太直观的结果以及多扩充等问题。刘瑞胜等（1996）提出了改进缺省逻辑的方法，并通过在推理过程中加入约束解决了多扩充问题。在其改进的缺省逻辑中，扩充存在性、半单调性和累积性都成立。

蔡曙山（2000）描述了计算机语言作为语用语言的逻辑特征，包括对计算机语言的语法分析和语义分析。他通过研究如何在prolog语言中使用IL分析方法表明了语用逻辑在人工智能中的应用。

廖备水、黄华新、高济（2008）以自治计算的研究为背景，利用可废止逻辑理论的非单调知识表征和推理机制，提出一种能够动态接受规则变更、灵活处理实时发生的规则冲突，并进行高效的非单调推理的柔性Agent模型。这种Agent既是自主的，又是可控的，而且可以在开放、动态的环境中通过合同与其他Agent进行协同工作。

（三）信念修正

随着世界的变化，新信息会不断冲击主体原有的信念系统。为了接受新信息，理性主体有时需要调整原有的信念集。研究主体信念修正过程和规律是有趣且有意义的。经典的信念修正理论AGM（1985）传统系统研究了客观信念信息的修正，具体的信息变化过程又细分为膨胀、收缩和修正。但是人们在实际交流过程中，经常涉及有关自身信念的信念，传统文献中通常称之为模态信息，这样的模态信息在主体信念修正过程中起作用。所以研究高阶的信念修正是对经典信念修正理论的发展，也可以更进一步深化对理性主体信念变化过程的理解。Stalnaker（1993）和 Arló Costa（1999）等人提出了稳定集的概念，可以较好地描述理性自省主体的信念状态，于是高阶信念修正研究可以从研究稳定集的修正入手。郭佳宏（2006、2007）的主要工作是展示稳定集的性质，并从信念修正的角度研究稳定集修正，进而反映理想自省主体的信念修正的某个片段。在继承 AGM 信念修正传统的基础上，文中首先介绍和分析了稳定集及其性质、修正稳定集的难点等，给出了一种从给定稳定集的客观部分修正出发，而后扩充为一个唯一稳定集的方法。接着采用 S5 非蕴涵极大集构造出稳定集上类似 AGM 的“偏交收缩”，定义一种新的一致性（PI－一致）和 Levi－等式的变种，给出从稳定集到中间理论的修正。然后表明，若用于修正的新信息是 PI－一致的，则每一得到的中间理论都可以扩张为一致的稳定集。最后给出选择机制，从可能多个新的稳定集中选出信息价值最小的一个。

如果考虑新信息可以 PI－不一致，那么上述修正方案会有问题，Moore－型信息是其中一经典的反例。郭佳宏（2008、2009）考察了具有足够推理能力的自省主体在信念修正过程中对 Moore－型信息的处理规律，即把相应主体信念状态的 Moore－型断定作为新信息输入，用来修正原来的信念状态。相关文献中首先讨论自省主体 i 在自己的信念状态和客观事实的信念的不同组合情况下，对涉及自身信念状态的 Moore－型信息 $A\wedge\neg B_iA$ 的修正可能与结果。然后选出其中有意义的过程，定义和说明一种弱化的“成功”版本——“不成功修正”，并且在继承经典 AGM 某些公设的基础上，给出上述修正过程的局部描述。此外，文中还结合动态信念逻辑等工具，试图给出上述修正过程的逻辑表达。

五　条件句逻辑等

（一）条件句逻辑

冯棉（1999）对条件句作了深入的逻辑分析，指出：判断一个条件句的真值必须先确定或假定其前件为真，前件的真又是相对于可能世界而言的，而可能世界的一个重要的逻辑特征是无矛盾性，因此，形式为“如果（A 并且非 A），那么 B”的语句在任何可能世界中都不会有真值。从这一认识出发，他考察了相干逻辑的得失，并提出了改进意见。

李小五（2005）给出了 L 极小系统的定义，这样定义的 L 极小系统既具有相对性又具有绝对性。用语言 L1 表述 4 个条件句系统，它们就是满足给出条件的 L1 极小系统。李小五（2005）构造了以目的和背景知识为双条件的条件句逻辑系统 AKC，引入有序邻域语义给出了描述 AKC 特征公理和推理规则的框架条件，并证明了 AKC 相对于这些框架条件的可靠性和完全性。传统条件句逻辑研究的条件句没有明显提述条件句的背景，李小五等（2008b）提出了一种明显提述背景的条件句逻辑 BCS，证明了该系统相对于 Veltman 提出的更新语义模型具有可靠性和完全性。

（二）类型逻辑

类型逻辑是语言逻辑领域中的一个重要理论，其植根于逻辑代数和语言哲学，是一种描述语言的形式化工具。类型逻辑语法是一种建立在类型逻辑语义学基础上的范畴语法。其语义学是范畴类型逻辑领域内句法和语义同时表述的综合模式，是范畴语法加类型语义的模式。基础是范畴语法和蒙太格间接语义解释提供的高阶类型论内容。类型逻辑语义学不仅通过不同层次的范畴运算去逐级描述自然语言的生成过程，还运用类型逻辑的组合工具去刻画自然语言表达式的语义特征。类型论方法至今仍然是分析自然语言形容词、副词、命题态度词和限定词的量化语义特征的有力工具。且目前越来越多的学者意识到了用其描述各种不同自然语言的重要性以及用其解决各种不同自然语言中特殊问题的可行性及价值。

高东平（2009）将逻辑学中的类型论思想引入到自然语言信息处理中的汉语分词领域，来解决汉语分词中未登录词识别及歧义消解两大瓶颈问题，并研发了汉语分词系统。在基于类型论的汉语分词系统中，词典设置不再是词配带词性，而是词配带类型。通过类型匹配的结果来判断一个切分序列是否正确。文中实验结果表明，在此研究思路下研发的汉语分词软件对歧义的消解（尤其是交叉歧义的消解）和未登录词的识别是较令人满意的。

（三）子结构逻辑

冯棉（2007）阐明了子结构逻辑的基本特点：从结构规则和逻辑联结词的推演规则这两个层面上来研究逻辑，这种研究方法有利于对逻辑作整体研究和比较研究，具有良好的表现力。他指出子结构逻辑对于逻辑推理机制的深入研究和人工智能的开发具有重要的理论意义和实际价值，具有广阔的应用前景。

（四）直觉主义逻辑

高恒珊（1999、2000、2003）证明了直觉主义量词模态逻辑系统MIPC＊的强完全性定理和可靠性定理。

冯棉（2002）指出，数学哲学中的直觉主义学派高度重视直觉和个人的创造性思维在科学实践中的作用，这具有积极的意义；它对排中律和间接证明方法有效性的质疑，揭示了经典逻辑只具有相对的真理性；它所倡导的构造性和可行性的研究方法，促进了人工智能和计算机科学的发展。但是，对直觉功能的过分夸大则并不足取。

（五）进化逻辑

桂起权和任晓明（2002）评析了进化逻辑的基本构成，讨论了基本分类符系统、带有“组桶式”算法的分类器、带有遗传发现算法和组桶式算法的分类器。他们认为，进化逻辑是认知科学、计算机科学和逻辑方法相结合的产物，进化逻辑不是传统意义上的发现逻辑，而是科学进步和科学发展的逻辑。

参考文献

［1］蔡曙山：《语用逻辑及其在计算机语言和人工智能中的应用》，《中山大学学报（社会科学版）》2000 年第 2 期。

［2］蔡曙山：《认知科学背景下的逻辑学——认知逻辑的对象、方法、体系和意义》，《江海学刊》2004 年第 6 期。

［3］曹汝鸣、毛宇光、陈文彬：《中介命题演算系统 MPM 的公理完备集》，《计算机科学》2006 年第 2 期。

［4］陈波：《哲学逻辑》，重庆出版社 1990 年版。

［5］陈丹、何华灿等：《模糊蕴含运算和模糊推理研究》，《计算机科学》2000 年第 7 期。

［6］陈慕泽：《多主体认知系统中的互知推理》，《哲学研究》2001 年第 4 期。

［7］陈慕泽：《多主体系统中的知道推理》，《中山大学学报（社会科学版）》2003 年第 1 期。

［8］陈仪香，Novak V，陶宏伟，Proceedings of the International Coference on Quantitative Logic and Quantification of Software，Shanghai，June 6－8，2009。

［9］陈志成：《复杂系统中分形混沌与逻辑的相关性推理研究》，《西北工业大学》2004 年第 6 期。

［10］陈自立、桂起权：《有限目标的辩证逻辑公理系统 DLA 及 DLB》，《自然辩证

法研究》1995 年（逻辑专辑）。

[11] 杜国平：《可拓策略存在性》，《哈尔滨工业大学学报》2006 年第 7 期。

[12] 杜国平 ：《经典逻辑与非经典逻辑基础》，高等教育出版社 2005 年版。

[13] 杜国平：《哲思逻辑》，《东南大学学报》2007 年第 4 期。

[14] 杜国平：《经典逻辑视野中的弗协调逻辑》，《华南师范大学学报》2007 年第 5 期。

[15] 杜国平：《 知识蕴涵逻辑系统》，《逻辑学研究》2008 年第 2 期。

[16] 杜国平：《知识蕴涵时态逻辑系统》，《安徽大学学报》2009 年第 5 期。

[17] 杜国平：《弗协调逻辑研究及其应用前景》，南京航空航天大学出版社 2009 年版。

[18] 杜国平：《实无穷、潜无穷探析》，《自然辩证法通讯》2009 年第 3 期。

[19] 杜国平：《 应用逻辑研究进展》，《哲学动态》2010 年第 1 期。

[20] 杜国平、马亮：《可拓逻辑研究展望》，《哲学动态》2006 年第 12 期。

[21] 杜国平、马亮：《哲思逻辑的判定问题》，《安徽大学学报》2007 年第 5 期。

[22] 杜国平等：《知识蕴涵模态逻辑系统》，《徐州师范大学学报》2008 年第 5 期。

[23] 杜国平等：《集合论—泛逻辑悖论》，《北京航空航天大学学报》2009 年第 3 期。

[24] 范艳峰 ：《［0，∞］值柔性逻辑运算模型及分类问题研究》，《西北工业大学》，2009 年第 11 期。

[25] 范艳峰、何华灿 ：《［0，∞］区间广义 N 范数的定义及生成定理》，《计算机科学》2010 年第 5 期。

[26] 冯棉、李福安、马钦荣：《哲学逻辑与逻辑哲学》，华东师范大学出版社 1991 年版。

[27] 冯棉：《广义模态逻辑》，华东师范大学出版社 1990 年版。

[28] 冯棉：《“可能世界”概念的基本含义》，《华东师范大学学报（哲学社会科学版）》1995 年第 6 期。

[29] 冯棉 ：《条件句与相干逻辑》，《华东师范大学学报（哲学社会科学版）》1999 年第 1 期。

[30] 冯棉：《论模态逻辑中的“必然性”》，《华东师范大学学报（哲学社会科学版）》2000 年第 6 期。

[31] 冯棉：《论数学哲学中的直觉主义思想》，《华东师范大学学报（哲学社会科学版）》2002 年第 4 期。

[32] 冯棉 ：《子结构逻辑的研究方法与应用前景》，《哲学动态》2007 年第 6 期。

[33] 付利华 ：《复杂系统的柔性逻辑控制理论及应用研究》，西北工业大学出版社 2005 年版。

[34] 高东平等（2009a）：Chinese Unknown Word Recognition Based on Functional Applications of Type Theory, The 2009 International Conference on IITA。

[35] 高东平等（2009b）：Dealing with Chinese Overlapping Ambiguity Based on Type Functional Application, The 2009 International Conference on Artificial Intelligence and Computational Intelligence。

[36] 高恒珊：《量词模态逻辑的代数语义学（Ⅰ）——关于S5＊情形》，《数学学报》1987年第6期。

[37] 高恒珊：《量词模态逻辑的代数语义学（Ⅲ）——关于不含Barcan公式的正规模态系统的情形》，《数学学报》1995年第4期。

[38] 高恒珊：《直觉主义量词模态逻辑的一个强完全性定理》，《中国科学E辑》1999年第5期。

[39] 高恒珊（2000）：A strong completeness theorem in intuitionistic quantified modal logic, Science in China, Ser. E, No. 1, 2000: 60－70。

[40] 高恒珊（2003）：《直觉主义量词模态逻辑系统MIPC＊的可靠性定理》，《数学学报》2003年第3期。

[41] 高恒珊、吕健安（1998）：《量词模态逻辑的代数语义学（Ⅳ，上）——关于含Barcan公式的非正规模态系统情形》，《哲学研究》1998年第12期。

[42] 高恒珊、吕健安（1999）：《量词模态逻辑的代数语义学（Ⅳ，下）——关于含Barcan公式的非正规模态系统情形》，《哲学研究》1999年第3期。

[43] 弓肇祥：《广义模态逻辑》，中国社会科学出版社1993年版。

[44] 弓肇祥：《认知逻辑新发展》，北京大学出版社2004年版。

[45] 宫宁生、张东摩、朱梧槚：《关于中介模态逻辑MS4的表推演系统》，《南京航空航天大学学报》1995年第3期。

[46] 宫宁生、张东摩：《中介自动推理的理论与实现（Ⅳ）（1995）——一类基于中介逻辑的模态逻辑系统》，《模式识别与人工智能》1995年第1期。

[47] 谷晓巍：《泛类比推理原理研究》，西北工业大学出版社2000年版。

[48] 谷晓巍、何华灿、邢春晓：《基于广义相关性的泛类比度和泛逻辑组合规则》，《软件学报》2001年第1期。

[49] 桂起权、陈自立、朱福喜：《次协调逻辑与人工智能》，武汉大学出版社2002年版。

[50] 桂起权、任晓明：《进化逻辑：科学发展的动态模式》，《哲学动态》2002年第2期。

[51] 郭佳宏：《信息变化的逻辑》，《求是学刊》2007年第6期。

[52] 郭佳宏：《稳定集及其修正》，《和谐社会——自主创新与文化交融》论文集，北京师范大学出版社2007年版。

[53] 郭佳宏：《自省主体对 Moore - 型信息的处理与融合》，《北京师范大学学报（哲学社会科学版）》2008 年第 5 期。

[54] 郭佳宏、鞠实儿：《基于开放世界预设的 3 - 值逻辑的列表证明系统》，《中山大学学报》2004 年第 5 期。

[55] 郭美云：《带有群体知识的动态认知逻辑》，北京大学博士论文库，2006 年。

[56] 韩诚、王国俊、许文艳（2006）：A 16 - classification partition of formula set F（S）in revised Kleene system W^{-}. Soft Computing, No. 10, 2006：115 - 118。

[57] 郝旭东：《弗协调认知逻辑研究》，华东师范大学出版社 2009 年版。

[58] 郝旭东、李娜：《弗协调认知逻辑 C_nEK 及其扩张》，《重庆工业学院学报（社会科学版）》2009 年第 2 期。

[59] 何汉明：《基于角色的多智能体社会模型研究与应用》，西北工业大学出版社 2005 年版。

[60] 何汉明、何华灿：《多智能体社会》，《计算机工程与应用》2004 年第 33 期。

[61] 何华灿：《信息，智能与逻辑第二卷——智能科学的逻辑基础研究》，西北工业大学出版社 2010 年版。

[62] 何华灿、刘永怀、何大庆：《经验性思维中的泛逻辑》，《中国科学（E 辑）》1996 年第 1 期。

[63] 何华灿、马盈仓：《信息，智能与逻辑第一卷》，西北工业大学出版社 2008 年版。

[64] 何华灿、王华、刘永怀等：《泛逻辑学原理》，科学出版社 2001 年版。

[65] 何向东：《广义模态逻辑及其应用》，人民出版社 2005 年版。

[66] 何颖俞、王国俊：《L * - Lindenbaum 代数的结构与 L * 公理系统的简化形式》，《科学通报》1998 年第 43 期。

[67] 洪龙：《中介真值程度的度量及其在计算机系统结构研究中的应用》，博士论文，2006 年。

[68] 洪龙、肖奚安、朱梧槚：《中介真值程度的度量及其应用（Ⅰ）》，《计算机学报》2006 年第 12 期。

[69] 洪龙、肖奚安、朱梧槚：《中介真值程度的度量及其应用（Ⅱ）》，《计算机学报》2007 年第 9 期。

[70] 洪龙、周宁宁：《中介逻辑与中介公理集合论的综述》，《南京邮电大学学报》2008 年第 4 期。

[71] 洪龙、朱梧槚、王建东：《分子生物计算机层次结构及分子计算基本概念的讨论》，《南京邮电大学学报》2006 年第 6 期。

[72] 胡世华（1949）：M - valued Sub - system of（m + n） - valued Propositionan Calculus, The Journal of Symbo Logic. 1949, 14（3）。

［73］胡世华：《 $\aleph_0$ 值命题演算的有穷值的具有函数完全性的子系统》，《数学学报》1955 年第 2 期。

［74］胡世华、陈强业：《四值命题演算与四色定理》，《中国数学学报》1951 年第 1 期。

［75］胡泽洪：《信念逻辑二题》，《 华南师范大学学报（社会科学版）》1994 年第 3 期。

［76］胡泽洪 ：《哲学逻辑：一个新兴交叉研究领域》，《广东社会科学》2008 年第 2 期。

［77］黄华新、胡霞 ：《缺省推理：认知语境的功能实现》，《信阳师范学院学报（哲学社会科学版）》2004 年第 2 期。

［78］黄华新、项后军：《人工智能的哲学反思——兼评〈无心的机器〉》，《绍兴文理学院学报》2001 年第 2 期。

［79］惠小静、王国俊 ：《经典推理模式的随机化研究及其应用》，《中国科学，E 辑》2007 年第 37 期。

［80］霍书全：《一个多值逻辑的一阶谓词系统》，《逻辑学研究》2009 年第 1 期。

［81］霍书全：《函数完备的 $n+1$ 值逻辑公理系统的强完全性》，《安徽大学学报》2009 年第 5 期。

［82］贾澎涛：《基于柔性逻辑的时间序列数据挖掘研究》，西北工业大学出版社 2008 年版。

［83］金翊：《三值光计算机原理和结构》，西北工业大学出版社 2003 年版。

［84］金翊、何华灿、吕养天：《三值光计算机基本原理》，《中国科学 E 辑》2003 年第 2 期。

［85］鞠实儿：《论休谟问题与科学研究活动启发式程序重建纲领》，《自然辩证法通讯》1988 年第 5 期。

［86］鞠实儿：《论归纳逻辑的局部辩护和适用范围——兼评 J. Cohen 的归纳概率逻辑理论》，《自然辩证法通讯》1989 年第 5 期。

［87］鞠实儿：《非 Pascalian 概率的逻辑解释与决策分析——兼评 G. Shackle 的潜在惊奇理论》，《自然辩证法通讯》1991 年第 1 期。

［88］鞠实儿：《J. Cohen 归纳概率逻辑批判》，《自然辩证法通讯》1992 年第 5 期。

［89］鞠实儿：《非巴斯卡主义概率的三种解释》，《中山大学学报》1992 年第 4 期。

［90］鞠实儿：《论归纳概率逻辑的基本问题和解决途径（下）——兼论归纳概率逻辑研究方法和方向的转变》，《自然辩证法研究》1993 年第 5 期。

［91］鞠实儿：《论归纳概率逻辑的基本问题和解决途径（上）——兼论归纳概率逻辑研究方法和方向的转变》，《自然辩证法研究》1993 年第 10 期。

［92］鞠实儿：《非巴斯卡归纳概率逻辑研究》，浙江人民出版社 1993 年版。

［93］鞠实儿：《三种信念悖论的消除》，《自然辩证法通讯》1995 年第 2 期。

［94］鞠实儿：《逻辑学的问题与未来》，《中国社会科学》2006 年第 6 期。

［95］鞠实儿、赵艺、傅小兰：《自我欺骗的认知机制》，《中山大学学报》（社会科学版）2003 年第 5 期。

［96］李洪兴：《Fuzzy 系统的概率表示》，《中国科学，E 辑》2006 年第 36 期。

［97］李建华：《哲学逻辑》，湖南师范大学出版社 1997 年版。

［98］李骏、黎锁平、夏亚峰：《n－值 Lukasiewicz 逻辑中命题的真度理论》，《数学学报》2004 年第 47 期。

［99］李骏、王国俊：《逻辑系统 L_n* 中命题的真度理论》，《中国科学，E 辑》2006 年第 36 期。

［100］任芳：《正则蕴涵算子与新型模糊逻辑系统的研究》，博士学位论文，陕西师范大学出版社 2005 年版。

［101］李娜：《模态系统 S4.1 的协调性》，《苏州科技学院学报（自然科学版）》2004 年第 2 期。

［102］李娜：《模态系统 P1 的协调性》，《信阳师范学院学报（哲学社会科学版）》2005 年第 3 期。

［103］李舒、刘任任：《关于部分 K 值逻辑 Sheffer 函数（Ⅲ）》，《湘潭大学自然科学学报》2002 年第 3 期。

［104］李未、张玉平：《描述认识进程的抽象逻辑》，《中国科学（E 辑）》1996 年第 2 期。

［105］李小五：《模态系统的推理规则的强弱虚实》，《现代哲学》2004 年第 4 期。

［106］李小五：《极小条件句逻辑》，《湖南科技大学学报（社会科学版）》2005 年第 3 期。

［107］李小五：《他连 A 都知道——认知逻辑 EK1－EK3》，《现代哲学》2006 年第 1 期。

［108］李小五：《以目的与背景知识为双条件的逻辑 AKC》，《西南大学学报（社会科学版）》2007 年第 3 期。

［109］李小五：《刻画动态否定的逻辑》，《中山大学学报（社会科学版）》2008 年第 2 期。

［110］李小五、郭向阳、徐秋华：《一个适于更新语义的涉景条件句逻辑》，《暨南大学学报（自然科学版）》2008 年第 3 期。

［111］廖备水、黄华新、高济：《一种支持自治计算的基于可废止逻辑的柔性 Agent》，《软件学报》2008 年第 3 期。

［112］林作铨：《基于三值语义的非单调逻辑》，《汕头大学学报（自然科学版）》

1994 年第 1 期。

［113］林作铨：《超协调限制逻辑》，《计算机学报》1995 年第 9 期。

［114］林作铨：《一个在弗协调逻辑中的限制》，《软件学报》1995 年第 5 期。

［115］林作铨：《一个模态非单调逻辑》，《中国科学 E 辑》1996 年第 3 期。

［116］林作铨、李未：《超协调逻辑（Ⅰ）——传统超协调逻辑研究》，《计算机科学》1994 年第 5 期。

［117］林作铨、李未：《超协调逻辑（Ⅱ）——新超协调逻辑研究》，《计算机科学》1994 年第 6 期。

［118］林作铨、李未（1995）：Parametric logic：Foundations. *Science in China*. Ser. A，No. 8，1995：1009 - 1024。

［119］林作铨、李未：《参态逻辑》，《中国科学 A 辑》1995 年第 4 期。

［120］林作铨、李未：《超协调逻辑（Ⅲ）——超协调性的逻辑基础》，《计算机科学》1995 年第 1 期。

［121］林作铨、李未：《超协调逻辑（Ⅳ）——非单调超协调逻辑研究》，《计算机科学》1995 年第 1 期。

［122］林作铨、李未：《悖论逻辑的表演算》，《软件学报》1996 年第 6 期。

［123］刘栋伟：《多 Agent 系统合作逻辑的研究》，南京航空航天大学 2007 年版。

［124］刘奋荣：《基于命题的信念偏好逻辑》，《哲学研究》2010 年第 3 期。

［125］刘奋荣：《信念偏好逻辑：从单主体到多主体》，《学术研究》2010 年第 5 期。

［126］刘奋荣：《从方法论的角度看动态认知逻辑的研究》，《世界哲学》2010 年第 3 期。

［127］刘虎、鞠实儿：《信念逻辑的逻辑全知问题》，《求是学刊》2007 年第 6 期。

［128］刘华文、王国俊（2008）：Triple I method based on pointwise sustaining degrees. *Computers & Mathematics with Applications*，No. 55，2008：2680 - 2688。

［129］刘丽：《基于柔性逻辑的智能控制模型研究》，西北工业大学出版社 2007 年版。

［130］刘连珍、李开泰（2005）：Fuzzy implicative and Boolean filters of R_0 - algebras. *Information Sciences*，No. 171，2005：61 - 71。

［131］刘任任：《部分三值逻辑中准完备集之最小覆盖》，《湘潭大学自然科学学报》1991 年第 2 期。

［132］刘任任：《部分值逻辑中准完备集之最小覆盖的一些结果（Ⅰ）》，《湘潭大学自然科学学报》1992 年第 1 期。

［133］刘任任：《关于部分值逻辑中准完备集之最小覆盖的一些结果（Ⅱ）》，《湘潭大学自然科学学报》1993 年第 2 期。

［134］刘任任：《关于部分值逻辑中准完备集之最小覆盖的一些结果（Ⅲ）》，《湘潭大学自然科学学报》1995 年第 3 期。.

［135］刘任任：《部分四值逻辑中 Sheffer 函数的判定与构造》，《计算机工程与科学》2008 年第 11 期。

［136］刘任任、陈建二、陈松乔：《部分二值逻辑中 Sheffer 函数的判定》，《计算机工程》2004 年第 24 期。

［137］刘瑞胜、孙吉贵、刘叙华：《带有约束的缺省逻辑》，《吉林大学自然科学学报》1996 年第 3 期。

［138］刘瑞胜、孙吉贵、刘叙华：《认识逻辑（1）：关于知识和信念的逻辑框架》，《计算机学报》1998 年第 7 期。

［139］刘瑞胜、孙吉贵、刘叙华：《认识逻辑（2）：多认识主体的认识逻辑 MEL》，《计算机学报》1998 年第 7 期。

［140］刘瑞胜、孙吉贵、刘叙华：《认识逻辑（3）：基于语义 tableau 的证明理论》，《计算机学报》1998 年第 S1 期。

［141］刘瑞胜、孙吉贵、刘叙华：《认识逻辑（4）：关于认识逻辑的可判定性》，《计算机学报》1998 年第 S1 期。

［142］刘玉珍、刘任任：《关于部分 K 值逻辑 Sheffer 函数（Ⅳ）》，《湘潭大学自然科学学报》2004 年第 6 期。

［143］刘壮虎：《必然性的逻辑分析》，《哲学研究》2002 年第 2 期。

［144］刘壮虎、李小五：《对动作的认知》，《湖南科技大学学报（社会科学版）》2005 年第 6 期。

［145］柳昌清：《辩证逻辑新体系——渗透逻辑引》，陕西人民出版社 1991 年版。

［146］陆志浩：《多 Agent 系统合作认知逻辑的研究》，南京航空航天大学 2008 年版。

［147］罗敏霞：《泛逻辑学语构理论研究》，西北工业大学出版社 2005 年版。

［148］罗翊重：《正反数理逻辑概论》，云南科技出版社 1998 年版。

［149］罗翊重：《哲学逻辑对判断的非反否定演算研究》，《昆明师范高等专科学校学报》2006 年第 3 期。

［150］罗翊重：《千年逻辑之争终成合和之解——对形式逻辑和辩证逻辑之关系的解析》，《昆明师范高等专科学校学报》2008 年第 3 期。

［151］罗翊重：《对逻辑推理四大基础类型的反演算和非演算》，《昆明学院学报》2009 年第 4 期。

［152］罗翊重：《逻辑推理四大基础类型的内涵与外延关系研究》，《昆明学院学报》2010 年第 1 期。

［153］罗铸楷：《四值逻辑中的所有极大封闭集》，《罗铸楷教授文集》，国防科技

大学出版社 2003 年版。

[154] 罗铸楷：《多值逻辑中所有极大封闭集之确定问题》，《数学学报》1980 年第 1 期。

[155] 罗铸楷：《部分多值逻辑函数的完备性理论》，《数学学报》1984 年第 5 期。

[156] 罗铸楷：《部分多值逻辑函数集中的极大封闭集》，《数学学报 》1984 年第 6 期。

[157] 罗铸楷：《多值逻辑理论及应用研究》，《罗铸楷教授文集》，国防科技大学出版社 2003 年版。

[158] 罗铸楷、胡谋、陈廷槐：《多值逻辑的理论及应用》，科学出版社 1992 年版。

[159] 罗铸楷、王雷：《关于 K 值 Sheffer 函数》，《湘潭大学自然科学学报》1998 年第 3 期。

[160] 吕建安、高恒珊（1988）：《量词模态逻辑的代数语义学（Ⅱ）——关于含 Barcan 公式的正规模态系统的情形》，《数学学报》1988 年第 5 期。

[161] 马希文：《有关“知道”的逻辑问题的形式化》，《哲学研究》1981 年第 5 期。

[162] 马希文：《人工智能中的逻辑问题》，《哲学研究》1985 年第 1 期。No. 1，1985：33－39。

[163] 马希文、郭维德：《W－JS 有关“知道”的模态逻辑》，《计算机研究与发展》1982 年第 1 期。

[164] 马盈仓：《命题泛逻辑的演算理论及推理研究》，西北工业大学出版社 2006 年版。

[165] 毛明毅：《面向对象的广义空间逻辑运算模型与推理研究》，西北工业大学出版社 2006 年版。

[166] 毛明毅、陈志成、何华灿：《面向对象空间逻辑》，西北工业大学出版社 2006 年版。

[167] 毛宇光、徐洁磬：《用于不完全信息数据库的中介逻辑演算系统 MF^M》，《计算机科学》2001 年 9 月增刊。

[168] 毛宇光、朱梧槚：《中介逻辑演算系统 MPN 及 MFN》，《模糊系统与数学》1999 年第 2 期。

[169] 莫绍揆：《具有有穷个模态辞的模态系统》，《数学学报》1957 年第 1 期。

[170] 莫绍揆：《有穷模态系统的基本系统》，《数学学报》1958 年第 1 期。

[171] 莫绍揆：《模态系统与蕴涵系统》，《数学学报》1959 年第 2 期。

[172] 莫绍揆：《 n 值方阵系统的两个完全系统》，《南京大学学报》1963 年第 8 期。

[173] 莫绍揆：《莫绍揆文集》，南京大学出版社 1992 年版。

[174] 欧阳建权、刘任任：《关于部分 K 值逻辑 Sheffer 函数（Ⅰ）》，《湘潭大学自然科学学报》2000 年第 3 期。

[175] 潘天群：《建立在“笛卡尔公理”上的一个怀疑逻辑系统》，《湖南科技大学学报（社会科学版）》2004 年第 5 期。

[176] 潘天群：《三分的认知世界与怀疑逻辑的独立性》，《湖南科技大学学报（社会科学版）》2005 年第 5 期。

[177] 潘天群：《认知命题集合的逻辑构造及其相互关系》，《哲学研究》2005 年第 3 期。

[178] 潘正华：《中介谓词逻辑 MF 完备性的一些结果》，《曲阜师范大学学报》1988 年第 4 期。

[179] 潘正华：《中介谓词逻辑系统的 λ－归结》，《软件学报》2003 年第 3 期。

[180] 潘正华：《中介逻辑：ML 的语法完全性》，《计算机科学》2006 年第 10 期。

[181] 裴道武：《形式演绎系统 L＊中的运算与演绎定理》，《模糊系统与数学》2001 年第 15 期。

[182] 裴道武、王国俊：《形式系统 L＊的完备性及其应用》，《中国科学，E 辑》2002 年第 32 期。

[183] 裴道武、王国俊：《形式系统 L＊的扩张 L_n＊及其完备性》，《中国科学，E 辑》2003 年第 33 期。

[184] 钱磊：《中介逻辑 ML 的相容性证明》，《模糊系统与数学》1987 年第 1 期。

[185] 钱磊、周以铨：《中介逻辑的模型论性质》，《南京航空航天大学学报》1992 年第 2 期。

[186] 切莱士（Chellas，B. F.）：《模态逻辑导论》，郑文辉、张宜生译，中山大学出版社 1989 年版。

[187] 秦玮远、何向东：《合情推理的逻辑———从欧拉猜想说起》，《安徽大学学报》2007 年第 5 期。

[188] 沈浩、孙永强：《自动机—逻辑与博弈》，《计算机工程》2003 年第 3 期。

[189] 宋士吉、吴澄：《模糊推理的反向三 I 算法》，《中国科学，E 辑》2002 年第 32 期。

[190] 宋文淦：《问题逻辑》，北京师范大学出版社 1998 年版。

[191] 苏越：《应用逻辑学》，山西人民出版社 1984 年版。

[192] 孙吉贵、李乔、刘叙华（1995）：《模态 K4，D4 系统的归结推理》，《软件学报》1995 年第 12 期。

[193] 孙吉贵、刘瑞胜、陈荣（1999）：《标记模态归结的推广》，《计算机学报》1999 年第 2 期。

[194] 孙吉贵、刘叙华（1994）：《模态归结弱包含删除策略》，《计算机学报》1994年第5期。

[195] 孙吉贵、刘叙华：《Cialdea一阶模态归结系统的不完备性及其改进》，《计算机学报》1995年第6期。

[196] 孙吉贵、刘叙华（1996a）：《强模态归结》，《吉林大学自然科学学报》1996年第1期。

[197] 孙吉贵、刘叙华：《关于Cialdea一阶模态归结系统》，《吉林大学自然科学学报》1996年第2期。

[198] 覃峰（2004）：Uninorm solutions and (or) nullnorm solutions to the modularity condition equations. *Fuzzy Sets and Systems*, No. 155, 2004：231－242。

[199] 覃峰、赵彬（2005）：The distributive equations for idempotent uninorms and nullnorms. *Fuzzy Sets and Systems*, No. 155, 2005：446－458。

[200] 谭乃、肖奚安：《MP*系统中命题联结词含量的完全性》，《空军气象学院学报》1988年第1期。

[201] 唐同浩、张蔼珠：《现代逻辑的一个规范化理论——一阶时态逻辑》，《数学学报》1987年第2期。

[202] 唐晓嘉：《认知命题的逻辑语义特征分析》，《西南师范大学学报（人文社会科学版）》1999年第4期。

[203] 唐晓嘉：《建立多主体认知推理模型的几点思考》，《中山大学学报（社会科学版）》2003年第1期。

[204] 唐晓嘉：《认知的逻辑分析》，西南大学出版社2003年版。

[205] 唐晓嘉：《主体间的互动性与多主体认知推理模型的建构》，《自然辩证法研究》2004年第9期。

[206] 王国俊：《拓扑分子格（Ⅰ）》，《陕西师范大学学报（自然科学版）》1979年第6期。

[207] 王国俊：《一种比较理想的弗晰紧性》，《模糊数学》1982年第2期。

[208] 王国俊：《拓扑分子格（Ⅰ）》，《科学通报》1983年第18期。

[209] 王国俊：《广义拓扑分子格》，《中国科学，A辑》1983年第12期。

[210] 王国俊（1983c）：A new fuzzy compactness defined by fuzzy nets. *Journal of Mathematical Analysis and Applications*, No. 94, 1983：1－23。

[211] 王国俊：《L－fuzzy拓扑空间论》，陕西师范大学出版社1988年版。

[212] 王国俊（1989）：Pointwise topology on completely distributive lattices. *Fuzzy Sets and Systems*, No. 30, 1989：53－62。

[213] 王国俊（1992）：Theory of topological molecular lattices. *Fuzzy Sets and Systems*, No. 47, 1992：351－376。

[214] 王国俊：《模糊命题演算的一种形式演绎系统》，《科学通报》1997 年第 42 期。

[215] 王国俊：《修正的 Kleene 系统中的∑－（α－重言式）理论》，《中国科学，E 辑》1998 年第 28 期。

[216] 王国俊：《模糊推理的全蕴涵三 I 算法》，《中国科学，E 辑》1999 年第 29 期。

[217] 王国俊（1999b）：On the logic foundation of fuzzy reasoning. *Information Sciences*, No. 117, 1999：47－88。

[218] 王国俊：《三 I 方法与区间值模糊推理》，《中国科学，E 辑》2000 年第 30 期。

[219] 王国俊：《非经典数理逻辑与近似推理》，科学出版社 2000 年版。

[220] 王国俊：《数理逻辑引论与归结原理》，科学出版社 2003 年版。

[221] 王国俊（2004）：Formalized theory of general fuzzy reasoning. *Information Sciences*, No. 160, 2004：251－266。

[222] 王国俊：《计量逻辑学（I）》，《工程数学学报》2006 年第 23 期。

[223] 王国俊：《数理逻辑引论与归结原理（第二版）》，科学出版社 2006 年版。

[224] 王国俊：《非经典数理逻辑与近似推理（第二版）》，科学出版社 2008 年版。

[225] 王国俊、段巧林：《模态逻辑中的（n）真度理论与和谐定理》，《中国科学，F 辑》2009 年第 39 期。

[226] 王国俊、傅丽（2005）：Unified forms of Triple I method. *Computers & Mathematics with Applications*, No. 49, 2005：923－932。

[227] 王国俊、傅丽、宋建社：《二值命题逻辑中命题的真度理论》，《中国科学，E 辑》2001 年第 31 期。

[228] 王国俊、李璧镜：《Lukasiewicz n 值命题逻辑中公式的真度理论和极限定理》，《中国科学，E 辑》2005 年第 35 期。

[229] 王国俊、梁怡（2003）：Integrated semantics and logic metric spaces. *Fuzzy Sets and Systems*, No, 136, 2003：71－91。

[230] 王国俊、秦晓燕、周湘南（2006）：An intrinsic fuzzy set on the universe of discourse of predicate formulas. *Fuzzy Sets and Systems*, No. 157, 2006：3145－3158。

[231] 王国俊、王灏（2001）：Non－fuzzy versions of fuzzy reasoning in classical logics. *Information Sciences*, No. 138, 2001：211－236。

[232] 王国俊、王伟：《逻辑度量空间》，《数学学报》2001 年第 44 期。

[233] 王国俊、张文修（2005）：Consistency degrees of finite theories in Lukasiewicz propositional fuzzy logic. *Fuzzy Sets and Systems*, No. 149, 2005：275－284。

[234] 王国俊、折延宏（2006）：A topological characterization of logic theories in propositional logic. *Mathematical Logic Quarterly*, No. 52, 2006：470 - 477。

[235] 王国俊、折延宏：《二值命题逻辑中理论的发散性、相容性及其拓扑刻画》，《数学学报》2007 年第 50 期。

[236] 王国俊、周红军（2009a）：Quantitative logic. *Information Sciences*, No. 179, 2009：226 - 247。

[237] 王国俊、周红军（2009b）：*Introduction to Mathematical Logic and Resolution Principle*. Beijing：Science Press and Oxford：Alpha Science International Limited, 2009。

[238] 王澜：《基于广义相关性的多 Agent 交互作用研究》，西北工业大学出版社 2006 年版。

[239] 王澜、何华灿：《基于广义相关系统的多 Agent 交互作用框架》，《计算机科学》2004 年第 12 期。

[240] 王三民、覃峰、王命延（2006）：Solutions to Cintula’ s open problems. *Fuzzy Sets and Systems*, No. 157, 2006：2091 - 2099。

[241] 王三民、王命延（2006）：Disjunctive elimination rule and its application in MTL. *Fuzzy Sets and Systems*, No. 157, 2006：3169 - 3176。

[242] 王三民、王保树、王国俊（2003a）：A triangular - norm - based propositional fuzzy logic. *Fuzzy Sets and Systems*, No. 136, 2003：55 - 70。

[243] 王三民、王保树、王国俊（2003b）：A triangular norm - based fuzzy predicate logic. *Fuzzy Sets and Systems*, No. 138, 2003：177 - 186。

[244] 王三民、王保树、王向云（2004）：A characterization of truth - functions in the nilpotent。

[245] 王万森、何华灿：《基于泛逻辑学的柔性命题逻辑研究》，《小型微型计算机系统》2004 年第 12 期。

[246] 王拥军：《需求工程中的不确定性研究》，西北工业大学出版社 2001 年版。

[247] 王拥军、何华灿、艾丽蓉、杜永文：《需求工程中的不确定性研究》，《计算机科学》2001 年第 2 期。

[248] 文静华、张梅、张焕国：《电子支付协议的博弈逻辑模型与形式化分析》，《微电子学与计算机》2007 年第 5 期。

[249] 吴洪博：《修正的 Kleene 系统中的广义重言式理论》，《中国科学，E 辑》2002 年第 32 期。

[250] 吴望名：《关于模糊逻辑的一场争论》，《模糊系统与数学》1995 年第 2 期。

[251] 吴望名、潘吟：《中介代数系统》，《上海师范大学学报自然科学版》1988 年第 3 期。

[252] 肖奚安、朱梧槚：《中介逻辑的谓词演算系统（Ⅰ）、（Ⅱ）》，《自然杂志》

1985 年第 8 期。

[253] 肖奚安、朱梧槚：《中介逻辑谓词演算的扩张》，《自然杂志》1985 年第 8 期。

[254] 肖奚安、朱梧槚、邓国彩：《带函词的中介谓词演算系统 MF * 的消解原理》，《智能计算机基础研究'94》，清华大学出版社 1994 年版。

[255] 肖奚安、朱梧槚：《中介公理集合论系统（Ⅱ）——集合的运算》，《自然杂志》1986 年第 9 期。

[256] 肖奚安、朱梧槚：《中介公理集合论系统（Ⅳ）——小集与巨集》，《自然杂志》1986 年第 9 期。

[257] 肖奚安、朱梧槚：《中介公理集合论系统（Ⅵ）——逻辑数学悖论在 MS 中的解释方法》，《自然杂志》1986 年第 9 期。

[258] 徐明（1988）：On Some U, S - tense Logices, *Journal of Philosophia Logic*, 17, 181 - 202, 1988。

[259] 徐扬：《格蕴涵代数》，《西南交通大学学报》1997 年第 1 期。

[260] 薛占熬：《柔性区间逻辑及推理研究》，西北工业大学出版社 2006 年版。

[261] 薛占熬、何华灿：《粗糙蕴涵》，《计算机科学》2003 年第 11 期。

[262] 杨武金：《辩证法的逻辑基础》，商务印书馆 2008 年版。

[263] 余俊伟：《一个极小的弗协调逻辑系统》，《哲学门》2006 年第 1 期。

[264] 余俊伟：《道义逻辑研究》，中国社会科学出版社 2005 年版。

[265] 余俊伟：《弗协调逻辑系统 Cn 的判定性问题》，《湖南科技大学学报（社会科学版）》2008 年第 4 期。

[266] 张东摩、宫宁生：《中介自动推理的理论与实现（Ⅵ）——中介模态逻辑 MS5 的表推演系统》，《模式识别与人工智能》1995 年第 4 期。

[267] 张东摩、施庆生、姜宁根、朱梧槚：《MS 中的自然数系统》，《南京航空航天大学学报》1997 年第 2 期。

[268] 张东摩、肖奚安：《经典公理集合论系统与中介公理集合论系统之间的包含关系》，《数学研究与评论》1997 年第 3 期。

[269] 张东摩、肖奚安、朱梧槚：《中介谓词逻辑演算系统 ME^* 与 ME 之间的化归算法及其应用》，《南京航空航天大学学报》1993 年第 5 期。

[270] 张东摩、朱梧槚：《中介自动推理的理论与实现（Ⅲ）（1994）——中介逻辑定理证明器》，《模式识别与人工智能》1994 年第 4 期。

[271] 张东摩、朱梧槚：《中介自动推理的理论与实现（Ⅴ）（1995）——中介模态逻辑 MK 的表推演系统》，《模式识别与人工智能》1995 年第 2 期。

[272] 张家龙：《亚里士多德对"偏好"如是说》，《逻辑研究》2008 年第 2 期。

[273] 张剑：《多粒度免疫网络研究及应用》，西北工业大学出版社 2005 年版。

［274］张金成：《对辩证逻辑形式化的研究》，《武汉大学学报》1992 年第 6 期。

［275］张清宇：《极小的弗协调 G′、H′- 时态逻辑》，张锦文主编：《数理和应用逻辑文集》，北京大学出版社 1992 年版。

［276］张清宇：《弗协调逻辑系统 Zn 和 ZnUS》，中国社会科学院哲学所逻辑室编：《理有固然》，社会科学文献出版社 1995 年版。

［277］张清宇：《极小的弗协调 U、S 时态命题逻辑》，王路，刘奋荣主编：《逻辑、语言与思维——周礼全先生八十寿辰纪念文集》，中国科学文化出版社 2000 年版。

［278］张清宇：《弗协调逻辑》，中国社会出版社 2002 年版。

［279］张清宇：《弗协调逻辑》，中国社会出版社 2003 年版。

［280］张清宇：《逻辑哲学九章》，江苏人民出版社 2004 年版。

［281］张清宇、郭世铭、李小五 ：《哲学逻辑研究》，社会科学文献出版社 1997 年版。

［282］张清宇、郭世铭、李小五：《哲学逻辑研究》，社会科学文献出版社 2007 年版。

［283］张小红：《基于 T - 模与伪 T - 模的逻辑系统及其代数分析》，西北工业大学出版社年版。

［284］张小红：《模糊逻辑及其代数分析》，科学出版社 2008 年版。

［285］张小红、何华灿、李伟华 ：《泛逻辑的基本形式演绎系统 UL 及其可靠性》，《计算机科学》2003 年第 11 期。

［286］张小红、何华灿、李伟华：《形式系统 UL 的弱完备性》，《计算机科学》2003 年第 12 期。

［287］赵总宽：《数理辩证逻辑导论》，中国人民大学出版社 1995 年版。

［288］折延宏、王国俊：《三值命题逻辑系统 L3 * 中逻辑理论形态的拓扑刻画》，《数学学报》2009 年第 52 期。

［289］周北海：《辩证命题逻辑 FDL 及其形式系统 FD—兼论辩证逻辑发展道路》，载《辩证逻辑研究》，云南大学出版社 1998 年版。

［290］周北海 ：《模态逻辑导论》，北京大学出版社 1997 年版。

［291］周北海（1999）：Grafted Frames and S1 - Completeness，*The Journal of Symbolic Logic*. No. 3，1999：1324 - 1338。

［292］周北海、毛翊：《常识推理基础逻辑系统 M 的完全性》，《西南师范大学学报（人文社会科学版）》2006 年第 1 期。

［293］周昌乐：《认知逻辑导论》，清华大学出版社 2001 年版。

［294］周红军、王国俊（2006a）：A new theory consistency index based on deduction theorems in several logic systems. *Fuzzy Sets and Systems*，No. 157，2006：427 - 443。

［295］周红军、王国俊（2006b）：Consistency degrees of theories and methods of graded reasoning in n – valued R0 – logic (NM – logic). *International Journal of Approximate Reasoning*, No. 43, 2006: 117 – 132。

[296] 周红军、王国俊 (2006c): Generalized consistency degrees of theories w. r. t. formulas in several standard complete logic systems. *Fuzzy Sets and Systems*, No. 157, 2006: 2058 – 2073。

[297] 周红军、王国俊 (2007): Characterizations of maximal consistent theories in the formal deductive system L * (NM – logic) and Cantor space. *Fuzzy Sets and Systems*, No. 158, 2007: 2591 – 2604。

[298] 周红军、王国俊 (2008): Three and two – valued Lukasiewicz theories in the formal deductive system L * (NM – logic). *Fuzzy Sets and Systems*, No. 159, 2008: 2970 – 2982。

[299] 周礼全:《模态逻辑引论》,上海人民出版社 1986 年版。

[300] 周宁宁、洪龙、赵正旭:《基于中介真值程度度量的图像去噪滤波器的设计与实现》,《数学季刊》2008 年第 6 期。

[301] 周湘南、王国俊 (2005): Consistency degrees of theories in some systems of propositional fuzzy logic. *Fuzzy Sets and Systems*, No. 152, 2005: 321 – 331。

[302] 周延泉:《关联知识挖掘算法研究及应用》,西北工业大学出版社 2000 年版。

[303] 周祯祥:《道义逻辑》,湖北人民出版社 1999 年版。

[304] 朱朝晖、施庆生、朱梧槚:《程序兼纳集:由力迫描述的中介逻辑程序语义》,《中国科学 (E 辑)》1996 年第 6 期。

[305] 朱梧槚、肖奚安:《数学基础与模糊数学基础》,《自然杂志》2006 年第 1 期。

[306] 朱梧槚、肖奚安:《中介逻辑的命题演算系统 (Ⅰ)、(Ⅱ)、(Ⅲ)》,《自然杂志》1985 年第 8 期。

[307] 朱梧槚、肖奚安 :《中介逻辑命题演算的扩张 (Ⅰ)、(Ⅱ)》,《自然杂志》1985 年第 8 期。

[308] 朱梧槚、肖奚安:《中介逻辑的带等词的谓词演算系统》,《自然杂志》1985 年第 8 期。

[309] 朱梧槚、肖奚安:《从古典集合论和近代公理集合论到中介公理集合论》,《自然杂志》1987 年第 10 期。

[310] 朱梧槚、肖奚安:《中介公理集合论系统 MS》,《中国科学 (A 辑)》1988 年第 2 期。

[311] 朱梧槚、肖奚安:《答“中介数学没有包括经典数学”一文及其他》,《数学研究与评论》1989 年第 1 期。

［312］朱梧槚、肖奚安：《中介公理集合论系统（Ⅰ）（1986a）——两种谓词的划分与定义》，《自然杂志》1986 年第 9 期。

［313］朱梧槚、肖奚安：《中介公理集合论系统（Ⅲ）（1986b）——谓词与集合》，《自然杂志》1986 年第 9 期。

［314］朱梧槚、肖奚安：《中介公理集合论系统（Ⅴ）（1986c）——MS 和 ZFC 的关系》，《自然杂志》2007 年第 50 期。

［315］朱梧槚、张东摩：《中介自动推理的理论与实现（Ⅰ）、（Ⅱ）（1994）——中介命题逻辑的表推演系统》，《模式识别与人工智能》1994 年第 2、3 期。

［316］朱新民：《现代西方哲学逻辑》，复旦大学出版社 1987 年版。

［317］祝峰、何华灿等：《粗集的公理化》，《计算机学报》2000 年第 3 期。

［318］邹晶：《带等词的中介谓词逻辑系统 ME * 语义解释及可靠性、完备性》，《科学通报》1988 年第 13 期。

［319］邹晶：《中介逻辑命题演算系统 MP 的语义解释及可靠性、完备性》，《数学研究与评论》1988 年第 3 期。

［320］Alchourrón C, Gardenfors P, and Makinson D (1985). On the Logic of Theory Change: Partial Meet Contraction and Revision Functions. *Journal of Symbolic Logic*, 50: 510 - 530, 1985.

［321］Alchourrón C. E., Gärdenfors P., Markinson D. (1985). On the Logic of Theory Change: Partial Meet Contraction and Revision Functions. *Journal of Symbolic Logic*, 50: 510 - 530, 1985.

［322］Arló Costa H. (1999). Qualitative and Probability Models of Full Belief. In Buss S., Hajek P. & Pudlak P. (eds.), *Logic Colloquium* 98, *Lecture Notes on Logic* 13, 1999: 25 - 43.

［323］Baltag, A., Moss, L., and Solecki, S. (1998). The logic of public announcements, common knowledge, and private suspicions, *Proceedings of the 7th Conference on Theoretical Aspects of Rationality and Knowledge* (*TARK* 98), I. Gilboa (eds.), 1998: 43 - 56.

［324］Carnielli W A (2002). *Paraconsistency: The Logical Way to Inconsistency*. Marcel Dekker Incorporated.

［325］D. Batens (1980), Paraconsistent extensional propositional logics, *Logique et Analyse*, 90 - 91, 1980: 195 - 234.

［326］da Cost (1974). On the theory of inconsistent formal systems. *Notre Dame Journal of Formal Logic*, No. 4, 1974: 497 - 510.

［327］da Costa and E. H. Alves (1977). A semantical analysis of the calculiC_n. *Notre Dame Journal of Formal Logic*, No. 4, 1977: 621 - 630.

［328］Dan Chen, Huacan He, etc (2000). A new t - norm and its appincation in fuzzy control, Proc. of WCICA IEEE, 2000. 6 : 1795 – 1798.

[329] de Jongh D and Liu F (2009). Preference, Priorities and Belief, in T. Grune – Yanoff and S. O. Hansson eds, *Preference Change: Approaches from Philosophy, Economics and Psychology*, Theory and Decision Library, pp. 85 – 108, 2009.

[330] E. L. Post (1941), The two – valued iterative systems of mathematical logic, *Annals of Math. Studies*, No. 5, 1941.

[331] Esteva F, Godo L (2001). Monoidal t – norm – based logic: towards a logic for left – continuous t – norms. *Fuzzy Sets and Systems*, No. 124, 2001: 271 – 288.

[332] G. N. Schlesinger (1985). *The Range of Epistemic Logic*. Aberdeen University Press, 1985: 1 – 2.

[333] Gabby D M, Guenthner F (2002). *Handbook of Philosophical Logic Volume* 6. Second Edition. Boston: Kluwer Academic Publishers.

[334] Goble Lou (2002). *The Blackwell Guide to Philosophical Logic*. Blackwell Publishers Ltd.

[335] Goldblatt R (1992). Parallel action: Concurrent Dynamic Logic with Independent Modalities. *Studia Logica*, 51, 551 – 578.

[336] Grune – Yanoff T and Hansson S. O (2009). *Preference Change: Approaches from Philosophy, Economics and Psychology*, Theory and Decision Library, 2009.

[337] Guo Jiahong (2006). Revision on Stable Sets. Logic and Cognition of Online Journals, Information Network of Humanities & Social Sciences in Chinese Universities, No. 2, 2006: 107 – 132.

[338] Guo Jiahong (2009). The Incorporation of Moorean Type Information by Introspective Agents. *Frontiers of Philosophy in China*, Vol. 4, No. 3, 2009: 470 – 482.

[339] Guo, J. (2006), Revision on Stable Sets, 逻辑与认知, No. 2, 2006。

[340] Guoping Du, Hongguang Wang, Na Li, Liang Xu (2008). The Completeness and Decidability of Intuitive Implication Logic System, in Maozu Guo, Liang Zhao, and Lipo Wang. (eds.), *Proceedings* 4th *International Conference on Natural Computation*, Vol 4. Jinan, Shangdong, China, 18 – 20 Oct. 2008. pp. 573 – 577.

[341] Hallden S (1957). *On the Logic of "Better"*. Lund, 1957.

[342] Hansson, S. O (1995). Changes in Preference. *Theory and Decision*, 38: 1 – 28, 1995.

[343] Hansson, S. O (2001). Preference logic. In D. Gabbay and F. Guenthner, editors, *Handbook of Philosophical Logic*, volume 4, chapter 4, pages 319 – 393. Dordrecht: Kluwer, 2001.

[344] Hong Long (2006), Measure of medium truth scale and its application to comput-

er architecture. Doctoral thesis, Nanjing University of Aeronautics and Astronautics, 2006.

[345] Hong Long, Xiao Xian and Zhu Wujia (2006). Measure of truth scale and is application (Ⅰ). *Chinese Journal of Computers*, 2006, 29 (12): 2186 – 2194.

[346] Hong Long, Xiao Xian and Zhu Wujia (2007). Measure of truth scale and is application (Ⅱ). *Chinese Journal of Computers*, 2007, 30 (9): 1551 – 1558.

[347] Hong Long, Xiao Xian and Zhu Wujia (2008). Research on converting transition to opposing polarization. *Chinese Quarterly Journal of Mathematics*. 2008, 6: 649 – 659.

[348] Hong Long, Zhou Ningning (2008). Survey of medium logics and medium axiom set theory. *Journal of Nanjing University of Posts and Telecommunications*, 2008, 28 (4).

[349] Hong Long, Zhu Wujia, and Wang Jiandong (2006). Hierachical atructure of application oriented bio – molecular computers. *Chinese Journal of Electronics*, 2006, 15 (3): 408 – 412.

[350] HONG Long, ZHU Wujia, and WANG Jiandong (2006). Hierarchical structure of bio – molecular computers and discussion on basic concepts of molecalar computation. *Journal of Nanjing University of Posts and Telecommunications*, 2006, 26 (6): 43 – 47.

[351] Hongguang Wang, Na Li, Guoping Du (2009). Intuitive Implication Logic System. *Proceedings – The 6th International Conference on Fuzzy Systems and Knowledge Discovery*, FSKD 2009, Vol 2, pp. 252 – 256, 2009.

[352] Huacan He, Youzhi Liu, Daqing He, Hua Chen (1996). Generalized logic in experience thinking, 39 (2). *Science in China* (S. E). 1996. 3 (SCI ID – WB009, EI 96123438465).

[353] J. Cui, M. Guo and X. Tang (2009). Characterizations for Iterative Admissibility Based on PEGL, He, Horty and Pacuit (eds.), *Proceeding of the Second International Workshop on Logic, Rationality and Interaction* (*LORI – II*), Springer, 2009. 10.

[354] Jianying. Cui, Meiyun. Guo, Xiaojia. Tang. Characterizations of iterated admissibility based on probabilistic epistemic game logic. Proceedings of the Second International Workshop on Logic, Rationality, and Interaction (LORI – II); In: Xiangdong. He, J. Horty, Pacuit E, editors. 2009; Chongqing: Springer.

[355] Jianying, Cui, Xiaojia, Tang. A method for solving Nash equilibria of game based on public announcement logic. *Science China* 2010, 53 (7).

[356] Jun, Y. B., (2001): Fuzzy positive implicative and fuzzy associative filters of lattice implication algebras. *Fuzzy Sets and Systems*, 121, 353 – 357.

[357] Jun, Y. B., Roh, E. H., Xu, Y. (1998). LI – ideals in lattice implication algebras. *Bulletin of the Korean Mathematical Society*, 35, 13 – 24.

[358] Jun, Y. B., Xu, Y., Ma, J. (2007). Redefined fuzzy implicative filters. *In-*

formation Sciences, 177, 1422 – 1429.

[359] Kooi, B. and van Benthem, J. (2004). Reduction Axioms for Epistemic Actions, *AiML – 2004: Advances in Modal Logic*, R. Schmidt, I. Pratt – Hartmann, M. Reynolds, and H. Wansing, (eds.), 2004: 197 – 211.

[360] Lei Qian (1989). The Gentzen System of Medium Logic. Proc, 19th Inter. Symp. *Multiple – Valued Logic*, 1989.

[361] Liu F (2004). *Dynamic Variations: Update and Revision for Diverse Agents*, Mol Thesis, ILLC publication, 2004.

[362] Liu F (2008). *Changing for the Better, Preference Dynamics and Agent Diversity.* PhD thesis, ILLC, University of Amsterdam, 2008.

[363] Liu F (2009a). Diversity of Agents and their Interaction. *Journal of Logic, Language and Information*, Vol. 18, No. 1, pp 23 – 53, 2009.

[364] Liu F (2009b). Preference Change: A Quantitative Approach, *Studies in Logic*, Vol. 2, No. 3, pp. 12 – 27, 2009.

[365] Liu F (2010a). Von Wright's "The Logic of Preference" Revisited. *Synthese*, Volume 175, No. 1, pp. 69 – 88, 2010. DOI 10. 1007/s11229 – 009 – 9530 – z.

[366] Liu F (2010b). A Two Level Perspective on Preference. Under submission. 2010.

[367] Liu, Y. L., Liu, S. Y., Xu, Y., Qin, K. Y. (2003). ILI – ideals and prime LI – ideals in lattice implication algebras. *Information Sciences*, 155, 157 – 175.

[368] Ma, J., Li, W. J., Ruan, D., Xu, Y. (2007). Filter – based resolution principle for lattice – valued propositional logic LP (X). *Information Sciences*, 177, 1046 – 1062

[369] Minimum logic. *Fuzzy Sets and Systems*, No. 145, 2004: 253 – 266.

[370] Moh Shaw – Kwei (1954). Logic Paradox for Many – Valued Systems. *The Journal of Symbolic Logic*, 1954, 19: 37 – 40.

[371] Newton C. A. da Costa & Zhang Qingyu (1994). The Week Paraconsistent Conditional Logic$C_n W$, *Boletim da Sociedade Paranaense de Matem' atica*, Vol. 14, 1993 – 1994.

[372] Ningning Zhou and Long Hong (2008). Medium mathematics systems: review and prospect. IEEE World Congress on Computational Intelligence Proceedings, 2008: 531 – 538.

[373] Ningning Zhou, Zhengxu Zhao and Yulong Deng (2008). A new evaluation method based on measuring of medium truth scale. The First International Workshop on Computer System Education and Innovation, (IWCSEI 2008), to be published.

[374] Ning – ning Zhou, Zheng – xu Zhao, Long Hong and Yu – long Deng (2008). A

new image edge detection algorithm based on measuring of medium truth scale. Proceedings of 5th IEEE International Conference on networking, Sensing and Control, 2008: 698 – 703.

[375] Pan Zheng – Hua (2004). An interpretation of infinite valued for medium propositional logic. In: Proceedings of 2004 International Conference on Machine Learning and Cybernetics, 2004, (4): 2495 – 2499.

[376] Pan ZhengHua, Zhu Wujia (2005). Strong Completeness of Medium Logic System. *Journal of Southwest Jiaotong University*, 2005, 13 (2): 177 – 181.

[377] Parikh R (1985). The Logic of Games and its Applications. *Annals of Discrete Mathematics*, 24, 111 - 140.

[378] Pei Dao – Wu (2003). On equivalent forms of fuzzy logic systems NM and IMTL. *Fuzzy Sets and Systems*, No. 138, 2003: 187 – 195.

[379] Pei Dao – Wu (2005). Simplification and independence of axioms of fuzzy logic systems IMTL and NM. *Fuzzy Sets and Systems*, No. 152, 2005: 303 – 320.

[380] Pei, Z., Ruan, D., Liu, J., Xu, Y. (2009). *Linguistic Values – based Intelligent Information Processing: Theory, Methods, and Applications.* Atlantis Press.

[381] Plaza, J. A. (1989). Logics Of Public Communications, M. L. Emrich, M. S. Pfeifer, M. Hadzikadic, Z. W. Ras (eds.), *Proceedings of the 4th International Symposium on Methodologies for Intelligent Systems*, 1989: 201 – 216.

[382] Priest G (1987). *In Contradiction.* Martinus Nijhoff, Dordrecht.

[383] Priest G (2002). *Beyond the limits of thought.* Oxford: Clarendon Press; New York: Oxford University Press.

[384] Priest G. Routley R, Norman J (1989). *Paraconsistent Logic.* Munich: Philosophia Velag Gmbh.

[385] Qin, K. Y., Xu, Y. (1994): Lattice – valued proposition logic (II). *Journal of Southwest Jiaotong University*, (1), 22 – 27.

[386] Reiter R (1980). A Logic for Default Reasoning, *AI*, No. 13, 1980: 81 – 132.

[387] S. V. Jablonskii (1958), Functional constructions in a K – valued logic (Russian), *Trudy Mat. Inst. Stektov*, Vol. 51, 1958: 5 – 142.

[388] Shi Qingsheng, Zhu Wujia (1996). Model characters of medium temporal logic. *Journal of Nanjing University of Aeronautics and Astronautics*, 1996, 28 (6): 800 – 805.

[389] Shier, J. (1993). The Unsolvability of Hume' s Problem and the Local Justification of Induction in: *Epistemoligia*, No. XVI.

[390] Shier, J., and Hu, L. (2003). The Logical Structure of Opening sets, *Social Sciences in China*, vol. XXIV, No. 3.

[391] Stalnaker R. C. (1993). A Note on Nonmonotonic Modal Logic. *Artificial Intel-*

ligence 64, 1993: 183 - 196.

[392] Urbas (1989) . Paraconsistency and the C - Systems of da Costa. *Notre Dame Journal of Formal Logic*, No. 4, 1989: 583 - 597.

[393] van Benthem J. (1999 - 2003) . *Logic in Games*, Lecture Notes. University of Amsterdam and Stanford University.

[394] van Benthem J. (2010) . *Logical Dynamic of Information Flow.* Cambridge University Press, to appear, 2010.

[395] van Benthem J and Liu F (2004) . Diversity of Agents in Games, *Phiosophia Scientiae*, 8 (2), 2004.

[396] van Benthem J and Liu F (2007) . Dynamic Logic of Preference Upgrade. *Journal of Applied Non - Classical Logic*, Vol. 17, No. 2, 2007.

[397] van Benthem J, Ghosh S and Liu F (2008) . Modelling Simultaneous Games in Dynamic Logic. Synthese, Vol. 165, No. 2, pp. 247 - 268, 2008.

[398] van Benthem J, Grossi D, and Liu F (2010) . Deontics = Betterness + Priority, in*Proceedings of DEON* 2010, Springer.

[399] Van der Hoek, W. and Meyer, J . - J. Ch. (1997) . A Complete Epistemic Logic for Multiple Agents: Combining Distributed Knowledge and Common Knowledge. *In Epistemic Logic and the Theory of Games and Decisions*, M. O. L. Bacharach, L. A. Gerard - Varet, P. Mongin and H. S. Shin (eds.), Kluwer, Dordrecht, 1997: 35 - 68.

[400] van Ditmarsch H, van der Hoek W and Kooi B (2007) . *Dynamic Epistemic Logic.* Berlin: Springer, 2007.

[401] von Wright G (1963) . *The Logic of Preference.* Edinburgh, 1963.

[402] Wujia Zhu, Xian Xiao (1988) . A System of Medium Axiomatic Set Theory. *SCIENTIA SINICA* (Science in China), Series A, 1988, XXXI (11) .

[403] Xiao Xian, Zhu Wujia (1989) . The Non - increment of Minkovski Distance of Propositional Connectives in System MP. Proceedings of the Nineteenth Intenational Symposium on Multiple - Valued Loguc, 1989.

[404] Xiao Xian, Zhu Wujia (1990) . *Independence Lssues of the Propositional Connectives in Medium Logic Systems MP and MP *, A Friendly Collection of Mathematical Papers I* (1990), Jilin University Press.

[405] Xu, Y. , Liu, J. , Ruan, D. , Li, X. B. (2010): Determination of α - resolution in lattice - valued first - order logic LF (X) . *Information Sciences*, accepted and in press.

[406] Xu, Y. , Liu, J. , Ruan, D. , T. T. Lee. (2006) . On the consistency of rule - bases based on lattice - valued first - order logic LF (X) . *International Journal of Intelligent System*, 21, 399 - 424.

[407] Xu, Y., Liu, J., Song, Z. M., Qin, K. Y. (2000). On semantics of L – valued first – order logic L_{vfl}. *International Journal of General System*, 29 (1), 53 – 79.

[408] Xu, Y., Liu, J., Song, Z. M., Qin, K. Y. (2001). Syntax of L – valued first – order logic L_{vfl}. *International Journal of Multiple – Valued Logic*, 7, 213 – 257.

[409] Xu, Y., Qin, K. Y. (1993). Lattice – valued propositional logic (I). *Journal of Southwest Jiaotong University*, (2), 123 – 128.

[410] Xu, Y., Qin, K. Y., Liu, J., Song, Z. M. (1999). L – valued propositional logic L_{vpl}. *Information Sciences*, 114, 205 – 235.

[411] Xu, Y., Qin, K. Y., Song, Z. M. (1997). Syntax of lattice – valued first – order logic FM. *Chinese Science Bulletin*, 42 (16), 1337 – 1340.

[412] Xu, Y., Ruan, D., Kerre, E. E., Liu, J. (2000). Resolution principle based on lattice – valued propositional logic LP (X), *Information Sciences*, 130, 195 – 223.

[413] Xu, Y., Ruan, D., Kerre. E. E., Liu, J. (2001): Resolution principle based on first – order lattice – valued logic LF (X). *Information Sciences*, 132, 221 – 239.

[414] Xu, Y., Ruan, D., Liu, J. (2000). Approximate reasoning based on lattice – valued propositional logic. Fuzzy If – Then rules in computational intelligence, In: Ruan, D, Kerre, E. E. (Eds.) *Fuzzy Sets Theory and Applications*. Kluwer Academic Publishers. 81 – 105.

[415] Xu, Y., Ruan, D., Qin, K. Y., Liu, J. (2003). Lattice – Valued Logic. Springer.

[416] Yin Pan, Wangming Wu (1989). Medium Algebras, Proc. 19th Intern. Symp. Multiple – Valued Logic, 1989.

[417] Zhang Qingyu (1991). A Week Paraconsistent Conditional Logic, *The Journal of Non – classical Logic*, Vol. 8, No. 1, 1991.

[418] Zhang Qingyu (1992). Paraconsistent Modal Logics$C_n G'$, $n \in \omega$, *Boletim da Sociedade Paranaense de Matem' atica*, Vol. 12/13, 1991 – 1992.

[419] Zheng Yuxin, Xiao Xian, Zhu Wujia (1985). Finite – Valued or Infinite – Valued Logical Paradoxes, Proceedigs, The Fifteenth International Symposium on Multiple – Valued Logic, 1985.

[420] Zhou Ningning, Hong Long and Zhao Zhengxu (2008). Design and implementation of image noise removal filter based on measure of medium truth scale. *Chinese Quarterly Journal of Mathematics*. 2008, 6: 649 – 659.

[421] Zhou Ningning, Zhao Zhengxu, Qin Wenhu (2008). Medium noise removal algorithm and medium measuring of fidelity of image. *ACTA Electronica*, 2008, 36 (5): 979 – 984.

[422] Zhu Jianying, Xiao Xian, Zhu Wujia (1990). A Survey of the Development of Medium Logic Calculus System and the Research of Its Semantic, *A Friendly Collection of Math-*

ematical Papers I (1990), Jilin University Press.

[423] Zhu, Y. Q. (2008). Finite Simple Lattice Implicative Algebras. *Chinese Quarterly Journal of Mathematics*, 23 (3), 423 -429.

第四章　归纳逻辑（含决策论）

第一节　概述

一　中国归纳逻辑研究的发展趋势和特点

自20世纪初西方逻辑传入中国以来的相当长的时期内，我国学者对归纳逻辑的研究都主要停留在古典归纳逻辑上，直到20世纪80年代初现代归纳逻辑的传入，这一现状才得以改变。现代归纳逻辑传入中国以后，立刻引起了学术界的浓厚兴趣。1984年在大连举行的全国归纳逻辑学者大会就是一次标志性事件。大会召开以后出版了江天骥先生所著的《归纳逻辑导论》（湖南人民出版社1987年版），极大地促进了国内现代归纳逻辑的研究，使得归纳逻辑学界呈现出一派生机盎然、蓬勃发展的景象。我国学者在改进卡尔纳普λ系统、改进沙克尔和柯恩的归纳逻辑系统、归纳悖论研究、归纳与认知研究以及归纳逻辑与人工智能相结合问题研究等方面取得了较大的进展。在那个激动人心的年代，一批现代归纳逻辑力作陆续问世。按出版时间顺序看，它们分别是：1991年邓生庆所著的《归纳逻辑——从古典向现代类型的演进》、1992年李小五所著的《现代归纳逻辑与概率逻辑》、1993年鞠实儿所著的《非巴斯卡归纳概率逻辑研究》、1993年任晓明所著的《当代归纳逻辑探赜——论柯恩归纳逻辑的恰当性》、1994年陈晓平所著的《归纳逻辑与归纳悖论》、1995年桂起权等人所著的《机遇与冒险的逻辑》、2004年熊立文所著的《现代归纳逻辑的发展》、2006年邓生庆、任晓明所著的《归纳逻辑百年历程》等。《归纳逻辑百年历程》与上述其他论著不同的是，它不是一项专题研究，而是系统阐述了归纳逻辑百年发展的历史，展现了归纳逻辑百年发展的宏伟图景。

考察中国归纳逻辑研究所取得的成果，可以看出，中国归纳逻辑研究呈现以下发展趋势和特点。

（一）形式与非形式

与西方归纳逻辑的发展状况类似，我国的归纳逻辑发展也呈现出一个从非形式到形式再到形式与非形式相结合的过程。在 20 世纪 80 年代以前，我国的归纳逻辑研究主要停留在古典归纳逻辑上，也就是说，我国的归纳逻辑研究也属于非形式的研究。在这一阶段，我国逻辑学工作者的主要工作是翻译、引介和解读西方古典归纳逻辑著作，以及对西方古典归纳逻辑中的一些问题进行研究。这一时期我国学者的译著和论著主要有：1905 年严复译介的《穆勒名学》，1906 年胡茂如翻译的《论理学》，1908 年王国维翻译的《辨学》，1910 年陈文编译的《名学释例》，1911 年王延直纂著的《普通应用论理学》，1912 年蒋维乔编写的《论理学教科书》等。报纸和期刊论文主要有：1961 年王方名发表的《略论归纳》，1961 年温公颐发表的《从逻辑史看归纳逻辑的实质》，1962 年陈昌曙发表的《试论归纳和演绎的辩证统一》，1962 年彭漪涟发表的《试从培根的“形式”看培根归纳法的基本性质和特点》，1962 年吴家国发表的《归纳推理及其种类》、《判明因果联系的逻辑方法》、《逻辑漫谈：类比推理及其实际应用》等，1963 年江天骥发表的《古代归纳派和演绎派的争论》，1978 年葛力发表的《培根的归纳逻辑》、1979 年宋文坚发表的《论科学逻辑》，1983 年褚平发表的《应当如何看待归纳法》和 1983 年何向东发表的《归纳推理的类型新探》等。

在古典归纳逻辑研究方面，对穆勒归纳法的研究做出过重要贡献的是我国学者倪鼎夫和张家龙。倪鼎夫曾谈到金岳霖先生晚年对归纳逻辑研究十分重视。在金先生倡导下，倪鼎夫较为深入地研究了穆勒归纳法，在《关于 J. S. 穆勒的逻辑观——从不矛盾逻辑到真理逻辑》一文中，他认为穆勒一方面吸收了三段论，肯定从前提到结论的逻辑必然性；另一方面，穆勒的经验论思想在理论上破坏了逻辑必然性，把三段论说成是个别到个别的推理。[①] 张家龙在《穆勒归纳法的推广形式》一文中，根据现代的科学材料对穆勒归纳法作了推广，提出了五种新的归纳法：比较实验法、求

---

① 倪鼎夫：《关于 J. S. 穆勒的逻辑观——从不矛盾逻辑到真理逻辑》，《理有固然，纪念金岳霖先生百年诞辰》1995 年。

异比较并用法、统计求同求异并用法、抽样求异并用法和抽样比较并用法。他们二位学者的研究，开辟了古典归纳逻辑现代解读的新思路。①

20 世纪 80 年代初，现代归纳逻辑传入我国以后，我国的归纳逻辑研究也进入了形式研究阶段。我国学者不仅系统引介了一些西方现代归纳逻辑的研究成果，而且还对现代归纳逻辑的一些问题进行了系统而深入的研究，并提出了自己的一些观点和主张，构建了一些归纳逻辑形式系统。这一时期我国学者的主要成果有：1989 年刘壮虎的《归纳支持逻辑的一个新系统》，1991 年鞠实儿的《一个非形式的归纳支持句法系统——与刘壮虎先生商榷》，李小五建立了一个概率演算的语法系统 I，陈晓平建立了一个贝叶斯认证逻辑系统 J_6。

另一方面，我国学者在归纳逻辑形式化研究中也意识到，归纳逻辑不仅需要形式化，也需要考虑非形式的因素。在研究非巴斯卡概率逻辑时，他们发现这种非经典概率逻辑有这样的特点：比如，由于因果效应和证据事例是不可加的，因此归纳逻辑不仅要有定量测度，更需要排序的分级。再比如，证据支持不仅有形式的方面，而且有内容的方面（及信息量方面），因此，概率应当是类似于凯恩斯证据"权重"（相关信息度）的东西。实际上，非经典概率逻辑的研究已经暗示我们，要研究归纳概率的非形式方面。这一思想带有强烈的挑战性和革命性。②

同时，认知科学研究中对非形式因素的考虑也启发我们，可以把归纳逻辑的研究与人工智能、认知科学的研究结合起来，实现归纳逻辑研究的形式化与非形式因素的结合。例如，熊明辉通过从概念上把法律推理区分为法理层面和逻辑层面，指出了法律逻辑学家困惑的根源所在，认为"实质法律推理"概念的提出并没有给形式法律推理之不足提供一个逻辑上的补缺，进而提出了非单调推理是法律推理逻辑基础的思想。最后得出结论：只要引入非形式逻辑理论，就能比较令人满意地解决目前法律逻辑学家的困惑以及法学家们的质疑。③ 这样一来，既弥补了归纳逻辑在形式化研究过程中所出现的一些不足，又克服了形式化所带来的一些困境，有助于实现归纳逻辑的认知转向。

---

① 张家龙：《穆勒归纳法的推广形式》，《全国逻辑讨论会论文选集》1979 年。

② 桂起权、任晓明、朱志方：《机遇与冒险的逻辑》，石油大学出版社 1995 年版，第 150 页。

③ 熊明辉，http://lw.china-b.com/jjfl/lwzx_319035.html，2008。

（二）概率与因果

从归纳逻辑的历史和现实来看，归纳逻辑有两个不同的发展方向。其一是培根开创的“因果化”方向，其二是巴斯卡开创的“概率化”方向。传统归纳逻辑注重因果方法的研究，培根和穆勒的方法本质上是寻求因果联系的方法。一些现代逻辑学家，例如罗素、勃克斯、冯·赖特，沿着培根方向继续前进，对穆勒五法作了现代逻辑的解读，从因果条件句中提炼出“因果蕴涵”、“反事实蕴涵”，以实现因果陈述句的形式化和公理化。第二个方向即概率化方向则与传统归纳逻辑大相径庭，它代表了现代归纳逻辑的主流。①

第一个方向的研究是对传统归纳逻辑的继承和发展，是从弗兰西斯·培根开始并得到穆勒的直接继承和发展因果化方向。我国学者金建国在这方面进行了积极的探索，发表了《培根归纳逻辑在中国介绍和研究的概括》和《论培根的归纳逻辑》以及其他论文。

第二个方向的研究指的是归纳逻辑的概率化，它代表了现代归纳逻辑的主流。我国学者在这方面的主要成果有：陈克艰的《上帝怎样掷骰子》、王雨田的《归纳逻辑导引》等论著以及若干论文，如王雨田的《略论卡尔纳普对概率逻辑的研究》、《概率逻辑的形成与归纳逻辑史研究》、陈晓平的《谈谈卡尔纳普的归纳逻辑》、桂起权的《莱欣巴赫的概率逻辑》，陈炜和王雨田的《凯恩斯的概率逻辑》、《归纳逻辑：卡尔纳普的公理系统和我们的设想》，邓生庆的《凯恩斯的归纳逻辑理论》、《莱欣巴赫的归纳逻辑理论》等。

随着研究的进一步深入，现代归纳逻辑呈现出因果化方向与概率化方向相互渗透、有机结合的倾向。为适应这一发展倾向，我国学者在评介新培根主义归纳概率逻辑的基础上，尝试建立一种把概率和因果结合在一起的归纳逻辑系统。在王雨田、吴炳荣主编的《归纳逻辑与人工智能》中，冠世琪在评述勃克斯的归纳概率理论的基础上探讨了勃克斯独具特色的把因果化方向与概率化方向有机结合的归纳概率理论。冠世琪指出，勃克斯理论的最大特点是对因果必然性规律所做的先验概率确定以及勃克斯关于因果必然性规律的归纳概率证明过程。尽管他把勃克斯理论加以扩展，以

① 任晓明：《新编归纳逻辑导论——机遇、决策与博弈的逻辑》，河南人民出版社2009年版，第66页。

建立把因果和概率相结合的系统的尝试没有取得实质性进展，但是他的评介和研讨是富有启发性的。[①]

（三）巴斯卡概率与非巴斯卡概率

巴斯卡概率指的是由巴斯卡创立的数学概率论，也可以说是归纳逻辑的巴斯卡传统。尽管不同学派对巴斯卡概率给予了不同的解释，但是，它们都有两个共同的假定。第一，逻辑全知者假设，即研究者知道某实验的全部可能结果。第二，概率全知者假设，即巴斯卡概率定义认为某实验的概率是［0，1］之间内一点所表示的数值，研究者能唯一地确定每一实验的概率值。但是，这两个假定却使巴斯卡概率逻辑不得不面临两大困难。首先，我们如何确保研究者事先知道实验的全部结果？其次，我们如何确保研究者能唯一地确定每一实验的概率值？事实上，我们完全有理由相信上述两个假定不成立，而实际情况是，我们的确在很多情况下是无法达到上述两个假定的要求的。因而，巴斯卡概率逻辑的困难直接来源于巴斯卡概率的定义，它对不确定性的描述施加了过多的限制，以至于（至少在某些场合下）它不能恰当地描述归纳不确定性。

在解决巴斯卡概率逻辑的上述困难的时候，人们主要进行了以下两种尝试。(1) 保留逻辑全知者假定放弃概率全知者假设，由此产生了“区间函数”理论。该学派认为，要求给出某一陈述或某一事件精确的归纳概率值是不现实的，事件或陈述的概率是一个区间，点值是区间值的理想化，区间值概率满足概率演算公理。区间概率函数描述了当事人在确定概率值时的知识不确定性或无知性。基于区间理论的比较成熟的归纳概率逻辑系统是由 Jr. Kyburg（1961）、Levi（1967、1980）和 Shafer（1976、1990）提出的。Kyburg 对区间函数理论做出频率主义的解释，并在此基础上提出度量逻辑概率的方法；Levi 对区间函数理论做出私人主义解释，建立了非严格贝叶斯主义统计决策论和信念变化理论；Shafer 推广了 Dempster 的区间理论，从私人主义角度对它做出构造主义解释，对蓝姆赛（E. P. Ramsey）、德·菲耐蒂（B. De Finetti）、萨维奇（L. J. Savage）关于巴斯卡概率公理是合理信念的充要条件的理论进行批评，提出了证据理论，推广了贝叶斯主义。虽然上述理论在解决巴斯卡概率逻辑的困难方面起到了一定

① 王雨田、吴炳荣：《归纳逻辑与人工智能》，中国纺织大学出版社 1995 年版，第 212—223 页。

的作用，但是，它们最终都没有完全解决问题。因为区间概率函数满足概率公理，它必然假定当事人事先知道他所关心的实验的所有可能结果，因此，基于区间理论的某一解释的归纳逻辑系统不能完全避开巴斯卡概率逻辑所面临的困难。（2）放弃逻辑全知者假设，从而产生了非巴斯卡概率理论。非巴斯卡概率理论所研究的问题是，当事人所具有的样本空间为不完全的情况。非巴斯卡概率理论最具特色的原理是否定原理，即如果 P（A）>0，则 P（～A）=0。目前，最有影响的非巴斯卡概率归纳逻辑系统有以下两种：其一，沙克尔（G. Shackle）的潜在惊奇（potential surprise）理论。它是非巴斯卡概率的私人主义解释。根据潜在惊奇理论，当某一个事件 h 永假或为不可能事件时，P（h）=1，即 h 的发生将导致最大的惊奇；由于不存在必然事件，因此相对于不可能事件的是完全可能事件。当 h 是完全可能事件时，P（h）=0，即 h 的发生将导致毫不惊奇。最后，由于事件的集合 H 是当事人对某一试验的所有可想象的结果，并且他无法证明试验的结果必然落在 H 中；因此，P（h）>0 时，即 h 并非完全可能或当事人对 h 的发生感到惊奇时，P（～h）=0，即 h 在 H 的余集中是完全可能的。其二，柯恩的归纳支持和归纳概率分级句法理论。这也是非巴斯卡概率中最有影响的理论。柯恩的理论包括三部分：相关变量法、归纳支持的理论和归纳概率以及概率多元化的理论。它的要点是：采用相关变量方法确定假说 h 在一定证据下的归纳支持分级，然后用归纳支持分级定义归纳概率分级，最后根据归纳支持分级和概率分级的定义确定复合假说的规则和推理规则。在这里，所谓的相关变量法是一种实验方法，他首先依据当事人的背景知识确定可能证伪的假说的所有可能因素，即相关变量；其次，根据它们证伪假说的能力的大小将它们排成一个序列；再次，按照该序列进行越来越复杂的实验；最后根据 h 通过的实验中所包含的相关变量的数目和相关变量的总数的比值确定 h 的归纳支持和概率分级，根据上述理论，归纳概率是定义在根据相关变量集构造的实验集合上的。但是，相关变量集的完全性只是一个经验假定，无法保证 h 在该集合上的检验结果等于 h 实际上可能经受的检验的结果，也就是说，归纳概率定义在其完全性得不到保证的实验集合上。（在这里，柯恩放弃了逻辑全知者假定。）因此，当 P（h）=1，即 h 通过所有检验时，h 不是必然事件（为了表明这一点，柯恩用某一个小于 1 的分数表示 h 通过所有检验这一事实）。同时，当 P（h）>0，即 h 至少通过不分检验时，由于～h 已经被实验证伪，故 P（～h）＝0。因此，柯恩的归纳支持和概率分级理论是非巴斯卡概率的经验主义解释。

在非巴斯卡概率归纳逻辑的评介和研究方面，我国学者鞠实儿、刘壮虎、陈晓平和任晓明等作了一些工作，取得了一些成果。其中，最早开展这项工作且成果丰厚的是鞠实儿。早在 1987 年，鞠实儿在他硕士论文中就已经评介和研究了 J. Cohen 归纳概率逻辑。在《论归纳逻辑的局部辩护和适用范围——兼评 J. Cohen 归纳概率逻辑理论》一文中，鞠实儿在评介柯恩归纳概率逻辑的基础上，探讨了归纳逻辑的辩护问题，提出了局部主义的归纳辩护方案。随着研究的深入，他逐渐从对柯恩的正面评价转向对柯恩的批判。其成果主要有《J. Cohen 归纳概率逻辑批判》、《论归纳概率逻辑的基本问题和解决途径（上）——兼论归纳概率逻辑研究方法和方向的转变》、《论归纳概率逻辑的基本问题和解决途径（下）——兼论归纳概率逻辑研究方法和方向的转变》、《非巴斯卡归纳概率逻辑研究》。鞠实儿对沙克尔的潜在惊奇理论和柯恩的归纳支持理论进行了深入的探究，对它们的意义和不足进行了深入的分析，并提出了自己的解决方案（详见 4.2 节和 4.3 节）。

陈晓平在研究非巴斯卡归纳概率逻辑的基础上指出，柯恩归纳支持理论中的否定原理严重违反直觉，柯恩关于某一领域中相关变量表是唯一的且严格排序的假定有问题。陈晓平把变量的相关看做人的一种信念。他吸收了人工智能中信念修改逻辑的思想，在条件句逻辑的框架上建立起归纳支持的系统。他认为这个系统克服了柯恩相关变量法严格排序的缺陷，实现了假说归纳支持推理非单调性的形式刻画，并且克服了柯恩否定原理的缺陷。

刘壮虎认为柯恩的归纳逻辑系统有两个缺点：一是在柯恩的理论中相关变量只是一种直观理解的背景，没有用相关变量作为语义；二是柯恩系统所讨论的句子只限于有相同相关变量，以相同次序检验的句子，这样无法对非实质相似的假说的归纳可靠性进行比较。之后，他还建立了一个归纳支持的逻辑系统 VIL，用相关变量和检验给出严格的语义，并且着重讨论归纳支持的可比较关系。

（四）理论与应用

我国现代归纳逻辑理论研究首先是对国外的现代归纳理论进行译介和学习。其中，洪谦主编的《论逻辑经验主义》和江天骥主编的《科学哲学名著选读》就是这一时期的重要著述。它们为我国学者进行现代归纳逻辑的研究提供了可靠的参考资料。其次是在对国外归纳理论进行介绍、评价、学习、吸收的同时，我国学者开始对现代归纳逻辑理论进行深入的研究、探索，取得了重要的成果。其中，江天骥的《归纳逻辑导论》和鞠实儿的《非巴斯卡归纳概率逻辑研究》就是这一时期的代表性学术研究成果。以下做一简要的介绍：

江天骥的《归纳逻辑导论》是一本以主观贝叶斯主义的观点来介绍现代归纳逻辑的著作，内容涉及现代归纳逻辑的各个方面。作者认为归纳推理是主观地不充分置信的推理，即推理者以一定置信度接受前提，由这些前提出发达到结论，而对结论的置信度要比前提的置信度小。作者说明了什么是归纳概率，什么是主观概率，以及两者之间的关系。指出，归纳概率的定义，测定推理的归纳概率的方法，以及构造合理的归纳推理的方法，这些构成了归纳逻辑的理论。对归纳概率的定义不同，所形成的归纳逻辑理论也不同。作者以主观概率的观点讨论了传统的逆推理、简单枚举法、排除归纳法和类比推理。他所说的逆推理就是通常所说的回溯推理或溯因法，也叫假说演绎法，所说的类比推理实际上是单称预测推理。书中介绍了统计推理和决策理论，而统计推理和决策理论是这本书中最有特色的部分。作者讨论了几种不同的概率概念：频率概率、逻辑概率、主观概率，等等。研究了休谟问题、古德曼悖论和亨普尔悖论，详细介绍了归纳逻辑从近代到现代的发展过程中研究内容、研究思路的变化。在该书的最后一章，作者强调，传统归纳逻辑所研究的枚举归纳法、类比法、排除归纳法和假说演绎法四种推理形式并不重要，因为它们是互相关联的，可以互相还原的。归纳逻辑目前的任务不是把传统的归纳推理形式化，而是把数理统计中所用的几种不同的测定概率值的方法分离出来，把它们公理化，然后推出这些公理的后承。最后，作者给归纳推理和归纳逻辑下了一个定义：归纳推理就是由充分相信的前提过渡到相信度较小但并非不相信的结论的过程，其目的在于测定这个结论相对于前提的概率值，概率值的测定是按照一个特定的一般方法做出的，这个方法就是归纳法。归纳逻辑就是关于这些归纳方法的理论，它描述这些方法的特征，把它们系统化，并展示在哪些情况下某一归纳方法的应用是合理的。作者认为，把一切归纳方法用公理集加以系统化的归纳逻辑目前还不存在，现在只有归纳逻辑的断片或一些归纳逻辑的雏形。[①]

鞠实儿的《非巴斯卡归纳概率逻辑研究》探讨了归纳概率逻辑的基本问题、休谟问题和归纳逻辑的研究方法、非巴斯卡概率的主观解释和决策理论、柯恩的非巴斯卡概率逻辑及其批判、基于非巴斯卡概率的实验推理理论等五章。该书的特色在于系统分析和讨论了非巴斯卡概率逻辑理论中的沙克尔潜在惊奇理论和柯恩的归纳支持和归纳概率分级句法理论，并针对它们的缺点和不足，提出了自己的非巴斯卡归纳概率逻辑的形式系统，即假说似规律度的句法系统（详见 4. 2 节和 4. 3 节）。

与此同时，我国的学者在归纳逻辑的应用研究方面还取得了较大的成绩，把归纳逻辑的研究与人工智能、认知科学的研究结合起来，实现了归纳逻辑研究理论与应用的结合。比如，陈炜和杨莉的《卡尔纳普归纳逻辑系统在知识获取中的应用》，夏彦、鞠实儿和王雨田的《非巴斯卡概率逻辑在专家系统中的应用》，王雨田的《一类基于归纳逻辑的归纳学习系统》、《归纳逻辑与人工智能》等就是这方面的代表性成果。

进入 21 世纪以后，教育部人文社会科学重点研究基地“中山大学逻辑与认知研究所”在归案逻辑的理论和应用方面做了许多工作。在丰富的理论研究成果的基础上，我国学者开始了现代归纳逻辑的应用研究。在计算机科学、人工智能以及认知科学研究的推动下，我国学者在不确定推理和认知悖论研究、信念悖论研究和贝叶斯网络等方面取得了一些成果（详见 5. 3 节和 5. 5 节）。此外，决策和博弈也是归纳逻辑在新世纪的重要的应用领域之一（详见 5. 1 节和 5. 2 节）。总体来说，正如国外现代归纳逻辑的发展经历了一个从理论到应用的发展过程一样，我国的现代归纳逻辑发展也经历了这样一个类似的过程。

二　归纳逻辑发展分期

归纳逻辑在中国的发展历程大致可以分为两个大的阶段：第一个阶段是从 20 世纪初到 20 世纪 80 年代，第二个阶段是从 20 世纪 80 年代到现在。前一段主要研究古典归纳逻辑，后一段主要研究现代归纳逻辑。20 世纪初，探求救国道路、宣传变法图强的梁启超、严复等人率先在国内传播逻辑学，作为向西方学习研究科学的思想方法，严复所翻译的《穆勒名

---

① 江天骥：《归纳逻辑导论》，湖南人民出版社 1987 年版。

学》、《名学浅说》两本逻辑著作，都是注重介绍归纳逻辑的西方传统逻辑教科书，其中所介绍的归纳逻辑，也是古典归纳逻辑理论。20 世纪 20 年代以后到新中国成立的这段时间，我国学者对所引进的古典归纳理论进行消化、理解、普及、运用乃至深入研究。这一时期由于战争频繁，学术研究时时被打断，很难深入进行。

从 1949 年以后到“文化大革命”之前，中国逻辑学获得了新生，归纳逻辑的传播和研究也有了良好的条件。在国外，归纳逻辑也像逻辑学的其他分支一样获得了长足的发展，现代归纳逻辑无论在理论的深度还是广度上，都已大大突破了古典归纳逻辑的狭窄范围，但是在国内，归纳逻辑的研究主要还局限于古典归纳逻辑。国内学界翻译和介绍了一批国外逻辑史著，并在介绍和研究培根、亚里士多德及其他西方逻辑学家的归纳逻辑方面取得了较大的进展。我国学者翻译和编写了许多外国哲学和哲学史的著作或教科书，客观上为中国逻辑学，特别是归纳逻辑的普及工作做了铺垫。这些工作，如洪谦主编的《西方现代外国资产阶级哲学论著选辑》、江天骥的《逻辑经验主义的认识论》以及北京大学哲学系编译的《十六至十八世纪西欧各国哲学》等，也进一步促进了中国归纳逻辑的研究工作。1961 年京津地区的逻辑工作者举行了一次关于归纳逻辑的专题学术研讨会。这次会议对于推动归纳逻辑的研究起到了一定的作用。总之，20 世纪 80 年代之前，中国国内逻辑学界对归纳逻辑的研究一直停留在古典归纳逻辑研究阶段，其间关于归纳的论文和译文大约有 50 篇。

20 世纪 80 年代以后至今，现代归纳逻辑开始传入国内并开始得到系统的研究。1984 年是我国归纳逻辑由古典归纳逻辑转向现代归纳逻辑研究的转折点，这一年的三件大事可以说是具有标志性意义：第一，1984 年 8 月，江天骥先生在沈阳首次以“现代归纳逻辑”为题进行了为期几天的系列讲座。在这次讲座上，江天骥先生以《选择与机遇——归纳逻辑导论》中的生动的例子，阐述了概率演算、贝叶斯公式和合理决策与博弈等理论，为国内学者了解学习现代归纳逻辑理论提供了平台。第二，同年，王雨田发起并组织的“全国归纳与概率逻辑讨论会”在大连召开。这次全国性的归纳逻辑恳谈会，所邀请的大都是全国各地在归纳逻辑方面发表过论文或者译文的学者（至少是有过初步研究的学者）。在讨论会上，与会代表着重交流了国内外归纳与概率逻辑研究的进展情况，初步探讨了科学的发展趋势，并就今后的研究方向和课题交换了意见。莫绍揆就有关问题作了专题发言。会议还就一些理论问题进行了讨论，主要有归纳逻辑的对象、地位与作用，归纳模式，归纳悖论，波普的反归纳主义论题等。第三，北京市逻辑学会的《归纳逻辑》论文集（1983）得以出版。这是由赵总宽等主编的一部关于归纳逻辑的论文集，虽然其中只有一篇文章是属于现代归纳逻辑范畴的，但毕竟已经有了一个良好的开端。

从此，我国的归纳逻辑研究呈现了蓬勃发展的态势。据初步统计，1984 年一年内，在各地报纸杂志上发表的有关归纳逻辑的文章有 22 篇之多。1984 年至 1989 年间，归纳逻辑论文有 120 多篇、论著三部。此后，有关归纳逻辑的论文和专著更是如雨后春笋般不断涌现。

三　归纳逻辑的发展脉络和主要问题

（一）两次研究热潮

自从归纳逻辑在 20 世纪初传入我国以后，国内先后出现了两次学习和研究归纳逻辑的热潮。第一次是 20 世纪初西方逻辑传入的时候，国人以极大的热情引进和翻译西方归纳逻辑著作（参见 1.1 节、1.2 节）。第二次是 20 世纪 80 年代初西方现代归纳逻辑传入的时候，中国学者表现出对现代归纳逻辑的浓厚兴趣。当时，一批受过专业训练的年轻人，在老一辈逻辑学工作者的带领下转入现代归纳逻辑研究，在介绍、研究现代归纳逻辑方面，出现了一次颇具规模的高潮。[①] 当时的主要成果有：鞠实儿、陈晓平、李小五、邓生庆、熊立文等介绍现代归纳逻辑的文章。随后陆续出版了一些全面介绍现代归纳逻辑的著作，例如，王雨田等主编由一批中青学者撰写的《归纳逻辑导引》和《归纳逻辑与人工智能》。值得注意的是，一些中青年学者在评介国外归纳逻辑研究成果的基础上，试图建构自己的归纳逻辑系统，取得了一些重要的成果，推动了我国现代归纳逻辑的发展。

（二）我国归纳逻辑研究的源流

我国归纳逻辑研究尽管可以追溯到 20 世纪初，但是真正形成一个归纳逻辑学术圈是从武汉大学江天骥先生开始的。从 1987 年到 21 世纪初，江先生致力于引进和传播现代归纳逻辑，强调把握西方现代归纳逻辑的脉络，评价要客观、中肯、不失真。另一方面，江先生对待西方现代归纳逻

① 宋文坚：《逻辑学的传入与研究》，福建人民出版社 2005 年版，第 284—285 页。

辑研究的态度是：不仅要“照着讲”而且要在客观评介的基础上“接着讲”。主张先把握精髓，吃透原意，然后做出自己的评价并加以发展。

在一篇题为《归纳逻辑的新进展》的论文中，江天骥指出：“金岳霖先生晚年比较注意研究归纳逻辑，有一次我去拜访他，看见他正在阅读史蒂芬·巴克（Stephen Barker）的《归纳与假说：确证逻辑研究》一书，他还读了有关现代归纳逻辑的其他著作。对培根的古典归纳逻辑，他也很重视。可惜由于体力衰竭，他晚年似乎没有留下探讨归纳逻辑问题的文章。”我们可以推测，江先生注重现代归纳逻辑研究，其出发点就是为了填补这一理论空缺。

江天骥先生对归纳逻辑及其哲学问题有独到的看法。我们可以从三个方面来解读他关于归纳逻辑哲学的基本思想：

第一，归纳逻辑发展的历史是先行理论不断更新、为更好的后继理论所更替的历史，也是不断消解归纳悖论、归纳疑难的过程。在这个过程中，新旧理论不断更替，不断发展。在归纳逻辑开创者们披荆斩棘、“过五关斩六将”的过程之中，出现过形形色色的归纳悖论和疑难，如经典的归纳之谜（即著名的“休谟问题”，人们普遍认为它威胁到归纳逻辑的合法性）、新的归纳之谜（古德曼悖论）、抽彩悖论、逃票者悖论等。所有这些“归纳悖论”和疑难都起到了归纳理论的试金石和“智能的磨刀石”的作用，同时也像喷气式助推器那样推动着归纳逻辑的发展。归纳逻辑本身就是在试图解决这些疑难的过程中逐步发展起来的。所以说，归纳逻辑的发展历史就是一个不断解决悖论、疑难的过程。一般地说，在前后相继的理论更替过程中，每一种新理论都从特定角度消解了旧理论的某种疑难，因而相对地说具有更高的恰当性、合理性。

第二，归纳逻辑本质上是一种哲理性逻辑，归纳逻辑的哲学问题非常重要。江先生注意到，“归纳逻辑历来是哲学家和统计学家都很关心的一个研究领域。”当然两者的角度有所不同。这里所说的哲学家主要是指科学哲学家。科学哲学家重视认识概率（名为“主观概率”，实为通过主观认识反映客观），统计学家往往只注重客观概率，却不承认“主观概率”。与统计学家不同，正统科学哲学家是“基础主义者”，主要关心如何解决逻辑经验论的哲学问题，关心科学理论何以具有合理的逻辑基础和可靠的经验基础。因此他们专心探究语言和逻辑的形式系统，非常强调归纳合理性的辩护问题。然而，统计学家们对归纳逻辑的哲学方面的讨论却感到莫名其妙，甚至厌恶。因此，必须重视归纳逻辑的哲学问题研究。

江天骥先生是中国分析哲学研究和传播的先驱者之一，他对归纳逻辑的研究建基于对分析哲学的深刻洞察。在他看来，在分析哲学中，逻辑尤其是归纳逻辑是必不可少的方法论工具。正因为如此，江先生主编的一本《科学哲学名著选读》，实际上搜集的都是现代归纳逻辑及其方法论问题的经典文献。他把逻辑分为狭义的逻辑即演绎逻辑和广义的逻辑即包括归纳逻辑在内的逻辑，这是在对分析哲学作出深入研究的基础上得出的科学结论。

第三，应当高度重视和评价主观贝叶斯主义，应当深入研究在主观贝叶斯主义基础上发展起来的决策和博弈的理论。在江先生看来，主观贝叶斯主义“在近三十年来获得更令人瞩目的发展。”在应用方面，经济管理也成为应用贝叶斯方法的最重要的领域之一。在理论上，贝叶斯主义不仅是一种关于统计推理的理论，而且将发展为“贝叶斯的科学哲学”（罗森克兰茨）。据桂起权回忆，1984 年江先生在沈阳讲学介绍当时人们闻所未闻的归纳概率逻辑的时候，根本不用看讲稿，就把“贝叶斯公式”分子分母中每一项写出来，并且把其中的含义分析得一清二楚。江先生早就认识到“主观贝叶斯主义”（对概率作“私人主义”解释）的深刻性和合理性。1980 年代中期他多次说过，主观贝叶斯主义的“主观概率”比单纯“客观概率”更加全面，更加符合实际，因为它能同时把握主客观，把两个方面的因素都考虑进去。他很清楚，在中国当时的语境下，一说起“主观主义”，人们容易联想起毛泽东在《反对党八股》中所说的“主观主义是共产党的大敌”，诸如此类。因此，为了避免不必要的误解，他更多使用其他替代词，用“私人主义”替代“主观主义”；用“认识概率”、“心理概率”来替代“主观概率”。其用意就在于表明，可以通过主观认识反映客观真实。然而，学术界对此真正有比较清醒的认识恐怕是晚近的事情了。不过，到了 1980 年代，江先生对于主观贝叶斯主义的重视对他周围的人的影响是很明显的。1989 年，朱志方博士的一篇论文《贝叶斯主义的学习理论》就被收入《全国第六届人工智能会议论文集》。

2003 年，江先生因病住院。先生的弟子去医院看望他老人家。在武汉的中南医院，身体异常干瘦的江先生躺在病床上，形容憔悴，但神志清晰。当他得知弟子们正在研习归纳逻辑时，他马上来了精神，喃喃地念叨，“主观贝叶斯，重要！要研究主观贝叶斯”。实际上，江先生始终重视主观贝叶斯主义的归纳逻辑理论。甚至在迟暮之年还关注归纳逻辑前沿问题。

第四，应当时刻关注西方归纳逻辑发展动态，重视非巴斯卡概率逻辑研究。1988 年，江天骥先生在参加香港分析哲学研讨会并且顺访中山大学（其间中山大学的鞠实儿去拜会过江先生，讨论过 J. Cohen 的非帕斯卡概率）之后，似乎认识到 J. Cohen 的非巴斯卡概率逻辑的前沿性和重要性，也许出于武汉大学不甘落后的考虑，他老人家当机立断，要求他的博士生任晓明改换原来的选题，转而研究 J. Cohen。1989 年江先生去了美国，在一封给任晓明的信中，他明确指出："我记得柯恩的归纳概率或归纳支持的概念有一点奇特之处：一个假说在后来被确认为假后仍可保持它原先获得的较高支持度。我在一篇文章中提到这一点（可能是在《归纳逻辑导论》中的哪一章里）。"在江先生和桂起权教授的指导下，任晓明完成了 18 万字的博士论文《J. Cohen 新古典归纳逻辑研究》(1990)。该论文确立了这样一些基本观点：一是哈克的"（演绎）有效性"，经过适当弱化可以推广到"归纳有效性"，即用概率表示的"归纳强度"；二是概率归纳逻辑可以定位为一种激进的非经典逻辑，其特点在于前提与结论之间的证据支持关系被概率化；三是"相符性"只是一个相对的、动态的概念（前后相继的理论是可以不断改进的），J. Cohen 的"恰当性"概念也应该如此解读，也是相对于现实原型而言的。由此可以得出，从逻辑哲学观点看，归纳逻辑首要的哲学问题之一在于，抽象的归纳逻辑系统的句法及其语义解释与现实原型之间的恰当相符性问题。

沿着江先生开辟的道路，武汉大学的桂起权、朱志方等为现代归纳逻辑的引进和传播做了许多工作。江先生开创的归纳逻辑研究传统和学术风格对我国高校归纳逻辑研究产生了深远的影响，中山大学逻辑与认知研究所、华南师范大学哲学所、南开大学哲学系、南京大学哲学系以及其他高校的归纳逻辑研究在根源上大都归属于这个学术圈。江先生离开我们以后，我国归纳逻辑学术圈的格局和范围逐渐发生了变化，形成了南北呼应、向中西部扩展的学术研究新格局，尽管如此，江先生的归纳逻辑研究特色、学术风格及其个人魅力仍然影响着一代又一代逻辑学人。

（三）我国归纳逻辑研究的主要问题

归纳逻辑研究有很多问题，但是这些问题实际上可以区分出以下三个不同类型的问题：心理学问题、逻辑问题和哲学问题。归纳的心理学问题主要探讨归纳推理的起源，发现或提出归纳结论的心理过程或心理机制，以及对某个归纳结论所持的相信或排斥的心理态度极其理由等。逻辑问题着重探讨归纳结论与观察证据的逻辑联系，或归纳过程的推理机制等。哲学问题则探讨归纳推理是否能够得到必然性结论，如果不能得出必然性结论，那么归纳的合理性何在？如何为归纳的合理性进行辩护等问题。总的说来，我国学者研究方向比较集中并取得了一定成果的归纳逻辑研究主要有以下几个方面：归纳合理性问题、经典概率逻辑研究、非经典概率逻辑研究、因果陈述逻辑、归纳、决策与博弈以及归纳与认知研究等。接下来，我们将依次讨论这些问题。

第二节　归纳合理性研究：归纳逻辑的主要哲学问题

归纳推理的合理性问题（简称归纳问题）指的是如何证明由已知的经验事例推出其断定范围超出这些事例的结论的合理性问题，在归纳逻辑史上具有重要的地位。归纳问题的提出与研究也是归纳逻辑由古典型向现代型发展的一个动力。①

一　休谟问题：归纳合理性问题研究

“休谟问题”最早是由17世纪英国经验论哲学家休谟提出的。休谟从其经验论立场出发，对因果关系的客观性提出了根本性质疑，其中隐含着对归纳推理合理性的根本性质疑。概括起来说，休谟质疑的是由特称陈述过渡到全称陈述或由已观察到的事件过渡到未观察到的事件的推理的合理性，认为归纳推理的概括结论或关于未来的预测是不能够证明的，概括或预测陈述的真是没有保证的。即归纳方法的成功是没有保证的。②

休谟提出的这个归纳推理的辩护（Justification）问题使哲学家和逻辑学家大伤脑筋，直到今天仍是学者们经常讨论的一个难题。由于归纳推理和归纳方法在自然科学研究中起重要作用，所以归纳被称为“科学的胜利”。但由于“休谟问题”的困扰，归纳推理的合理性在逻辑上得不到证明，所以归纳又被称为“哲学的耻辱”。为消解这个问题，哲学家和逻辑学家们进行了不懈的努力和尝试，他们或者对休谟的预设进行了有力反

---

①　邓生庆、任晓明：《归纳逻辑百年历程》，中央编译出版社2006年版，第24—25页。

②　江天骥：《归纳逻辑导论》，湖南人民出版社1987年版，第90页。

驳，或者对归纳问题提出了另辟蹊径的辩护。在这个方面，我国学者也给出了自己的解答。其中，金岳霖、江天骥、鞠实儿等做出了比较重要的工作。下面分别对他们的有关思想和方法做一简要的介绍。

（一）金岳霖的解决方案：从归纳原则入手

休谟问题在金岳霖的学术生涯中产生了非常重要的影响，他认为只要没把知识论问题理出条理就没有办法对休谟问题做出系统的回答，而知识论又需要一个本体论的基础。因此，在青年时代，金岳霖就试图解决休谟问题。他在其著作《知识论》和《论道》中对休谟问题以及与此相关的许多问题作了深入的探讨。①

金岳霖主要讨论了归纳推理的根据亦即归纳原则（这里所说的归纳原则是罗素提出来的）。穆勒提出“自然齐一性”原则作为归纳推理的根据。金岳霖认为这个原则有问题，“非常之鸡肋磨人”，既不能大刀阔斧地把它砍掉，又不能给它以理论上的根据。金岳霖以罗素的归纳原则为基础，加以发挥，提出自己的归纳原则。按照金岳霖的理解，罗素的归纳原则可分为两部分。前半部分是说：如果在大量事例中，两类不同的东西或事体有某种关联或情况，则大概它们“老有”、“那样”的关联或情况。后半部分是说：例证的次数增加或无限量地增加，则“大概”的程序可以接近“一定”。金岳霖主要讨论归纳原则的半部分。他用表示类，用……，表示例证，用“”表示关联或情形，则罗素的归纳原则的前半部分可以表示如下：a_1——b_1，a_2——b_2，a_3——b_3……a_n——b_n表示例证，用 A、B 表示类，用——表示关联或情形，则罗素的归纳原则的前半部分可表示为：

如果　　a_1——b_1

　　　　a_2——b_2

　　　　a_3——b_3

　　　　……

　　　　a_n——b_n

则大概　　A——B　　　　（1）

金岳霖对上述规则加以修改，引进“时间”因素。把例证 a_1——b_1，a_2——b_2，a_3——b_3，……a_n——b_n写成 a_{t1}——b_{t1}，a_{t2}——b_{t2}，a_{t3}——b_{t3}，……a_{tn}——b_{tn}。t_1、t_2……t_n 表示时刻，修改后的归纳原则为：

① 陈波：《逻辑哲学》，北京大学出版社 2005 年版，第 348 页。

如果 a_{t1}——b_{t1}

a_{t2}——b_{t2}

a_{t3}——b_{t3}

……

a_{tn}——b_{tn}

则（大概） A——B （2）

在形式（2）中，“a_{tn}——b_{tn}”表示最后观察到得例证，t_n表示“现在”，表示使用这个规则时的最后的“现在”。形式（2）也可以用另一套符号表示成：

如果 Φ（a_{t1}——b_{t1}）·Φ（a_{t2}——b_{t2}）·Φ（a_{t3}——b_{t3}）……·Φ（a_{tn}——b_{tn}），则（大概）（a，b）Φ（a，b） （3）

（3）和（2）的意思完全一样。金岳霖认为，人们在进行归纳推理时是把归纳原则“如果……则（大概）……”作为第一前提，把 a_{t1}——b_{t1}，a_{t2}——b_{t2}，a_{t3}——b_{t3}……a_{tn}——b_{tn}。t_1，这些作为第二前提，把 A——B 作为结论。这个结论是从两个前提得到的结果，是归纳原则（即第一前提）的后件。如果结论是假的而推理没有错，那么或者两个前提都是假的，或者两个前提之一是假的，或者两个前提都改变了，或者其中的一个前提改变了。金岳霖认为，改变的不是归纳原则而是第二个前提。他要证明的是归纳原则是不可推翻的。归纳推理的结论可以使假的被推翻，而归纳原则本身则是永真的，是不会被推翻的。因为时间是川流不息的，当人们观察到新的事例时，时间已经由他 t_1变为 t_{n+1}. 新的事例可以是正的，也可以是负的。

金岳霖认为，归纳推理的前提是一些个别的事例，结论是一个普遍命题，前提是结论的一部分。部分真，全体不必真，但是可以真。引进“大概”这一意念，就可以说，如果部分真，则全体大概真。归纳原则就是这样一个真命题。

金岳霖在《知识论》中不仅讨论了归纳原则，还讨论了自然律、时间、空间、因果性等大量与归纳逻辑有关的问题。他在归纳原则中引进时间因素以避免休谟的疑难，无疑是很机智的，但是并没有正面解决休谟问题。①

① 赵总宽：《逻辑学百年》，北京出版社 1999 年版，第 233—236 页。

（二）心理学和进化论的解决：江天骥对施泰默归纳问题解决方案的研讨

江天骥认为休谟对归纳的逻辑问题的传统问题的解决，在一个意义上是正确的，即归纳推理是不可能有逻辑辩护的，归纳结论并不是演绎正确的，这是由于归纳推理并不是演绎推理。但从另一个意义上说，休谟预设只有数学证明或观念之间的推理才是合理的，把演绎推理的范围等同于理性的范围，从而否定经验推理和科学知识有任何合理根据，他所谓归纳推理不可能辩护，意即归纳结论缺乏合理性，纯粹受情感或习惯力量所左右，则是完全错误的。江天骥认为休谟的逻辑分析同他的认识论乃至本体论预设是紧密相连的，休谟的观点是归纳推理既不可能也不需要有逻辑的辩护。江先生进一步通过介绍施泰默（Nathan Stemmer）在其著作《知识的根源》中提出的辩护归纳推理的新方法，并指出，该方法与古典方法的不同之处在于，它并不试图像穆勒那样用一个单一的原则为一切归纳推理进行辩护，而是认为归纳推理的辩护要预设两个或三个假设的正确性，而不同类型的归纳推理的辩护，其成功程度或令人满意程度是各不相同的。施泰默在心理学和进化论的概念框架内使归纳问题的解决往前迈进了一大步。江先生认为施泰默的最重要的成果表现在和规律性原则 T_1（T_1 是固有概括类的和规律性原则，它描述了固有的地球上的概括类所具有的使之有力量常常保证概括可靠的性质）和 T_2（在所描述条件下，原来的固有概括类 C 的有限子类 CF 对于特定属性 P 很可能曾是比 C 更合规律的）中。他的归纳辩护的最重要的的特点和优点，就是试图按照进化论观点来阐明为何归纳是合理的。江先生总结道，施泰默的这种归纳辩护在西方传统哲学的观点来看是不可能成功的，但是这种努力是十分可取的方向。①

（三）局部主义的解决：鞠实儿的归纳问题解决方案

鞠实儿的归纳问题解决方案是在一篇题为 *The Unsolvability of Hume’s Problem and the Local Justification of Induction* 的论文中提出来的。这是继江天骥之后对休谟问题给出的较为系统的解决方案，对后来的研究产生了较大的影响。

在该文中，鞠实儿论证了休谟问题的不可解性，并对归纳推理的合理性进行了局部辩护。不过，在论证休谟问题的不可解性时，他并不是简单

① 江天骥：《归纳逻辑导论》，湖南人民出版社 1987 年版，第 97—110 页。

地对“休谟问题是否有解”这个问题给出一个肯定的或否定的回答，而是在批判波普尔的否定消解法的基础上论证它在逻辑上无解的。在此基础上，他给出了逻辑合理性概念和归纳的局部辩护方法（LJI），并以此说明归纳是可以得到局部辩护、拒斥或悬置的。现将鞠实儿的主要观点简要概述如下：

首先，鞠实儿对休谟问题作了一个简要的概述。他指出，在演绎推理中，如果前提为真，那么结论一定为真，这是因为结论所断定内容的没有超出前提所断定的内容。反之，归纳推理是一种扩大推理，并且它们的结论所断定的内容超出了前提所断定的内容。那么，归纳推理是必然保真的吗？这就是休谟问题的一般形式。他认为，这是一个逻辑问题，它涉及一个归纳推理的前提和结论之间的关系。

其次，鞠实儿还论述了休谟问题的解决对于科学研究的重要性。他赞同韦斯利·萨尔蒙（Wesley Salmon）和沃尔夫冈·施太格缪勒（Wolfgang Stegmuller）在论述休谟问题时的大部分观点，即休谟问题所关注的并不是所有的放大性论证，而是一个特殊的归纳形式，这种形式与枚举法有关，并且与假说评价方法的合理性有关，但与发现无关。不过，他还认为，如果我们想证明这种方法的认知合理性和逻辑合理性，那么，休谟问题也同样与发现假说的方法有关。因此，是否存在合理的科学方法取决于休谟问题的解决。

在此基础上，鞠实儿正式展开了对波普尔否定消解法的批判。他认为，从逻辑的角度看，波普尔对于休谟问题的否定回答是错误的。例如，他不能从真前提出发，使用正确的演绎推理推出归纳推理不是保真的。鞠实儿的具体论证过程如下：

首先，他对波普尔的方法进行了一个简要的概述。他指出，虽然休谟已经明确指出了在逻辑层面上正面解决归纳推理的合理性是不可能的，但是，休谟却没有说是否可以在逻辑层面上给出这个问题的反面解答。这就为波普尔提出他的解决方案提供了思路和方向。因此，波普尔在接受了休谟的第一个结论，即归纳问题是没有逻辑正解的基础上提出了他的否定消解法（negative solution to Hume's problem），并建议用可错性理论来代替科学方法论中的归纳法。

其次，他对波普尔的否定消解法进行了批判。他指出，波普尔并没有在逻辑范围内给出过他的否定消解法的真正证明。波普尔的所有努力都只是表明了，一个归纳的辩护要么导致无穷倒退，要么导致先验论。但是，一个导致无穷倒退的论证与一个自相矛盾的论证是不同的。证明中的无穷倒退和恶性循环只是表明，我们要证明的命题的恰当证明或辩护是无法得到的，并且它们的真值不能通过这种方式来确定。但是，一个证明导致一个矛盾则说明我们要证明的这个命题是假的；并且，根据排中律，我们可以断定这个命题的否定命题是真的。同样，为了证明一个特定命题是真的，我们必须假定一个先天综合命题作为前提。这就表明，我们不能找到一个合理的或可接受的方法来证明这个命题是真的，而且也不能证明这个命题是假的。总之，一个命题的辩护中的无穷倒退并不能使这个命题为假，并且，归纳法也不能由经验事实来反驳。因此，波普尔并没有证明归纳是不必然保真的，他的似规律性概念也无法在逻辑层面上反驳归纳的合理性。换句话说，波普尔走得太远了。

鞠实儿认为，对于休谟问题，我们既不能给出一个正面的回答，也不能给出一个反面的回答。他的论述如下：

令 p_1，……p_n，q 是归纳论证的一个一般形式，其中 p_1，……p_n是前提，q 是结论。如果存在一个有效推论使得结论的否定可以从前提得出的话，那么，我们就说归纳推理是不保真的，也就是说，休谟问题有一个否定的回答。由于仅有两种逻辑推理，即归纳和演绎，所以，如果！q 可以从前提推出，那么它要么是归纳得出的，要么是演绎得出的。为了方便起见，根据演绎推理的前提的不同，我们可以把演绎推理分为三类：前提只包含逻辑公理的为 D_1推理；前提除逻辑公理外，至少有一个经验假设的为 D_2推理；前提包含逻辑和数学公理的为 D_3推理。不难看出，复杂的演绎推理都可以划归为上述三种简单的推理形式。另外，根据归纳推理的使用情况，我们可以把归纳推理分为两类：可以用来反驳自身（used to refute themselves）的为 I_1推理；可以用来反驳其他归纳推理的为 I_2推理。下面，我将分别检验这些推理形式，并证明没有一种可以反驳归纳的合理性。

首先，让我们考虑演绎推理：D_1。假定在一个归纳推理中，前提与结论是一致的。给定这个假设，那么就不可能存在一个演绎推理使得 p_1，……，p_n：！q。如果没有这个假设，那么矛盾就将是合理的，并且任何结论都将是可接受的。无论在哪种情况下，都没有一种有效的演绎推理可以颠覆归纳推理。

D_2。令存在一个经验陈述 H，使得 H，p_1，……p_n：！q。令一个证明是可接受的，当且仅当，它的前提是真的并且证明过程是有效的；并且令上面的证明是正确的。现在我们来分析这个证明的前提。假定 H 是一个全称条件句，那么，除非 H 是确切为真的，否则，我们就没有理由接受！q。但是，这样的一个确切性本身就包含着无穷倒退。此外，我们假设 H 是一个单称命题且为 q 的一个反例。但是，从一个批判的观点看，用数学的或逻辑的反例来定义（或识别）经验的反例是错误的。这是因为，数学的或逻辑的反例是由数学公理或逻辑公理构成的，并且在本质上是分析的。然而，经验的反例是实验和观察的结果，并且预先假设了一系列经验假设，在这些经验假设中，那些反例的真可以使命题为假，并且一个经验命题是不可能为假的，除非我们假定某些假设是先验的。因此，试图通过 D_2来给出休谟问题的一个否定回答将导致无穷倒退或先验论。

D_3。假设 M 是一个数学理论，且 M，p_1，……p_n：！q。如果 p_1，……p_n，q 已经被翻译成数学符号和公式串，那么上面的证明将表明，一个矛盾并不能成为反驳归纳推理的一个充分条件。同样，如果p_1，……，p_n，q 是经验科学的命题，那么，推理的结论是不可接受的，除非假定 M 为真或者假定用 M 描述经验世界是恰当的。在数学理论中，数学命题的保真性是可以由数学公理来保证的，与此同时，M 相对于经验世界的恰当性是由这两者之间的关系来确定的。因此，上述证明是否是可接受的取决于 M 的恰当性。但如此一来，我们已经从 D_3绕回到了 D_2，并且又再次绕了回来。

现在我们考虑归纳论证：I_1。如果一个归纳推理不需要借助其他原则就可以反驳自身的话，那么，这个结论是自相矛盾的，并且这样的一个论证也是无效的。另外，如果它需要借助其他假设来反驳自己的话，那么，这些假设必须被证明是真的。显然，这就导致了一个无穷倒退。

I_2。如果我们使用一个归纳推理来反驳另一个归纳推理，那么，我们必须相信前一个归纳推理是合理的。但我们知道，归纳问题是不可能得到正面解决的。因此，I_1和 I_2都是错误的。

通过上述论证，部分地借助于休谟的工作，鞠实儿就证明了他的观点，即给出休谟问题的否定回答是逻辑不可能的。因而，在逻辑学范围内，休谟问题既不能得到肯定的回答也不能否定的回答，换句话说，休谟问题在逻辑上是无解的。

在上述工作的基础上，鞠实儿指出，归纳的合理性问题应该根据我们从背景知识和其他非逻辑因子（non - logical factors）中筛选出来的标准来判断。

首先，他用下述三个定义给出了局部合理性理论（LRT）。

定义1：一个命题H是局部合理的或可接受的，当且仅当，它满足下列三个条件之一：（1）H是一个逻辑定理；（2）（a）H在逻辑上是不可判定的，也就是说，H和！H都不是逻辑定理，并且（b）命题B_1和B_2都在我们的背景知识B中，使得B_1：H或B_2：H，与此同时，B中不存在一个B_3，使得B_3：H。（3）H是演绎论证的结论，这个论证的前提满足条件（1）或（2）。这里的B由经验知识（BE）、信念价值（BV）和形式知识（BF）即语义知识和数学知识构成。

定义2：一个命题H是局部不合理的或不可接受的，当且仅当，（1′）H不满足条件（1）和（2）；或（2′）H满足（2）（a），但却存在一个B_3属于B，且B_3：H；（3′）H是演绎论证的结论，其前提满足条件（1′）或（2′）。

定义3：一个命题H是局部不可判定的，当且仅当，（1″）H满足（2）（a），并且H和！H都不是B的演绎结论；（2″）H是一个演绎论证的结论，这个论证的前提满足（1″）。

鞠实儿指出，LRT的关键思想是，一个逻辑上不可判定的命题H是否是可接受的或可否定的，或者两者都有，取决于H和B之间的逻辑关系。如果H与B是不一致的，那么，根据（2′）可知，LRT反驳H。这就意味着，LRT不允许由事实导致的不一致性的存在。另一方面，如果H的充分条件或必要条件相对于B而言是满足定义1的，那么，要想找出任何非逻辑理由来反对LJI且为归纳的合理性进行辩护都是不可能的。特别地，相对于初始证据和信念而言，归纳提供的局部合理性是不可反驳的。因此，LRT是可靠的。

此外，鞠实儿还指出，LRT为还我们提供了一种新的归纳辩护方法。根据LRT，休谟问题可以表述为归纳推理是局部可接受吗？或者，假如一个归纳推理的前提是局部可接受的，那么，它的结论也是局部可接受的吗？假设归纳推理的规则是一个条件句，比如，最著名的枚举归纳法说的就是，如果我们观察到A是B的概率为m/n，那么，在一个很长的时间内，A是B的相对频率都是m/n，并且p1，……pn是这种归纳推理的前提。根据三段论规则（the rule of the syllogism），结论可以从归纳推理规则和前提推出。利用上述例子和枚举归纳法规则，我们可以做一个枚举推论：观察到黑天鹅的概率是 m/n，因此，在一个相当长的时间内，天鹅中的黑天鹅的相对频率都是m/n。根据定义 1 中的第（3）条，一个归纳推理的结论是局部合理的，仅当归纳推理规则对应于某个确定的规则是局部合理的，并且这种局部合理性是可以得到明确判定的。因此，归纳推理的辩护就成了归纳推理规则的辩护了。但是，我们还有许多非逻辑等值的归纳推理规则，因此，我们不可能对所有的规则在同一时间使用一个统一的方法来对它们进行辩护。并且，相对于一个固定的 B 来说，某些规则可能是局部合理的，但有些却不是。因此，根据 LRT，对归纳规则进行辩护并不是简单地对它们进行辩护，而是要阐明在一定的条件下，哪些是合理的，哪些是不合理的或不可判定的。

为了说明归纳的局部辩护方法（LJI），鞠实儿还以枚举归纳法为例，对其进行了局部合理性辩护。其辩护过程如下：假定我们抛某个硬币 n 次，出现正面的次数为 m_1，出现反面的次数为 $n-m_1$。根据规则，在一个相当长的时间内，出现正面的相对频率是 m_1/n，出现反面的相对频率是 $n-m_1/n$。然而，我们能确定除了出现正面和反面这两种情况之外就不会出现第三种情况了吗？这枚硬币不会侧立着吗？如果我们不能确定这一点，那么，我们就不能否认第三种可能性的出现。正如第三种情况会发生那样，也正如其他两种情况也会发生那样，我们的推理是可接受的。因此，正如沙克尔（Shackle）所说，使用这条规则的必要条件是要把实验的所有的可能结果都列举出来。总之，那些可以用数学概率来解释的所有归纳法则都必须满足上述条件。否则，我们就不可能构建一个样本空间且获得一个概率。

假定上述的必要条件都已经满足了。但一个众所周知的问题却出现了，即相对频率是稳定的吗？如果不是（正如大多数人所承认的那样），那么，就不存在“长程相对频率”。对这个问题的一个肯定回答构成了应用这条规则的充分条件。但是，这个问题包括了未来的一个随机策略行为，对它的解决就是对休谟问题的回答，因此，它在逻辑上是无解的。鞠实儿通过修改赖欣巴哈对这条规则的辩护方法来回答了这个问题。最后得出的结论是，枚举法的唯一作用就是预测了归纳法的成立，而并没有告诉我们任何关于自然的知识。因此，相对频率的可靠性是没有经过任何解释的一个预设，没有任何经验理由可以反对枚举归纳。

不过，除经验条件之外，归纳推理法则依然受到推理中的句子的形式特征的限制。假设这些法则是由二元函数 P［H，E］来表示的，其中，H 和 E 分别表示假设和证据。H 可以是全称的也可以是特称的，它不需要与它的语法特征相对应。我们既可以把 H 看做一个个体事件（individual event），也可以把它看做一个一般事件（average event）。但是，与一般事件不同，个体事件的不确定性是不能通过枚举法来度量的。因此，对于枚举归纳法则的应用而言，H 表达一个一般事件是必要条件。

因此，鞠实儿的 LJI 过程可以概述为：（1）罗列所有已知的归纳法则；（2）罗列 B 中所有那些可以用于辩护或反驳这些归纳法则的因子（即相关变量）；（3）试着确定一组因子，根据 LJI，某个确定的规则在其中可以得到辩护。如果上述过程都完成了，那么，清单中的所有规则都得到了局部的辩护、拒斥或者悬置。

至此，鞠实儿提出了休谟问题的局部解决办法，并对归纳推理的合理性进行了局部辩护。

这种局部主义方案的意义在于，它为归纳概率逻辑的非经典化或多元化发展以及归纳概率逻辑的应用提供了方法并奠定了哲学基础。[①]

（四）关于归纳问题解决方案的评述

在《归纳逻辑与归纳悖论》一书中，陈晓平以贝叶斯主义的观点研究了归纳逻辑的合理性问题。他在分析了几个解决方案，包括休谟自己的心理主义方案、莱欣巴赫的经验主义方案、卡尔纳普的逻辑主义方案、费奈斯的私人主义方案以及哈金对私人主义的改进方案之后认为，在这些方案中，私人主义方案是最具协调性的，当然它也有不完善之处。富有创建性的是，陈晓平在哈金的基础上增加新的合理性原则即"最少初始概率原则"，这样利用主观贝叶斯派的归纳理论就可以为各种归纳推理做辩护。[②]

任晓明分别从传统归纳逻辑、传统与现实结合的角度讨论了归纳逻辑的合理性问题，探讨了一和多、逼真性和逼律性、完全性和不完全性问题、整体辩护和局部辩护等。作者通过对传统和现实的哲学反思，认为归纳逻辑的恰当性问题应当成为未来归纳逻辑研究的中心前沿问题。[③] 何向

---

① 鞠实儿：The Unsolvability of Hume's Problem and the Local Justification of Induction，Epistemologia XVI，1993。

② 赵总宽：《逻辑学百年》，北京出版社 1999 年版，第 164 页。

③ 任晓明：《当代归纳逻辑探赜——论柯恩归纳逻辑的恰当性》，成都科技大学出版社 1993 年版。

东对于归纳问题有自己的解读。在他看来，首先，休谟在对归纳的处理中，恰恰没有注意演绎对归纳和补充；其次，休谟和穆勒固守经验主义堡垒，康德则开出先验论证的新天地，金岳霖似乎取了中道，但未领会先验论证的要义。他还认为现在归纳逻辑的各种系统就是对休谟问题的回答，归纳问题的解决还体现了认知方面乃至其他方面的价值取向。[①]

陈波认为“归纳问题”的提出不合理，在逻辑上无解。在陈波看来，归纳问题在逻辑上无解，金岳霖的论证是机智的，但却是完全无效的，而且包含着严重的逻辑错误。历史上有人提出过对归纳的实用主义辩护，其肇始者是皮尔士，后来的倡导者中最著名的是莱欣巴赫。在莱欣巴赫看来，归纳是我们用来预测事件进程的一种策略，尽管这种策略不能保证人们一定获得真理，但它的合理性在于：它是人们为获得真理所能采取的诸多策略中的最佳策略，并且，归纳是一个自我修正的过程，它让过去的经验决定对未来的预测，并且让新的经验修正、否定虚假的信念。如果我们始终一贯地坚持归纳策略，我们最终总会达到真实的归纳。夏年喜认为，“归纳问题”的提出本身是不合理的，它不能算是一个真正的问题，因为但凡真正的问题在理论上说都应该是有解的。周晓亮则指出，归纳问题混淆了演绎和归纳两种不同方法的逻辑特点，其问题本身是不恰当的，是无法满意解决的；只有在实践和认识无限发展的辩证过程中，归纳有效性的证明问题才能得到解决。[②]

二　新的归纳之谜：古德曼悖论研究以及解决方案

归纳逻辑本质上是一种哲理逻辑，是逻辑学和科学哲学界共同关心的研究领域。因此，探讨归纳逻辑的哲学疑难问题非常必要。这里，我们将进一步讨论新的归纳之谜。

在归纳逻辑学家看来，归纳逻辑与演绎逻辑非常类似。按照这种观点，归纳逻辑像演绎逻辑那样研究论证，但是演绎逻辑研究论证的前提与结论之间的演绎有效关系；归纳逻辑研究论证的前提支持或确证结论的程度。因此，概率成了构造这种程度系统的工具。但是，对如何构造科学归纳逻辑系统，逻辑学家们面临一些疑难和谜题，其中最为奇特的谜题是尼

① 何向东：《“归纳问题”的逻辑哲学研究述评》，《哲学研究》2005年第12期。

② 同上。

尔森·古德曼（Nelson Goodman）提出的古德曼悖论。

古德曼悖论涉及如何形式地表述判定可投射性的规则。古德曼悖论对归纳逻辑的合理性提出了新的挑战。古德曼悖论表明，如果试图把过去、现在得到的规则性投射到将来，我们的预测就可能相互冲突，出现悖谬。之所以会产生古德曼悖论，主要是因为混同了类似定律的假设和偶然性假设，前者是可投射的而后者不能投射。因此，归纳逻辑的整个理论基础依赖于可投射性的判定。如何形式地表述判定可投射性规则的问题就成了现代归纳逻辑面临的难题。

归纳之谜与证明归纳或归纳推理的合理性有关，具体地说，它与证明那些被它的事例所确证的概括的可信度有关。按照古德曼的看法，新的归纳之谜和区分被它们的事例所确证的概括与没有被它们的事例所确证的概括有关。古德曼在他的著名的“绿”、“蓝—蓝绿”悖论中已经说明了一种规则性究竟是怎样不可投射的。古德曼让我们考虑一个新的颜色词“绿蓝”，它具有与老的颜色词“绿”、“蓝”和“红”一样的普遍逻辑特征，也就是说，我们可以说某物在某一时间呈现某一颜色，例如，“约翰的脸现在是红的”，并且我可以说，某物要么保持同样的颜色要么改变颜色。

投射那种不可投射规则性的错误不仅可导致荒谬的预测，甚至可能导致与一个合法预测相矛盾的预测。一个可接受的科学归纳逻辑系统必须提供一些手段来避免这个矛盾，它必须包括那些能告诉我们哪些规则性可投射的规则。古德曼悖论重新指出了解决这一关键问题的紧迫性。[①]

关于古德曼悖论，陈晓平认为所谓“绿蓝悖论”是不存在的；对于古德曼的“新归纳之谜”，他通过在一定背景知识之下区分类律假设、偶适假设和未定假设来解决。

此外，陈晓平在《归纳逻辑与归纳悖论》一书中还对其他几个“新归纳之谜”进行了分析，并提出了自己的解决方案。对于亨普尔悖论，他主张用限域方案来解决。在他看来，限定论域后保留的尼科标准与等值条件相结合不会导致悖论。对于凯伯格悖论，他主张确信性接受规则，同时区分了关于行为的决策接受和关于知识的信念接受，讨论了已被接受的确信命题遇到反例时应如何处理的问题。陈晓平表明，采用确信性

① 任晓明主编、杨岗营副主编：《新编归纳逻辑导论——机遇、决策与博弈的逻辑》，河南人民出版社2009年版，第258—261页。

接受规律将不会导致抽彩悖论。[①]

三　概率解释的研究

在归纳逻辑史上，有过多种不同的概率解释，比如古典解释、逻辑解释、频率解释、性向解释、主观主义解释等。我国学者陈晓平等评介了概率的逻辑解释、频率解释和主观主义解释。

陈晓平指出，柯尔莫哥洛夫在集合论基础上构建了概率公理系统，这不仅标志着概率数学的逐渐臻于完善，而且还促使了概率归纳逻辑的迅速发展。在概率公理系统的基础上，逻辑学家们纷纷提出各自的概率逻辑系统，形成了经验主义、逻辑主义和主观主义等三大主要概率归纳逻辑派别。概率归纳逻辑的三大派别都接受柯尔莫哥洛夫的概率公理系统，其区别仅仅在于他们获得基本概率的原则有所不同。经验主义主张根据观察频率获得基本概率，逻辑主义主张通过先验的语义分析获得基本概率，主观主义则主张对基本概率的获得具有一定程度的主观任意性。但是，这三个派别都面临着休谟问题，即他们所主张的基本概率原则的合理性何在的问题。[②]

陈晓平还指出，蓝姆赛和德·菲耐蒂是主观主义（或私人主义）概率归纳逻辑的创始人，萨维奇是主观主义概率归纳逻辑的主要后继者。主观主义概率论把概率解释为某一个人，例如，S 在给定证据 e 时对于假说 h 的主观置信度，记为 H 。因此，两个事件是否具有相等的概率取决于某人对这两个事件是否具有相等的主观置信度，当然，不同的个人可能得出不同的结论，即使他们面对相同的事件。为了把主观信念与某种可测度的客观性质联系起来，私人主义者们一般都接受蓝姆赛的建议，即把 S 对于一个假说的置信程度等同于 S 所愿意接受的关于该假说为真的最高打赌商数（打赌商数 $S[(H_1 \vee H_2)E] = \max\{S[H_1E], S[H_2E]\}$ 。u 为 S 放入的赌金，v 为 S 的对手放入的赌金）。例如，S 被邀去打一个关于给定证据 e 时假说 h 为真的赌，并且 S 最多愿意押 2 元对 1 元的赌注，那么就可以说，S 在给定 e 时对 h 的置信度是 2/3。私人主义理论要求主观置信度是合理的，这是相对于不合理的置信而言的。所谓不合理的置信是这样的：它使得 S

---

① 赵总宽：《逻辑学百年》，北京出版社 1999 年版，第 265 页。

② 陈晓平：《主观主义概率论对休谟问题的“解决”》，《自然辩证法通讯》1994 年第 1 期。

在打赌中必定输给他的对手，而无论所说事件的结果如何。如果S的置信体系使得任何人都不可能对他打一个荷兰赌，那么就说S的置信体系是一贯的（Coherent）。所有并且只有一贯的置信体系被称为合理的。德·菲耐蒂证明，一种置信函项是一贯的，当且仅当它满足概率演算的一般基本公理。这也就是说，任何一种满足概率演算的基本公理的置信函项都是一贯的，因而是合理的。这一惊人的结果给私人主义理论提供了一条进入数学公理体系的通道。但是，概率演算的公理系统并不能对各个命题的概率值作出具体的限制，因为对于一组互斥且穷举的假说｛hn｝而言，概率演算的公理只要求其中每一个假说的概率P（h_n, e）是一个［0，1］之间的实数，并且所有这些假说的概率之和ΣP（h_n，e）＝1。至于其中每一个假说的概率是多少，这与概率演算公理无关，可以由推理者在满足上述条件的情况下自行决定。为了克服在确定基本概率上的过分主观化和自由化，私人主义者除论证了像“一贯性要求”这样的“静态”合理性条件之外，还论证了关于概率评价变化的“动态”合理性条件。这个动态合理性条件就是：概率随新添证据变化时应当服从贝叶斯公式，即C（h，e）＝C（h）·C（e，h）/C（e）。根据私人主义理论，虽然该公式中的C（h）和C（e）这些先验概率可以因人而异，但是随着证据的不断积累，各个不同的人所得出的后验概率C（h，e）将趋于一致。这就是所谓的“意见收敛定理”，这条定理也是由菲耐蒂首先证明的。该定理表明，私人主义理论符合“从经验中学习的原则”，也就是说，该理论符合人们的这样一种普通的看法，即只要经过充分多的实验，理性的人们将会殊途同归，最终达成一致的见解。意见收敛定理显示出私人主义理论具有某种客观性，从而大大加强了该理论的说服力和吸引力。然后，一些哲学家们进一步分析表明，这条定理在科学领域里的适用范围是非常有限的。例如，赫西（Mary Hesse）指出，这条定理所依赖的先决条件中包含随机性假设和独立性假设。但在大多数情形下，科学实验是“蓄意制造”的，而不是随机进行的；检验证据是相互影响的，而不是相互独立的。①

哈金（Ian. Hacking）指出，通过贝叶斯定理得出的只是条件概率P（h/e），而不是验后概率Pre（h）：条件概率在证据e出现之前便可根据其定义P（h/e）＝P（h∧e）/P（e）计算出来，而验后概率Pre（h）只有

① 陈晓平：《概率归纳逻辑的三大流派》，《哲学研究》1985年第10期。

等e出现之后才能得到。[①]（何向东，“归纳问题”的逻辑哲学研究述评）因此，收敛定理对于典型的科学推理，特别是那些基于可控实验的科学推理是不适用的。（陈晓平，概率归纳逻辑的三大流派）也就是说，对于一般的科学假设，即使按照贝叶斯定理来确定他们的后验概率，意见收敛定理并不能保证不同人的后验概率将趋于一致。[②]

在鞠实儿的支持和帮助下，李旭燕较为系统地介绍和探讨了主观主义解释的新近发展。主观主义解释的新发展主要指的是吉利斯（Gillies）提出的主体交互解释理论。吉利斯在《科学哲学》（1991）杂志上发表的《主体交互概率与确证理论》一文中首次尝试发展一种关于把主观解释从个体扩展到社会群体的主体交互解释。后来在《概率的哲学理论》（2000）一书中详细地介绍。国外这方面的研究成果首先引起了鞠实儿的重视，在他所提供的外文资料的基础上，李旭燕博士系统研究了包括主体交互解释在内的概率解释，在2009年出版了《现代归纳逻辑的哲学视野——论巴斯卡概率解释的恰当性》。向学界展示了国外概率解释研究的最新动态，详细探讨了主观解释的新发展——主体交互解释的主要内容及其可应用性，探讨了归纳逻辑的恰当性问题。

李旭燕指出，主体交互解释理论是关于一个社会群体的共同信念度的概率理论。这一理论的主要观点是：令B是一个社会群体，如果B的成员同意有一个共同的赌商，那么就对整个群体B的整体利益而言的，其共同的赌商就被看做B对事件E1，…Er（其中$r\geqslant1$）的信念度的一种测度。这个赌商也就被称做这个社会群体一致的概率或主体交互概率。形成这种概率的必要条件有两个：具有共同的旨趣（Common Interest）和保持信息流的传递。如，非洲裔美国人为获得在美国跟白人一样的权利，必须形成一致的政治诉求并进行信息的传递以获得主体交互概率。由于主体交互解释是把荷兰赌论证从个体向群体扩展的结果，因此它在某种程度上可看做是主观解释的发展。主体交互解释更为强调的是一个社会群体所形成的一致的或共同的信念。主体交互概率解释也同样存在问题：如，它只适用于具有共同旨趣的社会群体，对宗教团体、政治党派适用，对整个人类并不

① 何向东：《“归纳问题”的逻辑哲学研究述评》，《哲学研究》2005年第12期。

② 陈晓平：《主观主义概率论对休谟问题的“解决”》，《自然辩证法通讯》1994年第1期。

适用。①

四　非巴斯卡概率逻辑的哲学问题

与经典的演绎逻辑（也与传统归纳逻辑）相对立，非巴斯卡概率逻辑是一种异常的非经典逻辑系统。在非巴斯卡概率出现之前，“巴斯卡”（Pascal）成了概率公理的代名词。然而，概率归纳逻辑的正统观点在科学的实际应用中遇到了巨大的困难，因此又出现了“非巴斯卡概率”的革命。

在桂起权等看来，要解决巴斯卡概率逻辑的困难，归纳逻辑学家也可以有两种不同的对策：一是保守的策略，即让科学实际推理（非形式的现实原型）削足适履地迁就逻辑句法（旧的概率公理），至多是通过辅助假说来维护旧的核心原理；二是激进的革新策略，采用新的逻辑句法以适应科学实际的需要。后一种对策认为问题的症结恰恰在于经典概率深处的核心原理要修改。非巴斯卡概率的推崇者沙克尔和柯恩所采取的正是第二种对策。他们分别从决策论或逻辑角度进行了探索。桂起权等从逻辑哲学的角度探讨了非巴斯卡概率逻辑如何得以兴起的哲学问题。②

从逻辑哲学视角看，在非巴斯卡概率逻辑系统中，柯恩的新培根主义概率逻辑颇具特色。顾名思义，柯恩的新培根主义归纳逻辑继承了培根的传统，他比任何现代归纳主义者都更清楚培根的优点。他抓住了培根传统归纳逻辑思想核心的东西。这个核心在于这样两个观念：一是依据证据的变化进行归纳的观念；二是形式因（或原理）的等级逐级上升的观念。简言之，就是知识创新的观念。与此相对应，柯恩系统也有两方面：一是相关变量方法，即在特定研究领域中对假说的可靠性加以分级的方法；二是广义的模态逻辑，这种逻辑把“可靠性等级”表示为通往规律的阶梯。

柯恩的归纳逻辑主要是归纳支持和非巴斯卡型归纳概率逻辑。一方面，它试图从实质上把握自然科学实验推理的特有方法，设法从逻辑上反映实验推理的经验灵活性；另一方面，它有十分广泛的应用范围。在归纳概率逻辑的所有不同派别中，柯恩的归纳逻辑的特点在于最强调归纳逻辑

① 李旭燕：《现代归纳逻辑的哲学视野——论巴斯卡概率解释的恰当性》，人民出版社2009年版。

② 桂起权、任晓明、朱志方：《机遇与冒险的逻辑》，石油大学出版社1995年版。

的形式系统与自然科学的非形式原型之间的紧密联系，最强调科学的进步和知识的创新。[①]

桂起权等认为，柯恩的归纳逻辑系统的特色在于它十分注重归纳逻辑如何才能反映知识增长局面的问题。就这方面而言，柯恩的系统比卡尔纳普等人只追求形式严密性和可靠性的系统更恰当。但是柯恩系统本身还有不够完善之处。为克服柯恩系统存在的不够完善之处。我国学者已经在逻辑方面做了很多工作。在逻辑哲学方面，桂起权、任晓明等指出了非巴斯卡概率逻辑兴起的意义。在他们看来，第一，非巴斯卡概率逻辑十分注重形式系统与归纳推理的非形式原型之间的恰当相符性，强调科学的逻辑必须适应科学的实际，而不是让科学实际去迁就逻辑的形式系统，从而使这种逻辑更符合自然科学和社会科学的思维实际。借助这种逻辑，我们更有可能在科学理论创新的过程中探索出更为有效的解决科学实际问题的方式。第二，非巴斯卡概率逻辑不仅研究逻辑形式，而且注重逻辑证据所包含的信息量或者权重这类的因素，强调科学的逻辑必须反映科学知识增长的整个局面，逻辑的句法必须适应这一需要。显而易见，这种逻辑具有较大的恰当相符性。第三，非巴斯卡概率逻辑的建立揭示了科学知识增长的途径，即可靠性等级逐步上升的途径。在柯恩看来，科学不是追求逼真性，而是追求逼律性，即不断接近科学定律，而要不断逼近科学定律，就必须有可靠性等级阶梯的步步升高。这种不断逼近的过程就是归纳逻辑不断追求恰当性的过程。[②]

任晓明进一步指出，为了达到逻辑恰当性的要求，逻辑的发展应当考虑以下三个转变：其一，从单调性向非单调性转变。无论是卡尔纳普的巴斯卡概率逻辑，还是柯恩的非巴斯卡概率逻辑都是单调性的。严格地说，一种推理具有单调性，当且仅当给定一阶公式集 T 和信念 W，若 $T \vdash W$，则对任意信念集 N，$T \cup N \vdash W$。换言之，新信念的出现不会影响原结论 W 的真值。以上我们所讨论的逻辑系统都是单调逻辑，尽管有人（如波利亚）提出过信念可修改的思想，但他的逻辑仍然是单调性的。如果要增强逻辑的知识创新功能，就应该建构具有非单调性的逻辑。一种推理具有非单调性，当且仅当给定 T，W 和 N，若 $T \vdash W$，则不能保证 $T \cup N \vdash W$。也

① 李志才主编：《方法论全书》，第一卷，南京大学出版社 2000 年版，第 745—750 页。

② 桂起权、任晓明、朱志方：《机遇与冒险的逻辑》，石油大学出版社 1995 年版。

就是说，新信念的出现可能影响原结论 W 的真值。逻辑要能更恰当地反映知识的增长，达到恰当相符的要求，就应该实现从单调性向非单调性的转变。

其二，从外延性向非外延性转变。我们知道，卡尔纳普的逻辑是纯粹的外延逻辑，柯恩的逻辑考虑了“信息量”之类的东西，但是从本质上看，他们的逻辑都是外延逻辑。为了更好地反映逻辑的知识创新功能，我们不仅要考虑证据支持的形式，而且要研究一些非形式的因素。因此，要建构具有恰当性的逻辑系统，必须考虑从外延性向非外延性的转变。

其三，从完全性向不完全性转变。我们知道，卡尔纳普的归纳逻辑假定了知识或理论的完全性，柯恩的归纳逻辑则假定了知识系统或理论的不完全性，从这个意义讲，柯恩的逻辑在恰当性方面比卡尔纳普的逻辑更强。由于科学理论处于动态发展之中，因而大多是不完全的。而这种理论的残缺性为知识创新提供了可能性和条件。因此，要构建具有更为恰当的知识创新的逻辑，我们的逻辑基础就必须实现从完全性向不完全性的转变。这是新逻辑进一步发展的方向。①

总之，在桂起权等看来，非巴斯卡概率逻辑是一种非经典逻辑。它是在借鉴模态逻辑成果的基础上，对巴斯卡概率演算的规则加以修正和变异而形成的。它的产生的动因是巴斯卡概率演算的形式系统与非形式原型之间存在对应缺失，需要增强其对应性。它的发展策略是激进的变革，是原有系统基本规则的替换。所以，非巴斯卡概率逻辑是非经典逻辑中的一种变异逻辑。

第三节 经典概率逻辑研究

一 从传统归纳到现代归纳

1984 年可以看做是中国归纳逻辑研究的春天。此前，北京市逻辑学会的《归纳逻辑》论文集（1983）得以出版。这是国内第一部关于归纳逻辑的论文集，是归纳逻辑研究的一个良好开端。1984 年 8 月，江天骥先生在沈阳首次以“现代归纳逻辑”为题进行了为期几天的系列讲座。在沈阳会议上，江先生用生动的案例阐述了概率演算、贝叶斯公式和合理决策和

① 任晓明：《略论非巴斯卡概率逻辑的知识创新意义》，《攀枝花大学学报》2002 年第 1 期。

博弈理论。江先生的助手桂起权回忆了当年的有趣情景。他清楚记得，江先生随身带着一本斯克尔姆斯（B. Skyrms）所著的《选择与机遇——归纳逻辑导论》（Choice and Chance：an Introduction to Inductive Logic）。他兴高采烈地讲着其中一个“女皇让大臣们猜年龄”的有趣故事，谜底是女皇39岁，谁猜得越准确，得分越高，奖赏就越多；可是谁要是惹女皇发怒了，那是要割舌头的！假如有人猜想女皇只有29岁，虽然猜错了但说明她显得年轻那还是令人高兴的；假如有个不识时务者竟然瞎说女皇已经45岁（说得太老了），那么就会惹女皇发火。江先生在黑板上用关于统计期望效用的求和公式，熟练地计算着大臣们的得分，让大家听得很开心。只是江先生的“广东普通话”不太容易懂。例如，贝叶斯公式中的“似然性”，听起来怎么有点像“西也新”，让人感到摸不到头脑，正在疑惑之际，江先生忽然说了个 likelihood，听众一下子恍然大悟。这次讲座激起了国内学界对现代归纳逻辑研究的强烈兴趣。大约在同一时期，王雨田先生发起并组织的“全国归纳与概率逻辑讨论会”在大连旅顺召开。这次全国性的归纳逻辑恳谈会，所邀请的大都是全国各地在归纳逻辑方面发表过论文或者译文的学者（至少是有过初步研究的学者）。在讨论会上，与会代表着重交流了国内外归纳与概率逻辑研究的进展情况，初步探讨了科学的发展趋势，并就今后的研究方向和课题交换了意见。德高望重的逻辑学前辈莫绍揆就归纳逻辑问题作了专题发言。会议还就一些理论问题进行了讨论，主要有归纳逻辑的对象、地位与作用，归纳模式，归纳悖论，波普尔的反归纳主义论题等。从此，我国的归纳逻辑研究呈现了蓬勃发展的态势。据初步统计，1984年一年内，在各地报纸杂志上发表的有关归纳逻辑的文章有22篇之多。1984年至1989年间，归纳逻辑论文有120多篇、论著三部。此后，各种论文和专著更是如雨后春笋般不断涌现。

二　主观贝叶斯主义理论的探讨

在现代归纳逻辑传入我国之后的相当长一段时间内，我国学者对主观贝叶斯主义理论的重视源于江天骥的工作。江天骥十分重视主观贝叶斯主义，并给予了高度评价。他是国内引进和研究主观贝叶斯主义的启蒙者。在江先生看来，归纳推理是主观地不充分置信的推理，即推理者以一定置信度接受前提，由这些前提出发达到结论，而对结论的置信度要比前提的置信度小。江天骥认为，归纳概率的定义，测定推理的归纳概率的方法，以及构造合理的归纳推理的方法，这些构成了归纳逻辑的理论。对归纳概率的定义不同，所形成的归纳逻辑理论也不同。作者以主观概率的观点讨论了传统的逆推理、简单枚举法、排除归纳法和类比推理。他所说的逆推理就是通常所说的回溯推理或溯因法，也叫假说演绎法，所说的类比推理实际上是单称预测推理。书中介绍了统计推理和决策理论，而统计推理和决策理论是这本书中最有特色的部分。作者讨论了几种不同的概率概念：频率概率、逻辑概率、主观概率，等等。研究了休谟问题、古德曼悖论和亨普尔悖论。详细介绍了归纳逻辑从近代到现代的发展过程中研究内容、研究思路的变化。在该书的最后一章，作者强调，传统归纳逻辑所研究的枚举归纳法、类比法、排除归纳法和假说演绎法四种推理形式并不重要，因为它们是互相关联的，可以互相还原的。归纳逻辑目前的任务不是把传统的归纳推理形式化，而是把数理统计中所用的几种不同的测定概率值的方法分离出来，把它们公理化，然后推出这些公理的后承。最后，作者给归纳推理和归纳逻辑下了一个定义：归纳推理就是由充分相信的前提过渡到相信度较小但并非不相信的结论的过程，其目的在于测定这个结论相对于前提的概率值，概率值的测定是按照一个特定的一般方法作出的，这个方法就是归纳法。归纳逻辑就是关于这些归纳方法的理论，它描述这些方法的特征，把它们系统化，并展示在哪些情况下某一归纳方法的应用是合理的。作者认为，把一切归纳方法用公理集加以系统化的归纳逻辑目前还不存在，现在只有归纳逻辑的断片或一些归纳逻辑的雏形。

三　概率归纳逻辑形式化研究："无限全称命题概率为0"问题的解决方案

我国概率归纳逻辑形式化研究主要探讨"无限全称命题概率为0"问题的解决方案。

（一）"无限全称命题概率为0"问题

卡尔纳普是逻辑主义概率归纳逻辑的代表人物，他于20世纪50年代提出概率逻辑系统λ，将概率归纳逻辑推向了"顶峰"。卡尔纳普用公式C（h，e）＝r来表述他的概率逻辑或者说归纳逻辑的内容，其中c代表函项，h代表一种假设，e代表一组给予证据，r则代表"确认度"。L_N^π 相当于条件概率 L_N^π 。证据e不是事实本身，而是关于我们观察结果的报告。h和e都可以看做是一个长句子，确证程度仅仅表示了这两个句子间的某种逻辑关系。尽管h和e本身都有事实内容，但是为确定h相对于e的确证程度，我们无须知道h是真还是假。我们所需要的仅仅是关于这两个句子的意义分析，然后凭借公式加以计算。这个公式向我们表明，概率逻辑在给予证据和假设之间，有部分的蕴涵关系，而假设的“确认度”，是以给予证据的真值条件和假设的真值条件有多大程度的符合为根据加以确定的。①

卡尔纳普的λ系统为概率归纳逻辑的形式化做出了巨大的贡献，但是，它却有一个致命的缺陷，即它无法解决“无限全称命题概率为0”问题，而导致许多学者认为概率逻辑用于刻画归纳推理是不成功的。

我们知道，含有全称量词如“所有”、“任意”等的命题叫全称命题。例如，

例1　对于任意的$n \in Z$，$2n+1$是奇数。

例2　所有的中学生都是未成年人。

例3　所有的乌鸦都是黑的。

例4　所有的生物都使用同一套遗传密码。

例5　所有的蜜蜂都能辨色。

所谓“无限全称命题”指的是个体域为无限的全称命题，比如上面的例1、例3、例4、例5，而不是例2那样的命题。前者所涉及的对象是无数的，后者虽然也是全称句形式，但涉及的对象是有限的。

无限全称命题具有非常重要的作用，因为科学理论、自然规律几乎都具有无限全称命题的逻辑形式。但是，无限全称命题也给概率逻辑带来了一个致命的打击，因为它导致了卡尔那普构造的λ系统出现一个重大缺陷，即在个体域为无穷的情况下它不能给全称事实句以非零的概率，这个问题通常被称为“无限全称命题概率为0”问题。按照波普尔的说法，对于一个科学理论或一个自然规律，尽管它在实践中受到多次检验，尽管每次检验都表明这个理论或规律是正确的，但只要检验的次数是有限的，不是无穷多次，那么实践检验对这一理论的确证度就是零。②

“无限全称命题概率为0”问题不仅成为波普尔用来作为反对归纳的一

① 陈晓平：《无差别原则与归纳合理性》，《武汉大学学报》（哲学社会科学版）1995年第1期。

② 赵总宽主编：《逻辑学百年》，北京出版社1999年版，第254页。

个重要根据，而且也导致许多学者认为用概率逻辑刻画归纳推理是不成功的。比如，陈波就曾说过：“归纳结论是涉及潜无穷对象的全称陈述，而为观察证实的归纳例证不论数量多大，总是有限的，当以无穷做底数去除不管多大的数量时，所得到的商即概率总是零。……归纳概率逻辑不能为归纳合理性提供辩护。”①

（二）“无限全称命题概率为0”问题的解决方案

无限全称命题确证度为0的结果对于归纳概率逻辑是极其不利的，国外许多学者如欣迪卡、宁尼鲁托等人都致力于解决这一问题。我国学者陈克艰在20世纪80年代也提出了一个解决方案。② 下面简单介绍一下欣迪卡和陈克艰的工作。

欣迪卡对卡尔纳普的理论进行了改造，建立了一个 $v_{1,}v_2,\cdots,v_{n-1}$ 二维系统。他首先像卡尔纳普那样在语言L中构造Q谓词（欣迪卡把Q谓词叫做 $S = [H,E] = 1/n$ 谓词），然后用Q谓词形成构件。构件的形式为：

$$\exists xQ_{i1}(x)\wedge\forall xQ_{i2}(x)\wedge\cdots\wedge\exists xQ_{iw}(x)\wedge\forall x[Q_{i1}(x)\vee Q_{i2}(x)\vee\cdots\vee Q_{iw}(x)]$$

如果一个构件含有w个谓词，那么这个构件是说，在整个论域中有并且只有这w个谓词有例证，其余K一w个Q谓词是没有例证的。称这个构件为 $i/(n+1),(0<i<n)$ 构件。构件也是对世界可能状态的一种刻画，用构件可以形成全称概括语句。欣迪卡主要讨论了无穷论域中强概括的确证问题。给定一个由n个个体组成的证据e，这个证据中有c个Q谓词是有例证的。在这种情况下，有一个构件 $i/(n+1),(0<i<n)$（即 $w=c$）恰好含有证据中被例示的那c个Q谓词，这个构件与证据相符。而当 JIL_1 时，构件 J_1 被证据e证伪，因为e中出现了构件所不允许出现的Q谓词。当 $H(x)$ 时，构件 $S[H(a)E]=i/(n+1)$ 未被证据e证伪，因为虽然证据e表明只有c个Q谓词有例证，但继续观察有可能发现新的Q谓词有例证，所以，这时构件 $S[(x)H(x)E]=S[H(a)E]=i/(n+1)$ 与证据e是相容的。

$0\leqslant i\leqslant n$ 二维系统可以做到：（1）给每一个全称事实句指派非零的先验概率。（2）在确证过程中，如果证据里出现了全称概括所不允许的Q谓

① 陈波：《逻辑哲学导论》，人民大学出版社2000年版，第274页。

② 陈克艰：《一个能赋予某些无限全称命题以非零概率值的归纳逻辑系统》，《华东师范大学学报》（社科版）1985年第6期。

词的事例，则该全称概括立刻被证伪。（3）随着所观察的对象数量的增加，那个恰好与证据相符的构件的后验概率增加，其余构件的后验概率降低。当证据的数量无限增加时，与证据相符的构件的后验概率趋近于1，其余构件的后验概率趋近于0。卡尔纳普的λ系统被欣迪卡的二维系统所包含，是二维系统的一种极端的特殊的情况。

陈克艰对卡尔纳普的λ系统进行了修正，建立了一个θ系统。在θ系统中，他将计算单称预测假说确证度公式中经验因 J_2 的权重取为 H_1（卡尔纳普取其为 H_2），逻辑因素的权重 H 仍像卡尔纳普那样取为任一正常数。这样，在无穷个体域中，如果证据表明已经观察过的个体都具有同一性质，那么假说“所有无限多个个体都具有这种性质”可以得到非零的确证度，换句话说，在无穷个体域中，在无反例的情况下，全称假说可以得到非零的确证度。陈克艰还证明了两个有趣的结果：首先，如果已经观察过的个体都具有同一种性质，那么观察的个体的数目越多，相应的无限全称命题得到的确证度越高。其次，在被观察过的个体中，只要有一个反例，则相应的无限全称命题只能是零概率。这些结果与人们使用简单枚举法时的直觉是相符的。①

四　概率逻辑形式化的问题与出路

（一）概率逻辑的形式化研究及其问题

归纳逻辑学家们试图将现代逻辑的形式化和公理化方法与概率论方法协调起来，对概率逻辑进行形式化，从而对把归纳推理精确化。凯恩斯、卡尔纳普和莱欣巴赫等人在这方面都做了不少的工作。我国学者李小五等人讨论并评价了他们的工作。

在李小五看来，尽管凯恩斯于1921年将概率理论与归纳逻辑相结合，建立了第一个概率逻辑系统，但是他的公理化系统实际上是一形式语义学系统，并没有建立相应的语法系统，因此，他的形式化系统是不够严谨的。② 相对于凯恩斯等人的逻辑理论来说，莱欣巴赫的要全面得多。但是，莱欣巴赫的工作也是有缺陷的，这主要集中在他的频率解释理论。虽然他采用了认定理论进行补救，但终究被人们认为是特设性的。此外，把概率

① 赵总宽主编：《逻辑学百年》，北京出版社1999年版，第254—255页。

② 李小五：《现代归纳逻辑与概率逻辑》，科学出版社1992年版，第1—14页。

仅仅看做是相对频率的极限，这个限制非常大。由于莱欣巴赫的语义理论主要是用极限概念来对归纳蕴涵句作直观解释的，而且莱欣巴赫的极限又是通过序列来定义的，所以如何确定单个事件的归纳概率仍存在问题。另外，莱欣巴赫给出的公理系统并没有彻底形式化，也没有进一步研究可靠性、完全性那样的系统性质，因此，他的系统并不令人满意。①

尽管卡尔纳普第一次用精妙的技巧以及逻辑语义学的方式构造了博大的归纳逻辑的理论，但是卡尔纳普的工作也有重大缺陷，其中一个最基本的问题就是无差别原则在使用上的随意性。如果说他对各个同构的状态描述给以相等的概率似乎还说得过去的话，那么，他对由不同结构的状态描述所形成的不同组合也给予相等的概率就显得缺乏根据了。这样一来，卡尔纳普的归纳体系的“逻辑”特征就被这种不确定性大大冲淡了。其次，他的理论仅仅是在一种只包含一阶一元谓词的最简单的语言系统中建立起来的，至于它的方法能否推广到某种丰富得足以接近现代“科学语言”的语言，仍是一个悬而未决的问题。而且，随着对语言系统做不同的选择，其中每一个句子的概率也将随着发生变化，这就进一步增加了概率值的不确定性。最后也是最为致命的一个缺点是，在卡尔纳普的归纳逻辑中，只有涉及有限个体的句子才能得到非零概率，这就使得所有无限普遍的科学定律不能得到任何大于零的确证度。这显然是不符合实际情况的。②

尽管卡尔纳普认为，归纳逻辑主要应关注单称预测推理而不是全称推理，试图回避矛盾，但这样的归纳逻辑意义不大，因为归纳逻辑有一个很重要的目的，即合理地解释、刻画科学方法论中证据对假说的确证度，而在科学实践中，特别是在理论色彩较浓的自然科学的实践中，人们主要关注的是全称形式的假说。③

在分析批判的基础上，李小五提出了一个归纳认知逻辑，构造了一个带认知算子的归纳逻辑系统，刻画了概率推理之间的一般联系。此外，他在模态逻辑的关系语义中引入测度函数的概念，由此构造一类可能世界模型，并指出相对这样的模型类，上述形式系统是可靠的。

---

① 李小五：《何谓现代归纳逻辑》，《哲学研究》1996 年第 9 期。

② 陈晓平：《概率归纳逻辑的三大流派》，《哲学研究》1985 年第 10 期。

③ 李小五：《现代归纳逻辑与概率逻辑》，科学出版社 1992 年版，第 80 页。

（二）概率逻辑形式化研究的出路

为了克服概率逻辑形式化过程中所带来的问题，特别是卡尔纳普的 λ 系统的缺陷，陈克艰、鞠实儿、李小五、陈晓平等各自提出了自己的系统。

卡尔纳普的 λ 系统的一个重大缺点是在个体域为无穷的情况下不能给全称事实句以非零的概率。陈克艰对卡尔纳普的 λ 系统进行了修正，建立了一个 θ 系统。在 θ 系统中，他将计算单称预测假说确证度公式中经验因 $S[H_iE]=0$ 的权重取为 $H_i \in H$（卡尔纳普取其为 J_5），逻辑因素的权重 $S[H_2E]=i/(n+1)$ 仍像卡尔纳普那样取为任一正常数。这样，在无穷个体域中，在无反例的情况下，全称假说可以得到非零的确证度。[①]

李小五建立了一个概率演算的语法系统 I。I 的形式语言中有一个相信算子 $S[(H_1 \to H_2)E] \geqslant i/(n+1)$，用 $H_1,H_2 \in H$ 表示“认知主体 j 在某一时刻 t 对命题 a 的相信程度等于 r”，r 在［0，1］区间取值。系统 I 是模态逻辑系统 K 的一种推广，也是认知逻辑相应系统的一种概括。他用带测度函数的可能世界语义学作为系统 I 的语义学，并且证明了系统 I 对概率演算的可靠性。李小五希望建立起归纳逻辑的语法部分，采用可能世界语义学，并把这种语义学对可能性概念的刻画定量化，从而把归纳逻辑和其他重要的哲学逻辑统一于一种语义学。[②]

陈晓平建立了一个贝叶斯认证逻辑系统 J_6。$S[H_1E] \geqslant S[H_2E]$ 系统有三条公理和一个关于条件概率的定义，这些公理、定义与概率论中的公理、定义相似，但它们刻画的是假说或证据的概率。为了构成认证逻辑系统，还必须加入一条关于假说被证据确证或否证的标准，即“认证标准”。陈晓平采用正相关标准作为认证标准，并且证明了几个重要的定理，这些定理刻画了证据对假说确证、否证或不相干的条件。在此基础上进一步指出了将贝叶斯定理用于科学假说检验时需要满足的先决条件：至少有一个假说与被检验假说相竞争；互相竞争的假说中至少有一个为真；各假说具有大于 0 而小于 1 的先验概率；各假说对证据的预测度不能同时为 0，两个竞争假说对证据的预测度应该不同，等等。陈晓平用贝叶斯定理作为工具重新考察了古典的假说演绎法，指出其确证形式和否证形式的不当之处。他提出贝叶斯假设—演绎认证推理的形式和贝叶斯假设—演绎否证推

① 宋文坚、熊立文、邹崇理：《我国现代逻辑研究概况》，《哲学动态》2000 年第 3 期。
② 同上。

理的形式，这两种形式在系统 $S[(H_1 \rightarrow H_2)E] = i/(n+1)$ 中的到辩护。①

但是，这些努力似乎没有得到一种完全令人满意的理论。近年来，还有些哲学家干脆抛弃了概率演算的框架，采用其他方法建立归纳逻辑。如柯恩就以一种广义的模态逻辑作为归纳理论的基本结构，建立了一个非巴斯卡概率系统——新培根主义概率逻辑系统。沙克尔也从决策论的角度研究了非巴斯卡概率。②

柯恩和沙克尔的理论将在下一章进行介绍。

第四节　非经典概率逻辑研究

一　引进和评价：柯恩非经典概率逻辑在中国的传播

（一）非经典概率逻辑的评介

大多数现代逻辑学家曾经相信，评价证据支持的那种函项，或者本身必须符合巴斯卡首创的经典概率演算原则，或者至少可以由符合这些原则的函项构造出来。这种按巴斯卡概率原则建立起来的归纳逻辑，就叫做巴斯卡型概率归纳逻辑。无论是莱欣巴赫的频率解释、卡尔纳普的逻辑解释，还是萨维奇的私人主义解释，都没有超出巴斯卡型概率的范畴。事实证明，这种归纳逻辑在科学研究的实际应用中遇到了种种困难。③

20 世纪 50 年代以后，概率论与数理逻辑等取得了新的进展，现代归纳逻辑的研究也进入到了一个新的阶段。面临概率逻辑演绎化和形式化的困难，逻辑学家们提出了非概率化、非数量化的非经典概率逻辑理论。其中，有的理论用有序化、等级化来代替演绎化，有的将定性研究重新放到了重要的位置，有的又再度重视模态、因果概念的使用等。在这些理论里，最具代表性和影响力的是柯恩的工作。

柯恩的理论既是对培根和穆勒的排除归纳法的概括，又是对凯恩斯关于归纳概率是论证的可靠性的量度的思想的发展。另一方面，柯恩从科学哲学的高度对实验科学中的科学方法进行抽象，提出了相干变量法，即在

① 赵总宽主编：《逻辑学百年》，北京出版社 1999 年版，第 256—257 页。

② 陈晓平：《概率归纳逻辑的三大流派》，《哲学研究》1985 年第 10 期。

③ 任晓明：《当代归纳逻辑探赜——论柯恩归纳逻辑的恰当性》，成都科技大学出版社 1993 年版，第 8 页。

特定研究领域中对假说的可靠性加以分级的方法，并且力图用此来解释模态逻辑 L_N^π 的一概括的公理化形式系统，他的广义的模态逻辑把“可靠性等级”表示为通往规律的阶梯，因此，柯恩的工作开辟了研究归纳逻辑的新领域。①

归纳支持（inductive support）是柯恩的归纳支持理论中最基本的概念。归纳支持不是纯粹定性的概念，而是可以比较甚至半定量的分级的概念。柯恩的给出的支持函项为 L_N^π，其中，S 表示支持度，H 表示假设，E 表示证据。其主目之值不是基数，而是序数。假定以下变项序列 $v_{1,} v_2, \cdots, v_{n-1}$ 相关于某假说 H，那么 S = [H,E] = 1/n 就可以看做“基于证据 E，假说 H 以及实质上相似于 H 的命题只得到 n 个可能正支持级的第一级的支持”的缩写。归纳支持概念的根基是实验和自然科学。基于对实验科学家的实践活动的抽象和理想化分析，柯恩提出了用来评价检验结果进而作出归纳支持分级的方法。②

柯恩在归纳支持概念的基础上给出了归纳支持分级的公理化系统。柯恩的系统是用语法的元语言建立起来的。相对于每一种特定种类的对象语言，这种元语言统一描述形成规则、公理和推演规则。对象语言用于不同的科学研究领域，对这些领域，不同序列的相干变量和与之对应的归纳支持函数和归纳概率函数都是恰当的。因此，各种对象语言在它们非逻辑术语的数量和本性上，在它们能够表达的归纳支持或归纳概率的分级的数量上，可以是互相不同的。但是它们全都具有可以用单一的语法的元语言来描述的相同的逻辑术语和逻辑原则。③

对于概率理论，柯恩有如下几个观点：1. 概率理论的标准应该是多元的。柯恩认为，概率的哲学理论是解释产生各种概然命题表面多样性背后的统一性。在日常生活中我们常遇到明显不同的概率类型。过去概率的哲学理论企图把所有这样的概率解释为一种单一的标准，但是这样的概率理论难以解释所有概然命题。因此，近几十年，一直存在一种基本倾向，即赞成概率是多元标准的观点。2. 概率就是对可证性的分级。这不仅说明了

① 李小五：《现代归纳逻辑与概率逻辑》，科学出版社 1992 年版，第 141 页；桂起权、任晓明、朱志方：《机遇与冒险的逻辑》，石油大学出版社 1995 年版，第 151 页。

② 任晓明：《当代归纳逻辑探赜——论柯恩归纳逻辑的恰当性》，成都科技大学出版社 1993 年版，第 41—42 页。

③ 李小五：《现代归纳逻辑与概率逻辑》，科学出版社 1992 年版，第 152 页。

哲学上熟悉的各种各样的概率形式，而且说明了它们通常与数学上的概率演算的原则是一致的。①

（二）非经典概率逻辑的评价

柯恩的形式系统最突出的特征是它的分级特征，它的核心是广义模态逻辑，具体地说，就是对刘易斯模态逻辑系统 S_4 的推广。在柯恩系统中，不仅有标准的模态"……是逻辑必然的"，而且有用以刻画科学实验的其他模态"……是物理必然的"。不仅有一般的模态算子，而且有带数字上标的不同等级的模态算子，如$\Box^1$，$\Box^2$，……$\Box^e$。总的来说，柯恩的归纳逻辑系统的最有特色之处是他十分注重归纳逻辑如何才能适应自然科学研究实际的问题。就这方面而言，柯恩的系统比卡尔纳普等人只追求形式严密性和完美性的系统更恰当。②

柯恩对归纳逻辑的建立作了新的探索，建立了旨在刻画排除归纳法（卡尔纳普、莱欣巴赫等人的归纳逻辑主要刻画枚举归纳法）的模态归纳逻辑，这样的工作是有益的。但整个来说，他的工作还十分粗糙，主要缺陷表现在：他的作为语义模型的相干变量法既烦琐又含混，不能令人满意地解释它的公理化语法系统，由此使人无从考虑完全性定理。③ 此外，它的系统本身还有不够完善之处，例如：（1）柯恩的概率演算系统是建立在高阶逻辑的基础上的。一般说来，高阶公式不是递归可枚举的。从计算复杂性的角度看，这种系统的推理实际上是不可行的。（2）根据一个支持函项得到的支持与根据另一支持函项得到的支持是不可比较的。在不同支持函项下，中间支持等级相互间是不可比较的。（3）过分强调排除归纳法的重要性，忽视枚举归纳法的作用，是柯恩归纳方法论的盲点。④

柯恩的归纳支持逻辑以穆勒五法为刻画对象，其形式系统是模态系统S4和二阶谓词逻辑的扩张。但它没有形式化的语义理论，我国学者鞠实儿还证明这样的系统是不一致的并且对实验（归纳）推理是不恰当的。⑤

---

① 李小五：《现代归纳逻辑与概率逻辑》，科学出版社1992年版，第144页。

② 桂起权、任晓明、朱志方：《机遇与冒险的逻辑》，石油大学出版社1995年版，第164—168页。

③ 李小五：《现代归纳逻辑与概率逻辑》，科学出版社1992年版，第161页。

④ 桂起权、任晓明、朱志方：《机遇与冒险的逻辑》，石油大学出版社1995年版，第168—169页。

⑤ 李小五：《无穷逻辑》（上），社科文献出版社1996年版。

二　批判与反思：对柯恩系统的改造

柯恩所构造的非巴斯卡概率逻辑系统代表着20世纪70年的归纳逻辑研究的进展之一，但是，从上面的分析可知，柯恩系统也是不完善的。因而，不少逻辑学家们试图对其进行改造。除了国外的学者之外，我国的鞠实儿、刘壮虎、陈晓平等也在这方面作了大量的工作。下面主要介绍鞠实儿的工作。

鞠实儿在《非巴斯卡归纳概率逻辑研究》（1993）一书中，对柯恩理论作了批判和分析，并对柯恩的理论进行了改进和重构。鞠实儿认为，柯恩理论包含三大基本假定：（1）假说的归纳概率可解释为似规律度（柯恩认为，所谓放之四海而皆准的规律只是一种理论境界，实际情况是科学家所努力建筑的都是有条件有限定的普遍性，即只对某一领域某些情况适用，所以称作似规律性更为恰当），它可以用相关变量法进行度量，而且这种概率是非巴斯卡性质的；（2）相关变量方法是培根排除归纳法（把并非真正原因的因素一项一项地排除）的推广，它度量了排除归纳法中的证据支持强度；（3）基于相关变量的归纳概率逻辑可以借助于模态逻辑S4系统而得到表达。但是，鞠实儿发现，柯恩的理论在整个性质上存在不一致性和不恰当性。最显著的地方就是，柯恩对相关变量法的度量结果作了（1）似规律性和（2）归纳支持这样两种不同的解释，而这两种解释所满足的逻辑结构是互不协调的，与此相联系，假定（1）与假定（2）、（3）的逻辑基础不同，这就直接导致柯恩系统内在的不一致性与不恰当性。具体说，假定（1）超出了经典的二值逻辑（非假必真），H与非H可以同时为假，不遵守排中律；而假定（2）的排除归纳法和假定（3）的模态系统都以二值逻辑为基础。[①]

鞠实儿详细地讨论了柯恩理论的一致性问题。他分别从柯恩的归纳支持分级句法和归纳概率分级句法中推导出析取原理，这个原理在证明柯恩理论的不一致性时起了重要的作用。但是在柯恩的理论中，析取原理是没有得到证明的。鞠实儿先利用归纳支持分级句法的析取原理和否定原理证明了柯恩的归纳支持分级句法是不一致的。柯恩曾经对鞠实儿的这一证明

① 桂起权、任晓明、朱志方：《机遇与冒险的逻辑》，石油大学出版社1995年版，第170页。

提出过反批评，用自己系统中的后承原理证明鞠实儿导出的析取原理是不成立的。鞠实儿对柯恩的批评又提出反批评，说明柯恩的后承原理与相关变量法不一致，并且指出，即使柯恩的说法是正确的，利用等价原理仍然可以证明归纳支持分级句法的不一致。①

鞠实儿采用同样的方法，利用归纳概率分级句法中的析取的真值原理和否定原理证明了柯恩归纳概率支持句法的不一致性。接着他指出柯恩非巴斯卡概率逻辑形式公理系统的语义是不一致的。造成非巴斯卡概率逻辑不一致的原因在于，以相关变量法为基础的真值语义理论与经典二值逻辑和模态逻辑 S4 的真值语义理论是不相容的。②

鞠实儿还分析了柯恩的相关变量法。自然科学家冯·弗里希运用排除归纳法从实验中得出“蜜蜂能识别蓝色”的结论。柯恩曾经用这一案例说明自己的相关变量法是对培根—穆勒排除归纳法的概括。鞠实儿重新分析了这个案例，指出相关变量法是对假说似规律度的度量，而排除归纳法得到的结论是关于事件之间因果规律的肯定或否定的结论，绝不是似规律度，排除归纳法以经典二值逻辑的语义为基础，相关变量法的语义与二值逻辑的语义不一致，因此相关变量法不能用来刻画排除归纳法。至此，鞠实儿全面地批判了柯恩的理论。③

完成了对柯恩理论的批判后，鞠实儿构造了自己的归纳逻辑系统。他做了两项工作，首先，他在相关变量法的基础上构造了假说似规律度的句法理论。鞠实儿认为相关变量法度量的不是全称假说 H 的归纳支持，而是它的适用范围。人们认为某个命题近似于规律，因为它适用于某一领域的某种情况，但是由于知识不完全，人们不知道它是否适用于该领域的其他情况。相关变量法确定某一假说的适用范围，它测量的就是假说的似规律程度。在这一理论中，鞠实儿坚持以非巴斯卡概率逻辑为基础，仍然使用了与柯恩一样的否定规则。但是可以看出，鞠实儿对全称语句的否定句的理解与柯恩是不一样的。在柯恩看来，全称条件句的否定句是存在语句，比如“所有的蜜蜂能识别蓝色”，其否定句为“有的蜜蜂不能识别蓝色”。而在鞠实儿看来，一个全称条件句的假说 H，它的否定句“非 H”是指与

① 赵总宽：《逻辑学百年》，北京出版社 1999 年版，第 262 页。

② 同上书，第 262—263 页。

③ 同上书，第 263 页。

H 相竞争的其他的全称假说。显然，这种用法与习惯用法是不同的。鞠实儿同时讨论了合取、析取、蕴涵等联结词的含义。第二项工作是深入研究排除归纳法。鞠实儿考察了在知识不完全和实验结果不确定的条件下运用排除归纳法进行实验推理的特点，构造了假说归纳可靠度理论。这个理论以一个三值逻辑系统为基础，而这个系统与克雷恩的三值系统是同构的。①

鞠实儿对柯恩的相关变量法进行了澄清、调整与改进，使其实验检验序列作为度量假说的似规律性的方法具有恰当性。柯恩原先的相关变量法定义在所谓实质相似假说集上，即根据语言结构上的相似确定的相关条件集合上；改进后的相关变量法则定义在根据竞争假说集确定的相关条件集合上，并根据相关条件的证伪（反驳、否证）假说的能力强弱进行排序，检验程序与原来的相仿，但更重视正为因素的作用。柯恩所注重的 E（证据）对 H（假说）的归纳支持度 $i/(n+1),(0<i<n)$，其实与 H 在 E 下的似规律度 $i/(n+1),(0<i<n)$，两者有实质的区别。因为前者的 E（证据）中不含证伪假说 H 的因素，从而不能刻画 H 在其中成立的局部环境或范围，后者则相反。改进后的相关变量法能够作为度量假说的似规律性或适用范围的恰当方法，为在相互竞争的假说中进行优选提供依据（看谁抗拒证伪的能力强，更能经受住检验），这才是假说评价的最重要的功能。②

改进后的相关变量法，为了进一步建立似规律度的句法理论，对经典二值逻辑的语义理论也作了必要的修改和调整。其中主要是否定词的语义修正（与此直接相关的是排中律的失效）。也就是说，改进后的相关变量法明确表示：二值否定词已经失效，而其他逻辑联结词如合取、析取和蕴涵等仍可以使用。③

鞠实儿的非巴斯卡归纳概率逻辑的形式系统，即假说似规律度的句法系统，最基础的是 JIL_1，它包括七条基本规则：

J_1（一致性原理）：令 $H(x)$ 是不带量词的条件句，E 为证据，如果似规律度 $S[H(a)E]=i/(n+1)$，那么，$S[(x)H(x)E]=S[H(a)E]=i/(n+1)$，$0\leqslant i\leqslant n$。（这个原理的根据在于实验检验结果的可重复性），

---

① 赵总宽：《逻辑学百年》，北京出版社 1999 年版，第 262 页。

② 桂起权、任晓明、朱志方：《机遇与冒险的逻辑》，石油大学出版社 1995 年版，第 170—171 页。

③ 同上书，第 171 页。

因此，对任一实例 a 成立的，也应对所有 x 成立。

J_2 (合取原理)：如果 H_1 和 H_2 同属于竞争假说集合 H ，而 E 是证据，那么，$S[(H_1 \wedge H_2)E] = \min\{S[H_1E], S[H_2E]\}$ 。这就是说，两假说合取后的似规律度，取两者中的极小值。

J_3 (析取原理)：如果 H_1 和 H_2 同属于竞争假说集合 H ，而 E 是证据，那么，$S[(H_1 \vee H_2)E] = \max\{S[H_1E], S[H_2E]\}$ (取两者中的极大值)。

J_4 (否定原理)：对于任意 E 和 Hi，如果 $S[H_iE] > 0$ ，那么 $S[H_iE] = 0$ ，其中 $H_i \in H$ 。

J_5 (蕴涵原理)：如果 $S[H_2E] = i/(n+1)$ ，那么 $S[(H_1 \rightarrow H_2)E] \geqslant i/(n+1)$ ，$H_1, H_2 \in H$ 。(这个原理根据蕴涵词的本义是“不能前件真而后件假”，推断蕴涵式中诸假说是否能通过检验。)

J_6 (后承原理)：如果 $S[H_1E] \geqslant S[H_2E]$ ，$S[(H_1 \rightarrow H_2)E] = i/(n+1)$ ，那么 $S[H_2E] = i/(n+1)$ ，$H_1, H_2 \in H$ 。

J_7 (双蕴涵原理)：如果 $S[(H_1 \rightarrow H_2)] = i/(n+1)$ 且 $S[(H_2 \rightarrow H_1)] = j/(n+1)$ ，则 $S[(H_1 \leftrightarrow H_2)] = \min\{i/(n+1), j/(n+1)\}$ 。$H_1, H_2 \in H$ 。

有了这些规则就可以从竞争假说集合中主元素的似规律度，推出相应的所有复合陈述的似规律度，由此进行似规律度的推理。

JIL_1 已经能处理同一竞争假说域的似规律度的演算，经过推广，JIL_2 又建立了关于不同假说域的符合假说的似规律度的演算方法。

鞠实儿还进一步推广了培根的排除归纳法，在一个可能不穷竭的假说集合上定义了由对照实验系列组成的检验程序，据此提出了假说归纳可靠理论（ *JIR* ），它能在实验及假说检验不确定的条件下对假说的可靠度进行度量。①

此外，我国学者刘壮虎和陈晓平等也对柯恩的归纳逻辑系统进行了分析、批判和改造。刘壮虎认为，柯恩的归纳逻辑系统有两个缺点：一是在柯恩的理论中相关变量只是一种直观理解的背景，没有用相关变量作为语义；二是柯恩系统所讨论的句子只限于有相同相关变量，以相同次序检验的句子，这样无法对非实质相似的假说的归纳可靠性进行比较。他建立了一个归纳支持的逻辑系统 VIL，用相关变量和检验给出严格的定义，并且

① 桂起权、任晓明、朱志方：《机遇与冒险的逻辑》，石油大学出版社 1995 年版，第 172—174 页。

着重讨论归纳支持的可比较关系。陈晓平认为，柯恩归纳支持理论中的否定原理严重违反直觉；柯恩关于某一领域中相关变量表是唯一的且严格排序的假定有问题。陈晓平把变量的相关看做人的一种信念。它吸收了人工智能中信念修改逻辑的思想，在条件句逻辑的框架上建立起归纳支持的系统。他认为这个系统克服了柯恩相关变量法严格排序的缺陷，实现了假说归纳支持推理非单调性的形式刻画，并且克服了柯恩否定原理的缺陷。①

三　非经典逻辑与决策：对沙克尔非经典逻辑的关注

在大多数决策问题中，决策者不但不知道试验的哪一种结果将出现，而且也有可能不知道试验的所有可能的结果，这就是决策问题中的不确定性，这种不确定性是无法用巴斯卡概率来进行描述的。因而，人们就提出了非巴斯卡概率来解决这一问题。非巴斯卡概率在完全可能和不可能之间度量行为后果或假说的不确定性，它的特征是不满足巴斯卡概率的互补性。沙克尔（1949、1961、1979）提出的潜在惊奇理论对人类的决策行为中的这种不确定性进行了较为完整的描述，这是一种非巴斯卡概率的私人主义解释和基于这一解释的决策论。②

沙克尔通过对决策过程的心理分析，提出了非巴斯卡概率私人主义解释，即潜在惊奇理论，构造了非形式的潜在惊奇公理系统，并在此基础上提出了解决决策问题的方法。沙克尔的工作在非巴斯卡概率和决策论领域中具有开创性。③

沙克尔（1961、1979）认为，决策问题就是在一组给定的行动方案中选择最佳方案，方案的选择由每一行动可能导致的后果集，以及各种后果发生的可能性度量和愿望度量决定，而决策过程是一个思维过程。但是，决策者却面临一个认识论的困境，即决策要求预测未来，而未来是不可预测的。沙克尔（1961）认为解决这一困难的唯一方法是决策者的主观想象。他论证到：（1）通过感官从外部得到的经验是在某一历史时刻给定的，处于事件的历史序列之中，它不可能被另一事件所代替，因而超越任何选择；（2）决策所涉及的经验并不限于时间轴的某一区域，而是朝向未

① 宋文坚、熊立文、邹崇理：《我国现代逻辑研究概况》，《哲学动态》2000 年第 3 期。

② 鞠实儿：《非巴斯卡归纳概率逻辑研究》，浙江人民出版社 1993 年版，第 84—85 页。

③ 同上书，第 95 页。

来方向，但是未来只存在于想象之中。因此，想象可以填平现在和未来之间的鸿沟。关于行动的不可预测的、可想象的结果构成决策的基础。[①]

由于决策者不可能实现认识所设想的行为导致的未来世界。因此，决策依赖于决策者对行动后果的想象，而想象的结果是一个不完全的行动后果集，或不穷竭的关于行动后果的竞争假说集。沙克尔的这一结论超越了基于巴斯卡概率的决策论（包括贝叶斯决策论），因为后者最基本的假定是：存在一个行动后果的穷竭集。如何给出定义在不穷竭行动后果竞争假说集上的不确定性度量就成为了解决决策问题的关键。沙克尔解决这一问题的途径就是建立所谓的潜在惊奇（简称 PS 理论）。[②]

根据沙克尔对决策问题的分析，决策中的不确定性是主观不确定性。他是产生于决策者的想象，而想象伴随着情感，情感有强弱之分。与可能性相关的情感就是惊奇，由于这种惊奇是在想象实施某一行动得到某一结果时产生的，故称为潜在惊奇。当我们想象某一被认为不可能发生的事件居然发生时，可以感受到极大的惊奇；反之，当我们想象某一被认为完全可能发生的事件发生时，可以感受到毫不惊奇。因此，根据 PS 理论，不可能事件的主观不确定性可定义为极大惊奇；相应的，完全可能事件的主观不确定性可定义为毫不惊奇。据此，沙克尔建议采用 PS 作为某一行动的后果的不确定性度量。若用［0，1］区间上的实数来标记从不可能事件到完全可能事件的整个后果集中成员的不确定性，那么，毫不惊奇取值为0，极大惊奇取值为1。另一方面，沙克尔认为 PS 度是与决策者想象某一结果发生时遇到的阻碍强弱，即与该结果同化于他已有的知识的难易程度成正比。当某一后果的 PS 值取 0 时，决策者想象这一结果发生时便没有遇到任何阻碍；当某一后果的 PS 值取 1 时，情况正好相反。由此，沙克尔确定了任何行动的任一后果在［0，1］中取值的标准。这就是沙克尔关于度量后果不确定性的方法的全部设想。由此，沙克尔从决策心理分析出发，描述了决策者的认识论困境，提出了摆脱困境、构造行动可能后果集的想象方法，以及度量可能后果的主观不确定性的标准。[③]

按照沙克尔对决策问题的看法，决策问题的解决不仅取决于行动的可

---

① 鞠实儿：《非巴斯卡归纳概率逻辑研究》，浙江人民出版社 1993 年版，第 96 页。

② 同上书，第 97 页。

③ 赵总宽：《逻辑学百年》，北京出版社 1999 年版，第 98—99 页。

能后果集合上的不确定性度量，还取决于定义在该集合上的愿望度量函数D。虽然沙克尔没有提出测量愿望值的方法，但是他假定愿望值分布在实数轴上以0为中心、定长为半径的区间上不妨设该区间为［-1，1］。其中，（0，1］中的值可解释为愿望或正愿望，［-1，0）解释为反愿望，原点解释为愿望中性，1和-1分别解释最大正愿望值和最大反愿望值。最后，沙克尔假定任何行动的任一可能后果均可在上述区间中取值，并依据它们的数值的大小排成序列。（鞠实儿，1993：102）也就是说对于n个X打算采取的行动，有n个可能后果序列。每个后果序列对应于一个后果的A值序列，它们可以根据序列中成员的A值的从小到大进行排序：

$$A(C_{11}),A(C_{12}),\cdots\cdots A(C_{1m1});A(C_{21})A(C_{22}),\cdots\cdots A(C_{2m2});\cdots\cdots A(C_{n1})A(C_{n2}),\cdots\cdots A(C_{nmn})$$

下一步的问题就是：如何根据上述数据在不同的行动方案中进行选择？沙克尔解决这一问题的方法便是所谓优势理论（鞠实儿，1993：103）。因此，沙克尔建立了满足非巴斯卡概率的PS理论以及优势理论，并运用它们处理决策领域中创造性思维所带来的知识不确定性问题。从这一角度说，他的工作在理论上已经构成了决策论领域中的波普尔革命。①

但是，鞠实儿认为，沙克尔的理论存在一定的缺陷和困难。首先，沙克尔的潜在惊奇度概念是在不穷竭假说或行动后果集概念基础上建立起来的，因此，它不可能满足巴斯卡概率定义。然而，为了构造潜在惊奇公理系统，他引入了剩余假说概念，使不穷竭集扩充为穷竭集，但在穷竭集上可定义巴斯卡概率。因此，潜在惊奇公理系统不可能避免不一致性。其次，沙克尔没有明确地提出测量潜在惊奇度的方法，他建议同时使用逻辑分析和心理分析的方法度量潜在惊奇度。因此，潜在惊奇理论的度量方法不能避免不一致性。最后，潜在惊奇理论在缺少度量假说不确定性的方法的同时，缺少度量假说愿望度的方法，因此，沙克尔的决策论只是一个建立在心理分析基础上的逻辑虚构。②

鞠实儿在对沙克尔的非巴斯卡概率私人主义解释进行批判性考察之后，排出了剩余假说概念，提出了从假说的内容出发对形式上不一致的假说的不一致程度做定量分析的方法，并利用该方法对假说的不可信度进行

① 鞠实儿：《非巴斯卡归纳概率逻辑研究》，浙江人民出版社1993年版，第104—105页。
② 同上书，第105页。

测量，消除了PS理论在PS值测量方法的不一致性。同时，排出了建立在剩余假说概念基础上的竞争假说穷竭集，消除了PS公理系统中的不一致性。最后，他在PS理论的基础上提出了非巴斯卡概率的逻辑解释，并在此基础上扩充了沙克尔的优势函数理论，提出了愿望度测量方法，并最终建立了一种基于非巴斯卡概率逻辑解释的决策论。①

四 非经典概率逻辑的问题和出路

非经典概率逻辑即非巴斯卡概率逻辑否定了经典逻辑的一些原则，如否定原则和排中律等，以便使归纳逻辑的形式系统更加符合自然科学的非形式原型。因此，柯恩的非巴斯卡归纳逻辑包括归纳支持理论在逻辑哲学上的意义是比较大的，在当时引起了国内外不少学者的关注和评论，但是，它在逻辑上却存在若干缺陷。于是，学界对它的关注日渐减低。近年来，认知科学家提出了一种新的支持理论，即图文斯基（Tversky）等学者提出的概率判断的支持理论，推动了非经典归纳逻辑的发展。

与逻辑学家把支持关系解释为证据命题E与假设命题H之间在逻辑上的关系不同，认知科学家把支持关系解释为概率判断之间的逻辑关系。在认知科学家那里，根据对同一事件的不同描述可以产生不同的判断，研究这些判断之间的支持关系的理论就是支持理论，它是一个关于主观概率判断的非外延性理论。不难看出，前者的出发点是客观主义概率理论，后者是主观主义概率理论，但是，后一理论是在非巴斯卡概率逻辑支持理论的基础上发展起来的。

建立在主观概率理论基础上的支持理论主要关心的是如何借助概率方法来表达信念度。作为一个主观概率判断的非外延性理论，它有以下观点：主观概率判断受到描述的影响，具有描述的依赖性；主观概率判断的结果是判断者对中心假设的相对支持的反映；主观概率在二元判断中表现出二元互补性，在多元判断中表现出次可加性；主观概率判断存在分解效应和促进效应。

可见，支持理论是关于信念的非外延性理论，它是关于主观概率判断的支持理论；而归纳支持理论是一种客观概率的支持理论。在主观概率支持理论中，判断概率是通过相关的支持给出的，或者根据强有关证据，分

① 鞠实儿：《非巴斯卡归纳概率逻辑研究》，浙江人民出版社1993年版，第115页。

别由中心假设和备择假设提供。在客观概率的支持理论中，命题概率刻画的是证据与假设之间的逻辑关系。在主观概率判断的支持理论中，支持对于不相容的假设的显性析取是可加的，对于隐性析取的是次可加的；而在归纳支持理论中，合取关系不具有可加性，巴斯卡概率的乘法原理不成立。在主观概率支持理论中，概率判断在二元情况下是互补的，在多元情况下是非互补的；而在归纳支持理论中，归纳支持的否定不是互补的，巴斯卡概率的否定原理不成立。

第五节　归纳与决策、博弈研究

一　归纳、决策与博弈：沿着主观贝叶斯主义的道路前进

主观贝叶斯派的理论是现代归纳逻辑中最具有实用价值的成果之一。这一学派提出的主观概率概念大大拓宽了概率理论的应用范围，使我们可以用概率论等数学工具去研究人的意见、判断、评价、信念之类的东西。与频率概率相比，主观概率的适用范围更加宽泛。在实践中，当没有频率方面的知识可以利用的时候，人们关于实践对象的其他方面的知识、信息、经验可以表现在主观概率之中。从推理的角度看，主观主义学派的理论成功地刻画了枚举归纳法中的统计推理，表现出证据的变化对结论的影响，表现了认识者信念的变化，自然而恰当地描述了人的归纳认识过程。①

博弈的逻辑理论是现代归纳逻辑在21世纪最重要的成功应用领域之一，而博弈的逻辑理论的发展主要得益于归纳概率逻辑的研究成果，特别是20世纪80年代以来蓬勃发展的主观贝叶斯主义。

一方面，主观贝叶斯主义是博弈的理论基础。主观主义（即私人主义）认为，概率可以看做个体（私人）对于命题的相信程度（例如我相信，根据以往经验，明天下雨的概率＝80%），称为信念度或置信度（degree of credence）。主观主义常被称为“主观贝叶斯主义”，意在强调贝叶斯定理在主观主义概率演算中通常起着特别重要的作用。主观主义允许不同主体对同一假说可以根据自己所掌握的背景知识合理地赋予不同的先验概率，同时允许根据新信息不断调整后验概率，贝叶斯定理就是一种现成的计算工具。为了克服主观标准的随意性，最后“意见收敛定理”发挥作

① 熊立文：《现代归纳逻辑的发展》，人民出版社2004年版，第141—142页。

用，主体间得到趋同的结果，“主观”就逐步向“客观”靠拢了。可见，主观贝叶斯主义不仅可以容纳客观因素，而且，按照蓝姆赛的看法，在实际预测的场合中，“主观主义的解释是唯一适用的”。因此，主观贝叶斯主义是决策和博弈的理论基础。①

另一方面，统计推理中的假说检验本身就是一种决策理论。从历史上看，在培根和穆勒时代，一些数学家和具有数学倾向的逻辑学家提出了一种严密的归纳推理技术，即统计推理。这种归纳推理一开始就与决策理论如影随形、不可分割。当时，为了解决赌博中的决策问题——决定接受或不接受某一赌法——数学家们提出了借助概率的统计推理技术。这些技术推广到其他事件上，就成了逻辑方法。到现在，它们已发展成为许多数学理论及分支，如统计决策论、经济决策论、决策分析等。在那里，归纳推理与决策理论无例外地结合在一起。从纯逻辑角度看，归纳推理与决策理论的内容本身也是相互依存、相互渗透的。从某种意义上说，决策理论是归纳逻辑的发展和应用，因为概率是决策论的基本概念；而通过归纳推理确定事件或命题的概率是归纳逻辑的主要内容。此外，归纳推理的目的是为科学决策提供依据。对各种数据、材料的整理和归纳，就是为了做出决策。因此，我们可以说，主观贝叶斯主义极大地促进了博弈和决策理论的发展，当然也可以说，决策和博弈是主观贝叶斯主义的发展和继续。我国学者潘天群、熊立文等对决策和博弈理论进行了比较深入的研究。②

二　决策与合理选择：归纳逻辑的应用

决策活动存在于社会活动的各个方面。当人们面对多种情况可供选择或面临不确定状况时，必须进行决策。所谓决策，就是在若干不同的行动方案中作出合理的选择。但是，究竟该怎样进行决策呢？什么样的选择才是合理的呢？这就需要运用到归纳逻辑的一些基本理论了。可以说，决策和合理选择的问题就是归纳逻辑的应用问题。我国学者熊卫、熊立文、朱

---

① 任晓明主编、杨岗营副主编：《新编归纳逻辑导论——机遇、决策与博弈的逻辑》，河南人民出版社2009年版，第5—6页。

② 潘天群：《博弈思维》，北京大学出版社2005年版；潘天群：《博弈行为中的演绎与归纳推理及其问题》，《自然辩证法研究》2003年第3期；熊立文：《现代归纳逻辑的发展》，人民出版社2004年版。

志方等对决策和选择理论进行了比较深入的研究。[①]

在熊立文看来，现代归纳逻辑的主流是概率逻辑，概率逻辑是借助于概率论来研究归纳推理，而概率论起源于对赌博问题的研究，它从创立之日起就被用来指导不确定条件下的行动。熊立文指出，波瑞尔早就看到了归纳理论与决策问题之间的联系，1924年他在评论凯恩斯的《论概率》一书时说："对于某种博弈的深入研究可能会导致概率理论的新篇章，起源于博弈的这种理论又返回去研究最简单的机遇博弈。这将是一门新的科学……"归纳逻辑中所讨论的决策问题是在不确定状况下的决策，其中最重要的理论是贝叶斯决策理论。[②]

主观主义学派十分关注决策问题。蓝姆赛讨论了测度事件的概率和效用的方法。萨维奇建立了一个主观概率的公理系统，阐述了归纳决策的基本原理。杰弗里（Jeffrey）建立了一个完整的归纳决策的逻辑体系。他们的工作使得主观概率的理论与统计决策的理论相结合，这种结合的理论叫做贝叶斯统计决策论。贝叶斯统计决策论在经济、管理、医学、教育等领域得到了广泛的应用。[③]

熊立文指出，概率是决策理论中一个基本的概念，效用是另一个基本概念。由于概率反映了决策者实际的信念，因此这种概率是主观的。效用反映了决策者的价值观念、向往或期望，效用也是主观的。可以说，贝叶斯决策理论是主观贝叶斯派归纳理论应用于实际问题的结果。[④]

熊卫在《经典决策理论的基础及发展》中对贝叶斯决策理论的融贯性概念做了深入的思考，分析了贝叶斯决策理论的基础、缺陷和两种发展途径。在他看来，与经典理论相比，D－S理论的最大缺陷在于其基本概念缺乏一个合理的解释，以至于得不到合理的辩护。在论文中作者指出了Shafer的D－S理论解释相对于该理论的形式系统是不完全的。在《基于拉姆齐公理的效用理论》中，熊卫基于蓝姆赛的概念和公理论证存在效用函数，并分析了它的性质。

马文俊、熊卫在《旧证据问题：一种动态的消解方案》中指出：旧证据问题是指贝叶斯确证理论在讨论旧证据确证新理论（假说）的问题上将

---

① 朱志方：《社会决策论》，武汉大学出版社1996年版。

② 熊立文：《现代归纳逻辑的发展》，人民出版社2004年版，第221页。

③ 同上书，第20页。

④ 同上书，第221—222页。

出现不合理的结果，它的消解是贝叶斯确证理论辩护的一个非常重要的环节。论文采用了一种基于 Levi 理论的动态方案来消解这一问题。在这种方案下，知识汇集的动态性使得旧证据在新理论引入前后的置信概率可能是不相同的，在此基础上作者证明，经新理论扩充后而得到的知识汇集无论是一致扩充还是不一致扩充，均存在一个旧证据 E，它对该新理论具有确证作用。

三　归纳逻辑在计算机、人工智能中的应用

人工智能是用计算机对人类思维和智能进行模拟。人工智能有两个目标：一个目标是用计算机代替人从事脑力劳动，这是实用目标或工程目标；另一个目标是通过人类认知的计算机模拟来揭示人类认知的结构和机制，试图揭开大脑认知之谜，这是科学的目标。无论从哪一方面讲，对归纳理论的研究都是必不可少的。①

熊立文指出，首先，推理是人类重要的思维能力，推理既包括必然性的演绎推理，又包括不确定性推理。例如，专家系统的推理依靠人类专家的知识，在许多领域中，专家的知识常常是不精确的、不确定的，有很多属于专家个人的经验。专家系统所处理的对象往往是不典型的、模糊的，其证据具有不确定性，甚至规则也是不确定的，这些都涉及不确定性推理。人工智能处理不确定性推理的手段有两种：一种是数值型的，另一种是非单调逻辑。数值型的方法主要有主观贝叶斯方法、确定性因数方法、证据理论和可能性理论，这些方法与归纳逻辑和模糊逻辑有关，与现代归纳逻辑中的概率逻辑比较接近。非单调逻辑刻画的是人的动态认知推理过程。在日常思维中常有这种情况，人们在处理某个问题时，所掌握的有关信息是不完全的，但由于种种原因，必须立刻做出决策。这是人们根据已有的知识进行推理，得出结论。当掌握了新的信息后，再对原有的知识进行修正、删除一些结论，提出新的结论，等等。非单调逻辑对不确定性推理的处理方法与归纳逻辑不同，它对归纳逻辑有很大的启发。②

其次，学习是人类具有的一种重要的智能行为，不具备学习能力的机器不能算是有智能的，因此，机器学习是人工智能研究的一个重要领域。

---

① 熊立文：《现代归纳逻辑的发展》，人民出版社 2004 年版，第 12 页。

② 同上书，第 2—13 页。

机器学习的方法有很多，其中包括归纳学习和类比学习。[①]

再次，数据库中的知识发现（Knowledge Discovery in Database，简称KDD），又叫数据挖掘，是从机器学习领域发展、分离出来的研究领域。随着科学技术的迅速发展，数据库的规模越来越大。人们需要对数据库中大量的数据进行加工处理，从中发现隐含的、未知的知识，以便对人们的决策提供支持。KDD就是在这种背景下发展起来的开发信息资源的方法和技术。KDD是从数据库中大量的原始数据得到一个较为概括的陈述，这个陈述被称为模式或规则，它具有一定的可信度。这方面的研究涉及归纳概括问题。[②]

人工智能是一个正在蓬勃发展的学科，它具有重要的理论价值和应用价值。人工智能又是一个不断遇到各种问题、各种困难的领域，它的许多理论尚不完善，亟待发展，其中许多问题与归纳逻辑有关，比如知识获取、不确定性推理等问题等。所以，人工智能领域的学者非常注意从哲学和逻辑中吸取思想和技术，例如我国学者在机器学习的研究中用到了卡尔纳普的归纳推理论和柯恩的归纳理论。[③]

王雨田倡导并开展了概率逻辑与人工智能相结合的研究。他提出将现代归纳逻辑与人工智能“嫁接”起来的设想，并建立了一个容有逻辑工作者与计算机工作者的课题组。人工智能领域中与归纳逻辑密切相关的主要有专家系统中的机器学习主体和不确定性推理问题。人工智能界的学者为解决本领域问题从现代归纳理论中吸收了一些思想、技术、方法加以应用，主要用到卡尔纳普和柯恩的理论。归纳逻辑的学者则致力于某个归纳理论在一个推理系统中实现，可称为“归纳理论的计算机实现”。[④]

归纳机器学习是人工智能领域研究的一个热点问题。归纳机器（简称IM）是指一个能够实现归纳论证的程序。它最早是由培根在《新工具》（1620）中提出来的一个设想。但长期以来，归纳机器理论却一直饱受非议。鞠实儿在Nickles工作的基础上论证了归纳支持的有效性，从而证明了归纳机器产生的结果有可能得到先验评价给予的证据支持并具有某种程度的合理性，由此阐明了归纳发现机器及其一般结构的合理性，最终反驳了

① 熊立文：《现代归纳逻辑的发展》，人民出版社2004年版，第13页。

② 同上。

③ 熊立文：《现代归纳逻辑的发展》，人民出版社2004年版，第13—14页。

④ 宋文坚、熊立文、邹崇理：《我国现代逻辑研究概况》，《哲学动态》2000年第3期。

否定归纳发现机器（简称 IM2）的主要论据，并指出：虽然适用于一切场合的通用的 IM2 是不存在的，但是，在一组可明确规定的条件下，IM2 是可靠的算法。此外，鞠实儿还将 H. Simon 的具有学习功能的 Bacon 系统系列和 J. 柯恩的具有评价功能的非巴斯卡概率系统结合起来进行研究，并对 $Bacon_4$系统进行了适当的改进，从而构造了具有发生与评价合一的归纳发现机器，而且还对它的完备性做出了论证。[①] 此外，他还运用 AI 的研究方法，建立了归纳发现机器的一般模型和两类具体模型（其中一类是评价和发生合一的归纳发现机器）；并运用计算复杂性理论和局部归纳理论证明：在一组可明确表述的条件下，上述两类机器的一个非空子集是可靠的算法。[②]

概念获取是机器学习中的一个主要领域。研究人工智能的杨丽与研究归纳逻辑的陈炜合作，用卡尔纳普的语言 L_N^π 描述概念学习的过程。杨莉给出了概念学习的算法 CAA，使用卡尔纳普的理论对归纳结论进行评估，使概念获取过程为：生成假设—评估—修正假设的过程。杨莉又将柯恩的归纳支持理论用来对所获取的知识进行评价，给出了概念获取算法 CCA，这种算法不但可以对分类型的知识进行归纳获取，而且可以对所获取的只是进行检验和证实，并能根据检验结果对所获得的知识进一步精化。[③]

归纳学习是机器学习的一种类型。陈晓平和程霞慧对柯恩的相关变量法进行改造，建立了相关检验—修正法，对假说进行检验、评价和修正，并研制了一个基于这种方法的机器发现系统。[④]

韩建超等人在研究基于属性的归纳知识获取系统时，也利用卡尔纳普的语言 L_N^π 来表达知识。他们用模糊集的理论将卡尔纳普的语言扩张为模糊属性表示语言，相应地将 Q 谓词扩展为模糊 Q 谓词，状态描述扩大为模糊状态描述等，并在此基础上给出了归纳学习算法。归纳逻辑的学者与计算机学者合作将柯恩的相关变量法、伯克斯的归纳概率理论、凯恩斯的统计

① 鞠实儿：《关于科学发现机器的研究》，《中山大学学报》（哲学社会科学版）1990 年第 3 期。

② 鞠实儿：《论归纳发现机器的存在与结构》，《自然辩证法研究》1990 年第 3 期。

③ 宋文坚、熊立文、邹崇理：《我国现代逻辑研究概况》，《哲学动态》2000 年第 3 期。

④ 同上。

推理等进行改造，写成算法，在计算机上实现。①

四 归纳逻辑与认知模式推理

归纳逻辑在人类的认知中具有重要的作用，归纳逻辑与人类的认知模式推理具有密切联系。以下讨论的是我国学者于祺明的工作。

（一）模型化推理的概念

模型化推理是以思想模型或理想模型为中介或工具，由一个或几个前提推出结论的思维形式，国外称之为“以模型为基础的推理”（the model - based reasoning）。它不一定要用语句来表达，也不一定有形式的规则，也不保证前提为真结论就一定为真，但是它确实能帮助人们进行有效的推理，在科学研究中理应占据重要的地位。

模型充当客观原型与科学假说的中介。在科学发现中，模型化推理的模式可以表示如下：

简化　　猜测
原型⟷模型⟷假说
解释　　描述

一方面，我们可以从原型出发，把握原型的本质特征，在思维中对原型进行抽象，把复杂的原型客体加以简化和纯化，建构一个能反映原型本质联系的模型，并进而通过对模型的研究获取原型的信息，为建构假说提供基础。另一方面，又可以从理论出发，将其具体化为原型，以为原型提供解释的演绎系统。而模型化推理的逻辑特征就在于在假说与模型之间、模型与原型之间尽可能地建立起一个完善、可靠的逻辑联系。这其中的难题在于怎样从复杂的联系归约为简明的联系，又从简化了的联系还原为复杂的联系，并能满足科学发现的各种需要。而这就需要在分析和综合的基础上综合地运用类比、演绎、想象等思维方法。

模型化推理是一种扩展了的科学推理形式，它试图由一个或几个前提推出新的结论。所用的模型是为建立理论而建构的，属于理论模型的层次。科学模型现在不仅能够被认为是认知的重要工具，它们甚至能够被用

① 宋文坚、熊立文、邹崇理：《我国现代逻辑研究概况》，《哲学动态》2000年第3期。

作科学家怎样研究的信息来源。①

（二）模型化推理的主要形式

模型化推理的主要形式也可以分为形象模型化推理、形式模型化推理和理想模型化推理三大类。形象模型化推理按照所用形象思想模型的不同，还可以划分为性质相似模型化推理、结构相似模型化推理、功能相似模型化推理。形式模型化推理是以形式思想模型作为推理中介。所谓“形式”主要指模型与原型所遵循的数学关系式（因果机制的定量表述）。②

理想模型化推理是以理想模型作为推理中介的。这类模型化推理需要运用理想实验。

（三）模型化推理与类比的关系

自然界的相似性是模型化推理的客观基础。那么，从已经比较熟悉的相似物出发，又如何去猜想未知的因果机制呢？亦即怎样以思想模型或理想模型为中介或工具，由一个或几个前提去推出结论呢？类比正是由此达彼的推理方法，是惟妙惟肖的“桥梁”，在如此的探索中常常能发挥冲破迷雾的导航作用。

类比方法是这样的：即根据两个（或两类）对象在一系列性质、关系或功能方面的相似，又已知其中一个（或一类）对象还有其他的性质、关系或功能，从而推出另一个（或另一类）对象也具有同样的其他性质、关系或功能。③

类比方法的结论是或然的，这是因为对象之间不仅具有相同性，也还具有差异性。类比方法的结论未必真，这固然是个缺点，但另一方面，也有它特有的灵活性与创造性。④

运用模型进行推理涉及两方面的类比。一方面，模型是参照相似物猜想出来的，所以是模型与相似物之间的类比；另一方面，模型又是对相关经验定律背后的因果机制的表述，所以又是模型与研究对象之间的类比。模型的这种双重类比作用，使它在推理过程中占有比较特殊的地位。通过

① 于祺明：《科学发现模型论——科学教育改革探索》，中央民族大学出版社 2006 年版，第 174—179 页。

② 同上书，第 179—180 页。

③ 同上书，第 181 页。

④ 同上书，第 182 页。

模型的中介，推理得以有条理地进行；通过模型的中介，对经验定律提供因果机制解释的假说得以提出；通过模型的修改、更替，推理的成果不断扩展与完善。①

不应忽视的是，类比推理本身也需要综合运用比较、联想、想象、归纳、演绎等思维方法。它的思维过程的基本环节是联想与比较：首先是选取类比对象的联想和比较，其次是对所研究的对象在各方面的联想与比较，以便从已知事物的判断过渡到未知事物的判断。在类比推理的思维过程中还有一个隐蔽的中介，即假定把类比对象统一起来的大系统或它的普遍规律。思维从已知的特殊上升为假定的一般，再从这个一般演绎为未知的特殊。所以，归纳、演绎和类比也有着内在的联系。②

在于祺明看来，科学发展的历史已经显示，在科学发现过程中，模型化推理占据着重要地位。思想模型或理想模型是科学家推理的主要工具，科学家经常利用它们进行各种思考和推理。在建构理论定律时，首先出现的是模型，然后进一步才是正规的描述和表达。这可以从科学家的实际研究工作中找到丰富的原始材料，如果查阅他们的论文、日记、信件、笔记等记录，就会清晰地看到他们是如何广泛地应用着模型化推理的种种形式。③

（四）赵总宽的工作

我国学者赵总宽在认知模式推理方面也做了不少的工作。他领导的课题组在几年的研究过程中逐步形成了"基于和面向现实世界对象的人机交互广义归纳认知模型"的概念，从认知的角度来研究归纳逻辑。赵总宽发表在《自然辩证法研究》1999年增刊上的《基于和面向现实世界对象的人机交互广义归纳认知模型及其意义》一文，介绍了这个模型。④

赵总宽认为，认知过程是统一的归纳和演绎的过程，就知识获取和知识增长而言，主要是广义归纳推理的过程。所谓广义归纳推理是指其结论的信息内容多于或等于其前提的信息内容的归纳推理。这种推理既包括传统逻辑所定义的比较、分析、综合、抽象、概括、枚举归纳、因果归纳、

① 于祺明：《科学发现模型论——科学教育改革探索》，中央民族大学出版社2006年版，第183—184页。

② 同上书，第184—185页。

③ 同上书，第191页。

④ 赵总宽：《逻辑学百年》，北京出版社1999年版，第271—272页。

类比，又包括现代逻辑所定义的统计推理、概率归纳、模糊归纳、逆绎归纳、互补归纳和数学归纳法以及形象思维的联想、想象等在内的归纳推理。赵总宽认为广义归纳推理有八个基本特征，我们只列举其中的几个：其前提是被经验证实或理论证明为真的命题；其结论是与其前提内涵相干的命题；其推理过程是以内涵或然蕴涵或内涵必然蕴涵为逻辑基础的；它是保证前提真，结论可能真或必然真的推理。

赵总宽给出了广义归纳逻辑认知模型 T 的结构图。从结构图上看，人的认识从所认识的客体出发首先将这些对象分类，对它们做出集合论的或类理论的概括，然后认知主体用语句来描述客观对象，形成用自然语言表达的描述对象的语句集合。认知主体对语句集中的自然语句进行语义分析，得到逻辑变项和逻辑常项的逻辑义素集合，并且进行逻辑义素结构分析得到逻辑语义结构。在此基础上得到逻辑表达式的集合，称这个集合为逻辑语法模型。再根据逻辑语法模型建立自然推理系统。用 Turbo Prolog 等计算机程序语言编译上述逻辑语法模型及其自然推理系统。认知主体可以借助这种计算机程序在计算机上运行，从而存贮和获取关于客观对象的越来越多的知识。运行这种自动推理程序所得到的推出知识又存入原有的知识库，以备用户提取。这个认知模型显示出认知主体的知识来源于现实世界，又作用于现实世界，关于认知对象的信息量不断增加的过程。

赵总宽具体地给出了认知模型的逻辑语法模型及其自然推理系统。他认为这个系统具有广义归纳推理的有效性，它所包含的推理规则，能保证前提真，结论可能真或必然真，而不必然假。它具有协调性，不会必然推出它具有可判定性，可用逻辑概率方法判定其推理规则及其逻辑后承是否为可真式。这个逻辑系统具有开放性，它所包含的推理规则的种类和数量取决于认知对象的结构特征和认知主体对认知对象所做分析的深度和广度。它具有进化性，它们会随着认知主体认识的发展而不断被加以优化或完善化。

赵总宽等领导的课题组在广义归纳认知模型及逻辑语法模型的基础上，选用 Turbo Prolog 程序设计语言，于 1992 年开发出了一个中国国民经济管理的逻辑支持系统。这个系统是一个人机交互的系统。

总体上看，我国的归纳逻辑研究在人工智能和计算机科学研究的影响下，开始重视对认知模型和推理的研究，并且取得了一定的成果。

五　不确定推理与认知悖论研究

如前所述，近年来国外人工智能和认知科学中关于归纳逻辑的应用研究方兴未艾，我国逻辑学界也奋起直追，研究不确定推理、认知悖论以及归纳逻辑的认知基础问题，取得了不少成果。

例如，熊卫所发表的论文《分析 Dempster - Shafer 理论的一个悖论》（Analyzing a Paradox in Dempster - Shafer Theory）讨论了不确定推理研究领域的主流理论之一——信念函数理论。通常认为，应用 Dempster 规则把信念函数和集函数组合，可以表达多主体之间的意见。然而，应用这一理论有时会产生不合理的结果，甚至出现悖论。熊卫认为，基于 Shafer 的信念函数理论的解释，可以利用概率函数来表达该理论的基本概念和组合规则。在此基础上，他具体分析了悖论产生的原因。也就是说，按照 Shafer 的诠释，Dempster 的组合规则的可应用性依赖于将要被组合证据的性质。导致悖论的原因是在不满足可应用的必要条件下而使用 Dempster 的组合规则。①

对于包括抽彩悖论在内的信念悖论，国内学者也做了不少工作。一些学者从信念逻辑的角度试图消除悖论；另一些学者则从知识接受问题角度讨论抽彩悖论。

鞠实儿探讨了信念悖论问题。他试图致力于消除上述信念悖论。一般说来，信念悖论按如下方式产生：首先假定一种信念表达语言，采用该语言表达一个直观上合理的信念集合和一组推理规则，然后运用该组规则从信念集中推出某个信念，该信念是一个矛盾或与所假定信念集不一致。因此，信念悖论是信念表达方式、所预设信念和推理规则三者导致的结果。根据信念悖论的产生方式，消除信念悖论的研究在下述三个方向上进行：（1）证明信念悖论所预设的信念不具合理性，（2）证明所假定的推理规则不具合理性，（3）证明所假定的信念表达方式不具合理性。

鞠实儿试图澄清信念概念，在此基础上建立信念表达方法；阐明信念表达和推理的主要性质，根据信念表达方法证明信念悖论所假定的推理规则是不合理的，从而消除信念悖论。鞠实儿认为，信念悖论产生的原因在

① 熊卫：Analyzing a Paradox in Dempster - Shafer Theory in：Proceedings of the 2008 Fifth International Conference on Fuzzy Systems and Knowledge Discovery，2008. 10。

于信念推理规则，并通过形式化的技术手段证明信念推理规则的不合理消除信念悖论。显然，这种从定量和形式方面对信念悖论的研究很有启发性。①

陈晓平则着重从知识接受问题角度讨论了抽彩悖论。他认为抽彩悖论长期以来是这一领域的难点问题。他扼要介绍了凯伯格等人对这一难题的解决方案，指出它们的不足之处，给出一种新的解决，并给出详尽的论证。②

在表达不确定信念方面，熊卫在《荷兰赌的含义》（*Implications of the Dutch Book: Following Ramsey's Axioms*）一文中提出了自己的新见解。论文指出，荷兰赌论证表明：如果当事人的信念度不满足概率公理，那么他将在某赌局中将面临必输的结局（产生荷兰赌）。然而该论断并没有揭示荷兰赌的含义。基于蓝姆赛的概念和公理，熊卫首先论证存在一个效用函数，并阐述效用和信念度的性质。这些概念性质阐明了主观贝叶斯主义偏好和信念的融贯性：信念的融贯性是指表达信念序列的信念度必需满足概率公理，偏好的融贯性是指当事人的偏好由期望效用来表达。一个融贯的信念序列和效用尺度诱导一个融贯的偏好序列；一个融贯的偏好序列诱导一个融贯的信念序列。荷兰赌的出现意味着当事人的偏好（价值）和信念都是非融贯的或混乱的。

在论文《D－S理论的不协调性》（A Clash in Dempster－Shafer Theory）中，熊卫、鞠实儿和英国南安普顿大学罗旭东讨了按Shafer信念函数解释的Dempster组合规则的合理性，然后，作者论证说，D－S理论中存在冲突或不协调。换言之，Shafer给信念函数下的定义与他对信念函数的解释是不一致的。最后，作者提出了解决这一问题的两种方法。③

2000年6月，在美国召开的“第九届国际智能系统会议”④上，鞠实儿和罗旭东的论文*A Method for Constructing Causal Network Based on Statistical Estimation and Eliminative Induction*以及周青和鞠实儿的论文*The Concept of*

---

① 鞠实儿：《三种信念悖论的消除》，《自然辩证法通讯》1995年第2期。

② 陈晓平：《抽彩悖论——知识接受之谜》，《自然辩证法通讯》1996年第3期。

③ 熊卫、鞠实儿、罗旭东：A Clash in Dempster－Shafer Theory in: 2001 IEEE International Conference on Fuzzy Systems, 2001。

④ 9th International Conference on Intelligent Systems, June 15－17, 2000, Louisville, Kentucky USA.

Uncertain Reasoning and its Supporting Degree 引起了与会学者的关注，并被收录进会议论文集 *The proceedings of 9th International Conference on Intelligent Systems*。这是我国归纳逻辑学者面向世界学术舞台所取得的初步成果。下面简要介绍前一篇论文的主要观点：

《一种基于统计估计和排除归纳法的因果网络构造法》首先，重新定义了因果性概念，并描述了诊断性因果概念的一个认知过程。这样，确定因果网络的一个模型就建立起来了。其次，还证明了当知识是不完全的时候，统计估计和排除归纳法可以用来测度一个因果假设的不确定度。事实上，一个未被消除的假设是由两类证据来支持的。其中一类通过统计数据获得，另一类是通过排除竞争假设获得。最后，引入了二元因果不确定性，也就是说，统计因果的强度和不信任度。因此，一个确定的因果网络就通过二元不确定性扩张为一个因果网络了。①

可见，从认知科学角度研究归纳逻辑，有助于我们深化归纳逻辑研究，拓展归纳逻辑的研究，促进归纳逻辑研究向纵深发展。鞠实儿及其合作者发表的一系列学术论文，为推动我国归纳逻辑研究走向世界迈出了重要的步伐。

综上所述，我国归纳逻辑研究近 20 年来取得了重要的进展，在归纳逻辑研究国际化与中国化方面，我们取得了一些成就，但是横向比较起来，我们与国外的研究还有一定差距，如果我们有清醒的认识，奋起直追，与时俱进，我国的归纳逻辑研究就会大有希望。

赵总宽、熊立文、宋文坚、邓生庆等对我国归纳逻辑发展历史的客观描述和概括为我们较为全面地反映历史原貌提供了素材，在此表示衷心感谢。尽管我们的记述有挂一漏万之嫌，但是管中窥豹略见一斑，毕竟它可以使我们回忆起已逝辉煌岁月的一些蛛丝马迹。

参考文献

[1] 北京大学哲学系：《十六至十八世纪西欧各国哲学》，商务印书馆 1975 年版。

[2] 北京市逻辑学会：《归纳逻辑：北京市逻辑学会首届年会归纳逻辑讨论会论文汇编》，中国人民大学出版社 1986 年版。

① 鞠实儿，罗旭东：A Method for Constructing Causal Network Based on Statistical Estimation and Eliminative Induction，in：The proceedings of 9th International Conference on Intelligent Systems，2000. 6。

［3］陈波：《逻辑哲学》，北京大学出版社 2005 年版。

［4］陈昌曙：《试论归纳和演绎的辩证统一》，《哲学研究》1962 年第 3 期。

［5］陈克艰：《上帝怎样掷骰子》，四川人民出版社 1987 年版。

［6］陈克艰：《一个能赋予某些无限全称命题以非零概率值的归纳逻辑系统》，《华东师范大学学报》（社科版）1985 年第 6 期。

［7］陈炜、王雨田：《凯恩斯的概率逻辑》，《哲学动态》1987 年第 7 期。

［8］陈炜、王雨田：《归纳逻辑：卡尔纳普的公理系统和我们的设想》，《安徽省委党校学报》1988 年第 2 期。

［9］陈炜、杨莉：《卡尔纳普归纳逻辑系统在知识获取中的应用》，《南京大学学报社科版》1990 年第 3 期。

［10］陈文编译：《名学释例》，上海：科学会编译部 1910 年版 。

［11］陈晓平：《谈谈卡尔纳普的归纳逻辑》，《哲学研究》1983 年第 11 期。

［12］陈晓平：《概率归纳逻辑的三大流派》，《哲学研究》1985 年第 10 期。

［13］陈晓平：《主观主义概率论对休谟问题的“解决”》，《自然辩证法通讯》1994 年第 1 期。

［14］陈晓平：《归纳逻辑与归纳悖论》，武汉大学出版社 1994 年版。

［15］陈晓平：《无差别原则与归纳合理性》，《武汉大学学报》（哲学社会科学版）1995 年第 1 期。

［16］陈晓平：《抽彩悖论——知识接受之谜》，《自然辩证法通讯》1996 年第 3 期。

［17］［日］大西祝：《论理学》，胡茂如译，泰东图书局 1906 年版。

［18 ］邓生庆：《归纳逻辑——从古典向现代类型的演进》，四川大学出版社 1991 年版。

［19］邓生庆：《凯恩斯的归纳逻辑理论》，《哲学研究》1991 年第 9 期。

［20］邓生庆：《莱欣巴赫的归纳逻辑理论》，《哲学研究》1998 年第 9 期。

［21］邓生庆、任晓明：《归纳逻辑百年历程》，中央编译出版社 2006 年版。

［22］葛力：《培根的归纳逻辑》，《哲学研究》1978 年第 8 期。

［23］桂起权：《莱欣巴赫的概率逻辑》，《自然辩证法通讯》1986 年第 6 期。

［24］桂起权、任晓明、朱志方：《机遇与冒险的逻辑》，石油大学出版社 1995 年版。

［25］何向东：《归纳推理的类型新探》，《哲学研究》1983 年第 5 期。

［26］何向东：《“归纳问题”的逻辑哲学研究述评》，《哲学研究》2005 年第 12 期。

［27］何向东、吕进：《归纳逻辑研究述评》，《自然辩证法研究》2007 年第 3 期。

［28］洪谦：《西方现代外国资产阶级哲学论著选辑》，商务印书馆 1964 年版。

［29］洪谦：《论逻辑经验主义》，商务印书馆 2010 年版。

［30］江天骥：《古代归纳派和演绎派的争论》，《新建设》1963 年第 4 期。

［31］江天骥：《归纳逻辑的新进展》，《哲学研究》1986 年第 2 期。

［32］江天骥：《归纳逻辑导论》，湖南人民出版社 1987 年版。

［33］江天骥：《科学哲学名著选读》，湖北人民出版社 1988 年版。

［34］江天骥：《选择与机遇——归纳逻辑导论》，湖南人民出版社 1994 年版。

［35］江天骥：《经验主义的认识论》，武汉大学出版社 2009 年版。

［36］蒋维乔：《论理学教科书》，上海商务印书馆 1912 年版 。

［37］金建国：《培根归纳逻辑在中国介绍和研究的概括》，《中山大学研究生学刊》1983 年第 1 期。

［38］金建国：《论培根的归纳逻辑》，《云南社会科学》1984 年第 2 期。

［39］金岳霖：《知识论》，中国人民大学出版社 2010 年版。

［40］金岳霖：《论道》，中国人民大学出版社 2010 年版。

［41］鞠实儿：《论归纳逻辑的局部辩护和适用范围——兼评 J. Cohen 归纳概率逻辑理论》，《自然辩证法通讯》1989 年第 5 期。

［42］鞠实儿：《关于科学发现机器的研究》，《中山大学学报》（哲学社会科学版），1990a（3）。

［43］鞠实儿：《论归纳发现机器的存在与结构》，《自然辩证法研究》1990b（3）。

［44］鞠实儿：《一个非形式的归纳支持句法系统——与刘壮虎先生商榷》，《自然辩证法研究》1991 年第 7 期。

［45］鞠实儿：《J. Cohen 归纳概率逻辑批判》，《自然辩证法通讯》1992 年第 5 期。

［46］鞠实儿：《论归纳概率逻辑的基本问题和解决途径（上）——兼论归纳概率逻辑研究方法和方向的转变》，《自然辩证法研究》1993 年第 10 期。

［47］鞠实儿：《论归纳概率逻辑的基本问题和解决途径（下）——兼论归纳概率逻辑研究方法和方向的转变》，《自然辩证法研究》1993 年第 11 期。

［48］鞠实儿：《非巴斯卡归纳概率逻辑研究》，浙江人民出版社 1993 年版。

［49］鞠实儿：《三种信念悖论的消除》，《 自然辩证法通讯》1995 年第 2 期。

［50］鞠实儿：*The Unsolvability of Hume's Problem and the Local Justification of Induction*，Epistemologia XVI，1993。

［51］鞠实儿，罗旭东：*A Method for Constructing Causal Network Based on Statistical Estimation and Eliminative Induction*，in：The proceedings of 9th International Conference on Intelligent Systems，2000. 6。

［52］李小五：《现代归纳逻辑与概率逻辑》，科学出版社 1992 年版。

［53］李小五：《何谓现代归纳逻辑》，《哲学研究》1996 年第 9 期。

［54］李旭燕：《现代归纳逻辑的哲学视野——论巴斯卡概率解释的恰当性》，人民

出版社 2009 年版。

［55］李志才主编：《方法论全书》第一卷，南京大学出版社 2000 年版，第 745—750 页。

［56］刘壮虎：《归纳支持逻辑的一个新系统》，《哲学研究》1989 年第 12 期。

［57］倪鼎夫：《关于 J. S. 穆勒的逻辑观——从不矛盾逻辑到真理逻辑》，《理有固然，纪念金岳霖先生百年诞辰》，中国社会科学出版社 1995 年版。

［58］马文俊、熊卫：《旧证据问题：一种动态的消解方案》，《逻辑学研究》2011 年第 4 期。

［59］潘天群：《博弈思维》，北京大学出版社 2005 年版。

［60］潘天群：《博弈行为中的演绎与归纳推理及其问题》，《自然辩证法研究》2003 年第 3 期。

［61］彭漪涟：《试从培根的“形式”看培根归纳法的基本性质和特点》，《江汉学报》1962 年第 10 期。

［62］任晓明：《J. Cohen 新古典归纳逻辑研究》，博士学位论文，武汉大学，1990 年。

［63］任晓明：《当代归纳逻辑探赜——论柯恩归纳逻辑的恰当性》，成都科技大学出版社 1993 年版。

［64］任晓明：《略论归纳逻辑的恰当性》，《哲学研究》1993 年（增刊）。

［65］任晓明：《略论非巴斯卡概率逻辑的知识创新意义》，《攀枝花大学学报》2002 年第 1 期。

［66］任晓明主编、杨岗营副主编：《新编归纳逻辑导论——机遇、决策与博弈的逻辑》，河南人民出版社 2009 年版。

［67］宋文坚：《论科学逻辑》，《哲学研究》1979 年第 5 期。

［68］宋文坚、熊立文、邹崇理：《我国现代逻辑研究概况》，《哲学动态》2000 年第 3 期。

［69］宋文坚：《逻辑学的传入与研究》，福建人民出版社 2005 年版。

［70］王方名：《略论归纳》，《光明日报》1961 年 9 月 27 日。

［71］王延直：《普通应用论理学》，论理学社，1911 年。

［72］王雨田：《略论卡尔纳普对概率逻辑的研究》，《自然辩证法通讯》1984 年第 3 期。

［73］王雨田：《概率逻辑的形成与归纳逻辑史研究》，《哲学动态》1984 年第 9 期。

［74］王雨田：《归纳逻辑导引》，上海人民出版社 1992 年版。

［75］王雨田：《一类基于归纳逻辑的归纳学习系统》，《计算机研究与发展》1993 年第 9 期。

［76］王雨田、吴炳荣：《归纳逻辑与人工智能》，中国纺织大学出版社 1995 年版。

［77］温公颐：《从逻辑史看归纳逻辑的实质》，《河北日报》1961 年 12 月 11 日。

［78］吴家国：《归纳推理及其种类》，《前线》1962 年第 21 期。

［79］吴家国：《判明因果联系的逻辑方法》，《前线》1962 年第 22 期。

［80］吴家国：《逻辑漫谈：类比推理及其实际应用》，《前线》1962 年第 23 期。

［81］夏彦、鞠实儿、王雨田：《非巴斯卡概率逻辑在专家系统中的应用》，《人工智能和智能计算机》，电子工业出版社 1991 年版。

［82］熊立文：《现代归纳逻辑的发展》，人民出版社 2004 年版。

［83］熊立文：《“无限全称命题概率为 0”问题与归纳概率逻辑》，《北京师范大学学报》（人文社会科学版）2002 年第 3 期。

［84］熊卫、鞠实儿、罗旭东：*A Clash in Dempster - Shafer Theory* in：2001 IEEE International Conference on Fuzzy Systems, 2001。

［85］熊卫：*Analyzing a Paradox in Dempster - Shafer Theory*, in Proceedings of the 2008 Fifth International Conference on Fuzzy Systems and Knowledge Discovery, 2008. 10。

［86］熊卫：*Implications of the Dutch Book*：*Following Ramsey's Axioms*, *Frontiers of Philosophy in China*, 2011. 2。

［87］熊卫：《经典决策理论的基础及发展》，《求是学刊》2007 年第 6 期。

［88］熊卫：《基于拉姆齐公理的效用理论》，《逻辑与认知》2004 年第 1 期。

［89］赵总宽：《归纳逻辑》，方华、刘大椿主编：《走向自为——社会科学的活动与方法》，重庆出版社 1992 年版。

［90］赵总宽主编：《逻辑学百年》，北京出版社 1999 年版。

［91］赵总宽：《基于和面向现实世界对象的人机交互广义归纳认知模型及其意义》，《自然辩证法研究》1999 年增刊。

［92］［英］约翰·穆勒：《穆勒名学》，严复译，金陵金粟斋木刻出版 1905 年版。

［93］［英］耶方斯：《辩学》，王国维译，北平文化书社 1908 年版。

［94］于祺明：《科学发现模型论——科学教育改革探索》，中央民族大学出版社 2006 年版。

［95］褚平：《应当如何看待归纳法》，《哲学研究》1983 年第 2 期。

［96］周青、鞠实儿：*The Concept of Uncertain Reasoning and its Supporting Degree*, in The proceedings of 9th International Conference on Intelligent Systems, 2000. 6。

［97］朱志方：《贝叶斯主义的学习理论》，《全国第六届人工智能会议论文集》，武汉大学出版社 1989 年版。

［98］朱志方：《社会决策论》，武汉大学出版社 1996 年版。

［99］张家龙：《穆勒归纳法的推广形式》，《全国逻辑讨论会论文选集》1979 年。

［100］Brian Skyrms, *Choice and Chance*：*an Introduction to Inductive Logic*. Wadsworth

Publishing, 1999.

[101] Donald Gillies, "Intersubjective Probability and Confirmation Theory". *The British Journal for the Philosophy of Science*, Vol. 42, No. 4, 1991.

[102] Donald Gillies, *Philosophical theories of probability*. Psychology Press, 2000.

[103] Glenn Shafer, *A Mathematical Theory of Evidence*, Princeton University Press, 1976.

[104] Glenn Shafer, "Perspectives on the Theory and Practice of Belief Functions", *International Journal of Approximate Reasoning*, Vol. 4, No. 5-6, 1990.

[105] Isaac Levi, *The Enterprise of Knowledge: An Essay on Knowledge, Credal Probability, and Chance*. The MIT Press, 1980.

[106] Isaac Levi, *Gambling with Truth: An Essay on Induction and the Aims of Science*. The MIT Press. 1967.

[107] Kyburg Henry Ely, *Probability and the Logic of Rational Belief*. Wesleyan University Press, 1961.

[108] Stephen Barker, *Induction and hypothesis: A study of the logic of confirmation*. Cornell University Press, 1957.

第五章　语言逻辑(含符号学)

第一节　概述

语言逻辑（The Logic of language）又称为自然语言逻辑（The Logic of Natural Language），是以逻辑作为主要工具对自然语言进行形式化研究的新兴学科。作为逻辑学大家族中的一名新成员，语言逻辑是自然语言的语形学、语义学、语用学三者的结合。受到现代形式逻辑和现代语言学的影响，国内外语言逻辑发展迅猛。中国语言逻辑的发展有自身的最初动因和深厚的理论基础。逻辑应当为人们的日常思维服务，而现有的逻辑却不能满足这一需要。这种迫切的现实需要激励着一代又一代的中国学者不断地吸收分析哲学、生成语法、蒙太格语法和符号学的思想精髓，奋力开拓语言逻辑这一片学科新天地。

在过去的半个世纪中，中国语言逻辑的发展大致经历了初创、传承和发展三个阶段。初创时期，在开拓者周礼全先生的带领下，通过王维贤、李先焜和陈宗明等人的共同努力，中国语言逻辑研究逐步形成了学术思想活跃、研究队伍庞大、群众基础广泛的研究格局。传承和发展时期，涌现出了邹崇理、蔡曙山、鞠实儿、周北海、黄华新、胡泽洪、陈道德、曹予生等多位具有重要贡献的代表性人物，并逐渐在中山大学、中国社会科学院、清华大学、北京大学和浙江大学等高校和研究机构形成了多个语言逻辑研究团队。

中国的语言逻辑研究主要围绕以下三个方面展开：第一，形式语义学。主要包括：邹崇理、朱水林等人对蒙太格语法及相关问题所做的介绍和研究；鞠实儿及其团队在国内首先对超内涵逻辑进行系统的研究，在此基础上他们面向知识表示和推理，针对自然语言的性质构建的若干自然语言逻辑系统，团队主要成员有：聂文龙和文学峰；贾国恒、夏年喜等人分别对情境语义学和话语表现理论所做的探索；王莹莹应用动态语义对驴子句的语义刻画。第二，语用的逻辑。主要包括：周礼全、王维贤、陈宗明、李先焜、黄华新、胡泽洪、唐晓嘉等人对意义理论、语境、交际模式、隐含与预设等与言语交际密切相关问题的逻辑研究；蔡曙山从语用逻辑的角度对命题、量化、模态等问题的研究，宋文淦对命令逻辑和问题逻辑的形式化探讨；周北海、黄华新和周昌乐等人从自然语言处理的角度，围绕隐喻的理解问题展开了深入的研究。第三，汉语的逻辑研究。主要可分为两个方面：其一是描述性研究，主要体现在《汉语逻辑概论》、《现代汉语逻辑初探》、《现代汉语总括表达式研究》、《现代汉语语法研究》等论著中；其二是形式化研究，主要成果有汉语时态句逻辑、汉语灵活语序逻辑、汉语致使句逻辑、汉语隐喻句逻辑等。最后，还有林哲对语言逻辑领域产生的逻辑系统的表达力和计算复杂性的研究。

与语言逻辑密切相关的符号学研究，在过去的二十年中也取得了巨大的发展。在引入西方符号学理论的基础上，出版了《理论符号学导论》、《语言符号学》、《符号学导论》等代表性著作。同时，国内学者开始整理中国的符号学思想，并用符号学的方法来分析《易经》、中医、书法和汉字等符号系统，取得了丰硕的成果。

第二节　形式语义学

一　蒙太格语法及相关问题

蒙太格语法（MG）是美国著名数理逻辑学家理查德·蒙太格（Rihcard Montague）在20世纪70年代初创建的理论。MG将自然语言当做同逻辑语言本质上相同的符号系统，运用高度形式化的数理逻辑方法描述自然语言部分语句系统的句法构造及其语义解释，开创了自然语言形式语义学研究的新领域。

由于蒙太格的论文采用的高度形式化的抽象数学方法，因此对研究者的逻辑技术性要求较高。在周礼全先生将MG介绍到国内逻辑学界后，华中科技大学（原华中理工）逻辑与数学基础教研室曾对蒙太格的论文进行过翻译和介绍，但能对其进行深入研究的学者并不多。

1992 年，由朱水林主编的《逻辑语义学研究》一书则辟出专门章节从内涵逻辑、范畴语法的角度分析了蒙太格语法的形成，并介绍了 MG 的基本思想和主要内容，包括蒙太格语法构造的 PTQ 英语部分语句系统描述自然语言的量化表达式、内涵表达式及命题态度句的语义特征。① 同年，邹崇理发表博士论文《蒙太格语法及其在汉语语义分析方面的初步应用》，并开始深入钻研 MG。②

此后，邹崇理继续研究 MG80 年代以来的新发展，于 1995 年完成专著《逻辑、语言与蒙太格语法》。③ 该书不仅介绍了 MG 的总体框架，更重要的是从 MG 的纵向发展角度和横向产生背景（主要是逻辑学和语言学背景）角度出发对 MG 进行全方位的介绍，并对 MG 中的重点和技术难点作出了详尽的讲解。在逻辑学背景方面，作者分别从广义和狭义的逻辑语义学角度及其内涵类型论特点评价了 MG 的贡献：从广义上理解，MG 提出了通用语法的思想，把语形、语义和语用的划分推广到自然语言领域，从而获得概括逻辑语言与自然语言最一般的语法模式；而从狭义的逻辑语义学角度来看，MG 发展了内涵语义思想，在一个形式系统中同时刻画表达式的内涵与外延及两者的相互转化。除此之外，作者指出，在内涵类型论和模态逻辑、时态逻辑以及 λ－演算系统基础上发展起来的 MG 内涵逻辑更贴近自然语言构造的特点，是对内涵逻辑的重要发展。在语言学背景方面，邹崇理则重点评价了 MG 对范畴语法（CG）的发展和转换生成语法（TG）的贡献。对于范畴语法，MG 先在其基础上构造一个英语部分语句系统的语形部分，然后通过给出翻译函数将作为范畴语法的英语翻译成逻辑类型语言，再通过逻辑类型论的语义学解释这些翻译式实现语形与语义的系统化描述，实现语形与语义的同态原则。而对于转换生成语法，MG 则在充分吸收其处理自然语言句法结构的特点后，摒弃了 TG 所依赖的解释语义学（IS），通过用内涵逻辑语言取代 IS 的语义标示、贯彻语形与语义的同态原则、引入 λ－算子等刻画非实词的语义使形式主义语言学继 TG 后获得突破性进展。在介绍 PTQ 系统时，邹崇理分别从 PTQ 英语部分语句系统的英语语形部分、内涵逻辑、翻译部分、意义公设等出发细致地分析

① 朱水林：《逻辑语义学研究》，上海教育出版社 1992 年版。

② 邹崇理：《蒙太格语法及其在汉语语义分析方面的初步应用》，博士学位论文，中国社会科学院，1992 年。

③ 邹崇理：《逻辑、语言和蒙太格语法》，社会科学文献出版社 1995 年版。

了 PTQ 系统，并且总结出 PTQ 系统的理论价值在于成功处理量化词组的复杂情况、巧妙解决语形结构的歧义问题以及有助于分析内涵语境的种种疑难，另外也通过分析指出 MG 的局限和不足之处。另外，该书还从历史的角度对 MG 及其后来的发展进行深入讨论，既有 20 世纪 70 年代 MG 结合转换生成语法和生成语义学的扩展，也有 20 世纪 80 年代以后 MG 的新发展，包括 MG 在语言学和人工智能领域的应用和广义量词理论、话语表现理论、情景语义学等逻辑语法的简单介绍。

蒋严、潘海华于 1998 年合著出版了《形式语义学引论》一书。该书从第五章到十二章介绍的内容基本上属于蒙太格语义学的范围：（1）从第五章到第八章，作者构造了一个以类型论为基础的新的汉语部分语句系统 C_t，并用 λ－演算的技术提高类型论的表达力，同时围绕量词辖域的歧义及其逻辑依存关系讨论了量词及其辖域问题，并详细探讨了广义量词理论，引入"子弹算子"（bullet operator）的概念更好地刻画量化名词短语的组合规律；（2）从第九章到第十二章，作者则分别从时态、时制的自然语言时间特征思想、可能世界概念和内涵逻辑角度展开探讨。①

蒙太格的内涵逻辑在内涵处理上与卡尔纳普的内涵语义是一致的，但是由于 MG 只是为了构造形式语言用以翻译自然语言片段，因此未对内涵逻辑给出证明论而只是给出其语言和语义。之后，盖林（D. Gallin）对蒙太格内涵逻辑给出了公理刻画并证明其可靠性和完全性。对于盖林提出的蒙太格语法内涵逻辑的公理系统，邹崇理在 2000 年出版的专著《自然语言逻辑研究》第二编中做了细致地介绍。②

聂文龙等人则沿着内涵逻辑的研究路径对自然语言中的"超内涵问题"做了进一步研究。自然语言中的"超内涵问题"是指：在人们基于自然语言所进行的推理中，并不总是满足逻辑等价表达式在内涵算子下进行的保真替换，而这是经典内涵逻辑所允许的。当 MG 应用于刻画自然语言时，这种替换失效更加明显。因此在蒙太格的内涵逻辑之后，产生了各种超内涵逻辑试图通过提出不同于逻辑等价的内涵同一标准来解决超内涵问题。③ 2009 年，鞠实儿结合数年来的研究，在《面向知识表示与推理的自

① 蒋严、潘海华：《形式语义学引论》，中国社会科学出版社 1998 年版。

② 邹崇理：《自然语言逻辑研究》，北京大学出版社 2000 年版。

③ 聂文龙：《内涵逻辑的对象理论建构》，逻辑学及其应用研究——第四届全国逻辑系统、智能科学与信息科学学术会议论文集，贵阳，2008 年 11 月。

然语言逻辑》一书中辟出专门的章节论述内涵逻辑和超内涵逻辑。[①] 文学峰在书中重述了比勒（Bealer）提出的内涵逻辑问题清单，并指出当内涵语境的同一替换失效是外延同一时，经典内涵逻辑尚可处理，但若出现必然同一（即逻辑等价）时，就产生了“超内涵问题”。作者指出，超内涵问题广泛存在于各种自然语言的直观推理与经典内涵逻辑的矛盾之中，而在其解决方案中超内涵逻辑是相对最直观和易接受的一种，其所超越的主要是经典内涵逻辑对内涵的刻画，核心问题可归纳为：“在什么条件下两个表达式具有相同的内涵?”，而对这一问题的回答不同则导致不同的超内涵逻辑产生。作者对迄今为止所产生的实际中解决超内涵问题的方案进行了区分，将其分为外延主义超内涵逻辑和内涵主义超内涵逻辑两种研究策略。外延主义超内涵逻辑即通过外延来刻画内涵或将内涵归约为外延进行处理的超内涵逻辑。这种策略是对经典内涵逻辑刻画内涵的延续，不过引入了除可能世界外更多的外延来刻画，加强了对内涵的精细区分。该策略还可分为非经典世界语义和结构式语义两个方向。内涵主义超内涵逻辑则将内涵假定为初始实体，不归约为任何外延，通常采用类型论和代数模型来分别刻画语形和语义，该策略也可进一步分为高阶和一阶两个方向。作者在详细介绍后指出，这两种策略仍然有各自的缺陷：前者虽然在本体论上简洁且可对内涵加以生动刻画，但却不能完全避免内涵粒度过粗；而后者虽然可以提供最细的内涵同一标准，却由于将内涵假定为初始，难以回答内涵是什么的问题；而且超内涵逻辑还存在推出过少的问题，使得经典内涵逻辑下可以推出的有效式在超内涵逻辑中不再有效，而造成这一问题的深刻原因是错误地把语言表达式内涵看做具有严格同一标准的实体，而未意识到内涵的同一性在不同语境下也是可变的。基于此，作者提出内涵语境主义思想，认为合理的内涵语义不能离开语境谈内涵，内涵逻辑中用于刻画内涵同一的等词也不应是绝对等词而应是一组等词或一个与语境相关的相对等词，并进一步构造了不同的语境内涵逻辑系统和形式语义，包括在可能世界语义框架下将不同语境理解为不同主体信念的多主体语境内涵逻辑（MIL）以及结合 MIL 和局部信念推理（LRB）语义思想的多主体局部语境内涵逻辑（MLIL）、在邻域语义框架下将语境理解为条件的内涵逻辑（CIL）和将语境作为结果的内涵逻辑（ILC）、在代数语义框架下将

① 鞠实儿：《面向知识表示与推理的自然语言逻辑》，经济科学出版社 2009 年版。

内涵视为初始并将语境视为对内涵实体域划分的基于非弗雷格逻辑（SCI）的更一般的非弗雷格逻辑（CHIL）和对其构造语境符号作为初始的内涵逻辑（cHIL）、在带偏好的博弈语义基础上构造语境作为阈值的语境内涵语义（cISG）和语境作为正规集的语境内涵语义（CISG）、融合更新语义和局部模型语义基础上构造的语境内涵语义框架（CIUL），等等。这样就可以对语境和语境内涵做出较为全面的形式刻画，以克服“分析悖论”这个长期困扰超内涵逻辑的难题。

二　情境语义学、话语表现理论与动态语义

情境语义学（SS）创立于20世纪80年代，其创始人是美国的数理逻辑学家、人工智能专家巴威斯（Jon Barwise）和逻辑学家、语言学家佩里（John Perry）。理论代表著作则为1983年出版的《情境与态度》（*Situations and Attitudes*）一书和国际著名刊物《Linguistics & Philosophy》于1985年汇编的一期集中多位哲学家、逻辑学家、语言学家、心理学家及计算机人工智能科学家关于SS讨论文章的专辑。情境语义学的创立是由于以往逻辑语义学在处理自然语言丰富意义方面仍有不足，而SS的出现也解决了许多语言和推理的难题，并引发了自然语言意义研究方式的变革。20世纪80年代中期之后SS传入国内，并逐渐成为一个热点研究课题。

邹崇理在其专著《逻辑、语言与蒙太格语法》中对SS做了初步的介绍。[①] 次年，邹崇理又在《哲学研究》中发表论文《情境语义学》，从SS的产生原因，基本内容和影响方面给出了较为全面的评价。[②] 该文指出，以MG为代表的形式语义学在处理自然语言时有三个缺陷：第一，将外延视为真值不适用于自然语言的句子分析；第二，把“可能世界”作为参照物去确定自然语言句子的真假显得太空洞，缺乏确切的客观依据；第三，为“心理现实”（psychological reality）问题，因为自然语言跟人的心理活动是分不开的，而MG不研究理解语言的心理过程，忽略语言的认知意义，显得不够全面。巴威斯等人正是看到了逻辑语义学的不足才决定从新的角度来思考自然语言的意义问题，最终形成了SS理论。作者在文中对SS的基本概念情境（situation）、事件类型（event type）、情境结构（struc-

---

① 邹崇理：《逻辑、语言和蒙太格语法》，社会科学文献出版社1995年版。

② 邹崇理：《情景语义学》，《哲学研究》1996年第7期。

ture of situations）等给出了相应的解释，并进一步对几种特别的情境如会话情境（discourse situation）、所指情境（referring situation）、被描述情境（described situation）等做了介绍。2002 年，邹崇理出版了专著《逻辑、语言和信息》，该书以独立章节讲述情境语义学理论，对 SS 做了更仔细的介绍和研究，为 SS 在国内学界的研究和发展做了奠基性的准备。

2006 年，贾国恒在《自然辩证法研究》发表论文《情境语义学与可能世界语义学比较研究探析》，指出情境语义学虽然在意义和日常推理的哲学解释上获得极大成功，但在形式技术上仍欠成熟，发展得比较缓慢，而模态逻辑在形式技术方面已发展得相当成熟，但其可能世界语义学在哲学解释上却存在诸多困难，因此可以尝试用情境语义学来改造模态逻辑。作者在该文中通过比较模态逻辑和情境语义学中“可能世界与情境”、“制约与可及”、“可能与必然”这三对概念，得出应当按照情境语义学思想来改造模态逻辑及其语义学，形成敏感而严格的数学形式系统以适应当今科学尤其是人工智能科学的发展要求的结论。[①] 2008 年 9 月，贾国恒发表论文《情境语义学的发展》，该文主要评述了国外情境语义学的发展脉络，为国内逐渐升温的情境语义学研究状况提供了 SS 清晰的发展历程和适当评论。作者将情境语义学的发展分为早期情境语义学和情境语义学的研究转向两个阶段，指出早期情境语义学侧重非形式化的哲学研究。直至 20 世纪 80 年代中期后，情境语义学经历了一次研究方法的转向和研究范围的拓展，开始更注重于实用价值。1986 年出版的《说谎者：论真与循环》（The Liar：An Essay on Truth and Circularity）成功解决了说谎者悖论，为语义悖论提供了一个统一的解决方法，就是研究转向后的代表作，而也正是情境语义学解悖的成功，使得人们对它的研究兴趣不断增加。[②] 与此同时，贾国恒在另一篇论文《情境语义学解悖方案评析》中详细分析了情境语义学对说谎者悖论的解悖方案，指出以奥斯汀式命题观为基础、奥斯汀式阐释为形式的情境语义学解悖方案不仅可以合乎直觉地解决以说谎者悖论为首的一批语义悖论，对语形悖论，包括罗素悖论和合信悖论等也具有推广

---

① 贾国恒：《情景语义学与可能世界语义学比较研究探析》，《自然辩证法研究》2006 年第 10 期。

② 贾国恒：《情景语义学的发展》，《湖南科技大学学报（社会科学版）》2008 年第 5 期。

价值。①

在 MG 后的众多理论中，除了情境语义学之外，国内逻辑学界也有部分学者对话语表现理论（DRT）进行了深入的研究。DRT 是 20 世纪 80 年代初由荷兰逻辑学家汉斯·坎普（H. Kamp）提出的自然语言逻辑理论，是继蒙太格语法之后又一种极具代表性的动态地描述自然语言意义的形式语义理论，其特色在于将传统形式语义学对句子的分析扩大到句子系列，通过对句子上下文的分析，展示其中名词与代词的照应关系以及动词在时间方面的复杂联系。DRT 不仅具有通常形式语义学那样的句法规则和模型语义解释，还在句法结构分析树与语义模型之间增设了一个语义表现的中间层面，借以表现句子信息的不断递增及人们理解分析语言的认知特征。

自 1995 年在《逻辑、语言与蒙太格语法》中对 DRT 进行初步介绍后，邹崇理在 1998 年的《自然辩证法研究》增刊上发表了论文《话语表现理论 DRT 述评》，对 DRT 做了进一步介绍。在勾画出 DRT 的总体框架的同时，较详细地说明了 DRT 在逻辑方面的技术细节。② 2000 年，邹崇理在出版的专著《自然语言逻辑研究》第一编中以独立章节介绍了 DRT。指出 DRT 是对 MG 的发展，不仅通过话语表现结构（DRS）来刻画从语言形式到内在意义的转化，而且从语言使用者理解话语的心理过程角度来探讨这种转化的特色。相较于 MG 的静态方法，DRT 显示出动态渐进的特点，有利于处理 MG 感到困难的“驴子句”，也更符合日常的自然语言理解过程，对处理语境因素和理解自然语言语义的丰富性大有帮助。在该书的第二编，作者还细致地解析了索尔（W. Saurer）提出的关于 DRT 的自然推演系统。③

此后，夏年喜对 DRT 进行了继续探索，发表论文《DRS 与一阶谓词逻辑公式》，通过比较 DRS 与一阶谓词逻辑的公式，指出 DRS 与一阶谓词逻辑之间有质的差异：前者是算出来的，而后者是感觉出来的。而 DRS 和一阶谓词逻辑公式间的这一根本差别不仅是 DRT 与一阶谓词逻辑的差异，也可说是自然语言逻辑理论与一阶谓词逻辑的差异。④ 同年，夏年喜发表

① 贾国恒：《情景语义学解悖方案评析》，《安徽师范大学学报（人文社会科学版）》2008 年第 5 期。

② 邹崇理：《话语表现理论 DRT 述评》，《自然辩证法研究》1996 年增刊。

③ 邹崇理：《自然语言逻辑研究》，北京大学出版社 2000 年版。

④ 夏年喜：《DRS 与一阶谓词逻辑公式》，《哲学动态》2005 年第 11 期。

论文《从蒙太格语法的局限性看 DRT 的理论价值》。该文从 MG 的局限性出发，分析了 DRT 产生的历史背景，阐述了 DRT 的理论价值，并在此基础上给出衡量对自然语言的处理是否准确的标准。作者指出，DRT 不仅能解决蒙太格语法对不定摹状词的处理不符合语感的问题，还能够解决蒙太格语法所无法刻画的关于话语中代词的指代照应关系和动词的时间照应关系问题。而且在 DRT 中，新句子的语义分析要依赖其已经得到处理的上文，而反过来，新的分析又会更新已获得的信息内容，同时更新过的信息内容又会成为处理和理解其后续句子的前提和依据。这种处理句子序列的动态过程是更加贴近人们理解自然语言的实际情况的刻画。这也正是自然语言逻辑研究的一个方向。[①] 2006 年，夏年喜发表论文《从知识表示的角度看 DRT 与一阶谓词逻辑》，从知识表示的角度比较了 DRT 与一阶谓词逻辑在刻画效力上的差异，指出 DRT 不仅能够刻画一阶谓词逻辑所能够刻画的语句，而且还能够刻画一阶谓词逻辑所不能够刻画的很多语言现象，得出 DRT 比一阶谓词逻辑有更强刻画效力的结论。同年 6 月，夏年喜在论文《从 DRT 到 SDRT——动态语义理论的新发展》中介绍了 SDRT（Segmented DiscourseRepresentation Theory）。在该文指出，由于 DRT 只关注从句法结构得到语句的语义表现形式，而生活中除了句法结构，修辞结构等所蕴涵的信息对准确理解话语来说是必不可少的，因此 DRT 在处理自然语言时不可避免地会出现盲区，而由美国的阿西尔（N. Asher）教授提出的 SDRT 是对动态语义学的扩充，其扩充的方式就是把修辞关系引入话语的逻辑形式中，强调修辞结构对话语意义的影响。作为对 DRT 理论的进一步完善，SDRT 所能处理的语言现象也要比 DRT 多了很多。[②]

DRT 作为一种动态语义，并不具有逻辑学家喜爱的组合性特点，因此后来在动态语义框架下又产生了由 Veltman 提出并经其他人发展的更新语义（Update Semantics）。2009 年王莹莹在国际学术期刊《Journal of Semantics》上发表文章，利用更新语义探讨了反事实驴子句的语义解释。众所周知，驴子句问题，即不定名词短语与代词的照应关系问题是传统的一阶谓词逻辑中的一个难题。但驴子句不仅仅以直陈语气的形式出现，有时也以反事实语气的形式出现。对于反事实驴子句而言，王莹莹发现照应关系

① 夏年喜：《从蒙太格语法的局限性看 DRT 的理论价值》，《哲学研究》2005 年第 12 期。

② 夏年喜：《从 DRT 到 SDRT——动态语义理论的新发展》，《哲学动态》第 6 期。

问题只是一个方面，另一个更棘手的问题是其语义解释问题。具体来说，若我们将反事实条件句的经典解释—— Stalnaker - Lewis 的可能世界语义学解释应用于传统的一阶谓词逻辑的静态语义学框架得到一阶谓词语言的反事实条件句的真值条件，那么反事实驴子句将不能被正确地解释。王莹莹指出，这里的问题其实不是出在 Stalnaker - Lewis 对反事实条件句的分析上，而是由于传统的一阶谓词逻辑的静态语义学框架本身的不足所造成的，因而要想正确地解释反事实驴子句，必须寻找其他的语义学框架。Robert van Rooij 在（van Rooij，2006）中将（Groenendijk et al.，1996）中给出的一阶模态谓词语言的动态语义扩充到反事实条件句，进而得到了反事实驴子句在动态语义中的解释。但是，王莹莹通过构造反例表明他对反事实条件句所做的动态解释是不正确的。鉴于此，王莹莹在文中给出了一阶谓词语言的反事实条件句在动态语义中的一个新的解释，并阐明了她的理论为什么能够正确地处理反事实驴子句。[①]

三　面向知识表示与推理的自然语言逻辑

知识表示与推理（Knowledge Representation and Reasoning，简称 KRR）研究是探索人类智能的众多途径之一，传统的 KRR 方法过于依赖经典逻辑，实际上是面向数学语言而不是自然语言，但人类的知识恰恰大多是用自然语言表达。为了扩大 KRR 的应用范围，使其建立在自然语言逻辑的基础上，国内逻辑学界鞠实儿等人在这方面做出了有益的探索，其成果集中体现在 2009 年出版的著作《面向知识表示与推理的自然语言逻辑》中。[②] 该书由鞠实儿、周北海、邹崇理、高东平、郭美云、刘冬宁、文学锋等多位作者共同完成。书中分析了自然语言的内涵性、模糊性、交互性、形态性和多样性，并以非经典逻辑为理论驱动，以知识表示与推理为应用牵引，针对自然语言的特性构造了不同的自然语言逻辑系统，包括语境内涵逻辑、模糊量词逻辑、带群体知识的公开宣告逻辑、时态句型逻辑以及汉语灵活语序逻辑和汉语致使句逻辑等，还对许多现有的逻辑理论成果，如自然逻辑、动态认知逻辑、多模态范畴逻辑和 Lambek 演算等做了

---

① Wang，Yingying（王莹莹），Counterfactual donkey sentences：A response to Robert van Rooij，*Journal of Semantics*，2009，vol. 26（3）：pp. 317 – 328。

② 鞠实儿：《面向知识表示与推理的自然语言逻辑》，经济科学出版社 2009 年版。

修正、拓展和改进。

对于自然语言的内涵性及针对内涵性所建立的语境内涵逻辑，上文中已有论述，此处不再赘述，而是着重介绍其余的自然语言逻辑系统。针对自然语言的模糊性，高东平继承广义量词理论的基本观点，将模糊量词视为二阶模糊量词，且从汉语中模糊量词的逻辑性质出发，将模糊量词分为基数类型的模糊量词、比例类型的模糊量词、基数/比例类型的模糊量词，并对其分别展开语义讨论。在刻画语义时，针对广义量词理论在处理相对应量词的局限性，又引入模糊集理论来刻画这三类模糊量词的语义，突破了以往刻画模糊量词命题时非真即假的二值框架，更符合直观的真值刻画。在详细分析模糊量词语义的基础上，作者对模糊量词的性质加以推广，着重分析三类模糊量词的单调性、最小上限和最大下限等与推理相关的性质，并基于模糊量词语义性质研究了含有单个模糊量词以及含有多个模糊量词的有效推理模式，给出了带模糊量词的三段论有效规则，扩大了三段论的研究范围。除了以广义量词理论、模糊集理论为理论方法，从语义、性质、推理等层面研究之外，作者还引入类型论和范畴语法理论，构造模糊量词自然逻辑推理系统 FQNL，直接通过自然语言的句法表达实现自然语言中有效推理的刻画，将自然逻辑推广到对模糊量化命题的处理，并给出系统中有效式的判定算法。①

针对自然语言的交互性，周北海、郭美云以动态认知逻辑为基点，首先探讨语言交流和动态认知逻辑的关系，尤其是公开宣告这种语言交流活动中的知识表示和模型变化。然后，引入公开宣告逻辑 PAL（包括公开宣告逻辑的语言、语义、公理化系统和完全性证明等方面）作为交互性推理的基础，重点探讨了对公开宣告认知行动进行逻辑表达和知识处理的方式。接着，作者考察了普遍知识、公共知识和分布式知识等群体知识，重点区分了分布式知识的两种直观意思——联合知识和群体隐含知识，在考虑相对化公共知识（relativized common knowledge）的基础上，把群体知识推广到一般情形，以 $S5_m$（C，D，E）逻辑系统为基础建立了包含相对化公共知识和群体隐含知识的公理化系统 $S5B_m$（RC，D，E），并证明其是一个在强框架上的完全公理化系统。最后，作者在引入公开宣告逻辑基础上引入相对化公共知识和考虑群体隐含知识，建立了公开宣告系统 PAL

① 高东平：《模糊量词的逻辑研究》，博士学位论文，中山大学，2007 年。

（RC，D，E），并将其规约至静态逻辑系统 $S5B_m$（RC，D，E）而给出完全性证明。同时，对已有的公开宣告逻辑进行了扩展，并考察了该系统在处理交流活动中知识表示和动态推理的若干应用，深化了对逻辑、语言和知识之间关系的理解。①

针对自然语言的形态性，刘冬宁研究的主要是时态句型问题。通过分析时态类型演算的各种解决方案，作者通过添加逻辑联结词、类型或模态词等方式修改 Lambek 演算，使之能更好地处理时态句型问题。在此基础上作者介绍了其所设计的两个处理时态句型问题的逻辑系统，分别为并发的 Lambek 时态演算系统（L_C系统）和模态 Lambek 演算系统（L_{TM}系统）。在 L_C系统中，作者证明了系统的完全性、可靠性等逻辑性质，并采用范畴语法等理论对时态句型问题做了解决的示例，进而尝试性地进行了证明论的研究，修改了的系统使新系统 L_{CGC}既可以 Gentzen 化又具有切割消除性，只是未能解决判定性问题。而在 L_C系统和 L_{CGC}系统的研究方法上，作者又设计了 L_{TM}系统，直接使用一元模态联结词"□"使动词与时间副词照应来解决时态句型问题，并证明了其切割消除性和可判定性，在证明论角度获得较满意的系统。②③

第三节　语用的逻辑

一　言语交际的逻辑

国内最早对言语交际中语用使用进行系统的逻辑研究的是王方名等人。此后有大量的相关论著相继问世。盛新华的《逻辑与言语交际》一书指出，言语交际中处处有逻辑，学好逻辑有助于言语交际。④ 全书主要研究了言语交际中的概念、判断和推理，如何在言语交际中应用各种逻辑方法，如何用各种思维规律促进言语交际，以及如何对言语行为的逻辑准则进行调整。陈宗明的《说话写文章的逻辑》研究了说话写文章与逻辑的关

① 周北海、郭美云：《面向自然语言交互性的 LNL：带群体知识的公开宣告逻辑》，载《面向知识表示与推理的自然语言逻辑》，经济科学出版社 2009 年版。

② 刘冬宁、汤庸：《自然语言时态句型的模态 Lambek 演算》，《逻辑学研究》2008 年第3 期。

③ 刘冬宁等：《时态查询语言的并发 Lambek 演算及范畴语法》，《智能系统学报》2009 年第 3 期。

④ 盛新华：《逻辑与言语交际》，湖南人民出版社 1989 年版。

系，从用词、造句、构段、谋篇、演讲、会话六个方面进行了细致系统的梳理。王建平着重研究了语境的逻辑功能，首先梳理了语言学界和逻辑学界关于语境问题的研究历史和现状，然后对语境进行定义和分类，研究语境中的概念、命题、推理和逻辑基本规律。胡泽洪的《语言逻辑和言语交际》分六章对语言逻辑和言语交际之间的相互关系进行了研究。该书在简述国内外各种不同的语言逻辑观的基础上，对语言进行了多方位的逻辑考察，并对自然语言中的陈述句的形式化进行了探讨，对语境及命题的衍合、预设进行研究。

1994 年，周礼全先生主编的《逻辑——正确思维和有效交际的理论》正式出版。该书对中国自然语言逻辑的发展做出了非常重要的贡献。周先生把语用学分为形式语用学、描述语用学和应用语用学三个层次，认为道义逻辑、认知逻辑、命令句逻辑和疑问句逻辑属于形式语用学范围，语境、言语行为、隐涵、预设、修辞等关于交际活动的普遍理论属于描述语用学范围，谈话、讲演、辩论这些特殊的交际活动的理论属于应用语用学的范围①。书中提出的"语用语境观"和"意义的四层次理论"至今仍有很强的生命力。

二 蕴涵与预设

（一）蕴涵

对蕴涵的研究主要包括蕴涵的分类和蕴涵"怪论"的讨论与解释。

1. 蕴涵的分类

胡泽洪曾指出应该区分命题的"蕴涵"与"衍涵"。"衍涵"强于"蕴涵"，前者要求和其衍涵命题必须有意义上的联系，后者则只要有真值上的联系就够了②。吴坚认为，还应该区分内容蕴涵和逻辑蕴涵，前者指的是命题的具体内容，即命题表明的具体思想或命题陈述的具体事物情况之间的一种条件关系，后者指的是命题的逻辑形式之间的一种条件关系③。

1996 年，陈波等指出实质蕴涵具有三个特征：保真性、普遍适用性和

---

① 徐颂列、黄华新：《自然语言逻辑的新探索〈逻辑——正确思维和有效交际的理论〉简评》，《自然辩证法研究》1996 年增刊。

② 胡泽洪：《在语言的表象后面——蕴涵、衍涵和预设》，《逻辑与语言学习》1990 年第 5 期。

③ 吴坚：《两种不同的蕴涵》，《自然辩证法研究》1995 年增刊第 11 期。

简单性，它概括了“如果，则”这类联结词各种用法中的共性，在日常语言用法中有经验的根据或基础。并且它是关于“如果，则”的各种解释中最弱的，因而普遍适用于一切领域和一切学科；是各种推理理论中限制最少、因而是最简单的一种①。同年，陈晓平在现有的虚拟蕴涵观点上又提出了新的观点：为确定一个虚拟蕴涵命题的真或假还必须参照一个背景假设，这个背景假设往往是一个全称命题或严格蕴涵命题②。刘壮虎用领域语义学对蕴涵最重要的性质——保真性进行了分析，得出不同的蕴涵所刻画的推出关系都是一样的③。

刘壮虎进而从逻辑系统的角度对蕴涵作了进一步的分析，给出了不同蕴涵的公共性质：保真性和语义完备性，并在邻域语义中给出了它们的形式刻画。提出并证明了蕴涵的特征公理。在此基础上，对重要的蕴涵——条件蕴涵进行了详细的讨论，给出了条件蕴涵的本质特征，并证明了极小条件句逻辑的完全性④。同年，陈晓平的《谈谈实质蕴涵问题》指出：经典命题逻辑中所讨论的蕴涵叫做实质蕴涵。实质蕴涵不仅表达了一种推出关系，而且表达了一种最基本的推出关系⑤。

黄华新在《略论语义蕴含》一文中提出，语义蕴含、隐涵和蕴涵是三个既有联系又有重要区别的概念。⑥ 语义蕴含更多地依据义素分析，它属于语义学；隐涵的分析主要依赖于语境和合作原则，因而属于语用学；蕴涵作为逻辑概念，主要是指实质蕴涵，它仅仅反映命题之间形式上的真假关系。语义蕴含是逻辑的蕴涵理论应用于现代语言学所产生的结果，它的作用在于分析自然语句的语义以及相互之间的语义关系。通过义素分析法可以知道一个语句可以必然地推出一系列的语义蕴含命题。语义蕴含和实质蕴涵的异同：前者的根据是语义规则，并致力于意义的推导，后者的根据是语形规则，并着眼于形式的推演，因此，两者的区别也是显而易见的。周训伟在中国逻辑学会第六次代表大会暨学术讨论会上指出古典逻辑

① 陈波、李建华：《为实质蕴涵辩护》，逻辑今探——中国逻辑学会第五次代表大会暨学术讨论会论文集，北京，1996 年 2 月。

② 陈晓平：《谈谈虚拟蕴涵问题》，《自然辩证法研究》1996 年增刊第 12 期。

③ 刘壮虎：《逻辑系统中的蕴涵》，逻辑今探——中国逻辑学会第五次代表大会暨学术讨论会论文集，北京，1996 年 2 月。

④ 刘壮虎：《蕴涵和条件蕴涵》，《清华哲学年鉴（2004）》。

⑤ 陈晓平：《谈谈实质蕴涵问题》，《自然辩证法研究》1997 年增刊第 13 期。

⑥ 黄华新：《略论语义蕴含》，《浙江社会科学》2000 年第 2 期。

对联结词实质蕴涵的定义有两个缺陷，缺陷一是公认的实质蕴涵怪论，缺陷二是不能用来作假言推理，为此提出了互逆主义逻辑，排除了一切经验实质蕴涵怪论。[①]

柯华庆等曾对逻辑蕴涵、形式蕴涵和实质蕴涵的区别和联系进行了进一步探讨，指出逻辑真理是逻辑蕴涵，数学真理是形式蕴涵，科学真理是实质蕴涵，三种蕴涵之间关系，也就是三类真理之间的关系[②]。王建平在前人分类的基础上，又提出了“相关蕴涵”的概念，对自然语言假言命题进行了符合自然语言实际的分析[③]。同年王建平又引入“实际蕴涵”概念，对于客观而准确地理解和分析自然语言推理具有极其重要的意义。彻底澄清用实质蕴涵理论来分析和说明自然语言中的推理问题主要与人们的逻辑观念相关[④]。孙培福进一步对相关蕴涵和实质蕴涵的质进行了区分，相关蕴涵的立论之本是基于对变元间相关性的尊重，变元间的相关性是人类逻辑的本质属性。实质蕴涵乃至其他真值形式都以舍弃变元间相关性为代价，追求变元孤立意义上的绝对真假抽象，其实质是抽掉了人类逻辑本源的对象，代之以人工设计或规定出来的人造对象[⑤]。

在杜国平 2008 年建立的知识蕴涵逻辑系统 D 中，蕴涵关系符合直觉，经典逻辑中基本的逻辑规律在该系统中得以保留。此外，在该系统中经典否定、合取的性质不改变，司各脱法则不成立。在给出严格形式语义的基础上，证明了该系统具有可靠性、协调性、完全性和可判定性。知识蕴涵逻辑系统 D 可以提供一个分析、处理海量知识系统的逻辑工具。利用公理 $B\to(A\to(A\to B))$，可以将知识系统中真知识归为一类，利用公理 $\neg B\to(\neg A\to(A\to B))$，可以将知识系统中的假知识归为一类，利用公理 $B\to(\neg A\to(A\to B))$（其中 A 和 B 相关）可以将相互矛盾知识中的相关

① 周训伟：《从实质蕴涵谈起》，逻辑研究文集——中国逻辑学会第六次代表大会暨学术讨论会论文集，重庆，2000 年。

② 柯华庆、梁庆寅：《论实质蕴涵、形式蕴涵与逻辑蕴涵》，《中山大学学报社会科学版》2003 年增刊第 43 卷。

③ 王建平：《实质蕴涵与自然语言中的相关蕴涵命题分析》，《华南师范大学学报（社会科学版）》2005 年第 3 期。

④ 王建平：《自然语言中的实际蕴涵推理》，《中共中央党校学报》2005 年第 9 卷第 2 期。

⑤ 孙培福：《变元间的相关性是人类逻辑的本质属性——由关于“实质蕴涵”的“相关蕴涵”引发的深层思考》，《华南师范大学学报（社会科学版）》2006 年第 3 期。

真知识演绎出来[①]。

2. 蕴涵“怪论”

前后件没有内容联系，但在逻辑上真（即并非前件真且后件假）的蕴涵式叫蕴涵怪论，如“如果二加二等于五，那么太阳从东方升起”[②]。

胡泽洪曾提出了一条解决“蕴涵怪论”的途径：以衍涵代蕴涵。要使一个命题为真，其所有的衍涵必然全是真的要使一个命题具有假值，其所有的衍涵也不能都假。如果一个命题的衍涵都是假的，则就变成了既无真值亦无假值的命题了[③]。程仲棠从逻辑认识论出发，对蕴涵“怪论”问题重新做出回答。他指出蕴涵“怪论”问题的产生，主要是由于人们未能认清逻辑与理性认识的关系。[④] 袁正校等人认为，实质蕴涵是对“如果，则”的正确的逻辑抽象。建立在实质蕴涵基础上的经典逻辑中的重言蕴涵式，无不为数学推理和日常思维中的有效推理和论证提供了一定的准则或模式，即使是所谓实质蕴涵“怪论”也是如此[⑤]。2002 年，柯华庆详细探讨了实质蕴涵的真实含义，以及实质蕴涵与条件句、推论关系之间的联系与区别，分析了实质蕴涵与逻辑蕴涵之间的关系和误解，探讨了逻辑的性质及与科学推理的关系，从而为实质蕴涵及由其产生的所谓怪论并不怪作出了合理的辩护[⑥]。

冯棉在《逻辑推理中的相干性》一文中，研究了推理（或体现推理的蕴涵式）的相干性，即推理的前提和结论之间意义、内容方面的关系。相关逻辑的研究表明：相干性是可以用逻辑的方式来刻画的，坚持演绎推理的相干性，采用“结论的推导必须实际使用前提”的推理方式，是避免“蕴涵怪论”的有效途径[⑦]。胡泽洪指出，蕴涵与否定、合取、析取、等值等其他逻辑联结词一样，其实质是对自然语言中复句的关联词所进行的合理的逻辑抽象，所谓的“蕴涵怪论”其实并不怪，它是人们要求蕴涵反映条件联系中除真假联系之外的内容、意义方面的联系，从而作了错误的解

---

① 杜国平：《知识蕴涵逻辑系统》，《逻辑学研究》2008 年第 2 期。

② 中国百科大辞典编委会：《中国百科大辞典》（二），中国大百科全书出版社 2005 年版。

③ 胡泽洪：《在语言的表象后面——蕴涵、衍涵和预设》，《逻辑与语言学习》1990 年第 5 期。

④ 程仲棠：《蕴涵“怪论”与逻辑认识论》，《自然辩证法研究》1995 年增刊第 11 期。

⑤ 袁正校、何向东：《实质蕴涵“怪论”新探》，《自然辩证法研究》1997 年增刊第 13 期。

⑥ 柯华庆：《论蕴涵怪论的合理性》，《中山大学学报（社会科学版）》2002 年第 4 期。

⑦ 冯棉：《逻辑推理中的相干性》，《哲学研究》2005 年增刊。

读所造成的。其次，认为“蕴涵怪论”怪异，是在把作为逻辑联结词的蕴涵“还原”成自然语言中复句的关联词、将实质蕴涵命题“还原”成自然语言中的条件句时才有的感觉①。2007 年，霍书全用欧拉图解给出了一个消除蕴涵怪论的可信方法②。

（二）预设

逻辑学靠什么保证它所研究的句子都是命题呢？靠预设。预设是保证一个句子取得真值的必要条件，逻辑学所研究的命题，实际上都是满足一定预设的句子，满足预设，是一个句子成为命题的必要条件③。

周礼全先生在 1994 年出版的《逻辑——正确思维和有效交际的理论》一书中创造性地提出了预设规则，在此基础上阐述了预设定义，然后运用他的预设定义分析了直陈话语、疑问话语、命令话语的预设。他的预设理论极大地丰富了语言逻辑理论宝库。李先焜先生在 1989 年出版的《语言逻辑引论》中指出，我们要分析预设与蕴涵的区别，研究预设的种类，以及各种预设在语句中的作用。除对预设作语义的分析外，还要作语用的分析，从而引入语句“恰当性”的概念④。

王靖华区分了三种不同的预设：语义预设、语用预设和语境预设。语义预设主要关心的是命题真值的条件，即主要关心一个命题有真价值的条件是什么。语用预设主要讲的是人和命题之间的关系，比起语义预设来，其主要关心的是命题作出者作出命题的态度。因此，严格地说，语用预设是人、命题与命题之间的一种三项关系，它考虑的是人在交际过程中用一些命题来进行交际时怎样要求另一些命题作为它的预设。这样，语用预设主要侧重于交际过程中的命题，而语境预设实际上则是保证一个语句有内容的那些条件⑤。黄华新从表现形式、成功的交际、真值情况以及预设与语句间关系等语用和逻辑的角度对预设的特征和种类进行探讨。首先，就其表现形式来说，预设是没有明确和直接地表达出来的语句，它总是蕴藏在现存语句的内层。如果我们把那些直接表露于外的命题称之为“显前

---

① 胡泽洪：《蕴涵刍议》，《华南师范大学学报（社会科学版）》2006 年第 5 期。

② 霍书全：《一种避免“蕴涵怪论”的可行方法》，《自然辩证法研究》2007 年第 23 卷第 7 期。

③ 胡泽洪：《预设研究二题》，《学术研究》2006 年第 11 期。

④ 陈道德：《李先焜语言逻辑思想述评》，《湖北大学学报（哲学社会版）》2004 年第 31 卷第 6 期。

⑤ 王靖华：《“预设”研究》，《哲学动态》1988 年第 7 期。

提”，那么预设则是一种蕴藏于内的“隐前提”。再次，从真假情形上来考虑，预设为真是确保“显前提”具有逻辑真值的必要条件，也是保证语句推论获得真结论的必要条件。第三，就成功的交际来说预设总是表现为双方都可理解、都可接受的那种背景知识。第四，从预设与它所依附的语句这两者之间的相互关系上看，由于在语言交流过程中预设总是表现为交际双方共同的知识背景，因而在正常情况下，交际双方所使用的语句尽管形式上很不相同，但它们预设的语句则往往是相同的。预设可分为事实预设和理论预设；事实预设实际上包括了存在预设和种类预设，是指交际者在语言交流过程中预先肯定或承认的是某种事实情形，它的表现形式则是一个或一组表征个别的具体事实的经验命题；而理论预设是指交际者在语言交流过程中预先肯定或承认的是某种理论背景，它的具体形式则是一个或一组概括普遍性或必然性的一般的理论命题或公式①。

胡泽洪对语义预设和语用预设进行了深入探讨。1993 年，胡泽洪先对语义预设做了简要分析②。在 1996 年的研究中指出对语用预设从三个方面进行理解：语用预设是一种命题态度；语用预设是在具体的交际环境中施受双方的“共同知识”；语用预设是在交际过程中使得一个语句或命题具有恰当性的条件③。2006 年其在的《预设研究二题》表明：语义预设与语用预设对预设研究的侧重点、研究层面各不相同，它们之间并非对立的，而是互补的。语义预设是保证一个句子取得真值的必要条件，满足语义预设，是一个句子成为命题的必要条件。联系具体的交际语境，联系具体的交际者的信念、背景知识来动态地研究预设现象，就是语用预设研究的实质④。2008 年，邓雄雁和胡泽洪用二维逻辑的真值表方法分析语义预设投射，很好地解释了语义预设投射的“累积”现象和“消去”现象⑤。

与前人的静态研究不同，黄华新等人从动态的视角对预设进行了分析。预设的构成是异质的，有关预设的研究应注意运用动态的方式来考察，即需要区别是着眼于说话人、听话人还是交际双方的过程视角。采用

---

① 黄华新：《论预设的特征和种类》，《杭州大学学报》1989 年第 18 卷第 3 期。

② 胡泽洪：《论语义预设》1993 年逻辑研究专辑。

③ 胡泽洪：《论语用预设》，《华南师范大学学报（社会科学版）》1996 年第 7 期。

④ 胡泽洪：《预设研究二题》，《学术研究》2006 年第 11 期。

⑤ 邓雄雁、胡泽洪：《二维预设逻辑和复句预设投射》，《华南师范大学学报（社会科学版)》2008 年第 1 期。

动态的预设观，还可以发现语用预设具有一系列新特征：不确定性、可移动性、层次性①。

三 语用逻辑的形式化

蔡曙山是国内较早从事语言逻辑研究的学者之一。从1996年中国逻辑学会第五次代表大会暨学术讨论会上的《语用逻辑研究》、1997年的《命题的语用逻辑》、1998年的《言语行为和语用逻辑》、1999年的《量化的语用逻辑》、2000年的《语用逻辑及其在计算机语言和人工智能中的应用》到2002年的《模态的语用逻辑》，蔡曙山对语用逻辑做了多方面研究。他介绍了语用逻辑的历史、对象和方法②，明确了语用逻辑的研究对象，给出了命题语用逻辑的公理系统PF，并揭示了语用逻辑的意义③。《言语行为和语用逻辑》是蔡曙山对语用逻辑研究的集中体现。该书主要分为三部分：第一部分是理论研究，阐述了言语行为理论从奥斯汀到塞尔的发展，介绍了塞尔和范德维克的语用逻辑分析系统。第二部分是形式化研究，建立了命题语用逻辑、量化语用逻辑和模态语用逻辑的形式系统，包括自然推理系统和形式公理系统，并证明了系统的定理。此外，在形式系统基础上建立了各系统的语义模型，并在这些模型下证明了命题语用逻辑、量化语用逻辑和模态语用逻辑系统的元定理、可靠性、一致性和完全性。第三部分是应用研究，用语用逻辑的观点和方法来分析人类言语行为以及计算机的语言和行为，分析语用逻辑在计算机科学特别是在人工智能中的应用。④

近年来，仍有很多学者致力于语用推理的研究。蒋严在2002年探讨了语用推理的逻辑实质，将溯因法与语用推理特别是Grice理论和关联理论的语用原则相对照，认为语用推理就是溯因推理在言语交际中的具体应用，而语用原则就是具体的溯因制约原则。此外，语用推理并不那么独特，也不需要建立独立的“自然语言运用的逻辑”⑤。2004年，李德华和

① 黄华新、徐以中：《预设的动态性和动态预设观》，《浙江大学学报（人文社会科学版）》2007年第5期。

② 蔡曙山：《命题的语用逻辑》，《中国社会科学》1997年第5期。

③ 蔡曙山：《语用逻辑研究》，逻辑今探——中国逻辑学会第五次代表大会暨学术讨论会论文集，北京，1996年2月。

④ 蔡曙山：《言语行为和语用逻辑》，中国社会科学出版社1998年版。

⑤ 蒋严：《论语用推理的逻辑属性——形式语用学初探》，《外国语》2002年第3期。

刘根辉讨论了现代语言学关于语境的定义，对计算语言学中的语境做了科学的界定，然后给出了语境及其相关概念的形式定义，并结合汉语实例进行了分析。[①] 2005 年，刘根辉等人全面介绍了形式语用学的起源、发展和现状，给出了形式语用学的定义，探讨了国内在形式语用学研究方面的工作，对面向汉语的形式语用学研究工作提出了总体发展思路。[②] 同年，刘根辉和李德华结合语言学领域语用学研究的主要论题和形式语用学研究的主要方法与手段，探讨了计算语用学研究的实现途径和方法，提出了计算语用学研究所做的主要工作，包括语言理解与推理的关系、溯因推理及其在自然语言处理中的应用、信任推理、动态语境的构建等，为计算语用学的应用研究提供了一种崭新的思路。[③]

四　隐喻理解的相关研究

逻辑学不仅仅只研究必然性推理，还要研究像隐喻这样一些或然性推理[④]。隐喻一直被认为是一种非逻辑或反逻辑的思维与语言现象，以逻辑实证主义为典型代表的哲学派别更是严格地把隐喻排斥在经典逻辑的范畴之外。但是，20 世纪后半叶以来，当代逻辑与认知科学的新发展逐渐揭示出一种事实：隐喻与逻辑在意义的暗示与牵连、概念的生成与转换、语言的理解与交流中互为表里、缺一不可[⑤]。语言学上的隐喻可对应于逻辑学中的类比推理[⑥]。

厦门大学计算机科学系人工智能研究所对隐喻的理解做了一系列研究。2004 年研究所将汉语隐喻分类计算模型的研究引入汉语的机器理解当中，通过对大规模汉语隐喻语料的研究分析，结合汉语隐喻的认知特征，构建了一套基于理解的汉语隐喻分类体系[⑦]，同时从逻辑角度给出了隐喻

---

① 李德华、刘根辉：《面向信息处理的语境形式化研究》，《中文信息学报》2004 年第 18 卷第 3 期。

② 刘根辉、金鐘讚：《形式语用学研究综论——兼论汉语形式语用学研究的发展思路》，《语言研究》2005 年第 25 卷第 1 期。

③ 刘根辉、李德华：《计算语用学研究的途径和方法》，《计算机工程与应用》2005 年第 25 期。

④ 陈道德：《李先焜语言逻辑思想述评》，《湖北大学学报（哲学社会版）》2004 年第 6 期。

⑤ 安军、郭贵春：《隐喻的逻辑特征》，《哲学研究》2007 年第 2 期。

⑥ 郭晓燕：《论比喻的逻辑特征》，硕士学位论文，广西师范大学，2006 年。

⑦ 杨芸、周昌乐、王雪梅、戴帅湘：《基于机器理解的汉语隐喻分类研究初步》，《中文信息学报》2004 年第 18 卷第 4 期。

逻辑的定义、建构和性质。针对汉语文本中名词性隐喻、动词性隐喻等类型，细化了隐喻逻辑的规则，并利用细化后的规则，分析了隐喻句中隐含信息的发掘方法，为隐喻的计算提供了新的解决方案[①]。2007 年，从大量实际隐喻语料出发，总结出汉语隐喻的语言形式的复杂性特征主要有：语言隐喻主要成分取值的不确定性、语言隐喻各成分出现与否的不确定性、隐喻嵌套和递进复用现象的普遍性，进而指出面向计算的隐喻研究困境以及出路[②]。基于互动论的思想，采用知识库与语料库相结合的方式来抽取隐喻句的表述义，实验结果表明基于合作机制的隐喻表述义提取算法是有效的。2008 年，李剑锋对隐喻语言中的异常搭配现象进行了研究，提出了基于实例的汉语语义超常搭配识别的计算模型，并完成了系统实现。在此基础之上将汉语语义超常搭配识别模型应用到汉语隐喻识别系统当中，取得了较好的效果。[③]

根据不同的计算路线，现有的隐喻理解计算模型可以分为三类，包括基于语义优先方法、基于知识表示的方法、基于逻辑的方法和基于统计语料库的方法，黄孝喜在分析这些方法的适用范围和优缺点的基础上，对隐喻的计算理解方法以及面向汉语的隐喻理解计算模型研究提出了展望和建议[④]。他的博士论文《隐喻机器理解的若干关键问题研究》从当前隐喻理论的研究热点入手，在总结现有隐喻计算模型的基础上，提出隐喻计算化研究需要解决的关键问题，就隐喻语言的形式化描述与分类识别、隐喻理解中的知识表示问题、隐喻的映射问题以及认知主体的主观因素等方面进行重点探讨。最后实现了一个隐喻机器理解系统 MetaphorSuite。该系统整合了句子依存结构分析及可视化修正标注、隐喻依存模式匹配算法及隐喻识别标注、隐喻映射释义等功能。[⑤] 北京大学计算语言学研究所使用搜索引擎，大规模获取明喻实例，自动构建明喻知识库。在知识库的基础上，考察了汉语源喻的使用情况，提出了隐喻的自动理解和生成方法，取得了

① 张威、周昌乐：《汉语隐喻理解的逻辑描述初探》，《中文信息学报》2004 年第 18 卷第 5 期。

② 杨芸、周昌乐：《汉语隐喻的语言形式特征及其对隐喻机器理解研究的影响》，《心智与计算》2007 年第 4 期。

③ 李剑锋：《面向隐喻计算的汉语语义超常搭配识别模型研究》，硕士学位论文，厦门大学，2008 年。

④ 黄孝喜、周昌乐：《隐喻理解的计算模型综述》，《计算机科学》2006 年第 33 卷第 18 期。

⑤ 黄孝喜：《隐喻机器理解的若干关键问题研究》，博士学位论文，浙江大学，2009 年。

较好的实验结果①。

第四节　汉语的逻辑研究

一　描述性研究

“汉语逻辑的研究，以汉语（主要是现代汉语）这一特定的自然语言为对象语言，应用现代逻辑和现代语言学所提供的工具，分析汉语表达式的逻辑亦即思维的结构，以及这些表达式之间的推演。”② 陈宗明先生从一开始就明确指出汉语逻辑的研究对象和研究方法，他也一直遵循着这一思想不断地对汉语逻辑进行深入的研究，并得出了一系列的宝贵成果。陈宗明的《现代汉语逻辑初探》（以下称《初探》）是汉语逻辑这一领域的全新探索。该书主要讨论了语句的逻辑和文体的逻辑两大问题。

在“语句的逻辑”中，作者主要讨论了汉语中的词、句和推理等在逻辑中的体现。作者提出，逻辑中很有必要把“名词”称作“概词”。因为逻辑所探讨的是概念，而概念在语言中体现为语词。传统逻辑的“名词”有与语言学中的“名词”混淆之嫌，因而应将“名词”改成“概词”。概词对应语言学中的词和词组。陈先生在讨论如何识别概词的基础上，指出：汉语中以单词的形式表现的为简单概词，包括名词、动词、形容词、数词、量词、代词等实词。而汉语中表达概念的词组则属于复杂概词，包括联合词组、偏正词组、动宾词组、主谓词组等。之后作者还深入地探讨了词汇之间的关系（多义词、同音词、同义词和反义词等）以及它们的逻辑问题。

语言中表示判断的句子，语言逻辑称之为命题。“命题是判断和句子的统一体。”③ 在给出命题定义之后，陈先生探讨了汉语中不同的句类与命题的对应关系。陈述句是判断的主要表现者，因而都是命题；除了少数纯粹表示感叹的句子外，大多数感叹句也可看做命题；祈使句表达未然之事，因而都不表达命题；疑问句（反诘句除外）只是提出问题，不表达命题。实际上设问句也是无疑而问，应该也表达命题。语句有单句和复句之

① 贾玉祥、俞士汶：《基于实例的隐喻理解与生成》，《计算机科学》2009 年第 36 卷第3 期。

② 陈宗明：《汉语逻辑概论》，人民出版社 1993 年版，第 26 页。

③ 同上书，第 53 页。

分，而命题有简单和复杂之别。“一般地说，单句表达简单判断。但不尽如此。有时它也表达复杂判断。”① “复合命题是由复句表达的判断。一般地说，复句表达复杂判断。但不尽如此。”② 实际上表达同一个命题的语言形式极其丰富，很多语句都需要做命题形式的改造。如语句“下雨了。”就有必要改造为“（天要）下雨了。”陈先生还进一步从修辞的角度来探讨汉语语句改造的必要性，由表及里，并得出结论：“命题有表里，对命题的改造就在于透过辞表，揭示辞里。”③

接着，《初探》讨论了逻辑中所谈的推理的语言形式推论。“推论总是表现为一定的复句或句群形式，而一定的复句或句群，又总是反映着某种推理的思想内容。推论是推理和表达推理的复句或句群的统一体。”④ 但是，汉语中的复句和句群复杂多样，大多含有“因为”、“所以”之类的语言标志或者可以补出这些标志的复句或句群才表达推理，才可以被称为推论。不过，由于自然语言的灵活性，复句或句群往往采取省略的形式，我们可以在不改变原意的基础上把其改写成标准的三段论式，这样就更容易理解推理的过程了。可能受当时时代的影响，《初探》还探讨了推论的阶级性问题。书中指出：不涉及阶级利益的推论是没有阶级性的；但在涉及阶级利益的推论中，如何选择前提，怎样进行推论，企图推出什么样的推论，就不能不受到推论者的阶级立场的制约。一般来说，处于没落的阶级不愿做出否定自己阶级的结论；而新兴的阶级，就勇于追求真理，立足现实，可做出符合客观发展规律的推论。推论是否具有阶级性？还是值得我们继续思考的。

下编是关于文体的逻辑，主要讨论了论说文、记叙文以及一些文学作品中的逻辑。由于本章我们主要讨论对汉语自然语言的逻辑研究情况，因此，此部分内容不详谈。

虽然此书属于汉语逻辑研究的开端，但作者的研究既有基础又有深度。尤其是上编，以传统逻辑的概念、判断、推理为纲，仅仅抓住汉语这一研究对象，探讨这些思维形式在语言中的体现，以及语言的复杂性和灵活性带来的一些辨识问题等。此书为后来的学者提供了很好的把语言和逻

---

① 陈宗明：《汉语逻辑概论》，人民出版社1993年版，第63页。

② 同上书，第69页。

③ 同上书，第84页。

④ 同上书，第90页。

辑结合起来研究的思路和方法。实践也证明此著作是很好的一本开创性的汉语逻辑研究之作。

陈宗明先生经过不间断的努力，于十三年后又一本《汉语逻辑概论》（以下简称《概论》）问世。他称其为一个阶段性的小结。此书内容相当丰富，紧扣汉语这一自然语言的特点，从语形、语义和语用多个角度来分析汉语的逻辑问题。用王维贤先生的话说，全书以“大逻辑”思想为指导，涉及汉语逻辑的多个方面，是一本颇具特色而又富于创见的汉语逻辑著作。

此书既涉及词项的深入研究，又涉及汉语句子系统中各类句型和句式的逻辑分析。词项部分提出了很多新的思想。汉语语法学界已经公认，汉语的词可以分为实词和虚词两大类。《概论》中大胆提出，按照词的逻辑功能，汉语的词可分为实词、准实词和虚词三大类。其中，语句中能够充当逻辑变项的词是实词，包括名词、动词和代词；准实词是语句中能够充当逻辑词项的词，一般不能充当逻辑变项。包括模态词、联结词和量限词；而不能单独充当逻辑变项或常项的词，包括介词、助词和叹词。从逻辑的角度来考虑，这种分类很有新意。但我们同时看到，每个子类中的成员不是同一标准，如模态词、量限词等是从逻辑的角度划分的，而名词、助词、叹词等则是从汉语语法的角度划分的。

作者还进一步指出，汉语逻辑中，“词项”指语言表达式中能够充当逻辑变项或常项的词，以及由这些词组成的短语，包括实词和准实词两大类。并把这一概念同语言学中的“词项”和逻辑学中的“项”作了详细区分。在汉语逻辑中，指称一个特定的个体事物的词项叫专名词，与逻辑学的“专名”同；而表示个体的性质或个体间的关系的词项称为谓词，但它不同于语法学中的谓语和传统逻辑中的谓项。书中还详细讨论了汉语中充当专名词与谓词的词类的复杂情况。在此基础上，《概论》又具体分析了短语词项，指出：“短语作为词项的一种，有的是个体词项……它们都是指称个体事物短语，充当个体词，短语比较常见的是充当谓词，表示个体的性质或个体之间的关系。”[①]作者对名词性短语，不及物动词性短语和及物动词性短语表示逻辑词项的具体情况都做了详细分析，还对多层短语的结构层次进行了讨论，这些层次分析对于逻辑分析

① 陈宗明主编：《汉语逻辑概论》，人民出版社 1993 年版，第 58 页。

和刻画有重要作用。

《概论》的另一个重要的开创性工作就是从逻辑的角度系统地分析了汉语的句型系统。此部分在书中共有四章。第一章是基本单句，具体讨论了名词谓语句、“是”字谓语句、不及物动词谓语句、及物动词谓语句和非主谓句五个小类。复杂单句分为两章，共讨论了小句主语句、小句宾语句、双主语句、兼语句、连谓句、定语句、状语句和补语句八个小类。这些不同的句型，作者都从句型的基本特征、语形特征、句子的生成过程、语义的逻辑描述等几个方面讨论的，有的还使用了文恩图、树形图等形式。这样从逻辑的角度对句型的语形、语义等方面进行分析和刻画，在汉语逻辑史上尚属首次，也为后来的学者从自然语言信息处理的角度研究汉语句子提供了很好的思路和方法。

此外，《概论》还单独讨论了汉语中的模态语句和模糊语句。从模态词的角度出发，作者把汉语模态语句分为真值模态语句、规范模态语句、时态语句、“得”字模态句和认知模态语句等五类，并从这些模态句的模态特征、用法、语义描述以及模态间的推导关系等多个角度对它们进行了分析。模糊语句一章，作者抓住了汉语的模糊性这一重要特征，并运用模糊集合论的系统理论，具体分析了汉语模糊语词、汉语模糊单句和汉语模糊复句以及似然推理等。作者有信心去触动汉语模糊这一很难处理的神经，而且还开创了一个新的研究局面。

同样，《概论》延续了《初探》的传统，对交际、修辞、篇章等语用方面也进行了逻辑的分析。如蕴涵、预设这些语用学上非常重要而常新的课题，作者从意义、推理等方面做了系统的分析，为后来的深入研究奠定了坚实的基础。汉语修辞学源远流长，但陈宗明先生开创了修辞逻辑研究的新局面，并把“修辞的逻辑”堪称语言逻辑王冠上的一颗明珠，他为摘下这个明珠做了不少探索性的尝试。篇章的逻辑同样是当今逻辑学界关注的一个重要领域。《概论》中提出，篇章结构的逻辑，包括五种关系：平行关系、接续关系、先后关系、递进关系和总分关系。还就不同的体裁（如说明文、记叙文、议论文等）讨论分析其逻辑特征。

在汉语逻辑的描写性研究中，研究内容最为集中的要数徐颂列教授的《现代汉语总括表达式研究》。无论是广义的量词还是狭义的量词，都是语言学和逻辑学家共同关心的问题。现代汉语中表示“量”的量限表达式非常丰富。吕叔湘先生分出了“全称”、“他称”、“分称”、“普称”、“各称”、“偶称”、“逐称”七种。[1] 徐颂列教授以现代汉语中的量限表达式为研究对象，把它们分为统治、任指、逐指、仅指四大类，从逻辑和语言两个侧面进行分析讨论。既分析它们的真值条件、命题形式和逻辑意义，又探讨它们在句法、语义和语用方面的特点。当然，由于逻辑自身的特点和局限性，“可能‘永远’做不到把语言中包含的语义、句法因素全部用逻辑形式表达出来”[2]，这种研究将永远是一种描述性的研究方法。

二 形式化研究

众所周知，美国著名语言学家乔姆斯基（N. Chomsky）于20世纪50年代创立的转换生成语法被誉为是“语言学上的一次革命”。这个语法体系使得现代语言学不仅凭借数学手段和演绎方法去考查语言，而且还仿照逻辑人工语言的符号去构造关于自然语言的一整套形式系统。实际上，转换生成语法本身就是一个包含句法规则和转换规则的形式化的演绎系统。在此基础上发展起来的蒙太格语法（Montague Grammar，简称MG）吸取了同样的思路和方法，构造了三个英语部分语句系统。这些系统包括句法生成部分和逻辑翻译部分，最终实现了英语语形和语义同态原则，使英语语义的系统化描述成为现实。这一研究自然语言的方法得到了延续和发展，如Dorwty就对Montague PTQ系统进一步扩展得到了一个新的英语部分语句系统，比较充分地描述了一系列PTQ系统未曾关注的语言现象。做此类研究的还有美国逻辑学家Barbara H. Partee教授、Micheal Bennett、Lakoff、McCawley，等等。

相应的，汉语作为一种不同于英语的分析性语言，是不是也可以借鉴这种研究方法来揭示汉语的一些逻辑特征呢？邹崇理在这方面做了大量的工作，也取得了很多原创性的成果。

（一）汉语量化句的部分语句系统

邹崇理在博士论文《蒙太格语法及其在汉语语义分析方面的初步应用》中分析了汉语的一些语义问题之后，运用MG技巧和汉语知识，对汉语量化句进行了全面的考察，总结出汉语量化句的三个特点：第一，汉语是一种非常简洁的自然语言，其内在的量化结构类似于逻辑量化公式的表

---

① 吕叔湘：《吕叔湘文集》，商务印书馆1999年版。

② 徐颂列：《现代汉语总括表达式研究》，浙江教育出版社1998年版，序第2页。

现形式，如一部分量化句只包含一个量词且位于句子最前端；由于没有变项被带入的生成方式，具有两个或两个以上量词的汉语量化句大都不存在量词的辖域问题，即量词的辖域依线形排列的顺序而定。第二，包含两个或两个以上的量词的汉语量化句虽然没有量词的辖域歧义，但仍然存在许多复杂特征值得我们注意。第三，汉语量词还有通常所谓表聚合语义的特征。如“所有教师共捐款500万元。”他叙说的是名词集合里所有个体共同构成的那个总体的性质，这与量词的分布语义涉及名词集合中每个个体的用法不同。作者在汉语量化句的特点分析的基础上，建立了处理汉语量化语句的形式系统FC。①

邹崇理对汉语量化句的部分语句系统的探讨并没由此止步。1993年，他在一篇名为《一个运用蒙太格语法与广义量词方法分析汉语量化词组的部分语句系统》的论文中，运用蒙太格语法和广义量词理论的基本方法，分析了汉语量化词的语义特征，建立了汉语量化句的部分语句系统FC。此系统是之前的FC系统的进一步发展和细化，它的主要目的在于刻画汉语量化词组的语义特征，区分量化词组的分布语义和聚合语义。②

后来，邹先生在其专著《逻辑、语言和信息》中进一步完善了FC系统。他定义了一系列汉语所特有的量词，并在这个系统中增加了生成传统对当关系和三段论推理以及描述其有效性的功能。而且在探讨汉语量化句聚合意义的启示下，作者提出了刻画量化表达式聚合意义的一阶谓词逻辑系统，且证明了该系统的可靠性和完全性。③

2003年，邹崇理又发表了一篇题为《刻画量化结构及其推理的汉语部分语句系统》的论文。该文所构造的FC汉语部分语句系统，有如下特点：(1)对汉语量化句的特色给予了一定程度的关注，处理汉语量化句的简洁性，运用量词复合叠置的方法刻画汉语量化句中出现多个量词的情况，并且凭借联合半格的代数概念描述汉语量化句的聚合语义；(2)扩大了通常有关自然语言部分语句系统的功能。FC系统的句法语形部分能够生成汉语量化句的推理，运用量词提升规则实现了从自然语言量化推理句到量化

① 邹崇理：《蒙太格语法及其在汉语语义分析方面的初步应用》，博士学位论文，中国社会科学院，1992年。

② 邹崇理：《一个运用蒙太格语法与广义量词方法分析汉语量化词组的部分语句系统》，《哲学研究》增刊，第53—56页。

③ 邹崇理：《逻辑、语言和信息》，人民出版社2002年版。

公式的转换，在汉语实际推理和逻辑有效的量化公式之间搭起一座由此及彼的桥梁；（3）就刻画汉语量化句的对当关系和三段论推理而言，FC 系统以一种比较自然直观的方式解决了普通逻辑所谓“主项存在”的问题；（4）由于 FC 系统生成的汉语量化句不限于类似直言判断的句子，因此 FC 系统能够生成并解释有效的汉语量化推理句就远远超出普通逻辑的范围。①

近年来，也有一些年轻的学者从构建汉语部分语句系统的角度来探讨汉语量化问题。如张炯博士在其博士学位论文《汉语量化结构的形式分析》中，就构建了一个包含广义量词的汉语部分语句系统。该系统重点关注汉语语句中广义量词的量化嵌入问题，并扩充到可以处理问句等内涵性的语言现象。此系统包括适用汉语的短语结构句法、句法环境所决定的逻辑翻译规则以及语义模型等内容。此项工作具有前瞻性和创新性。②

（二）包含汉语时态结构的部分语句系统

邹崇理在 2000 年出版过一本专著《自然语言逻辑研究》。此书从纵向的角度整理出了自然语言逻辑的发展脉络，并指出自然语言推演系统与通常逻辑系统的最大区别在于：前者能够通过一套算法（或翻译程序）把自然语言推理的原始素材同系统中相应的抽象表述联系起来，在自然语言和逻辑语言之间搭起了一座由此及彼的桥梁，可以推进实现计算机处理自然语言的进程。③

最重要的一个成果是作者运用自然语言逻辑方法进行了关于汉语时间语义特征的研究。自然语言的时间系统可分为三个方面：时相（phase）结构、时制（tense）结构和时态（aspect）结构。但由于汉语的动词在时间方面没有形态变化，因而时制不够发达，但却发展出了比印欧语言丰富得多的时态结构。邹崇理曾指出：“汉语的时态结构有丰富多样的表现形式，时态结构在汉语的时间系统中占有突出的地位。”④

作者通过分析汉语时态的特点和时间区间语义学理论的内容，发现了一些规律：任何两个时间区间之间的基本关系有七种，同时汉语的基本时态类型也有七种（进行态、完成态、短暂态、起始态、终结态、将行态和

① 邹崇理：《刻画量化结构及其推理的汉语部分语句系统》，《西南师范大学学报》（人文社会科学版）2003 年第 3 期。

② 张炯：《汉语量化结构的形式分析》，博士学位论文，浙江大学，2009 年。

③ 邹崇理：《自然语言逻辑研究》，北京大学出版社 2000 年版。

④ 同上书，第 379 页。

一般态），巧合的是这七种类型正好可以用区间语义学理论对应地去解释。除此之外，作者还从逻辑的角度感受到，在时态结构类型的分布上汉语呈现出对称的格局：进行态对完成态、起始态对终结态和经历态对将行态。

在此分析的基础上，作者开始了部分语句系统的构建。该系统包括句法部分、翻译部分和语义解释三块内容。其中，句法部分由基本词项及句法规则生成具有时态特征的汉语句，逻辑规则提供把这些汉语句翻译成引进各种“态”算子的时间逻辑语言的依据，最后由这些逻辑语言的语义模型提供关于时态结构的语义解释，而解释的核心就是通过说话者的观察参照时间和事件的时间进程的某种关系表现时态类型。这样每种时态依次分析，最终构造了一个展现时态结构各种类型的现代汉语部分语句系统。在讨论中，作者初步给出了进行算子 prog 和完成态算子 perf 等的语义定义及一些有关的逻辑有效式。

邹崇理的这些研究是开创性的，是国内学者建立的第一个关于汉语的时态逻辑系统。周礼全先生曾给予很高的评价：“作者运用自然语言逻辑方法进行了关于汉语时间语义特征的研究，从中体现了勇于探索创新的精神。”① 之后，虽然对汉语时态研究的学者不少，但都是从语言学的角度探讨汉语时态的一些问题，没有从逻辑系统的角度研究的。与之相关度最大的研究应属贾改琴的博士学位论文《现代汉语时间副词的形式语义研究》。该论文把现代汉语时间副词分为表时副词、表频副词和表序副词三大类。在每类副词作者都选取几个代表性的副词进行具体分析，而且都采取了相同的分析方法，即：首先剖析此副词的语义特征，然后通过语料分析得出该副词的句法生成规则，接着给出其翻译成逻辑语言的逻辑翻译规则，并最终给出其模型论解释定义。每类副词具体分析的基础上，最终给出了一个包含时间副词的汉语部分语句系统。此系统中也引进了一些时态的算子，如 prog，perf，last 等；此外，还引入了一些模态算子如“ZJ”、“Ce”、“Cai”、“J”、“ZZ”、“Z”等，并给出了它们的语义解释。当然，这个研究还很不成熟，还有很多有待改进的地方。②

（三）其他问题的研究

自从 2005 年以来，邹崇理陆续发表了一些应用范畴类型逻辑来解决

① 邹崇理：《自然语言逻辑研究》，北京大学出版社 2000 年版，第 ii 页。

② 贾改琴：《现代汉语时间副词的形式语义研究》，博士学位论文，浙江大学，2009 年。

汉语某一特定问题的文章，如《多模态范畴逻辑研究》[①]、《关于非连续量词的类型—逻辑语义处理》[②] 和《处理对应关系的范畴类型逻辑》[③]等。并于2008年1月出版了一本名为《范畴类型逻辑》的专著，详细介绍了近年来的研究成果，包括对范畴类型逻辑的介绍性内容；作者自己的一些观念，尤其对关于范畴类型逻辑对逻辑新功能的开发这个话题进行了适量论述，甚至还附带介绍了其他有关自然语言的逻辑理论对传统观念的挑战；作者的研究习得，都是基于范畴类型逻辑产生的思考，也是关于汉语这种特定自然语言的探讨，涉及非连续量词、灵活语序等问题的处理。

非连续现象指自然语言中那些在语法上没有毗连在一起却在语义上表现为一个整体的表达式。2005年宾夕法尼亚大学的克拉克教授提出一个处理英语中非连续量词的方案。邹崇理对克拉克教授的处理方案进行了一些改进：首先，对非连续量词的后续部分也指派λ-词项和范畴值，这样可以在由若干λ-词项和范畴的序对形成的上下文中避免出现作为自然语言词条身份的非连续量词的后续部分。其次，采用兰贝克后承演算的自然演绎表述，增加对非连续量词的各个部分进行叠置合成的规则，这样使有关的组合分析更加严格。最后，增加刻画所谓结构性质的规则，直观地显示出关于复合量词语句的类型和逻辑推演结果的非连续来源。但是其处理对象仍然是英语中的非连续量词。相应地，汉语中是否还存在类似的情况呢?[④] 张炯曾在2008年发表了一篇题为《包含非连续成分的句子的语义计算》的文章，作者在考察了各种不连续结构，特别是断裂的广义量词后，提出了一种适用范围比范畴逻辑语法广得多的基于Cooper储存的LR算法，这种算法要求对非连续成分进行特殊标注。[⑤]

汉语句子具有比较灵活的语序，主语、宾语和谓语动词可以出现在不同的位置上，而不影响基本的语义。从范畴语法角度看，需要建立针对汉语灵活语序的范畴推演机制。邹先生提出了关于范畴分析的自然语言来源

① 邹崇理：《多模态范畴逻辑研究》，《哲学研究》2006年第9期。

② 邹崇理：《关于非连续量词的类型—逻辑语义处理》，《浙江社会科学》2007年第2期。

③ 邹崇理：《处理对应关系的范畴类型逻辑》，《浙江大学学报（人文社会科学版）》2007年第5期。

④ 邹崇理：《范畴类型逻辑》，中国社会科学出版社2008年版。

⑤ 张炯：《包含非连续成分的句子的语义计算》，《重庆工学院学报（社会科学版）》2008年第6期。

的位置移动的结构公设，并形成了特定的范畴逻辑系统，即一种多模态系统，并给该系统框架语义解释的可通达关系确立相应的限制条件，最后根据逻辑的要求给出了该系统可靠性和完全性的证明。这项研究可以归为关于汉语问题的封闭式形式系统的构建。

邹崇理对自然语言的形式化分析是我国语言逻辑研究形成的重要标志，大大推进了汉语作为自然语言的逻辑研究的进程，实现了与国际逻辑研究水平的接轨与对话。

此外，我们不得不提到的是对于汉语隐喻的逻辑研究。隐喻是一个认知问题，指的是人们根据相似性而概括出来的两个概念域之间的一种系统映射关系。但同时它也是一个思维和语言问题。因此，学者们早就注意到这一现象，并从各个角度对其进行分析和解释。从逻辑的角度研究隐喻问题已经成为语言逻辑界一个重要的课题，并称之为“隐喻逻辑”。当然，这方面的研究也很多，又从逻辑基础方面着手的，也有分析隐喻的逻辑表征的，逻辑语义基础，等等。但这儿我们主要关注隐喻逻辑形式系统的研究。

第一个提出针对汉语隐喻理解逻辑系统的是张威，他从解决逻辑全知问题和隐喻的语义真值角度，提出了一种汉语隐喻逻辑系统。其主要思想是参考局部框架理论，采用池空间概念来替代可能世界，引入理解算子、关系符，以及格式塔规则。① 该系统的构建思路具有创新性，但也存在一些缺点：“基于比较理论，忽视隐喻理解的内在特性；在逻辑中未考虑上下文的影响；未考虑不同的认知个体对隐喻理解的差异。”②

而黄孝喜博士在已有研究成果的基础上，引入认知主体的主观因素，构造了一个隐喻理解的认知类比逻辑释义系统（ EA ，epistemic analogy），其中也考虑了情感因素等。③ 尽管此研究还非常初步，但毕竟开辟了隐喻计算化研究的新途径，对于推动隐喻计算化研究进程有一定的学术价值。

总之，汉语的逻辑研究从 20 世纪七八十年代到现在已有三四十年的历史，也从初创时期进入到兴起时期。虽然通过努力取得了一些成就，但还只是沧海一粟，我们还任重而道远。

① 张威：《汉语隐喻理解的逻辑描述初探》，《中文信息学报》2004 年第 5 期，第 23—28 页。

② 苏畅、周昌乐：《隐喻逻辑的研究进展》，《计算机科学》2007 年第 8 期，第 3 页。

③ 黄孝喜：《隐喻机器理解的若干关键问题研究》，博士学位论文，浙江大学，2009 年。

第五节　作为语言逻辑元科学的符号学研究

一　符号学与语言逻辑

（一）研究表征和意指方式的符号学

我们生活在一个五彩缤纷的符号世界里。从语言、图画、音乐、气味，到奥运旗帜、商店招牌、十字路口的红绿灯，形形色色的符号使得我们可以彼此交流，使社会得以有序的运转。从某种程度上说，人类文明是建立在各种形态的符号之上的。我们生活的这个世界，包括我们自己，一分一秒都无法离开符号而运转。正如德国哲学家卡希尔所说，“人是符号的动物”。

在形形色色的符号系统中，语言符号是人类认知的进化和发展过程中，最重要的一种。自从语言符号的诞生，人类的认知和文明开始了飞跃的发展。美国认知科学家汤姆塞罗（Tomasello）就在他的著作《人类认知的文化起源》（*The Cultural Origin of Human Cognition*，2001）一书中精辟地阐述了语言与文化和认知之间的深刻关系。美国符号美学家苏珊·朗格也曾赞叹：“迄今为止，人类创造出的一种最为先进和最令人震惊的符号设计便是语言。”① 总之，语言符号是诸多符号系统中最为重要的、也是研究最为深入的一朵瑰丽的奇葩。

人类对于符号的思考，渊源可谓久矣。西方有古希腊的医学症候符号，东方亦有中国古代的《易经》、《指物论》、《说文解字》等古典符号学著作。19世纪，符号学作为一门学科正式确立，并于20世纪60年代勃兴于法国、美国、意大利以及前苏联。20世纪80年代起，符号学研究在我国逐渐兴起，并于90年代中期进入全面发展阶段，涌现出了以周礼全、李幼蒸、李先焜、陈宗明、黄华新等为主要代表的一批符号学家，为符号学在我国的发展、为在世界范围开创具有中国特色的符号学研究做了大量基础性工作。

我国学者陈宗明、黄华新在《符号学导论》一书中进一步发展了索绪尔的符号二元论和皮尔斯的符号三元论思想，提出了“符号三角”说，即

① 苏珊·朗格、腾守尧、朱疆源译：《艺术问题》，中国社会科学出版社1983年版，第20页。

符形与符号对象之间的表征关系以及符形与符释之间的意指关系。书中指出，索绪尔的“能指”就是皮尔斯所说的“符号形体”，或简称为“符形”。索绪尔所说的“能指”，近似于皮尔斯的“符号解释”或“解释项”，可以简单地称为“符释”或“意义”。区别在于，首先，皮尔斯的解释项比索绪尔的所指更宽泛。索绪尔的所指是就语言符号而言的，而皮尔斯的解释项则是就广义的各种形态的符号而言的，是一种观念性的意义，是解释着心中可能的心理事件。一言概之，索绪尔的所指属于符号学的语义学范畴，而皮尔斯的解释项则属于是符号学的语用学范畴。其次，索绪尔的二元关系理论中没有提到“符号对象”。究其原因，还是由于前者着眼于语言符号，而后者着眼于一般符号。在这种差异的影响之下，后来的符号学研究形成了狭义符号学的索绪尔传统、广义符号学的皮尔斯传统，以及以意大利符号学家艾柯为代表的兼容索绪尔与皮尔斯符号学理论的传统。

陈宗明、黄华新认为，“本质上来说，符号学就是研究表征和意指方式的科学”。[①] 在符号行为中，并不是任意一个能指（符形）都能和任意一个所指（符释）结合成符号来传递意义。它们的结合需要第三个要素“意指”，或称做“意指方式”。能指和所指通过意指方式结合成为符号。意指方式是能指和所指结合成为符号的过程中不可忽略的要素。而能指和所指之间的关系就是意指关系。同样，符号形体（能指）和符号对象之间也存在一种二元关系，即“表征”关系。一个符号的能指总是表征某一事物，这个被表征的事物就是符号对象，而表征总是以一定的方式进行的，即表征方式。归纳起来，符号的表征方式主要包括：肖似的方式、指索的方式和象征的方式。现代符号学把符号区分为图像符号、指索符号和象征符号正体现了这三种不同的表征方式。

（二）逻辑符号学

17 世纪，英国哲学家洛克（Locke）把科学分为三种，第一、第二种为物理学和伦理学，而第三种，他说：“可以叫做 Semiotic，就是所谓符号之学。各种符号因为大部分是文字，所以这种学问也叫做逻辑学。”[②] 皮尔斯也曾强调：“逻辑学，我认为我曾经指出过，就其一般意义而论，只不过是符号学的另一种说法而已。”在皮尔斯看来，符号学是扩展了的逻辑学，因

① 陈宗明、黄华新：《符号学导论》，河南人民出版社 2004 年版，第 14 页。

② 洛克：《人类理解论》，关文运译，商务印书馆 1981 年版，第 721 页。

为逻辑就其本质特征来说，就是关于符号形式的科学，他的一篇论文的题名就是《作为符号学的逻辑：关于符号的理论》。可见，符号学与逻辑学的密切关系是众多哲学家、符号学家、语言学家和逻辑学家的共识。符号学的发展极大地丰富了并推动了逻辑学，尤其是语言逻辑的发展。

皮尔斯的后继者莫里斯（Morris，C. W.，1901—1979）也是一位对现代符号学发展做出了杰出贡献的符号学家和哲学家。他的主要著作《符号理论的基础》、《符号、语言和行为》、《开放的自我》等都深入的探讨了符号学的问题。他在符号学发展历史上第一次明确地将符号学的研究区分为三个组成部分，即语形学、语义学和语用学。虽然莫里斯对于语义学、尤其是语用学的定义并不完备，但他关于符号学三个组成部分的学说后来为很多哲学家、逻辑学家、语言学家所接受，并且成为符号学的基础理论之一。我国的符号学者也对符号的三分理论进行了积极探索。陈宗明、黄华新两位学者在《符号学导论》中指出，可以将语形学、语义学和语用学的研究对象更为准确地表述为："语形学研究符号系统内的符号能指与能指之间的关系；语义学研究符号能指和所指之间的意指关系，研究符号的意义（不依赖于符号情景的意义）；语用学研究符号情境中的意义。"①

20世纪60年代，波兰著名逻辑学家埃裘凯维茨在《语用逻辑》一书中指出，逻辑语形学、逻辑语义学、逻辑语用学组合成逻辑符号学。② 我国的逻辑学家、符号学家李先焜先生在1998年的《符号学与逻辑学》一文中也指出，逻辑符号学是逻辑学的一个重要组成部分。他说到："对'逻辑'可以有狭义与广义两种理解。作狭义的理解，也就是从严格意义上来理解，逻辑是指形式逻辑，即形式化的演绎逻辑；而广义的逻辑，不仅包括形式逻辑，还应当包括逻辑符号学和科学方法论，不仅探讨严格意义的形式化的演绎逻辑，还研究内涵、外延、预设、语境、隐喻和转喻等语义学、语用学范畴的内容"③。他认为，所谓的语言逻辑，就是自然语言的逻辑符号学，它不仅研究语形问题，而且研究语义和语用问题。他指出，应当"让逻辑从所谓的研究思维形式、思维规律的框架下解放出来，

① 陈宗明、黄华新：《符号学导论》，河南人民出版社2004年版。

② Kazimierz Ajdukiewicz, Olgierd Wojtasiewicz, *Pragmatic Logic*, Netherlands: Kluwer Academic Publisher, 1974.

③ 李先焜：《语言、符号与逻辑》，湖北人民出版社2006年版，第331页。

进行切实的改革，并在现代逻辑的基础上，建立语言逻辑”①。李先焜先生所说的这个在现代逻辑基础之上建立的语言逻辑，便是逻辑符号学。

20 世纪 80 年代初，我国的语言学家和逻辑学家开始陆续向中国的读者们介绍这些知识。90 年代开始，周礼全先生的弟子邹崇理博士系统地研究了蒙太格语法，出版了《逻辑、语言和蒙太格语法》、《自然语言逻辑研究》、《逻辑、语言和信息》等一系列论著，也开始了汉语的形式化的探讨，从而推动了我国的语言逻辑的形式语用学研究。与此同时，周礼全先生的另一位弟子蔡曙山博士开始了言语行为的形式语用学研究，并于 1998 年出版了《言语行为和语用逻辑》一书。在这本书中，作者建立了命题语用逻辑、量词语用逻辑和模态语用逻辑的形式系统，包括自然推理系统和形式公理系统；建立了各个系统的语义模型。这些具有开创性的工作充分体现了中国学者对形式语用学研究的重要进展。

（三）语言逻辑的符号学探索

我国逻辑学家、符号学家李先焜先生在 1986 年出版的《语言、逻辑与语言逻辑》一书中指出：“语言逻辑就是自然语言的语形学、语义学和语用学三者的综合，因此，也就是一般逻辑中所指的指号学。”② 语言逻辑研究的核心就是在一定语境中的、人们的言语交际中的推理过程，其重心在于语用逻辑的研究。

我国逻辑学界最早明确提出要研究语言逻辑的是周礼全先生。他在 1959 年发表了《形式逻辑必须在马克思主义指导下大力修正》一文，强调形式逻辑应当与语法修辞相结合。③ 1961 年又发表了《形式逻辑应尝试研究自然语言的具体意义》一文，强调了语境问题，即使用中的语言的具体意义问题。④ 尤其是他提出的关于自然语言三个方面的意义与英国哲学家奥斯汀随后于 1962 年在《论言有所为》一书中所提到的三种言语行为，即语谓行为、语旨行为和语效行为的含义十分相似。在 1978 年以后的历次逻辑会议上，周礼全先生又多次提到语言逻辑的问题。他指出，要研究丰富语言中的逻辑形式，要研究语言中的“预设”问题，并系统地介绍了问句逻辑、模态逻辑、内涵逻辑与蒙太格语法等。在探讨了形式逻辑的软

---

① 李先焜：《语言、符号与逻辑》，湖北人民出版社 2006 年版，第 334 页。

② 同上书，第 57 页。

③ 周礼全：《形式逻辑必须在马克思主义指导下大力修正》，《哲学研究》1956 年第 6 期。

④ 周礼全：《形式逻辑应尝试研究自然语言的具体意义》，《光明日报》1961 年 5 月 26 日。

弱性之后，他提出了形式逻辑研究语言具体意义的必要性，表达了他的语用学思想。

1994年，周礼全先生主编的《逻辑——正确思维和成功交际的理论》一书出版，这本著作被认为是我国研究语用逻辑的第一部代表作。该书比较全面地论述了语言逻辑和语用学问题，将语言逻辑和语用学密切结合为一体，不仅引述和介绍西方语用学理论，同时又有所创新。尤其是该书的第二部和第三部，分别论述了“道义逻辑”、“认知逻辑”、“命令逻辑”和“问题逻辑”等涉及形式语用学的内容，又探讨了语用逻辑中的语境、言语行为、隐含、预设和修辞等属于描述语用学范畴的问题，提出了一些具有前瞻性的观点。周先生的有创新意义的思想主要体现在关于语境和四层次语义论的论述。以下对该书的内容作简要介绍。

语境（context），也称作符号情境（sign situation），它指的是交际过程中符号使用者之间应用符号表达思想感情的具体环境。事实上，语义学和语用学都研究意义，区别在于语义学对意义的探讨不涉及任何指定的语境，是在语境缺省的情况下自动默认的理想认知模式（Idealized Cognitive Model）之下对话语意义的理解。而语用学关注的是使用中的语言，使用中的语言由于语言使用者的时间、空间和社会属性，而不可避免的处于某种特定的时间、空间、历史文化语境之中，因此语用学追寻的意义必然是某一语境中的意义。20世纪90年代，丹麦语用学家梅伊（Mey）和比利时语用学家维索尔伦（Verschueren）都明确地提到了语境的动态性。周礼全先生在《逻辑——正确思维和成功交际的理论》一书中不仅明确地提出了动态的语境观，更提出了四种语用语境：即 C_o、C_s、C_h 和 C_{sh}。C_o 是当前情境、上下文、话语所涉及的事物和时态、说话者的情况和听话者的情况五种因素的命题集合。在他看来，说话者S或者听话者H很难对语境 C_o 中客观存在的因素有全面的认识，更难有共同的完全的认识。因此，除语境 C_o 之外，还存在着说话者S所认识的语境 C_s、听话者H所认识的语境 C_h 和S、H所共同认识的语境 C_{sh}。周礼全先生指出：“随着谈话时间的延长、谈话内容的增多和谈话者思想感情的变化，语境就会跟着不断变化。正确地了解话语的语境及其变化，是正确地表达、传达和理解的表条件和重要条件。”①

① 周礼全：《逻辑——正确思维和成功交际的理论》，人民出版社1994年版，第393—394页。

周先生的语境观与当代认知符号学视野里语境观是一致的。语境不仅动态，而且多维。真实的言语交际过程中，说话者和听话者对于语境的认知是随着交际过程的演进而动态发展变化的，而说话者和听话者由于个人经验、意图、信念和百科知识（encyclopedic knowledge）结构的不同，对于当下正在进行的言语交际活动所发生的语境在认知上本身就存在着不可避免的差异。因此，语境不仅是动态的（dynamic），还是多维度的（multi-dimentional），即如周先生所描述的，可区分为说话者所认知的语境和听话者所认知的语境。

四层次语义论是由周先生提出的另一个创新理论。该语义论将语言形式分析为抽象语句、语句、话语和在交际语境中的话语四个层次，从而也就区分出语义的四个层次。第一个层次是抽象语句的意义，即命题。第二个层次是语句的意义，即命题态度，也就是说话者附加在命题上的感情和承诺等。第三个层次是话语的意义，即意谓，也就是说话者附加在命题态度上的思想感情。第四个层次是交际语境中的话语的意义，即意思。它是一定语境中，说话者通过话语所表达的意愿。周礼全先生指出的四层次理论是对语义理论的重要发展。它克服了过去从一个平面上，以一种理论解释一切意义现象所带来的片面性。现代逻辑主要是对于抽象语句的语义理解，但随着模态逻辑，尤其是非标准模态逻辑的发展，它会遇到很多难以克服的问题。四层次理论的提出，既兼容了已有理论所发挥的作用，又突破了既有理论的局限性，为语言逻辑研究找到了一条新的发展思路。此外，在《逻辑——正确思维和成功交际的理论》一书中，周先生还从语用学的角度阐述了修辞和情感因素在逻辑中的作用，强调了逻辑与修辞、逻辑推理与情感因素的密切关系。

（四）符号学的元科学性

符号学作为一门学科，具有工具性、跨学科、元科学三大学科性质。在当代符号学的视野里①，从广义上来讲，一切能够传递意义的媒介都是符号。符号学研究的核心问题是意义——意义的构建及其符号表征。符号学通过系统的观察各种符号形态及其意义，进而研究思维的规律和心智的认知机制。而语言学和逻辑学对意义的研究，本质上也是符号的意义问题。因此，符号学的意义理论属于意义的元理论。

① 注：20 世纪 60 年代以后的符号学发展阶段被称为当代符号学阶段。

任何学科，在进行科学研究时总要使用到语言符号来表述和记录各学科的理论和研究。自然科学和人文科学都是如此，尽管各学科所使用到的语言符号有着各自鲜明的特点。符号学正是以各门科学使用的语言符号为其研究对象，既研究其语形、语义和语用的共性，也研究其个性。符号学作为元科学，是以科学自身的特性为研究对象的科学。

语言学家索绪尔就是运用符号学的理论来研究语言符号现象的。索绪尔指出："归根结底，语言是一个符号系统。因此，必须求助于符号学才能准确地说明语言。这个道理不是显而易见的吗?"[①] 在索绪尔看来，符号学是语言学的元科学。语言逻辑作为自然语言的逻辑符号学，以自然语言作为研究对象，研究自然语言中的语形、语义和语用逻辑。而符号学正是一门研究符号的语形、语义和语用的一般理论学科。符号学对语言逻辑具有方法论意义，是语言逻辑的元科学。

二　中国符号学思想研究

（一）丰富的中国符号学思想

灿烂的中华文化孕育和传承了深厚的符号学内涵。中国古代的训诂学、儒家的正名学说、《易经》中的符号理论、《墨经》中的名实理论、《公孙龙子》中的指物学理论都蕴涵着深刻的符号学思想。先秦时期公孙龙的《指物论》便是我国最早的符号学专论。古籍《尚书》中，注释者说："言者意之声；书者言之记。"不仅说明了语言是一种符号，而且指出文字是记录语言符号的书写符号。

20 世纪 90 年代初，随着符号学研究在我国的全面展开，我国符号学界，以李幼蒸、李先焜、陈宗明、陈道德、张斌峰等人为主要代表，开始了对中国古典文献和历史文化中的符号学思想的挖掘和研究，以及向建立自己的符号学体系的积极努力，研究成果独树一帜，取得了令人瞩目的成绩。

（二）先秦符号学思想

先秦符号学思想主要体现在"名辩"学说中。据史家考证，"名"这个汉字在 3000 多年前商代的甲骨文中就有出现，意思是人或事物的名称。先秦名家主要包括邓析、尹文、惠施和公孙龙，其中以公孙龙为重要代

① J. 卡勒，张景智译：《索绪尔》，中国社会科学出版社 1985 年版，第 125 页。

表。公孙龙流传至今的著作主要包括《名实论》、《指物论》和《白马论》三篇。李先焜先生于20世纪90年代在《哲学研究》、《欧洲符号学杂志》等国内外期刊上发表了一系列文章探讨了公孙龙的符号学思想，并在国际上产生了一定影响。李先生认为，虽然在先秦诸子中，公孙龙的学术观点是遭受后世学者误解最多的，甚至在近代被冠以主观唯心主义、客观唯心主义和诡辩论的帽子，但是“从现代符号学的观点来看，公孙龙的著作中包含着丰富的符号学思想，其价值不亚于古希腊的一些符号学家的著作。在先秦诸子中，如此集中地、深入地讨论‘名（符号）’的问题，恐怕要数公孙龙了。”① 关于《名实论》，李先生主要有如下观点：

首先，公孙龙的《名实论》是一本具有重大符号学意义的语义学著作。公孙龙在《名实论》中主要讨论了名实关系问题，体现了名实对应的指称论。公孙龙对“名”下的定义是：“夫名，实谓也。”意思是说，名是对实的称谓或指谓。根据现代符号学创始人之一皮尔斯对符号所下的定义：“符号是对某人来说在某一方面或以某种能力代表另外某一事物的东西。”公孙龙所说的“名”就是一种符号，因为“名”是用来代表另一事物的东西。名与实之间是语义关系。而语义是符号学研究的重要组成部分。此外，与先秦其他诸子相比，公孙龙的著作很少涉及封建名位、政权统治、伦理纲常等问题，属于纯粹的语义学著作，这是公孙龙超越先秦其他诸子的语义理论的地方之一。

其次，公孙龙提出的“其名正则唯呼其彼此”的正名准则在当时的历史时期是具有先进性的。从符号学的角度来看，这一准则是一种理想语言的原则，它要求一个正确的符号必须具有严格的单义性。但是词的多义性是可以在特定的语境中消除，成为单一的意义的。因此，公孙龙的正名准则是可以在语用学中得到贯彻的。17世纪，为西方数理逻辑的创立和发展奠定基础的德国哲学家、逻辑学家莱布尼茨也曾明确提出了创造一种理想语言的设想，即“对一切对象指派确定的特征数字”②。莱布尼茨所说的符号的确定性，其实就是公孙龙的名与实的严格对应性。“对比起来莱布尼茨的理论既涉及逻辑语形学也涉及逻辑语义学，其逻辑语义学是建立在逻辑语形学的基础上；而公孙龙的正名准则主要涉及逻辑语义学，偶尔涉及

① 李先焜：《公孙龙〈名实论〉中的符号学思想》，《哲学研究》1993年第6期。

② 祖庆年：《莱布尼茨自然哲学著作选》，中国社会科学出版社1985年版。

逻辑语用学，而未涉及逻辑语形学的内容……但是，当我们想到公孙龙是在比莱布尼茨早了将近两千年提出这一准则的，我们不得不承认公孙龙的正名准则在符号学方面的重大的学术价值”①。

此外，李先生还对《名实论》的内在逻辑结构进行了分析。他认为，公孙龙的《名实论》一篇中所特有的、对于连锁定义方法和演绎论证方法的运用，以及《名实论》中频繁使用的具有逻辑系统“变元”（variables）性质的代词“彼”和“此”，是公孙龙在特定历史时期对逻辑学与符号学的两大贡献。

在公孙龙流传下来的三篇主要著作中，《名实论》为《指物论》、《白马论》奠定了符号学的理论基础。三篇著作都是围绕“名”和“实”关系问题展开。他的“白马非马”命题的分析，以及他的“物莫非指，而指非指”的分析，都贯彻了“其名正则唯呼其彼此”的语义思想。此外，我们应当以整体的、联系的观点来分析公孙龙的三篇著作中的命题，而不是割裂的去理解它们，才能真正领悟公孙龙符号学思想的精髓。

学者刘宗棠1989年在《哲学研究》上发表了一篇名为《〈指物论〉与指号学》的文章，十分具有启发意义。他提出：“笔者斗胆从一个全新的角度——从指号学的角度来阐释《指物论》，把‘指’解释为‘指号’或‘指称’”②。这一观点得到了李先焜先生的赞同。李先生对《指物论》的符号学理论的探讨正是沿着这一思路展开的。他认为《指物论》的“指”就是“指号”，即“符号”。而“指物论”就是“符号”与“事物”关系的理论。这与《名实论》的内在主题是一致的。但《名实论》更具有语言符号学的特征，而《指物论》的论题更广泛，是广义上的符号学理论。陈宗明在《符号世界》一书中也指出，“《公孙龙子·指物论》是一篇具有代表性的符号学论文。远在两千多年前，公孙龙就把符号（指）和符号的能指（名）区别开来，实在是难能可贵的”。③

公孙龙的“白马非马”这一命题，受后世的指责与非难颇多。李先焜先生认为，事实上，公孙龙并非简单的抛出“白马非马”的论题，而是进行了严格的论证。首先，公孙龙提出了“命形”与“命色”两类不同符号

① 祖庆年：《莱布尼茨自然哲学著作选》，中国社会科学出版社1985年版。

② 刘宗棠：《指物论与指号学》，《哲学研究》1989年第12期。

③ 陈宗明：《符号世界》，湖北人民出版社2004年版，第29页。

范畴的语义区别，指出了指称“性质”的符号不同于指称“实体”的符号。其次，公孙龙从内涵和外延上分析了“白马”和“马”两个集合的区别。此外，公孙龙还分析了人们在说“白马非马”时“离”的心理过程，研究了抽象的“白”（不定所白）与具体的“白”（定所白）的语义区别。可见，《白马论》是对人们的认识过程和言语行为过程的分析，也就是对符号过程（semiosis）的分析，公孙龙看到了一些深层的问题，分析了一些常人不易发现的语言哲学现象。一言概之，公孙龙是中国古代一位十分重要的符号学家。从公孙龙对“白马非马”以及“坚石白”的分析来看，中国古代并不缺乏分析的传统，只是该传统未得到应有的理解和发扬，这的确是一大损失。如今，越来越多的学者在致力于古典文献的重新解读和符号学思考，以期挖掘出更多蕴涵在公孙龙等先秦符号学家著作中的珍贵的符号学理论。

除公孙龙外，李先焜先生还对其他三位先秦名家，邓析（大约公元前545—约公元前501年）、尹文子（约公元前350—公元前250年）、惠施（约公元前370年—公元前310年）的著作也进行了深入的符号学研究。李先生认为，邓析的符号学思想最突出的体现在其对语境问题的关注。在其《无厚篇》和《转辞篇》中，其对语用问题做出了阐述，认为“辩”是一种语用行为，涉及辩论的双方，有一定的时间、地点、特定的辩论主题和辩论准则，说话者应当根据不同的对象使用不同的方法来达到说服对方的目的。可见，邓析已经认识到语境的重要性，及其对话语形式和内容的制约作用。

比之邓析，尹文子在《大道上》和《大道下》两篇中所体现的最与众不同的符号学思想在于其所强调的“名”的“欺骗性”。意大利符号学家艾科在他的《符号学原理》一书中也有过类似的描述：“符号学原则上是一种研究可以用来撒谎的每一事物的科学。”① 事实上，“‘名’的‘欺骗性’”在当代符号学的视野里，体现了符号的任意性，以及符号在意指过程和表征过程中的认知凸显（salience）效应。虽然所用之术语不同，尹文子的确在两千多年前已经注意到这一现象的存在，是十分值得肯定的。

李先焜先生认为惠施最突出之处在于“善譬”。“譬”就是隐喻，其主要特征是意义的转换。当说者使用隐喻时，说话者除了表达字面意义之

① 艾科、卢德平译：《符号学原理》，中国人民大学出版社1990年版。

外，还向听者传达了语句隐含的另一个意义，即“话语意义”。隐喻不仅具有修饰词句的作用，而且具有极其重要的论证作用。我国古代的思想家，如老子、庄子、孟子、荀子等都很注意使用隐喻。虽然惠施的著作早已失传，但从《庄子·天下》以及刘向的《说苑·善说》等古籍文献的记载来看，惠施不仅对隐喻的特征与作用理解十分深刻，而且将隐喻作为一种十分重要的论证方法。

墨家也十分重视对“正名”问题的研究。其“正名”学说分为“名”、“言”、“辩”三个部分，主要表现在《墨经》一书中。李先焜先生认为，《墨经》中对“名”的考察大大超过了孔子和孟子，且不同于名家学派的观点。首先，《墨经》将“名”与“辩”结合起来考察。“辩”的目的就是要“察名实之理”。《墨经》包含了很多定义，可以说是一部定义的集合。而定义正是符号的一个重要方面。在先秦典籍中，《墨经》是使用定义最多的一本书。其次，《墨经》不仅考察了“正名”的方法，而且考察了“言”的符号学特征。这里的“言”就是相当于索绪尔提出的与“语言”对立的“言语”，即自然语言，或称日常生活中的话语。此外，《墨经》还强调辩论的三个重要条件：“故”、“理”、“类”。其中“故”与“类”更突出，这与《墨经》中“辩”的语用性密切相关。一个“名”的使用或一个“辞”的确立都与一定的语境有关。例如《小取》中说道：“车，木也；乘车，非乘木也。”这正属于符号学中的语用推理。总之，《墨经》对先秦时期的辩论方法进行了理论探索，为“辩”的规范性做出了积极的贡献。①

陈道德在1999年出版的中国逻辑协会、语言逻辑专业委员会成立二十周年、符号学专业委员会成立十周年纪念文集《符号学和语言逻辑》中也撰写了一篇题为《“墨家”的交际理论初探》的代表性文章，从当代语用符号学的角度探讨了墨家的交际理论，很有启发意义。他认为，墨家著作中包含着丰富的言语交际的思想。一者，墨家不仅认识到言语的交际性，而且给予了深刻的阐释。其交际性体现在表意性、表征性以及听者的心智所具备的理解说者想要传达的意义的辨察和分析能力。二者，墨家认识到交际准则的重要性，并做出了细致的论述。墨家提出的交际准则包

① 李先焜：《〈墨经〉中的符号学思想》，《湖北大学学报（哲学社会科学版）》1996年第3期，第18—29页。

括：真诚准则、通意后对准则、相关准则等。这些交际准则的论述，意义非凡，它们涉及“语境”、“关联原则”等当代符号语用学概念。[①]

在先秦儒家学派中，李先焜先生认为，荀子是对正名学说研究得最系统的。荀子强调“法后王”，即名称应该如同世间的其他事物一样，随着社会的发展而发展。荀子提出，王者制名的目的在于以确定的名称指称确定的对象，使得人们的思想得以顺利沟通。李先生认为荀子是中国符号学史上最早提出名称“约定论”的思想家。其认为“制名之枢要”在于“名无固宜，约之以命实，异于约则谓之不宜。名无固实，约之以命实，约定俗成谓之实名。”此外，荀子的关于“遍举”和“偏举”、“共名”与“别名”的提法，在中国符号学发展史上也有着重要意义。

陈宗明在《中国语用学思想》一书中指出，先秦名家所研究的“名”与“实”的关系，就是符号能指和符号对象之间的关系，即表征关系。儒家是正名说的代表，主张以名正实，“名不正则言不顺”；道家主张“无名”，认为“道不可名”，道若可以称述，就不是道了；墨家主张“以名举实”，认为名是反映实的，名实需相符；法家主张“审名以定位”、“名正物定”，名家更以研究形名之学而得名，主张“审其名实，慎其所谓”。在这场名实关系的激烈讨论中，先秦诸家在论证自己的观点、反驳对方观点的同时，发展出了“辩”的理论和方法，产生了辩学。“名学”和“辩学”是中国古代的语义学说和语用学说。[②]

（三）秦汉以来的名辩学说

秦汉以后的“名辩”学说虽不及先秦时期鼎盛，但仍得到了重要的发展，在当今被视为东方传统智慧的结晶。李先焜先生在《符号学导论》第十章中对秦汉以来的“名辩”思想的主要内容进行了总结，将各家之言归类为围绕“名与实”、“言与意”、“言、意与象”和“言、意、象与道”这几组不同关系展开的论述。[③]

“名实”之争，是先秦时期“名辩”思潮的发端。秦汉以后的学者，针对该组关系提出了新的观点和问题。三国时魏人刘廙的《政要》、北齐颜之推的《颜氏家训》、北朝的《刘子新书》等都是探讨“名与实”关系

① 陈道德：《“墨家”的交际理论初探》，《探索与争鸣》1999 年增刊。

② 陈宗明：《中国语用学思想》，浙江教育出版社 1997 年版。

③ 李先焜：《中国符号学思想》，载《符号学导论》，河南人民出版社 2004 年版。

的代表作品。在“符号三角”中，“名与实”的关系是能指与符号对象之间的表征关系，而“言与意”则是能指与所指之间的意指关系。晋代欧阳健在《言尽言论》一文中认为，“言不畅志，则无以相接；名不辨物，则鉴识不显。”如果名不能区别事物，就失去认识作用；说话不能畅所欲言，就不能实现交际的目的，所以言能尽意。“言、意与象”之辨是“言意”之辨的展开，三者构成了以“言”或“象”为能指，以“意”为所指的两种符号。魏晋玄学的创始人之一王弼的“得意忘象忘言说”及其对言、象、意的论述是“言不尽意”阵营中，最具影响力和代表性的。

陈宗明在《中国语用学思想》一书中也对秦汉以后的名辩学说之发展，做出过评述。他认为“言与意”、“言、意与象”和“言、意、象与道”之辨是从“名与实”之辨进一步发展而来的。这场讨论经历先秦、两汉、魏晋、直到明清，持续时间之长在世界文化史上十分罕见。①

（四）符号学的应用研究

符号学，作为一门新的方法论和一个新的研究视角，在其他学科的研究中，有着较强的指导意义和广阔的应用前景。随着符号学研究的兴盛，我国有一批学者开始整理中国的符号学思想，并用符号学的方法来分析《易经》、中医、礼仪、书法和汉字的符号系统，发表了一些很有创新意义的论文和著作，如《从八卦符号系统看〔易经〕的思维模式》②、《传统文化典籍的符号学特征与典籍阐释》③、陈宗明主编的《中国语用学思想》④、李先焜先生发表的《〈周易〉中的符号学思想》⑤、《〈墨经〉中的符号学思想》⑥、《中国古代礼仪符号学》⑦、《中国古代医学中的符号学》⑧ 等系列文章，以及《儒学解释学：重构中国伦理思想史（上下卷）》⑨ 等，都积

① 陈宗明：《中国语用学思想》，浙江教育出版社 1997 年版。

② 王霆钧：《从八卦符号系统看〔易经〕的思维模式》，《社会科学战线》1988 年第 3 期。

③ 邓生庆：《传统文化典籍的符号学特征与典籍阐释》，《哲学研究》1993 年第 6 期。

④ 陈宗明：《中国语用学思想》，浙江教育出版社 1997 年版。

⑤ 李先焜：《〈周易〉中的符号学思想》，载《语言、符号与逻辑》，湖北人民出版社 2006 年版。

⑥ 同上。

⑦ 李先焜：《中国古代礼仪符号学》，载《语言、符号与逻辑》，湖北人民出版社 2006 年版。

⑧ 李先焜：《中国古代医学中的符号学》，载《语言、符号与逻辑》，湖北人民出版社 2006 年版。

⑨ 李幼蒸：《儒学解释学：重构中国伦理思想史（上、下卷）》，中国人民大学出版社 2009 年版。

极尝试从符号学这一新的视角重新解读中国历史上的文化现象，成果喜人。

三 语言符号学和一般符号学研究

（一）中国的符号学研究热潮

20 世纪见证了符号学和逻辑学的密切关联和蓬勃发展。目前，符号学的研究已经在国际上形成热潮，在我国也是方兴未艾，成为整个人文和社会学科领域的焦点话题。正如英国哲学家、美学家 M. C. 比尔兹曼所指出的："从广义上来说，符号学无疑是当代哲学以及其他许多思想领域的最核心的理论之一。"①

我国最早引进与研究现代符号学的学者当属著名的逻辑学家周礼全先生。早在 20 世纪 40 年代末，他就与著名的符号学家、哲学家莫里斯进行过学术上的探讨和交流。自 20 世纪 60 年代以来，我国开始了符号学的介绍、研究与传播，主要集中在索绪尔、皮尔斯、莫里斯、巴特、巴赫金等著名符号学家的思想理论的翻译和引进。如莫里斯的著作《指号理论的基础》（周礼全译，1966 年版）、《意谓和意念》（陈修斋译，1979 年版）、《开放的自我》（定扬译，1987 年版），波兰语言符号学家沙夫的《语义学引论》（周礼全译，1979 年版）、索绪尔的《普通语言学教程》（高名凯译，1985 年版）、巴特的《符号学原理》（黄天源译，1992 年版）等。除此之外，英国、法国、日本一些符号学专注的中文版也相继问世。

20 世纪 80 年代末，中西方的符号学对话开始活跃，中国符号学术界与国际符号学术界的交流与合作日益紧密。1989 年 4 月，李先焜出席在法国举行的国际符号学会第四次大会，并当选为理事。同年 10 月，中国逻辑学会逻辑与语言研究会暨符号学研究会成立大会在北京怀柔县龙山宾馆隆重举行。日本记号学会会长坂本百大教授和香港中文大学文学院院长何秀煌教授应邀到会作学术报告。中国逻辑学会会长周礼全、副会长方华等人都参加了此次会议。1992 年 10 月，中国逻辑学符号学专业委员会、日本记号学会和湖北大学联合举办的第一届东亚符号学研讨会在武汉举行，到会的中外学者 50 余人，其中有国际符号学会名誉会长佩尔茨（波兰）、秘书长德雷达尔（法国）、日本记号学会会长坂本百大和东京大学教授藤

① 李普曼：《当代美学》，光明日报出版社 1986 年版，第 7 页。

本隆志等外宾十余位。大会共收到论文 40 余篇。这次会议对于加强我国与国际符号学界的交流和进一步推动我国的符号学研究意义深远。1997 年 10 月，第二届东亚符号学国际会议在上海华东师范大学举行。这次会议是由符号学专业委员会与中国社会科学院哲学所、华东师范大学、日本东京大学联合举办的，与会的国内外专家学者达到 120 多人，收到提交大会讨论的论文提要 56 篇。这次会议通过了《东亚符号学会章程》，标志着东亚符号学会的正式成立。1999 年 10 月，第七届国际符号学会议在德国雷斯顿科技大学举行。我国的李先焜、沈剑英、韦世林、李永铭等学者出席了这次大会。沈剑英当选为国际符号学会理事。

东西方的符号学交流，极大地推动了我国符号学的系统研究。纵观中国符号学研究近 30 年的发展历程，可以概括为三个发展阶段，即 1980—1986 年的起步阶段，1987—1993 年的平稳发展阶段和 1994 年至今的全面发展阶段。从起步阶段的年均论文发表数不足 7 篇，且主要以引介国外符号学家的主要符号学理论和思想为主，到 1994 年以来的年均 40 余篇，并出现对索绪尔等语言符号思想的反思、向其他交叉学科的渗透和研究、对非语言符号的交际功能的探讨和研究、对中国古典文献和历史文化中的符号学思想的挖掘和研究以及向建立自己的符号学体系的积极努力。目前，我国符号学研究的领域已经涉及哲学、语言学、逻辑学、文学、美学、民俗学、传播学、国情语言学和中国传统文化、电影等诸多领域。尤其在哲学、语言学和逻辑学等领域的符号学研究已经具备相当的规模和深度。

（二）符号学经典著作

与语言逻辑密切相关的符号学研究，在过去的 30 年中取得了巨大的发展，在引入西方符号学理论的基础上，出版了《理论符号学导论》、《语言符号学》、《符号学导论》、《描述语用学》、《儒学解释学：重构中国伦理思想史（上、下卷)》等代表性著作。

李幼蒸是中国社会科学院世界比较文明研究中心特约研究员，国际符号学学会副会长，长期从事跨文化伦理学研究。从 1982 年起，李幼蒸先生曾先后访问过美、法、英、德、日等国的许多著名高等学府，与各国符号学研究同行建立了密切联系。1999 年，他出版的《理论符号学导论》一书共分为总论、语言符号学、一般符号学和文化符号学四个部分，是第一本较为详细的介绍国际符号学组织、刊物、国内外符号学流派和学术发展动态等内容的著作。①

2004年出版的《符号学导论》是我国第一部系统的、全面地概述符号学的教材用书。这本书的主要作者之一李先焜先生担任过国际符号学会的理事，是我国符号学研究的重要代表学者之一，对中外学术交流起过重要作用。主编之一的陈宗明教授和黄华新教授具有广博的哲学、逻辑学和语言学的素养，以交叉性研究的大量成果不断扩大自己的研究领域。这本书不仅包括了符号学的系统知识，且特别注意联系中国实际，对中国符号学思想发展史进行了探讨，是强势互补、新老结合的重要成果，填补了我国符号学研究的一项重要空白。

2005年5月出版的由黄华新和陈宗明主编《描述语用学》一书是中国教育部“十五”规划项目的研究成果。其主要特点体现在以下三方面：首先，从认知和交际相结合的角度探讨语境、预设、辩谬、言语行为、会话含义等理论；其次，从语言—逻辑的独特视角，综合运用符号学、语言学和逻辑学的理论和方法来分析问题，在准确描写和解释日常的语用推理现象方面取得了进步；最后，从鲜活的汉语语料中提取研究材料，具有浓厚的汉语语用学特色。②《描述语用学》一书发展和改进了莱文森、奥斯汀、格莱斯以及弗雷格等人的语用学理论，系统探讨了认知语境的建构性、言语行为理论、预设的动态性和动态预设观等问题，表明我国的语用学研究基本达到国际前沿水平。

2005年11月《语言符号学》一书出版。该书作者王铭玉为解放军外国语学院教授、《解放军外国语学院学报》副主编，兼任全国语言与符号学研究会副会长，世界文化艺术研究中心研究员暨大型国际交流系列书刊特约顾问编委。在《语言符号学》上编中，作者为我们总结了符号学研究在20世纪取得的成就，特别是有关符号学的理论基础；中编对有关符号学的12个具体范畴或特征展开了讨论；下编对中国符号学研究的20年进行了回顾和总结。该书是教育部1999—2000年度“研究生教学用书”遴选推荐书目之一，填补了我国研究生教材，特别是外语专业教材的一个空白。

2009年，李幼蒸先生的专著《儒家解释学：重构中国伦理思想史

① 李幼蒸：《理论符号学导论》，社会科学文献出版社1999年版。

② 黄华新、陈宗明：《描述语用学》，吉林人民出版2005年版。

(上、下卷)》正式出版。该书结合传统考据学、文献学和现代符号学，在广泛的跨学科、跨文化框架内对相关的学术领域课题进行了比较研究，对传统思想史的相关对象、课题及其概念和学科，进行了全面的再组织和再表述，超越了历来国学、汉学、中国思想史的经验性论述层级，提升了对传统思想的意义和功能描述的准确性，目前在国内外均属于首创性成果。

（三）符号学的未来发展

符号学作为研究符号意义的一般理论，体现着包括语言符号在内的各种符号系统的一般的特点和规律。在众多科学门类中，它具有元科学的性质。李先焜先生在1986年发表的《符号学概述》一文中就曾指出，符号学可以看做一门元科学，一种方法论。

目前，在国际上，符号学出现了与认知科学、认知神经科学交叉研究的趋势。认知符号学作为符号学的分支学科已经在欧洲诞生，带来了符号学在研究方法上的革新和研究成果上的巨大突破。在符号学元科学影响力之下，语言逻辑领域也紧随其后，产生了与认知科学结合的趋势，如认知语用学、认知逻辑等新的理论的出现，从全新的视角来分析各种自然语言逻辑中的现象和问题。我国当代知名逻辑学家蔡曙山于2004年发表了题为《认知科学背景下的逻辑学——认知逻辑的对象、方法、体系及意义》一文，深刻阐述了认知逻辑的语言学基础、认知逻辑的方法、认知逻辑的科学体系，以及认知科学及相关交叉领域的研究进展给语言逻辑研究带来的新的启示。[①] 认知语用学亦是逻辑符号学中的语用逻辑在新世纪的发展趋势。21世纪伊始，黄华新、熊雪亮、姜望琪、何自然等学者也不约而同发表了一系列关于认知语用学的论文和著作，在认知科学的理论框架下探讨了语用学所关注的核心问题，在认知语境、言语行为理论、会话含义、关联理论、动态预设观、隐喻、转喻等研究领域取得了一些新的研究成果。符号学作为语言逻辑的元科学，对语言逻辑研究有着重要的方法论意义，其研究成果和研究方法的一切进展都将积极推动语言逻辑的学科建设。

语言逻辑虽然属于应用逻辑分支，但为了语言学需要而构造出的逻辑系统本身也可以作为纯逻辑的研究对象，特别是和应用密切相关的表达力

---

① 蔡曙山：《认知科学背景下的逻辑学——认知逻辑的对象、方法、体系及意义》，《江海学刊》2004年第6期。

和计算复杂性问题。这部分研究可看做语言逻辑与数理逻辑的交叉研究，国内这方面的代表性成果是鞠实儿的博士生林哲关于预群（Pregroup）和Lambek 演算等逻辑系统的语法表达力和计算复杂性的系列研究。2010 年林哲被中山大学逻辑与认知所派往波兰学习，期间与 Buszkowski 教授合作研究，证明了添加某类公式的预群语法是线性时间内可解的，其方法是将问题归化为一个图的问题，然后通过图构造自动机，从而将问题归结为一个自动机上的问题，这样就能很轻松地将目标问题转化成上下文无关文法中的一个经典判定问题，通过证明可以证得其是一线性时间问题。该研究成果发表于 LATA2010 会议，并收录在该会议的 LNCS 系列会议论文集中。该成果的进一步研究，证明添加该类公式集的预群语法的交换定律，也已被国际学术期刊 Journal of Computer and System Sciences 所接受。

非结合 Lambek 演算语法已被证明弱归纳为上下文无关文法，而各种 Lambek 演算语法的延伸也被证明为可弱归纳为上下文无关文法。其中应用最广泛的为模态 Lambek 演算语法。模态 Lambek 演算语法为范畴语法中的一种，在语言学中的跨语言性研究中有着广泛的应用。其中附带假设集的 S4 模态 Lambek 演算语法是否可弱规划为上下文无关文法的问题引起了一定的关注。林哲通过对此问题的研究证明了该范畴语言确实可弱归化为上下文无关文法，是第一次使用纯证明论而非模型论的方法证明这类问题，解决了一个放置多时的开问题，并且该方法能够延伸到其他带假设公式集的逻辑系统中。该成果发表于 LATA2010 会议上，并且收录在该会议的 LNCS 系列会议论文集中。

随着现代信息技术和人工智能的发展，人类的语言交际环境变得日趋复杂，语言逻辑不但要研究人与人之间的言语互动，还要关注人与机器之间或机器辅助下的言语互动。因此，语言逻辑研究开始面临新的问题和挑战。中文信息处理、机器翻译、智能搜索、专家系统等领域的快速发展都要求语言逻辑在语形、语义和语用层面提出新的思路和方案。在此背景下，通过几代人共同的努力，中国的语言逻辑研究必将迎来更加美好的明天。

参考文献

[1] 艾科、卢德平译：《符号学原理》，中国人民大学出版社 1990 年版。

[2] 安军、郭贵春：《隐喻的逻辑特征》，《哲学研究》2007 年第 2 期。

［3］蔡曙山:《命题的语用逻辑》,《中国社会科学》1997 年第 5 期。

［4］蔡曙山:《认知科学背景下的逻辑学—认知逻辑的对象、方法、体系及意义》,江海学刊 2004 年第 6 期。

［5］蔡曙山:《语用逻辑研究》,逻辑今探——中国逻辑学会第五次代表大会暨学术讨论会论文集,北京,1996 年 2 月。

［6］蔡曙山:《言语行为和语用逻辑》,中国社会科学出版社 1998 年版。

［7］蔡曙山:《语言、逻辑与认知》,清华大学出版社 2007 年版。

［8］曹予生:《逻辑・思维・语言》,学林出版社 2008 年版。

［9］陈波、李建华:《为实质蕴涵辩护》,逻辑今探——中国逻辑学会第五次代表大会暨学术讨论会论文集,1996 年 2 月。

［10］陈道德:《二十世纪意义理论的发展与语言逻辑的兴起》,中国社会科学出版社 2007 年版。

［11］陈道德:《李先焜语言逻辑思想述评》,《湖北大学学报(哲学社会版)》2004 年第 6 期。

［12］陈道德:《“墨家”的交际理论初探》,《探索与争鸣》1999 年增刊。

［13］陈晓平:《谈谈虚拟蕴涵问题》,《自然辩证法研究》1996 年增刊第 12 期。

［14］陈宗明:《符号世界》,湖北人民出版社 2004 年版。

［15］陈宗明:《汉语逻辑概论》,人民出版社 1993 年版。

［16］陈宗明:《说话写文章中的逻辑》,求实出版社 1989 年版。

［17］陈宗明:《现代汉语逻辑初探》,三联出版社 1979 年版。

［18］陈宗明:《中国语用学思想》,浙江教育出版社 1997 年版。

［19］陈宗明、黄华新:《符号学导论》,河南人民出版社 2004 年版。

［20］程仲棠:《蕴涵“怪论”与逻辑认识论》,《自然辩证法研究》1995 年增刊第 11 期。

［21］邓生庆:《传统文化典籍的符号学特征与典籍阐释》,《哲学研究》1993 年第 6 期。

［22］邓雄雁、胡泽洪:《二维预设逻辑和复句预设投射》,《华南师范大学学报(社会科学版)》2008 年第 1 期。

［23］董华新、陈宗明:《符号学导论》,河南人民出版社 2004 年版。

［24］杜国平:《知识蕴涵逻辑系统》,《逻辑学研究》2008 年第 2 期。

［25］方立:《数理语言学》,北京语言文化大学出版社 1997 年版。

［26］方立:《逻辑语义学》,北京语言文化大学出版社 2000 年版。

［27］冯棉:《逻辑推理中的相干性》,《哲学研究》2005 年增刊。

［28］高东平:《模糊量词的逻辑研究》,博士学位论文,中山大学,2007 年。

［29］郭晓燕:《论比喻的逻辑特征》,硕士学位论文,广西师范大学,2006 年。

［30］胡泽洪：《论语义预设》，1993 年逻辑研究专辑。

［31］胡泽洪：《论语用预设》，《华南师范大学学报（社会科学版）》1996 年第 7 期。

［32］胡泽洪：《预设研究二题》，《学术研究》2006 年第 11 期。

［33］胡泽洪：《语言逻辑与言语交际》，湖南师范大学出版社 1991 年版。

［34］胡洪泽：《语言逻辑与认识论逻辑》，暨南大学出版社 1995 年版。

［35］胡泽洪：《蕴涵刍议》，《华南师范大学学报（社会科学版）》2006 年第 5 期。

［36］胡泽洪：《在语言的表象后面——蕴涵、衍涵和预设》，《逻辑与语言学习》1990 年第 5 期。

［37］黄华新：《论预设的特征和种类》，《杭州大学学报》1989 年第 18 卷第 3 期。

［38］黄华新：《略论语义蕴涵》，《浙江社会科学》2000 年第 2 期。

［39］黄华新、陈宗明：《符号学导论》，河南人民出版社 2004 年版。

［40］黄华新、陈宗明：《描述语用学》，吉林人民出版 2005 年版。

［41］黄华新、徐以中：《预设的动态性和动态预设观》，《浙江大学学报（人文社会科学版）》2007 年第 5 期。

［42］黄孝喜：《隐喻机器理解的若干关键问题研究》，博士学位论文，浙江大学，2009 年。

［43］黄孝喜、周昌乐：《隐喻理解的计算模型综述》，《计算机科学》2006 年第 33 卷第 18 期。

［44］霍书全：《一种避免“蕴涵怪论”的可行方法》，《自然辩证法研究》2007 年第 23 卷第 7 期。

［45］贾国恒：《情景语义学与可能世界语义学比较研究探析》，《自然辩证法研究》2006 年第 10 期。

［46］贾国恒：《情景语义学的发展》，《湖南科技大学学报（社会科学版）》2008 年第 5 期。

［47］贾国恒：《情景语义学解悖方案评析》，《安徽师范大学学报（人文社会科学版）》2008 年第 5 期。

［48］贾玉祥、俞士汶：《基于实例的隐喻理解与生成》，《计算机科学》2009 年第 36 卷第 3 期。

［49］蒋严：《论语用推理的逻辑属性——形式语用学初探》，《外国语》2002 年第 3 期。

［50］蒋严、潘海华：《形式语义学引论》，中国社会科学出版社 1998 年版。

［51］鞠实儿：《面向知识表示与推理的自然语言逻辑》，经济科学出版社 2009 年版。

［52］J. 卡勒、张景智译：《索绪尔》，中国社会科学出版社 1985 年版。

［53］柯华庆：《论蕴涵怪论的合理性》，《中山大学学报（社会科学版）》2002 年第 4 期。

［54］柯华庆、梁庆寅：《论实质蕴涵、形式蕴涵与逻辑蕴涵》，《中山大学学报社会科学版》2003 年增刊第 43 卷。

［55］李德华、刘根辉：《面向信息处理的语境形式化研究》，《中文信息学报》2004 年第 18 卷第 3 期。

［56］李剑锋：《面向隐喻计算的汉语语义超常搭配识别模型研究》，硕士学位论文，厦门大学，2008 年。

［57］李普曼：《当代美学》，光明日报出版社 1986 年版。

［58］李先焜：《公孙龙〈名实论〉中的符号学思想》，《哲学研究》1993 年第 6 期。

［59］李先焜：《〈墨经〉中的符号学思想》，《湖北大学学报（哲学社会科学版）》1996 年第 3 期。

［60］李先焜：《语言、符号与逻辑》，湖北人民出版社 2006 年版。

［61］李幼蒸：《理论符号学导论》，社会科学文献出版社 1999 年版。

［62］李幼蒸：《儒学解释学：重构中国伦理思想史（上、下卷）》，中国人民大学出版社 2009 年版。

［63］刘冬宁、汤庸：《自然语言时态句型的模态 Lambek 演算》，《逻辑学研究》2008 年第 3 期。

［64］刘冬宁、汤庸、黄昌勤、汤娜：《时态查询语言的并发 Lambek 演算及范畴语法》，《智能系统学报》2009 年第 3 期。

［65］刘根辉、金鐘讚：《形式语用学研究综论——兼论汉语形式语用学研究的发展思路》，《语言研究》2005 年第 25 卷第 1 期。

［66］刘根辉、李德华：《计算语用学研究的途径和方法》，《计算机工程与应用》2005 年第 25 期。

［67］刘壮虎：《逻辑系统中的蕴涵》，逻辑今探——中国逻辑学会第五次代表大会暨学术讨论会论文集，1996 年 2 月。

［68］刘壮虎：《蕴涵和条件蕴涵》，《清华哲学年鉴（2004）》。

［69］刘宗棠：《指物论与指号学》，哲学研究 1989 年第 12 期。

［70］洛克：《人类理解论》，关文运译，商务印书馆 1981 年版

［71］马佩：《语言逻辑基础》，河南人民出版社 1987 年版。

［72］聂文龙：《内涵逻辑的对象理论建构》，逻辑学及其应用研究——第四届全国逻辑系统、智能科学与信息科学学术会议论文集，2008 年 11 月。

［73］盛新华：《逻辑与言语交际》，湖南人民出版社 1989 年版。

［74］苏畅、周昌乐：《隐喻逻辑的研究进展》，《计算机科学》2007 年第 8 期。

［75］孙培福：《变元间的相关性是人类逻辑的本质属性——由关于“实质蕴涵”的“相关蕴涵”引发的深层思考》，《华南师范大学学报（社会科学版）》2006 年第 3 期。

［76］苏珊·朗格、腾守尧、朱疆源译：《艺术问题》，中国社会科学出版社 1983 年版。

［77］王方名、张兆梅、张帆：《说话写文章的逻辑》，教育科学出版社 1980 年版。

［78］王建平：《实质蕴涵与自然语言中的相关蕴涵命题分析》，《华南师范大学学报（社会科学版）》2005 年第 3 期。

［79］王建平：《语言交际中的艺术——语境的逻辑功能》，求实出版社 1989 年版。

［80］王建平：《自然语言中的实际蕴涵推理》，《中共中央党校学报》2005 年第 9 卷第 2 期。

［81］王靖华：《“预设”研究》，《哲学动态》1988 年第 7 期。

［82］王铭玉：《语言符号学》，高等教育出版社 2004 年版。

［83］王霆钧：《从八卦符号系统看〔易经〕的思维模式》，《社会科学战线》1988 年第 3 期。

［84］王维贤：《现代汉语语法研究》，语文出版社 1997 年版。

［85］吴坚：《两种不同的蕴涵》，《自然辩证法研究》1995 年增刊第 11 期。

［86］夏年喜：《DRS 与一阶谓词逻辑公式》，《哲学动态》2005 年第 11 期。

［87］夏年喜：《从蒙太格语法的局限性看 DRT 的理论价值》，《哲学研究》2005 年第 12 期。

［88］夏年喜：《从知识表示的角度看 DRT 与一阶谓词逻辑》，《南京社会科学》2006 年第 2 期。

［89］夏年喜：《从 DRT 到 SDRT——动态语义理论的新发展》，《哲学动态》2006 年第 6 期。

［90］徐颂列、黄华新：《自然语言逻辑的新探索——〈逻辑——正确思维和有效交际的理论〉简评》，《自然辩证法研究》1996 年增刊。

［91］徐颂列：《现代汉语总括表达式研究》，浙江教育出版社 1998 年版。

［92］杨芸、周昌乐：《汉语隐喻的语言形式特征及其对隐喻机器理解研究的影响》，《心智与计算》2007 年第 4 期。

［93］杨芸、周昌乐、王雪梅、戴帅湘：《基于机器理解的汉语隐喻分类研究初步》，《中文信息学报》2004 年第 18 卷第 4 期。

［94］于思：《句法的逻辑分析》，中国社会科学出版社 1993 年版。

［95］袁野：《语言逻辑》，大连理工大学出版社 1990 年版。

［96］袁正校、何向东：《实质蕴涵“怪论”新探》，《自然辩证法研究》1997 年

增刊第 13 期。

［97］张惠民：《语言逻辑词典》，西安世界图书出版公司 1995 年版。

［98］张炯：《包含非连续成分的句子的语义计算》，《重庆工学院学报（社会科学版）》2008 年第 6 期。

［99］张炯：《汉语量化结构的形式分析》，博士学位论文，浙江大学，2009 年。

［100］张威：《汉语隐喻理解的逻辑描述初探》，《中文信息学报》2004 年第 5 期。

［101］张威、周昌乐：《汉语隐喻理解的逻辑描述初探》，《中文信息学报》2004 年第 18 卷第 5 期。

［102］中国百科大辞典编委会，《中国百科大辞典》（二），中国大百科全书出版社 2005 年版。

［103］周北海、郭美云，《面向自然语言交互性的 LNL：带群体知识的公开宣告逻辑》，载《面向知识表示与推理的自然语言逻辑》，经济科学出版社 2009 年版。

［104］周昌乐：《意义的转绎：汉语隐喻的计算释义》，东方出版社 2009 年版。

［105］周礼全：《逻辑——正确思维和有效交际的理论》，人民出版社 1994 年版。

［106］周礼全：《形式逻辑必须在马克思主义指导下大力修正》，《哲学研究》1956 年第 6 期。

［107］周礼全：《形式逻辑应尝试研究自然语言的具体意义》，《光明日报》1961 年 5 月 26 日。

［108］周训伟：《从实质蕴涵谈起》，逻辑研究文集——中国逻辑学会第六次代表大会暨学术讨论会论文集，2000 年。

［109］周晓林：《自然语言逻辑引论》，苏州大学出版社 1999 年版。

［110］朱水林：《逻辑语义学研究》，上海教育出版社 1992 年版。

［111］邹崇理：《处理对应关系的范畴类型逻辑》，《浙江大学学报（人文社会科学版）》2007 年第 5 期。

［112］邹崇理：《多模态范畴逻辑研究》，《哲学研究》2006 年第 9 期。

［113］邹崇理：《范畴类型逻辑》，中国社会科学出版社 2008 年版。

［114］邹崇理：《关于非连续量词的类型——逻辑语义处理》，《浙江社会科学》2007 年第 2 期。

［115］邹崇理：《话语表现理论 DRT 述评》，《自然辩证法研究》1996 年增刊。

［116］邹崇理：《刻画量化结构及其推理的汉语部分语句系统》，西南师范大学学报（人文社会科学版）2003 年第 3 期。

［117］邹崇理：《逻辑、语言和蒙太格语法》，社会科学文献出版社 1995 年版。

［118］邹崇理：《逻辑、语言和信息》，人民出版社 2002 年版。

［119］邹崇理：《蒙太格语法及其在汉语语义分析方面的初步应用》，博士学位论文，中国社会科学院，1992 年。

[120] 邹崇理:《情景语义学》,《哲学研究》1996 年第 7 期。

[121] 邹崇理:《一个运用蒙太格语法与广义量词方法分析汉语量化词组的部分语句系统》,《哲学研究》增刊。

[122] 邹崇理:《自然语言逻辑研究》,北京大学出版社 2000 年版。

[123] 祖庆年:《莱布尼茨自然哲学著作选》,中国社会科学出版社 1985 年版。

[124] Buszkowski, W. & Lin, Zhe (林哲) Pregroup grammars with letter promotions, *Language and Automata Theory and Applications* (LNCS 6031) . Springer. pp. 130 – 141.

[125] Lin Zhe (林哲) Modal nonassociative Lambek calculus with assumptions: complexity and context – freeness, *Language and Automata Theory and Applications* (LNCS 6031). Springer. pp. 414 – 425.

[126] Kazimierz Ajdukiewicz, Olgierd Wojtasiewicz, *Pragmatic Logic*, Netherlands: Kluwer Academic Publisher, 1974.

[127] Wang Yingying (王莹莹), Counterfactual donkey sentences: A response to Robert van Rooij, *Journal of Semantics*, 2009, vol. 26 (3) .

[128] Wen Xuefeng (文学锋), A propositional logic with relative identity connective and a partial solution to the paradox of analysis, *Studia Logica*, 85 (3): 253 – 262.

第六章　逻辑哲学

第一节　概述

逻辑学诞生于哲学母体，自其创生以来，始终伴随着“逻辑的哲学反思”。但“逻辑哲学”作为一个相对独立的研究领域，却是现代逻辑产生之后才逐步形成的。当代逻辑哲学研究分为密切相关的两个方面：狭义逻辑哲学与广义逻辑哲学，前者指关于逻辑的哲学研究；后者还包括运用现代逻辑分析与语言分析方法对一些基本哲学问题的研究。在后一方面，当代逻辑哲学研究与“语言哲学”、“数学哲学”、“心灵哲学”乃至“形而上学”等学科有许多共同关注的研究课题，乃至“逻辑哲学”被有的学者称为涵盖大量不同问题与探究模式的一个“伞状术语”；但经过数十年长足发展，该领域逐步形成了“真理理论”、“意义理论”和“悖论理论”等研究重心，并成为现代逻辑与现代哲学互动发展的重要平台。

逻辑哲学被我国逻辑工作者广泛确认为一个新兴交叉研究领域，始于20世纪80年代，但对逻辑的哲学反思亦一直伴随西学东渐之后我国逻辑发展的全程。新中国成立后，五六十年代曾展开一场旷日持久的“逻辑大讨论”，发表了数百篇论文，其主要成果收录在《哲学研究》编辑部编辑、上海人民出版社出版的《逻辑问题讨论集》（1959）、《逻辑问题讨论续集》（1960）和《逻辑问题讨论三集》（1962）之中。所讨论的核心问题主要有：形式逻辑与辩证逻辑的关系；形式逻辑的对象、性质和作用；形式逻辑的客观基础；形式逻辑推理中真实性与正确性的关系；形式逻辑的修正、改造和发展方向。[①] 显而易见，这些问题都属于逻辑哲学问题。尽

① 吴家国：《关于形式逻辑问题讨论的回顾》，《哲学研究》1979年第4期。

管由于大多数讨论的参与者缺乏现代逻辑的背景知识，使讨论的水平受到很大限制，但经过激烈的争论，我国广大逻辑工作者就形式逻辑（至少就演绎逻辑而言）是在纯粹状态下研究思维的逻辑形式的科学的观念达成了基本共识，并在逻辑真理研究、推论与蕴涵的关系研究等方面取得了一定成绩，澄清了一些重要问题，“为在中国发展现代逻辑打下了一个初步的基础”①。

“文化大革命”结束以后，随着我国逻辑教学与研究现代化事业的启动与发展，我国逻辑哲学研究步入新的阶段，逐步与国际逻辑哲学研究主流接轨，并取得了比较丰硕的成果。这些成果在不同程度上推动了我国逻辑本体研究与应用研究的现代化进程，同时也推动了数学哲学、语言哲学和心灵哲学等领域的发展。

由于各种历史机缘，有几部国外逻辑哲学通论性著作对我国当代逻辑哲学研究产生了深刻影响，它们是：苏珊·哈克的《逻辑哲学》［尽管中译本（罗毅译、张家龙校）迟至2003年才由商务印书馆出版，但该书英文本在80年代初即在我国大量印行，影响广泛］，蒯因的《逻辑哲学》（三联书店1991年出版中译本，邓生庆译），格雷林的《哲学逻辑引论》②（中译本有中国社会科学出版社1990年版，四川人民出版社1992年版，译者分别为牟博、邓生庆），里德的《对逻辑的思考——逻辑哲学导论》（辽宁教育出版社1998年出版中译本，李小五译）。此外，多部相关译著也产生了较大影响，它们是：艾耶尔的《语言、真理与逻辑》（上海译文出版社1981年版，尹大贻译），罗素的《数理哲学导论》（商务印书馆1982年版，晏成书译），林夏水主编（译）《数学哲学译文集》（知识出版社1986年版），蒯因的《从逻辑的观点看》（上海译文出版社1987年版，江天骥等译）和《真之追求》（商务印书馆1999年版，王路译），克里普克的《命名与必然性》（上海译文出版社1988年版，梅文译），涂纪亮主编（译）《语言哲学名著选辑：英美部分》（三联书店1988年版），戴维森的《真理、意义、行动与事件》（商务印书馆1993年版，牟博译）和

① 张家龙：《新中国逻辑50年——在新中国哲学50年学术研讨会上的讲演》，《自然辩证法研究》2000年增刊。

② “哲学逻辑”（Philosophical Logic）是罗素最早使用的一个术语，实际上指谓上述“逻辑哲学”研究的两个方面特别是第二个方面的研究；该术语被越来越多的学者用来指谓非经典逻辑学科群，即本书“哲学逻辑”章的用法，但仍有学者使用罗素原来的用法。

《真与谓述》（上海译文出版社2007年版，王路译），《弗雷格哲学论著选辑》（商务印书馆1994年版，王路译），普特南的《理性、真理与历史》（上海译文出版社1997年版、童世骏译），塞尔的《语言、心灵与社会》（上海译文出版社2001年版，李步楼译）和《意向性：论心灵哲学》（上海人民出版社2007年版，刘叶涛译），马蒂尼奇编《语言哲学》（商务印书馆2002年版，牟博等译），高新民主编（译）《心灵哲学》（商务印书馆2002年版），贝纳塞拉夫、普特南编《数学哲学》（商务印书馆2003年版，朱水林等译），陈波、韩林合主编（译）《逻辑与语言：分析哲学经典文选》（东方出版社2005年版），以及苏珊·哈克与陈波共同主持的《当代世界学术名著·哲学系列》（中国人民大学出版社2005年起陆续出版）中多部相关译著。

我国新时期的逻辑哲学研究，初期以引入和评述当代西方有关研究的历史发展为主，属于广义西方逻辑思想史的范畴，后来逐步有了自己的主体性言说，这体现在多部通论性和专论性逻辑哲学著作之中。其中较有影响的通论性著作有：陈波的《逻辑哲学导论》（人民出版社1990年版）、《逻辑哲学导论》（中国人民大学出版社2000年版）和《逻辑哲学》（北京大学出版社2005年版），桂起权的《当代数学哲学和逻辑哲学入门》（华东师范大学出版社1991年版），冯棉等的《哲学逻辑与逻辑哲学》（华东师范大学出版社1991年版），马佩主编《马克思主义的逻辑哲学探析》（河南大学出版社1992年版）和《逻辑哲学》（上海人民出版社2009年版），张尚水主编《当代西方哲学家评传·逻辑哲学卷》（山东人民出版社1996年版），张清宇主编《逻辑哲学九章》（江苏人民出版社2004年版），胡泽洪的《逻辑的哲学反思——逻辑哲学专题研究》（中央编译出版社2004年版）；较有影响的相关专论性著作主要有：张家龙的《公理学、元数学与哲学》（上海人民出版社1983年版）和《模态逻辑与哲学》（中国社会出版社2003年版），郑毓信的《数学、逻辑与哲学》（湖北人民出版社1987年版），张建军的《科学的难题——悖论》（浙江科学技术出版社1990年版）、《矛盾与悖论新论》（与黄展骥合著，河北教育出版社1998年版）和《逻辑悖论研究引论》（南京大学出版社2002年版），冯棉的《可能世界与逻辑理论》（华东师范大学出版社1996年版），王路的《弗雷格思想研究》（社会科学文献出版社1996年版）、《逻辑的观念》（商务印书馆2000年版）和《是与真——形而上学的基石》（人民出版社

2003 年版），陈波的《奎因哲学研究——从逻辑与语言的观点看》（三联书店 1998 年版），弓肇祥的《真理理论——对西方真理理论历史地批判地考察》（社会科学文献出版社 1999 年版）和《可能世界理论》（北京大学出版社 2003 年版），韩林合的《分析的形而上学》（商务印书馆 2003 年版），张燕京的《达米特意义理论研究》（中国社会科学出版社 2006 年版），刘叶涛的《克里普克名称理论研究》（人民日报出版社 2006 年版），王建芳的《语义悖论与情境语义学》（中国社会科学出版社 2009 年版）等。

此外，我国出版的各类逻辑学与逻辑史著作中，也包含着许多关于逻辑哲学问题的讨论。报纸杂志发表了数百篇相关研究论文，在总体质量上呈递增之势，有些论文已在国际学术会议、国外重要期刊发表。国家社科基金项目、教育部人文社科规划项目、教育部重点研究基地重大项目中已设立关于逻辑哲学的研究课题十余项，多年来各逻辑学博士点完成的有关逻辑哲学的选题的博士学位论文达数十篇。逻辑哲学研究呈现着繁荣态势并向纵深发展。

由于逻辑哲学与逻辑学各分支及逻辑史研究的互动关联，本书其他各章均有一定的相关逻辑哲学问题的评述，此处不再重复。本章只就我国逻辑学界比较集中研究的几个重要问题予以考察与评述。

第二节　逻辑观研究

一　形式逻辑与数理逻辑的关系研究

“形式逻辑与数理逻辑的关系”问题的长期讨论，与我国特定的学术背景密切相关。新中国成立之初，我国学界的学术研究受到前苏联学界的深刻影响，逻辑学也不例外。当时，苏联学界尽管已扭转了 30 年代将形式逻辑视为与辩证法相排斥的形而上学思维工具加以批判的局面，已为形式逻辑“平反”，但哲学界仍把弗雷格、罗素所奠基并被希尔伯特、哥德尔等所发展的数理逻辑视为为垄断资本主义服务的“伪科学”，这特别体现苏联《哲学问题》杂志编辑部 1951 年发表的《逻辑问题讨论总结》之中。文中虽然有力反驳了把形式逻辑与反辩证法的形而上学相混同的种种谬论，但依然声称：“必须揭破资产阶级科学中的时髦的逻辑‘学派’和倾向（类如卡尔纳普的逻辑的实证论、罗素和和怀特海德的符号逻辑以及其他，等等）之完全站不住脚。"① 在此背景下，我国哲学界对数理逻辑研究噤若寒蝉，与当时的苏联学界一样，数理逻辑只在数学基础研究"帽子"的保护下在数学界有所发展。直到1956年，毛泽东在与金岳霖的谈话中明确表示"数理逻辑还是有用的，还要搞"② 之后，局面才得以改观。此后，胡世华、莫绍揆、吴允增等在《哲学研究》等杂志连续发表了介绍数理逻辑的创立与发展的文章，才使哲学界的逻辑工作者了解了当代数理逻辑的一些基本知识与方法。

在肯定数理逻辑的科学性之后，马上面临一个形式逻辑与数理逻辑的关系问题。这是因为，在当时的苏联学界，把以斯特罗果维奇的《逻辑》③ 为代表的一种特殊的逻辑导论教材的内容，混同于"形式逻辑"的学科内容，该教材的教学体系包括逻辑思维的基本规律、概念、判断、推理（直接推理，直言、假言、选言三段论，归纳法）、证明（论证）加之形式逻辑与辩证法的关系等哲学讨论，其中的逻辑知识与方法限于传统逻辑的内容，没有涉及任何数理逻辑知识。这些东西就被视为"形式逻辑"这门学科的研究对象。所谓数理逻辑与形式逻辑的关系就被视为与上述内容的关系。在我国五六十年代的逻辑大讨论中，二者被大多数学者视为两门不同的"学科"，至多在某些内容上有"交叉"关系，因而在讨论上面所列举的关于形式逻辑的种种逻辑哲学问题时，大多数讨论者心目中的"形式逻辑"仅限于上述传统逻辑的内容，根本不去顾及数理逻辑作为一种现代演绎逻辑的长足发展，数理逻辑基本知识在哲学界的普及也受到了致命影响，这是制约这场逻辑大讨论的学术水平的根本原因。

在关于"形式逻辑的修正、改造和发展方向"问题的讨论中，也有参与讨论的数理逻辑学者对上述观点提出了不同意见。如康宏逵明确主张"数理逻辑就是形式逻辑的现代阶段"，指出"在许多人心目中，形式逻辑就是（当时）学校里讲授的那种逻辑，这是误解。严格说来，后者并不是一门有统一对象和方法的科学，而是由多种逻辑知识综合而成的一门课

---

① 《哲学问题》编辑部：《逻辑问题讨论总结》，载《（苏联）逻辑问题讨论集》，谢宁等译，三联书店1954年版。这部译文集在很大程度上制约了我国20世纪五六十年代逻辑大讨论的范围和水平。

② 刘培育：《金岳霖思想研究》，中国社会科学出版社2004年版，第417页。

③ 该教材1949年由苏联国家政治出版局出版，中译本有新华书店1950年版、人民出版社1953年版、三联书店1954年版，并多次重印，是当时在我国学界影响最大的苏联逻辑教材。

程，这样一门课程，基本上是17世纪以后由各派逻辑学说混合成的传统逻辑的缩写本”，而“数理逻辑的研究对象也是思维的形式、思维的形式规律和规则。在这个根本点上，它和古典形式逻辑是一样的。所不同的是，数理逻辑对自己的研究对象的认识比以往的形式逻辑要丰富得多，准确得多”①。张尚水则明确指出：“不能把形式逻辑的对象局限在传统形式逻辑的狭小范围内”，“在考察形式逻辑的研究对象时，不应当仅根据对传统形式逻辑研究问题的分析来概括，而必须研究形式逻辑的现代发展。只有研究比传统形式逻辑处于更高的科学发展水平上的数理逻辑，才有可能更深刻地认识形式逻辑的对象，并作出科学的概括。”②

但是，认为“形式逻辑”与“数理逻辑”分属不同学科的观点，在逻辑大讨论中始终占据主流，并凝结在金岳霖主持编写的高校文科教材《形式逻辑》一书的如下论述中：“形式逻辑、数理逻辑和辩证逻辑是不同的但又有联系的三门学科”，“如果把数理逻辑中的一套硬搬到形式逻辑中来，甚至用数理逻辑来代替形式逻辑，则是错误的。”③ 该书于1963年完成初稿，“文化大革命”结束后的1979年得以修订出版，但出版时仍保留了上述论断。由于该书在我国学界的重大影响力，这样的观点仍长期在我国学界流行。

在1978年举行的新时期第一次全国逻辑讨论会上，尽管这种“不同学科论”占据主流话语，但修正这种观点的见解也已在会上明确提出并在会间及会后发挥了重要作用。王宪钧在以《形式逻辑与数理逻辑》为题的发言中，首先区分了“形式逻辑”作为课程名称和作为学科名称的不同，同时为避免混淆起见，“把数理逻辑和形式逻辑关系的讨论，限于数理逻辑和演绎法的关系问题”，明确指出“数理逻辑和传统演绎法不是对立的，数理逻辑是传统演绎法的继续和深入的发展”，“因为数理逻辑是演绎法在20世纪的新发展，它本身就是演绎逻辑”④。会议上发表的多篇介绍和讨

① 康宏逵：《数理逻辑就是现代形式逻辑》，《文汇报》1961年9月29日。

② 张尚水：《联系数理逻辑来考察形式逻辑的对象和作用问题》，《光明日报》1961年10月20日。

③ 金岳霖：《形式逻辑》，人民出版社1979年版，第7、9页。

④ 王宪钧：《数理逻辑与形式逻辑》，载《逻辑学文集》，吉林人民出版社1979年版。王宪钧在1979年第二次全国逻辑讨论会期间发表的《逻辑课程的现代化》（载《全国逻辑讨论会论文选集（1979）》，中国社会科学出版社1981年版）一文，更明确地区分了作为课程的“普通逻辑”（逻辑导论）与作为学科的“形式逻辑”，其中实际上蕴涵了学科上的“取代论”和逻辑导论课程教学上“取代论”的区隔。但这种区隔没有引起学界高度重视，而往往将二者相混淆。

论数理逻辑的文章[①]，也可视为对这一观点的呼应和佐证。正是在这次大会上初步提出并逐步确立的“逻辑教学与研究现代化”方针的指引下，数理逻辑基础知识与方法在80年代的我国逻辑学界逐步普及，数理逻辑作为传统形式逻辑的现代化的本真面目逐步得以彰显，在王宪钧、胡世华、莫绍揆等出版的数理逻辑基础教材中对此也有清楚的呈现。不过，仍有不少学者因各种原因坚持上述“不同学科论”。20世纪80年代中后期，伴随本书第一章所评述的有关逻辑基础教学体系的“取代论”与“吸收论”、“统一论”的讨论，学界就“不同学科论”进行了新的论争。

“不同学科论”者主要有如下四种论证途径，一是从“自然语言”与“人工语言”的不同来加以论证，如杜岫石认为：“形式逻辑是用自然语言研究反映客观事物联系方式的思维形式的科学。这种研究是在‘思维内容—语言形式—思维形式’三位一体的原则下进行的。它处处都离不开和思维内容的联系，失掉和思维内容的联系，逻辑形式将无从确定，也无法辨别其真伪”，而数理逻辑的研究“完全脱离开思维实际和语言实际，因此，它并不能解决人们在用自然语言思维时，如何正确地运用概念判断来进行推理论证以如实地反映客观现实的问题。”[②] 由此可见，数理逻辑主要是为数学和相关科技服务的，而形式逻辑主要是为日常思维服务的。二是从经典数理逻辑应用于实际思维产生的“怪论”来加以论证，如林邦谨一再撰文指出，数理逻辑是建立在“真值函数”基础上的一门纯粹的数学学科，蕴涵怪论的出现是错将它运用到形式逻辑上来的结果，而形式逻辑的真正现代形式是消除蕴涵怪论的“制约逻辑”（实际是相干逻辑的一种特殊形式）。[③] 三是从形式逻辑为“推出新知”服务的诉求立论，如杜岫石认为数理逻辑“将推理形式变成了同语反复的重言式，它并不具备由已知求未知的性质”[④]；林邦谨则称结论对前提来说必须为新知是形式逻辑“金不换的研究传统”，“深刻正确的主导思想”，而这一点数理逻辑从一开始

① 这些文章主要有：胡世华《作为现代逻辑学的数理逻辑》，莫绍揆《传统逻辑与数理逻辑》，张尚水《二十世纪逻辑学的发展》，张家龙《形式逻辑与现代化》，均载《逻辑学文集》，吉林人民出版社1979年版。

② 杜岫石：《形式逻辑的永恒性及其发展的定向性》，《社会科学战线》1986年第6期。

③ 林邦谨：《形式逻辑和数理逻辑是两门不同的学科》，《社会科学战线》1985年第1期；《制约逻辑》，贵州人民出版社1985年版。

④ 杜岫石：《形式逻辑的永恒性及其发展的定向性》，《社会科学战线》1986年第6期。

就舍弃了①；有些学者则以这一点为核心来论证“不同学科论”②。四是认为数理逻辑不能“归化”形式逻辑的一些内容，除了由于教学体系与学科体系的混淆而导致的认为数理逻辑不能包含传统逻辑中的一系列非形式理论外，其主要论据是形式逻辑中的对当方阵在数理逻辑中只剩矛盾关系成立，数理逻辑不能包含形式逻辑中从全称推特称的有效式③。针对这些论证，张建军曾连续撰文给予了逐条反驳，提出应对传统演绎逻辑与现代演绎逻辑、传统归纳逻辑与现代归纳逻辑分别加以具体研究以凸显问题的症结，并为“传统演绎逻辑与经典逻辑演算是同一门学科的不同发展阶段，后者是前者的现代形式”进行了系统辩护。他通过对研究对象、研究目标和研究方法的区分指出，从研究方法上传统逻辑更加接近自然语言和日常思维，推不出其研究内容上也是如此，恰恰相反，从研究内容及其所得结果看，因数理逻辑把握了传统逻辑无可比拟的更多逻辑规律与法则，前者实际上比后者更接近人的日常语言和日常思维。他进一步主张应严格区别学科上的“取代论”和教学上的“取代论”，明确学科上数理逻辑已取代传统演绎逻辑，推不出在逻辑导论（普通逻辑）课程中不讲传统逻辑，正如相对论已可取代牛顿力学，推不出在普通物理学教学中不能讲牛顿力学一样。但各种类型的逻辑导论教学，都应接受现代逻辑理论与方法的指导与规范。④

进入90年代之后，在逻辑导论（普通逻辑）教学体系上的“吸收论”继续占据主导地位并逐步发展（参见第一章）的同时，数理逻辑与传统形式逻辑之间在学科上的“取代论”观点，在我国学界逐步占据了主流地位。不过，“不同学科论”论证中的一些合理因素，也在本书第一章考察的非形式逻辑研究的兴起中得到了继承与发展。

二　狭义逻辑观与广义逻辑观之辩

“什么是逻辑学?”无疑是从事逻辑学和逻辑哲学研究的首要问题，也

---

① 杜岫石：《形式逻辑的永恒性及其发展的定向性》，《社会科学战线》1986年第6期。

② 袁野：《数理逻辑不能取代形式逻辑及其他》，《吉林师院学报》1986年第1—2期。

③ 林邦谨：《形式逻辑和数理逻辑是两门不同的学科》，《社会科学战线》1985年第1期；吴益民：《直言直接推理之思考》，《争鸣》1989年第3期。

④ 张建军：《也谈传统演绎逻辑与经典逻辑演算的关系——兼与杜岫石、林邦谨等同志商榷》，《河北大学学报》1988年第1期；《再谈传统逻辑与数理逻辑的关系》，《争鸣》1990年第1期。

是国内外学界长期争论的问题。但科学史表明，一门科学的形成，并不以科学共同体关于研究对象上具有完全一致的概念为前提，而是科学探究长期自然演化的结果，逻辑学也是如此。在边缘交叉学科蓬勃兴起的时代，更不应以学科的严格划界作茧自缚。不过，我国逻辑学界关于狭义逻辑观与广义逻辑观的讨论，在一定程度上反映着我国逻辑事业发展的广度与深度，是值得加以考察的。

纵观新中国逻辑学界关于逻辑的对象与范围的数十年讨论，在以往的研究传统中未被任何学者逐出“逻辑”畛域的，实际上只有传统演绎逻辑。

在50年代中期为数理逻辑的科学性恢复名誉后，“数理逻辑是不是逻辑”的问题，也成为逻辑大讨论中的一个议题。学界相继提出了数理逻辑是数学不是逻辑、是逻辑不是数学、既是数学也是逻辑三种不同主张。①经过莫绍揆、胡世华等学者的论证，后一种观点逐渐占了上风。这种与国际逻辑学界主流观点相合拍的观点，也构成了“文化大革命”后我国逻辑学界的主流观点。至少就经典逻辑演算（一阶逻辑）而言，认为它是纯数学而不是逻辑的观点，仅为林邦谨及其制约逻辑学派等少数学者所持有。

众所周知，西方学界也长期存在狭义逻辑观与广义逻辑观之争，只承认演绎逻辑是逻辑，是许多知名逻辑学家和哲学家的观点，我国现代逻辑事业的奠基人金岳霖在其前期思想中也持有这种观点，不承认归纳逻辑是逻辑，因其前期拒斥辩证法，更不会认为辩证逻辑是逻辑；50年代后，金岳霖改变了自己的看法，明确承认归纳逻辑和辩证逻辑也是逻辑家族的基本成员②。这种“大逻辑观”构成了五六十年代我国逻辑学界的主流观念。一个显著的象征是，即使当时那些明确断言“数理逻辑就是现代形式逻辑”的学者也指出：“数理逻辑永远只能对付日常思维和科学思维的形式方面，……这正是一般形式逻辑的固有缺陷，不能仅仅归咎于数理逻辑。克服这种局限性的办法不是改进这样那样的形式逻辑，而是努力发展非形式的逻辑，首先是辩证逻辑。”③

“文化大革命”后，我国学界逐渐有学者回到了只承认演绎逻辑是逻

① 莫绍揆：《数理逻辑的性质》，《文汇报》1961年7月11日。

② 金岳霖：《对旧著〈逻辑〉一书的自我批判》，《关于修改形式逻辑和建立统一的逻辑学体系问题》，载《金岳霖文集》第四卷，甘肃人民出版社1995年版。

③ 康宏逵：《数理逻辑就是现代形式逻辑》，《文汇报》1961年9月29日。

辑的狭义逻辑观，也就是前期金岳霖的逻辑观。这种狭义逻辑观在王路的《逻辑的观念》一书及其系列论文中得到了系统的总结与论证。他认为："从亚里士多德到现代逻辑，始终贯穿了一条基本的精神，这就是'必然地得出'。"他称这种"基本的精神"为逻辑发展的"内在机制"，它是"决定逻辑这门学科得以产生和发展的东西，而且这种东西在逻辑的产生和发展的过程中必然是贯彻始终的；去掉这种东西，逻辑就会名存实亡。"①据此他对通常所说的归纳逻辑、辩证逻辑、语言逻辑等作为"逻辑"的资质提出了异议。李小五则为这种狭义逻辑观提出了现代演绎逻辑意义上的系统性标准②。这种观点和论证引发一些持广义逻辑观的学者发文予以多角度反驳③。尽管在逻辑观上未能达成共识，但这场讨论推动了学界进一步深入把握传统演绎逻辑与现代演绎逻辑的关系，并深化了对不同的逻辑类型的差异及其相互关系的认识。

需要指出的是，在持狭义（演绎）逻辑观的学者之间和持广义逻辑观的学者之间，对"逻辑"的范围也存在多种分歧。我国主张狭义逻辑观的学者大多不赞成后期蒯因只承认经典一阶逻辑是逻辑的观点，而承认扩充及异常两类"哲学逻辑"都是逻辑，但对于集合论与高阶逻辑是否与逻辑存在意见分歧。在持广义逻辑观的学者之间，对"广义"的范围也存在不同的把握，如有的学者承认归纳逻辑但不承认辩证逻辑是逻辑。同时，对演绎逻辑在广义逻辑中的地位，持广义逻辑学观点的学者也存在不同意见。如吴家国认为，尽管绝不能把演绎逻辑视为逻辑的全部，但也应承认演绎逻辑在逻辑科学群体中的"主体、主流地位"④；黄华新赞成关于"必然地得出"作为逻辑发展的"内在机制"的观点，但认为逻辑的内在机制与其研究对象并不完全一致，逻辑学还必须研究并非"必然地得出"的推理，同时必须把演绎逻辑应用到一切可应用的领域，以形成各种应用

---

① 王路：《逻辑的观念》，商务印书馆2000年版，第3、19页。

② 李小五：《什么是逻辑?》，《哲学研究》1997年第10期。

③ 马佩；《要提倡大逻辑观，反对狭隘的小逻辑观》，《河南大学学报》2001年第1期；赵总宽；《关于正确的逻辑观与其根据论纲：兼评"必然地得出"论逻辑观》，载北京市逻辑学会编《逻辑、素质、创新》，海洋出版社2001年版；王雨田；《逻辑学中怎能没有归纳逻辑——评唯演绎主义的归纳观》，《哲学研究》2002年第3期，《关于逻辑和逻辑现代化的几个问题——评唯演绎主义》，《自然辩证法研究》2002年第8期。

④ 吴家国：《我的逻辑观》，《湘潭师范学院学报》2002年第2期。

逻辑[①]；张建军则认为，演绎逻辑乃是“逻辑之本”，任何大逻辑观之“大”都是在演绎逻辑基础上的拓展[②]。有些持广义逻辑观的学者对这种认识提出了异议，如马佩撰文指出，这种认识仍是一种变相的“小逻辑观”[③]。

周礼全是新中国现代逻辑教学与研究事业的开拓者之一，同时他也始终秉持一种广义逻辑观。他为1994年出版的《逻辑百科辞典》所撰写的“逻辑”词条，阐述了不同逻辑类型的历史发展及现代（狭义）数理逻辑、哲学逻辑、语言逻辑、归纳逻辑、辩证逻辑以及逻辑学与哲学、数学、计算机科学、语言学的互动关联，是广义逻辑观的一次系统论述。周礼全在20世纪60年代关于“形式逻辑的修正、改造和发展方向”的讨论中发表的《形式逻辑应尝试分析自然语言的具体意义》一文[④]，明确提出了与奥斯汀的言语行为理论相类似的“不同意义语句”论、语境和具体意义理论，以及强调逻辑研究结合自然语言语法修辞等，从而成为我国语言逻辑研究的开拓者。他的这种广义语言逻辑观，在“文化大革命”后有力地推动了我国语言逻辑研究的兴起和长足发展。

正如周礼全所指出的：“现代逻辑的各个分支，正在以不同的速度向前发展。新的逻辑分支，特别是在具体科学中的逻辑问题的应用逻辑，将会不断出现，深入发展。”[⑤] 随着我国逻辑研究与国际学界的逐步接轨，我国逻辑学者的逻辑观又有了较大的扩展与深化。

自20世纪后期以来，计算机科学与人工智能的发展，构成了当代逻辑科学发展的主要动力之一。正是基于对这种发展脉动的考察与研究，鞠实儿提出了“逻辑的认知转向”的观点，认为当代逻辑科学的研究重心应定位于给出知识获取、知识表达以及知识的扩展与修正的认知模型与方法，主要目的在于为计算机科学与人工智能服务。这是因为，20世纪后期以来计算机科学进入了知识处理和智能模拟阶段，构造逻辑系统描述高级认知过程、模拟知识表达与处理、研制新型软件，已成为逻辑学领域的一

① 黄华新、胡龙彪：《逻辑的内在机制与研究对象》，《哲学动态》2001年增刊。

② 张建军：《论殷海光的逻辑观》，《哲学研究》1999年第11期。

③ 马佩：《也谈逻辑的社会文化功能——与张建军先生商榷》，《广州大学学报》2004年第11期。

④ 周礼全：《形式逻辑的修正、改造和发展方向》，《光明日报》1961年5月26日。

⑤ 周礼全：《逻辑百科辞典》，四川教育出版社1994年版。

个主流方向；而数理逻辑尤其是图灵机理论的发展，启发人们用计算机隐喻来理解人类的信息加工过程。这一切使得人类有可能运用心理学实验技术研究思维即高级认知过程的形式与规律。相对于以上两方面，作为新的逻辑类型的“认知逻辑”（cognitive logic）可以分为两个主要方向，一是“认识逻辑”，指在对认识论概念分析和对认识过程直观理解的基础上构建逻辑系统；二是心理（心智）逻辑，主要指在人类高级思维心理学研究基础上建立起来的逻辑系统。[①] 教育部重点研究基地中山大学逻辑与认知研究所以此为指导思想，取得了一系列令人瞩目的成果。

与此同时，20 世纪后期以来在西方学界兴起的“非形式逻辑”研究，也在我国学界逐步产生了广泛呼应。陈慕泽提出了逻辑研究“非形式转向”的观点，认为这构成当代逻辑研究的另一重心。其目标可定位于“有效地发挥逻辑在素质教育中的作用”，具体地说，就是侧重于研究如何提高社会成员“评价日常推理和论证的逻辑思维能力”。其研究重心分为相互关联的两个方面，一是“批判性思维”的逻辑机制的把握，二是非形式论证的建构与评估，统称“非形式逻辑”研究。[②]

这两种“转向”论均引起了学界比较广泛的支持、关注与讨论。张建军借鉴西方学界关于逻辑研究的“实用转向”[③] 的理论，提出了一种狭义“应用逻辑”概念，试图涵盖上述两种“转向”的共同实质。他认为，当代逻辑科学已形成具有如下性质的“应用逻辑学科群”，即这些学科面向特定领域，系统研究逻辑因素在该领域的作用机理，以及逻辑因素与非逻辑因素的相互作用机理，亦即关于该领域的逻辑应用方法论。这种方法论研究既可采取非形式路径，亦可注重方法模型的形式刻画。如上所阐释的认知逻辑、非形式（论证）逻辑现在居于该学科群的重心，同时还可举出在国内外学界已获得一定发展的“科学逻辑”、“语言交际的逻辑”、“法律逻辑”、“决策—博弈逻辑”等。这个学科群既与逻辑基础理论学科群及逻辑应用研究相区别，又构成后二者相互作用的重要平台，在总体上已逐步成为当代逻辑科学的研究重心。[④] 有关知识创新的逻辑机理研究，也可

---

① 鞠实儿：《论逻辑学的发展方向》，《中山大学学报》逻辑与认知专刊 2003 年第 2 期。

② 陈慕泽：《逻辑的非形式转向》，载《哲学家·2006》，人民出版社 2006 年版。

③ Dov M. Gabbay, John Woods. “The Practical Turn in Logic”, *Handbook of Philosophical Logic*, Second Edition, vol. 13, Dordrecht: Springer, 2005, pp. 25 – 123.

④ 张建军：《当代逻辑科学“应用转向”探纲》，《江海学刊》2007 年第 6 期。

以看做这种“应用逻辑”方向上的探讨，近年多部相关著作做了积极探索①。

我国逻辑哲学研究的通论性著作多数持一种广义的逻辑观，如陈波的《逻辑哲学导论》把逻辑分为基础逻辑、应用逻辑（指扩充性哲学逻辑）、广义逻辑（逻辑的边缘交叉学科）三大类；胡泽洪的《逻辑的哲学反思》基于逻辑发展的多层面性，以不同的划分标准把逻辑学领域分别界分为传统逻辑、经典逻辑和非经典逻辑；元逻辑、理论逻辑和应用逻辑；外延逻辑、内涵逻辑和语言逻辑。这种逻辑观上的广义把握，对于我国逻辑哲学研究发展的广度与深度，都是有利的。

三 逻辑的社会文化功能研究

20 世纪 90 年代，由于种种原因，我国逻辑教学与研究事业一度陷于“低谷”。如何走出发展困境，造就有利于逻辑发展的社会文化氛围，成为当时的学术讨论会上经常提及的话题。大家认为，在科教兴国战略已上升为国家意志和社会共识之际，作为当代科学体系中的基础学科和工具学科的逻辑学之教学与研究的“趋冷”、“萧条”是极不正常的，对逻辑的忽视，不仅影响逻辑事业的发展，而且会影响到整个社会文化事业的发展。在此背景下，一些学者开始就逻辑的社会文化功能问题展开了研讨。

在 1996 年第五次全国逻辑大会上，张建军提出了关于开展“逻辑社会学”研究的构想，认为可以借鉴科学社会学的理论与方法，就逻辑与社会文化的关系展开研讨，当务之急是研究“逻辑的社会功能”，并就“逻辑与社会发展的基本关系”、“逻辑与科学发展”、“逻辑与教育”、“逻辑与文化”、“逻辑与法治”等几方面进行了初步讨论。②

程仲棠在提交同一次大会的论文中认为，逻辑事业陷于困境的一个重要原因，是逻辑的学术地位受到后现代哲学思潮的冲击，西方后现代哲学的反逻辑思潮在缺乏逻辑传统的我国文化界引起了共鸣。应当积极开展与后现代主义哲学的对话，这样的对话将有助于重建逻辑在当代文化中的地

① 黄顺基等《逻辑与知识创新》，中国人民大学出版社 2001 年版；郁慕镛等《逻辑、科学、创新——思维科学新论》，吉林人民出版社 2002 年版。

② 张建军：《关于开展逻辑社会学研究的构想》，载中国逻辑学会《逻辑今探》，社会科学文献出版社 1999 年版。

位，重振逻辑在中国学术界的影响。[①] 这实际上从另一角度提出了逻辑的文化功能研究的必要性问题。

这种新的研究方向得到了学界较多关注与研讨。1999 年，刘培育发表文章指出，社会转型时期人们期望社会的规范化、有序化，其实质是呼唤社会理性，而逻辑思维正是支撑人类理性大厦的基石；在知识经济时代，逻辑的发展更具有急迫性。同时，他认为应改变逻辑学界对社会“关怀”不够的局面。[②] 2002 年，张建军在《人民日报》发表《真正重视“逻先生”》一文，指出逻辑学在当代科学体系中的独具特征，是具有基础学科、工具学科与人文学科三重学科性质，并重点强调了其人文性质，指出“逻辑学是‘社会理性化的支柱性学科’，逻辑的缺位意味着理性的缺位，这是逻辑学最根本的人文性质。‘逻辑精神’既是科学精神的基本要素，也是民主法治精神的基本要素。建立在逻辑基础之上的形式理性是科学体系与民主政治的共同基石。……在‘德先生’与‘赛先生’的旗帜在我国飘扬了近一个世纪之后，我们应该真正重视‘逻先生’，在国民教育体系中加大健全的逻辑意识和逻辑思维素养的培育，使之成为新世纪营造与社会主义市场经济发展相适应的良性文化环境的重要内容。”[③]2003 年，陈波在《光明日报》发文强调，逻辑学和逻辑教学是对于理性精神的培养和训练，基于逻辑的理性精神正是中国传统文化中所缺乏的。因此，在中国研究、传播和普及逻辑学知识，在国民中培植严格的理性精神，是一件非常有意义的事情。[④] 2004 年，在纪念五四运动 85 周年之际，张建军、张斌峰发表《从“逻先生”看“德先生”与“赛先生”——关于逻辑的社会文化功能的对话》[⑤]，指出五四精神的核心无疑是民主与科学，而只有深刻正确地认识与理解逻辑，才能深刻正确地理解民主与科学。全文从中外文化比较等角度对此做了多维度研讨。倪荫林也发表文章提出，要全面认识逻辑的价

① 程仲棠：《后现代主义哲学思潮对逻辑的冲击》，载中国逻辑学会《逻辑今探》，社会科学文献出版社 1999 年版；另见《逻辑要与中国现代化文化接轨》，《社会科学战线》1996 年第 4 期。

② 刘培育：《知识经济呼唤逻辑学的发展》，《哲学动态》1999 年第 2 期。

③ 张建军：《真正重视“逻先生”——简论逻辑学的三重学科性质》，《人民日报》2002 年 1 月 12 日，该文内容亦在 2002 年 5 月在台湾大学举行的首届两岸逻辑教学学术会议上作大会报告，得到台湾学者的重视与讨论。

④ 陈波：《逻辑学与理性精神》，《光明日报》2003 年 6 月 10 日。

⑤ 张建军、张斌峰：《从“逻先生”看“德先生”与“赛先生”——关于逻辑的社会文化功能的对话》，《社会科学论坛》2004 年第 5 期。

值功能，就必须深刻把握其社会—德性功能。[①] 同年，崔清田在出版的专著中回顾了20世纪逻辑学对中国社会变迁的影响，指出“逻辑学一方面为有识之士倡导思维方式的变革提供了武器，另一方面也为他们对中国传统思维方式弊端的批评提供了武器”[②]。吴家国则为“全国民本思维讨论会”撰文强调，逻辑学来自于人的思维实际，它本应再回到全民的思维中去，为他们的思维和论证服务。在逻辑学的教学研究工作中应贯彻“民本思维”的要求。[③] 2005年，陈慕泽发文指出，全球化使得传统的中华文化正在拥抱两个新世界，一个是现代科学技术，另一个是法制社会和法治精神。融入这两个世界需要实证精神和逻辑精神，需要分析理性。科学理性需要辩证理性，也需要分析理性。分析理性需要辩证理性之柔，辩证理性需要分析理性之刚。刚柔相济，中华文化才能在全球化中创新光大。[④] 晋荣东则在《逻辑何为》一书中指出，过分推崇逻辑的工具价值而忽略其人文价值，是造成逻辑与当代社会文化建设脱节的一个原因。要克服逻辑学界对工具价值的过分偏爱，彰显其人文价值，就必须高度重视逻辑的社会文化功能，即逻辑在现代性的建构与批判方面所具有的启发民智、转换观念、确立价值导向等社会作用。[⑤] 刘培育为本年度北京大学出版社陆续出版的“逻辑时空”丛书撰写了以“发挥逻辑的社会功能，推动全社会健康有效的思维”的总序，突出强调了逻辑学在培育社会成员的理性品格和科学精神、服务于国家的经济文化建设和社会的和谐发展方面不可替代的作用。张建军、王习胜主编、人民教育出版社出版的教育部普通高中实验教材《科学思维常识》及其教师教学参考书，也都融入了体现逻辑的社会文化功能的理念和具体内容。

2006年，“逻辑学的社会文化功能研究”被列入在南京大学召开的“第二届两岸逻辑教学学术会议”讨论主题之一。鞠实儿以“论逻辑学的未来发展方向”为题所做大会主题演讲中，提出并探讨了“逻辑与跨文明说理”问题，指出从逻辑学诞生以来，它不仅是科学研究的工具，也是人

① 倪荫林：《论逻辑的社会——德性功能》，《社会科学辑刊》2004年第2期。

② 崔清田：《墨家逻辑与亚里士多德逻辑比较研究——兼论逻辑与文化》，人民出版社2000年版，第286页。

③ 吴家国：《逻辑学的民本思考》，《社会科学论坛》2004年第12期。

④ 陈慕泽：《中华传统文化缘何未成为全球化大厦担纲之梁——谈逻辑与分析理性》，《湖南科技大学学报》2005年第5期。

⑤ 晋荣东：《逻辑何为：当代中国逻辑的现代性反思》，上海古籍出版社2005年版。

类交往的手段，因此，人际间交往方式和内容的变化将一如既往地影响到逻辑的发展。他提请学界研究：是否可能存在一种真正跨文明说理的规则或跨文明论辩的逻辑，如果答案是肯定的，那么它们是什么？[①] 郁慕镛在大会的报告中，结合具体生动的案例剖析了我国由于传统文化中逻辑思维的欠缺而造成的文化传统上的“模糊笼统”和“牵强附会”，突显了加大我国逻辑教育力度在我国文化建设中的重要与紧迫。张建军则以“逻辑与宗教对话”为题，阐述了逻辑在当代宗教对话中的作用机理，提出了“逻辑作为维持理性与信仰之间必要的张力的基本工具，既是反对一切盲目迷信与宗教极端思想的利器，也是反对一切信仰霸权主义、促进信仰共同体之间的良性对话与互动，维持人类文化多样性与和谐发展的基本思想装备”[②] 的见解。本次会议有关论文收入大会论文集作为《哲学研究》2007年增刊出版[③]，有力推动了我国有关研究的进一步开展。

2007 年，鞠实儿发表了关于“逻辑学研究的社会化趋势”的专题访谈，进一步强调“科学研究、社会民主和人类的交往都需要推理和说理。所以，可以说没有逻辑就没有科学、民主和人类和谐”，而“逻辑与认知科学乃至人文社会科学相结合，将会使它的研究范围扩展到前所未有的广度，对人类文明作出更大的贡献”[④]。进而，鞠实儿把前述对“逻辑与跨文明说理”问题的研讨发展为“逻辑的文化相对性”论题，据此提出“广义论证逻辑学——关于广义论证逻辑的理论不仅要研究基于各种不同文明、社会文化环境的广义论证逻辑，而且要研究不同广义论证的逻辑之间的关系。”[⑤] 这标志着“逻辑文化学”的一种系统性研究路径的开拓。

王习胜、张建军合著《逻辑的社会功能》一书由北京大学出版社作为“逻辑时空”丛书之一于 2009 年出版，该书以一种广义逻辑观分别讨论了

---

① 鞠实儿：《逻辑学的问题与未来》，《中国社会科学》2006 年第 6 期。

② 张建军：《逻辑与宗教对话》，《江苏社会科学》2006 年第 4 期。

③ 在该文集发表的涉及逻辑的社会文化功能研究的论文主要有：郁慕镛《我国传统思维方式的一大缺陷》，吴格明《略论逻辑的社会文化功能》，陈瑞麟《逻辑与政治，论殷海光如何应用逻辑来从事政治批判》，王启义《诉诸群众的谬误与社会知识论》，关兴丽《试论逻辑学对和谐社会中民主的支撑作用》，苏向荣《论政策过程论辩转向的逻辑意义》，田立刚《从中国传统思维方式看先秦名辩学的影响》，郭永良《墨辩的社会功能》等。

④ 鞠实儿：《逻辑学研究的社会化趋势》，《科学时报》2007 年 8 月 14 日。

⑤ 鞠实儿：《论逻辑的文化相对性——从民族志和历史学的观点看》，《中国社会科学》2010 年第 1 期。

演绎逻辑、归纳逻辑和辩证逻辑与社会文化发展的功能性关联，多方论证了“逻辑精神系社会理性的内核”，以及“以逻辑分析考辨社会共识”、“以逻辑论证审议民主法治”、“以逻辑素养支撑科技人文”等多方位作用途径。

逻辑的社会文化功能研究及相关“逻辑社会学”、“逻辑文化学”研究虽然尚处于初级阶段，但已预示着良好的发展前景。

第三节 真理理论研究

真理理论是逻辑哲学研究的一个重要领域，在当代中国逻辑学界，学者们围绕着真理的含义、类型、性质等问题，进行了较为深入的研究。

一 真理与真理论

一般地说，真理是与英文 Truth 相对应的。那么，何谓真理呢？古希腊著名哲学家亚里士多德对真理有过如下定义“凡以不是为是、是为不是者，这就是假，凡以实为实，以假为假者，这就是真”①，亚里士多德的这一定义可以看做是真理的符合论观点的最早表述。事实上，关于真理的符合论观点是诸多真理观中最基本的。在当代，符合论的主要代表人物有罗素和维特根斯坦，他们的基本观点是：命题或语句所反映的是事实，如果命题或语句所反映的与事实相符合，该命题或语句就是真的，否则就是假的。

关于真理的符合论观点，尽管它最符合人们关于“真”的直觉与常识，也与人们关于“真”的传统理解和把握最相吻合，但是，符合论面临两个致命的难题：第一，何谓“事实”？存在任何时候都独立存在的“事实”吗？第二，何谓“符合”？是否只有照镜子似的才叫“符合”？对于这两个难题，我国逻辑学家金岳霖进行了回应。

在《知识论》一书中，金岳霖指出：“符合说最近常识，在日常生活中，我们的确以真为命题和事实或实在的符合。即主张别的说法的人，无形之中，也许仍持符合说。所谓‘事实’或‘实在’在常识上也许没有明白的解释，而这更影响到所谓符合的困难。即把‘事实’和‘实在’的问

① 亚里士多德：《形而上学》，吴寿彭译，商务印书馆 1959 年版，第 186 页。

题撇开，所谓符合有它本身的困难。最容易想到的符合是照相式的符合，可是这样的符合说说不通的地方颇多。”“假如符合是照相式的符合，当然有照片和底本彼此对照的问题。要在实际上或行动上彼此对照，最基本的条件就是要照片和底本或原物同在经验中。这一条件不满足，对照根本不可能；对照既不可能，符合与否无从知道。就真假说，原物或底本就是‘事实’或‘实在’。问题是‘事实’或‘实在’和命题是不是同样或平行地在经验中。如果它们是的，则二者都在主或都在人，不在客或不在物，而符合只是主或人方面的情形，或者说这只是我们这一方面的情形。如果‘事实’和命题不是同样的或平行地在经验中，这就是说，命题在‘内’，事实在‘外’；那么我们怎样知道在‘内’的命题和在‘外’的‘事实’符合不符合呢?”①

为了解决这一难题，金岳霖指出，符合不一定是照相式的符合，其他的符合关系也是说得通的，“榫头对榫，衣服合身，都是符合；担琴与钢琴合节也是符合。这些符合显然都不是照相式的符合。地图对于地域也是符合，但是中国地图决不是中国地域的照相。这所谓符合也许只是某一方面的，就好的地图说，或就与一地域符合的地图说，符合大都只是平面的省市城区的空间上的关系在地图与地域有一种一一相应的情形。”“图书馆的目录，如果是完备的，与图书馆的书也符合。好的目录告诉我们什么样的书在什么地方，内容如何，每一卡片有一本相当的书，遵照卡片的指示，我们可以找到相当于它的书”。“以上一方面表示符合不必是照相式的，不必是图形式的，另一方面也表示符合有所谓一一相应的情形。”② 可以看出，金岳霖认为符合论所讲的“符合”应该是广义的、多层次的，只有这样才能一方面克服传统符合论的困境，另一方面也赋予符合论以更为宽阔的生存空间。

前面讲到，“真理”与英文 Truth 是相对应的，关于这一问题，近年来，逻辑学者王路特别提到了“真”与“真理”的区别。王路认为，真与真理是两个概念，西方哲学家所讨论的 Truth 或 Wahrheit 是“真”而不是“真理”，多年来我们一直用了一个不恰当的词，即“真理”来翻译解释西方一个极其普通而常用的词 Truth（或 Wahrheit），而这个词所表现的恰

① 金岳霖：《知识论》，商务印书馆 1983 年版，第 894—895 页。

② 同上书，第 915—916 页。

恰是西方哲学讨论了两千多年并且仍然在讨论的一个十分重要和根本的问题。正是由于我们的翻译，使我们多年来对于西方在这个问题上的研究和讨论一直存在着许多误解和曲解。王路指出，西方哲学家或逻辑学家对Truth这一概念或问题的探讨，均起源于亚里士多德关于“真”概念的思想和论述，几千年来，无论这种探讨是从哲学的角度、以思辨的方法，还是从逻辑的角度、以现代逻辑的方法进行的，在最基本含义上，它们都与亚里士多德的思想一脉相承。因此，应在“真的”这种意义上重新翻译和理解西方经典著作中的“Truth”（或“Wahrheit”）。①

研究真或真理的理论，就是真理理论，也叫真理论。弓肇祥认为，一个较为完备的真理理论应包括如下内容：（1）概念“真”与“假”的语义分析和逻辑分析；（2）表达真理的命题的结构和意义的分析；（3）真理的定义；（4）检验真理的标准；（5）真理的模态和种类；（6）真理系统的构建程序和真理系统的特征；（7）真、善、美之间的关系；（8）真理的社会学和心理学方面的研究；（9）关于真值负荷者的研究。② 以此为基础，弓肇祥对真理论作了如下的分类：（1）哲学真理理论：包括真理符合论，真理融贯论，真理实效论，真理收缩论，真理施为论。（2）逻辑真理理论：包括塔尔斯基的语义真理论，真理意义论，似真论，克里普克的固定点理论，直觉主义真理论。③

二　逻辑真理及其性质

关于真理的分类问题，不同的哲学家与逻辑学家有不同的看法，但集中起来看，将真理分成逻辑真理与事实真理是一种最基本的观点。

在哲学史上，莱布尼兹首次提出了逻辑真理与事实真理的区分。他说：“只有两种真理：推理的真理与事实的真理。推理的真理是必然的，而它的否定是不可能的；事实的真理是偶然的，而它的否定是可能的。”④ 按莱布尼兹的分析，推理的真理即逻辑真理的内容不涉及任何经验内容，而事实真理的内容来自于经验，所以，他把逻辑真理又叫必然真理，而把

① 王路：《论“真”与“真理”》，《中国社会科学》1996年第6期。

② 弓肇祥：《真理理论——对西方真理理论历史地批判地考察》，社会科学文献出版社1999年版，第3页。

③ 同上书，第8页。

④ 陈波：《逻辑哲学引论》，人民出版社1990年版，第238页。

事实真理则谓之偶然真理。

逻辑实证主义者继承了莱布尼兹等人的观点，认为真理可以分为逻辑真理与综合真理，并认为，逻辑真理的真只在于它们符合逻辑句法的规则而与经验事实无关。所以，逻辑实证主义者认为，数学与逻辑中的真命题表述的便是逻辑真理，而自然科学中的命题如能获得经验的证实，它们表述的便是经验真理，也叫综合真理。与逻辑真理与经验真理的区分紧密相连，逻辑实证主义坚持分析命题与综合命题的区分：分析命题所表述的内容的真假的判定不需要借助于经验事实，而只需依赖其词或符号的意义或逻辑规则，综合命题则是对事实与经验的陈述，它们的真实与否必须借助于经验。

对于逻辑真理与事实真理的区分以及分析命题与综合命题之对立，一些哲学家进行了猛烈的抨击，这其中最著名的当属哈佛大学的哲学家与逻辑学家奎因，在其经典论文“经验论的两个教条”中，他对逻辑实证主义关于分析命题与综合命题、逻辑真理与事实真理的划分进行了较为深刻的反驳，并由此得出结论：分析命题与综合命题的分界是不可能划出的，逻辑真理与事实真理的区分也是不可能的。

可以看出，上述争议的关键问题就是逻辑真理及其性质问题，对于这个问题，我国的逻辑学家们也进行了较为深入的研究，形成了自己的观点。

何谓逻辑真理或逻辑真？陈波指出，逻辑真包括经典逻辑中的逻辑真与哲学逻辑中的逻辑真。关于经典逻辑中的逻辑真，陈波认为，命题是真值承担者，而命题形式则是逻辑真的承担者，一命题形式永真，亦称逻辑真（永真）；一命题形式永假，则称逻辑假。因此，真假是命题的性质，而逻辑真（永真）、逻辑假（永假）、可满足则是命题形式的性质。在分析了奎因的五个几乎等价的逻辑真定义后，陈波指出，逻辑真概念还可以得到更精确的形式刻画，这就是“有效性”概念，在经典逻辑中，逻辑真理和有效公式两个概念是相互重合的：凡逻辑真理都是有效公式，凡有效公式都是逻辑真理。关于哲学逻辑中的逻辑真，陈波认为，哲学逻辑这一新兴学科群的出现，导致了对经典逻辑的有效性或逻辑真概念的相应扩展或改变，是否这些系统在相应解释下有效的所有公式都是逻辑真理？如果是这样，则大大突破了经典逻辑的逻辑真的范围，从而使逻辑真理在“真”的范围和程度上出现了很大的差别，由此就会引起一系列严重的问题，诸如逻辑真理是否仍是普遍适用的，逻辑真理是否仍是题材中立的，等等。①

关于逻辑真理的性质，陈波分别就逻辑真理与分析性、逻辑真理与必然性、逻辑真理与先验性三个方面进行了分析。陈波认为，如果像逻辑实证主义者那样理解“分析的”一词的话，则逻辑真理不是分析的，尽管也不能将其称为经验命题，但它们确实具有或多或少的经验内容，在顽强不屈的经验面前也可以被修正。就逻辑真理与必然性来说，逻辑系统的可靠性和完全性证明仅仅具有相对的意义，例如相对于已给定的关于逻辑联结词（逻辑常项）的解释，因而它不是对相应逻辑系统的决定性的和最后的证成，因此，逻辑真理一般也只具有相对的必然性。关于逻辑真理与先验的关系，陈波认为，通常对于这种或那种逻辑理论的批评，最明显地展示了逻辑真理的经验性。逻辑上关于蕴涵的种种争论，实际上是基于日常语言和思维经验的争论，对于实质蕴涵、严格蕴涵的种种批评，实际上只是经验的批评，将某些逻辑定理称为“怪论”、“悖论”的理由不是逻辑的，而是经验的。当然，逻辑真理与经验的联系不是直接的，而是极其间接和遥远的，并且其经验成分也是最少的。此外，这里所谈到的经验也只是关于语言用法和思维方面的经验，而不是关于其他具体事物的经验。②

关于逻辑真理与事实真理的关系，程仲棠认为，第一，逻辑真理与事实真理是有区别的，但这种区别是相对的，而不是绝对的。它们的区别主要在于：事实真理是包含事实的具体内容的，逻辑真理则撇开事实的具体内容而具有抽象的形式。凡是具有某种特定结构的逻辑形式必定是逻辑真理，反之凡是逻辑真理也必定具有某种逻辑形式。重言式这种逻辑形式就是逻辑真理的化身。但是，它们的区别不是绝对的，逻辑真理与事实真理是有其共同点或一致性的，因为它们都是客观现实的反映。第二，对逻辑系统中的问题和认识过程中的问题要适当地加以区别。逻辑系统中的情形毕竟有别于认识过程中的一般情形，逻辑也有不同于认识论的特殊问题，把两个问题混淆起来，是导致逻辑哲学发生错误的一个重要原因。③

---

① 陈波：《逻辑哲学》，北京大学出版社 2005 年版，第 76—83 页。

② 同上书，第 58—88 页。

③ 程仲棠：《逻辑真理与事实真理》，《暨南学报》1986 年第 2 期。

三　逻辑是可修正的吗?

一般地说，逻辑系统就是逻辑真理的集合，逻辑的核心也就是逻辑真理。对逻辑真理性质的理解，决定了对逻辑的理解。

陈波认为，逻辑真理一般来说只具有相对的必然性，其原因是：（1）一个逻辑常常是建立在许多基本假定或原则之上的，其中的命题（逻辑真理）只是相对于这些假定或原则才是必然的；一旦否定或修改这些假定或原则，它们就有可能不再是必然的。（2）逻辑命题的必然性与推出该命题的逻辑系统的解释有关，其真理性只能在相应的解释或模型中才能得到刻画与说明。（3）逻辑命题相对于不同的系统和解释，可能有不同的真值，其中有的在一种系统及其解释中逻辑真，而在另一种系统及其解释中不再逻辑真。（4）使一系统的所有定理都逻辑真的解释不是唯一的。对于同一逻辑系统，我们可以设计不同的语义学加以解释，这些不同解释可以是彼此独立、相互平权的。①

以逻辑真理的相对必然性为基础，陈波提出了他的“逻辑是可修正的”观点。陈波认为，关于“逻辑”这一概念，有成百上千种不同的理解，但我们讨论“逻辑的可修正性”时，我们严格地指经典逻辑，因为它是获得最大共识的“逻辑”，也就是说，当我们说逻辑是可修正的时，其意思就是指经典逻辑是可修正的。关于“修正”，陈波指出，这里可能涉及下述情形：（1）改正。当我们构造一个逻辑系统时，出现了某些失误，需要对该系统做一些改正。（2）扩充。原有的一阶逻辑系统纹丝不动，在它的基础上添加一些新的元素，形成所谓的“扩充的逻辑”，比如模态逻辑、时态逻辑，等等。（3）替换。有些逻辑学家认为，一阶逻辑的某些基本假设、原则或前提不正确，造成了不可接受的后果，因此应予以修正，由此构造出一批逻辑系统。例如相干逻辑、次协调逻辑，等等。陈波把（1）看做是“不足道的修正”，（2）是“足道的修正”，（3）是“实质的修正”，并明确指出，当我们谈论“逻辑的可修正性”时，常常指的是“实质的可修正”或“足道的可修正”。②

陈波认为：“由于一逻辑系统实际上是建立在某些假定或预设之上的，

① 陈波：《逻辑哲学》，北京大学出版社2005年版，第63—65页。

② 陈波：《“逻辑的可修正性”再思考》，《哲学研究》2008年第8期。

该系统的定理只是相对于它们所含的逻辑常项的某种解释才是逻辑真理，因此，如果我们改变一逻辑系统所依据的某些假定或预设，改变它们所含的某些逻辑常项的解释，也就必然要相应地改变其公理和推理规则，也就会相应地改变其定理集，比如说，原来是定理的一些公式可能不再是定理了，原来不是定理的一些公式却可能变成了定理。在这个意义上，我们说，原来的那个逻辑被改变、被修正了。所以，逻辑和逻辑真理可以被修正，就是必然的结论。”① 他进一步指出，逻辑的可修正性的根本原因就是：逻辑直接地与我们的语言实践和思维实践相关联，它是对我们的认知实践做抽象化和理想化的结果；逻辑也间接地与我们所面对的这个世界相关联，它的核心部分反映着这个世界的结构特征。但是，由于我们不能完全充分地描述、刻画人类的认知实践，也不能完全充分地描述、刻画我们所面对的世界。我们的任何现有的描述、刻画、精释、建构都带有某种程度的局限性和相对性，都有进一步改善的空间。所以，任何现有的逻辑都是可修正的，逻辑学家在面对普通大众时请保持谦卑，人类理智在面对这个世界时请保持谦卑。②

对于陈波的这一观点，王路在“逻辑真理是可错的吗?”一文中提出了质疑。王路认为，要区分逻辑系统与逻辑本身，或者说，要将该问题分成如下两个问题来讨论，一个问题是，逻辑系统是不是可修正的？另一个问题是，逻辑本身是不是可修正的？

王路认为，如果把比如多值逻辑对二值逻辑的修正，模态逻辑对一阶逻辑的修正这种不同的逻辑系统之间的参照和改变看做是修正的话，说非标准逻辑是对一阶逻辑的修正，也是可以的，问题是，这样的修正并不是因为一阶逻辑系统有错。所以，逻辑系统的可修正并不意味着被修正的系统是可错的，因而也不意味着被修正系统的逻辑真句子即逻辑真理是可错的。至于逻辑是否可修正，王路认为，逻辑不同于逻辑系统，逻辑只有一个，逻辑的性质不是可靠性和完全性，而是推理的有效性，即从真的前提一定得出真的结论，逻辑的这种性质是无法修正的。人们也许可以讨论一个逻辑系统如何修正，但是绝不能泛泛而谈逻辑是可修正的，更不能说逻辑是可错的，因为如果逻辑是可修正的，甚至是可错的，它也就没有有效

① 陈波：《逻辑哲学》，北京大学出版社 2005 年版，第 66 页。

② 陈波：《“逻辑的可修正性”再思考》，《哲学研究》2008 年第 8 期。

性可言了。①

在逻辑真理是否可错或逻辑是否可修正问题上，国内很多学者都参与了讨论，并提出了自己的看法。例如，马佩指出，尽管真理是不可错的，但真理是可以修正的，而逻辑真理（逻辑真句子）是可错的，因此，逻辑学是可以修正的。② 任晓明、曹青春则认为，如果“逻辑”是指一个论证的形式结构或者把逻辑视为研究的对象，那么在这种意义上，我们认为逻辑是不可修正的。如果“逻辑可修正”指的是对逻辑有效性的修正，那么，我们像王路那样，也认为逻辑是不可修正的。我们不能过于敏感，随时都在怀疑逻辑是不是错了，是不是该修正了。当然，如果我们把逻辑仅仅视为一种学习或研究，那么逻辑系统或理论是可能出错的，从而可以修正，但是对此必须非常慎重。③

第四节　专名与通名理论研究

专名与通名理论研究是当代意义理论的核心课题之一，也是我国逻辑哲学研究中取得较多成果的课题。

专名与通名理论的系统研究发端于密尔（J. S. Mill）的名称理论。他自觉区分了专名和通名并作了详细研讨，基本观点是：专名有外延而无内涵，通名则既有内涵又有外延。现代逻辑产生和发展以来，许多逻辑学家和哲学家在对该观点进行取舍的基础上，围绕“名称有无含义”等焦点问题展开了持久热烈的争论，形成了两个主要流派。一个流派被称为名称的摹状词理论或描述理论，以弗雷格、罗素、维特根斯坦和塞尔为代表，认为所有名称都既有含义又有指称；名称的含义可由与名称相关联的摹状词提供，含义决定指称；其中由维特根斯坦奠基，塞尔系统提出的名称理论称为簇描述理论，认为给名称提供含义的不再是某一个摹状词，而是数量不确定的一簇摹状词。另一流派被称为名称的因果历史理论（简称因果理论）或直接指称理论，以模态逻辑语义学创始人之一的克里普克为主要代表，还包括普特南、唐纳兰等人，认为专名和自然种类通名是没有含义只

① 王路：《逻辑真理是可错的吗?》，《哲学研究》2007 年第 10 期。
② 马佩：《也谈逻辑真理的可错性问题》，《哲学研究》2009 年第 1 期。
③ 任晓明、曹青春：《逻辑是可修正的吗?》，《哲学研究》2008 年第 3 期。

有指称的“严格指示词”（rigid designator，又译“固定指示词”），其作用只在于指称相应对象；名称和指称对象的关联由一根从命名行为开始，并经由名称使用者传播的因果历史链来保证，人们通过回溯这根链条来确定其指称对象。该理论自克里普克基于可能世界语义学，系统提出其名称理论以来，当代西方名称理论研究就是由发生在这两个流派之间的争议推动的。这些研究在内容上表现为从史论两方面对两种理论的成就与不足的理解、诠释、分析和评判，在立场上表现为理论辩护与批判。近年来也产生了一些试图超越两大流派的“混合类型”理论，主要代表有埃文斯（G. Evans）、戴维特（M. Devitt）等。

我国现代意义上的名称理论研究是20世纪80年代初开始的。虽起步较晚，但迄今已有不少著述面世。一些通论性逻辑哲学著作均有专门章节讨论名称问题，还有许多研究论文展开了热烈探讨。纵观国内名称理论研究的发展可以发现，其研究模式和途径与西方学界基本类似，也是立足于两大流派名称理论的比较研究，进行批判或辩护。在此过程中，国内学界始终关注西方学界前沿进展，力图与之保持同步，并提出了一些建设性的学术新见。

一　专名理论研究

20世纪80年代初期，国内学界的研究就已开始涉及名称问题了。张尚水论证了专名和概念的关系，所提出的“专名不表达概念”的观点引发了讨论。讨论中涉及了关于专名、专名所指事物、专名表达的概念三者之间区分与联系的研讨。①

陈波在国内较早对专名的描述理论和因果理论进行了系统的阐释和研究，并逐步形成了自己的观点。他于80年代末提出，并在后来十多年中不断完善而形成的关于名称的“新描述理论”，在国内名称理论研究中产生了广泛影响。他对因果理论所依据的严格指示词与非严格指示词的区分以及作为这一区分之基石的克里普克本质主义，进行了系统性的批判，揭示了因果理论的一些重大缺陷，如无法适当地处理“空名”问题。“新描

① 张尚水：《关于专名》，载《逻辑学论丛》，中国社会科学出版社1983年版；冯必扬：《“专名不表达概念”吗?》，《晋阳学刊》1985年第3期；杜治本：《专名表达概念》，《逻辑与语言学习》1987年第1期。

述理论”坚持描述理论的基本观点，并汲取了因果理论的合理成分。其要点是：任何名称都既有含义又有指称；名称的含义由一个永远开放的摹状词集合构成，这些摹状词摹写了名称指称对象的一些区别性特征；名称的含义是人们在社会交际活动所构成的因果历史链条上逐渐获得的；相对于认知者的实践需要，可以在作为名称含义的摹状词集合中排出某种优先序，即在确定名称指称对象时，某些摹状词比其他摹状词更重要一些；名称的指称是相对于不同的可能世界来说的，不一定是现实对象，也可以是抽象对象、可能对象甚至是观念对象；名称的含义是识别、确定指称的依据、标准或手段。[1] 冯棉也在吸收描述理论与因果理论合理成分的基础上提出了一种关于专名的可能世界簇摹状词理论。他认为对于任一专名来说，在其指称对象存在的每一可能世界，都有一个相应的与该专名同指称的限定摹状词簇，这个簇中的摹状词表达了专名指称对象在这一可能世界的含义。同一专名，随着其指称对象所在的可能世界的不同，相应的限定摹状词簇也可能会有所不同。揭示专名指称对象本质属性的限定摹状词将会出现在各个可能世界所对应的簇中，它们和专名一样，是严格指示词；那些表达专名所指对象偶然属性的限定摹状词，只会在某个或某些可能世界对应的簇中出现。[2]

张家龙对上述两种“新摹状词（描述）理论”进行了反驳，对克里普克的基本观点作了辩护。他认为，这两种理论的错误都实质上离开了可能世界的理论，把摹状词当做严格指示词，由此将一簇摹状词同义于专名；含义决定指称的传统观点也完全背离了可能世界理论。在因果历史链条上传播的是专名，而不是摹状词，与专名相关联的摹状词，人们通过历史著作就完全可以知道，而无须任何因果历史链条一环一环进行传播。他通过例证说明，在各个可能世界的限定摹状词簇中，各摹状词有不同的指称，无法保证它们会指称同一个体。[3] 刘叶涛则通过克里普克专名理论与卡茨、索姆斯、埃文斯特别是塞尔基于意向性理论的专名理论的比较研究，明确了名称理论包含的两个不同层面的问题，即名称是否有含义以及如何确定名称的指称；基于对克里普克可能世界理论的理解以及关于个体与类事物

---

① 陈波：《专名和通名理论批判》，《中国社会科学》1989年第5期；及其专著《逻辑哲学引论》、《逻辑哲学导论》、《逻辑哲学》。

② 冯棉：《可能世界与逻辑研究》，华东师范大学出版社1996年版，第29—33页。

③ 张家龙：《模态逻辑与哲学》，中国社会出版社2003年版，第76—88页。

本质属性的区分，为专名因果理论进行了辩护。[1]

牟博试图严格区分名称理论的几个基本概念：指谓（denoting）、指称（referring）和严格指示（rigidly designating），认为指谓是一个语义概念，指谓是语词本身的功能，借语词本身的约定性描述意义归属性地把握指称对象，在限定摹状词那里得到典型表现；指称是一个语用概念，指称是语词使用的特征，不是语言本身的功能。克里普克的严格指示是名称与所指个体类之间的一种“逻辑语义”关系，一名称一旦被命名于某个体，它便在一切出现该个体类成员的逻辑上可构想的场合指示该个体类，严格指示强调的是作为符号的名称与其指称对象在逻辑上的固定对应关系，在专名那里得到典型表现。因果理论符合对个体、地点等最初赋予专名时的情况，以及专名形成以后对被命名对象缺乏知识的说话者使用专名的情况，但不符合专名形成以后，随着说话者对被命名对象知识的增加而使用专名时的情况。描述理论在后一情况下具有合理性。区别这两类情况，把两种理论结合起来进行具体分析，就可以了解专名的指谓、指称和严格指示的功能。[2]

蒉益民发表了一系列关于专名理论的研究成果。一方面他详细阐述和分析了西方学界名称理论研究的前沿进展，如近年西方学界出现的几种试图为因果理论辩护的关于空名问题的解答，论证空名问题仍是因果理论没有克服的困难。另一方面，提出和论证了自己关于名称问题的理解，通过结合相关理论特别是埃文斯（G. Evans）指称理论的优点，提出了一种关于专名指称的因果描述理论，展示了该理论对很多与专名有关的困难如弗雷格之谜、信念之谜、及空名问题的解题功能。他批评了因果理论的如下假定，即一专名的克里普克式因果网络只包含一个被说话者当做该专名的指称的对象，而这个对象在最初命名仪式上就被确定了。他认为在一个专名的克里普克式因果网络中，那个既在我们所有关于该专名的社会共同体用法中占统治地位的承担者，又满足我们对现实世界有条件的遵从这一约束的对象，就是该专名的指称。后一条件说明和一个专名相关联的描述性信息在决定专名指称中有不可忽略的作用。后来，他又将该理论进一步发展成为专名意义的社会实用理论，既表明专名的语义内容往往是我们进行

---

① 刘叶涛：《克里普克名称理论研究》，人民日报出版社 2006 年版，第 144—175 页。

② 牟博：《关于名称的指称功能问题》，《哲学研究》1995 年第 12 期。

社会合作的产物，又表明我们的日常语言实践中的语义意味往往是由生活中的各种实用因素和考量所决定的。① 张力锋尝试以分析现象学的方法去探究专名问题，提出指称可区分为公共指称与私人指称，前者实质上就是指示，后者包括指谓与意向。指示实际上就是追溯至命名时语言共同体所认同的专名与所指对象之间的那种直接指称关系，他认为在公共指称的层面上专名没有含义。但在私人指称层面上，他坚持专名是有含义的，可以比照胡塞尔的意向性学说加以研究。私人指称作为一种言语行为相当于胡塞尔所称意向行为（Noesis），指谓对象、意向对象则可参照于意向内容（Noema）。② 任远则批判性地讨论了因果理论的两种修正形态：戴维特（M. Devitt）的知识链理论和埃文斯的混合理论；基于名称的使用实践给出了确定指称的以遵守关于指称的规则为核心要素的基础语义学论题；认为描述理论和因果理论得以构建成混合理论的根本原因在于，与对象进行知觉接触和通过交流描述性信息拥有关于对象的信念，都是语言共同体确立语义规则的过程中不可或缺的因素。③

还有学者致力于从语用角度对名称理论进行了评析。如胡泽洪认为，不应把专名的指称理解为对象本身，而应理解为专名的使用者所理解或认识的专名的所指对象。专名的含义和指称都不是纯客观的，而是与专名的认识和理解相关的。这样理解有利于解决“空名”及学界长期争论的“虚概念”问题。④ 王健平认为，同一名称可以在不同语境下具有不同含义并指称不同对象；看一个名称有无指称主要应该看这个名称表达某种含义时是相对于什么语境（现实世界、虚拟世界等）而言的；名称只要有意义，这种意义就一定会在某个语境中对应指称某种对象。⑤ 贾国恒则自觉从情境语义学的基本概念出发，从信息流动的角度考察专名等表达式的情境意义，认为以克里普克关于本质的论述为基础，完全可以给出专名及其逆向

① 黄益民：《空名问题的几种解答》，《世界哲学》2005 年第 6 期；《专名指称的一种因果描述观点》，《哲学研究》2006 年第 2 期；《从弗雷格之谜及信念之谜看心灵内容与语义内容的关系》，《世界哲学》2006 年第 6 期；《专名意义的一种生活整体主义观点》，《哲学研究》2007 年第 4 期。

② 张力锋：《专名指称理论：历史、现状及反思》，《重庆师院学报》2002 年第 3 期；《专名的新指称理论——对历史因果理论的挑战及修正》，《重庆师范大学学报》2005 年第 3 期。

③ 任远：《指称的因果理论及其修正》，《自然辩证法研究》2008 年第 8 期。

④ 胡泽洪：《逻辑的哲学反思》，中央编译出版社 2004 年版，第 117—118 页。

⑤ 王健平：《论名称的涵义和指称》，《自然辩证法研究》2009 年第 1 期。

信息的实在论基础。①

二　通名理论研究

国内通名理论研究主要是围绕下列议题展开：自然种类词是否是严格指示词以及严格指示词的哲学基础是否可靠。

陈波认为，断定通名是严格指示词实际上是假定了它们总是反映一类事物的自身同一性，即反映事物种类的本质。基于亚里士多德本质主义，陈波批评了自然种类本质的内在结构说。他认为，按照克里普克的逻辑，即使铁具有水的外部特征，水具有铁的表面特性，人们依旧应当根据前者的内在结构 Fe 称之为“铁”，根据后者的分子结构 H_2O 称其作“水”。但这种做法是错误的，通过区分逻辑必然与事实必然，陈波指出建立在事实必然或现实必然意义上的亚里士多德本质主义拒绝这样的可能性，它是荒谬的：作为与本质有着内在因果联系的非本质外部特征全部或大部分改变是绝不可能发生的，水和铁都必然会呈现各自通常所具有的大部分外部性状。如果内在结构必然性学说的确依赖于这样的模态论证，那么由于这一论证已被瓦解掉，自然种类词是严格指示词的说法也就不攻自破，或者至少没有为它提供充足理由。② 冯棉则认为，与专名不同，作为概念词的通名本身就具有明确的含义，自然种类通名的含义反映了一类自然界事物共同的属性，它们就是该类事物立足于现实世界的本质属性，完全能够根据其含义决定其指称。克里普克的失误在于考察自然种类的本质时涉及了现实世界的非真实情形，因此引起了理论的混乱。③

张家龙通过引证与研读文本指出，克里普克并没有否认内在结构与外部特征之间的决定关系，进而引申出一些重要外部性质也是自然种类或物质本质一部分的说法。他认为，陈波误解了克里普克，错误地运用可能世界概念将同为自然种类本质的内在结构与本质性外部特征做了错误的拆卸与组装。说“水具有通常被赋予铁的外部特征”或者“铁具有通常被赋予水的外部性状”都是违背克里普克原意的，是不允许的。而冯棉的问题则在于离开可能世界的精致本质主义而回到了亚里士多德的非科学形态的本

① 贾国恒：《专名及其逆向信息》，《自然辩证法研究》2008 年第 2 期。

② 陈波：《逻辑哲学导论》，中国人民大学出版社 2000 年版，第 56—58 页。

③ 冯棉：《可能世界与逻辑研究》，华东师范大学出版社 1996 年版，第 35—38 页。

质主义。[①] 刘叶涛则在为克里普克的专名理论进行辩护的同时，对克里普克的通名理论提出质疑，认为自然种类词不具有专名的那种严格性，它们是被作为谓词加以使用的，因而具有含义。同时，他又认为自然种类词具有相对的严格性，后者取决于自然种类本质属性的相对确定性。自然种类词与专名在指称特性上的差异归根结底在于自然种类与个体的本体论差别，对于自然种类人们只能讨论其现实必然性，自然种类无所谓“现实世界的反事实情形”。区分不同层次的严格性是刘叶涛在通名理论研究上的一个基本工作，其根据是自然种类与个体分属不同的逻辑类型，在形而上学层面上实际上就是第一实体与第二实体的区别。[②]

三 综合性研究

在专名与通名的关系问题上，国内学者大多采取将专名理论向通名理论推广的路径。如牟博把他对专名的认识向通名推广，认为自然种类通名与专名相类似，但它们作为一组摹状词的缩写，能对之进行归属性使用这一点更为明显；在非自然种类通名的指称功能问题上，描述理论的分析更为恰当，它们在最初得以设立时就是某个或某组摹状词的缩写。[③] 而张家龙针对克里普克将专名理论推广到通名时缺少详尽论证这一点，在捍卫本质主义的宗旨下论证说，谈论单独个体的本质，实际上是把它同以它为唯一分子的单元种类联系在一起，以这种方式可打通个体与种类之间的差异，从而为专名理论向通名推广搭建桥梁。[④]

张建军以名称理论为主要案例之一提出了“逻辑行动主义方法论”，其中倒转研究路径，由通名理论向专名理论加以推广，并为名称理论研究引入了行动论视角。他在认识论上严格划界了作为心智行动之产品构成的“思想世界”、作为言语行动之产品构成的“语言世界”以及由认识与行动对象构成的“实在世界”，认为作为言语行动之产品的名称的含义与指称，旨在表达作为心智行动之产品的概念的内涵与外延，并间接表征实在

---

① 张家龙：《模态逻辑与哲学》，中国社会出版社 2003 年版，第 113—122 页。

② 刘叶涛：《关于名称和本质的若干思考》，《江汉论坛》2005 年第 1 期；《自然种类名称与严格性——克里普克通名理论的一个疑点》，《自然辩证法研究》2005 年第 1 期；《克里普克名称理论研究》，人民日报出版社 2006 年版，第 102—114 页。

③ 牟博：《关于名称的指称功能问题》，《哲学研究》1995 年第 12 期。

④ 张家龙：《模态逻辑与哲学》，中国社会出版社 2003 年版，第 110—111 页。

世界中的个体、种类及其属性。由于通名的获得基于分类，而分类来自于人的需要和由需要所决定的意向性自觉，因此通名都不可能如克里普克和普特南所认为的那样完全无含义。该思路可推广到专名：任何专名都是对某普遍概念外延所表征的“种类”中的“个体”（即使是虚幻个体）的命名。在关于“专名有无含义”问题的争论中，个体的存在往往被当做预设前提不加讨论，但问题的症结恰在于如何确定一个“个体”对象；若没有在始终伴以心智行动与言语行动的社会实践中形成的种类思想，人们是不能识别一个个体并（如克里普克那样）通过各种思想实验去追问其本质属性的。他由此指出了进一步澄清“指称”（reference）、含义（sense）、意义（meaning）等基本概念的必要性。他认为学界常常在“指称”一词使用上“混淆报道的特征和被报道之物的特征”，占主流地位的弗雷格—罗素传统上“对象本身”的用法，在实际使用中却很少被始终遵守，以致产生诸多不应有混淆，而为了避免混淆，应将其用法严格限于语言世界。[①]

有些研究涉及名称理论与克里普克关于必然与偶然、先验与后验、分析与综合的新型分类的关系等范围广泛的讨论。除陈波等基于其名称理论对上述区分的必要性与可行性提出质疑外，大多数学者在讨论中都对这种区分给予肯定评价。如陈晓平讨论了与克里普克名称理论密切相关的关于先验偶然命题与后验必然命题的区分，认为这一区分是对传统的先验必然命题和后验偶然命题之区分的重要补充。[②] 叶峰则基于自然主义框架对克里普克的“形而上学模态性”概念提出了解释，以回应以此概念为基础的形而上学思辨，认为这种解释将消解这些思辨可能导致的反自然主义的结论；认为克里普克的形而上学必然性其实是与物理必然性同类的概念，也是受经验条件约束的必然性。因此，克里普克的后天必然真理与后天的但物理上必然的真理一样，是很自然的。[③] 张建军则运用其逻辑行动主义方法论指出，克里普克的上述划分仍具有不彻底性，即只是严格贯彻了本体论与认识论的区分，而没有严格贯彻认识论与语言论的区分，仍保留了“任何分析真命题都是先验真的”传统观念；而从前述“三个世界”的严格区分的观点和蒯因对分析—综合二分的批判看，可以得出“有些分析语

① 张建军：《逻辑行动主义方法论构图》，《学术月刊》2008年第8期。

② 陈晓平：《先验偶然命题与后验必然命题》，《哲学研究》2001年第2期。

③ 叶峰：《关于克里普克模态性的一个自然主义解释》，《哲学研究》2008年第1期。

句表达后验命题”的结论，即存在“后验分析命题”。[①]

名称理论研究作为多领域的交叉性课题，其多层面研究价值已成为国内学界共识。虽然过去30余年国内的相关研究取得了重要进展，但仍有大量工作可做。例如，克里普克的因果理论与其可能世界语义学及其哲学是密切相关的，这也是该理论与描述理论最大的区别。于是，准确把握两种理论的成就和存在的问题，无疑应以准确把握可能世界理论为前提，但当前研究中在这方面仍存在不少问题。再如，心灵哲学与行动哲学研究在当代西方名称理论研究中已发挥着重要作用，但在国内有关研究中这种作用还极为微弱，这也是需要改变的。

第五节　逻辑悖论研究

当代逻辑悖论研究有三个不同的研究层面：一、特定领域某个或某组悖论的建构及其具体解悖方案研究；二、各种悖论及解悖方案的哲学研究；三、关于悖论的发现、解决及其功能的一般方法论研究。我国学者在第一个方面的研究，体现在本书其他各章的内容之中，本章主要考察第二、第三层面的研究的成果。“文化大革命”前，我国学界的逻辑悖论研究主要体现在莫绍揆、沈有鼎等学者在第一层面的研究上。我国学界关于逻辑悖论问题第二、第三层面的研究，是“文化大革命”后才开始兴起的。

一　逻辑悖论的矛盾归属问题研究

由于我国特定的学术背景和理论范式的影响，逻辑悖论（以下简称“悖论”）的矛盾归属，即悖论与形式逻辑所拒斥的“逻辑矛盾”与辩证法所要把握的“辩证矛盾”的关系问题，成为我国悖论研究首先面对的问题。20世纪80年代初至90年代末，学界围绕这个问题展开的讨论非常热烈。

悖论究竟是逻辑矛盾还是辩证矛盾的问题，确切地说是悖论的形式特征——矛盾等价式或矛盾互推式究竟是逻辑矛盾还是辩证矛盾的问题。在这个问题上大致可分为三类观点：（一）“辩证矛盾说”。例如，国内较早

① 张建军：《逻辑行动主义方法论构图》，《学术月刊》2008年第8期。

介绍国外悖论研究的杨熙龄认为，悖论就是“形式逻辑系统中出现的辩证判断”[①]。这个观点得到了一些学者的赞成。后来，该观点又发展为“特殊的辩证矛盾说”，如赵总宽认为：“悖论性命题具有辩证矛盾命题的基本特征，但又产生于经典逻辑的系统中，被应用经典逻辑的离散分析方法作出了错误的逻辑语义分析，被应用经典逻辑的外延形式语言作出了错误的逻辑表达。”[②]（二）“逻辑矛盾说”。如张家龙撰文指出，悖论是“地地道道的逻辑矛盾，是思维中的自相矛盾，根本就不是什么‘辩证判断’。”如果把悖论当成辩证判断，“就把辩证法变成了逻辑矛盾的庇护所，从而严重地歪曲了辩证法的本性。”[③] 张建军则一方面支持逻辑矛盾说，另一方面则强调悖论是一种“特殊的逻辑矛盾”：“我们承认悖论是一种逻辑矛盾，是与一个科学的理论体系不相容的。但是它又是一种特殊的逻辑矛盾，并非由于思维混乱使然，而是根源于客观事物所固有的矛盾和主客观的矛盾。”[④]他后来把这种“特殊性”概括为两个方面：（1）任一悖论都是相对于某些特定的背景知识而言的，即以这些背景知识为前提；（2）任一悖论都是从特定背景知识合乎逻辑地建构起来的。[⑤] 他还对把辩证矛盾与悖论相混淆的观点进行了多方面深入辨析与澄清。[⑥] 陈波亦主张悖论是一种特殊的逻辑矛盾，指出“其特殊性表现在：导致逻辑矛盾的过程的合乎逻辑性，以及导致悖论的前提错误的隐蔽性，以至于我们常常弄不清差错究竟出在什么地方，以及用何种方法去应付它们。”[⑦]（三）“第三类矛盾说”。沙青最早提出并系统论证了“悖论是普通逻辑思维与辩证思维的中间物”的主张，认为悖论居于逻辑矛盾与辩证矛盾之中介地带。[⑧] 沈跃春则明确提出悖论既不是逻辑矛盾也不是辩证矛盾，而是独立于二者的第三类矛盾。认

---

① 杨熙龄：《悖论研究八十年》，《国外社会科学》1980 年第 1 期，第 56 页。

② 赵总宽：《经典逻辑语法悖论与其辩证逻辑解决方法》，载《辩证逻辑研究》，云南大学出版社 1998 年版，第 246 页。

③ 张家龙：《论语义悖论》，《哲学研究》1981 年第 8 期，第 68 页；张家龙：《论逻辑悖论》，载《逻辑学论丛》，中国社会科学出版社 1983 年版。

④ 张建军：《集合论悖论的辩证分析》，《河北大学学报》1984 年第 1 期。

⑤ 张建军：《悖论是一种特殊的逻辑矛盾》，《安徽大学学报》1990 年第 1 期。

⑥ 张建军：《辩证矛盾并不导致悖论》，《中国社会科学》1991 年第 1 期；《再论悖论并非辩证矛盾》，《江汉论坛》1998 年第 1 期。

⑦ 陈波：《逻辑哲学导论》，中国人民大学出版社 2000 年版，第 254 页。

⑧ 沙青：《辩证逻辑简明教程》，河北人民出版社 1984 年版，第 31 页；《普通逻辑思维与辩证思维的中间物——悖论的方法论启示》，《河北大学学报》1992 年第 2 期。

为虽然它与两类矛盾有联系，但它们之间又有本质区别，所以，应该把悖论作为一种独立的思维矛盾来对待。①

20世纪后期，西方悖论研究的历史舞台上出现了一个最具“革命性”的解决方案——次协调逻辑（又译弗协调逻辑、亚相容逻辑）解悖方案。这种方案视悖论中所包含的矛盾为“真矛盾”，提出要接受矛盾、容纳悖论，在西方学界引起了较大争议。有些次协调逻辑学者把悖论和黑格尔—马克思意义上的“辩证矛盾”都看做“真矛盾”的原型，把某些次协调逻辑系统看做辩证逻辑的形式化。我国部分学者接受了这种思想。② 张建军等则在肯定次协调逻辑本身的科学价值以及在出现悖论的科学理论和信念系统中解释其现实原型的基础上，否认次协调逻辑学者的“辩证矛盾”解释，认为“真矛盾”的实质仍是“被‘圈禁’起来的逻辑矛盾”，并不是黑格尔—马克思意义上的辩证矛盾。③

应当在此指出的是，在上述讨论中否定悖论的“辩证矛盾”说的学者，不少人并不否认对悖论做辩证分析的必要性和重要性，也不否认悖论研究在辩证逻辑研究的价值，这在本书关于辩证逻辑的考察中会有更清楚的体现。

二　悖论的定义与分类问题研究

悖论的定义与分类是悖论研究的基础问题，受到国内外学者的广泛关注。我国学者在这两个问题的研究取得了较大进展。以下是国内文献中先后形成的几个有影响的定义：

定义Ⅰ：“悖论是一种导致逻辑矛盾的命题。这种命题，如果承认它是真的，那么它是假的；如果承认它是假的，那么它是真的。”④

定义Ⅱ：“悖论指由肯定它真，就推出它假，由肯定它假，就推出它真的一类命题。这类命题也可以表述为：一个命题A，蕴涵非A，同时非

① 沈跃春：《悖论：思维领域的第三类矛盾》，《安徽大学学报》1992年第1期。

② 杨熙龄：《奇异的循环——逻辑悖论探析》，辽宁人民出版社1986年版；桂起权等：《次协调逻辑与人工智能》，武汉大学出版社2002年版；杨武金：《辩证法的逻辑基础》，商务印书馆2008年版。

③ 张建军：《科学的难题——悖论》，浙江科技出版社1990年版；《逻辑悖论研究引论》，南京大学出版社；以及张建军、王建芳、李秀敏、王习胜、付敏等发表的相关系列论文。

④ 《辞海·哲学分册》，上海辞书出版社1980年版，第453页。

A 蕴涵 A，A 与自身的否定等价。”①

定义Ⅲ：“悖论是指这样一种理论事实或状况，在某些公认正确的背景知识之下，能够合乎逻辑地建立两个矛盾命题相互推出的矛盾等价式。”②

定义Ⅳ：“如果从明显合理的前提出发，通过正确有效的逻辑推导，得出了两个自相矛盾的命题或这样两个命题的等价式，则称得出了悖论。”③

定义Ⅴ：“悖论是某些知识领域中的一种论证，从对某概念的定义或一个基本语句（或命题）出发，在有关领域的一个合理假定之下，按照有效的逻辑推理规则，推出一对自相矛盾的语句或两个相互矛盾的语句的等价式。”④

对比上述五个定义不难看出，学界对悖论的本质、悖论构成要素的认识得到了深化。后三个定义都纠正了前两个定义中把悖论的属概念归结为“命题”的不当认识，而均采用了悖论构成的“三要素”说，为悖论的界定提供了较为清晰的标准，这不仅有利于把悖论与半截子悖论、佯悖以及悖论的拟化形式等“伪悖论”的区分，而且在一定程度上为解悖指明了方向。在悖论的属概念问题上，学界的认识还存在差异。对此，张建军认为，悖论既不能归结为一个命题，也不是一个论证，因为悖论本身是被发现的，而关于悖论的论证是被发明的；把悖论的属概念归为“理论事实”，可表明悖论存在于人类的信念系统（而不是纯粹的客观世界）中，它的产生与特定认知共同体的某些背景知识有关。⑤

关于悖论的分类问题。众所周知，莱姆塞早期给出的悖论分类只包括逻辑—数学悖论和语义悖论两种类型。我国学者最初也是采用的这种分

---

① 《中国大百科全书·哲学卷》，中国大百科全书出版社 1987 年版，第 33 页。

② 张建军：《悖论与科学方法论》，载张建军、黄展骥著《矛盾与悖论新论》，河北教育出版社 1998 年版。

③ 陈波：《逻辑哲学导论》，中国人民大学出版社 2000 年版，第 229 页。

④ 张家龙：《悖论》，载张清宇主编《逻辑哲学九章》，江苏人民出版社 2004 年版，第 194 页。

⑤ 张建军：《广义逻辑悖论研究及其社会文化功能论纲》，《哲学动态》2005 年第 11 期。在 A Study of the Definition of “logical Paradox” [载林正弘主编：《逻辑与哲学》，（台北）学富文化事业有限公司 2009 年版]，一文中，张建军结合国内外悖论定义研究的新进展，就此做了进一步说明，并据此阐发了悖论的相对性、根本性和可解性等重要性质。

类。随着悖论研究的深入，这种分类方式已不能满足需要，一系列新型悖论的出现表明了这一点。通过对当代悖论研究的历史与现状的全面考察，张建军提出，依据所依赖的背景知识（即悖论的构成前提）之不同，悖论从广义上可分为狭义逻辑悖论、哲学悖论、具体理论悖论（科学悖论）三大类。其中，狭义逻辑悖论“其由以导出的背景知识都是日常进行合理思维的理性主体所能普遍承认的公共知识或预设；而且均可通过现代逻辑语形学、语义学和语用学的研究，得到严格的塑述和刻画，其推导可以达到无懈可击的逻辑严格性”①。这样的狭义悖论包括集合论—语形悖论、语义悖论、语用悖论（如认知悖论、合理行为悖论）三种类型。这种分类方式特别是狭义逻辑悖论的分类已为我国学界所广泛使用，为不同类型悖论的认识和把握提供了依据。

三　狭义逻辑悖论研究

（一）集合论—语形悖论研究

从罗素悖论发现至哥德尔不完全性定理发表约30年间，西方集合论—语形悖论研究达到鼎盛时期，此后，西方悖论研究的重心发生了转移。国内学界对集合论—语形悖论的研究有如下两个特点：

1. 对西方学界已有成果进行了深入考察，详尽、准确、系统地评述了相关研究。

逻辑悖论研究的一项重要的基础性工作，是深入考察和了解西方已有研究成果。就集合论—语形悖论来说，这项工作已做得较为充分，主要体现在张家龙的《数理逻辑发展史》、郑毓信的《数学哲学新论》、张建军的《科学的难题——悖论》、《逻辑悖论研究引论》等著作中。这些考察和分析，为进一步深化国内悖论研究奠定了坚实基础。

2. 拓展和深化了集合论—语形悖论的研究。

集合论—语形悖论的研究成果是当代逻辑悖论的重要背景，在其中，不少中国学者做出了自己的贡献。例如，张弘探讨了罗素悖论以及循环集悖论的推广；张清宇对罗素悖论、沈有鼎悖论、柯利悖论进行了概括总结，提出了“所有非 Z_ 类的类的悖论”；朱梧槚、肖奚安建构的“中介公理集合论”系统亦可合理消解所有已知的集合论悖论；张建军基于哥德

---

① 张建军：《逻辑悖论研究引论》，南京大学出版社2002年版，第21页。

尔“集合的迭代概念”，提出关于集合元素及其属性的“基本构架论”，提出“良性隔离”与“恶性隔离”的区分，为公理化集合论解悖方案的“非特设性”做了有力的哲学辩护，等等①。这些分析和讨论，推进、拓展并深化了集合论—语形悖论的研究。

（二）语义悖论研究

20世纪30年代初哥德尔不完全性定理和塔尔斯基形式语言真理理论的发表，使得西方悖论研究的重心逐渐从集合论悖论过渡到以说谎者悖论为代表的语义悖论上来。受此影响，语义悖论一直是国内学界关注的热点。

1. 探讨了语义悖论的成因并提出相应的解决方案

语义悖论产生的根源何在？应如何消解？围绕语义悖论研究中的这两个核心问题，国内学界主要提出了以下几种观点：

观点Ⅰ：悖论的产生与自我指称、否定性概念以及总体和无限这三个因素相关。②

观点Ⅱ：所有的语义悖论都导源于一个错误，即悖论由以得出的前提表达式的逻辑结构固有地违反了逻辑规律。③

观点Ⅲ：说谎者悖论产生的原因在于“复合命题谬误”（误认复合句为简单句），拒斥这一谬误即可消解它。④

观点Ⅳ：所谓‘典型语义悖论’均源于一个虚假的预设，那就是相应的悖论性语句具有一个明确的含义。只要证伪其单义句预设，此类悖论即可消解。⑤

观点Ⅴ：悖论产生的根本原因在于混淆了部分与整体的关系，只要避免这种错误就可以不产生悖论。⑥

---

① 张弘：《罗素（Russell）悖论的一种推广与循环集悖论的一种推广》，《北京工业大学学报》1985年第1期；张清宇：《所有非Z_类的类型的悖论》，《哲学研究》1993年第10期；朱梧槚、肖奚安：《集合论导引》，南京大学出版社1991年版，第267—287页；张建军：《逻辑悖论研究引论》，南京大学出版社2002年版，第288—301页。

② 陈波：《逻辑哲学引论》，中国人民大学出版社2000年版，第237页。

③ 王军风：《辨析语义悖论》，《江汉论坛》1999年第10期，第28页。

④ 黄展骥：《矛盾、语义与自我指涉》，载张建军、黄展骥著《矛盾与悖论新论》，河北教育出版社1998年版，第341页。

⑤ 张铁声：《“典型语义悖论”及其单义句预设》，《安徽大学学报》2006年第1期，第29页。

⑥ 马佩、李振江：《论悖论的本质》，《中州学刊》1992年第3期，第43—47页。

观点Ⅵ：典型悖论命题产生的直接原因在于错误地用形式逻辑原负命题合取式或等值式指称整体对象的正补事态，表达反映正补事态的正补命题，可用扬弃悖论的方法消解。①

观点Ⅶ：说谎者悖论和强化的说谎者悖论表明，语义悖论是由有穷值逻辑所造成，需运用无穷值逻辑消解悖论。②

观点Ⅷ：依据情境语义学的刻画可以表明，语义悖论的根源在于经典的罗素型命题观导致“世界相容性”与“世界完整性”的冲突，因出现不能进入“世界”的“语义事实”而产生语义悖论；代以含有情境因素的奥斯汀型命题观即可消解悖论。③

观点Ⅸ：通过克里普克框架可以表明，说谎者语句在一个框架上是矛盾的，当且仅当这个框架含有奇循环，即“恶性循环”；解决说谎者型语义悖论问题在于理解说谎者语句的相对矛盾性与框架中通达关系的循环特征的相关性，以区分“恶性循环”与“良性循环”。

显然，在语义悖论的成因和消解研究方面，国内学界还处于多家争鸣的局面。虽然尚未达成共识，但学者们立足不同的研究视角，对语义悖论的成因、消解方法所作的探索，促进了悖论问题的研究，深化了人们对悖论的认识。例如观点Ⅷ与观点Ⅸ作为学界“语境敏感”进路与“语境迟钝”进路的代表，应可展开进一步的深入讨论与争鸣④。

2. 深入考察和分析了当代西方语义悖论研究中出现的诸多解决方案，揭示和论证了语义悖论研究的语用学从语境迟钝到语境敏感的发展脉动。

自20世纪初至今，西方语义悖论研究涌现出诸多解决方案，如罗素的分支类型论方案、塔尔斯基的语言层次理论、克里普克的真值间隙论方案以及近年西方悖论研究中出现的诸多语境迟钝方案、语境敏感方案、次协调逻辑解悖方案，等等。国内学界对西方语义悖论研究取得的一系列重要成果非常关注，注重梳理与把握当代西方语义悖论研究的成就与问题，成为国内语义悖论研究的一个重要特色。在这方面，张家龙、张建军、宋文淦、桂起权、陈波等学者都有贡献。通过对当代西方悖论研究脉络的考察，张建军揭示出纷繁复杂的语义悖论研究状况背后所隐含的“回归自然

① 赵总宽：《扬弃悖论命题的方法和标准》，《安徽大学学报》2006年第1期，第27页。

② 熊明辉：《再论说谎者悖论的消解》，《广西大学学报》1999年第1期。

③ 张建军：《逻辑悖论研究引论》，南京大学出版社2002年版，第34、175—179页。

④ 熊明：《说谎者悖论的恶性循环》，《哲学研究》2008年第11期。

语言，在语形、语义和语用的统一中深化和拓展悖论研究”这一主动脉。在语境迟钝方案、语境敏感方案、次协调逻辑解悖方案的梳理和评述中，深刻把握从语境迟钝方案到语境敏感方案的发展脉动。[①] 王建芳、贾国恒等深入考察了情境语义学解悖方案，并将它与传统解悖方案、次协调逻辑解悖方案进行了比较研究[②]；桂起权、杨武金、付敏等则着重对次协调逻辑解悖方案进行了评述和分析[③]。

（三）语用悖论研究

与集合论—语形悖论、语义悖论的研究相比，我国学界的语用悖论研究尚处于起步阶段。

自20世纪60年代美国逻辑学家蒙塔古发现严格的“知道者悖论”以来，关于“认知悖论”的研究构成西方学界狭义悖论研究的一个持续性研究热点，但在我国学界直到90年代才引起关注。张建军最早评述了西方学界关于认知悖论的研究，系统考察了以知道者悖论、相信者悖论、否证者悖论为代表的认知悖论群落并且阐述了其独立于语义悖论的价值。[④] 此后，张建军又把美国学者孔斯发现的一个严格的“可辩护信念悖论”概括为“盖夫曼—孔斯”悖论，并指出只有将其中“可辩护”算子理解为“行为合理性”之“可辩护”，才能确认其推导前提的合理性，据此指认这是一个独立于认知悖论的“合理行为悖论”；同时，根据孔斯等人的研究成果，探讨了合理行动悖论与博弈论与决策论中长期探讨的纽科姆疑难、连锁店悖论、囚徒困境等问题的内在关联及建构严格的“合理行为悖论”悖论群落的问题，并把“认知悖论”和“合理行为悖论”统称为“语用悖论”。从而启动了国内学界的相关研究。[⑤]

近年来，学界有关语用悖论的探讨已逐步展开。如李大强对知道者

---

① 张建军：《回归自然语言的语义学悖论》，《哲学研究》1997年第5期。

② 王建芳：《语义悖论与情境语义学——情境语义学解悖方案研究》，中国社会科学出版社2009年版；贾国恒：《情境语义学及其解悖方案研究》，博士学位论文，南京大学，2007年。

③ 桂起权：《次协调逻辑的悖论观》，《安徽大学学报》1992年第1期；杨武金：《论悖论的实质、根源和主要解决方案——从弗协调逻辑的观点看》，《中国人民大学学报》2006年第2期；付敏：《“真矛盾论”与悖论：普利斯特亚相容解悖方案研究》，博士学位论文，南京大学，2009年。

④ 张建军：《认知悖论研究的兴起》，《逻辑与语言学习》1994年第3期；《类说谎者认知悖论》，《哲学动态》1994年增刊。

⑤ 张建军：《两类新型逻辑悖论的提出及其意义》，《哲学动态》1996年第12期。

悖论中“知道”的语义进行了分析，认为知道者悖论产生的根源在于“知道”一词的意义的模糊性。他给出了一个以“时间秩序”为核心的相对稳定的“知道模型”，试图为解悖提供新的语义基础。[①] 沈跃春探讨了认知悖论的历史发展及其多方面研究价值。[②] 张家龙在《逻辑哲学九章》之《悖论》中专题评述了上述两大类悖论的来龙去脉，并将“合理行为悖论”改称为“合理行动悖论”。张建军在《逻辑悖论研究引论》中论证了关于解决语义悖论的语境敏感方案可以向语用悖论研究推广，并全面阐述了语用悖论研究的理论意义与实用价值。易永胜用新的逻辑工具分析了纽科姆难题的形成机理，指出以往的研究忽视了该难题形成的关键因素即参与者之间认知状态的相互影响和相互作用，用知识共享和博弈的概念来分析该悖论形成的原因及其消解途径。[③] 潘天群评述了决策逻辑研究中多中被称为“悖论”的疑难，探讨了其与逻辑悖论研究相关联的可能路径。[④] 李莉探讨了纽科姆难题的哲学意蕴，指出该难题挑战的是人类理性与自由意志，实际上在该疑难中的人和超级生物之间不能称为一个博弈，因为超级生物能够认识人行动的因果链条，故该疑难的严格塑述只能是悖论的“拟化形式”。[⑤] 李莉、张建军与孔斯合作阐明，博弈论中的连锁店疑难可改塑为一个严格的狭义逻辑悖论，并可以用情境敏感方案加以消解。[⑥] 雒自新评述了21世纪初叶西方学界关于知道者悖论研究的几项最新成果，并就其新的发展路径提出了自己的见解。[⑦]

基于运用RZH解悖标准为公理化集合论解悖方案和情境语义学解悖方案所做辩护，张建军得出了这样的结论：“经典集合论悖论和语义悖论实际上已经了结，当代逻辑悖论研究的重心应当转移到语用悖论和一般解悖方法论上来。”[⑧] 尽管学界对这样的论断尚存在较大争论，但这样的认识可

① 李大强：《知道者悖论与“知道”的语义分析》，《自然辩证法通讯》2002年第5期。

② 沈跃春：《认知悖论及其逻辑问题》，《中山大学学报》2003年增刊。

③ 易永胜：《Newcomb悖论与认知变化》，《学术研究》2005年第4期。

④ 潘天群：《决策逻辑中的悖论研究》，《安徽大学学报》2006年第5期。

⑤ 李莉：《纽科姆难题的哲学意蕴》，《安徽大学学报》2008年第2期。

⑥ “From the Logical Point of View: The Chain Store Paradox Revisited”, *Logic, Rationality, and Interaction*, Springer－Verlag Berlin Heidelberg 2009.

⑦ 雒自新：《“知道者悖论”研究新进展评述》，《哲学动态》2009年第7期。

⑧ 张建军：《广义逻辑悖论研究及其社会文化功能论纲》，《哲学动态》2005年第11期。

期待进一步推动语用悖论研究在我国学界的发展。

四　关于悖论的一般方法论研究

与逻辑悖论研究的前两个层面的蓬勃发展相比，当代西方学界关于悖论的发现、解决及其功能研究的一般方法论的系统研究相对滞后；尽管自当代悖论研究兴起以来有一些相关讨论，但直到2001年美国哲学家和逻辑学家雷歇尔才首开系统研究悖论方法论之先河。我国学界的“文化大革命”后的悖论研究中，则一直伴随着一些一般方法论方面的思考，这特别体现在一些与科学方法论相关的研究中。莫绍揆、徐利治、张家龙、林可济、朱梧槚、郑毓信、黄耀枢、沙青、章士嵘、桂起权、胡作玄、刘永振等学者，均结合悖论所导致的数学和科学“危机”的讨论，就悖论作为科学发展“杠杆”功能等有所探讨。张建军曾就此做了系统总结，把悖论的方法论功能概括为“特殊的反常问题”、“重要的证伪手段”和“难得的变革契机”等方面，并讨论了悖论的“发现机理”及解悖的一般路径问题。① 陈波则强调了悖论的相对性和可解性，指出悖论只能获得“相对的解决”：“发现一个设法排除一个，遇到用已有的办法不能解决的新悖论，再设计更合理、更周全的方法去予以解决，如此循环往复，以至无穷。”② 张家龙专题探讨了“悖论的方法论意义”，强调悖论绝不是谬论，而是“启发新理论产生的一个源泉”③。近年来，以下重要进展为悖论的方法论研究提供了新的条件。

1. 明确了逻辑悖论的语用学性质，为悖论的方法论研究提供了新的基础。

罗素在谈论集合论悖论的发现时曾说：“自亚里士多德以来，无论哪一派的逻辑学家，从它们所公认的前提似乎可推出一些矛盾来。这表明有些东西是有毛病的，但是指不出纠正的方法是什么。”④ 与罗素所言“公认的前提”类似，国内一些学者强调逻辑悖论都是从特定认知共同体“公认

---

① 张建军：《科学的难题——悖论》，浙江科技出版社1990年版，第293—298页；《悖论与科学方法论》，载《矛盾与悖论新论》，河北教育出版社1998年版；《逻辑悖论与科学理论创新》，载黄顺基等《逻辑与知识创新》，中国人民大学出版社2001年版。

② 陈波：《逻辑哲学导论》，中国人民大学出版社2000年版，第256页。

③ 张清宇：《逻辑哲学九章》，江苏人民出版社2004年版，第231页。

④ 罗素：《我的哲学发展》，商务印书馆1982年版，第68页。

正确的背景知识”或“公共信念”出发推导出来。张建军指出，从国内学界通过对悖论定义的热烈讨论所达成的“三要素”共识，可以明确指认悖论是一种语用现象：任一悖论的出现都相对于特定认知共同体的特定背景知识，因此，“严格意义上的‘逻辑悖论’既不是纯语形学概念，也不只是语义学概念，而是一个包容语形、语义因素的语用学概念。”① 他认为，这个认识的获得，使得悖论的相对性、根本性与可解性等基本性质昭然若揭，可以与明确指认预设是语用学现象一样，开拓有关方法论研究的新局面。李恒威、黄华新认为：“悖论语用学性质的确认使得悖论所激发的整个研究领域‘立体化’，极其利于对逻辑悖论的统一性把握”。② 桂起权指出，在悖论的语用学概念的基础上，应进一步表明：“恰恰是‘有毛病的背景知识’得到公认、得到默许，最终才会引出矛盾等价式来”，解悖就在于把深藏于背景知识中毛病挖掘出来并加以信念修正。③ 王习胜在系统考察国内外关于悖论的一般方法论研究历史的基础上指出：“逻辑悖论的语用学性质的确认，不仅为统一把握和恰当归置不同层面的逻辑悖论研究成果提供了可能，还直接为逻辑悖论方法论的深入研究提供了新颖的工具。”④

2. 整合出解决逻辑悖论的一般标准，为解悖方法论的零散研究提供了一种系统化路径。

什么样的解悖方案是合理的？抑或说，一种良好的解悖方案应当满足怎样的条件？在悖论研究史上，许多学者都对上述问题作过探讨，但相关研究还不够系统和明晰。陈波曾在《逻辑哲学导论》中评述了罗素和哈克对解悖标准的讨论。在综合考量罗素、策梅罗、蒯因、哈克等人提出的解悖条件的基础上，张建军在《逻辑悖论研究引论》概括总结出更为明确的解悖标准——RZH 标准，指出悖论的解决需要满足三个条件：足够狭窄性、充分宽广性、非特设性，并做了详细阐发。该标准的给出，不仅提供了判定一个逻辑悖论是否得到了相对解决可供参考的明晰标准，而且，并为厘清当代逻辑悖论研究的不同层面提供了帮助。在明确悖论的语用学性

① 张建军：《论作为语用学概念的“逻辑悖论”》，《江海学刊》2001 年第 6 期。

② 李恒威、黄华新：《逻辑悖论研究的语用学维度》，《哲学动态》2004 年第 1 期。

③ 桂起权等：《EPR 悖论、量子远程关联及其判决性实验》，《科学技术哲学研究》2009 年第 12 期。

④ 王习胜：《逻辑悖论方法论研究述要与思考》，《自然辩证法研究》2007 年第 5 期。

质和解悖标准的基础上，张建军、桂起权等学者还提出了相对于“背景知识”的“公认度”的“悖论度”、相对于解悖三标准特别是“非特设性”的“公认度”的“解悖度”等具有方法论意义的重要概念，为悖论的方法论研究提供了新的工具。

3. 推广逻辑悖论的语义动力学分析方法，开拓了悖论的方法论研究的新方向。

周昌乐引入并评价了西方学者新近提出的一种分析逻辑悖论的新方法——语义动力学方法。然后在此基础上，分析了该方法在逻辑悖论研究中，特别是在悖论语义复杂性结构分析、为语义悖论提供科学分类依据的研究中，乃至在一般性互涉句群语义分析研究中的重要意义。最后运用悖论语义动力学方法的结果，针对悖论式禅境的性质分析，给出了一种实际应用，用以说明悖论语义动力学分析方法的普适性应用价值。①

此外，我国学者在广义逻辑悖论研究方面也取得了不少成果，但在总体上缺乏与狭义逻辑悖论研究的沟通与互动。我国逻辑学界在归纳悖论研究、道义悖论以及道德悖论研究所取得的重要推进，为这种沟通与互动研究提供了新的基础。总之，直接建基于西方学界的最新成果之上，国内悖论研究在深度和广度得到了不断推进。但逻辑悖论研究不仅是当代逻辑哲学研究的前沿领域，也是广泛涉及多学科的交叉研究领域，在不同领域的学者加强合作交流以合力攻关方面，我国学界的有关研究尚亟待加强。

第六节　蕴涵研究

蕴涵作为一个逻辑联结词，是对自然语言中“如果……那么……”之类条件句的关联词的一种逻辑抽象。作为逻辑学的一个关键概念，蕴涵在逻辑学的发展中自始至终起着非常重要的作用，对蕴涵的研究也构成了现代逻辑哲学的一个重要内容。在当代，我国的逻辑学者积极参与关于蕴涵的讨论与研究，形成了有自己特色的关于蕴涵的逻辑哲学理论。

一　蕴涵的类型

张家龙在《逻辑哲学九章》中对蕴涵理论进行了详细的介绍与分析，

① 周昌乐：《逻辑悖论的语义动力学分析及其意义》，《北京大学学报》2008 年第 1 期。

并将其分为古代和中世纪的蕴涵理论、近现代的蕴涵理论。

张家龙认为，一个条件句是用联结词“如果……那么”所组成的，麦加拉—斯多葛学派把条件句中的第一个命题称为前件，把第二个命题称为后件。“如果……那么”这个联结词断定后件是从前件导出的，或者说前件蕴涵后件。但是，关于寻找这个“导出”的正确标准问题在麦加拉—斯多葛学派中引起了很大争论，根据对“导出”意义的不同解释，古代和中世纪的蕴涵理论至少涉及如下四种不同的蕴涵。

第一，斐洛蕴涵。所谓斐洛蕴涵，指一个条件句或条件命题是真的，当且仅当它不是前件真而后件假。斐洛蕴涵实际上就是现代逻辑的实质蕴涵，斐洛已经提出了实质蕴涵的真值表。

第二，第欧多鲁蕴涵。所谓第欧多鲁蕴涵，是指一个条件命题是真的，如果现在不可能过去也不可能前件真而后件假。这种蕴涵显然与斐洛蕴涵是不同的，一个第欧多鲁条件命题的前件和后件都是命题函项，隐含有一个自由的时间变元 t，而在斐洛蕴涵命题中，前后件都是命题。这样，与每个第欧多鲁条件命题相应，我们有无限多的斐洛条件命题，每一瞬间都有一个。如果每一个斐洛蕴涵都是真的，则第欧多鲁蕴涵是真的，如果有一瞬间 t，使得在 t 的相应的斐洛命题是假的，则第欧多鲁命题是假的。因此，可以把第欧多鲁蕴涵看成是形式蕴涵的一个特殊类型。

第三，联结蕴涵。所谓联结蕴涵，是指一个条件命题是真的，如果它的后件的否定与前件不相容；一个条件命题是假的，如果它的后件的否定与前件相容。联结蕴涵可以被看成是严格蕴涵的古代形式，它是由第欧多鲁和克吕西波提出来的。

第四，包含蕴涵。所谓包含蕴涵，是指一个条件命题是真的，如果它的后件潜在地包含于它的前件之中。①

关于近现代的蕴涵理论，张家龙分析了如下六种类型的蕴涵。

第一，实质蕴涵和形式蕴涵。罗素是第一个引进“实质蕴涵”和“形式蕴涵”这两个概念的逻辑学家，他完全从真假值的角度考察了否定、析取、合取、不相容和蕴涵五个函项，所有这五个函项的真假值都是只依赖于它们的命题变元的真假值，罗素把它们称为“真值函项”。罗素用“p 踣 q”表示“p 蕴涵 q”或“如果 p 则 q”，他称之为“实质蕴涵”，定义

① 张清宇：《逻辑哲学九章》，江苏人民出版社 2004 年版，第 137—144 页。

为“~p∨q”，在谓词演算中，罗素把（x）：φx. 踣 . ψx 称为形式蕴涵，形式蕴涵本质上就是实质蕴涵，是实质蕴涵在谓词演算中的一种应用。

第二，严格蕴涵。严格蕴涵与实质蕴涵不同，不是只反映前后件在真假值方面的联系，而是要反映前后件之间在逻辑上的必然联系，但不能反映前后件之间在内容方面的联系。

第三，相干蕴涵和衍推。1956 年，阿克曼提出了“严密蕴涵”的概念，他指出，A 严密蕴涵 B 表达了 A 和 B 之间一种逻辑关系，使得 B 的内容是 A 的内容的一部分，而同 A 和 B 的真值没有关系，这实际上就是相干蕴涵。阿克曼以“严密蕴涵”概念为基础，建立了严密蕴涵的系统π′，这实际上是第一个相干逻辑的系统。1958 年和 1962 年，安德森和贝尔纳普修改了阿克曼的严密蕴涵系统，建立了一个衍推逻辑系统 E。衍推不仅要求前件和后件相干（两者至少有一个共同的命题变元），而且要求前后件之间有必然的联系，因此，可以说衍推是相干蕴涵和严格蕴涵的有机结合。

第四，直觉主义蕴涵。直觉主义蕴涵是一种构造性的蕴涵。

第五，反事实蕴涵。反事实蕴涵不同于实质蕴涵，实质蕴涵只考虑一个条件句的前件和后件之间的真假联系，而不考虑它们之间内容上的联系，反事实蕴涵则是以经验为基础的，要考虑前后件之间内容上的联系。反事实蕴涵也不同于严格蕴涵，严格蕴涵就是逻辑上必然的实质蕴涵，表明前件与后件之间具有逻辑必然的联系，而反事实蕴涵则是前件与后件之间经验上的必然联系。

第六，因果蕴涵。因果蕴涵是一种条件句，反映前件是后件的原因，后件是前件的结果。①

陈波也对蕴涵的种类进行了较为详尽的探讨，他认为，逻辑是关于推理的有效性的学科，推理中前提与结论之间的关系叫“后乘关系”，由于任何一个推理都可以化归为一个“前提蕴涵结论”的蕴涵式，推理有效性的判定最后被归结为相应蕴涵式的永真性的判定，于是，蕴涵就成为逻辑学中的一个关键性概念。对于蕴涵的意义的不同理解和把握，会导致对后乘关系的不同说明和刻画，并最终导致许多性质和功能有别的不同逻辑系

---

①　张清宇：《逻辑哲学九章》，江苏人民出版社 2004 年版，第 144—159 页。

统的构建。[①]

那么，一个合适的推理理论，实际上也就是一个合适的蕴涵理论，究竟要满足哪些要求？相对于这些要求，哪一种蕴涵是最好的？陈波认为，一个好的推理理论或蕴涵理论，最好同时满足下面五个要求：（1）保真性。一个正确有效的推理必须确保从真的前提推出真的结论。（2）内容相关性。在推理时，推理的前提和结论总是存在着某种共同的内容或意义，使得我们可以由前提想到、推出结论。（3）独立性。所谓独立性，是指两个命题之间是否存在推理关系或蕴涵关系，与这两个命题单独所具有的任何性质如真、假以及模态如必然性、可能性、不可能性等无关。（4）题材中立性或普遍适用性。逻辑是一门基础性和工具性的学科，它应该对一切的题材或内容保持中立，从而普遍适用于一切领域或一切学科。（5）简单性。简单性是指，在同等条件下，相互竞争的那些逻辑理论中，逻辑上越简单的越好。[②]

以上述要求作为标准，陈波分析了如下类型的蕴涵。

第一，实质蕴涵和形式蕴涵。形式蕴涵实际上是实质蕴涵的要求在谓词逻辑中的表现，它并不是独立于实质蕴涵的另外一种蕴涵。按前面的五个标准，实质蕴涵具有保真性、题材中立性和普遍适用性以及简单性，但不具有内容相关性和独立性。

第二，严格蕴涵。根据前面所列的五个标准，严格蕴涵具有保真性，在普适性和简单性方面，严格蕴涵比实质蕴涵稍差，它也没有直接考虑前提和结论之间在内容上的相关性。

第三，相干蕴涵和衍推。毫无疑问，相干逻辑中的推理具有保真性，这就使得它是一种可以成立的逻辑理论，在普适性和简单性方面，它比实质蕴涵要差，但并非不可接受。但是，相干和衍推的逻辑基本上并没有充分反映和刻画它们声称的命题之间在内容或意义方面的相关性。

第四，直觉主义蕴涵。直觉主义蕴涵具有保真性，它没有特别考虑所谓的内容相关性和独立性问题，因此很难说它有这两种特性，由于它拒斥排中律和反证律等日常推理中经常使用的规律，因此它在普遍适用性和简单性方面较差。

---

① 陈波：《逻辑哲学导论》，中国人民大学出版社 2000 年版，第 88 页。

② 同上书，第 93—96 页。

第五，反事实蕴涵。反事实蕴涵是用来处理一类特殊的条件句——反事实条件句的，它并不是一种普遍性的蕴涵，与可以用来刻画推理的蕴涵不是一回事。

第六，自然语言中的推论。自然语言中的推论大致有如下形式：（1）既然 A，那么 B；（2）A，所以，B；（3）A，于是，B；（4）事实 A 蕴涵着事实 B。这一类推理具有如下特征：（1）它在形式上是省略的；（2）它是断定的；（3）它是歧义的，需要解释的。

第七，应用特例：语义蕴涵。语言蕴涵不是一种独立的蕴涵，它只是应用逻辑的蕴涵理论，去分析自然语言句子的语义以及相互之间的语义关系。语义蕴涵所用到的蕴涵相当于衍推。①

对于各种类型的蕴涵，刘壮虎用邻域语义学作了统一的语义解释。他认为，在邻域语义学中，任何一种蕴涵的解释都是二元邻域映射 N，但并不是每个二元邻域映射都可以充当某个蕴涵的解释的。一个公认的关于蕴涵的必要条件是保真性，保真性的含义是：前件真则后件一定真。任何满足保真性的二元算子都是一种蕴涵，反之任何蕴涵都满足保真性，因此，保真性是蕴涵的本质属性。基于这一分析，刘壮虎认为，在各种蕴涵中，实质蕴涵是最弱的蕴涵，严格蕴涵是最强的蕴涵，因为实质蕴涵仅满足保真性，其他蕴涵除保真性外，还需满足另外的条件。②

二　实质蕴涵及其“怪论”

一般认为，实质蕴涵或形式蕴涵是最基本的蕴涵，也是应用最为广泛的蕴涵。但是，对实质蕴涵也有很多诘难，其中最主要的就是认为实质蕴涵会出现所谓的“怪论”。这些“怪论”至少包括：

（1）$A \supset (B \supset A)$

（2）$\neg A \supset (A \supset B)$

（3）$(A \supset B) \vee (B \supset A)$

这三个公式都是命题演算中的定理，人们通常将它们解读为“真命题为任一命题所蕴涵”、“假命题蕴涵任一命题”、“任意两个命题相互蕴

① 陈波：《逻辑哲学导论》，中国人民大学出版社 2000 年版，第 96—116 页。

② 刘壮虎：《逻辑系统中的蕴涵》，载中国逻辑学会：《逻辑今探》，社会科学文献出版社 1999 年版，第 58—64 页。

涵”，从而觉得它们不符合人们的直观，显得有些“怪”或“悖理”。

那么，如何看待实质蕴涵特别是所谓的实质蕴涵“怪论”呢？我国的逻辑学者给出了自己的一些看法。

陈波提出了如下几点来“为实质蕴涵辩护”：

第一，实质蕴涵抽象、概括出了自然语言中“如果，则”这类联结词的共性，在对“如果，则”的各种解释中是最弱的，因而具有普遍适用性和简单性，而这种普遍适用性和简单性是逻辑的本质要求。

第二，实质蕴涵也有关于“如果，则”的日常用法的经验根据或基础。

第三，从前后一致的角度看，如果承认¬（否定）、∨（析取）分别是“并非”和“或者”的合理抽象，那么也应该承认⊃（实质蕴涵）是“如果，则”的合理抽象。

第四，尽管实质蕴涵没有满足内容相关性和独立性要求，而导致了各种“实质蕴涵怪论”，但这些怪论对于推理过程或者是无用的或者是无害的，实际上它们不能合法地用于推理的目的。并且，关于实质蕴涵犯有“推出过多”和“推出过少”的指责是不成立的。

基于这几点，陈波指出，一个正确有效的推理，或者说一个好的推理理论，最好同时满足保真性、内容相关性、独立性、题材中立性和普遍适用性以及简单性这五个基本要求，但内容相关性和独立性实际上是很难甚至是不可能达到的要求。实质蕴涵尽管不具有内容相关性和独立性，但它概括了“如果，则”这类联结词的各种用法的共性，在日常语言中有经验的根据或基础；并且它是关于“如果，则”的各种解释中最弱的，因而是最简单的一种。尽管它会造成许多反直观的“怪论”，但这些怪论对于推理过程并不会造成实际的伤害，至多是无用的，它并不会造成“推出过多”和“推出过少”的毛病。这些或许就是对于实质蕴涵存在着那么多责难和非议，而它仍然被广泛地并且是成功地用来处理各种复杂推理的原因。①

张家龙的观点是：

第一，把蕴涵作为一个二元的命题联结词即“蕴涵词”与把蕴涵看成

① 陈波：《逻辑哲学导论》，中国人民大学出版社 2000 年版，第 116—121 页。

是由一个命题推出另一个命题的推出关系，这两种意义是完全不同的，把它们合而为一，就会造成混乱。例如，“如果2+2=5，那么雪是白的”，当我们把这个命题看成实质蕴涵命题时，它是真的，但是，这绝不是说从“2+2=5”推出“雪是白的”。

第二，条件句“如果A那么B”在日常语言中反映事物情况A与事物情况B之间客观的条件联系，这些条件联系是多种多样的，由于条件联系的多样性和复杂性，因而在逻辑上用一种蕴涵来反映多种多样的复杂的条件联系是不可能的。

第三，在各种各样的条件联系中，有一种联系是共同的，这就是“不存在有事物情况A而没有事物情况B”，实质蕴涵命题的形式“A⊃B”就是这种条件联系的反映，其他各种联系都舍弃掉了。因此，实质蕴涵词“⊃”是一个真值联结词，实质蕴涵命题的真假完全由其中前后件的真值所决定。

第四，所谓实质蕴涵“怪论”是人们要求实质蕴涵反映条件联系中除真假联系之外的内容、意义方面的联系，从而作了错误的解读所造成的。实质蕴涵的本义仅仅是条件联系中真假联系的一种逻辑抽象，是一个真值函项，A⊃B等值于¬A∨B，仅此而已。

第五，蕴涵和逻辑系统可以多样，但逻辑只有一个。在这种意义下，各种不同的蕴涵理论都是从不同方面去刻画同一个逻辑推理关系。此外，各种蕴涵都是对客观的条件联系某方面所作的科学抽象。因此，各种蕴涵理论都是科学的，在它们之间无所谓优劣的问题。就蕴涵的强弱来说，各种蕴涵却有不同。从各种蕴涵所反映的条件联系来说，严格蕴涵最强，反映了前后件之间的逻辑必然联系，实质蕴涵最弱，只反映了条件联系之间的共性——真假联系。

第六，由于实质蕴涵在各种蕴涵中是最弱的，因而它比其他蕴涵的适用范围要广，也比其他蕴涵要简便。它在逻辑学和数学中用得最多，也用得很成功。不仅如此，实质蕴涵理论还是非经典逻辑系统的一个必要组成部分。可以说，如果没有实质蕴涵理论，也就没有非经典逻辑。①

① 张清宇：《逻辑哲学九章》，江苏人民出版社2004年版，第159—170页。

第七节　模态逻辑的哲学问题研究

模态逻辑是迄今为止发展最为成熟的哲学逻辑分支，作为研究“必然”、“可能”等模态算子的逻辑，在模态逻辑的产生与发展中，产生了大量的哲学问题，形成了关于模态逻辑的哲学问题研究。一般地说，模态逻辑的哲学问题包括两类问题：一是关于模态逻辑这门学科的一般性问题，比如模态逻辑与哲学的关系问题、模态逻辑自身的合法性问题，二是模态逻辑研究中提出的哲学问题，比如关于可能世界的含义及其本体论地位问题、本质主义问题，等等。在当代，我国逻辑界学者围绕着这些问题进行了自己的研究与探索。

一　可能世界的含义与本体论地位

在关于可能世界的定义问题上，国外学界有两种主要的观点：一种观点认为可能世界概念是一个初始概念，它是不能定义也不需要定义的；而大多数逻辑学家则认为可能世界概念是可以定义的，但在具体定义上又有不同的看法。

最早提出“可能世界”概念并对其进行定义的当推莱布尼兹。他认为，只要事物或事物的情况组合推不出矛盾，该事物情况或事物的情况组合就是可能的，而可能的事物情况组合就是可能世界。可以看出，莱布尼兹是用“一致性”或“无矛盾性”来定义可能世界的。对莱布尼兹的这一定义，以美国著名的逻辑学家 D. 刘易斯为代表的逻辑学者对其进行了批评，认为该定义包含严重的逻辑循环：“因为我们正是用可能世界去定义逻辑必然性、逻辑可能性、逻辑有效性、逻辑可满足性（逻辑一致性）等概念的，如果可能世界又用逻辑可能性、逻辑一致性来定义的话，那明显陷入了循环定义。”①

对这一批评，冯棉进行了回应。他认为，作为语义概念的“可满足性”与“逻辑一致性”是两码事，一个公式或命题是“可满足的”意味着它在至少一个模型中为真，而逻辑一致性是无矛盾的意思，即推不出逻辑矛盾。因此，“莱布尼兹的定义方式是首先借助于逻辑的一致性来界定

① 陈波：《逻辑哲学导论》，中国人民大学出版社 2000 年版，第 165 页。

可能性，进而给出可能世界的概念（可能性与可能世界的概念是密切相关的），再通过可能世界来刻画逻辑的必然性和描述逻辑的可能性及偶然性，全部定义的基础和起始点是逻辑一致性，并没有再回过头去用可能世界反过来定义逻辑一致性，这里不存在任何循环。”①

张家龙对关于可能世界的两种实在论观点进行了反驳，在此基础上提出了他的关于可能世界定义的模态结构论：可能世界不具有本体论的地位，在直观上可以看做各种具体理解（事态、命题集、时期等），其一般的抽象的理解是：各种可能状态；但在模态逻辑的形式语义中，可能世界只是框架〈W，R〉或模型〈W，R，D，V〉中一个组成部分即集合 W 的抽象元素。对可能世界之间的可达关系 R 也应作这种抽象的理解。模态逻辑的各系统不需要对可能世界作出本体论承诺，量化不是施加在世界之上的；但是，各种量化模态逻辑理论也需要一种本体论承诺，这是由该理论内部的个体变元的值决定的。量化是施加在个体变元之上的，也就是说，各种量化模态逻辑理论在本体论上都承诺了一个非空的个体域，即模型结构〈W，R，D，V〉中的第三个组成部分。张先生还通过“可能世界是极大一致的命题集”与“可能世界语义与代数语义”两个论据论证了其可能世界的模态结构论。②

陈波认为，西方哲学家关于可能世界的三种阐明方式是相容的，并不相互排斥，可能世界就是人们能够想象的任何不包含逻辑矛盾、然后可以用例举法去说明它们的世界。在分析了关于可能世界本体论地位的激进实在论、模态现实论、模态组合论和模态工具论后，他提出了他关于可能世界本体论地位的“温和实在论”：在我们的日常生活中，我们常常会说在某种情况下或某种形势下事情会如何如何，就是指事物除了它目前的存在方式之外，还有其他可能的存在方式，即事物的发展具有多种可能性。例如我们可以说：“如果今天不下雨的话，我们就骑自行车去天津了。”这种可能性，即我们可以想象我们居住的这个世界能够与它的实际情况有所不同，并且能够有意义地谈论所有不同于这个世界的世界，将会发生什么事情，这就是可能世界这一概念产生的直观背景。一旦我们用“可能世界”一语表示事物除了目前的存在方式和演变途径之外，还可以有其他的存在

① 冯棉：《可能世界概念的基本含义》，《华东师范大学学报》1995 年第 6 期。

② 张家龙：《模态逻辑与哲学》，中国社会出版社 2003 年版，第 28—32 页。

方式和演变途径，我们也就把我们所居住的这个世界看做是可能世界中的一个了。因此，把可能世界看做是极大的可能事态，看成我们的现实世界及其各种可能状态，这是与我们的常识和直观比较吻合的。①

弓肇祥将可能世界定义为一种抽象模型，即对模态的一种可能的解释。他认为，这种模型起着语义参考框架的作用，在这个框架中，每一个可能世界都是一个指派，实际上这是一种工作模型，对这种抽象模型可以从不同角度以不同方式加以具体化。当然，如果把可能世界理解为空间状态的话，那么它只能是“逻辑空间”，所有可能的事件状态决定了逻辑空间范围，逻辑空间是一切可能的事件状态，存在的或非存在的事件状态的总和。②

二　本质主义

在模态逻辑中，模态有从物模态与从言模态的区别，从物模态指的是把模态词插入句子中间，修饰句子的谓词，得到形如“苏格拉底必然是会死的”这样的句子，用模态语言来表示就是$\exists_x$（$\Box Fx$）。哲学家奎因认为，$\exists_x$（$\Box Fx$）表示：存在某物 x，x 必然具有性质 F，这就等于承认了有些性质是对象必然具有的，因此，从物模态必然导致本质主义。同时，本质主义问题也是与模态逻辑中的跨界识别问题联系在一起的。

奎因本人是坚决反对本质主义的，他拒斥本质主义的重要理由之一就是所谓的“数学家的骑车人的悖论”：数学家必然地是有推理能力的、而并非必然地是有两条腿的；骑车人必然地是有两条腿的、而并非必然地是有推理能力的；对一个既嗜好数学又嗜好骑车的个体，相对于嗜好数学而言，有推理能力是本质，相对于嗜好骑车而言，有推理能力却是偶性。这就是说，对作为数学家的骑车人而言，有推理能力既是本质又是偶性；同理，有两条腿既是偶性又是本质。可以看出，奎因的观点是，所谓事物或对象的“本质”或“本质特性”都是相对的，个体必然具有的“本质特性”是不存在的，既然事物或对象的“本质”或“本质特性”不存在，当然也就应该拒斥本质主义。

对于奎因的诘难，张家龙进行了反驳：这一悖论是奎因人为地制造出

① 陈波：《逻辑哲学》，北京大学出版社 2005 年版，第 334 页。

② 弓肇祥：《对模态和可能世界概念的哲学考察》，《哲学研究》1990 年第 4 期。

来的，数学家是一个种类，骑车人是另一个种类，作为数学家的骑车人是由这两个种类相互交叉而形成的一个新种类。如果数学家这个种类的本质是有推理能力，骑车人这个种类的本质是有两条腿，那么，作为数学家的骑车人这个种类的本质便是既有推理能力又有两条腿。对这个新种类而言，有推理能力和有两条腿都不是偶性。这个新种类将嗜好数学和嗜好骑车两种兴趣有机地结合在一起了，绝不能单从某一个兴趣来规定这个新种类的本质和偶性。①

应该如何看待本质主义？在《模态逻辑与哲学》一书中，张家龙在分析了奎因关于本质主义的诘难、亚里士多德的本质主义、克里普克的本质主义、普特南的本质主义之后，提出了他的“捍卫本质主义”的观点：（1）世界上的万事万物形形色色，但是它们都形成各个不同的种类，一个种类的本质是该种类所有、其他种类所没有、并在一切可能世界所具有的性质。否认了本质的存在就否定了种类的存在，这就使世界上形形色色的事物无从区分、混沌一团。（2）种类的本质主要是该种类的内部结构特征，以水为例，水的本质就是 H_2O，也就是说，水在一切可能世界中都是 H_2O。（3）谈论单独个体的本质，实际上是把它同以它为唯一分子的单元种类联系在一起的，如果两个个体不能有同样的起源，那么它们就分属不同的单元种类。基于上述三点，张家龙认为，本质主义是一种正确的合理的哲学理论，反本质主义者极力攻击的事物模态的公式 $\Box Fx$ 是可以为真的，以从物模态的公式为主要基础的模态谓词逻辑是无可反对的。②

陈波认为，尽管已有的关于本质和本质属性的说明存在这样或那样的问题，但本质主义本身却并非那么声名狼藉和不可救药，相反，本质主义非常重要，它是与科学主义、理性主义紧密相连的。陈波针对关于本质主义的各种非议和责难，提出了他的“本质相对性学说”：（1）本质是相对于人的实践需要而言的，也就是说，在确定事物的本质时，要把人的实践需要考虑在内；（2）事物的本质是决定事物之所是的一组特性的集合，该集合的个别特性可以变易，但变易不能达到多数特性均变的程度，否则该事物将不再是该事物；（3）本质具有派生、解释非本质特性的功能，前者是后者产生和存在的原因和根据，不可能事物的非本质特性都变了，唯有

① 张家龙：《模态逻辑与哲学》，中国社会出版社 2003 年版，第 112 页。
② 同上书，第 108—111 页。

事物的本质不变；（4）个体和自然种类都具有本质，个体的本质既不是它所从属的类的本质，也不是克里普克所说的该个体的起源，而是该个体全部历史中的核心事件。可以说，个体的历史对个体来说是本质性的。自然种类的本质则是它所具有的内在结构。①

三　模态逻辑的合法性及其与哲学的关系

模态逻辑从诞生之初便面临着其合法性的质疑。对模态逻辑诘难最为猛烈的当推奎因，从20世纪30年代开始他便撰文猛烈抨击模态逻辑，认为无论是从逻辑还是哲学角度看模态逻辑都是不合法的。

对于模态逻辑合法性的问题，国内逻辑界大多数学者持肯定态度，即认为模态逻辑是合法的。比如，陈波认为，奎因的逻辑观过于狭隘，而且其变异逻辑学说与逻辑可修正论之间存在着内部矛盾。可以看出，陈波是明确认为模态逻辑是一种正确、合法的逻辑的。② 张力锋则通过解读奎因关于模态词的三个层次理论，揭示其中存在重大缺陷，从而表明模态逻辑的合法性。③

关于模态逻辑与哲学的关系，王路指出："模态逻辑与哲学的联系是显然的，对哲学的重要性也是显然的。"④ 他认为，模态逻辑与一阶逻辑的区别在于模态逻辑引入了模态算子，因此也引入了一些新的问题，包括隐晦语境、内涵实体增殖等问题。他强调，只有掌握了模态逻辑技术，才能真正体会和认识这些问题，也才有可能真正解答这些问题。

周北海则从成果、问题和方法三个层面分析了模态逻辑对哲学的三个作用：

第一，模态逻辑所取得的成果在哲学上的意义。模态逻辑是对必然性、可能性等哲学概念的研究，模态逻辑有无穷多的系统，每一个系统都可以看做对一种必然性的刻画，因此，在模态逻辑的作用下，人们今天对必然性的认识已较过去丰富得多，对于各种必然性的分类，以及对同一种必然性又可分成各种强弱不同的层次等，都有了相当广泛和深刻的认识。

---

① 陈波：《逻辑哲学》，北京大学出版社2005年版，第339页。

② 陈波：《奎因哲学研究》，生活·读书·新知三联书店1998年版，第256—263页。

③ 张力锋：《论模态逻辑的合法性——对奎因式模态词解读的批判考察》，《学术研究》2006年第9期。

④ 张清宇：《逻辑哲学九章》，江苏人民出版社2004年版，第377页。

第二，模态逻辑的哲学问题对哲学的作用。模态逻辑的哲学问题分为两个方面，即模态逻辑遇到的问题和引发的问题。就前一个方面看，模态逻辑遇到的哲学问题一般来说是和某种哲学理论或观点相冲突而引起的问题。历史上，因为导致本质主义和抽象实体的存在等问题，模态逻辑曾经受到奎因的严厉批评，甚至要取消模态逻辑。模态逻辑后来的发展早已证明奎因的做法是错误的。事实上，所谓模态逻辑遇到的哲学问题有些在马克思主义哲学看来并不是问题，如本质主义问题，恰恰为马克思主义的唯物主义提供了逻辑上的支持。至于第二方面的问题，即模态逻辑引发的哲学问题，则更是推动了哲学的发展。例如，可能世界语义学产生后随之而产生了许多关于可能世界等问题的哲学讨论，提出了各种理论和观点。

第三，模态逻辑所建立的分析和研究的方法对于哲学的作用。由于模态逻辑可以直接分析和处理必然性和可能性这样的概念，而且除此之外，模态逻辑涉及的还有逻辑真、分析性与先验性等，在这些概念的分析与研究中起到重要作用，所以，模态逻辑的分析和研究方法在哲学上还是有一定的特殊意义的。

周北海认为，这三个方面的作用不是绝对的，而是相对的，它们之间也是相互贯通的。①

第八节 辩证逻辑研究

辩证逻辑研究是我国当代逻辑学科研究的一个重要方面，由于其与辩证哲学研究具有十分密切的关联，故作为“逻辑哲学”最后一节加以评述。

一、辩证逻辑研究的历史背景

如前所述，自新中国成立至“文化大革命”之前，我国的逻辑学研究受到前苏联学界的深刻影响，辩证逻辑研究更是如此。因此，评述当代中国辩证逻辑研究，需先做一些历史背景说明。

当代辩证逻辑研究与马克思主义辩证哲学密切相关，但在马克思主义创始人马克思、恩格斯生前公开发表的著作中，并没有使用“辩证逻辑”

① 周北海：《模态逻辑与哲学》，《北京航空航天大学学报》2000 年第 3 期。

这一术语。关于辩证逻辑的研究对象，经常被征引的是恩格斯在其哲学名著中的如下两段著名论断：

"在以往全部哲学中仍然独立存在的，就只有关于思维及其规律的学说——形式逻辑辩证法。其他一切都归到关于自然和历史的实证科学中去了。"①

"对于已经从自然界和历史中被驱逐出去的哲学来说，要是还留下什么的话，那就只留下一个纯粹思想的领域：关于思维过程本身的规律的学说，即逻辑和辩证法。"②

比较这两个论断不难看出：第一，与黑格尔《逻辑学》不同，恩格斯这里使用的作为学科名称的"逻辑"一词，仍指"形式逻辑"。第二，恩格斯这里使用的"辩证法"概念不是指关于自然和历史的辩证法（他和马克思认为那已经是广义"实证科学"的研究对象，如马克思在《资本论》中和恩格斯在《自然辩证法》中所实践的那样），而是与"形式逻辑"相并列的"关于思维及其规律的学说"、"关于思维过程及其规律的学说"，不过不是作为实验心理学意义上的关于思维的经验科学，而是作为"纯粹思想领域"的"辩证法"学说，因而后人将这样的学说称为"辩证逻辑"，亦属顺理成章之举。但需要强调指出的一个文本事实是，在马克思、恩格斯公开发表的文字中，除了引用和指谓黑格尔的《逻辑学》之外，他们所使用的"逻辑（学）"一词都是明确指谓"形式逻辑"的。这是他们与黑格尔的一种自觉区隔。他们多次把形式逻辑的创始人亚里士多德称为"古代世界的黑格尔"、"带有流动范畴的辩证法派"，说明他们并没有把形式逻辑与辩证法看做相互拒斥的理论。恩格斯曾指斥当时的许多不可知论者"缺乏逻辑与辩证法的修养"，③ 其中的"逻辑"也是指"形式逻辑"。马克思与恩格斯从没有否认形式逻辑在人类理性思维中的作用，在自己研究与论证实践中也熟练地加以运用。一个明显的事实是："马克思的《资本论》不仅是运用了辩证法，而且同时也成功地运用了他那个时代的逻辑手段和数学手段。"④

---

① 恩格斯：《反杜林论》，人民出版社 1999 年版，第 24 页。

② 恩格斯：《自然辩证法》，人民出版社 1971 年版，第 218 页。

③ 同上。

④ 沙青、张小燕、张燕京：《分析性理性与辩证理性的裂变》，河北大学出版社 2002 年版，第 13 页。

马克思和恩格斯对形式逻辑之作用的肯定，还体现在他们对归纳与演绎在理性思维中的互补作用的辩证把握上。恩格斯曾就此强调："归纳和演绎，正如分析和综合一样，是必然相互联系着的。不应当牺牲一个而把另一个捧到天上去，应当把每一个都用到该用的地方，而要做到这一点，就只有注意它们的相互联系、它们的相互补充。"① 正确把握演绎与归纳的关系，也是正确理解它们与辩证逻辑之相互作用的一个关节点。

"把每一个都用到该用的地方"，这个要求不但适用于演绎逻辑与归纳逻辑，当然也适用于辩证逻辑。不过，结合他们自己的成功实践，马克思、恩格斯更为强调的是对祛除黑格尔神秘色彩之后的"辩证法"的把握之必要性与重要性。恩格斯有言："甚至形式逻辑也首先是探寻新结果的方法，由已知进到未知的方法，辩证法也是这样，只不过是更高超得多罢了。"②"辩证法对今天的自然科学来说是最重要的思维形式，因为只有它才能为自然界中所发生的发展过程，为自然界中的普遍联系，为从一个研究领域到另一个研究领域的过渡提供类比，并从而提供说明方法。"③ 马克思、恩格斯以及后来的列宁都曾提出了在黑格尔工作的基础上建构科学形态的辩证逻辑的任务，但他们只是提出了一些重要的指导思想，并没有真正实现这项工作。

曾被广为引用的恩格斯关于"初等数学"与"高等数学"的比喻，的确比较贴切地表明了当时恩格斯心目中形式逻辑与辩证逻辑之关系的认识。"初等数学"尽管是"初等"的，但并不是要拒斥或抛弃的。《反杜林论》中有数十处指斥杜林自相矛盾、自语相违之处，就是要表明其论辩对手没有遵守"初等逻辑"的基本法则。须知，恩格斯视域中的"形式逻辑"只是传统形式逻辑，尽管作为现代逻辑基石的逻辑演算系统已于1879年由弗雷格创立，但长期鲜为人知，直到20世纪初才得以广泛传播；加之受黑格尔在"绝对理念"统摄下贬低形式逻辑思想的影响，恩格斯并未考虑到形式逻辑被赋予新的生命而获得长足发展的可能，也没有注意阐明形式逻辑与其所谓"形而上学思维方式"的严格区分。这一点不应苛求于先贤。但是，作为马克思主义产生的哲学背景之一，黑格尔哲学的"反形

① 恩格斯：《自然辩证法》，人民出版社1971年版，第206页。
② 恩格斯：《反杜林论》，人民出版社1999年版，第140页。
③ 恩格斯：《自然辩证法》，人民出版社1971年版，第28页。

式逻辑面貌”，在后来马克思主义哲学发展的过程中产生了重大的负面影响，使得辩证法与辩证逻辑研究与现代逻辑发展长期脱节，极大地限制了辩证逻辑的发展及其作用的发挥；这种局面直到近年才有所改观，这不能不说是历史的巨大遗憾。

在马克思与恩格斯未公开发表的手稿文本中，迄今只发现一处使用了“辩证逻辑”这一术语（这也是历史上“辩证逻辑”这一术语的首次使用，黑格尔曾使用过“思辨逻辑”的术语，但从未使用过“辩证逻辑”一词），这就是《自然辩证法》手稿中的一段论述：

“辩证逻辑和旧的纯粹的形式逻辑相反，不像后者满足于把各种思维运动形式，即各种不同的判断和推理的形式列举出来和毫无关联地排列起来。相反地，辩证逻辑由此及彼地推出这些形式，不把它们互相平列起来，而使它们互相隶属，从低级形式发展出高级形式。”①

这段文字来自《自然辩证法》手稿中一段札记，并没有经过发表前的仔细斟酌。从上下文可以看出，恩格斯这里说形式逻辑把判断和推理的形式“毫无关联地排列起来”，并不是指形式逻辑没有自己的理论系统，而是指形式逻辑并没有使用“流动范畴”考察判断与推理的辩证“关联”。他举出的例子是：对于“摩擦是热的一个源泉”、“一切机械运动都能借摩擦转化为热”、“在每一情况的特定条件下，任何一种运动形式都能够而且不得不直接或间接地转变为其他任何运动形式”这三个判断，在（传统）形式逻辑那里，只能处理为同一类全称肯定判断，而用关于“个别”、“特殊”与“普遍”的辩证范畴理论考察，我们可以看到：“可以把第一个判断看做个别性的判断：摩擦生热这个单独的事实被记录下来了。第二个判断可以看做特殊性的判断：一个特殊的运动形式（机械运动形式）展示出在特殊情况下（经过摩擦）转变为另一个特殊的运动形式（热）的性质。第三个判断是普遍性的判断：任何运动形式都证明自己能够而且不得不转变为其他任何运动形式。到了这种形式，规律便获得了自己的最后的表达。”②这种分析，当然与运用形式逻辑工具的演绎与归纳分析居于不同层面，而同样明显的是，它们也是以演绎与归纳分析为前提条件的。

然而，由于种种历史原因，前苏联学界在20世纪20年代末30年代初

---

① 恩格斯：《自然辩证法》，人民出版社1971年版，第201页。

② 同上书，第203页。

形成了一股强劲的“反形式逻辑”思潮，形式逻辑与辩证法相互拒斥的思想成为整个30年代的主流思潮，而《自然辩证法》（于20年代末被编辑出版）中的上述论述被看做是马克思、恩格斯拒斥形式逻辑的根据，而根本无视他们的对相反观点的明确宣示与说明。直到40年代末期，“形式逻辑”才获得艰难的“平反”，但如本章第一节所述，作为现代形式逻辑的数理逻辑仍然被批判，这种局面直到60年代才得到根本改观。

历史的不幸在于，唯物辩证法与辩证逻辑恰恰是在30年代第一次较大规模地从前苏联传入我国的，其所携带的“彻底地反形式逻辑”的外貌，对我国逻辑学和哲学的发展都产生了重大的负面作用，其影响一直延续至今，这是我们不得不面对的一个历史背景。

形式逻辑的“平反”，也为辩证逻辑展开真正的学术研究提供了可能。通过“形式逻辑与辩证逻辑之关系”的讨论，前苏联学界在辩证逻辑的研究对象与基本性质上逐步形成了三大学派的观点：（1）科学形态的辩证逻辑就是唯物辩证法本身，只不过要更加凸显唯物辩证法作为科学思维方式与思维方法的一面；（2）辩证逻辑是关于思维辩证法的学说，与自然辩证法与历史—社会辩证法相并列；（3）辩证逻辑是关于辩证思维规律、形式与方法的学说。在辩证逻辑的学科性质上，也形成了是哲学不是逻辑、是逻辑不是哲学、既是哲学又是逻辑三种不同观点的交锋，从而与本章前面所述关于“数理逻辑”的学科性质的三种观点（是数学不是逻辑、是逻辑不是数学、既是逻辑又是数学）的争论形成了有趣的对照。同时，各学派也在努力建构辩证逻辑学科体系方面做了大量工作。

二　“文化大革命”前辩证逻辑研究概况

新中国成立至“文化大革命”前，我国的辩证逻辑研究与讨论基本上限于前苏联学界所设定的“问题域”。其中，前苏联的几部代表性著作，在我国学界产生了广泛影响，其中有些被相继翻译出版。影响较大的有罗森塔尔著《辩证逻辑原理》（马兵、马玉珂等译，三联书店1962年版）、阿里克塞也夫著《思维形式的辩证法》（马兵译，上海人民出版社1961年版），柯普宁著《作为逻辑的辩证法》（郑杭生等译，上海人民出版社1965年版）。前苏联以及东欧学界的一些相关研究论文也被大量翻译发表。我国学界的关于辩证逻辑的讨论也在此基础上相应展开，其中，《哲学研究》编辑部编《辩证法、逻辑与认识论的统一》（上海人民出版社

1959年版），且大有编《辩证逻辑参考资料》（两卷本，北京科学出版社1959年版）等，在讨论中发挥了特殊的重要作用。

与前苏联学界相应，这一时期我国学界关于辩证逻辑的研究对象与学科性质的讨论也大致分为三个学派：一是认为辩证逻辑就是唯物辩证法，或者说是唯物辩证法的一个方面。这构成当时我国哲学界占主导地位的观点，并写入了艾思奇、李达、孙叔平等编写的哲学原理教材，在逻辑学界持这种观点的代表有李志才、杜岫石等；二是认为辩证逻辑的对象就是思维辩证法或者思维形式的辩证法学说，这是上列三本前苏联辩证逻辑著作的观点，展开来说，就是罗森塔尔所述："辩证逻辑是运用辩证方法去研究思维和认识，是这一方法的一般原则在思维形式和思维规律领域中的具体化"，"辩证逻辑的主要任务，是要指出如何才能在概念、范畴、判断、推理等的逻辑中表现客观存在的运动"①。这种观点，也成为当时大多数辩证逻辑研究者的主流观点；三是认为辩证逻辑就是关于辩证思维的规律、形式与方法的科学，其代表有江天骥、且大有、章沛等，持这种观点的学者又分为两派：一派主张辩证思维形式是与形式逻辑研究对象迥异的"辩证概念"、"辩证判断"、"辩证推理"；另一派则与前两派一样反对这样的观点，而主张辩证思维形式是对概念、判断、推理等思维形式的辩证把握的逻辑刻画。值得指出的是尽管存在上述学派分野，但各派都十分重视"辩证思维方法"的研究，就"归纳与演绎相统一"、"分析与综合相统一"、"逻辑与历史相统一"，特别是"从抽象上升到具体"的方法展开了富有新意与启发价值的深入研讨，并遵循柯普宁著作的范例，开启了辩证逻辑研究的科学方法论维度的系统探索。

关于形式逻辑与辩证逻辑（辩证法）的关系问题，是五六十年代逻辑大讨论的首要问题，并贯穿讨论的始终。经过长期论证，基本澄清了"形式逻辑"在科学思维中的基础地位及其与"形而上学思维方式"的根本差异，但由于讨论的参加者大多尚未掌握作为现代形式逻辑的数理逻辑工具，限制了讨论的水平，这表现在用"初等逻辑"与"高等逻辑"来把握形式逻辑与辩证逻辑的关系，仍构成当时多数讨论参加者的主导观念。

周礼全是讨论参加者中少数具有深厚的现代逻辑与分析哲学背景的学者之一。他以一个逻辑工作者的高度责任感与敏锐的洞察力认识到："苏

① 罗森塔尔：《辩证逻辑原理》，三联书店1962年版，第75、71页。

联和我国，从二三十年代起，就流行着对形式逻辑与辩证逻辑的错误看法，其根源都来自黑格尔的《逻辑》。黑格尔在《逻辑》中本来就说了不少糊涂话。后来某些人又变本加厉地宣传这些糊涂思想。十月革命后，苏联绝大多数哲学家竟把形式逻辑看做两种互不相容的理论。我国也有许多哲学工作者缺乏判断能力，就跟着人云亦云。要纠正和清除这些关于形式逻辑和辩证逻辑的错误思想，就必须深入研究亚里士多德的矛盾律思想和黑格尔的《逻辑》。因为亚里士多德的矛盾律思想是形式逻辑的根本原理，黑格尔的《逻辑》则是辩证逻辑的主要经典，而且这两者又是互相牵扯的。"[①]本此认识，周礼全于1954—1957年花费大量精力获得了《论概念发展的两个主要阶段——由抽象概念到具体概念》、《亚里士多德论矛盾律和排中律》和《黑格尔的辩证逻辑》三项重要成果。其中，第一项成果于1956年由《哲学研究》连载，并由科学出版社于1957年出版；第二项、第三项成果当时虽没有出版，但印行了不少征求意见本，在学界有重要影响。这些系列成果系统澄清与体现了形式逻辑与辩证逻辑相辅相成的互补关系，并在一定程度上回答了分析风格的辩证法与辩证逻辑研究是否可能、何以可能的问题。

如前所述，我国现代逻辑事业的奠基人在其后期思想中放弃了其前期的狭义逻辑观，而转变为接受包括辩证逻辑在内的大逻辑观，但是他始终没有放弃关于形式逻辑的逻辑真理之"普适性"的思想。在形式逻辑获得"平反"之后，苏联、东欧与我国学界曾就"形式逻辑的客观基础"（即逻辑真理的客观基础）问题展开了多方研讨与争鸣，先后提出了逻辑真理反映客观事物的"相对稳定性"、"相对独立性"、"质的规定性"等多种观点，其中尤以"相对稳定性"说占主导地位。由此说还派生出了形式逻辑只适用于把握事物的量变阶段，只有辩证逻辑才适用于把握事物的质变阶段的观点。然而，在金岳霖看来，这些观点只是在表面上承认形式逻辑的合理性与必要性，实质上还是对形式逻辑的排斥与否定。因为形式逻辑的逻辑真理之所以是逻辑真理，恰恰在于它们以"穷尽可能"为特征，在于它们的普遍有效性，也就是在思维中的普适性。倘若认为思维中有逻辑真理并不适用的领域，则逻辑真理之普遍的规范性就无从谈起，也就等于

① 周礼全：《〈周礼全集〉自序》，载《周礼全集》，中国社会科学出版社2000年版，第6页。

否定了逻辑真理。显然，这个问题不解决，使形式逻辑与辩证法不相互拒斥而且相辅相成的诉求是难以真正达到的。这是在形式逻辑与辩证法的关系上最难解开的一个理论“死结”。经过长期探索和反复钻研，金岳霖终于找到了解开这一理论“死结”的通路：逻辑真理虽与其他所有科学真理一样具有反映性，但它所反映的既不是其早年所说作为“纯存在”的“式”，也不是处于永恒变化发展中的客观事物的任何局部状态或局部阶段的属性，而是反映“客观事物的确实性只有一个”这样一条“相当根本的客观规律”。这条规律并不与任何其他规律（包括唯物辩证法的规律）相冲突，同时，又是任何其他规律成立的必要条件。他于1962年在《哲学研究》发表的长篇论文《客观事物的确实性和形式逻辑的头三条基本思维规律》，是在唯物辩证法的哲学背景下，运用“反映性与性相统一”的认识，对形式逻辑的逻辑真理的普适性思想的系统阐发与辩护。把握确实性也绝不与思想认识的过程性、发展性相冲突，“认识的深入是撇开现象的确实性，深入到本质的确实性，撇开偶然的确实性，深入到必然的确实性，撇开支流的确实性，深入到主流的确实性……认识总是要由浅入深的，但是，无论浅也好深也好，认识总是要反映对象确实性的”[①]。正因为如此，人们要获得关于客观事物的任何方面、任何阶段的正确认识，就必须保持思想认识的确定性。由此决定了人类思想认识中一条基本律：“只有确定的思维认识才能正确地反映客观事物的确实性。”按照这个规律，为获得正确的认识，我们就必须研究在思维（包括辩证思维）全过程中（而不是局部过程中）维护思想确定性的条件，寻找保持思想确定性的规范来克服不确定性，这就是逻辑真理及由之决定的逻辑规范之所由来。该文尽管主要是就矛盾律、排中律和同一律立论的，但根据金岳霖关于“三律”在整个演绎逻辑大厦中的基本性的一贯认识，上述结论自然可以推广到所有逻辑真理。金岳霖本人也做了这样的推广。[②] 这项被晚年金岳霖成为平生“最得意的”三篇论文之一的成果，对于形式逻辑与辩证逻辑相辅相成关系的把握奠定了坚实的理论基础，是五六十年代逻辑讨论中所获得的最重要的成果之一。

---

① 金岳霖：《客观事物的确实性和形式逻辑的头三条基本思维规律》，《哲学研究》1962年第3期。

② 张建军：《论后期金岳霖的逻辑真理观》，《学术月刊》2005年第9期。

三　新时期辩证逻辑研究的主要进路

正如周礼全在20世纪90年代初所指出："1978年改革开放以来，我国对辩证逻辑的研究走上了一个新的阶段。现在许多辩证逻辑的研究者不满足于停留在对辩证逻辑的某些原则的空洞讨论上，已开始比较扎实地研究辩证逻辑的具体内容。有些辩证逻辑的研究者根据自己对辩证逻辑的理解，正在试图构造或已经构造了他们的辩证逻辑体系。这些情况不能不说是一个可喜的进步。"①这段话可作为我国70年代末和整个80年代辩证逻辑研究的恰当概括。学界所探讨的既有辩证逻辑的对象、辩证逻辑与形式逻辑的关系、辩证逻辑与哲学的关系等老问题，也在思维领域的基本矛盾、辩证逻辑的基本规律、辩证思维的形式与方法等诸多方面，提出了一系列新颖的富有启发价值的学术新见，同时也探讨了辩证逻辑研究进一步发展的不同路径。② 经过争论，学界在辩证逻辑研究对象为"辩证思维的规律、形式和方法"上达成了基本共识，但在"辩证思维形式"的性质上仍存在根本性分歧。不同学派均开始了构造辩证逻辑体系的工作，这一时期出现了多部以辩证逻辑命名的专著与教材（详后）。至80年代末，中国逻辑学会辩证逻辑研究会的会员达到近500人。90年代以来，尽管由于种种原因没有延续80年代的"繁荣"，但辩证逻辑研究在深度与广度两方面都获得了新的重要进展。整个新时期辩证逻辑研究的发展，可概括为如下七个方面的主要研究进路。

（一）辩证逻辑与形式逻辑的比较研究进路

如前所述，辩证逻辑与形式逻辑的关系研究，是贯穿于辩证逻辑研究始终的一个长期争论的问题，其实质是两种逻辑类型的比较研究。新时期以来，随着我国逻辑教学与研究现代化事业的发展，现代演绎逻辑和归纳逻辑的科学体系逐渐为我国逻辑学者掌握与使用，以及辩证逻辑研究本身的发展，使得这种比较研究获得了新的深度。1992年出版的黎祖交主编的《辩证逻辑与形式逻辑比较研究》，可视为这种比较研究成果的一种阶段性总结。该书吸取学界比较研究的成果，从概念论、判断论、推理论、论证

① 周礼全：《〈辩证逻辑与形式逻辑比较研究〉序言》，载黎祖交《辩证逻辑与形式逻辑比较研究》，中共中央党校出版社1992年版，第1页。

② 金江文：《关于辩证逻辑讨论中的几个问题》，载中国逻辑学会辩证逻辑研究会编《辩证逻辑研究》，上海人民出版社1981年版。

论、思维方法论、思维规律论等多个角度比较了两门学科的研究历史、研究对象、研究方法和学科性质以及发展方向。其研究结果如周礼全曾做了如下三点肯定性概括："这两门学科无论在研究对象、研究方法、研究重点和研究目的等方面都是有所不同的……是具有不同性质的工具性学科，没有低级与高级之分"；"两门学科都是研究思维形式、规律与方法的科学，即都属于逻辑科学"；"两门学科仍将沿着各自的轨道向前发展，继续作为两种互补的思维工具发挥作用。这里没有谁吃掉谁的问题"。[①] 这样的两门学科的"互补性"观念，已逐步成为国内辩证逻辑研究的主流观念。

由于辩证逻辑以辩证法的矛盾学说为根本基础，而矛盾律又是形式逻辑的基本原则，也是现代逻辑系统的可靠性研究的基石，因而，"辩证矛盾"与"逻辑矛盾"之差异的辨析，就成为辩证逻辑与形式逻辑比较研究中首当其冲的问题，许多逻辑学者（包括不承认存在作为逻辑学分支、但承认辩证法的矛盾学说的学者）参与了该问题的讨论与争鸣，发表了大量研究论文。[②] 香港学者黄展骥通过正是通过对中国内地学界有关区分逻辑矛盾与辩证矛盾之争论的考察，把辩证逻辑学界关于形式逻辑与辩证逻辑之关系的把握划分为"鹰派"与"鸽派"，同时把拒斥"辩证矛盾"及辩证法学说的学者称为"形式派"。所谓"鹰派"即坚持辩证逻辑与形式逻辑不两立、不相容的立场，以30年代苏联和中国学界的辩证学派为代表；"鸽派"则主张拒斥逻辑矛盾与把握辩证矛盾"并行不悖"，即坚持辩证逻辑与形式逻辑可并立的立场，这是50年代后苏联与中国学界这种观点占据主流。但他敏锐地注意到，那种认为形式逻辑适用于把握"量变"、辩证逻辑适用于把握"质变"的观点，实际上否认了形式逻辑规律与法则的普适性本质，他将之与同样否认矛盾律之普适性的"次协调辩证逻辑"学派称为"新鹰派"。[③] 这种学派划分的意义得到了许多学者的肯定。国内"次协调辩证逻辑"的主要代表桂起权欣然接受"新鹰派"的称谓，并指出："形式派、辩证鸽派、辩证新鹰派、辩证旧鹰派可以排列成一个家族

① 周礼全：《〈辩证逻辑与形式逻辑比较研究〉序言》，载黎祖交《辩证逻辑与形式逻辑比较研究》，中共中央党校出版社1992年版，第2页。

② 张建军：《如何区分逻辑矛盾与辩证矛盾——讨论评述与刍议》，载《矛盾与悖论新论》，河北教育出版社1998年版；曹祖明：《辩证矛盾与逻辑矛盾》，陕西师范大学出版社1992年版。

③ 黄展骥：《"逻辑矛盾"与"辩证矛盾"并行不悖吗？——辩证法的"鹰"、"鸽"两派》、《辩证派、形式派"平分秋色?》，载《矛盾与悖论新论》，河北教育出版社1998年版。

谱系，相邻派别的观点是交叉重叠的。”① 张建军则进一步提出，以是否坚持所谓两种逻辑的初高等说划界，又可把辩证鸽派的观点分为两类：“一类维护初高等说，强调矛盾律的所谓‘狭隘和初级的眼界’；另一类则放弃初高等说，而把矛盾律的普适性贯彻到底，真正把拒斥逻辑矛盾作为辩证思维的一项基本原则，主张形式逻辑与辩证逻辑之间是相辅相成的互补关系。”② 他把前者称为“旧鸽派”，后者称为“新鸽派”，并指出金岳霖、周礼全的观点即属于“新鸽派”。赵总宽则对这种学派划分做出了系统总结：“旧鹰派主张唯一正确的逻辑是唯物辩证法的逻辑，而否认形式逻辑是正确的逻辑，提出用辩证逻辑取代形式逻辑。新鹰派并不完全否认形式逻辑，但主张必须限制形式逻辑的不矛盾律和某些推理规则的普适性，认为逻辑矛盾命题是辩证矛盾命题的特例，悖论命题可以是真命题，主张用次协调逻辑来补充形式逻辑……旧鸽派认为形式逻辑与辩证逻辑都是逻辑学，不能互相取代，而是二者有类似初等与高等数学关系的两种逻辑学。新鸽派主张形式逻辑主要作用在于排除思维中的逻辑矛盾命题，它普遍适用可能出现逻辑矛盾命题的全部思维领域；辩证逻辑主要作用在于把握辩证矛盾命题。二者是功能互补的两种逻辑学。”③ 不难见得，这种学派划分对于把握辩证逻辑研究的现状及其发展都具有重要价值，在以下各个研究进路上的成果都可看到上述不同学派的立场与背景的影响。

（二）范畴理论研究进路

由前面的历史考察可以看出，辩证范畴理论可视为辩证逻辑研究的“本原”进路。这一进路的发端可追溯到亚里士多德的《范畴篇》、《形而上学》中的“次范畴”理论及《论辩篇》中的“四谓词”理论，作为对象明确的“逻辑类型”则成型于康德“先验逻辑”及黑格尔的“辩证转换”，后经马克思主义者“祛魅”而明确其科学方向。周礼全曾对这一历史进程做出了一定程度的澄清④。沈有鼎也曾通过对“思维形式”的多重语义的澄清，明确认为：“辩证逻辑即辩证的范畴论”⑤。通过文本分析不

① 桂起权：《再论矛盾、辩证法与逻辑》，《人文杂志》1996 年增刊。

② 张建军：《逻辑矛盾与辩证矛盾之辨——兼评黄、马、邓、桂之争》，《人文杂志》1998 年第 3 期。

③ 赵总宽：《逻辑学百年》，北京出版社 1999 年版，第 412 页。

④ 周礼全：《黑格尔的辩证逻辑》，中国社会科学出版社 1989 年版，第 5—57 页。

⑤ 沈有鼎：《论“思维形式”和形式逻辑》，载《沈有鼎文集》，人民出版社 1992 年版。

难见得，前引恩格斯关于作为“纯粹思想的领域”的“逻辑与辩证法”，就是指形式逻辑与辩证的范畴理论，恩格斯经常将二者统称为“理论思维形式”。

新时期我国学界以范畴理论作为主要与核心进路所获得的成果，以冯契的《逻辑思维的辩证法》（1982 年内部印行，1996 年由华东师范大学出版社出版）为首要代表，该书的特色在于通过对黑格尔—马克思的辩证范畴理论和中国古代的辩证思维传统的互相诠释，勾画了一个以“类”（包括一系列在“知其然”的认识阶段所运用的范畴）、“故”（包括一系列在“求其所以然”阶段所运用的范畴）、“理”（包括一系列在“明其必然与当然”阶段所运用的范畴）的次序作安排的辩证思维范畴体系。在冯契有关思想的影响下，彭漪涟的《辩证逻辑述要》（华东师范大学出版社 1986 年版，2000 年更名为《辩证逻辑基本原理》再版），《概念论——辩证逻辑的概念理论》（学林出版社 1991 年版）、《逻辑范畴论》（华东师范大学 2000 年版），都是在这一进路上所获得的重要成果。李志才也长期致力于范畴理论进路上的辩证逻辑研究，发表了多篇专题研究论文，其成果凝结于所著《辩证逻辑体系》（载李志才主编《方法论全书（1）》，南京大学出版社 2000 年版）。章沛、金顺福也是范畴理论进路上的两位重要代表，其共同特点是将“概念理论”研究作为辩证思维的主要与核心形式，其他部分作为其逻辑展开。其成果体现于章沛主编《辩证逻辑基础》（湖南人民出版社 1982 年版），章沛著《辩证逻辑理论问题》（广东人民出版社 1985 年版）、金顺福主编《辩证逻辑》（中国社会出版社 2003 年版）、金顺福著《概念逻辑》（社会科学文献出版社 2010 年版）。张世珊著《辩证思维逻辑学》（北京师范学院出版社 1988 年版），也是这一进路上另一代表作。两位唯物辩证法专家的辩证逻辑著作［刘景泉著《辩证逻辑概论》（中山大学出版社 1989 年版）、封毓昌著《辩证逻辑——认识史的总结》（中国社会科学出版社 1990 年版）］，也主要是围绕辩证的范畴理论而撰著的。

需要在此说明的是，我们关于辩证逻辑研究进路的划分及其代表作的列举，都是就其核心研究进路来说的，实际上，许多著作都是多种进路相交叉的，特别是因为范畴理论是历史上辩证逻辑之由来的“本原”记录，辩证逻辑的任何其他进路都需要与这种范畴理论“挂钩”并以此为背景而展开。例如，我国第一部辩证逻辑的通论性著作《辩证逻辑》（张巨青等著，吉林人民出版社 1981 年版），就含有“辩证逻辑的范畴体系”的论述，此后出版的某些通论性著作中也含有关于范畴理论的各具特色的论述，如沙青、徐元瑛著《辩证逻辑简明教程》（河北人民出版社 1984 年版）、赵总宽、苏越、王聘兴著《辩证逻辑原理》（中国人民大学出版社 1985 年版）等。

（三）科学方法论研究进路

马克思、恩格斯在通过改造黑格尔的唯心辩证法，创立建立在社会实践论基础上的唯物辩证法的过程中，都特别关注辩证法所固有的方法论功能，倡导用辩证思维方式取代“形而上学思维方式”。列宁提出“辩证逻辑四原则”（全面性、发展性、实践性、具体性），也是从认识与思维方法论着眼的。以此为指导思想，前苏联和我国的辩证逻辑研究中都有明确的方法论维度。新时期以来，西方学界在现代形式逻辑获得长足发展的背景下形成的当代科学方法论（科学逻辑）研究成果陆续引入国内，而其发展中存在的疑难（如逻辑主义与历史主义的冲突）也显示出辩证思维方式的缺乏所造成的问题。我国学者敏锐地认识到，与当代科学方法论研究的结合与互动，应当是辩证逻辑研究的一条重要路径。在前述第一部通论性著作《辩证逻辑》中，就辟有“辩证逻辑在科学理论形成与发展中的作用”一章。而这一研究路径上主要成果，凝结于张巨青主编的国家教委委托编写教材《辩证逻辑导论》之中。该书是迄今所有通论性著作中与当代科学方法论结合最为密切的著作。此后推出的张巨青、刘文君主编的《认知与方法》丛书（浙江科技出版社 1990 年、1994 年、1998 年分三批推出）中，多部著作可视为在这一进路上深化与拓展性研究成果，如张巨青、吴寅华著《逻辑与历史——现代科学方法论的嬗变》（1990）、郁慕镛著《科学定律的发现》（1990）、金顺福著《科学思维的辩证模式》（1994）、梁庆寅、黄华新著《真理——科学探索的目标》（1994）等。梁庆寅著《辩证逻辑学》（中山大学出版社 1988 年版），是这一研究进路上的另一代表作，其中明确地把辩证逻辑视为“科学最一般的方法论”，并给予了系统论证与说明。

有些学者致力于范畴理论进路与科学方法论进路的相互结合，突出显示了辩证范畴理论面向当代科学理论的方法论功能。其中最重要的代表作是沙青著《逻辑科学方法论论纲》（天津人民出版社 1995 年版），其基本宗旨使辩证哲学的逻辑方法论与科学方法论相结合，以达到辩证理性与分析性理性的统一，以便逐步形成一种适应现代科学发展的逻辑科学方法论。金顺福、汪馥郁主编《辩证思维论》（北京燕山出版社1996年版），也是在同样路径上所获得的另一重要成果，其中建构了以辩证范畴理论为轴心的辩证思维“一般模型”和关于非生命世界、生命世界、社会领域、精神世界之科学研究的“特殊模型”。

苗启明系统考察了在辩证逻辑的研究对象上的长期争论，提出以往在辩证逻辑之名下实际上有三门不同的学科，即“哲理逻辑”（大体相当于前述辩证范畴理论）、“思维辩证法”（包含于许多辩证逻辑的通论性著作之中）以及“辩证思维方式论”。他称后者为“狭义辩证逻辑”，以辩证地系统地把握对象的辩证性与系统性的辩证思维方式为其对象。其成果集中体现在《辩证思维方式论——狭义辩证逻辑》（高等教育出版社1990年版）和《辩证逻辑的发展与分化》（上海科学普及出版社1991年版）等著作之中。其狭义辩证逻辑可视为一种特殊的方法论维度上的探索。

（四）非经典逻辑研究进路

致力于“范畴理论研究进路”和“科学方法论研究进路”的学者，在辩证逻辑的学科性质上，大多数赞同“既是逻辑又是哲学”的主张，这也是“文化大革命”前我国学界的主流观点。新时期特别是90年代以来，鉴于现代演绎逻辑最终从哲学怀抱中独立出来获得长足发展的历史事实，有些学者认为，作为“逻辑科学形态”的辩证逻辑，也应是不属于哲学的逻辑理论，而其真正的成熟形态，则是辩证逻辑的形式化理论。以现代演绎逻辑的观点看，这属于一种致力于与经典形式逻辑不同的一种特殊的非经典逻辑的研究进路。

赵总宽是这一研究进路的主要代表人物之一。他将辩证逻辑的发展分为两大阶段：一是从哲学到逻辑科学；二是从非形式化的逻辑科学还是形式化的逻辑科学。前一个方面的划分标准是以思维辩证法研究为主体，还是真正以辩证思维的形式结构及其规律为主体；后一个方面的划分标准为是否达到现代逻辑的形式化要求。以这样的标准，上面列举过的《辩证逻辑》（张巨青等）、《辩证逻辑述要》（彭漪涟）、《辩证逻辑导论》（张巨青主编）、《辩证逻辑学》（梁庆寅）等被列入“哲学形态”；而《辩证逻辑基础》（章沛主编）、《辩证逻辑简明教程》（沙青、徐元瑛）、《辩证逻辑原理》（赵总宽、苏越、王聘兴）、《辩证逻辑学》（张世珊）、《辩证思维方式论》（苗启明）等与下列著作一起，被列入“非形式化的逻辑科学形态”，它们是：李世繁著《辩证逻辑概论》（北京大学出版社1982年版)；马佩等著《辩证逻辑纲要》（河南人民出版社 1982 年版）；李廉著《辩证逻辑》（安徽人民出版社 1982 年版）；张智光著《辩证逻辑》（华中工学院出版社 1985 年版）；于惠棠著《辩证思维逻辑学》（青岛出版社 1989 年版）；章沛、李志才、马佩、李廉主编《辩证逻辑教程》（南京大学出版社 1989 年版）等。① 考察这些"逻辑科学形态"的著作不难发现，它们在"辩证思维形式"的理解上存在着很大的差异，而且其中大多数著作也包含了"思维辩证法"的内容，有些作者本来就是前两种研究进路的代表人物，而且许多著作仍明确把辩证逻辑称为逻辑与哲学的交叉学科，并没有完全独立于哲学的明确诉求。但这样的分类在研究进路的比较研究上是具有启发价值的。

马佩也长期致力于辩证逻辑的"逻辑化"工作。他依照与赵总宽类似的标准把辩证逻辑研究流派划分为"哲学派"与"逻辑派"，而其本人长期致力于独立于哲学的辩证逻辑探索，其系统成果体现在《辩证思维研究》（河南大学出版社 1999 年版）和《辩证逻辑》（河南大学出版社 2006 年版）之中。他的研究是非形式化的，但他表示支持辩证逻辑的形式化工作。他认为多值逻辑、模糊逻辑等异常逻辑均属于辩证逻辑的形式化，但这个观点未能得到多数学者（包括同一进路上的学者）认同。

桂起权明确主张辩证逻辑是一种特殊的非经典逻辑，因而也致力于辩证逻辑的形式化工作。但他也同时重视并积极参与了前两种进路上的工作，并认为这样的工作与形式化工作可以相得益彰。他的有关辩证逻辑形式化及其相关哲学背景的讨论体现在《次协调逻辑与人工智能》（桂起权、陈自立、朱福喜著，武汉大学出版社 2002 年版）。

郑毓信、林曾明确主张"辩证逻辑是一中非形式化的哲学逻辑"，认为辩证逻辑的产生本来就是以与形式逻辑不同的方式发展起来的，辩证逻辑需要将自己的基本概念、基本范畴、基本规律精确化，但追求形式化并不是必须的。他们在《数学、逻辑与哲学》（湖北人民出版社 1987 年版）之中对此做了系统论证。金顺福则认为，辩证逻辑的形式化应当探索，但不是研究辩证逻辑的重点，从总体上说，搞辩证逻辑的形式系统的条件尚不成熟，当前的研究重点是首先是搞清楚辩证思维的内在结构和机制。其观点的系统论证及对某些形式化成果的评论集中在《辩证逻辑》（中国社

---

① 赵总宽：《逻辑学百年》，北京出版社 1999 年版，第 292—299 页。

会出版社2003年版）之中。针对这些观点，致力于形式化方向的学者则对辩证逻辑形式化的必要性、可行性、既有成果与发展路径做了多方面的辩护与新探。

桂起权等所代表的是辩证逻辑形式化的“弱纲领”，即一种特殊的“变异型”非经典系统，这也是当代英美学界探索辩证逻辑形式化的主要进路。而赵总宽的《数理辩证逻辑导论》（中国人民大学出版社1995年版）所代表的是辩证逻辑形式化的“强纲领”，即一种特殊的“扩充型”非经典系统。我国学者构造的其他辩证逻辑的形式化系统大都属于后者。辩证逻辑形式化的主要成果已在本书“哲学逻辑”加以介绍。

（五）现代逻辑与逻辑哲学新成果的辩证审视进路

新时期以来，我国逻辑学界开启了逻辑教学与研究现代化与国际逻辑研究接轨的历史进程，同时，我国逻辑学与相关学界也有不少学者运用辩证法与辩证逻辑理论考察现代逻辑与逻辑哲学理论所获得的新成果，从而构成了一个辩证哲学与现代逻辑互动发展的一个重要平台。

美籍华裔著名逻辑学家王浩，曾力图运用辩证法对现代形式逻辑所使用的基本方法——形式系统方法的哲学性质进行思考研究，他借鉴列宁关于思维的“隔离性”的论述，提出了如下重要见解：“当我们把形式思维与辩证思维加以对照的时候，我们想的是比获得结果（这些结果能在给定的形式系统中写出）广泛得多的某种东西。说得更恰当一点，它或多或少相应于抽象思维，或者更广泛地说，它被看成是下述一种思维：这种思维并不充分具体地抓住实在的情况。如果我们这样广义地理解形式思维，那么我们甚至会佯谬地说：在每一时刻我们只能形式地思维，而辩证法的本质在于认识到这一点，而且自始至终地力求更好地逼近全部实在情况。”①1977年王浩在回国演讲中对此加以宣讲，并得到沈有鼎等学者的支持，在学界产生了重要影响。我国学界也产生了对现代逻辑及现代逻辑哲学的诸多重要成果与问题展开辩证分析的成果。张家龙在《公理学、元数学与哲学》（上海人民出版社1983年版）一书中，考察与论证了“公理学的辩证本性”的问题，同时，他在现代逻辑发展史的考察中也多次强调了现代逻辑成果的辩证性质，如他曾就塔斯基的形式语言真理理论指出：“在语言层次的链条上，对象语言与元语言的对立统一关系构成了链条的本质，它

① 王浩：《数理逻辑通俗讲话》，科学出版社1981年版，第15页。

们的阶可以相同，也可以不同，由此决定了可否在元语言中定义真值等语义概念，所以，语言层次论具有辩证法的精神。"① 哥德尔不完全性定理是现代逻辑辩证本性的典型体现，对于深化与发展辩证哲学与辩证逻辑的价值得到了学界高度关注，就此发表了一系列研究成果，朱水林则考察了哥德尔在证明该定理的过程中所体现的辩证思维方式，表明哥德尔"既重视形式的逻辑思维，也重视直觉的超限思维，并且能以实事求是的态度对待双方，既看到它们之间的区别和对立，更强调它们的联系和转化，正是这种朴素的辩证思想，促使他攀上了科学的高峰。"② 郑毓信则对哥德尔后期对"集合的迭代概念"的研究进行了辩证分析，揭示出："在关于集合的直觉与抽象的公理化集合论之间所存在的并非是一种单方面的'保证'关系，而是一种既对立、又相互依赖、相互促进的辩证关系。"③ 徐利治、朱梧槚等运用辩证法关于有限与无限的对立统一理论长期探索数学无穷观的逻辑基础，徐利治提出了兼容与统一潜无穷与实无穷的"双向无限"概念，并用于连续统结构等问题的研究，其有关辩证分析体现在《数学方法论选讲》（华中工学院出版社 1983 年版）和《论无限——无限的数学与哲学》（大连理工大学出版社 2008 年版）之中；朱梧槚则在致力于"无限与有限的对立统一"的逻辑刻画中，始终专注于相容性问题的探索先后提出了"中介逻辑"和"潜无限数学系统与重建实无限数学系统的构想"，论证了其强大的解题功能，其成果凝结于《数学基础概论》（南京大学出版社 1996 年版）和《数学与无穷观的逻辑基础》（大连理工大学出版社 2008 年版）之中。当代逻辑悖论研究的辩证分析在推动我国辩证逻辑事业的发展中起了特殊的作用。杨熙龄首先引入了国际学界具有自觉的辩证逻辑视角的"次协调逻辑学派"关于悖论的研究，并阐述了其本人关于悖论的辩证性质的认识，对国内有关研究有开启之功，其思考体现于《奇异的循环——逻辑悖论探析》一书（辽宁人民出版社 1986 年版）。一些著名的辩证逻辑专家如马佩、沙青、赵总宽、桂起权等都发表了有关悖论的辩证分析的研究成果。尽管在悖论的基本性质上存在争议，有些学者的观点也发生了改变（如桂起权正是通过悖论研究由明显的"新鸽派"观点转变为

① 张家龙：《数理逻辑发展史——从莱布尼茨与哥德尔》，社会科学文献出版社 1993 年版，第 395 页。

② 朱水林：《哥德尔不完全性定理》，辽宁教育出版社 1987 年版，第 194 页。

③ 郑毓信：《数学哲学新论》，江苏教育出版社 1990 年版，第 45 页。

"新鹰派"），但大家都认为逻辑悖论是连接形式逻辑与辩证逻辑研究的一个"关节点"。郑毓信在其系列论文与著作中提出了逻辑悖论"实质上都建立在对于对象辩证性（过程性与完成性的对立统一）的片面化与形而上学化之上"的观点，其系统论证体现于夏基松、郑毓信著《西方数学哲学》（人民出版社1986年版）之中。张建军在其关于逻辑悖论研究的系列成果中，也始终贯穿了辩证分析的视角，提出了合理的解悖方案均可"辩证重建"的观点，并论证了其方法论功能[①]；他建构了集合论—语形悖论、语义悖论、认知悖论、合理行动悖论与辩证的存在论、真理论、认识论、行动论的对应关联，为公理化集合论及情境语义学解悖方案的"非特设性"进行了辩证哲学辩护，论证了当代悖论研究各层次上都体现出"固定范畴"向"流动范畴"的转变，及其对当代分析风格的辩证哲学与辩证逻辑研究的启发机理。其研究成果凝结于《矛盾与悖论新论》（河北教育出版社1998年版）和《逻辑悖论研究引论》（南京大学出版社2002年版）之中。

（六）应用研究进路

如钱学森等著名科学家所强调，当代以系统科学为代表的一系列"横断科学"和以认知科学为代表的"大科学"的产生，进一步确证了马克思、恩格斯所倡导的"辩证思维方式"的必要性和重要性，也显示了辩证逻辑所可能具有的重要应用价值。在上面所列举的各种进路的研究成果中，都有在这方面的应用价值的探讨。此外，在非形式化研究和形式化研究两方面，都出现了多维度、多领域的应用研究成果。其中，与现代管理理论相结合的探究，形成了系列成果，其代表作有：汪馥郁著《辩证逻辑和管理工作》（北京师范大学出版社1986年版）和《管理者的思维工具——辩证逻辑》（北京大学出版社1987年版）；苏越著《立体思维与管理工作》（中国人民大学出版社1989年版）；张智光主编《管理决策逻辑》（中共中央党校出版社1990年版）；王宁湘著《辩证逻辑与管理思维》（天津古籍出版社2007年版）等。非形式化的辩证逻辑应用研究的著作还有：侯树栋、丁士峰著《辩证逻辑与军事工作》（军事科学出版社1989年版）、苗启明主编《辩证思维方法及其应用》（云南大学出版社

① 张建军：《悖论的逻辑与方法论问题》，载《矛盾与悖论研究》，黄河文化出版社1992年版。

1993年版)、贺善侃著《辩证逻辑与现代思维》(中国纺织大学出版社1996年版)等。形式化方向应用成果的代表性著作有：桂起权等著《次协调逻辑与人工智能》(2002)、柳昌清主编《渗透逻辑及其应用》(国家行政学院出版社1998年版)等。思维创新方面的逻辑应用机理研究，引起了我国学者的高度关注，具有自觉的辩证逻辑视角的著作有黄顺基、苏越、黄展骥主编《逻辑与知识创新》(中国人民大学出版社2002年版)；郁慕镛、张义生主编《逻辑、科学、创新——思维科学新论》(吉林人民出版社2002年版)；张义生著《求解思维的逻辑》(安徽大学出版社2009年版)；汪馥郁主编《企业发展与创新思维》(中国和平出版社1997年版)；楚明锟著《现代管理与创新思维》(河南大学出版社1999年版)等。张巨青等著《邓小平理论的思想方法研究》(江苏教育出版社1998年版)、张桂岳主编《邓小平理论的逻辑研究》(江苏人民出版社1999年版)、陶文楼主编《邓小平理论与创新思维研究》(天津人民出版社2001年版)，亦均具有明确的辩证逻辑应用视角，发挥了独特的作用。新近出版的王习胜、张建军著《逻辑的社会功能》(北京大学出版社2009年版)，则以“辩证求‘和’——条件链上的动态平衡”为题，专章论述了辩证逻辑的多领域应用价值。在研究论文方面，辩证逻辑的应用研究则涉及更为广阔的领域①。

值得指出的是，近年来，辩证逻辑研究受到我国人工智能学界许多学者的关注，他们不但尝试运用辩证逻辑思想解决当前人工智能研究中的一系列瓶颈问题，而且试图借此推动辩证逻辑研究本身的发展。其中，“哲学逻辑”章已作介绍的何华灿领衔的“泛逻辑”研究团队所取得的相关进展最为突出。

（七）思想史研究进路

思想史研究进路在辩证逻辑学科建设中具有特殊的重要意义，但与其他研究进路相比，逻辑学界在这一进路的成果较少，尚未形成合力攻关性质的系列性、持续性研究成果。除各种通论性著作对辩证逻辑思想史的简要论述外，主要的代表性成果除周礼全于50年代完成的《黑格尔的辩证逻辑》于1989年正式出版外，尚有：陶文楼的《辩证逻辑思想简史》(南开大学出版社1984年版)；蔡灿津的《辩证逻辑史论纲》(暨南大学出版

① 桂起权：《2005：辩证逻辑正在向深度和广度拓进》，《河南社会科学》2006年第2期。

社1986年版）；李廉的《周易的思维与逻辑》（安徽人民出版社1994年版）；且大有的《马克思的辩证逻辑思想研究》（内蒙古教育出版社1998年版），彭漪涟的《冯契辩证逻辑思想研究》（华东师范大学出版社1999年版）等。罗翊重的《东西方矛盾观的形式演算》（三卷本，云南大学出版社1998年版）包含了比较丰富的思想史研究内容。沙青、张小燕、张燕京著《分析性理性与辩证理性的裂变——20世纪中国逻辑思想论争的历史反思》（河北大学出版社2002年版），对20世纪30年代与五六十年代中国学界围绕形式逻辑与辩证法之关系的两场论战，进行了系统简明的梳理与深刻独到的剖析，得出了如下基本结论：一种现代化的辩证逻辑“无论是作为逻辑还是整体论方法最终都不能离开现代逻辑和数学的手段，更不用说把二者对立起来”；“辩证理性与分析性理性在分析性之精确前提下的有机统一”，既是科学现代化发展的历史要求，也是当代辩证哲学与辩证逻辑研究所应担负的历史使命。最近，我国学者注意到当代西方“分析的马克思主义学派”运用现代模态逻辑工具对辩证逻辑的“矛盾”理论进行“分析性重建”的努力①，为思想史研究提供了一个新的重要维度。

不难见得，与演绎逻辑及归纳逻辑相比，当代辩证逻辑研究尚未获得成熟形态，一些基本问题尚待进一步探索与澄清。比如，金岳霖曾着力澄清的“逻辑规律”与“思维规范”的区别与关联，在学界关于“思维（形式）辩证法”与“辩证思维形式”的长期争论中，并未给予足够重视。与此相关，科学方法论进路、非经典逻辑进路与范畴理论进路之间的互动关联，理论研究应用研究之间互动关联，辩证逻辑与现代逻辑及逻辑哲学间的互动关联，都缺乏持续性、系统性深度研究。因此，辩证逻辑的发展既要鼓励各种研究路径的“百花齐放”，更应提倡路径之间的深度互动与争鸣；同时，应进一步加强国际交流的广度与深度。在问题导向的多学科、多视角合力攻关研究已成为学术研究的主旋律的时代，加强跨学科交流与合作，进一步发挥各种研究路径的解题功能，是当代辩证逻辑研究的生命力之所在。

参考文献

[1] 曹祖明：《辩证矛盾与逻辑矛盾》，陕西师范大学出版社1992年版。

① 曾庆福、张建军：《埃尔斯特“现实矛盾”思想解析》，《河南社会科学》2009年第5期。

［2］陈波：《逻辑哲学引论》，人民出版社 1990 年版。

［3］陈波：《“逻辑的可修正性”再思考》，《哲学研究》2008 年第 8 期。

［4］陈波：《逻辑哲学导论》，中国人民大学出版社 2000 年版。

［5］陈波：《奎因哲学研究》，生活·读书·新知三联书店 1998 年。

［6］陈波：《专名和通名理论批判》（《中国社会科学》1989 年第 5 期）及其专著《逻辑哲学引论》、《逻辑哲学导论》、《逻辑哲学》。

［7］陈波：《逻辑哲学》，北京大学出版社 2005 年版。

［8］陈波：《奎因哲学研究》，生活·读书·新知三联书店 1998 年版。

［9］陈波：《逻辑哲学引论》，中国人民大学出版社 2000 年版。

［10］陈波：《逻辑学与理性精神》，《光明日报》2003 年 6 月 10 日。

［11］陈慕泽：《逻辑的非形式转向》，载《哲学家·2006》，人民出版社 2006 年版。

［12］陈慕泽：《中华传统文化缘何未成为全球化大厦担纲之梁——谈逻辑与分析理性 》，《湖南科技大学学报》2005 年第 5 期。

［13］陈瑞麟：《逻辑与政治，论殷海光如何应用逻辑来从事政治批判》，《哲学研究》2007 年增刊。

［14］陈晓平：《先验偶然命题与后验必然命题》，《哲学研究》2001 年第 2 期。

［15］程仲棠：《逻辑真理与事实真理》，《暨南学报》1986 年第 2 期。

［16］程仲棠：《后现代主义哲学思潮对逻辑的冲击》，载中国逻辑学会编《逻辑今探》，社会科学文献出版社 1999 年版；另见《逻辑要与中国现代化文化接轨》，《社会科学战线》1996 年第 4 期。

［17］崔清田：《墨家逻辑与亚里士多德逻辑比较研究——兼论逻辑与文化》，人民出版社 2007 年版。

［18］杜岫石：《形式逻辑的永恒性及其发展的定向性》，《社会科学战线》1986 年第 6 期。

［19］杜治本：《专名表达概念》，《逻辑与语言学习》1987 年第 1 期。

［20］恩格斯：《反杜林论》，人民出版社 1999 年版。

［21］恩格斯：《路德维希·费尔巴哈与德国古典哲学的终结》，人民出版社 1972 年版。

［22］恩格斯：《自然辩证法》，人民出版社 1971 年版。

［23］冯必扬：《“专名不表达概念”吗?》，《晋阳学刊》1985 年第 3 期。

［24］冯棉：《可能世界与逻辑研究》，华东师范大学出版社 1996 年版。

［25］冯棉：《可能世界概念的基本含义》，《华东师范大学学报》1995 年第 6 期。

［26］付敏：《“真矛盾论”与悖论：普利斯特亚相容解悖方案研究》，南京大学逻辑学专业 2009 届博士学位论文。

［27］弓肇祥：《对模态和可能世界概念的哲学考察》，《哲学研究》1990 年第 4 期。

［28］弓肇祥：《真理理论——对西方真理理论历史地批判地考察》，社会科学文献出版社 1999 年版。

［29］关兴丽：《试论逻辑学对和谐社会中民主的支撑作用》，《哲学研究》2007 年增刊。

［30］桂起权：《次协调逻辑的悖论观》，《安徽大学学报》1992 年第 1 期。

［31］桂起权：《2005：辩证逻辑正在向深度和广度拓进》，《河南社会科学》2006 年第 2 期。

［32］桂起权等：《次协调逻辑与人工智能》，武汉大学出版社 2002 年版。

［33］桂起权等：《EPR 悖论、量子远程关联及其判决性实验》，《科学技术哲学研究》2009 年第 12 期。

［34］桂起权：《再论矛盾、辩证法与逻辑》，《人文杂志》1996 年增刊。

［35］郭永良：《墨辩的社会功能》，《哲学研究》2007 年增刊。

［36］胡世华：《作为现代逻辑学的数理逻辑》，载《逻辑学文集》，吉林人民出版社 1979 年版。

［37］胡泽洪：《逻辑的哲学反思》，中央编译出版社 2004 年版。

［38］黄华新、胡龙彪：《逻辑的内在机制与研究对象》，《哲学动态》2001 年增刊。

［39］黄顺基等：《逻辑与知识创新》，中国人民大学出版社 2001 年版。

［40］黄展骥：《“逻辑矛盾”与“辩证矛盾”并行不悖吗？——辩证法的“鹰”、“鸽”两派》、《辩证派、形式派“平分秋色”》，载《矛盾与悖论新论》，河北教育出版社 1998 年版。

［41］黄展骥：《矛盾、语义与自我指涉》，载张建军、黄展骥著《矛盾与悖论新论》，河北教育出版社 1998 年版，第 341 页。

［42］贾国恒：《情境语义学及其解悖方案研究》，南京大学逻辑学专业 2007 届博士学位论文。

［43］贾国恒：《专名及其逆向信息》，载《自然辩证法研究》2008 年第 2 期。

［44］金江文：《关于辩证逻辑讨论中的几个问题》，载中国逻辑学会辩证逻辑研究会编《辩证逻辑研究》，上海人民出版社 1981 年版。

［45］金江文：《关于辩证逻辑讨论中的几个问题》，载中国逻辑学会辩证逻辑研究会编《辩证逻辑研究》，上海人民出版社 1981 年版。

［46］金岳霖：《客观事物的确实性和形式逻辑的头三条基本思维规律》，《哲学研究》1962 年。

［47］金岳霖：《知识论》，商务印书馆 1983 年版。

［48］金岳霖：《对旧著〈逻辑〉一书的自我批判》，《关于修改形式逻辑和建立统一的逻辑学体系问题》，载《金岳霖文集》第四卷，甘肃人民出版社 1995 年版。

［49］金岳霖：《形式逻辑》，人民出版社 1979 年版。

［50］晋荣东：《逻辑何为：当代中国逻辑的现代性反思》，上海古籍出版社 2005 年版

［51］鞠实儿：《论逻辑的文化相对性——从民族志和历史学的观点看》，《中国社会科学》2010 年第 1 期。

［52］鞠实儿：《逻辑学的问题与未来》，《中国社会科学》2006 年第 6 期。

［53］鞠实儿：《论逻辑学的发展方向》，《中山大学学报》逻辑与认知专刊（2），2003 年。

［54］康宏逵：《数理逻辑就是现代形式逻辑》，《文汇报》1961 年 9 月 29 日。

［55］《科学时报》2007 年 8 月 14 日。

［56］蒉益民：《空名问题的几种解答》，《世界哲学》2005 年第 6 期。

［57］蒉益民：《专名指称的一种因果描述观点》，《哲学研究》2006 年第 2 期。

［58］蒉益民：《从弗雷格之谜及信念之谜看心灵内容与语义内容的关系》，《世界哲学》2006 年第 6 期。

［59］蒉益民：《专名意义的一种生活整体主义观点》，《哲学研究》2007 年第 4 期。

［60］李大强：《知道者悖论与"知道"的语义分析》，《自然辩证法通讯》2002 年第 5 期。

［61］李恒威、黄华新：《逻辑悖论研究的语用学维度》，《哲学动态》2004 年第 1 期。

［62］李莉：《纽科姆难题的哲学意蕴》，《安徽大学学报》2008 年第 2 期。

［63］李小五：《什么是逻辑?》，《哲学研究》1997 年第 10 期。

［64］林邦谨：《形式逻辑和数理逻辑是两门不同的学科》，《社会科学战线》1985 年第 1 期；《制约逻辑》，贵州人民出版社 1985 年版。

［65］林邦谨：《形式逻辑和数理逻辑是两门不同的学科》，《社会科学战线》1985 年第 1 期。

［66］刘培育：《知识经济呼唤逻辑学的发展》，《哲学动态》1999 年第 2 期。

［67］刘培育：《金岳霖思想研究》，中国社会科学出版社 2004 年版。

［68］刘叶涛：《克里普克名称理论研究》，人民日报出版社 2006 年版。

［69］刘叶涛：《关于名称和本质的若干思考》，载《江汉论坛》2005 年第 1 期。

［70］刘叶涛：《自然种类名称与严格性——克里普克通名理论的一个疑点》，载《自然辩证法研究》2005 年第 1 期。

［71］刘叶涛：《克里普克名称理论研究》，人民日报出版社 2006 年版。

［72］刘壮虎：《逻辑系统中的蕴涵》，中国逻辑学会编：《逻辑今探》，社会科学文献出版社 1999 年版。

［73］罗森塔尔：《辩证逻辑原理》，三联书店 1962 年版。

［74］罗素：《我的哲学发展》，商务印书馆 1982 年版。

［75］雒自新：《"知道者悖论"研究新进展评述》，《哲学动态》2009 年第 7 期。

［76］马佩、李振江：《论悖论的本质》，《中州学刊》1992 年第 3 期。

［77］马佩：《也谈逻辑真理的可错性问题》，《哲学研究》2009 年第 1 期。

［78］马佩：《也谈逻辑的社会文化功能——与张建军先生商榷》，《广州大学学报》2004 年第 11 期。

［79］马佩：《要提倡大逻辑观，反对狭隘的小逻辑观》，《河南大学学报》2001 年第 1 期。

［80］牟博：《关于名称的指称功能问题》，载《哲学研究》1995 年第 12 期。

［81］莫绍揆：《传统逻辑与数理逻辑》，载《逻辑学文集》，吉林人民出版社 1979 年版。

［82］莫绍揆：《数理逻辑的性质》，《文汇报》1961 年 7 月 11 日。

［83］潘天群：《决策逻辑中的悖论研究》，《安徽大学学报》2006 年第 5 期。

［84］任远：《指称的因果理论及其修正》，《自然辩证法研究》2008 年第 8 期。

［85］倪荫林：《论逻辑的社会——德性功能》，《社会科学辑刊》2004 年第 2 期。

［86］沙青、张小燕、张燕京：《分析性理性与辩证理性的裂变》，河北大学出版社 2002 年版。

［87］沙青：《辩证逻辑简明教程》，河北人民出版社 1984 年版；《普通逻辑思维与辩证思维的中间物——悖论的方法论启示》，《河北大学学报》1992 年第 2 期。

［88］沙青、张小燕、张燕京：《分析性理性与辩证理性的裂变》，河北大学出版社 2002 年版。

［89］沈跃春：《认知悖论及其逻辑问题》，《中山大学学报》2003 年增刊。

［90］沈跃春：《悖论：思维领域的第三类矛盾》，《安徽大学学报》1992 年第 1 期。

［91］沈有鼎：《论"思维形式"和形式逻辑》，载《沈有鼎文集》，人民出版社 1992 年版。

［92］苏向荣：《论政策过程论辩转向的逻辑意义》，《哲学研究》2007 年增刊。

［93］田立刚：《从中国传统思维方式看先秦名辩学的影响》，《哲学研究》2007 年增刊。

［94］吴益民：《直言直接推理之思考》，《争鸣》1989 年第 3 期。

［95］吴格明：《略论逻辑的社会文化功能》，《哲学研究》2007 年增刊。

［96］吴家国：《我的逻辑观》，《湘潭师范学院学报》2002 年第 2 期。

［97］吴家国：《关于形式逻辑问题讨论的回顾》，《哲学研究》1979 年第 4 期。

［98］吴家国：《逻辑学的民本思考》，《社会科学论坛》2004 年第 12 期。

［99］王浩：《数理逻辑通俗讲话》，科学出版社 1981 年版。

［100］王建芳：《语义悖论与情境语义学——情境语义学解悖方案研究》，中国社会科学出版社 2009 年版。

［101］王健平：《论名称的含义和指称》，载《自然辩证法研究》2009 年第 1 期。

［102］王军风：《辨析语义悖论》，《江汉论坛》1999 年第 10 期。

［103］王路：《逻辑真理是可错的吗?》，《哲学研究》2007 年第 10 期。

［104］王路：《论“真”与“真理”》，《中国社会科学》1996 年第 6 期。

［105］王路：《逻辑的观念》，商务印书馆 2000 年版。

［106］王启义：《诉诸群众的谬误与社会知识论》，《哲学研究》2007 年增刊。

［107］王宪钧：《数理逻辑与形式逻辑》，载《逻辑学文集》，吉林人民出版社 1979 年版。

［108］王宪钧：《逻辑课程的现代化》，载《全国逻辑讨论会论文选集（1979）》，中国社会科学出版社 1981 年版。

［109］王雨田：《逻辑学中怎能没有归纳逻辑——评唯演绎主义的归纳观》，《哲学研究》2002 年第 3 期。

［110］王雨田：《关于逻辑和逻辑现代化的几个问题——评唯演绎主义》，《自然辩证法研究》2002 年第 8 期。

［111］王习胜：《逻辑悖论方法论研究述要与思考》，《自然辩证法研究》2007 年第 5 期。

［112］熊明：《说谎者悖论的恶性循环》，《哲学研究》2008 年第 11 期。

［113］熊明辉：《再论说谎者悖论的消解》，《广西大学学报》1999 年第 1 期。

［114］亚里士多德：《形而上学》，吴寿彭译，商务印书馆 1959 年版。

［115］杨武金：《辩证法的逻辑基础》，商务印书馆 2008 年版。

［116］杨武金：《论悖论的实质、根源和主要解决方案——从弗协调逻辑的观点看》，《中国人民大学学报》2006 年第 2 期。

［117］杨熙龄：《奇异的循环——逻辑悖论探析》，辽宁人民出版社 1986 年版。

［118］杨熙龄：《悖论研究八十年》，《国外社会科学》1980 年第 1 期。

［119］叶峰：《关于克里普克模态性的一个自然主义解释》，《哲学研究》2008 年第 1 期。

［120］易永胜：《Newcomb 悖论与认知变化》，《学术研究》2005 年第 4 期。

［121］郁慕镛：《我国传统思维方式的一大缺陷》，《哲学研究》2007 年增刊。

［122］郁慕镛等：《逻辑、科学、创新——思维科学新论》，吉林人民出版社 2002 年版。

［123］袁野：《数理逻辑不能取代形式逻辑及其他》，《吉林师院学报》1986 年第 1—2 期。

［124］曾庆福、张建军：《埃尔斯特“现实矛盾”思想解析》，载《河南社会科学》2009 年第 5 期。

［125］张弘：《罗素（Russell）悖论的一种推广与循环集悖论的一种推广》，《北京工业大学学报》1985 年第 1 期。

［126］张家龙：《模态逻辑与哲学》，中国社会出版社 2003 年版。

［127］张家龙：《悖论》，载张清宇主编《逻辑哲学九章》，江苏人民出版社 2004 年版。

［128］张家龙：《模态逻辑与哲学》，中国社会出版社 2003 年版。

［129］张家龙：《论语义悖论》，《哲学研究》1981 年第 8 期。

［130］张家龙：《论逻辑悖论》，载《逻辑学论丛》，中国社会科学出版社 1983 年版。

［131］张家龙：《形式逻辑与现代化》，载《逻辑学文集》，吉林人民出版社 1979 年版。

［132］张家龙：《数理逻辑发展史——从莱布尼茨与哥德尔》，社会科学文献出版社 1993 年版。

［133］张家龙：《新中国逻辑 50 年——在新中国哲学 50 年学术研讨会上的讲演》，《自然辩证法研究》2000 年增刊。

［134］张建军：《也谈传统演绎逻辑与经典逻辑演算的关系——兼与杜岫石、林邦谨等同志商榷》，《河北大学学报》1988 年第 1 期。

［135］张建军：《再谈传统逻辑与数理逻辑的关系》，《争鸣》1990 年第 1 期。

［136］张建军、张斌峰：《从“逻先生”看“德先生”与“赛先生”——关于逻辑的社会文化功能的对话》，《社会科学论坛》2004 年第 5 期。

［137］张建军：《论殷海光的逻辑观》，《哲学研究》1999 年第 11 期。

［138］张建军：《关于开展逻辑社会学研究的构想》，载《哲学动态》1997 年第 7 期。

［139］张建军：《真正重视“逻先生”——简论逻辑学的三重学科性质》，《人民日报》2002 年 1 月 12 日。

［140］张建军：《回归自然语言的语义学悖论》，《哲学研究》1997 年第 5 期。

［141］张建军：《逻辑行动主义方法论构图》，《学术月刊》2008 年第 8 期。

［142］张建军：《广义逻辑悖论研究及其社会文化功能论纲》，《哲学动态》2005 年第 11 期。

［143］张建军：《逻辑行动主义方法论构图》，《学术月刊》2008 年第 8 期。

［144］张建军：《论作为语用学概念的“逻辑悖论”》，《江海学刊》2001 年第

6 期。

［145］张建军：《论后期金岳霖的逻辑真理观》，《学术月刊》2005 年第 9 期。

［146］张建军：《广义逻辑悖论研究及其社会文化功能论纲》，《哲学动态》2005 年第 11 期。

［147］张建军：《科学的难题——悖论》，浙江科技出版社 1990 年版。

［148］张建军：《悖论与科学方法论》，载《矛盾与悖论新论》，河北教育出版社 1998 年版。

［149］张建军：《逻辑悖论与科学理论创新》，载黄顺基等主编《逻辑与知识创新》，中国人民大学出版社 2001 年版。

［150］张建军：《逻辑矛盾与辩证矛盾之辨——兼评黄、马、邓、桂之争》，载《人文杂志》1998 年第 3 期。

［151］张建军：《认知悖论研究的兴起》，《逻辑与语言学习》1994 年第 3 期；《类说谎者认知悖论》，《哲学动态》1994 年增刊。

［152］张建军：《当代逻辑科学“应用转向”探纲》，《江海学刊》2007 年第 6 期。

［153］张建军：《悖论与科学方法论》，载张建军、黄展骥著《矛盾与悖论新论》，河北教育出版社 1998 年版。

［154］张建军：《两类新型逻辑悖论的提出及其意义》，《哲学动态》1996 年第 12 期。

［155］张建军：《如何区分逻辑矛盾与辩证矛盾——讨论评述与刍议》，载《矛盾与悖论新论》，河北教育出版社 1998 年版。

［156］张建军：《论后期金岳霖的逻辑真理观》，《学术月刊》2005 年第 9 期。

［157］张建军：《科学的难题——悖论》，浙江科技出版社 1990 年版。

［158］张建军：《逻辑悖论研究引论》，南京大学出版社 2002 年版。

［159］张建军：《悖论的逻辑与方法论问题》，载《矛盾与悖论研究》，黄河文化出版社 1992 年版。

［160］张建军：《逻辑与宗教对话》，《江苏社会科学》2006 年第 4 期。

［161］张建军：《集合论悖论的辩证分析》，《河北大学学报》1984 年第 1 期。

［162］张建军：《悖论是一种特殊的逻辑矛盾》，《安徽大学学报》1990 年第 1 期。

［163］张建军：《辩证矛盾并不导致悖论》，《中国社会科学》1991 年第 1 期。

［164］张建军：《再论悖论并非辩证矛盾》，载《江汉论坛》1998 年第 1 期。

［165］张力锋：《专名指称理论：历史、现状及反思》，《重庆师院学报》2002 年第 3 期。

［166］张力锋：《专名的新指称理论——对历史因果理论的挑战及修正》，《重庆师范大学学报》2005 年第 3 期。

［167］张力锋：《论模态逻辑的合法性——对奎因式模态词解读的批判考察》，

《学术研究》2006 年第 9 期。

［168］张清宇：《逻辑哲学九章》，江苏人民出版社 2004 年版。

［169］张清宇：《所有非 Z_ 类的类型的悖论》，《哲学研究》1993 年第 10 期。

［170］张尚水：《二十世纪逻辑学的发展》，载《逻辑学文集》，吉林人民出版社 1979 年版。

［171］张尚水：《关于专名》，载《逻辑学论丛》，中国社会科学出版社 1983 年版。

［172］张尚水：《联系数理逻辑来考察形式逻辑的对象和作用问题》，载《光明日报》1961 年 10 月 20 日。

［173］张铁声：《"典型语义悖论"及其单义句预设》，载《安徽大学学报》2006 年第 1 期，第 29 页。

［174］赵总宽：《关于正确的逻辑观与其根据论纲：兼评"必然地得出"论逻辑观》，载北京市逻辑学会编《逻辑、素质、创新》，海洋出版社 2001 年版。

［175］赵总宽：《逻辑学百年》，北京出版社 1999 年版。

［176］赵总宽：《经典逻辑语法悖论与其辩证逻辑解决方法》，载《辩证逻辑研究》，云南大学出版社 1998 年版，第 246 页。

［177］赵总宽：《逻辑学百年》，北京出版社 1999 年版。

［178］哲学问题编辑部：《逻辑问题讨论总结》，载《（苏联）逻辑问题讨论集》，谢宁等译，三联书店 1954 年版。

［179］《中国大百科全书·哲学卷》，中国大百科全书出版社 1987 年版，第 33 页。

［180］周昌乐：《逻辑悖论的语义动力学分析及其意义》，载《北京大学学报》2008 年第 1 期。

［181］周北海：《模态逻辑与哲学》，载《北京航空航天大学学报》2000 年第 3 期。

［182］周礼全：《〈辩证逻辑与形式逻辑比较研究〉序言》，载黎祖交主编《辩证逻辑与形式逻辑比较研究》。

［183］周礼全：《黑格尔的辩证逻辑》，中国社会科学出版社 1989 年版。

［184］郑毓信：《数学哲学新论》，江苏教育出版社 1990 年版，第 45 页。

［185］周礼全：《〈辩证逻辑与形式逻辑比较研究〉序言》，载黎祖交主编《辩证逻辑与形式逻辑比较研究》，中共中央党校出版社 1992 年版。

［186］周礼全：《〈辩证逻辑与形式逻辑比较研究〉序言》，载黎祖交主编《辩证逻辑与形式逻辑比较研究》。

［187］周礼全：《形式逻辑的修正、改造和发展方向》，《光明日报》1961 年 5 月 26 日。

［188］周礼全：《逻辑百科辞典》，四川教育出版社 1994 年版。

［189］《哲学问题》编辑部：《逻辑问题讨论总结》，载《（苏联）逻辑问题讨论集》，谢宁等译，三联书店 1954 年版。这部译文集在很大程度上制约了我国 20 世纪五六十年代逻辑大讨论的范围和水平。

［190］朱梧槚、肖奚安：《集合论导引》，南京大学出版社 1991 年版。

［191］朱水林：《哥德尔不完全性定理》，辽宁教育出版社 1987 年版。

［192］Dov M. Gabbay, John Woods. "The Practical Turn in Logic". In *Handbook of Philosophical Logic*, Second Edition, vol. 13, Dordrecht: Springer, 2005, pp. 25 – 123.

［193］"From the Logical Point of View: The Chain Store Paradox Revisited", in *Logic, Rationality, and Interaction*, Springer – Verlag Berlin Heidelberg 2009.

［194］任晓明、曹青春：《逻辑是可修正的吗?》，《哲学研究》2008 年第 3 期。

第七章　逻辑史

第一节　概述

在中国，有逻辑学科是中国近代西方逻辑学东渐之后的事情，逻辑史领域亦如此。这就体现出一个鲜明的特征：中国近代以来，中国学界关于逻辑史的研究不能不参照西方的逻辑，所以，逻辑史研究更凸显以西方逻辑学为主体的比较研究，这在先秦逻辑、汉传因明方面更为突出。当然这里涉及逻辑观的问题。

新中国成立六十年逻辑史的研究是中国近代以来逻辑史研究的继续。本章从四个方面概述这一时期逻辑史研究状况，即中国逻辑史、西方逻辑史、汉传因明、藏传量论。需要说明的是汉传因明、藏传量论本是佛教逻辑，我们把它分成两节来讨论是因为它们既与印度因明有差异，而且彼此之间差异亦大，这在后面的研究中就可以看出，兹不赘述。

我们把新中国成立六十年中国逻辑史研究大致分为三个时期，即新中国成立后前 17 年中国逻辑史研究的开拓期、20 世纪 80 年代中国逻辑史的学科建设期和 20 世纪 90 年代至今的中国逻辑史研究的深化与反思期。说是开拓期，仅指时间而言，尽管当时的研究者不多，但他们是民国时期研究的继续，有许多可资借鉴的成果。二期与三期的划分是以国家“六五”计划重点项目《中国逻辑史》（五卷本）1989 年面世为标志，前期以学科构建为主体；后期研究与反思并重，形成不同的中国逻辑学立场。

新中国成立后西方逻辑史研究分为“西方形式逻辑史研究”、“ 西方逻辑史专题研究”两个大的方面对新中国成立六十年进行回顾与总结。关于“形式逻辑”的理解，是依据肖尔兹对逻辑学的分类；在“西方逻辑史专题研究”部分只选择与本书其他章的题目相关的领域，如，哲学逻辑发展史、归纳逻辑发展史、语言逻辑发展史、逻辑哲学发展史等。

新中国成立六十年汉传因明研究也分为三个阶段：1949 年至 1966 年为第一阶段。这一阶段与此前 30 年相比，波澜不兴；第二阶段是从“无产阶级文化大革命”开始至结束，在大陆，因明研究和传习完全停止；1978 年至今为第三阶段，因明研究如枯木逢春，欣欣向荣。

“藏传量论”也有学者称为“藏传量学”、“藏传因明”等。本节研究虽然也按照年代分为三个时期，也就藏传量学的前期发展及特征作简要介绍。即便是按照时间分期，也是以藏传量论的发展特征为研究主线的，所以内容包括总论、新的起点 不幸夭折（1949—1979）走出低谷 臻于辉煌（1979—1999）、深入拓展 继往开来（1999—2009）四部分。

第二节　中国逻辑史

一　总论

思考新中国成立 60 年中国逻辑史的研究理应追溯到中国逻辑史学科的建立。受逻辑学东渐的影响，1897 年孙诒让首先提及《墨经》有西方之逻辑学，梁启超 1904 年写出《墨子之论理学》，开始了中国逻辑史的研究，便出现了中国逻辑史学科。在《墨经校释》自序中梁启超说过，“比年以来，欧学东注，学者凭借新知以商量旧学”①。梁氏所述表明，讨论“中国古代逻辑”与“中国逻辑史”的一个基本语境，是西方逻辑，是用西方逻辑的概念在中国先秦《墨经》等典籍里找对应语，构建了墨家逻辑，形成了梁启超的用西方逻辑解释中国先秦经典的研究范式。影响深远，不仅成为新中国成立前中国逻辑史研究的主流，也是新中国成立 60 年中国逻辑史学科发展的主流观念的金科玉律。不过，对此研究的批评者也不乏其人，如陈寅恪在冯友兰《中国哲学史》上册的审查报告里批评当时的墨学研究为：“今日之墨学者，任何古书古字，绝无依据，亦可随其一时偶然兴会，而为之改移，几若善博者能呼卢成卢，喝雉成雉之比；此近日中国号称整理国故之普通状况。”②

---

①　梁启超：《饮冰室合集》（8），中华书局 1989 年版，第 55 页。

②　陈寅恪：《审查报告一》，见冯友兰：《三松堂全集》（第二卷），河南人民出版社 2000 年版，第 613 页。

我们把新中国成立60年中国逻辑史研究大致分为三个时期，即20世纪50—60年代中国逻辑史研究的开拓期、20世纪80年代中国逻辑史的学科建设期和20世纪90年代至今的中国逻辑史研究的深化与反思期。划分的标准是以时间为序，以研究特色为依据。说是开拓期，仅指时间而言，尽管当时的研究者不多，但他们是民国时期研究的继续，有许多可资借鉴的成果。二期与三期的划分是以国家“六五”计划重点项目《中国逻辑史》（五卷本）1989年面世为标志，前期以学科构建为主体；后期研究与反思并重，形成不同的中国逻辑学立场。

20世纪80年代至90年代中国逻辑史界的讨论异常活跃。21世纪，总体上看，中国逻辑史界的讨论相对减弱，倒是非中国逻辑史界又出现几种不同声音。例如，2000年王路、张立娜连发两篇文章讨论关于中国逻辑史研究的问题，主张“既然是中国逻辑史的研究，就一定要运用最新的逻辑理论和方法来进行研究”[①]。这种“最新的逻辑理论和方法”就是早在1995年他说的现代逻辑，只有掌握现代逻辑，“中国逻辑史的研究才会更上一层楼”[②]。陈波在研究荀子时认为，“荀子的这种名称理论甚至比当代美国哲学家克里普克、普特南等人的严格指示词和因果历史理论更为合理”[③]。与此相反，鞠实儿却认为，“西方经典研究方法不能证明任一文明（含逻辑）的合理性，但也不能证明它是不合理的。因此，没有一种文明（含逻辑）在合理性方面是超越的，它们均不能被简单地拒绝和接受。这就是所谓的文明平等原则。”依此原则，“提出了广义论证逻辑的概念，扩展了逻辑家族成员，使之包括主流文化之外他文化的逻辑”[④]。论证和说明“逻辑相对于文化”[⑤] 命题。这些观念值得中国逻辑史界学者的思索。

不过中国有没有西方逻辑，是什么样的逻辑，的确涉及逻辑观的问题。为什么会出现金岳霖对中国逻辑是什么的困惑、沈有鼎的墨家逻辑学研究与其逻辑观出现矛盾，就是因为中国逻辑史研究需要一个论域。

---

① 王路、张立娜：《中国逻辑史的研究为什么需要“比较”》，《哲学动态》2007年第5期。

② 王路：《对象的明确和方法的更新——论有关中国逻辑史研究的几个问题》，《哲学研究》1995年第1期。

③ 陈波：《荀子的名称理论：诠释与比较》，《社会科学战线》2008年第12期。

④ 鞠实儿：《逻辑学的问题与未来》，《中国社会科学》2006年第6期。

⑤ 鞠实儿：《论逻辑的文化相对性》，《中国社会科学》2010年第1期。

二　20世纪50年代至60年代中国逻辑史研究

（一）概述

1949年后，中国逻辑史研究队伍相对薄弱。“1956年，国家制定全国科学规划时就明确地指出，要加强中国逻辑史的研究工作。”① 之后开始引起学者重视，出现一些成果。据郑杰文在《20世纪墨学研究史》（清华大学出版社2002）统计：1950—1976年大陆的墨学研究、整理著作共出现21种，论文130篇。除整理著作外，这些著作主要集中在综合研究和《墨经》研究。这一时期中国逻辑史的研究在中国哲学史、中国思想史领域虽有涉及，但只是提及而已。如侯外庐等著的《中国思想通史》认为，墨子“在知识论和逻辑学上是中国古代第一个唯物主义者”；墨家把概念（名）分为达、类、私三类，创效、辟、侔、援、或、假、推七种论辩方法；墨辩派的归纳推理以现实为基础。真正体现当时中国逻辑史研究水准的是以沈有鼎的《墨辩的逻辑学》，詹剑峰的《墨家的形式逻辑》（1956），汪奠基的《中国逻辑思想史》（1960年完稿，题为《中国逻辑思想简史》）、《中国逻辑思想史料分析》（1961）和他当时发表的一些论文。其中有些学者的成果主要发表于新中国成立前，但是又在50年代至60年代出版，如谭戒甫的《墨辩发微》与栾调甫的《墨子研究论文集》、《杜国庠文集》等，虽然这些不是我们研究的范围，而在新中国成立后所产生的新观点仍纳入我们的视野。总体看来，这一时期的研究既有“以西看中”的成分，又有研究之反思，体现出三大特征。

1. 以西方逻辑来研究中国逻辑

在这一时期以詹剑峰最为突出，他的《墨家的形式逻辑》包括：名的由来、名的本质、名的种类、名的内涵与外延、定义、分类、辞的本质、辞的构成、辞的分类、说的本质、说的种类、演绎的法则、归纳的法则、归纳与演绎的关系等内容。此与类似的研究如赵纪彬认为：“名辩即是逻辑，二者是实质上的同义语”②。杜国庠在《该怎样看待墨家逻辑》一文里也有这样看法，墨家“规定了概念（‘以名举实’）、判断（‘以辞抒意’）和推理（‘以说出故’）的意义，有演绎也有归纳（‘以类取、以类

---

① 刘培育：《逻辑学家汪奠基》，《文献》1993年第3期。

② 赵纪彬：《名辩与逻辑》，《新中华》1949年第12卷第4期。

予'）。配合着第二部分第一段所说的'辟、侔、援、推'的具体方式，墨家的逻辑于是具备。"[①] 李世繁在《哲学研究》（1958 年第 1 期）上发表《谈谈〈墨辩〉关于辩的理论》一文认为《墨辩》的逻辑学叫辩学；杨芾荪在《中山大学学报》（1962 年第 1 期、1963 年第 3 期、1964 年第 1 期）先后发表《墨家论辩》、《墨家论证学说述略》、《墨家思维形式概要》，得出墨家以类比推理为主，而墨家的类比推理包含有演绎与归纳；李匡武的《形式逻辑》（广东人民出版社 1962 年）研究墨家的辩学，他认为墨家的"以名举实，以辞抒意，以说出故，以类取，以类予"大致相当于西方逻辑的概念、判断、推理；温公颐的《墨子的逻辑思想》（《南开大学学报》1964 年 4 月）研究逻辑推论的基本范畴、逻辑思维的基本规律、名词概念、判断、推理、逻辑方法等；还有周云之、孙中原等学者的文章。

2. 批评用西方逻辑硬去套中国逻辑的比附方法

谭戒甫在《墨辩发微》序中强调，"周秦诸子里面多有名家言，自来不少学者利用西方逻辑三段论法的形式，把原来一模一样地支配，因说东方也有逻辑了。及仔细查考，只是摆着西方逻辑的架子，再把我们东方的文句拼凑上去做一个面子。这不是我们自己的东西，虽然有些出于自然比附，但总没有独立性。其实我国本有独立性的辩学，其论式组织即在小取大取二篇中，而经说各条就是辩学论式例证"[②]。杜国庠的批评十分尖锐，"因为墨家逻辑学的论式简单，于是一些好心的研究者，有的就用形式逻辑的'三段论法'去套，有的就用'因明'的'三支作法'去套。到了不好套的地方就'画蛇添足'或者'削足适履'而使之相符合。套是套了，到底不像，一样有'买椟还珠'，'不善嫁女而善嫁媵'（见《韩非子》）之嫌。……我认为正确的研究方法，必须以墨家逻辑还诸墨家逻辑，不要'增字说经'，更不要减辞便己。形式逻辑和'因明'只可借鉴，不能用它替代。辩证逻辑也只能用来做研究的指南。……各国的逻辑发展史有它自己的特点，各个历史阶段的逻辑，其形式、内容当然也是不一样的。我们研究古代逻辑和逻辑史，主要目的在于研究逻辑的发展规律，推陈出新，找到解决我们现在的逻辑问题的途径或启发。如果拿我国形式逻

① 《杜国庠文集》，人民出版社 1962 年版，第 553 页。

② 谭戒甫：《墨辩发微》，中华书局 1964 年版，"序"。

辑一套就可，我们何必要研究墨家逻辑”①。

3. 赋予中国逻辑史研究的时代特征

注重运用唯物与唯心主义二分法看待不同学派的逻辑学思想。如何兆清认为，“事实上历史上所有的逻辑学理论并不是偶然产生的或从其他星球输入的，它们都是由在这个地球上卷入现存的阶级关系的人们，从各种各样的社会阶级斗争中和生产斗争中发生发展出来的，而且它们的发生发展特别是和哲学唯物主义与唯心主义两种不同的世界观的斗争相联系，并和辩证法与形而上学两种不同的认识方法之间的斗争相联系”②。

以上特征在沈有鼎、汪奠基等逻辑学家、逻辑史家身上也有体现。

（二）沈有鼎的墨家逻辑研究与反思

沈有鼎是一位著名的数理逻辑学家。这一时期，他对中国逻辑史的研究集中于墨家，其成果连载于《光明日报》1954 年 5 月 19 日至 1954 年 7 月 28 日“哲学研究”栏目（两周一版）上，最后一篇发表在《光明日报》1955 年 3 月 9 日“哲学研究”栏目上。1980 年以《墨经的逻辑学》为名由中国社会科学出版社出版。基本思想表现在：

1. 用西方逻辑学基本概念解释《墨经》

沈有鼎在解经时，引入了西方逻辑学的概念阐释《墨经》。例如，“矛盾律和排中律就在《墨经》所给的‘彼’的定义中明确地表示出来了”③。“逻辑学的叙述通常由概念开始，进而判断，进而推理和论证。《小取篇》所说‘以名举实，以辞抒意，以说出故’，已经明白清楚地把这三步骤依次标举出来了”④。“孔子提出了‘正名’这口号，到《墨经》才发展成有系统的逻辑学”⑤。“由名构成的‘辞’，即命题、语句。‘辞’所表达的‘意’即是判断”⑥。“逻辑学上所谓类比式的论证通常也只是‘譬’”⑦。

2. “让墨经自己来注释自己”

也就是从《墨经》文本的意义和其所产生的时代背景看《墨经》。最典型的是对“类”的文本解读。他认为，“‘类’字在古代中国逻辑思想

① 杜国庠：《杜国庠文集》，人民出版社 1962 年版，第 557—558 页。

② 何兆清：《逻辑史研究的对象和作用》，《北京大学学报》1962 年第 2 期。

③ 《沈有鼎文集》，人民出版社 1992 年版，第 312 页。

④ 同上书，第 316 页。

⑤ 同上书，第 324 页。

⑥ 同上。

⑦ 同上书，第 345 页。

中占极重要的位置，我们必须给以正确的解释。类字的一个意义是相类，即上节所说的‘类同’，相类的事物有相同的本质。我们把相类的事物概括为一‘类’，这是‘类’字的又一个意义。于是一类中的事物都是‘同类’，本质相同。不是一类中的的事物则是‘不类’、是‘异类’，本质不同。‘明类’就是‘明同异’。但‘明同异’不是简单的事情，这是因为有些事物表面上不相似而本质上相同，也有些事物表面上相似而本质上不同。不被表面上的现象相迷惑，能透过表象，了然于事物本质上的同异，这就叫作‘知类’或‘明类’。‘辞以类行’是说一切推论最后总是要从‘类推’出发。‘类推’的根据在于事物间的‘类同’。《孟子·告子上》就是这个意思。归纳推论和类比推论都是用‘类推’的方式进行的。但必须注意，我们这里所说的‘类比推论’和西方人或现代人常说的‘这只是一个类比’不同。古代中国人对于类比推论的要求比较高，这是因为在古代人的日常生活中类比推论有着极广泛的应用。”①

3. 反思

其对自己研究的评价为：“本文的用意在于初步诂解《墨经》中有关逻辑学的那一部分文字。”② 批评主观主义的毛病：“过去估解《墨经》的人，除了早期的孙诒让等不计以外，余者常常望文生义先构成一个主观成见，于是利用《墨经》一书脱误本来极多这话作为理由，任意改窜《墨经》的文字来适合自己的成见。”③ 并认为詹剑峰的《墨家的形式逻辑》“承袭着从梁启超以来以讹传讹的旧说”④。建议研究墨经从校勘和注释方面入手，在校勘方面，“没有必要的时候不轻易改动原文”⑤；在注释方面，“要反复比较各种可能的解释，经过了详尽的考虑，然后采取一个比较最自然最合理的说法……让《墨经》自己来注释自己”⑥。

（三）汪奠基关于中国逻辑的思考

汪奠基是一位对数理逻辑、逻辑史研究很深的逻辑学家。他不仅讲授过西洋逻辑史、数理逻辑和数学史，而且其著作《逻辑与数学逻辑论》是

① 《沈有鼎文集》，人民出版社 1992 年版，第 336 页。
② 同上书，第 300 页。
③ 同上书，第 301 页。
④ 同上书，第 222 页。
⑤ 同上书，第 301 页。
⑥ 同上。

第一部中国学者的数理逻辑著作，他研究中国逻辑史不仅深入文献研究，出版了《中国逻辑思想史料分析》，而且还写出了《中国逻辑思想史》，并发表一批相关的学术论文，其中国逻辑史研究有许多独特见解。其主要思想表现为：

1. 反对机械类比的研究

他把此前几十年来的研究概括为两种形式，一种为“根据普通逻辑的内容，按照所谓概念、判断、推理、证明或反驳等分章的形式逐加填、补”①；另一种形式相反，内容一致，就是“在《经》、《经说》、《大取》、《小取》各篇中，搜出部分主观上需要利用的论点，加进与现代逻辑不相干的解释”②。批评这些形式：“如果离开墨辩本身的历史对象和它的形式特征而以发展了的两千多年的形式逻辑来加以排比，即将使这一逻辑科学史料变为支离破碎。”③“名、辞、说是‘墨辩’的一种表述形式，它们与概念、判断、推理的组织形式实质并不一样”④。“不要专拿两千年后发展了的形式逻辑，来硬搬些古书词句，拼凑成例；或空选些古人说话的方式，来加以概念、判断、推理的形式划分，像一部‘论理学古例’的写法一样，结果等于否认中国有自觉的逻辑认识，无视名辩的科学方法和历史的逻辑思想遗产。这是对待中国逻辑思想史的虚无主义态度，是对逻辑科学史的歪曲。……尽管说逻辑三段论式，或因明的三支式是一般推理的形式，但是不必强把墨辩所谓‘三物必具，然后足以生’的‘辞以故生，以理长，以类行’的原则，硬排成三段式或三支式的同一结构来理解。‘三段式’与‘三支式’并不皆同，而‘三物’之说更有独立的意义。它们所讲的都是‘立辞’、‘推理’的共同形式，都有其正确的表达方法。如果比附为一样的就未免显得贫乏”⑤。

2. 提出“大逻辑”思想

“大逻辑”的提法来源于其对《大取》的认识，“如果把《大取》当作‘墨辩’的‘大逻辑’，这倒是很自然的看法”⑥。从其成果看，大逻辑

① 汪奠基：《中国逻辑思想史》，上海人民出版社 1979 年版，第 104 页。

② 同上。

③ 同上书，第 104—105 页。

④ 同上书，第 112 页。

⑤ 《中国逻辑思想史料分析》，中华书局 1961 年版，第 7—9 页。

⑥ 汪奠基：《中国逻辑思想史》，上海人民出版社 1979 年版，第 117 页。

包括：普通逻辑、辩证的推论方式和社会政治的逻辑。他认为，“中国逻辑史，就是研究所有留在旧中国哲学和一定的科学思想范围内的，有关形式逻辑及辩证法方面的思维形式法则及思维理论认识的产生和发展的历史——包括西藏因明与自唐以后翻译的外国逻辑。”①

中国的普通逻辑论。他认为在我国古代逻辑文献里，保存有许多论述概念、判断、推理之类的科学史料，《小取》中的名辞说故理类是有关思维形式的具体原则的论述。荀子的《正名》“‘名’是概念的表述工具；‘辞’是判断或判断的表述形式；‘辩说’即普通逻辑上的推理；‘期命’即论证过程”②。“这里不仅提出了概念、判断、推理和论证的逻辑定义，而且指出了他们之间的联系”③。“如果单就人类共同思维形式的发觉来说，先秦‘名学’的意义与古希腊‘逻各斯’所摄的思想、概念、语言、词义和理性等形式的研究是类似的。……墨辩的推理不是以演绎为重，而是以科学的归纳论证为基础的”④。他认为孟子“在方法上，他所用的推、比，可以分为两个的类型看：一为近于归纳形式的论证法；一为近于逻辑定义式的解释法”⑤。

中国的辩证思维形式论。“把经验事实跟理论推知相结合的方法，墨家所谓‘类取类予’，‘类以行之’，正是这一思想的逻辑原则。我国古代辩证思维的形式，也正是这一逻辑基础上表现出来的。……先秦逻辑思想和科学认识中的这些类取（归纳）类予（演绎）的辩证思维形式，正反映了当时实际生活中科学认识的客观需要”⑥（中国哲学学会召开的对其书稿《中国逻辑思想简史》讨论会上，关于中国逻辑史研究对象问题，有人批评为：“不应该只限于形式逻辑思想，应该包括辩证逻辑思想又包括形式逻辑思想。”⑦ 此书稿1979年以《中国逻辑思想史》为名出版）。

三　中国逻辑史学科建设（1978—1989）

（一）概述

我们把这一时期称为中国逻辑史学科建设期，确是体现中国逻辑史

---

① 汪奠基：《关于中国逻辑史的对象和范围问题》，《哲学研究》1957年第2期。
② 汪奠基：《丰富的中国逻辑思想遗产》，《光明日报》1961年5月21日。
③ 同上。
④ 汪奠基：《先秦逻辑思想的重要贡献》，《哲学研究》1962年第1期。
⑤ 汪奠基：《中国逻辑思想史》，上海人民出版社1979年版，第135页。
⑥ 汪奠基：《丰富的中国逻辑思想遗产》，《光明日报》1961年5月21日。
⑦ 兆柯：《哲学会座谈中国逻辑思想史研究问题》，《光明日报》1961年5月11日。

体制化建设的特征，无论是社会、政府对学科的确立，还是学术组织的构建、学科团队的建设与合作研究和人才培养等都体现出这一时代科学共同体建设的特征。如刘培育言，“中国‘文化大革命’的结束，到20世纪80年代末中国逻辑史界的成就：一是，沈有鼎、陈孟麟、汪奠基、周文英先生于20世纪50年代至70年代完成的《墨经逻辑学》、《墨辩逻辑学》、《中国逻辑思想史》和《中国逻辑思想史稿》问世了；二是，中国逻辑史研究会组织全国的中国逻辑史工作者，承担并完成了国家‘六五’计划重点课题‘中国逻辑史’的研究任务；三是，一些学者个人著作相继出版，基本上是挖掘、整理和阐述中国历史上有关传统逻辑的理论和学说。另外，中国逻辑史作为一个新的学科，不仅得到学术界的认可，也得到教育界的认可。并在高等学校培养此领域的人才。”①

（二）中国逻辑史学科体制建设

1. 研究会建设

在中国逻辑学科发展史上，1978年召开了第一次全国逻辑讨论会，1979年在第二次全国逻辑讨论会上，中国逻辑学会成立，1980年中国逻辑学会中国逻辑史研究会在广州市召开中国逻辑史第一次学术讨论会，成立了中国逻辑史研究会。在此后的10年间，共召开了7次中国逻辑史学术讨论会（1980、1981、1982、1983、1984、1986、1987），3次因明学术讨论会（1982年中国逻辑学会中国逻辑史研究会在北京召开因明座谈会，1983年中国逻辑学会中国逻辑史研究会召开全国首届因明学术讨论会，1989年中国逻辑学会中国逻辑史研究会举办全国藏汉因明学术交流会）；中国逻辑学会中国逻辑史研究会与中国科学史学会2次联合召开墨学学术讨论会（1987、1989，就《墨经》中的逻辑学、数学和物理学等有关思想进行了热烈的讨论）。大体上是围绕着中国逻辑史学科建设与学术研究而开展的工作，我们仅以《中国逻辑史资料选》编撰和《中国逻辑史》（五卷本）的写作来证明研究会对学术研究和学科建设所发挥的重要作用。

中国逻辑学会中国逻辑史研究会1980年的广州会议制定了编选《中国逻辑史资料》的具体计划并进行了分工。1981年的大连会议为《中国

① 刘培育：《中国逻辑史研究50年概览》，《信阳师范学院学报》（哲社版）2003年第2期。

逻辑史资料选》（先秦部分）编选工作会议，20多人参加，会上汇报了编选工作进展情况，并就有关问题进行了讨论，确定了交稿和定稿的时间。1981年的天津会议主要讨论了《中国逻辑史资料选》（先秦部分）初稿和温公颐的书稿《先秦逻辑史》；会议决定组织本会同仁尽快将胡适用英文写的《先秦名学史》一书翻译成中文出版。1982年的北京会议召开因明座谈会，会议详细讨论了《中国逻辑史资料选》因明分册的编选计划。1982年的山东泰安会议的中心议题是墨辩逻辑，主要讨论了以下几个问题：关于墨辩逻辑的体系；关于墨辩逻辑的成就和贡献；关于墨辩逻辑与惠施、公孙龙思想的关系；关于墨辩逻辑的特点。会议还讨论了《中国逻辑史资料选》汉、明部分的初稿和近代部分的编选计划。1982年的敦煌、酒泉会议讨论了研究因明的目的和意义，因明、名辩与逻辑的比较，因三相问题等；审订了《中国逻辑史资料选》因明卷的编写计划与部分初稿；研究了今后抢救因明、发展因明的设想；成立了因明研究工作小组。1983年的上海会议讨论了《中国逻辑史资料选》近代卷和因明卷的初稿，着重讨论了已被列为国家“六五”规划重点项目的《中国逻辑史》（五卷本）的详细编写计划，并落实了具体分工。1984年江西庐山会议主要讨论《中国逻辑史》编写大纲及有关问题。1986年的厦门会议主要内容是进行《中国逻辑史》（五卷本）书稿定稿工作。1986年的成都会议主要讨论了中国古代逻辑思想的发端、中国逻辑思想发展的特点和规律、如何把中国逻辑史的研究提高到一个新的水平、如何改进中国逻辑史的教学和普及等问题①。

2. 著作、教材建设与人才培养

这一时期出版了一批著作或教材。1979年汪奠基、周文英、陈孟麟分别出版《中国逻辑思想史》、《中国逻辑思想史稿》、《墨辩逻辑学》，自1981年至1992年温公颐出版了近一百万字的三部巨著《先秦逻辑史》、《中国中古逻辑史》和《中国近古逻辑史》，1988年还主编出版了《中国逻辑史教程》，1982年周云之等出版《中国历史上的逻辑家》，1984年周云之、刘培育出版《先秦逻辑史》，1987年孙中原出版《中国逻辑史》（先秦），1987年朱志凯出版《墨经中的逻辑学说》，1988年杨芾荪出版

① 资料来源：《大事记》，2007年12月，逻辑中国（http：//www. logic - china. info/index. php？ q = jigou）。

《中国逻辑思想史教程》，1988 年周山出版《中国逻辑史论》，1989 年李匡武出版《中国逻辑史》（五卷本）。

这些著作或教材主要围绕着传统逻辑理论框架，有传统逻辑思想审定中国逻辑思想。如，《中国逻辑史》（五卷本）“先秦卷”前言中说，此著作是“从先秦到中华人民共和国成立前的通史性专著”。此书编写原则之一就是，“本书只限于形式逻辑的思想发展史，对与形式逻辑思想发展史直接有关的哲学问题、语言问题、科学方法论问题等也将有所涉及，但不作专门或全面的论述。”① 在本书里，专门强调写作“中国逻辑史”的内容：“本书所指的‘逻辑’，也仅限于传统逻辑或数理逻辑的形式逻辑。”② 包括先秦逻辑思想的发端和奠基、先秦逻辑思想的争鸣、先秦逻辑科学的建立和墨辩以后逻辑思想的继续发展等几个时期，两汉魏晋时期出现了王充的论证逻辑、鲁胜的逻辑史论、刘劭、范缜的辞胜理胜之辩、欧阳建的言意之辩以及陆机的连珠论式，唐朝因明的引入，明末到清末西方逻辑的移植，“五四”以后，数理逻辑传播、传统逻辑普及与研究。

也有既按照传统逻辑的框架梳理中国逻辑，又指出中国逻辑的差异。如朱志凯认为，墨经中的逻辑学说是“朴素唯物主义的逻辑学说、‘三物’逻辑、理论联系实际的逻辑。墨经中逻辑学说的特征，可用内涵逻辑来概括，即着重于名辞和说的含义、语义的探讨，而不关心思维结构的研究，更没有像亚里士多德那样使用初步的形式符号。……它是由中国古代文化和汉语特点决定的必然”③。

用这些著作或教材培养了一批后备人才。有些高校在大学本科生中开设“中国逻辑史”课程，而在传统逻辑教科书里大都有“中国逻辑简史”内容，虽然不作为考试内容，但是一般来说教师是要介绍的。在有逻辑学硕士点、博士点的高校大都开设中国逻辑史课程，或招收中国逻辑史硕士生、博士生，目前中国逻辑史界的学术骨干基本上是在这一时期培养的，他们也成为中国逻辑史方向的硕士生、博士生导师。

（三）中国逻辑史学科的研究对象与问题

中国逻辑史研究会的成立之时，也是讨论中国逻辑史的对象与方法之

---

① 李匡武：《中国逻辑史》（先秦卷），甘肃人民出版社 1989 年版，“绪论”。

② 同上书，第 1 页。

③ 朱志凯：《墨经中的逻辑学说》，载任继愈等：《墨子大全》第 61 册，北京图书馆出版社 2004 年版，第 188 页。

际。1980 年广州会议主要讨论议题是讨论中国逻辑史的研究对象与问题（参见周云之：《中国逻辑史讨论会讨论对象和方法问题》，《哲学动态》1981 年第 2 期）。中国逻辑史的对象与方法是这一时期中国逻辑史界关注的主要问题之一，形成几种不同的意见。

1. 中国形式逻辑史

如上李匡武、周云之、刘培育等一批学者坚持《中国逻辑史》（五卷本）关于中国逻辑史研究对象就是中国形式逻辑发展史的观点。“我认为中国逻辑史的研究对象主要应当是历来的逻辑学说……只要对逻辑的某一或若干问题优异地进行一定的分析、研究、论述，却有所见的，便都可以称为学说或理论”①莫绍揆也认为“‘以名举实’用名词表述对象，即概念论。‘以辞抒意’用命题（辞）表达思想，即判断论。‘以说出故’——用论述表达根据、理由，即推理论。‘以类予，以类取’——典型分析论。”认为前三种与亚里士多德的形式逻辑而相沿下来的传统逻辑“相去不远”，而后面西方没有。认为“或”是指选言推理或为模态逻辑，“假”为假言推理，效为定言推理。“‘辟侔援推’实质上是一种类比推理，‘辟’是概念论的类比，‘侔’是判断论中的类比，而‘援’是推理论中的类比，而‘推’当然便市典型分析论中的类比。”同时，墨家也研究了谬误论、同一律、矛盾律和排中律，而《公孙龙子》只探讨了前二律②。张家龙认为用数理逻辑的方法研究《周易》则是一种新的尝试，《周易》虽然不是一部逻辑专著，但却充满形式化的逻辑思想③。

2. 中国形式逻辑与辩证逻辑史

蔡伯铭认为，“中国逻辑史是研究中国古典逻辑及其理论的发生发展史的一门科学。”④他把古典逻辑及其理论解释为不仅仅是演绎逻辑，有自己民族语言特点，有其发展历史，有朴素的辩证思维形式。李元庆“把古

① 李匡武：《略论中国逻辑史的研究对象与方法》，载《中国逻辑史研究》，中国社会科学出版社 1982 年版，第 3—4 页。

② 莫绍揆：《〈墨子·小取〉篇的逻辑体系》载《中国逻辑思想论文选》（1949—1979），三联书店 1981 年版，第 427—438 页。

③ 张家龙：《从数理逻辑观点看〈周易〉》，《哲学动态》1989 年第 11 期。

④ 蔡伯铭：《试论中国逻辑史的研究对象与方法》，载《中国逻辑史研究》，中国社会科学出版社 1982 年版，第 78 页。

代中国的逻辑科学称之为‘辩学’或‘名辩之学’”①。内容包括形式逻辑理论思维的发展史、辩证逻辑理论思维的发展史、形而上学逻辑理论思维的发展史、“应用逻辑”理论思维的发展史。孙中原认为：“中国逻辑史既应包括形式逻辑（普通逻辑）思想的发展，也应包括辩证逻辑思想的发展。”② 何应灿也认为中国逻辑史“应包括形式逻辑和辩证逻辑这两个逻辑体系的理论学说发展的历史”③，要加强古代辩证逻辑的研究。陈孟麟专门写《惠施一派的辩证逻辑思想》④ 一文。

3. “中国逻辑史”

也有学者提出“中国逻辑”的问题，中国逻辑不是西方的逻辑，中国逻辑史的内容和对象必须是中国的。如欧阳中石认为，“我们必须以‘在中国这块土地上’的意义来理解，即凡在这块土地上发生、发展、流传、形成过影响的逻辑，都应包括在内。”⑤“以亚里士多德的逻辑要求套不住的那些逻辑的内容，……才真正是中国逻辑史中最主要对象。”⑥ 袁野认为“中国逻辑史的一个主要问题是‘正名’论的逻辑思想。”⑦“中国逻辑史的另一个主要问题是以相当大的主要力量集中在‘类’的研究上。”⑧ 翟廷瑨、周山要求对我国古代科学史方面大量科学论著中所包含着的逻辑思想及其逻辑特点开展研究⑨。

4. 温公颐的观点

温公颐把先秦逻辑分为“正宗的逻辑”和“正名的逻辑”两种。“先

① 李元庆：《关于中国逻辑史的研究对象和内容》，载《中国逻辑史研究》，中国社会科学出版社 1982 年版，第 18 页。

② 孙中原：《试论中国逻辑史的对象与方法》，载《中国逻辑史研究》，中国社会科学出版社 1982 年版，第 41—42 页。

③ 何应灿：《中国逻辑史要加强古代辩证逻辑的研究》，载《中国逻辑史研究》，中国社会科学出版社 1982 年版，第 88 页。

④ 陈孟麟：《惠施一派的辩证逻辑思想和〈墨辩〉对它的批评》，载《中国逻辑史研究》，中国社会科学出版社 1982 年版，第 153—164 页。

⑤ 欧阳中石：《中国逻辑思想史研究的对象与范围》，载《中国逻辑史研究》，中国社会科学出版社 1982 年版，第 118 页。

⑥ 同上书，第 119 页。

⑦ 袁野：《论中国逻辑史的两个主要问题》，载《中国逻辑史研究》，中国社会科学出版社 1982 年版，第 125 页。

⑧ 同上书，第 131 页。

⑨ 翟廷瑨、周山：《科学史是逻辑思想史研究的重要对象》，载《中国逻辑史研究》，中国社会科学出版社 1982 年版，第 99—116 页。

秦逻辑我把它分为两篇，第一篇写辩者的逻辑思想；第二篇写正名的逻辑思想。……辩者的逻辑思想属于正宗的逻辑，……比较倾向于纯逻辑的研究。至于正名的逻辑却是从政治伦理出发，可以称政治伦理的逻辑。"①

他认为，"正宗的逻辑"是"纯逻辑"，是西方传统逻辑。"在中国古代虽然没有'逻辑'这个名词，但逻辑这门学问是存在的。"② 基于这种认识，他提出墨辩里的概念的定义和划分、概念的特征及其与语词的关系、直言判断、假言判断、选言判断、模态判断、时态判断、演绎推理、归纳推理、类比推理等理论。写出论文《墨子的逻辑思想》、《墨辩逻辑的概念论》、《墨辩逻辑的判断论》等论文。基本观点是，"'以名举实'是属于概念论的范围。'以辞抒意'是属于判断论范围。'以说出故'是属于推理论证范围。"③

"正名的逻辑"也叫"政治伦理的逻辑"，是一种内涵的逻辑。他所说的内涵逻辑是指一种注重实质内容的逻辑，与生活经验相联系。"墨辩的'三物逻辑'在'内涵逻辑'的建设上确是取得了一定的科学成果。"④ 就概念论而言，墨辩逻辑的特点是注重名与实的关系研究。墨辩逻辑的"辞"，"注重它的实质性研究，不像西方逻辑侧重于形式"⑤。"'辞以故生'之故，表面看好像是和三段论的小前提或因明之所谓因相似，但辞所根据之故，实指客观事物的所以然之故，是《经上》所谓'所得而后成'之故。墨辩逻辑从客观实际出发，不是限于文辞的表达，不是形式上的东西，而是具有真实内容的。'辞以理长'，这个理也不是指大前提，而是指客观事物的条理。或《大取》中之所谓'道'。一定事物的故，都有它的形成过程，这就是它的形成的规律。从思维逻辑的结构上说，理也不是指大前提，而是指整个推论过程所循的规则。'辞以类行'的类，也不是简单的比喻，而是依于类取、类予，以类为推，把所得的结论——辞，推广到尚未知道的、普遍的范围去，最后达到'俱然'的普遍有效性。"⑥

---

① 《温公颐文集》，山西高校联合出版社1996年版，第262页。

② 同上书，第263页。

③ 同上书，第107页。

④ 同上书，第110页。

⑤ 同上书，第134页。

⑥ 同上书，第109—110页。

四　中国逻辑史研究的深化与反思时期（1990—2009）

（一）概述

《中国逻辑史》（五卷本）的完成，既是中国逻辑史研究内容的总结，又是对中国逻辑史研究内容与方法反思的开始，也是中国逻辑史研究的深化。尽管有些学者用现代逻辑、辩证逻辑、非形式逻辑等研究中国逻辑，却不能代表这一时期的主流。对于中国逻辑如何称呼我们暂且不论，从其所含内容看，这一时期不同学者在相互批评与讨论中形成了中国逻辑史界的主要的三种立场：中国形式逻辑立场、中国符号学立场、中国名学与辩学立场。

依据对中国逻辑的不同认识，出现了一批先秦逻辑史方面博士论文。从中国国家数字图书馆（http：//res4. nlc. gov. cn/index_ lw. jsp？channelid =75008）查阅逻辑学方面的博士论文，研究先秦逻辑史的主要论文有：田立刚的《先秦逻辑范畴的产生与发展》、傅永庆的《先秦语言逻辑》、张晓芒的《先秦辩学法则研究》、翟锦程的《先秦名学研究》、王克喜的《古代汉语与中国古代的逻辑理论和思想》、张晓光的《中国古代推类思想研究》、杨武金的《墨经逻辑研究》、许锦云的《墨辩与亚氏逻辑》、朱前鸿的《先秦名家四子“名实”思想符号学探析》、黄朝阳的《先秦儒家和墨家譬的研究》、刘明明的《中国古代推类逻辑的历史考察》、刘邦凡的《中国逻辑与中国传统数学》、吴克峰的《易学逻辑研究》等。

这一时期中国逻辑史界研究的另一特征是对百年中国逻辑史研究的回顾与反思。

（二）中国逻辑史研究的三种立场

1. 中国形式逻辑

以西方传统逻辑看待中国逻辑学的学者在1990年代仍有很大的影响力，一直坚持这种观点者以周云之、孙中原等学者为代表。

周云之认为，“先秦是中国古代名辩逻辑发展的极盛时期”。“先秦的名辩逻辑包含着比较全面、科学的理论体系”。在概念方面，公孙龙《白马论》从事物类的属性和范围两个方面揭示了概念在逻辑上具有内涵和外延的基本性质，荀子关于共名与别名的思想第一次从理论上提出了关于名的种属关系和关于“名”的概括与限制的一般原则，概念的分类，在直言命题和直言推理方面，中国古代逻辑学提出了命题的量项和周延问题，直接推理的两种形式，即止和侔，间接推理的基本性质，直言命题和直言推理的基本形式。在假言命题和假言推理、选言命题、逻辑学的基本规律等方面，也有相当丰富的逻辑理论。例如，提出同一律、矛盾律和排中律思想①。

孙中原的墨家逻辑研究，包括墨家思维形式论（概念论、判断论、推理论）、思维规律论（同一律、矛盾律、排中律）和思维方法论（抽象概括法、具体分析法、权衡两面的思维方法）。② 他认为，“中国古代逻辑所阐述的思维形式与规律，同古希腊、古印度逻辑中所阐述的思维形式与规律，在本质上也并没有什么两样，东、西方逻辑在本质上的一致性，说明全人类的思维规律是共同的。各个民族或地区的人们有不同逻辑的说法，似乎是站不住脚的。东、西方古代逻辑学的内容和体系上的不同特点，似应结合不同的时代社会条件、不同的文化科学发展水平以及逻辑学家不同的知识结构，等等，来给予实事求是的说明。褒西贬中或褒中贬西的倾向均不足取。”③ 2006 年商务印书馆出版的《中国逻辑研究》是其中国逻辑观念完整和系统呈现。

刘培育的“中国名辩学”④ 与董志铁的《名辨艺术与思维逻辑》（中国广播电视出版社 2007 年版）基本属于这种观点，如刘培育认为，名辩学是中国古代的一门学问。它以名、辞、说、辩为研究对象，是关于正名、立辞、明说、辩当的理论、方法和规律的科学，其核心是今天讲的逻辑学。中国名辩学发展可分为先秦时期、秦汉魏晋时期、隋唐至明清时期、19 世纪末至 20 世纪中叶、20 世纪 50 年代至 20 世纪末。《名辨艺术与思维逻辑》主要研究名辩思潮产生的历史背景、名辩学之名与逻辑学概念理论，名辩学之辞与逻辑学命题理论、名辩之说与逻辑学的推理理论，以及名辩学之辩与逻辑学的论证理论等。

2. 中国符号学

以李先焜、蔡伯铭、陈宗明、林铭钧、曾祥云等为代表。

李先焜的中国逻辑史研究分为中国近现代逻辑思想研究和先秦符号学

① 周云之：《中国先秦的名辩逻辑是形式逻辑的世界三大源流之一》，《中国哲学史研究》1989 年第 4 期 。

② 孙中原：《论墨家逻辑》，《哲学研究》1998 年增刊。

③ 孙中原：《中国逻辑史》（先秦），中国人民大学出版社 1987 年版，第 427 页。

④ 刘培育：《中国名辩学》，载张家龙：《逻辑学思想史》，湖南教育出版社 2004 年版。

研究。其先秦符号学研究是借索绪尔等符号学理论研究先秦思想。写出《周易》、《墨经》、邓析、尹文、惠施、公孙龙、中国古代的礼仪、中国古代医学中的符号学思想，他认为，“中国古代不仅有丰富的符号现象，而且具有丰富的符号学理论，其中特别是丰富的语义学理论。而语义学就是符号学的主要组成部分之一（除了语义学之外，符号学还包括语形学与语用学）。中国古代的训诂学、儒家的正名学说、《易经》中的符号理论、《墨经》中的名实理论、《公孙龙子》中的指物学理论，都包含有丰富的理论符号学的内容。此外，中国古代的医学、音乐、美术、雕塑、建筑等，则包含有丰富的应用符号学的内容。”①

蔡伯铭认为，从指号学的角度看，中国古代逻辑是包括语形、语义、语用的一种自然语言的逻辑指号学。中国古代逻辑学是以自然语言的古汉语为直接的研究对象。②

陈宗明运用语用学理论写出中国语用学说史，主编出版《中国语用学思想》（浙江教育出版社 1997 年版）一书。包括先秦语用学思想、秦汉以来的语用学思想和当代语用学思想三部分，是一部中国语用学思想发展史，按照符号学理论从《周易》写到 20 世纪 90 年代末。

林铭钧、曾祥云的《名辩学新探》（中山大学出版社 2000 年版）把中国逻辑称为名辩学，他们所说的名辩学是“名学”和“辩学”的统称。他们把名学视作“词项符号学”，从其整体上说，主要是关于词项、符号的理论，对名学着重于语义理论的分析。称辩学为语用学，辩学是研究辩论学的学问，对辩学是把重点放在语用学的解释上。

3. 中国名学与辩学

中国名学与辩学思想的提出，以崔清田为代表。他认为名学、辩学不同于名辩学，名学、辩学不同于传统逻辑。“名学是以名为对象，以名实关系为基本问题，以正名为核心内容的学问。名学在自身的发展中，既有重政治、伦理的一面，也有相对抽象的一面；既有名实关系的讨论，也有对物质世界的分析，呈现出多样性的态势。名学涉及了名的界说、功用、形成，名与实，名的分类，正名，名的谬误，名与辩说等诸多问题。”“辩

① 李先焜：《语言、符号与逻辑》，湖北人民出版社 2006 年版，第 342 页。

② 蔡伯铭：《把中国逻辑史的研究提高一步》，《湖北师范学院学报（哲社版）》1992 年第 2 期。

学的对象是谈说辩论；辩学的基本问题是谈说辩论的性质界定与功用分析；辩学的内容包括：谈辩的种类、原则、方法以及谈说辩论的语言形式及其运用的分析，言与意的关系等。”“名辩学”是名学与辩学的合称，它表明名学和辩学的联系与区别，我们不能把名家的谈辩实践等于对谈辩进行专门研究的辩学，但是，名实之辩是辩学得以产生的重要前提条件。而辩学也要结合谈说辩论对名进行讨论，辩学也促进了名学的发展[1]。逻辑是研究以推理为主的学科，中国逻辑（即名学与辩学）是一种推类的逻辑，推类有类比推理的性质，属或然性推理。中国传统的政治伦理、中国古代的数学、古代汉语等文化因子铸成了中国逻辑的个性①。

周山也持有中国古代推类逻辑思想的观点，集中于他对《周易》逻辑的研究，代表作为《易经新论》（辽宁教育出版社 1991 年版）。他认为中国的推类是一种类比的思维方法，他研究了推类的基本方法，“一是根据卦象的象征意义，进行类比推理，对所询事物情况的吉凶祸福作出断定；二是根据相关卦辞、爻辞的内容，进行类比推理，对所询事情的吉凶祸福作出断定；三是将卦象的象征意义和相应卦辞、爻辞的内容结合在一起，参验比照，进行由此及彼的推理，以确定所询事情的吉凶祸福”②。

（三）百年研究的总结与反思

百年中国逻辑史研究的总结与反思包括对自梁启超以来的中国逻辑史的研究者的研究与评价，也包括对百年中国逻辑史研究的基本观点和基本方法的概括与反思。对中国逻辑史研究的总结与反思并非自这一时期始，中国现代时期著名学者张东荪就区分了比较与比附的不同。而在这一时期，百年研究的总结与反思的成果最为丰富和深入。如上已经对中国逻辑的不同立场进行概述，不同立场之间的论争构成百年研究与反思的重要内容，同时这一时期也发表和出版很有水准的百年中国逻辑史研究总结与反思的论文和专著。

1. 百年中国逻辑史研究的总结

这一时期，对中国近代以来的中国逻辑史研究进行了反思，既有史的梳理，又有专题或人物研究。既有数量可观的学术论文；又在中国逻辑史教材里有大量介绍。仅就出版的著作而言，也不胜枚举，从史的角度看，

① 崔清田：《名学、辩学、名辩学析》，《哲学研究》1998 年增刊。

② 温公颐、崔清田主编：《中国逻辑史教程》，南开大学出版社 2001 年版，第 21 页。

如彭漪涟的《中国近代逻辑思想史论》（上海人民出版社1991年版）、曾祥云的《中国近代比较逻辑思想研究》（黑龙江教育出版社1992年版）、《显学重光——近现代的先秦墨家研究》（辽宁教育出版社1997年版）、周山的《绝学复苏——近现代的先秦名家研究》（辽宁教育出版社1997年版）、张斌峰的《近代〈墨辩〉复兴之路》（山西教育出版社1999年版）、赵总宽的《逻辑学百年》（北京出版社1999年版）、宋文坚的《逻辑学的传入与研究》（福建人民出版社2005年版）、晋荣东的《逻辑何为——当代中国逻辑的现代性反思》（上海古籍出版社2005年版）、郭桥的《逻辑与文化——中国近代时期西方逻辑传播研究》（人民出版社2006年版）、张晴的《20世纪的中国逻辑史研究》（中国社会科学出版社2007年版）、曾昭式的《中国现代文化视野中的逻辑思潮》（科学出版社2009年版）等属于这方面的成果。李匡武主编五卷本《中国逻辑史》（近、现代卷）等也有系统的研究。还有人物专题研究成果，如杜国平的《真的历程》（中国社会科学出版社2003年版）、张学立的《金岳霖逻辑哲学思想研究》（贵州人民出版社2004年版）是研究金岳霖逻辑思想的专著。

2. 百年中国逻辑史研究方法的论争

关于中国逻辑史研究方法的论争主要是用什么方法研究的问题。这里涉及比较与比附、据西释中问题，诠释与过度诠释的问题。所谓比较，周云之、孙中原等学者要求在研究中国逻辑史时应该用传统逻辑或现代逻辑解读中国逻辑，崔清田等学者反对这样研究，认为是据西释中、比附，不利于挖掘中国逻辑思想；用西方传统逻辑理论诠释中国逻辑，得出中国逻辑学，程仲棠认为这是过度诠释。

周云之批评如下几种倾向：有人把提倡学习、普及和运用现代逻辑的知识和方法误解为对传统逻辑知识和方法的简单否定或一概贬低；有人把“广义逻辑”理解为包罗一切非形式逻辑的“逻辑”，把研究语词含义的自然语言语义理论等同为“内涵逻辑”或“逻辑语义学”；有人把“非形式化逻辑”混淆为“非形式逻辑”地把这些并未真正理解的新知识、新概念套在中国逻辑史的研究上。他认为，“用传统逻辑的理论去分析中国古代的逻辑思想仍然是研究中国古代逻辑史的一种有效的、科学的研究方法。”可以直接运用数理逻辑的原理和公式更准确、更严格地分析、表述中国古代的逻辑思想，那就真正可以把中国逻辑史的研究水平更加提高一步。只有把运用数理逻辑的方法建立在对古代原文原意的正确理解和充分论证的基础上，才能真正把中国古代逻辑史的研究提到一个更高的水平①。

孙中原认为不能把中国逻辑史研究中比较研究和据西释中的正确方法，同比附的错误方法混为一谈，全盘否定前人成果②。提出了中国逻辑元（指以英语 meta - 为前缀的词语）研究的方法论问题，即，“是用现代语言和逻辑工具诠释中国逻辑文本，揭示中国逻辑体系、内容、本质和规律，比较中外逻辑异同，促进中国逻辑研究发展和中外逻辑融合。”③

蔡伯铭认为，仅以传统逻辑为工具，不足以更全面准确地描述中国古代逻辑。否则就有可能发生两种偏向：一种是流于比附，或者使得某些本来颇有价值的逻辑思想史料因其不合传统逻辑模式而被舍弃，或者只用传统逻辑理论去说明不同的逻辑理论思维而得不到准确的解释；另一种是对中国古代逻辑采取虚无主义态度④。

崔清田批评为：“模糊了对于目的、对象、性质、内容不同的《墨辩》与西方亚氏逻辑的认识；使二者的比较专注于墨家辩学与西方传统形式逻辑在具体原理与概念上的比照对应，而对形成和制约西方传统形式逻辑以及《墨辩》的历史条件缺乏足够的分析，影响了对二者各自特有的内容与性质的认识。”⑤ 提出了历史分析与文化诠释的方法。“所谓历史分析就是把不同的逻辑传统置于它们各自得以产生和发展的具体历史环境之中，对这一历史时期的社会经济生活、政治生活、文化生活的焦点和提出的问题，以及这些因素对思想家提出并创建不同逻辑传统的影响，给予具体的分析。”“所谓文化诠释，就是把不同的逻辑传统（如墨家逻辑、亚里士多德逻辑）视为相应文化（如先秦文化、古希腊文化）的有机组成部分，并参照那一时期的哲学、伦理学、政治学、语言学以及科学技术等方面的思想和文化发展的基本特征，对不同的逻辑传统给出有故和成理的说明。”⑥

---

① 周云之：《再论中国逻辑史研究的对象和方法》，《哲学研究》1991 年第 6 期。

② 孙中原：《中国逻辑史研究若干问题》，《哲学动态》2001 年第 7 期。

③ 孙中原：《中国逻辑元研究》，《中国人民大学学报》2005 年第 2 期。

④ 蔡伯铭：《把中国逻辑史的研究提高一步》，《湖北师范学院学报（哲社版）》1992 年第 2 期。

⑤ 崔清田：《名学与辩学》，山西教育出版社 1997 年版，第 9 页。

⑥ 崔清田：《墨家逻辑与亚里士多德逻辑比较研究》，人民出版社 2004 年版，第 38 页。

程仲棠认为："研究者关于在《小取》本文中存在着种种推理形式或'论式'的说法，完全是出于附会和虚构。"[①]"逻辑学范式的症结在于过度诠释。过度诠释肯定无助于对'文本意图'的正确理解……墨辩的过度诠释的结果是逻辑学，……由于'墨辩逻辑学'被认为是'中国古代逻辑学'或'中国古代逻辑史'的主体或主要见证，把墨辩过度诠释为'逻辑学'，就无异于伪造历史。"[②]

曾祥云认为西方逻辑作为我国"名辩"研究的最重要工具所形成的"名辩逻辑"，"不过是20世纪中国逻辑史界人为制造的一桩学术冤案，它在我国古代是根本不存在的"[③]。

3. 百年中国逻辑史研究内容的论争

对中国无西方形式逻辑观点的批判。周云之以章太炎、梁启超、胡适、郭湛波、虞愚、沈有鼎、詹剑峰、汪奠基、温公颐、杨芾荪和李匡武等为例，通过对他们关于中国有传统形式逻辑思想的论述，说明中国有传统形式逻辑的观点。并论证中国形式逻辑思想。孙中原也以梁启超、胡适、沈有鼎等学者的研究说明中国逻辑史学科和方向所研究的基本内容：中国古代逻辑的存在；分析中国古代逻辑的对象、内容、体系、性质和特点；揭示中国古代逻辑发生、发展的原因、规律[④]。批评崔清田、张斌峰、曾祥云等学者的观点。他认为，有中国古代逻辑，才能有对其进行研究的中国逻辑史学科和研究方向。没有中国古代逻辑，也不会有中国逻辑史学科和研究方向，该方向的科研选题和学位授予等都失去根据。欧洲逻辑和先秦诸子逻辑，都既是特殊，又是普遍，在各自特殊的形式、体系中，包含着对全人类普适的真理。墨家逻辑的概念、判断和推理论，都是认识、总结和表述科学真理的工具，这使《墨经》成为中国学术史上少有的科学和逻辑著作。说墨家逻辑不是求真工具，不符合事实[⑤]。

对中国逻辑有西方逻辑观点的批判。李先焜批评把名辩学等同于像亚里士多德那样的形式逻辑的思想。他说："就古代文本自身来说，既然没

① 程仲棠：《"墨辩逻辑学"解构（下）——从〈小取〉的逻辑矛盾看墨辩与逻辑学的根本区别》，《学术研究》2002年第7期。

② 程仲棠：《从诠释学看墨辩研究的逻辑学范式》，《学术研究》2005年第1期。

③ 曾祥云：《20世纪中国逻辑史研究的反思——拒斥"名辩逻辑"》，《江海学刊》2000年第6期。

④ 孙中原：《中国逻辑研究百年论要》，《东南学术》2001年第1期。

⑤ 孙中原：《中国逻辑史研究若干问题》，《哲学动态》2001年第7期。

有像亚里士多德那样的变项，也没有亚里士多德逻辑所作的那样的推理式的形式刻画，因此，将名辩学称之为像亚里士多德那样的‘形式逻辑’是有困难的。”①崔清田说：“名学、辩学与西方传统形式逻辑是目的、对象、性质、内容均不相同的学术思想体系。”②张斌峰说：“认为墨家辩学‘有’同于西方传统逻辑的东西是牵强附会，而‘无’才是事实。”③“证明逻辑在中国古而有之”，是“背离《墨辩》文本和曲解《墨辩》义理”，“如果把墨家辩学义理从形式上纳于中国古代亦有逻辑的‘逻辑’史研究，那么这对于墨家辩学本有义理的确立来说，意味着《墨辩》本有的文化承载的意义失落”④。“墨家辩学还称不上逻辑学，它实处于‘前逻辑状态’。”⑤曾祥云的批评为：“中国古代的逻辑学”是“从未给出过必要论证的‘大胆假设’”，“是近代一些研究者杜撰出来的一种‘理想主义的逻辑’，是‘吾国固有’这种民族文化观念的产物，它在我国古代是根本不存在的。”⑥“‘名辩逻辑’，不过是20世纪中国逻辑史界人为制造的一桩学术冤案，它在我国古代是根本不存在的。”“20世纪的中国逻辑史研究，赐予土生土长的‘名辩’理论，既不是弘扬，也不是发展，而是一场浩劫，一场灾难。”⑦程仲棠分析中国近代以来的无逻辑论思想，认为，“新中国成立后至‘文化大革命’结束之前，在中国内地公开坚持此论的只有韦卓民一人。王国维、郭沫若、熊十力、牟宗三、杨振宁都是在中国现代文化史上或当代文化中有重要影响的人物，王国维、韦卓民、牟宗三和曾祥云都翻译或发表过逻辑学论著，唐君毅、徐复观、刘述先也是对中国哲学有深入研究的学者，他们绝不是可以忽略不计的小数点。”⑧

---

① 李先焜：《名辩学、逻辑学与符号学》，《哲学研究》1998年增刊。

② 崔清田：《名学与辩学》山西教育出版社1997年版，第29页。

③ 张斌峰：《近代〈墨辩〉复兴之路》，山西教育出版社1999年版，第234页。

④ 同上书，第355页。

⑤ 同上书，第364页。

⑥ 曾祥云：《还名学和辩学以本来面目——评〈名学与辩学〉》，《学术月刊》1999年第4期。

⑦ 曾祥云：《20世纪中国逻辑史研究的反思——拒斥名辩逻辑》，《江海学刊》2000年第6期。

⑧ 程仲棠：《近百年“中国古代无逻辑学论”述评（续）》，《重庆工学院学报（社会科学版）》2007年11期。

第三节　西方逻辑史

一　总论

新中国成立后西方逻辑史研究经历三个时期，体现出不同的研究特色。由“文化大革命”前的对西方逻辑史少量的翻译和研究工作外，队伍也相对薄弱；到1980年代西方逻辑史研究侧重于普及式、教学式的研究，当然也不乏一些学者的深入研究；近20年来，西方逻辑史的研究出现专题史研究和人物思想研究，在逻辑学各个分支领域都有系统的发展史的研究。我们从西方逻辑史研究会的发展可以窥见一斑。

“西方逻辑史研究会”的名称共有15年，以西方逻辑史研究会名义召开的学术研讨会6次，从每次会议所讨论的问题看，体现出西方逻辑史研究的特点：从传统逻辑向现代逻辑转向，从通史研究转入专题史研究。

1982年10月在湖北孝感会议上，全国第一次西方逻辑史讨论会召开，并成立中国逻辑学会西方逻辑史研究会，会议主要讨论了西方逻辑史的研究对象问题，此外还讨论了亚里士多德逻辑、麦加拉斯多葛学派逻辑、中世纪逻辑、莱布尼茨和布尔的逻辑、弗雷格逻辑、罗素逻辑等。会后出版了这次会议的论文集《西方逻辑史研究》（江天骥主编，人民出版社1984年版）。1983年10月在长沙会议上第二次西方逻辑史讨论会召开，会议主要讨论亚里士多德逻辑和关于西方逻辑史研究的方法论 。1984年8月在旅顺会议上召开全国第三次西方逻辑史讨论会，会议主要讨论了三大逻辑发祥的“同步”现象、古希腊罗马逻辑的历史地位、中世纪逻辑的成就、现代逻辑中的逻辑语义学历史发展、克里普克和卢卡西维茨的逻辑研究、归纳逻辑的发展等问题。1985年8月西安会议召开全国第四次西方逻辑史讨论会，会议讨论了哲学逻辑的形成、多值逻辑的历史、形式化方法的发展、拉姆赛的悖论学说、皮尔士的谓词逻辑、普赖尔的模态观点等问题。1987年8月召开全国第五次西方逻辑史讨论会，会议回顾十年来西方逻辑史研究，认为，十年前我国在西方逻辑史研究方面几乎是一片空白，但是现在已出现了一些有分量的研究成果，有些同志已经开始应用现代逻辑的理论与方法来研究西方逻辑史，我国有了自己写的整部的西方逻辑史著作。部分专家介绍其研究成果，如杭州大学邱国权对皮尔士的符号学作了解释，北京师范大学杨百顺介绍了他近期将要出版的专著《比较逻辑史》。

1990年10月在武汉第六次西方逻辑史讨论会会议上，王路介绍了他对中世纪逻辑的研究取得的一些成果，会议主要讨论了三方面的问题：1. 现代逻辑史上几个主要人物（如德摩根、布尔、弗雷格、希尔伯特）的思想；2. 如何从逻辑史发展的角度认识逻辑语义学；3. 逻辑推论和蕴涵的关系。1993年在哈尔滨会议上，学者们对现代归纳逻辑、符号逻辑、西方逻辑史和逻辑哲学方面的问题展开了热烈的讨论。1996年10月在北京市昌平会议上，符号逻辑专业委员会和西方逻辑史及逻辑哲学专业委员会合并，改名为现代逻辑（联合）专业委员会，西方逻辑史作为一个独立的研究会不存在。学术研究倾向现代逻辑不同领域。①

按照肖尔兹的“逻辑类型”说，有“形式逻辑”和“非形式的逻辑”。他把“非形式的逻辑”归属于“科学论而又同形式逻辑不同的东西”，“科学论”为“最广的获得科学认识的工具的理论”，如“穆勒的逻辑”，“但它的下层基础具有形式逻辑性质”②。他还把形式逻辑分为“形式逻辑的古典类型”和“形式逻辑的现代类型”，我们把中国学者对此的译介、研究归于“西方形式逻辑史研究”；把归纳逻辑发展史、非形式逻辑发展史、逻辑哲学发展史的研究作为专题史研究案例归于西方逻辑史专题研究，或许属于“西方‘非形式的逻辑’史研究”。这样，本研究分为“西方形式逻辑史研究”、“西方逻辑史专题研究”两个大的方面对新中国成立60年进行回顾与总结，选材主要是出版著作和发表论文，但无法面面俱到。而“西方逻辑史专题研究”也只选择几个，以点带面，以说明问题为准。需要说明的是，西方逻辑史研究是新中国成立60年中国学者的一种史的研究，对于某一领域的理论创新性研究不在讨论范围。

二 西方形式逻辑史研究

（一）概述

本部分称“西方形式逻辑史研究”是根据新中国成立六十年不同阶段中国学者关于形式逻辑史的研究，如上，是指肖尔兹意义上的形式逻辑，内容包括西方传统逻辑（形式逻辑古典类型）和数理逻辑（形式逻辑现代

---

① 《大事记》2007年12月，逻辑中国，http://www.logic－china.info/index.php? q＝jigou。

② ［德］亨利希·肖尔兹：《简明逻辑史》，张家龙等译，商务印书馆1977年版，第19—20页。

类型）发展史的研究。

新中国成立初，中国学者的西方形式逻辑史研究受苏联影响，由于在这一时期以翻译苏联教材或请苏联专家讲逻辑学为逻辑学科建设内容，所以影响了我国逻辑学教材编写的内容。如宋文坚言，中国大学逻辑特点是，“传统形式逻辑加培根、密尔的古典归纳法，加若干不相干的认识论上的关于客观基础的讨论”①。受此影响，此时西方逻辑史研究是以翻译苏联学者逻辑史著作为主，少数研究西方逻辑史者亦以传统逻辑内容为主。

1980 年代，中国学者的西方形式逻辑史研究重在通史性介绍或教材建设，1990 年代侧重数理逻辑史的研究，2000 年代转为专题史或人物史研究。但每一时代的研究应是多元的，我们只是根据时代发展的主流特征而概言之的，年代划分也是相对的。

（二）西方逻辑史著作的译介

新中国成立初期关于西方逻辑史的翻译著作主要有：王宪钧、吴允曾等翻译了齐亨等著的《逻辑史选择》（三联书店 1961 年），马兵翻译波波夫《近代逻辑史》（上海人民出版社 1964 年）。周礼全的论文《亚里士多德关于推论的逻辑理论》（《光明日报》1963 年 3 月 22 日，3 月 29 日）研究了亚里士多德推论的根本性质，基本概念，肯定了推论在科学与辩论中的作用，周礼全在肯定亚里士多德创造了一个十分严密完整的三段论体系同时，并指出了亚里士多德推论的不足。韦卓民出版了题为《亚里士多德逻辑》（科学出版社 1957 年）的著作。“文化大革命”后，在中国哲学界、逻辑学界翻译西方逻辑学著作很多，也包括翻译西方学者对西方某一逻辑学家、某一学派研究的著作。在这里我们只介绍中国学者对西方学者关于“逻辑史”方面的译介。

1. 张家龙对西方逻辑史著作的翻译

张家龙、吴可 1977 年翻译出版的肖尔兹的《简明逻辑史》与张家龙、洪汉鼎 1985 翻译出版的威廉·涅尔和玛莎·涅尔合著的《逻辑学的发展》对中国逻辑界影响重大。此前西方逻辑史方面的翻译著作并不多，从历史发展看，这两本翻译著作直接承担着“文化大革命”后一定时期内西方逻辑史教育与人才培养的重任，并影响中国学者西方逻辑史的写作。

《简明逻辑史》更关注形式逻辑发展史。“形式逻辑是今天在逻辑斯

① 宋文坚：《逻辑学的传入与研究》，福建人民出版社 2005 年版，第 105 页。

蒂形式下经过充分研究了的唯一的逻辑。”[①]他把古代、中世纪、近代时期西方形式逻辑的发展称为形式逻辑的古典类型，把从莱布尼茨开始的形式逻辑叫形式逻辑的现代类型。书中也介绍了西方逻辑发展史上的主要成果。

《逻辑学的发展》是按照“逻辑是研究有效推理的规则的”[②]的逻辑观写成的，书中讨论逻辑学的“发端、亚里士多德的《工具论》、麦加拉学派和斯多葛学派、罗马和中世纪的逻辑、文艺复兴以后的逻辑、数学抽象、数集合和数列、弗雷格的一般逻辑、弗雷格以后的形式发展、弗雷格以后的逻辑哲学、弗雷格以后的数理哲学、演绎系统理论”等，共 12 章。

2. 杨百顺对西方逻辑史著作的介绍

杨百顺在其著作《西方逻辑史》（四川人民出版社 1984 年）里介绍了西方逻辑学的发展。他认为西方第一部逻辑史著作是彼得鲁斯·累马斯 1569 年出版的《人文科学学派》前八章，题为《雄辩术学派》，时间是从公元前八世纪到古罗马的格林。他对西方逻辑史早期成果进行概括，如卡克尔曼的《关于逻辑学的论文》（1598），1699 年弗里德里希·雷曼《逻辑的批评和逻辑的一览表》，1658 年还有伽桑狄的《逻辑的起源和演变》，1699 年法布里修斯的《逻辑史主题索引》，1721 年瓦尔岑《逻辑史》，1833 年赖芬伯格《从逻辑这门科学的历史和文献中导出的逻辑原理》，1838 年弗朗克《由对亚里士多德工具的广泛分析作引言的逻辑史梗概》，卡尔·普兰特尔写出《西方逻辑史》（4 卷本），时间跨度从古代写到中世纪。书中也介绍了我国学者翻译的《逻辑史选择》、20 世纪初肖尔兹的《简明逻辑史》、卢卡西维茨《亚里士多德的三段论》等内容。其中杨百顺对伯亨斯基的《形式逻辑史》（1956 德文 1961 英文版）和威廉·涅尔、玛莎·涅尔合著的单卷本《逻辑学的发展》评价为，前者“可以说是历代主要逻辑家观点、言语汇粹。”后者“较详细地叙述了形式逻辑发展史，数理逻辑占篇幅很多，探讨了逻辑哲学问题。”[③] 他还介绍了杜米特留《逻辑史》内容。他还认为 70 年代所出的逻辑史、数理逻辑史著作日益增多。

---

① ［德］亨利希·肖尔兹：《简明逻辑史》，张家龙等译，商务印书馆 1977 年，第 25 页。

② ［英］威廉·涅尔、玛莎·涅尔：《逻辑学的发展》，张家龙等译，商务印书馆 1985 年版，第 1 页。

③ 杨百顺：《西方逻辑史》，四川人民出版社 1984 年版，第 5—6 页。

3. 安东·杜米特留《逻辑史》与多夫·嘉贝和约翰·伍茨的《逻辑史手册》

罗马尼亚逻辑学家安东·杜米特留的《逻辑史》完成于1969年，1977年翻译成英语。从著作内容看，作者不仅有一个大的逻辑观，而且对中国古代逻辑、印度古代逻辑、古希腊逻辑平等看待。从篇幅上，以西方逻辑史介绍为主，包括古希腊逻辑学、经院逻辑学、文艺复兴时期的逻辑学、方法论的逻辑学、现代逻辑的发展和数理逻辑等。把中国逻辑、印度逻辑归为非欧洲文化的逻辑学。杨熙龄高度评价了杜米特留《逻辑史》，他对其著作各部分内容介绍后认为，"杜米特里乌教授的'开放'观点有一个好处还在于比较客观地介绍了西方种种不同哲学流派的逻辑思想。"①李廉等学者于1987年翻译了这本巨著，只憾没有出版。

由英国逻辑学家多夫·嘉贝和加拿大逻辑学家约翰·伍茨共同主编的十一卷本的《逻辑史手册》于2004年由世界著名的出版公司荷兰爱思唯尔开始陆续出版。翟锦程有评述论文，他首先介绍了此著作的结构：第一卷为《希腊、印度和阿拉伯逻辑》，第二卷为《中世纪与文艺复兴的逻辑》，第三卷为《现代逻辑的兴起：从莱布尼茨到弗雷格》，第四卷为《19世纪的英国逻辑》，第五卷为《从罗素到丘奇》，第六卷为《20世纪的集合论及扩展》，第七卷为《20世纪的逻辑学与程式》，第八卷为《逻辑的多值与非单调转向》，第九卷为《逻辑学与计算机科学》，第十卷为《归纳逻辑》，第十一卷为《逻辑学核心概念的历史》。然后对此著作的基本内容作以说明。他认为，该著作主要涉及三部分内容：一是，在世界逻辑史上具有重要影响的逻辑学家与学派，其时间跨度是从古代到20世纪末；二是，逻辑科学体系中重要的逻辑学分支或领域的发展历史，这些分支在相关领域均为重要的基础性理论；三是，逻辑学体系中核心概念的发展与研究，这些核心概念对逻辑学的整体发展具有重要意义。最后，概括了此著作的学术水平。就学术水准而言，他的评价是，具有极高的学术水平。一是汇聚了国际逻辑学研究的高水平学术队伍，该手册的作者基本上是以上三个方面具有较大国际影响和知名度的专门研究家，来自全球著名高校和研究机构，有100余名，分布在英、美、加、意、法、澳、瑞士、荷兰

① 杨熙龄：《推荐一部世界〈逻辑史〉——评杜米特里乌著四卷本〈逻辑史〉》，《国外社会科学》1981年第9期。

等国家；二是体现了新进展，《逻辑史手册》每一章所涉及的人物、分支或专题均涵盖了从20世纪以来一直到最近几年的研究进展，也体现了国际逻辑学研究的最新的趋向。这套《逻辑史手册》的唯一缺憾是没有涉及“中国逻辑”的问题①。

（三）西方逻辑史教材建设与通史研究

西方逻辑史研究会成立的直接成果促成了《西方逻辑史研究》出版和马玉珂主编《西方逻辑史》被列入教育部高等学校文科教材编选规划。之后出现了一批西方逻辑史教材和研究西方逻辑史的论文。这些成果成为当时逻辑学研究生入学考试和学习的参考资料。

1. 江天骥主编的《西方逻辑史研究》

江天骥主编的《西方逻辑史研究》（人民出版社1984年版）在“编者的话”中认为，“本书论述了古代、中世纪、近代和现代西方逻辑学发展的历史概貌，可供高等学校用作有关课程的教学参考书。同时它也是西方逻辑史方面的论著”。它是西方逻辑史研究会成立大会的研究成果，王路对此会议研讨内容以《全国第一次西方逻辑史讨论会在湖北孝感召开》（《哲学研究》1983年第1期）为题作了总结。就亚里士多德逻辑、麦加拉——斯多葛学派的逻辑、中世纪的逻辑、弗雷格的逻辑、罗素的逻辑进行讨论，此著作就是按照会议讨论的大多数人的意见开展写作的。

2. 马玉珂主编的《西方逻辑史》

作为教育部支持的教材，马玉珂主编的《西方逻辑史》于1985年由中国人民大学出版社出版。内容以传统逻辑发展史为主，也简单介绍了现代逻辑发展史，全书分为古希腊罗马的逻辑、中世纪和文艺复兴的逻辑、近代逻辑、现代逻辑四部分。如“序”言，“逻辑学是关于以推理、论证有效性为核心的思维形式和思维规律的科学。西方逻辑史就是研究这些逻辑思想、学说发生、发展及其规律性的历史”所以书中也有大量篇幅介绍归纳逻辑以及康德、黑格尔的逻辑学说。编者认为，“这部《西方逻辑史》主要讲西方传统形式逻辑的历史。但由于现代形式逻辑是传统形式逻辑的继续，是它的发展的新阶段，因此我们从莱布尼兹起，也对现代逻辑的发展作了必要的概括的论述。”

① 翟锦程：《从〈逻辑史手册〉看逻辑史研究与逻辑学发展的新趋势——兼谈中国逻辑研究的问题》，《东南大学学报（哲学社会科学版）》2007年第4期。

3. 其他西方逻辑通史研究成果介绍

之后的通史性的西方逻辑史著作的内容与此的差异，主要表现在对现代逻辑论证篇幅的多寡。当然具体内容和语言表达也有不同。如杨百顺的《西方逻辑史》（另著《比较逻辑史》四川人民出版社 1989 年版），李匡武的《西方逻辑史》上卷（上海人民出版社 1985 年版），宋文坚的《西方形式逻辑史》，郑文辉的《欧美逻辑学说史》等。

杨百顺《西方逻辑史》（四川人民出版社 1984 年版）内容涉及亚里士多德前逻辑、亚里士多德的逻辑思想、亚里士多德后的逻辑思想、中世纪逻辑、文艺复兴时期的逻辑、归纳逻辑和方法论、莱布尼兹及其以后的逻辑、19 世纪以来的逻辑。

宋文坚的《西方形式逻辑史》（中国社会科学出版社 1991 年版）分为传统形式逻辑和现代形式逻辑发展史，包括古希腊、中世纪、近代和现代。

郑文辉的《欧美逻辑学说史》（中山大学出版社 1994 年版）内容包括古代逻辑学说、中世纪和文艺复兴的逻辑学说、近代逻辑学说、现代逻辑学说和当代逻辑学说五部分。其中当代逻辑学说主要研究逻辑哲学——介绍维特根斯坦、奎因、哈克的逻辑哲学思想、哲学逻辑——介绍模态逻辑、道义逻辑、时态逻辑、多值逻辑和概率逻辑思想。

张家龙主编《逻辑学思想史》与以上著作不同，它包括中国名辩学、印度正理—因明和西方逻辑。其中“西方逻辑”部分在概述西方逻辑发展背景和简史的基础上，就西方逻辑学理论开展专题史研究。包括“直言三段论学说、词项理论、命题逻辑、模态逻辑、逻辑基本规律、归纳法和古典归纳逻辑、数理逻辑的基础—逻辑演算”等几个方面西方学者所研究的历史。在每一专题里又按照历史的顺序加以介绍与评述，如“词项理论”有“亚里士多德词项理论、波非利的词项理论、中世纪的词项理论和近代的词项理论”；“模态逻辑”包括亚里士多德的模态逻辑、麦加拉—斯多阿学派的模态理论、中世纪的模态命题逻辑系统和近代的模态理论。此书把古希腊罗马时期、中世纪时期、近代时期的西方逻辑学发展称为传统逻辑，把罗素发展莱布尼茨理论所建立的逻辑演算（称为数理逻辑基础部分）、四论以及“把数理逻辑和一切在数理逻辑的基础之上以及采用数理逻辑的方法建立和发展起来的逻辑”称为现代逻辑。他认为现代逻辑越出西方逻辑范围，西方和东方的逻辑学家对此都作出了贡献，所以论述现代逻辑的发展不是仅仅作为西方逻辑史的研究对象[①]。

在期刊上也发表一些介绍和讨论性西方逻辑发展史论文，如吴允曾在《哲学研究》（1957年第3期）上发表《近年来中古逻辑史方面若干研究结果的简述》一文，介绍近波兰数理逻辑学者卢卡西维奇以及其他一些人在欧洲中世纪逻辑史方面的研究成果；朱水林的《西方逻辑史简介》（上、下）（见《世界科学》1993年第8、9期）对七个重要逻辑学家和逻辑学派亚里士多德、斯多葛、中世纪、莱布尼茨、布尔、弗雷格、罗素等在逻辑学方面所作的贡献作一概要介绍。讨论性论文如张家龙评述杨百顺的《西方逻辑史》（见《西方逻辑史研究中的几个问题——杨百顺〈西方逻辑史〉读后》，《哲学动态》1986年第9期）；王路与蔡曙山的讨论等。

（四）数理逻辑发展史

数理逻辑学界亦称现代形式逻辑，是对传统逻辑的继承与发展，中国学者专门研究数理逻辑发展史的著作很多，这是断代史的研究。

王宪钧的《数理逻辑引论》（北京大学出版社1982年）第三部分专门写“数理逻辑发展简史”，他对数理逻辑发展史的叙述还以《数理逻辑史节录》为题发表在《哲学研究》1981年第6期上。他首先总结出数理逻辑的特征：第一，数理逻辑是边缘性的学科，在它的范围内，逻辑内容和数学的内容时常是交织在一起的。它和数学其他分支、计算机科学、人工智能及语言学等都有广泛的联系，并日益显示其重要作用。第二，从逻辑角度考虑，数理逻辑是研究演绎方法的科学。第三，在方法方面，数理逻辑使用了特制的符号语言并且在不同部分引用了不同程度的数学方法。第四，数理逻辑的很大部分内容已经成长为数学的分支。第五，数理逻辑的逻辑方面是现代的形式逻辑。然后根据对广义数理逻辑的界定，“广义的数理逻辑则包括一切用特制符号和数学方法来研究处理演绎方法的理论。……广义数理逻辑有时也被称为符号逻辑”，他把数理逻辑发展史分为三个阶段。第一阶段是开始用数学方法研究和处理形式逻辑的时期，是初始的阶段。本阶段从17世纪70年代的莱布尼茨到19世纪中叶的布尔以及后期的德摩根、施履德等共延续了约二百年，其成果是逻辑代数和关系逻辑。第二阶段，19世纪中叶数学科学的发展提出了研究数学思想方法和数学基础问题的必要性。数理逻辑适应数学的需要，联系数学实际，在六

① 张家龙：《逻辑学思想史》，湖南教育出版社2004年版，第315—316页。

十年的时间内奠定了它的理论基础，创建了特有的新方法，取得了飞跃的发展，成长为一门新学科。这阶段可以从四个方面来说明：集合论的创建、公理方法的发展、逻辑演算的建立、证明论的提出及其后果。第三阶段，1940 年前后到 70 年代是数理逻辑的发展阶段。本阶段数理逻辑的主要内容大致可以分为五个方面，逻辑演算、证明论、公理集合论、递归论和模型论。目前数理逻辑已成长为数学的分支，并与数学的其他分支和计算机科学等有了广泛的联系，得到了重要的结果。①

朱水林的《形式化：现代逻辑的发展》（人民出版社 1987 年版）从形式化角度叙述现代逻辑的发展，较为系统地介绍介绍了哥德尔不完全性定理、塔斯基形式语言真理论图灵机和判断问题的主要内容。朱水林一反国内外逻辑史专著常用的断代分期传统写法，而以形式化为主线，追溯西方逻辑学两千多年的发展历史，阐述现代逻辑的孕育、形成和迅速发展的过程。朱水林还在《二十世纪逻辑史话》（《世界科学》1986 年第 2 期）一文里讨论形式化的问题。他认为，世纪初出现了集合论悖论，罗素在和怀特海合著的三大卷《数学原理》提出类型论，以期回答悖论的挑战，同时他们也完成了两个演算的建设工作。20 年代末哥德尔的完备性定理，标志着现代逻辑基础部分的成熟。30 年代哥德尔不完全性定理、塔斯基形式语言的真理论和图灵机理论，向逻辑新领地进行更为纵深、更为广泛的研究。此后几十年突破性的力作层出不穷，开创性的学科分支纷纷建立。现代逻辑包括众多门类，从两个演算的到四论模型论、递归论、证明论、公理集合论，从规范的到非规范的从对象逻辑到元逻辑从数学的、科学的发展到哲学的、语言学的发展，等等。他从数学方面的发展、哲学方面的发展、语言学方面的发展、纯逻辑方面的发展四个方面叙述逻辑学的发展趋势。②

张家龙的《数理逻辑发展史——从莱布尼兹到哥德尔》（社会科学文献出版社 1993 年版）研究了数理逻辑史的研究对象、分期等问题。作者认为数理逻辑史的研究应该从广义数理逻辑视角来开展。关于数理逻辑史的分期，其在对历史上不同看法分析后，把数理逻辑史分为数理逻辑前史时期、数理逻辑初创时期、数理逻辑奠基时期、数理逻辑发展初期和数理逻辑现代发展时期等五个时期。论文《数理逻辑的产生和发展》简明扼要

① 王宪钧：《数理逻辑史节录》，《哲学研究》1981 年第 6 期。

② 朱水林：《二十世纪逻辑史话》，《世界科学》1986 年第 2 期。

地介绍了数理逻辑发展史。从莱布尼兹始，经布尔、德·摩根，到弗雷格和罗素，后来又产生了康托尔的集合论，哥德尔的完备性定理与不完全性定理。也对近代数理逻辑的若干流派进行介绍。①

王路对亚里士多德、中世纪、弗雷格等逻辑思想均有研究。出版了一批著作和发表一系列论文。他是从现代逻辑的观念来看待西方逻辑史的。他评价国内20世纪80年代出版的几本西方逻辑史书，认为，这些书中介绍的内容已经比较陈旧，而且没有从第一手资料出发的真正的研究性的成果。他研究亚里士多德逻辑得出的结论是，亚里士多德所说的“必然地得出”，从现代逻辑的角度看，这种观念恰恰体现了推理的有效性概念，即从真的前提一定得出真的结论。因此，亚里士多德逻辑与现代逻辑在逻辑观上是一脉相承的②。王路在《中世纪逻辑的现代研究》③ 一文概括了用现代逻辑研究中世纪逻辑状况。在研究弗雷格等逻辑思想时，得出“概念文字就是现代逻辑。这是一种形式语言并且是以形式语言建立的逻辑演算系统。”④

三　西方逻辑史专题研究举要

（一）概述

近十年来，我国学界对西方逻辑史的研究出现专题史和人物思想研究，在逻辑学各个分支领域都有系统的发展史的研究。其实专门史的研究在不同时期就已经开始出现，只是在近十年其研究更深入与全面，而且研究者也不断增多。其重要特点体现在逻辑学不同领域的发展史研究。如哲学逻辑史、归纳逻辑史、语言逻辑史、逻辑哲学史等。

（二）哲学逻辑发展史研究

“哲学逻辑”作为一个学科，在西方，兴起于20世纪30年代至40年代。国内逻辑学界也于20世纪80年代开始介绍、引进国外哲学逻辑的研究成果，所以中国学者对哲学逻辑发展史的研究也是近几十年的事。目前中国学界普遍认同的观点是，如刘壮虎所言，“哲学逻辑是从扩充古典逻

① 张家龙：《数理逻辑的产生和发展》，《北京航空航天大学学报》（社会科学版）2000年第1期。

② 王路：《亚里士多德逻辑的现代意义》，《世界哲学》2005年第1期。

③ 王路：《中世纪逻辑的现代研究》。

④ 王路：《世纪转折处的哲学巨匠：弗雷格》，社会科学文献出版社1998年版，第278页。

辑或修改古典逻辑而来的一个逻辑分类”。“哲学逻辑包括模态逻辑、时态逻辑、多值逻辑、道义逻辑、直觉主义逻辑等。”①

1. 概述

从已经发表的论文看，国内有许多学者开展对西方哲学逻辑发展史的介绍性工作，这些工作融入其研究之中，以弓肇祥、陈波、郑毓信、刘壮虎、李小五、胡泽洪、李建华等为代表。

弓肇祥的论文《简论哲学逻辑》（《内蒙古师大学报》1985 年第 4 期）认为，哲学逻辑第一种含义是戴维斯指出的，关于逻辑学中一些重要概念的理论研究；第二种含义是指像雷谢尔在“逻辑图”中的“哲学发展”项目下所列的那些逻辑系统，其中包括行动逻辑、道义逻辑、命令逻辑、优先逻辑、存在逻辑、时态逻辑、部分与整体逻辑、列斯尼夫斯基如的本体论、构造主义逻辑在唯名论和实在论争论意义上的本体论、问题逻辑、认识逻辑、假定的逻辑、信息和信息过程逻辑、归纳逻辑证据、证实、接受的逻辑、概率逻辑等。芬兰逻辑学家冯 · 赖特总结为，哲学逻辑有时定义作运用逻辑分析传统上哲学家所关心的概念和概念的结构。弓肇祥的观点是，它的第三种含义是指比第二种含义上的哲学逻辑更广泛的逻辑系统的群体。这个群体除了包括上面列举的逻辑分支外，还包括模态逻辑、多值逻辑、自由逻辑、量子论逻辑等。

陈波在《哲学逻辑的兴起》（《教学与研究》1989 年第 1 期）一文里，分析哲学逻辑在近几十年内的兴起和繁盛的原因，即根植于数理逻辑、当代分析哲学、现代语言学以及计算机科学等的实际发展及其现实需要之中。他把哲学逻辑分为非经典逻辑、本体论的逻辑、认识论的逻辑、伦理规范的逻辑四个子群，并一一介绍所含内容。在《从〈哲学逻辑手册〉（第二版）看当代逻辑的发展趋势》（《学术界》2004 年第 5 期）一文里，介绍了《哲学逻辑手册》的提纲，刘新文在《新版〈哲学逻辑手册〉的内容结构》（《哲学动态》2004 年第 8 期）文章里也介绍了《哲学逻辑手册》的结构。他总结为，由盖贝和冈瑟纳主编的《哲学逻辑手册》第二版正在陆续出版，其作者都是目前正活跃在逻辑学界的各个分支的前沿专家。手册各章独立成篇，为世界各国的逻辑研究者们进一步研究提供了一个新的起点。

① 刘壮虎：《哲学逻辑概论》，《北京航空航天大学学报（社会科学版）》2000 年第 1 期。

李小五专门发文介绍1993年国外哲学逻辑研究的新进展。就模态逻辑而言，他介绍了托马森在“模态三段论的语义分析”、克罗斯在“从世界到概率模态逻辑的概率语义学”、施韦策在“奎因的量化模态逻辑”、加格夫和哥拉恩科在“带名字的模态逻辑”、威廉姆森在“非正规模态系统的某些可允许规则”中所开展的工作。就相干逻辑而言，介绍了马雷斯和迈耶在语义学、奥肖逊和温斯坦在“相干后承和经验探究”中开展的工作。就直觉主义逻辑而言，介绍了万森在“直觉主义命题逻辑的子系统的功能完备性”、林肯和森德鲁夫在“把直觉主义蕴涵号线性化”、奥尔韦恩和邓恩在“线性逻辑的克里普克模型”、多森在“直觉主义命题演算的基本克里普克模型”、海兰和德佩瓦在“抽象扩张的完备直觉主义线性逻辑”、吉拉德在“逻辑的统一”、基南在“自然语言、可分归约性和广义公词”中开展的工作。就认知逻辑而言，介绍了辛格和阿谢尔在“一个关于意图和信念的逻辑”、汉森在“驳倒莱维同一性原则”、科勒姆贝蒂在“共同信念的形式语义学”、威特维恩和格鲁卡在“怀疑理智保持和信念修正”、麦克芬森在“有无可能使信念不是必然的”中开展的工作①。

胡泽洪发表的《哲学逻辑与逻辑哲学》（《自然辩证法研究》2002年第11期）和《哲学逻辑：一个新兴交叉研究领域》（《广东社会科学》2008年第2期）两篇文章详尽地阐释了西方哲学逻辑发展的历史。其概括总结为，在英美逻辑学界和哲学界，“哲学逻辑”这一概念具有多种含义，不同的学者对其理解也不尽相同。英国著名的哲学家与逻辑学家斯特劳逊于1967年编辑了一本名为《哲学逻辑》的论文集，该文集收入了弗雷格、格赖斯、达米特、塞尔等哲学家的相关文章。英国牛津大学讲师格雷林于1982年出版了《哲学逻辑导论》一书，主要讨论了如下内容：命题；必然性、分析性与先验性；存在、预设与摹状词；真理：实在论与融贯论；真理：符合论、冗余论与语义论；意义、指称、证实与使用；真理、意义、实在论与反实在论等。同为英国牛津大学讲师的沃尔夫拉姆1989年出版了《哲学逻辑导论》一书（此书1990年重印）逻辑有两个分支，即形式逻辑和哲学逻辑。美国逻辑学家莱斯彻1968年出版了《哲学逻辑论集》一书，在该书的第一章“哲学逻辑的新近发展”一文中，莱斯彻谈到了他对哲学逻辑的看法。戈布尔2001年出版了《哲学逻辑》一书，该书的内容包括：

① 李小五：《1993年国外哲学逻辑研究的新进展》，《国外社会科学》1994年第6期。

经典逻辑；时间逻辑；直觉主义逻辑；自由逻辑；相干逻辑；多值逻辑；非单调逻辑；概率、逻辑与概率逻辑；条件；否定；量词；逻辑与自然语言。英国的盖贝和德国的冈瑟纳共同主编的《哲学逻辑手册》是目前国际逻辑界与哲学界比较流行的著作。该手册1983年至1989年出版了第一版，共分四卷。2001年起，该手册开始出版第二版，本版计划出版18卷。

2.《哲学逻辑研究》关于哲学逻辑发展史的论述

《哲学逻辑研究》是由张清宇、郭世铭、李小五等合作完成的一部史论结合的著作。内容包括一阶逻辑、模态逻辑、时态逻辑、条件句逻辑、多值逻辑、相干逻辑、直觉主义逻辑、弗协调逻辑、哥德尔不完全性定理。在每一问题里都有史的论述。例如，在第一章“一阶逻辑”里，作者认为，“第一个完整的一阶逻辑系统是由德国逻辑学家弗雷格于1879年建立的。皮亚诺、皮尔士、施德罗和罗素等人为一阶逻辑的发展作出了贡献。哥德尔和根岑等人系统深入地研究了一阶逻辑的元逻辑问题，证明了重要的定理”。在第二章“模态逻辑”里专门论述了逻辑学发展简史，等等。

作者认为哲学逻辑仍可说是各种非经典逻辑的统称。“历史上很早对非经典逻辑就已有过研究。例如，古希腊的亚里士多德研究过模态逻辑，第欧多鲁克罗纳的著作中包含有时态逻辑的思想，对非经典逻辑的研究是从1910年开始的。80多年来，非经典逻辑的涌现有过三次高潮时期。第一次是二三十年代，刘易斯建立模态命题逻辑，卢卡西维茨和波斯特建立多值逻辑，海丁建立直觉主义逻辑。第二次是50年代，道义逻辑、认知模态逻辑、问题逻辑、相干逻辑、自由逻辑、时态逻辑、弗协调逻辑都在这一时期出现，代表人物是赖特、普赖尔、阿克曼、欣迪卡等。第三次是80年代，动态逻辑、模糊逻辑和非单调逻辑在这一时期掀起了一个高潮，代表人物是计算机科学方面的一些专家。每次高潮持续十多年，间隔约二十年。第二次高潮是由模态逻辑可能世界语义理论的发展所推动的，第三次高潮则是由计算机科学的发展所推动的。”①

3.［美］罗·格勃尔主编的《哲学逻辑》的翻译

罗·格勃尔主编的《哲学逻辑》由张清宇、陈慕泽等译，由中国人民大学出版社2008年出版。《哲学逻辑》是集国际相关专题的20多位杰出

---

①　张清宇、郭世铭、李小五：《哲学逻辑研究》，社会科学文献出版社2007年第2版，“前言”。

学者而完成的一部哲学逻辑著作。如序言说，“本书可以作为哲学逻辑一般课程的基础文献，它也可以作为某些研究专题的辅助资源和参考文献。”该书共20章，包括：一阶逻辑，高阶逻辑，集合论，哥德尔的不完全性定理，真，逻辑推论，模态逻辑，道义逻辑，认知逻辑，时间逻辑，直觉主义逻辑，自由逻辑，相干逻辑，多值逻辑，非单调逻辑，概率、逻辑、概率逻辑，条件句逻辑，否定，量词，逻辑和自然语言。

（三）归纳逻辑发展史研究

“文化大革命”前，中国学者对归纳逻辑发展史的研究除在逻辑学教材里有所简略介绍外，发表的论文有限。“如韦卓民的《培根的逻辑归纳法》、吴家国的《谈谈培根的归纳法》等。1961年培根诞生400周年，中国科学院哲学所召开了纪念培根的座谈会，会后编辑出版了《培根哲学思想——纪念培根诞生400周年》”[①]。真正开展对归纳逻辑史的研究是1980年代以后。

1. 1980年代归纳逻辑史研究

章士嵘在《国外归纳逻辑研究近况》（《国外社会科学》1983年第4期）一文里从归纳疑难、归纳逻辑、归纳悖论、归纳逻辑新方向四个角度介绍国外归纳逻辑的研究状况。

杜声锋在《现代西方归纳逻辑研究评述》（《江汉论坛》1984年第6期）一文对现代西方归纳逻辑研究进行评述。他在简述休谟的“归纳问题”的基础上，认为现代归纳逻辑的研究就是在休谟问题的基础上发展起来的，各种现代归纳逻辑或多或少地都要涉及这个问题。现代归纳逻辑在两个方向上进行一是在培根至穆勒的古典归纳逻辑意义上进行，继续探讨从已知的经验事实导出相应的普遍原理的逻辑。途径二是用概率论的定量分析和公理化形式化的方法探索有限的经验事实对一定范围的普遍原理的归纳支持和证实程度。罗素等人的研究接近于第一个方向，莱辛巴哈、卡尔那普等人的研究是循着第二个方向进行的。此文还介绍了“归纳的不一贯性”和“归纳悖论”、“反归纳主义”、莱辛巴哈概率论的归纳逻辑、卡尔那普“合理信念”与“合理决策”的归纳逻辑，亨佩尔对“归纳的一贯性”等观点。

陈晓平在《概率归纳逻辑的三大流派》（《哲学研究》1985年第10

① 宋文坚：《逻辑学的传入与研究》，福建人民出版社2005年版，第149—150页。

期）一文里把概率归纳逻辑分为概率归纳的频率理论、逻辑理论和私人主义理论三大流派。他认为概率归纳的频率理论发端于 19 世纪，德国哲学家莱欣巴赫 1934 年发表的《概率论》首先创立了频率理论的概率归纳体系，萨门等人发展这一理论。概率的逻辑理论代表人物为；拉普拉斯、凯恩斯、杰弗里斯、卡尔拉普、欣蒂卡等。私人主义理论的基本特征把概率解释为个人的相信程度。代表人物如拉姆齐、萨维齐、杰弗里等。

江天骥在《归纳逻辑的新进展》（《哲学研究》1986 年第 2 期）一文里，就西方学者对概率论的基础问题、推理方法上的革命、归纳逻辑和归纳推理等方面进行总结。关于归纳逻辑的几个争论较多或正在热烈争论的问题涉及：归纳逻辑和概率论的关系问题、怎样选择先验概率的问题、关于归纳接受的争论。

2. 1990 年代归纳逻辑史研究

1990 年代关于归纳逻辑史及其专题研究的著作也较多，如邓生庆《归纳逻辑：从古典向现代类型的演进》（四川大学出版社 1991 年版）、王雨田《归纳逻辑导引》（上海人民出版社 1992 年版）、任晓明《当代归纳逻辑探颐——论柯恩归纳逻辑的恰当性》（成都科技大学出版社 1993 年版）、陈晓平《归纳逻辑与归纳悖论》（1994）、李小五的《现代归纳逻辑与概率逻辑》（科学出版社 1992 年版）等。也发表了大量的相关论文。

邓生庆把归纳逻辑的历史发展分为三个阶段。第一阶段是古典归纳逻辑阶段，从 17 世纪年代到 19 世纪中叶。代表人物是培根、穆勒、休谟、休维尔、赫舍尔等，初步地建立了以归纳推理为研究对象的逻辑理论，如培根三表法、穆勒实验四法，初步地描述了提高归纳结论可靠性程度的途径。第二阶段从 19 世纪中叶到 20 世纪 20 年代，是古典归纳逻辑向现代归纳逻辑的过渡阶段。以凯恩斯为代表，他创立了第一个现代归纳逻辑的系统理论。第三阶段是现代归纳逻辑的发展阶段，从 20 世纪 20 年代至今。科恩建立了一种非帕斯卡概率逻辑。有的归纳逻辑理论还以模态逻辑作为基本的工具。自 20 世纪下半叶以后，归纳逻辑理论的发展与归纳悖论的研究有密切的联系。这一阶段较为有代表性的归纳逻辑理论有莱欣巴赫、卡尔纳普、欣蒂卡、莱维、赫斯、科恩等人的归纳逻辑理论①。

① 邓生庆：《论现代归纳逻辑及其研究范围》，《四川大学学报（哲学社会科学版）》1992 年第 3 期。

黄豆认为，现代归纳逻辑的研究是在两个方向上进行的：一是在培根—穆勒的归纳逻辑古典意义上，继续探求从已考察的经验事实导出相应普遍原理的逻辑途径；二是运用概率论的定量分析和公理化、形式化的手段探索有限的经验事实对于适应于一定范围的普遍原理的“归纳支持”和“确证”程度。罗素的研究比较接近第一个方向；卡尔纳普，莱辛巴哈，亨佩尔等人的研究则是循着第二个方向进行的①。

李小五的《现代归纳逻辑与概率逻辑》介绍了现代归纳逻辑和概率逻辑的理论，分析了国外各种逻辑系统，以及它们之间的关系。李小五在《何谓现代归纳逻辑》（《哲学研究》1996 年第 9 期）一文里认为，整个 20 世纪，归纳逻辑的研究可谓是起步早，发展缓慢，成果不多。特别是从 70 年代以后，逻辑学家纷纷离开了对归纳逻辑的研究而转向别的逻辑。80 年代以来，归纳逻辑的研究沉寂下来，现在国外逻辑界几乎已经没有人宣布在研究归纳逻辑。80 年代以来，国外虽然出了一批关于归纳逻辑方面的专著，但主要是整理以前的归纳逻辑理论，分析其哲学意义及其局限，并没有看到具有独创性的归纳逻辑系统。我国从 90 年代以来有几位青年学者发表了一些有关的论文和几部专著，取得了一些成果。但这些成果绝大多数仍偏重于科学哲学或逻辑史方面，在逻辑系统的建构方面几乎没有新东西。

3. 20 世纪初归纳逻辑史研究

在这一时期，出版了一些归纳逻辑史的著作，也发表一批论文，如陈晓平的《关于归纳逻辑的若干问题——对现代归纳逻辑的回顾与展望》（《自然辩证法通讯》2000 年第 5 期）、任晓明等的《美国归纳逻辑与人工智能研究概况》（《科学技术与辩证法》2007 年第 1 期）、熊立文的《归纳逻辑在现代的发展》（《哲学研究》2008 年第 2 期）、何向东等的《归纳逻辑研究述评》（《自然辩证法研究》2007 年第 3 期），等等。其中《归纳逻辑研究述评》在对国外卡尔纳普、波普尔、欣迪卡、莱维与赖兴巴赫等的归纳逻辑研究和国内鞠实儿、陈克艰、李小五、熊立文、陈晓平与刘壮虎等的归纳逻辑研究进行了述评的基础上，就归纳逻辑是否是逻辑的两种争论进行了述评。作者认为，虽然归纳逻辑的基础理论研究似乎已经走入低

① 黄豆：《归纳逻辑在当代的发展——简评当代西方哲学家对归纳逻辑的研究》，《广东社会科学》1993 年第 1 期。

谷，但其应用研究却方兴未艾。

熊立文《现代归纳逻辑的发展》（人民出版社2004年版）以概率逻辑的发展为线索，系统地介绍了现代归纳逻辑各个流派的理论，包括：逻辑贝叶斯派代表人物凯恩斯和卡尔那普的归纳理论、芬兰学派的归纳理论、经验主义学派代表人物赖欣巴哈的归纳理论、主观贝叶斯派的归纳理论、冯·赖特的排除归纳法理论，本书还介绍了主观概率的应用——贝叶斯决策理论以及关于归纳接受的各种理论。

邓生庆、任晓明《归纳逻辑百年历程》（中央编译出版社2006年版）将近百年归纳逻辑发展史划分为古典归纳逻辑的终结阶段、古典归纳逻辑向现代归纳逻辑的过渡阶段和现代归纳逻辑进一步发展阶段等三个阶段，并对有代表性的归纳逻辑理论作了详细评述，如对凯恩斯、莱辛巴赫、卡尔纳普、勃克斯、科恩、冯赖特等归纳思想进行研究，还对主观贝叶斯主义的概率理论、20世纪末归纳概率逻辑的研究进展进行述评。

（四）语言逻辑发展史研究

语言逻辑也称自然语言的逻辑，自然语言的逻辑发展史的研究大多国内学者也是贯穿其理论研究之中。当然也出现专门研究20世纪语言逻辑发展史的著作。新中国成立60年的研究大致活跃于20世纪80年代后。

1. 20世纪80年代至90年代

从这一期间出版语言逻辑方面的著作和发表的论文看，专门对西方语言逻辑思想发展史的研究成果不多，作为真正对西方语言逻辑发展史研究的成果集中于李先焜、陈宗明、王靖华等少数学者身上，邹崇理在《国外语言学》1993年第3期上以《蒙太古语义学简介》为题概述蒙太古语义学。另外以“南开大学哲学系逻辑研究班”名义，作为《语言逻辑文献资料选》在《思维与智慧》（1989年第4—5期）上发表《语言逻辑》（上、下）。

李先焜发表于《湖北大学学报（哲学社会科学版）》1984年增刊的文章《语言逻辑研究的意义、历史和现状》[在其他文章或著作里也有论述，如在《湖北大学学报（哲学社会科学版）》1993年第1期发表的文章《语言哲学与语言逻辑》] 详细地论述了西方和苏联自然语言逻辑发展的概况。就西方语言逻辑研究而言，他论述了亚里士多德、斯多亚派、古罗马时期、欧洲中世纪、近代语言逻辑的研究、欧洲文艺复兴以后到19世纪、20世纪的语言逻辑研究史，认为20世纪真正开展了对语言逻辑的研究。

在史的梳理的基础上，归纳出几种趋势：从对语言表面语形的分析逐渐深入到对语义的分析；不仅注意语句本身的分析，而且注意对言语环境的分析；从外延逻辑逐渐发展成内涵逻辑。

陈宗明的论文《关于语言逻辑问题》、《思维与智慧》（1984 年第 1 期）和《语言逻辑的历史和现状——语言逻辑漫话之一》、《思维与智慧》、（1986 年第 3 期）认为，语言逻辑的研究从传统逻辑的领域发展到现代逻辑的领域，从人工语言的逻辑发展到日常语言的逻辑，从语形的研究发展到语义和语用的研究，从外延逻辑发展到内涵逻辑，从非形式化的方法发展到形式化的方法，从哲学界、逻辑界发展到语言学界。他从语义理论、词项理论、定义理论、预设理论、语境理论五个方面分类介绍语言逻辑的发展。

王靖华连续以《西方逻辑史语言逻辑思想概观》为题在《思维与智慧》（1987 年第 3—6 期、1988 年第 2 期）上发表五篇论文，把西方语言逻辑思想发展分为古希腊罗马阶段的语言逻辑思想萌芽、中世纪语言逻辑思想、文艺复兴时期至近代语言逻辑思想、现代阶段语言逻辑思想及其特点。并对每一阶段的代表人物的思想逐一介绍，并总结出每一阶段的语言逻辑思想特点。他认为，如果说以罗素，维特根斯坦为代表的分析哲学家对日常语言的逻辑分析直接导致了“语言逻辑”这一术语的诞生，那么萨默斯、卡尔纳普、斯特劳森的工作则分别从传统逻辑、人工语言和日常语言的角度开始了语言逻辑研究的尝试；如果说现代指号学奠基人莫里斯的“指号三分法”语形、语义、语用为语言逻辑描述了一个大致轮廓，那么转换生成语法创始人乔姆斯基，及其弟子生成语义学创始人莱柯夫和蒙太格语法的创始人蒙太格的工作则分别从语法学、语义学和内涵语义语境的理论方面大大充实了现代语言逻辑的内容。

2. 21 世纪西方语言逻辑思想发展史研究

这一时期关于语言逻辑的研究不仅出现鞠实儿、邹崇理、蔡曙山、黄华新等著作等身的学者，而且有一大批青年才俊脱颖而出，有许多成果进入世界前沿。在他们的研究中涉及西方语言逻辑思想发展史或专题的问题，但是真正全面系统地研究西方语言逻辑思想发展史的学者以陈道德为代表。也有部分学者发表这一方面的论文。

邹崇理的专著《自然语言逻辑研究》（北京大学出版社 2000 年版）从纵向角度，整理出自然语言逻辑各理论的发展脉络。专著《逻辑、语言和信息》（人民出版社 2002 年版）第一章从宏观角度给出整个逻辑语法群体的概观；第二章介绍刻画自然语言量化结构的广义量词理论；第三章讨论新颖的语义理论——情境语义学；第四章阐述各种各样的动态语义理论；第五章介绍加标演绎系统以及该理论应用于自然语言理解的研究成果。

夏年喜的论文《自然语言逻辑研究的现状与趋势》（《哲学动态》2004 年第 6 期）把自然语言逻辑研究开始于 20 世纪 70 年代的蒙太格语法。认为 20 世纪 80 年代初，出现了广义量词理论、话语表现理论、情境语义学等十分有影响的形式语义学理论。接着又出现了动态语义学、类型一逻辑语法、自然语言理解的加标演绎系统等各具特色的理论。她总括国内外自然语言逻辑研究的特点，认为其发展趋势为四个方面：形式化的趋势，重视语用的趋势，贴近人们对自然语言的实际理解过程的趋势，多学科相互促进、相互渗透的趋势。

陈道德出版的著作《20 世纪意义理论的发展与语言逻辑的兴起》（中国社会科学出版社 2007 年版）和发表该方面的论文系统地论述了西方语言逻辑发展的历史。该著作 14 章，其中有 9 章是写西方语言逻辑发展史的。内容包括：意义的指称论（弥尔的指称理论、弗雷格的指称理论、罗素的指称理论、维特根斯坦的指称理论、克里普克的历史——因果的指称理论），意义的使用论（对奥古斯丁语言观的批判、语言游戏观、意义即使用），意义的真值条件论，可能世界语义学，语境与索引词理论（弗雷格论语境与索引词、罗素论语境与索引词、巴尔希勒尔的索引词理论、希勒尔的索引词理论与斯特劳森对语句和语句的使用的区分、蒙太格和卡普兰的索引词理论），言语行为理论（奥斯汀论言语行为、塞尔对言语行为理论的修正与发展），隐含与预设理论，逻辑语法理论，代词理论与 TFL 系统。他还把国外语言逻辑的发展分为三个阶段：（1）萌芽阶段，为 20 世纪初至 40 年代，主要包括弗雷格关于含义与指称的思想、索引词理论，罗素的摹状词理论等；（2）形成阶段，为 20 世纪 50 年代至 70 年代，包括希勒尔的索引词理论、奥斯汀的言语行为理论、格赖斯的隐含理论、蒙太格语法等，蒙太格语法是语言逻辑形成的标志性成果；（3）发展阶段，为 20 世纪 80 年代至今，这一时期的代表性成果包括广义量词理论、话语表现理论情境语义学、加标演绎系统等。

（五）逻辑哲学发展史研究

在西方，逻辑哲学始于 20 世纪初，逻辑哲学引起我国学者关注始于

20 世纪 70 年代末，这是大多数学者赞同的意见。我国学界对于逻辑哲学的研究，胡泽洪在《20 世纪我国逻辑哲学研究的回顾与反思》（《学术研究》2008 年第 11 期）一文里作了很好的评述。他把 20 世纪 80 年代初至今的我国的逻辑哲学研究历程分成两个主要阶段，即起始研究阶段与深入研究阶段。他认为在起始研究阶段，我国的逻辑与哲学工作者一方面大量翻译了西方的逻辑哲学通论与专论性著作，另一方面则通过撰写论文或著作向国内学术界介绍逻辑哲学这一学科或领域，并就一些问题展开自己的研究。这一阶段应该是西方逻辑哲学传播期，属于西方逻辑哲学史的内容。当然在他所分的第二阶段也存在从史的角度对逻辑哲学的研究。

1. 西方逻辑哲学著作的翻译

关于这一问题，我们引用《20 世纪我国逻辑哲学研究的回顾与反思》一文的总结。"这一阶段的代表性译著有邓生庆翻译的奎因的《逻辑哲学》（三联书店，1991 年）、罗毅翻译与张家龙校对的哈克的《逻辑哲学》（该书早在 20 世纪 90 年代初便翻译完成交出版社，但正式出版则到了 2003 年，商务印书馆出版）、牟博翻译的格雷林的《哲学逻辑引论》（中国社会科学出版社 1990 年版）、江天骥等翻译的奎因的《从逻辑的观点看》（上海译文出版社 1987 年版）、晏成书翻译的罗素的《数理哲学导论》（商务印书馆 1982 年版）、尹大贻翻译的艾耶尔（A. J. Ayer）的《语言、真理与逻辑》（上海译文出版社 1981 年版）、梅文翻译的克里普克的《命名与必然性》（上海译文出版社 1988 年版）等等。可以说，上述译著大大地开阔了我们的研究视野，影响了我国学术界关于逻辑哲学的研究对象、研究性质的初步看法。"① 这些著作的翻译确实是研究逻辑哲学的窗口，例如，哈克的《逻辑哲学》不仅成为许多高校教学的重要参考资料，而且也是一些学者著书的文本。

2. 中国学者逻辑哲学著作中的西方逻辑哲学史研究

20 世纪末 21 世纪初，中国学者的逻辑哲学著作陆续出版，据胡泽洪的统计，"就通论性的著作来看，比较有代表性的有陈波的《逻辑哲学引论》（人民出版社 1990 年版）和《逻辑哲学导论》（中国人民大学出版社 2000 年版）和《逻辑哲学》（北京大学出版社 2005 年版）、张清宇主编的《逻辑哲学九章》（江苏人民出版社 2004 年版）、梁庆的《逻辑哲学初步》

① 胡泽洪：《20 世纪我国逻辑哲学研究的回顾与反思》，《学术研究》2008 年第 11 期。

（广东人民出版社 2002 版年）、王路的《逻辑的观念》（商务印书馆 2000 年版）、胡泽洪的《逻辑的哲学反思——逻辑哲学专题研究》（中央编译出版社 2004 年版）、黄斌的《语言逻辑哲学——难题与解析》（重庆出版社 1999 年版），等等。就专论性的著作来看，则包括张家龙的《模态逻辑与哲学》（中国社会出版社 2003 年版）、弓肇祥的《真理理论——对西方真理理论历史地批判地考察》（社会科学文献出版社 1999 年版）与《可能世界理论》（北京大学出版社 2003 年版）、张建军的《逻辑悖论研究引论》（南京大学出版社 2002 年版），等等。”①

这些著作大多是以评述西方逻辑哲学思想的方式来表达自己的观点。陈波的《逻辑哲学引论》和《逻辑哲学导论》两部著作不仅专节叙述“逻辑哲学的兴起”，而且在研究逻辑哲学不同问题时也介绍西方学者的观点，如在论述“符合论和塔斯基的真定义”时，梳理出符合论的传统，详细叙述塔斯基的真定义，归纳出塔斯基的真定义的特点。《逻辑哲学九章》的许多章节也是如此。如讲“蕴涵”时涉及发展史的内容：“古代和中世纪的蕴涵理论、近现代的蕴涵理论”；讲“悖论”时，也包含“悖论简史”。

3. 中国学者逻辑哲学论文中的西方逻辑哲学史研究

国内学者已经发表不少逻辑哲学方面的论文，涉及逻辑哲学史的论文也很多，仅举例说明。如郑文辉的《逻辑哲学的历史背景、含义及其范围》（《中山大学学报（社会科学版）》1991 年第 3 期）认为逻辑哲学问题早发端于古希腊柏拉图、亚里士多德研究过逻辑哲学问题，麦加拉——斯多葛学派研究过真值问题、悖论及其初步的解决方案、蕴涵等逻辑联结词，在中世纪，许多逻辑学家和哲学家都关注意义、指代、共相、模态等问题，近现代许多人，像弗雷格就研究了逻辑哲学，第一个真正意义上的逻辑哲学家，并直接影响到后来的罗素和维特根斯坦等人。现在关于这方面较有影响的专著除了维特根斯坦的之外，还有奎因的《逻辑哲学》、哈克的《逻辑哲学》。此文还分析了逻辑哲学产生背景，基本含义、研究范围以及意义等。

陈波的《西方逻辑哲学研究述介》（《哲学动态》1993 年第 10 期）从维特根斯坦的《逻辑哲学论》开始评述，认为蒯因写有一部真正意义的

① 胡泽洪：《20 世纪我国逻辑哲学研究的回顾与反思》，《学术研究》2008 年第 11 期。

《逻辑哲学》。之后又评述了苏珊·哈克著的《逻辑哲学》、《异常逻辑》、巴斯卡·恩格尔著的《真理的准则——逻辑哲学引论》、格雷林的《哲学逻辑引论》、沃尔弗拉姆的《哲学逻辑引论》。

胡泽洪的《哲学逻辑与逻辑哲学》（《自然辩证法研究》2002 年第 11 期）认为，目前在我国哲学与逻辑学界影响比较大的逻辑哲学的英文文献主要有英国逻辑学家哈克的《逻辑哲学》，美国著名逻辑学家、哲学家奎因的《逻辑哲学》、美国学者库尔勒编辑的《逻辑哲学》等，此外，英国学者里德的《对逻辑的思考——逻辑哲学导论》。他还对这几部著作内容作了介绍。

王路的《逻辑哲学研究述评（上、下）》（《哲学动态》2003 年第 4、第 5 期）从“含糊的用法”、“明确的说明”、“不同的看法”三个方面述评西方的逻辑哲学研究状况。作者认为，1967 年 11 月 10—12 日在伦敦开了一个以“哲学逻辑”为题的学术讨论会，两年以后，与会论文结集出版，名称不变（Philosophical Logic , D. Reidel Publishing Company 1969）。1971 年，普特南发表论文《逻辑哲学》。科奈于 1976 年编辑出版了一本名为《逻辑哲学》文集，1978 年，科比和古尔德编了一本题为《当代哲学逻辑》的文集，1996 年出版了一本文集《哲学逻辑与逻辑的哲学》，以上文章和文集采用了“哲学逻辑”或“逻辑哲学”的名称，但是对这两个名称没有明确说明，所以称“含糊的用法”。“明确的说明”是指，20 世纪 70 年代初，《哲学逻辑杂志》（ The Journal of Philosophical Logic ）正式出版。该杂志明确地说，它的范围限制在使用形式方法或探讨逻辑理论中的论题的哲学研究。1980 年出版了一本杂志，题目是《逻辑的历史和哲学》（ History and Philosophy of logic ），直接含有“逻辑哲学”（Philosophy of logic）这一表达。1983 年，《哲学逻辑手册》第一卷出版，从 1993 年起，Nicholas Copernicus University Press 每年出版一本文集，题目为《逻辑与逻辑的哲学》（Logic and Logical Philosophy ），1994 年出版了一本文集《逻辑哲学在波兰》。“不同的看法”是讨论斯特劳森的《哲学逻辑》、哈克的《逻辑哲学》、沃尔夫拉姆的《哲学逻辑》、格雷林的《哲学逻辑导论》、恩格尔的《真之标准——逻辑哲学导论》、戈布尔的《哲学逻辑》等书中所表现出的不同的逻辑哲学观。

另外，还有汪堂家的《哲学的逻辑表达与逻辑的哲学分析——从概念、定义与命题理论看莱布尼兹的逻辑哲学观》［《复旦学报（社会科学版)》2005 年第 3 期]、李建华的《逻辑哲学的对象、范围及与相关学科的关系》[《湘潭师范学院学报（社会科学版)》2006 年第 6 期] 等涉及西方逻辑哲学史内容的论文。

第四节　汉传因明

一　当代因明（佛教逻辑）研究概况

（一）当代因明研究经历三个阶段

1949 年至 1966 年为第一阶段。这一阶段与此前 30 年相比，波澜不兴。在大陆总共只有 10 多篇论文和译文发表，没有出版新的因明著作。吕澂先生发表了《西藏所传的因明》，对藏传因明勾玄提要，开汉地学者研究藏传因明之端。虞愚先生从印度威提布萨那博士著的英文本《印度逻辑史》中翻译了第三章，题为《法称〈逻辑一滴〉的分析》，为汉地学者了解法称因明学说提供了资料。在传习方面，虞愚先生从 1956 年至 1966 年在中国佛学院讲授因明 10 年。1961 年学部委员、著名佛学、因明专家吕澂先生应中国科学院哲学社会科学部之邀请，开办南京佛学班。他开设因明课，讲解了《因明入正理论》。

第二阶段是从“无产阶级文化大革命（简称文革)”开始至“文化大革命”结束后的 1977 年。在大陆，因明研究和传习完全停止。一场浩劫使得因明专家受到摧残，因明图书资料被扫荡。

1978 年至今为第三阶段，因明研究如枯木逢春，欣欣向荣。这是汉传因明史上最为兴盛的时代。

（二）第三阶段因明研究概要

1. 因明座谈会和 7 次全国学术讨论会成为强大动力

为响应党和国家关于发展科学、抢救濒临灭绝学科的号召，中国社会科学院哲学研究所和中国逻辑史研究会于 1982 年 2 月在北京召开抢救因明座谈会。与会专家一致呼吁，要把抢救因明遗产、推动因明发展当作当前学术界和出版界的一项重要而急迫的任务。中国社会科学院将此呼吁用《要报》上报党中央、国务院，从此，因明研究得到了政府部门的重视和有力支持。①

① 刘培育编：《因明研究》论文集，吉林教育出版社 1994 年版。

1983 年 8 月，由中国社会科学院哲学所、中国逻辑史研究会、甘肃省社会科学院和甘肃人民出版社共同发起召开了全国首次因明学术讨论会。会址设在唐玄奘游学印度、输入因明所经过的著名古城敦煌、酒泉。来自北京、上海、天津、甘肃、西藏、青海、江西、河南等省、市、自治区的因明、逻辑、哲学、宗教学的专业工作者和新闻出版单位共 55 人出席了会议。会议审订了《中国逻辑史资料选·因明卷》的编写计划和部分初稿，成立了因明研究工作小组。会议集中地讨论了四个专题：一是汉传因明和藏传因明的历史总结和评价；二是因明、名辩和逻辑三大体系的比较；三是因三相的性质和意义；四是因明和佛教的关系。①

全国藏汉因明学术交流会于 1989 年 10 月在北京召开，由中国逻辑史研究会、中国社会科学院南亚文化研究中心、中国佛教文化研究所、中国藏学研究中心共同举办。有 40 位藏汉因明学者参加会议。与会者建议：一要加强藏传因明著作的翻译和出版工作，二要有健全的研究方法；三要花财力培养人才；四要组织力量写几部书；五要建立因明学术团体，开展国内外学术交流。

以上三次会议对当代中国的因明研究无疑起到了极其有力的推动作用。

2006 年 6 月首届国际因明学术研讨会在杭州召开，会上成立了中国逻辑学会因明专业委员会。这是一次承前启后、继往开来的大会。来自美国、法国、中国台湾、中国香港的因明专家与大陆的研究者共襄盛举。与会人数之多，达到前所未有的 110 人。会上僧俗合璧，老中青结合，科研与教学相互促进，藏传、蒙传和汉传以及欧美的因明研究交相辉映。共收到论文 81 篇，涉及面广泛。中国逻辑学会因明专业委员会的成立为我国的因明研究提供了强有力的组织保障。因明专业委员会决定每年召开一次全国会议，创办《因明》期刊，每年出 1 期。这一决定已经得到实施。

2. 社会科学院和高等学校的科研、教学人员成为因明研究的主力军

在 30 多年中，从事因明研究、翻译、编辑的人员比前 30 年大为增加，他们主要来自全国十多所高等院校和社会科学院的逻辑学、佛学、西藏学、哲学、语言学专业工作者和博士、硕士研究生。他们成为因明研究和传播的主力军。1983 年由中国社会科学院哲学研究所开办了因明讲习班，

① 中国逻辑史学会因明研究工作小组编的《因明新探》，甘肃人民出版社 1989 年版。

虞愚教授为来自北京、天津、山东、山西等省市的逻辑、哲学、佛学工作者30多人讲授了因明的理论、历史和印度因明原著《因明入正理论》。1984年中国社会科学院哲学研究所举办了"因明、中西方逻辑史"讲习班，由虞愚教授向来自全国十多个省市的科研、教学人员教授了因明理论。其中有些人成为因明研究的专门人才。西藏大学、青海民族学院、中央民族大学、中山大学、南开大学、河南大学、北京师范大学、华东师范大学、复旦大学、中国人民大学、贵州大学和燕山大学等十多所高校为上千研究生、本科生开了因明课。中国社会科学院、中国人民大学、复旦大学和中央民族大学等单位培养了因明博士研究生。

3. 出版了7部因明文集。从1982年起到1994年，出版了3部因明论文集。

论文写作年代从20世纪50年代初到90年代初，共收集老、中、青三代专家、学者的论文和译文70多篇，基本上反映了大陆因明研究的广度、深度和不同学术观点。从2006年起，中国逻辑学会所属因明专业委员会每年出版一本因明论文集，至今已出版四集（后三集以杂志形式出版）。

4. 一大批各类著译的出版反映了20世纪末因明研究的广度和深度

（1）有通论性的著作数种。石村先生的《因明述要》是"文化大革命"后率先绽放的报春花，该书由中华书局一版再版，发行量巨大，对因明的普及有着广泛影响。在80年代中期出版了沈剑英的《因明学研究》。这是一本很有影响的专著。90年代中期又有郑伟宏的《佛家逻辑通论》（以下简称《通论》）问世。此书在因明与逻辑比较研究方面提出一家之说。2008年又出版了张忠义的《因明蠡测》，该书强调从语用逻辑的角度，发掘因明的现代价值。

（2）《因明大疏》的注本和敦煌遗珍唐疏研究各一种。窥基《因明大疏》的注释由中国逻辑史学会组织专家学者集体标点和注解，收入《中国逻辑史资料选·因明卷》。这是全本标点的简略注本。沈剑英的《敦煌因明文献研究》是研究敦煌遗珍中唐代文轨《庄严疏》残本和净眼的《略抄》和《后疏》的一本专著。此书分《考论篇》、《释文篇》和《校补篇》。这本专著很有文献参考价值。

（3）先后出版了4本关于《理门论》的专著和《入论》的讲解三种。沈剑英的《佛家逻辑》于1992年由开明出版社出版，巫寿康博士的遗著《因明正理门论研究》于1994年由三联书店出版，郑伟宏的《因明正理门论直解》（以下简称《直解》）于1999年由复旦大学出版社出版。三本《理门论》专著的出版是汉传因明史上的重要成果。对《理门论》逻辑体系的评价，三本书持三种不同见解，是因明研究中最有代表性的三种观点。这表明我国对《理门论》的研究达到了新的高度。刚晓法师《因明二论》对《因明正理门论》的讲解侧重佛教义理，别具特色。

吕澂先生的《因明入正理论讲解》原是南京佛学班上用的讲稿，经吕澂先生本人订正后于1983年由中华书局正式出版。此书深入浅出，既明白晓畅、通俗易懂，又有很高学术价值。吕先生博览梵、汉、藏三种文字因明资料，讲解深刻准确。在郑伟宏的《通论》和刚晓法师的《因明二论》中都有《入论》讲解。

（4）出版了多种有关印度因明发展史和汉传因明史著作以及三大逻辑史比较研究著作。在列为国家“六·五”重点项目的《中国逻辑史》五卷本（1989年由甘肃人民出版社出版）中对唐代因明、现代因明和藏传因明发展史都作了详细的介绍。早在1979年人民出版社就出版了周文英的《中国逻辑思想史稿》，对隋唐时期因明的输入、清代、近代因明的复苏都作了评介。此外，他还撰写了《印度逻辑史稿》六章，其中关于中古逻辑学派一章是对印度因明的专题介绍。杨百顺的《比较逻辑史》著作于1989年问世。该书系统地论述了中国、印度和西方逻辑史的发展。1992年曾祥云的《中国近代比较逻辑思想研究》出版。这篇博士论文是关于三大逻辑比较研究方法论方面的专著。姚南强的《因明学说史纲要》出版于2000年。此书涵盖了印度因明、藏传因明和汉传因明。随后又有沈剑英主编的《中国佛教逻辑史》于2001年出版。全书分汉传、藏传和近现代的因明研究。最晚出的是由郑伟宏承担的1999年国家社科基金项目《汉传佛教因明研究》，由中华书局于2007年出版。此书大力弘扬玄奘的因明成就，以唐疏为钥匙打开陈那因明体系的大门，对其逻辑体系作了反传统的解读。

（5）翻译、出版了印度因明和正理的经典著作，梵、汉、藏、蒙、英、日各语种对勘研究有新进展。巫白慧先生发表多篇论文对陈那新因明理论作梵汉对勘研究。郭良鋆、韩廷杰都做了将《入论》梵文原本与奘译本的详细对勘研究。[①] 沈剑英《因明学研究》中附有印度正理派的经典著

① 郭良鋆：《因明入正理论梵汉对照》（上、下），《南亚研究》杂志，1999年第2期，2000年第1期。

作《正理经》汉译本。它是根据宫坂宥胜的日译转译的。姚卫群、刘金亮则直接根据梵本译出了《正理经》。刚晓法师的《正理滴点论解》比较三译本之同异，有助于对《正理经》原文的理解。

1980 年法尊法师从藏文中将陈那的后期因明代表作《集量论》译出全本，题为《集量论略解》，1982 年由中国社会科学出版社正式出版。他根据陈那的释文详加串解，并参照《理门论》等随处附注，还对二种藏本的同异、优劣，做了考订辨正。此书的出版使汉地学者得以了解陈那晚期的因明思想。

《正理滴论》是法称因明体系的一部简论，世界各国的研究者主要依据此论研究法称因明。1982 年《世界宗教研究》杂志刊登王森先生早年从梵文原本译出的中文本。在同一期上，还刊有杨化群的藏译本。在 1994 出版的《因明研究》论文集中又有由韩镜清从藏本中翻译的汉译本，题为《正理滴点论》。《释量论》是法称因明体系的一部广论，总集法称因明理论之大成。1981 年中国佛教协会刊印了法尊法师的汉译本。法称因明广略二论的出版拓宽了汉地学者的眼界。

（6）对国外因明研究成果的译介。1980 年商务印书馆出版了由张春波翻译的日本京都大学教授、文学博士梶山雄一的《印度逻辑学的基本性质》一书。梶山雄一主要分析了印度逻辑学不同于西方形式逻辑的特点。作者指出，陈那三支在严格意义上不能说是基于概念包摄关系的演绎推理。

孙中原在 20 世纪 80 年代先后译出日本逻辑学家末木刚博的《逻辑学的历史》、《因明的谬误论》，该论用数理逻辑来整理《入论》中提出的 33 种过失。二论在基本观点上未能准确地把握住原著的本来意义，例如，同、异品未除宗有法，把本来是联言命题的九句因统统表述成选言命题，纵然有先进的逻辑工具作指导，也不免南辕北辙。这一教训值得记取。

1997 年商务印书馆翻译出版了宋立道、舒晓炜翻译的世界学术名著舍尔巴茨基的《佛教逻辑》。《佛教逻辑》的英文原本对中国 20 世纪的因明研究以深刻的影响。汉译本的出版为广大因明研习者提供了方便。

（7）出版了多种逻辑辞典和一种因明辞典。从 20 世纪 80 年代起集体编写了多种逻辑辞典，都有因明条目，有利于因明的普及。20 世纪 80 年代吉林人民出版社率先出版了《逻辑学辞典》，随后上海辞书出版社出版了《哲学大辞典·逻辑学卷》。1994 年出版的《逻辑百科辞典》是由中国社会科学院哲学所逻辑室研究人员邀请部分院外专家共同编写，列为国家社科基金项目。2004 年由上海辞书出版社出版了《逻辑学大辞典》，是在《哲学大辞典·逻辑学卷》基础上修订而成的。其中大部因明条目结集为《因明辞典》，于 2008 年出版。

（8）佛教界的因明传习活动蓬勃展开

中国佛学院和分院以及各省市佛学院纷纷开设因明课。杭州佛学院年轻的刚晓法师不仅讲授了陈那《理门论》、天主的《入论》，而且讲授了陈那的《集量论》和法称的《正理滴论》、《释量论》以及正理派的《正理经》。成为我国因明史上讲授印度逻辑经典著作种类最多的学者。讲稿未经修饰，完全按录音记录稿出版，效率虽高，但也稍欠严谨。

最近 30 年，发表因明类文章 300 篇左右，与前 30 年相比，可谓洋洋大观，而与逻辑学类文章成千上万相比，相去甚远。这说明，因明研究虽然有长足进步，但是仍未摆脱“冷门”之命运，因明工作者仍然任重而道远。在因明与逻辑比较研究方面既要看到成果显著，也要看到不足，不少论著在因明与逻辑两方面还存在许多常识错误。

二　因明与逻辑比较研究述要

（一）从照搬国外到独立研究

在三大逻辑比较研究中，因明研究显得相对落后。因明在国际上至今仍是逻辑研究中的冷门专业。在中国，它曾经于明清数百年之间成为绝学。因明复苏虽说已有百十余年，成就斐然，但在因明与逻辑比较研究方面，却走了大半个世纪的弯路。不少因明研习者从 20 世纪初起便丢掉了唐疏的优良传统，邯郸学步，采取“拿来主义”，学日本、学欧洲、学印度，照搬了许多现成的错误结论。这种情形，近 30 年仍然可见。另一方面，我国少数因明研究者在因明与逻辑的比较研究方面更加深入。陈大齐教授在 20 世纪关于因明与逻辑比较研究的许多成果得到了发扬光大。在现代因明研究（1919 年至 1949 年）中探讨的 10 多个基本理论问题，在当代都有讨论。有的问题已有定论，如能立二义、全分、一分等。有的问题还有不同见解，如遮诠定义。在 20 世纪的半个多世纪里，在对陈那因明体系的逻辑性质的整体评价基本上一边倒，千篇一律判定为演绎论证，即其包含的推理形式是演绎的，与三段论类似。

自 20 世纪 80 年代以来，中国学者开始反思，对 20 世纪苏联、印度和日本的代表性著作一改全盘照搬的传统，进行批判性研究。由于一批逻辑工作者的介入，陈那三支论证式包含的推理究属哪一种类便成为争论的焦点。从两个“初始概念”同品、异品的定义起，到因三相逻辑形式的表述，直到对三支论证式的推理种类的判定，都存在很大的分歧。著名逻辑学家沈有鼎先生率先做出反应。他敏锐地把着眼点放在两个初始概念同品（与论题谓项性质相同的对象）、异品（没有论题谓项性质的对象）的定义上。在他所作的关于陈那因明的逻辑图解中，同品除宗有法（同品不包括主项），而异品不除宗有法（异品包括主项），这样就使得以同、异品二概念为基础建立起来的因三相规则能保证三支论证式为演绎推理。复旦大学的因明研究生发现，英国剑桥大学出版的齐思贻的《佛教的形式逻辑学》已经有过这种处理方式。沈先生的设想没有留下文字说明。他的设想由博士生巫寿康演绎为博士论文《〈因明正理门论〉研究》（以下简称《〈理门论〉研究》）。这篇博士论文预设了陈那三支论证式的推理为演绎。为保证此预设，他修改了陈那因明的异品定义，即规定异品不除宗有法。他还“发现”陈那新因明代表作《因明正理门论》内部关于同、异品定义存在“矛盾”。

郑伟宏在《论因明的同、异品》中强调同、异品除宗有法是陈那“因明体系题中应有之义”①，论证《理门论》内部一致，并无矛盾。在随后的20年中，发表一系列论著，批评该博士论文替古人捉刀，拔高古人，有违历史主义研究方法。系列论著主张实事求是，还陈那因明本来面目。郑伟宏主张，同、异品除宗有法是论辩的需要，在立论之初，立方要把宗论题的主项声排除在同品之外，以防止循环论证。同理，敌方也要把主项声排除在与同品相排斥的异品之外，以免在反驳时陷入循环论证。在立论之际，同、异品除宗有法，使立敌处于均等的地位。这是印度因明约定俗成、隐而不显的题中应有之义。同、异品除宗有法导致陈那三支作法的同、异喻体为除外命题，三支作法离演绎还有一步之差。强调要以唐疏为打开陈那因明大门的钥匙。论证陈那因明和法称因明是佛教逻辑的两个高峰，法称第一次把三支作法提高到演绎水平。

周文英先生是“文化大革命”以后较早发表因明研究论著的著名学者。在晚年，他襟怀坦荡地总结自己几十年因明研究的经验教训。在《周

① 上海逻辑学会编《逻辑学文选》，百家出版社1988年版。

文英学术著作自选集》中，他有一段感人肺腑的遗言："在评述'论式结构'和'因三相'时有失误之处"，"这些说法当然不是我的自作主张，而是抄袭前人的，但不正确"[①]。为此，他做了补救文章。在自己赖以成名的研究领域，敢于检讨失误，体现了一个大学问家实事求是的治学品格。在讲究学术规范方面，他为我们树立了杰出的榜样。周先生的因明基本观点与苏联科学院院士舍尔巴茨基的《佛教逻辑》和印度威提布萨那的《印度逻辑史》颇多雷同。这不是一个孤立现象，而是具有时代特征。

舍尔巴茨基《佛教逻辑》出版于1930年，是佛教学研究中至今被印度的印度学学者们奉为划时代的权威作品。在半个多世纪它对中国现代、当代的因明研究以全面而又深刻的影响。因此指出《佛教逻辑》一书在史料和理论分析两方面的问题就成为解决国内纷争的一个重要课题。[②]

第一，他认为陈那以前的古正理五分作法为演绎推理，在《正理经》就已经有"演绎法"，[③] 并说："佛教对逻辑问题开始感兴趣时，正理派已经有了成熟的逻辑。"[④]其中喻支为"如在厨房中等，若有烟即有火"，喻支中不仅有喻依，还有一个反映普遍联系的命题。《大英百科全书·详卷》对《正理经》五分作法的评论与舍尔巴茨基完全相同[⑤]。

上述观点显然有悖印度逻辑的发展历史。遍查《正理经》文，找不到有关演绎法论述的任何蛛丝马迹。从《正理经》三个汉译本来看，对喻支的译文中都不见有命题组成的喻体，更谈不上用全称量词。在新正理派的五分作法中，喻支由例证加命题组成，这是受到陈那革新因明的影响之后才有的。汤用彤先生在《印度哲学史略》指出："但认因为最重要并特别注意回转关系，恐系佛家新因明出世以后之说，早期正理宗师并未见及此。"[⑥]

第二，舍尔巴茨基不明白世亲、陈那和法称分别代表了佛教因明发展

① 周文英：《周文英学术著作自选集》，人民出版社2002年版，第46页。周文英先生曾任国家六五重点项目《中国逻辑史》五卷本副主编。

② 郑伟宏：《因明研究百年述评》，载《因明新论》，中国藏学出版中心2006年；《论印度佛教逻辑的两个高峰》，复旦学报2007年第6期。

③ 舍尔巴茨基：《佛教逻辑》，宋立道、舒晓炜译，商务印书馆1997年版，第33页。

④ 同上。

⑤ *The New Encyclopcedia Britannica*：*Macropcedia*，1993年英文版，第21卷，"印度哲学"条，第191—212页。

⑥ 汤用彤：《印度哲学史略》，上海古籍出版社2006年版，第131页 。

的三个不同阶段，他不仅没有揭示陈那新因明三支作法与世亲的五分作法（偶尔也用三支）实质上有什么显著区别，而且把陈那三支作法与有根本区别的法称三支作法混为一谈。

第三，舍尔巴茨基对因的后二相误解甚多。其一，“关于所谓因之三相，……它相当于亚里士多德三段论的小、大前提及其结论。”① 大家知道，因明有“言三支”与“义三相”之别。舍氏把二者混为一谈，没有弄清二者实质上是两个不同的概念。因明三支作法中的宗论题才相当于三段论的结论，假如说“因三相”中有一相相当于三段论结论，岂不是循环论证？假如第二相“同品定有性”完全等同于同喻体，则第二相便是多余的。其二，不提同、异品除宗有法。舍氏不懂得“九句因”和因后二相都得除宗有法，因而不懂得这影响到三支作法还未达到演绎水平。其三，把世亲、陈那和法称三个不同阶段的“因三相”视为基本相同。其四，用法称因后二相代替陈那因后二相的后果是错误判定陈那的因后二相等值。在讨论到因后二相关系时舍氏总把陈那与法称相提并论，视为一致，并多次强调因后二相“实际上是等值的，不同的只是表述形式”。②“陈那认为这是同一个标志，决非两个标志。”③

印度学者威提布萨那的《印度逻辑史》用后起的法称才提出的三种正因（自性因、果性因、不可得因）来解释和代替陈那的因三相规则，完全混淆了历史文献，错解了两位因明大师的历史贡献。这也是导致舍氏失足的原因。

第四，由后二相等值出发，认为陈那三支相当于亚里士多德三段论的第一格和第二格。舍氏说：“这便是每一比量式均有两个格的原因所在。”④“显而易见，这第二条、第三条规则相当于亚里士多德的三段论式中的第一、二格的大前提。”⑤ 此说有违陈那《理门论》。《理门论》规定一个论式中同、异喻必须双陈，绝对不允许独立与宗、因组成论式，同、异喻可以单独组织论式是法称因明才有的。

综上所述，可知舍氏对陈那的因明的逻辑体系不甚了了。究其原因，

---

① 舍尔巴茨基：《佛教逻辑》，宋立道、舒晓炜译，第318页。
② 同上书，第325页。
③ 同上书，第327页。
④ 同上书，第328页。
⑤ 同上书，第284页。

在于他对陈那的《理门论》和《因轮论》缺乏深入的研究。

（二）比较研究述要

1. 因明与佛家逻辑、正理和印度逻辑之关系

因明是不是佛家逻辑，有两种不同的观点，一种认为是，一种认为不是。与这一问题相联系的是，印度的一般逻辑学说称为因明还是称为正理，也有不同的看法。

石村先生不赞成因明是佛家逻辑。他的理由有二：一是认为因明的源头并非始自佛说，二是认为因明是完全可与佛教分离的独立的学科。①

姚南强把因明而不是正理当作印度的一般逻辑学说。他认为从广义上，因明即等同于古代印度的论辩学，而从狭义来说，提出“因明”这一术语的是佛家。②

孙志成认为，逻辑史上，“根据对逻辑科学所作的特殊贡献，可以采取按人物，按地域或按时代特征进行划分并命名，如亚里士多德逻辑，墨家逻辑；古希腊逻辑，印度逻辑；古典传统逻辑，现代逻辑，等等。”③“近代学术界把佛教学者发展因明的成果概括为‘佛家逻辑’，与正理逻辑并列，论贡献、论影响是完全可以的，也是十分应该的。”④

吕澂先生是主张“因明即佛家逻辑”的代表人物。他说：“佛家逻辑通称‘因明’，它是从印度一般逻辑学说所谓‘正理’发展出来的。‘正理’学说的形成很晚，佛家之有‘因明’并加以重视，为时更迟。”“弥勒、无著的学说代兴，他们倒觉得正理学说可以采取，而改组它成为‘因明’。”⑤对“因明”这一名称，吕澂还特地加了一个注释：“‘因明’一词为佛家所专用，他宗不一定同意，像晚近印度出版的《正理藏》（Nyaya-kosa）大辞汇第三版，里面搜罗有关正理学说的术语二千五百多个，却没有‘因明’一词。”⑥

《通论》一书赞成“因明即佛家逻辑”的提法，认为印度的一般逻辑学说通称为正理。20 世纪 30 年代，杨国宾从印度留学回国，他翻译了他

① 舍尔巴茨基：《佛教逻辑》，宋立道、舒晓炜译，转引自《因明论文集》，第 225 页。

② 姚南强：《因明学说史纲要》，上海三联书店 2000 年版，第 5—6 页。

③ 孙志成：《试论因明和佛家逻辑的关系》，引自《因明新探》，甘肃人民出版社 1989 年版，第 181 页。

④ 同上书，第 182 页。

⑤ 吕澂：《佛家逻辑——法称的因明说》，转引自《因明论文集》，第 191—192 页。

⑥ 同上书，第 214 页。

的老师阿得利雅博士的《印度论理学纲要》一书。他在译序中说："这一本书虽是小，可是关于印度论理学方面的主要思想已搜集无余了。而且这本书体材简明，印度大学预科用它当作印度论理课之课本。"[①] 可是在这本搜集了印度逻辑学方面主要思想的逻辑教科书中却关于陈那、法称新因明理论的介绍只有一星半点。这说明，印度的一般逻辑学说中是不重视佛教理论家所创建的新因明理论体系的。

2. 什么是同品、异品

(1) 同、异品是有、无宗法还是有、无宗、因二法

沈剑英主张同品是有宗、因二法，异品是无宗、因二法。他认为商羯罗主的《入论》关于同品的"定义"不严密，应作如下修正："所谓'同品'就是具有因法和宗法性质的对象"，并说"同品主要在同于因法"，"同品的关键在于同因，只有同因才谈得上宗同"。[②] 又说，商羯罗主的同品定义"只是说及了一个方面"，"并不是科学定义，因为它只是揭示了同品中的比较宽泛的那个方面的内涵，如果作为定义看，则有定义过宽的毛病"。[③] 文中还用同法喻体来解释同品，并说是商羯罗主的观点。

黄志强在《因三相管见》中也作此解："只有具备宗法性和因法性的东西才能称为同品。陈那从'说因宗所随，宗无因不有'的原则进一步指出，所谓同品就是指因同品。"[④]

黄石村先生说："同品是指一切具有宗的后陈所表示的属性的东西。""异品是指一切没有宗的后陈所表示的属性的东西。"[⑤] 这一解释是符合陈那本意的。

周云之先生在《"因"的三相可以缺一吗?》根据商羯罗主在《入论》中的同品定义，指出同品"就是指的与宗法（即'宗后陈'）同类之物，在'声是无常'这一宗中，就是指与'无常'相同类之物品，例如瓶等。此外，大家都承认'异品遍无性'中的'异品'就是指的与宗后陈相异类之物，'品'在这里只应当指同一的类（宗后陈），不应当一会儿是指与

① ［印］阿特里雅：《印度论理学纲要》，杨国宾译，商务印书馆1936年版，译序。

② 沈剑英：《玄奘和唐初的因明研究》，见《中国历史上的逻辑家》，人民出版社1982年版，第148页。

③ 沈剑英：《关于〈"因"的三相可以缺一吗?〉》，转引自《因明新探》，第140、142页。

④ 黄志强：《因三相管见》，《社会科学战线》1997年第6期。

⑤ 黄石村：《因明述要》，第59页。

‘因’相同之物为同品；一会儿又是指与‘宗后陈’相异之物为异品，这样就必然陷入前后矛盾的困境。”①

《通论》一书坚持以陈那、商羯罗主的原著为依据来定义同、异品，指出同、异品是有、无宗、因二法的根源来自唐代窥基《因明大疏》。《因明大疏》有“今取其因正所成法”② 的解释，另立标准，缩小了同品的范围，并导致与九句因中同品有非有因等句相矛盾。因的第二相同品定有性才要求同品有因；同喻依必须宗因双同，即既是宗同品，又是因同品。一个事物可以是宗同品，但不具有因的性质，例如，《入论》举出“电”为“无常”的同品，此同品就不具有“勤勇无间所发性”因义。显然，《大疏》此释把同品与同品定有性和同喻依混为一谈了。

画蛇添足反而带来许许多多的矛盾。作为九句因中的第五句因“所闻性”也不为“常”的同品“虚空”所具有。“虚空”尽管不具有“所闻性”因，但是“虚空”仍然是“常”的同品。此外，九句因中的第四、第六两句相违因的共同特点都是同品无因。如果“同品主要在同于因法”，“‘同品’就是具有因法和宗法性质的对象”成立的话，那么作为过失因的相违因也不存在了。九句因中四、五、六这三句因正是表明一个对象可以成为同品但不具有因。

《直解》进一步强调，第一，《理门论》中出现的“同品”就是宗同品，是与所立法相同性质的品类。陈那从来没有在宗同品和因同品的属概念的意义上使用“同品”一词，也没有在属概念的意义上为“同品”下定义。《大疏》所说分为宗同品和因同品的同品与陈那《理门论》中的同品不是一个概念。不能混同。

第二，当宗已经确立，而立宗的一方还没举出因来证宗之时，同品就已经确定了。不管立方会提出什么样的因来证明宗，都不影响瓶、盆、电、雷成为无常的同品。

（2）关于陈那同、异品定义是否除宗有法

巫寿康的《〈理门论〉研究》否定了两种传统定义。他认为第一种是陈那本人的，陈那在《理门论》和《集量论》中的同、异品定义都是不除宗有法的，“这个定义和《理门论》的基本理论矛盾”；一些因明学家主

① 转引自《因明新探》，第131页。

② 窥基：《大疏》，卷三，页五右。

张的第二种传统定义是，"这个定义使九句因中不存在正确的因，使'九句因'失去意义。在这个定义下，即使满足因三相，也不能保证宗（论题）正确，使'因三相'失去意义"。"两种传统定义都和《理门论》的基本理论矛盾，这表明《理门论》内部存在矛盾。"①

《通论》主张陈那同、异品定义除宗有法，不赞成巫博士关于"《理门论》内部存在矛盾"的观点。因明是论辩逻辑，在共比量中，证宗的理由必须双方共许。《理门论》在给同、异品下定义之前就在关于共比量的总纲中已经规定了同、异品必须决定同许："此中宗法唯取立论及敌论者决定共许，于同品中有非有等亦复如是。"② 在这里不仅规定了在共比量中宗法即因法必须立敌共许，还规定了同品有非有等亦须立敌共许。同品有非有等共许包含了好几层意思。首先，双方得共许某物为实有；其次，双方得共许其有所立法，是共同品；再次，还得双方共许其有因，或没有因，或有的有、有的没有因。再从立宗的要求来看，立宗必须违他顺己，立方许所立法于有法上有，敌方则不许所立法为有法上有。这就决定了宗之有法不可能是共同品，也不可能是共异品，二论关于同、异品定义未明言除宗有法并无缺失。如果同、异品不除宗有法，那么就不可能存在九句因中的第五句因。在立量之际，因此，在立量之际，如果立敌各行其是，将无法判定是非。因明通则，同、异品均须除宗有法。否则，立敌双方都会陷入循环论证。

《直解》进一步指出，"巫著既然能从第五句因中'读'出同、异品除宗"，也应"从陈那在作了'决定同许'的规定之后所下的定义之中也'读'出同、异品除宗"。又说："同、异品除宗对陈那同时代的学者们来说，恐怕是朗若白昼的事情，根本不必要说，说了反而多此一举。为什么唐疏四家给同、异品下定义都要明明白白说明除宗有法呢？这是因为文化传统不同。因明在唐代输入汉地是一门生疏的新鲜学问。对一门新学问的传播来说，把隐藏着的对印度因明家不言而喻的道理明明白白地揭示出来，是很正常的。"

3. 因的第一相"遍是宗法性"的逻辑意义

绝大多数论著都把"遍是宗法性"解作"所有的宗上有法都具有因法

① 巫寿康：《〈因明正理门论〉研究》，三联书店 1994 年版，第 3—4 页。

② 陈那：《理门论》，页二右，金陵刻经处，1957 年。

性质”。正确的因支满足了第一相。以S代表宗有法，以M代表因法，则第一相的命题形式为“所有S是M”。例如，在“声是无常”宗、“所作性故”因中，“所作性故”省略了主词“声”和全称量词。因支的完整表述应是“所有声都是所作性”。

有一种观点较为特殊，把第一相解释成同喻体。“因法是该相中的媒介概念，即是相中被省略的主项，其完整句式是：因法遍是宗法性”。[①] 命题形式为“所有M是P”。此说得到一批专家的赞同，称之为“警世之作”，“开辟了因明研究的新领域”。[②]

郑伟宏在《论因明与逻辑比较研究——兼评黄志强的佛教逻辑现代研究》[③] 中就此提了十个问题，从因明大、小二论、唐疏、整部印度逻辑史、逻辑论证的基本规则、语言的一字多义、第一相与违反第一相的过失因对照等，批评上述见解。特别指出这一“新”见解不过是几百年前明代因明家在黑暗中摸象所得的糟粕。

今人有一说：“‘遍是宗法性’相当于三段论中词必须周延一次的规则，它在因三相中占有主要的地位，故因明学称之为正因相”[④]。由于该文承认第一相“遍是宗法性”的命题形式为“所有S是M”，而因法M在肯定命题谓项位置上，它总是不周延的，说第一相“相当于三段论中词必须周延一次的规则”与逻辑常识不符。

4. 关于第二相同品定有性的命题形式

（1）“所有因法都是宗法”

周文英把同品定有性解释为“譬如‘所作性’一定具有‘无常’的特点”，“‘所作’对‘无常’是‘定有’而不是‘全有’”，一般还用另外一条规定来作辅助，即“同喻体必须先因后宗”[⑤] 这实际上是把同品理解为“因同品”，而把同品定有性理解为“因一定具有宗后陈的特点”，“同因者必是宗后陈者”。

沈剑英虽然也把同品定有性解释为“因的性质一定要为宗的某些同品

---

① 黄志强：《因三相管见》，载《社会科学战线》1997年第6期；《佛家逻辑比较研究》，香港新风出版社2002年版，第85页。

② 引自《佛家逻辑比较研究》首页推荐书，香港新风出版社，2002年11月。

③ 载《因明》杂志第一辑，甘肃民族出版社2008年版。

④ 沈剑英：《玄奘和唐初的因明研究》，载《中国历史上的逻辑家》，人民出版社1982年版。

⑤ 周文英：《中国逻辑思想史稿》，人民出版社1979年版，第143页。

所具有”，似乎是把同品解释为宗后陈，实际上他把同品误当作因同品，把同品定有性误解为：同因者必有宗后陈。他说，“所谓‘同品’就是具有因法和宗法性质的对象”，“同品的关键在于同因，只有同因才谈得上宗同”，并认为“‘同品定有性’从正面揭示了因与宗法之间的关系，即当原因出现时其结果亦必出现”。①

（2）“有同品是因”

周云之在《“因”的三相可以缺一吗?》批评了上述观点。第一，同品定有性中的同品只能是与宗后陈同类之物，必须与异品无宗后陈相一致。否则“陷入前后矛盾的困境”。②

第二，“‘同品定有性’就应该被理解为：属于宗后陈之同品中一定有物（可以是全部，也可以是有些）具有因的性质。……第二相用‘定有’而不用‘遍有’，是有深刻的逻辑意义的，‘定有’就只断定‘有’，而不是断定为‘遍有’（全有）。……它的命题结构应当是‘有 P（宗后陈）是 M’，而不应当是‘所有 M（因）是 P（宗后陈）’，因为‘有 P 是 M’推不出‘所有 M 是 P’。”

第三，“仅仅根据因的第二相并不能断定因只在宗后陈之中，也不能断定宗后陈之外必无因。事实上，符合第二相之因，仍然有可能犯范围过大的‘共不定’错误（即在宗后陈之‘同品’和‘异品’中都有同因者）。……正是由于这一原因，才需要有因的第三相‘异品遍无性’来保证因只能属于同品（同宗后陈者）中，而不可能属于异品（异宗后陈者）中，使因避免犯范围过大的‘共不定’错误。总之，因的‘三相’对于因与宗前陈和宗后陈的关系来说是缺一不可的。”

第四，“因的‘三相’说是从‘九句因’发展而来的，根据‘九句因’，因只有在同品‘有’（全有）或‘有非有’（部分有）和异品‘非有’（全无）的情况下才是正因。这就是说，只有第二因（同品有，异品非有）和第八因（同品有非有，异品非有）是属于正因。这里的‘同品’和‘异品’都是相对于宗后陈而言的。”

第五，“尽管英译本将第二相也翻译为‘中词所指的事物必与大词所指的事物相一致’（即‘中词者必是大词’），但这一翻译与玄奘所译的

① 沈剑英：《玄奘和唐初的因明研究》，引自《中国历史上的逻辑家》，第 148 页。

② 引自《因明新探》，以下同。

‘同品定有性’并不一致，我们认为玄奘把第二相译为‘同品定有性’在逻辑上是非常科学的。”

第六，“有了因的第二相，同喻体就不只是一个非存在意义的命题，而且是一个真实存在的普遍命题，这一点对于因明之作为论证的工具是极为重要的。因明作为论证真实性的逻辑工具，是绝不会承认已知为不存在的东西为因的，也绝不会承认无存在意义的命题为同喻体的。”

石村先生从“定有”和除宗两个方面来解释因三相中的第二相。“这里只说‘定有’而不说‘遍有’，意思是宗的同品中必须有物（可以是全部，也可以是有些）具有因的性质。如前例用‘所作性’作因来论证‘声是无常’的时候，那作为宗的同品，也即除声以外的无常物中，就绝不可没有一物具‘所作性’这个因，必须有若干事物具有‘所作性’这个因，方才说得通。”①

《通论》和《直解》主张把同品定有性表达为“有同品是因”，即“有（P且非S）是M”。其中“S”表示宗有法，“P且非S”表示同品是除宗有法的。在国内，由巫寿康博士率先做出了这一正确表达。

（3）PIM∧MAP

把同品定有性表示为“有同品是因并且所有因是宗同品”。这一独家之说出自张忠义的论文《从“定有”看“同品定有性”》。② 他认为，他的新的表达式的意思是：“一定存在一部分宗同品具有因同品的性质，并且所有的因同品都是宗同品（保证M＝P）”。此说要求满足第二相的因必须同时满足第三相，把第三相的要求加到第二相中去，第三相便成为多余的。

（4）矛盾“统一”说

姚南强认为：“如果把第二相一般地无条件地理解为M⊆P中，可能会引生以下几个问题：

第一，如何与九句因中‘同品有’、‘同品有非有’所表达的逻辑外延相一致？……

第二，如果第二相已是M⊆P，那么已经确保了宗、因不相离关系，第三相又有何‘滥’可止？

① 石村：《因明述要》，第70—71页。

② 见《社会科学辑刊》，1987年第3期，以下引文均见此。

第三，而且，按此推理作为对似因的分析，要么是缺第一相之不成因，要么是后二相同缺的相违因，不存只缺后二相中一相的‘不定’因了。”①

姚南强认为，这些矛盾和问题在陈那的《集量论》里可以“统一”起来。他认为，《集量论》中既有第二相为 $M \subseteq P$ 的观点，即“所有因法都是宗法”，又有在“说缺相似因”中，把二、三相分列而论的观点。② 姚著却不肯承认上述矛盾之说必有一假，认为一般情况下不允许矛盾，具体场合就允许。

5. 因的后二相是否等值

（1）等值

周文英认为：“‘异品遍无性’这条规则实际上并没有提出什么新的逻辑要求。”③ 沈剑英断言“因的第二、三相是等值的”，“可任意舍去其一”④。又说：“如果从逻辑的角度来看，同异二喻的命题形式分别为 M 是 P 和 $\bar{P}$ 是 $\bar{M}$，后者正好是从前者依据换质位法推出来的；或将同异二喻的逻辑关系表述为（$P \to Q$）$\leftrightarrow$（$\bar{Q} \to \bar{P}$），则符合异质换位律的推导形式。而如上所述，同异二喻是用来显示因的第二相和第三相的，……所以第二相和第三相是等值的。据此，凭借因的第一相和第二相（或第三相），就能够建立一个有效的论证式。从这个意义上说，因之后二相（或同异喻）中当是可以缺一的。不过我并不主张真的去废除哪一相或哪一支，因为因明有它自己的风格”⑤。

（2）不等值

周云之主张同品定有性是同品为主项的特称肯定命题，是对九句因中二、八正因的抽象概括；只有第二相才断定“P”中定有“M”，再加上第三相断定“非 P”中必无“M”，从而可以肯定“M 必在 P 中”，同喻体就不是一个非存在意义的命题，而且是一个真实存在的普遍命题；同品定有性不等于同喻体，“如果把因的第二相简单解释为对同喻体的要求，那就

① 姚南强：《因明学说史纲要》，上海三联学术文库 2000 年版，第 414 页。

② 同上。

③ 周文英：《中国逻辑思想史稿》，人民出版社 1979 年版，第 144 页。

④ 沈剑英：《佛家逻辑》，开明出版社 1992 年版，第 74 页。

⑤ 沈剑英：关于《“因”的三相可以缺一吗?》，见《因明新探》，甘肃人民出版社 1989 年版，第 148 页。

只能由‘同喻体和异喻体可以缺一’而推出‘因的第二相和第三相也是可以缺一’的结论。这就不能不使自己重新陷入与‘因三相’理论相矛盾的困境。”①

巫寿康主张三相独立的观点：“《理门论》认为因的第二相具有独立的意义，不能被因的第三相所代替。它指出，第五句因之所以不正确，只是因为它不满足因的第二相。从逻辑角度看，如果存在一种因满足第一相和第三相，只不满足第二相，就说明第二相具有独立存在的意义，不能被第一相或第三相所代替。”②

《通论》主张同品定有性的逻辑命题形式是“（有P且非S）是M”，异品遍无性的命题形式是“（非P且非S）是非M”，或“（非P且非S）不是M”。二者不能互推，因而不能缺一。

该书还从九句因的组成来论证同有、异无的独立性。当同品定有时，有两种情况：一是同品全有，二是同品有、非有（即有的有，有的没有）。先看同品全有时，异品相应有三种情况：全有，全无，有、非有；再看同品有、非有时，异品相应也有三种情况。总之，当因满足同品定有性时，此因并不一定满足异品遍无性，因为还有异品遍有和有非有两种可能。

该书接着又考察了从第三相能否推出第二相。当一个因满足第三相异品遍无性即异品无时，这因与同品相应也有三种情况：同品全有，同品全无，同品有的有、有的无。这说明当异品遍无时，同品不一定是定有，也可能全无。

总之，在九句因中，除二、八句为正因，四、六两句同时违反第二、三相外，第一、三两句满足了同品定有，不满足异品遍无，第七、九两句亦然，这说明从第二相推不出第三相；从第五句因看，满足了第三相却未能满足第二相。这说明第二、第三两相是独立的，缺一不可。

《直解》又进一步论述了因三相的独立性。《理门论》告诉我们，因的三相是独立的，不能缺少任何一相。少了第一相就会出现四不成因过；少了第二相就会有不共不定因过；少了第三相就有共不定因过；第二、第三相同时缺少就成为相违因过。

① 周云之：《“因”的三相可以缺一吗?》，见《因明新探》，甘肃人民出版社1989年版，第135—136页。

② 巫寿康：《〈因明正理门论〉研究》，三联书店1994年版，第7页。

6. 关于表诠、遮诠

（1）表诠、遮诠分别相当于肯定命题、否定命题

沈剑英说："'遮'的性质在于排除与主词相矛盾或反对的性质，相当于逻辑的'否定'（我国名学称为'异'）；'表'的性质在于显示主词的性质，相当于逻辑的'肯定'（我国名学称为'同'）。"又说："因明的表诠、遮诠虽然与逻辑的肯定、否定在性质上相当，但其作用并不完全相同"。表诠"除了主要表示肯定外，还兼具否定的作用，即在肯定'声'具有'无常'属性的同时，也就排除了'声'具有'常'的属性。从这一意义来说，因明的表诠与肯定的区别判断相似，因为凡肯定的区别判断都是肯定和否定的综合。"①

沈剑英认为，有不少因明推论都是"糊涂话"。他批评说："古来的因明家……似乎从来也没有想过用遮因推出遮宗会有什么不当。"② 他认为之所以糊涂，是因为从两个否定命题推出了结论。例如：涅槃非实，（宗）非所作故，（因）如兔角等。（喻）③

（2）表诠、遮诠分别相当于正概念、负概念

《通论》认为，遮诠不是否定命题，表诠、遮诠属于概念范围。《因明学研究》引用玄奘弟子窥基的话为证，郑伟宏认为适得其反。窥基说："立宗法略有二种。一者但遮非表，如言我无，但欲遮我，不别立无。喻亦遮而不取表。二者亦遮亦表，如说我常，非但遮无常，亦表有常体，喻即有遮表。"④ 整段话意为，宗法分为两种。宗法是指宗支的谓项概念。谓项概念分为两种：一是但遮非表，即只遮不诠，如"我（是）无"宗里的谓项概念"无"。"我"指永恒不变的实体，佛教不承认"我"的存在。"无"遮了"有"，本身没什么可阐明；二是"亦遮亦表"，即"遮诠"。如"我（是）常"宗里的"常"。"常"既遮了"无常"，亦表有常体。可见，所谓遮和亦遮亦诠，都是指的谓项。"我无"和"我常"宗都省略了联结词"是"，实际上它们都是肯定命题。该书还指出，所谓的"糊涂话"不糊涂。如果把遮诠当作负概念，完全合乎逻辑。只要将宗、因二支补上肯定命题联项"是"即成满足因三相的推理：涅槃是非实，（宗）是

① 《因明学研究》，第44—45页。

② 同上。

③ 同上书，第132页。

④ 窥基：《大疏》，卷八，页三左。

非所作故，（因）如兔角等。（喻）兔角既是“非实”，也是“非所作”。

7.　陈那三支作法的推理种类

陈那三支作法属于论证，而论证是推理的运用。陈那三支作法属于哪一种推理，大致有三种不同的观点。

（1）陈那三支作法是带归纳的演绎推理

这一观点最为流行，为绝大多数人所主张。其中有人未注意到同、异品必须除宗有法。有的注意到同、异品除宗有法，却未把这一观点贯彻到底。根本不知同、异品必须除宗有法，当然会主张因明三支为演绎，可是这离陈那因明体系太远，用不着讨论。主张陈那三支为演绎推理的重要理由是，认为同、异喻体是反映无一例外的普遍命题，其形式是全称直言命题或者说外设命题，以此为前提就必然推出了结论。这个普遍命题的获得又是在三支内部自给自足的，或者是由喻依推得，或者由后二相归纳而成，或者干脆说同、异二喻体本身就是归纳。

虞愚说：“因明与演绎推理虽同为三部所组成，惟其次序略有不同。……其喻体略当大前提，喻依则为其所独有，并含有归纳之意味，此其不同也。”①

沈剑英不仅认为同、异喻等值，而且二者在论式中并举能增添新的东西，“使其结论摆脱盖然性而臻于必然性。”《佛家逻辑》说：“因明所取的也是不完全归纳，然而它却追求结论的必然性，以求得演绎部分的圆满展开。作为一种不完全的归纳而竟能使其结论摆脱盖然性而臻于必然性，乃受惠于其论式上有同、异二法式，义蕴上有因之第二、三相。同、异二法式是受因相所制约的。……按常理，第二相‘同品定有性’既与第三相‘异品遍无性’等值，则可任意舍去其一，但因明却不愿‘删繁就简’，这自有其深意；因为如果仅按第二相的法则‘同品定有性’而作出全类概括的结论（即同喻体），则其必然性往往不易得到保证。于是再赋以第三相‘异品遍无性’由宗及因加以遮除，这就大大提高了全类概括的可靠程度。”②

有的论文甚至认为“因明三支式是把类比、归纳和演绎的成分有机地

---

① 虞愚：《因明的基本规律》，见《因明论文集》，甘肃人民出版社1982年版，第113页。

② 沈剑英：《佛家逻辑》，开明出版社1992年版，第74—75页。

结合在一个整体中了”[①]。该文说：“因明三支式比亚氏三段论多出一个同喻依，即作为普遍命题依靠的典型事例。这个同喻依在整个三支式推论中起着类比和归纳的双重作用”[②]。推理的种类一共分三种：类比，归纳和演绎。一个三支作法就把所有推理种类囊括无遗，真是圆满无缺。

（2）用异品不除宗来保证三支为演绎推理

巫寿康根据陈那《理门论》中说遵守了因三相就能“生决定解”[③] 这四个字，判定三支作法为演绎论证。他认为同、异品除宗有法使得三支作法不成为演绎推理，与《理门论》演绎体系有矛盾，因而要修改异品定义，使其不除宗有法，便使三支作法上升为演绎推理。他还主张喻依、因后二相等都是导致演绎的归纳成分。

（3）陈那三支作法并非演绎推理

郑伟宏的一系列论著主张同、异品除宗有法使得异品遍无性和同、异喻体成为除外命题，三支作法离演绎推理仍有一步之差，仍属于类比推理。

陈那的《理门论》强调“生决定解”，并不能与演绎论证画等号。首先，陈那时代，还没有“演绎”概念，即使他说三支作法是演绎，要判定其真假，也不是看他的宣言，不是看其建立者的主观想法如何，而是看其是否符合逻辑的格。[④] 巫寿康先生预先把陈那新因明看做演绎逻辑，然后用演绎的眼光去衡量二、八正因和因三相，发现它们不够格，与《研究》预设的演绎逻辑相矛盾。为了解决这一矛盾，不惜采用最不明智的做法——修改古人，把根据同、异品除宗建立起来的基本理论九句因、因三相修改掉，即主张异品不除宗。从纯逻辑的眼光来衡量，异品不除宗，确实从形式上可保证由因三相必然推出宗。但这样一来，陈那新因明已不复为陈那新因明了。

同、异喻体是反映无一例外的普遍命题吗？《通论》认为，恰恰是在显而易见、毋庸置疑的地方有大谬存焉。陈那有二喻即因的观点。同、异喻体的命题结构必须满足因的第二、第三两相。既然第二相和第三相中的

---

① 孙中原：《印度逻辑与中国、希腊逻辑的比较研究》，载《因明研究》，吉林教育出版社，第 57 页。

② 同上书，第 56 页。

③ 巫寿康：《因明正理门论研究》，第 97、102 页。

④ 同上书，第 109 页。

同品、异品都除宗有法，同、异喻依便是除宗有法以外的宗同品和因同品，异喻依也是除宗有法以外的宗异品和因异品。既然如此，那么同、异喻体就不可能是毫无例外的全称命题。同喻体的命题形式为“除S以外，凡M是P”，异喻体的命题形式为“除S以外，凡非P不是M”。它们与全称直言命题是有差别的。唐代窥基的《大疏》明确指出同、异喻是除宗有法的。这是理解陈那因明的一把钥匙。

郑伟宏不赞成三支作法的同、异喻体是即时归纳而成观点。举一个实例就得到一个全称命题，这不仅没有抬高因明的作用，反而把它贬低了。众所周知，逻辑三段论的大前提的获得是运用已有的知识，是吃现成饭的。至于这个全称命题怎么来的，那是另外一个思维过程。同样，因明作为论辩逻辑，双方都是根据现成的原理来论证论题的，陈那因明和法称因明也是吃现成饭，并非每立一量就要归纳一次。同样的道理，不能说三支作法的规则“同品定有性”是不完全归纳，也不能说“异品遍无性”是完全归纳。并不存在每立一个比量都先来归纳一次的情形。使用一个正，第二句因，或者是第八句因，这都是已有的知识。

在《理门论》中，关于因后二相的表述是：“于余同类，念此定有；于彼无处，念此遍无。”唐代再传弟子智周在《后记》中解释了其中的两个“念”字的念意，是令敌忆念起证宗的理由。就是说，使用一个满足第二、三相的因，这是已有的经验，不是临时归纳而得。

在陈那后期以量论为中心的集大成之作《集量论》中，满足三相的正因都要靠现量因（“以有烟故”）或比量因（“所作性故”）来实现。从时间上来说，这两种认识是立敌双方及公证人已有的普遍知识，即现量知或比量知，而非立论时当下归纳所得。①

同样，法称提出自性因、果性因也不是当下即临时归纳出来的，法称建立同法式和异法式的两个喻体，也不是通过运用归纳推理得到的。

法称明确回答说：“如是一切能成立法，其为正因，当知唯由此能立法，若为实有，即能与其所成立法，相属不离。此义随宜，先由正量，已各成立。”② 意思是说，一切能立法只要它是实有的自性因法，就是正因，就能与所立法建立相属不离的普遍联系。这种普遍命题的真实性是由先前

① 吕澂：《集量论释略钞注》，成都佛学社，页八右一页九左。

② 法称：《正理滴论》，第3页。

的“正量（现、比量）”所证成了的，即已有的真实知识。

同样，依果性因建立同、异喻体这两个普遍命题也不是当下归纳来的。按照法上的解释，是依照了“正、反两面的经验”。[1] 经验是立论前已有的知识。

从形式逻辑的眼光来看，同、异喻除宗有法，同、异喻并举并不能保证必然推出结论。同、异二喻既然等值，既然承认依同品定有性而“作出全类概括的结论（即同喻体），则其必然性往往不易得到保证”，那么就得承认再增加一个异喻体也不会有“作出全类概括的结论”的“必然性”。逻辑上等值的东西哪怕千百次叠加也不会增加新的知识。因明再特殊，也得接受逻辑的格的检验。“往往不易得到保证”，“大大提高了全类概括的可靠程度”的说法只适用于模糊逻辑，不适用于真假二值的演绎逻辑。

如果讲辩证逻辑，用“典型事例”来限定同喻依，当然能得到正确的同、异喻体。问题是这只是自己的良好愿望，并不反映陈那的因明理论。在《理门论》和《集量论》中找不到任何关于同喻依必须是典型事例的论述。陈那时代的因明家很随便，他们举例信手拈来，瓶、盆、瓦、罐，电闪、雷鸣，只要同时具备所立法和因法的就能充当同喻依。异喻依就更没有什么典型可言，敌方不共许的“虚空”可以用来做异喻依，只要它没有所立法和因法就行，甚至龟毛、兔角这些根本不存在的东西也能充当异喻依。举出同、异喻依确实有类比的作用，但典型归纳则谈不上。

第五节 藏传量论

一 总论

从整体视域而论，独立于印度逻辑内之佛家逻辑中的中观辩证逻辑、唯识因明之外，具有发生认识论之性质的印度晚期大乘佛教逻辑学即佛教量论，可以1900年为界将其分为“古典量论”与“现代量论”两个时期。“古典量论”发源宏阔于印度，传承保存于中国，即为侧重有所不同、论域有所交叉的汉语系系统之“汉传因明”与藏语系系统之“藏传量论”。再就“现代量论”而言，又可以分为两个研究领地即“僧界量论”与“学界量论”。“僧界量论”主要在藏语系文化背景的寺院中传承，“学界

① 转引自李润生《正理滴论解义》，第145页。

量论”已在世界范围内不同语言文化背景的大学以及研究机构中流行。

综观“学界量论”又可分为三个阶段：首先，是起步于1900年前后成型于1935年左右的“一般比较逻辑学学派”，即以舍尔巴茨基、维迪亚布萨那等的研究范式为一般方法论的“彼得堡学派”，其内涵在于以欧洲文化为本位，以康德哲学为卡口，通过人为缩小论域的方式，强行实施欧洲传统乃至现代逻辑与哲学向东方“古典量论”的投射；其次，是由弗劳瓦尔纳所开创的学派，其内涵在于持价值中立之科学态度，以梵文为主、藏文为辅，以历史文献的原生态整理、复原为使命，由是形成“语文历史学派”即“维也纳学派”；再次，是发轫于1960年代成型于1980年代，由格西旺杰（Gesh Wangyal，1901—1983）与杰弗瑞·霍普金斯（Jeffri Hopkins）于北美在“弗吉尼亚计划”的不断实施中所形成的“弗吉尼亚学派”，其以藏语文为依据，以现代藏传高僧口耳相传为本位，以人类学田野考察方式为指导，越过科学中立之画线，虽在学界实是僧界（主要是藏传佛教格鲁派）教法之横移，进而涉入宗教实践（止观）之境域，代表着当今世界佛教量论学术研究与体验习得的最新走向。

其实，百余年的“现代量论”其在方法论上并未真正越出印度历史上法称后学所形成的古典佛教量论三学派①之阈限。从以解释法称“七部量论”文句为主、阐发义理为弱来看，“维也纳学派”与天主慧所代表的“释文派”类似；从主要阐释“七部量论”认识论与逻辑学之精义为主来看，“彼得堡学派”与以法上为代表的“阐义派”类似；若从主要阐释“七部量论”之解脱道、法身义为归宿来看，“弗吉尼亚学派”与以智生护为代表的“教义派”（=庄严派）类似。若再精约归类的话，前两者均主佛教量论的理论义而后者唯主佛教量论的实践义，这其实也是东西方学术价值取向规律之必然。一如毕达哥拉斯既是新教始祖，同时是优秀的数学家和天文学家，其以一人之身，将宗教与学术合二为一，故“后来在这同属毕达哥拉斯门徒中，分出了坚持秘仪和戒律的纯宗教的禁欲主义的‘毕达哥拉斯教徒’，和研究数学天文对于宗教信仰不感兴趣的‘毕达哥拉斯学徒’。”② 佛教现代量论从“彼得堡学派”与“维也纳学派”到“弗吉

---

① 关于佛教量论三学派，参见王森《藏传因明》，中华书局2009年版，第4—8页，第92—96页。以及祁顺来：《藏传因明学》，青海民族出版2006年版，第26—29页。

② 马采：《哲学与美学文集·哲学原始》，中山大学出版社1994年版，第13、14页。

尼亚学派”，实质是一种从无关宗教信仰唯从理论兴趣的“学徒”范式向起步于理论理性而以宗教信仰宗教体验为终极目的之“教徒”范式的内在转变。在我国虽然藏传寺院仍旧是纯粹以“教徒”式方法论为本位的古典量论“庄严派”之传承，而在西洋现代量论大背景中逐渐形成的以学界为主的藏传量论研究，必然以“学徒”式方法论为本位而展开，但随着世界范围内逻辑观的认知转向与逻辑的文化转向的深入，藏传量论之原生态性质益发凸显出其内在的价值和不可替代的意义，由“学徒”式研究向“教徒”式体验已经渐露端倪。

由于特殊的历史原因，佛教量论在中国古典时代的传承与研究甚至超越了印度本土，中国化了的佛家逻辑即汉传因明与藏传量论成了当今世界印度逻辑研究必经的桥梁。藏传量论较为全面保存了印度佛教以及其他教派的古典逻辑文献，印度大乘佛教晚期的逻辑学著作即以陈那《集量论》、法称“七部量论”为根本原典的庞大阐释著作群均有藏文译本，同时历代藏族学者又在译介传承印度逻辑原典的同时，不断展开更为细微缜密的研究，由此形成了与汉传因明风格迥异的藏传量论之体系。而且，与汉传因明在古典时代于汉地中断千余年相比，由于后弘期藏地各大教派多重视量论之学，特别是格鲁派“五部大论”以法称的《释量论》为首，故而藏传量论从未断绝，并且以其独特的“摄类学”为入门，深入到了藏族文化诸如文学、艺术、科学等各个方面，由此刻塑并规范了藏族人民的一般心理和普遍的思维方式，这不仅为藏传量论的当代研究打下了文献的基础，而且其活生生的应用传统，一直是在欧洲逻辑、汉传因明研究的撞击中保持其独特特征与永久魅力的永不枯竭的源泉。因此，详细总结六十年来（1949—2009）藏传量论的历史演变、成果贡献十分必要。

首先，当代藏传量论仍旧保持其佛教内明的特色。不论当代中国发生了怎样的变化，藏地依旧是全民信佛的地方，又由于国家宗教政策的规定，佛教文化的精深教义教理部分仍然主要在藏传寺院的相关“扎仓”（＝学院）中传承。当代藏传量论重要的前辈学者亦多为寺院僧人或活佛，如著有广泛影响之《ཤེས་བྱའི་རྣམ་གྲངས་བློ་གསལ་རིགས་སྒོ》（《因明学入门》）的毛儿盖·桑木旦，著有《ཚད་མ་རྣམ་འགྲེལ་གྱི་ཊཱིཀྐཱ》（《释量论新注》）的朗仁大师，著有《ཚད་མའི་དགོངས་རྒྱན》（《释量论注释》）的格西益西旺久，著有《བསྡུས་གྲྭའི་སྤྱི་དོན་རིན་ཆེན་སྒྲོན་མེ།》（《摄类学要义宝灯》）的土丹格勒嘉措，著有《སྡེ་བདུན་རྒྱ་མཚོར་འཇུག་པའི་གྲུ་གངས》（《因明七论要点注释》）的格西次旺，著有《藏传因明学》的杨化群先生，著有《集量论略解》并翻译《释量论释》的法尊法师，以及当前影响颇大的多识教授等均为格鲁派僧人，他们的研究主要是古典量论的忠实继承，很少受到西方逻辑的影响，保持了藏传量论的原生态。寺院僧侣或有着僧侣生涯背景的学者，其研究不仅是原本印度佛家逻辑的传承者而且将是未来“新古典量论学派”之方法论的深刻启迪者。

其次，现当代以来，由于东西方文化交流的必然趋势，藏传量论也必然地融入欧洲文化特别是欧洲哲学与逻辑学的视野中。又由于藏汉文化交流日渐深入，汉文化研究走向必然影响到藏传量论在方法论上的选择，故在寺院传承之外，已然开出了学界式藏传量论研究的走向。这一走向是比较复杂的：一方面，藏传量论毕竟与汉传量论风格迥异，因此，学界学者特别是藏族学者以及有着藏传佛教知识背景的学者多坚守藏传量论的独特性，强调“量论”的独特地位，如吕澂、王森、韩净清、杨化群、法尊等非常客观地译述量论原典，多识教授特别强调藏传量论“量”与“现量”的意蕴与价值，剧宗林教授准确地分析了法称同法式、异法式不同于三段论的大前提；另一方面，汉传因明的研究经验又影响到藏传量论的研究，即藏传量论中比量智部分如何形式化的问题，如郑伟宏教授全面解决了陈那到法称的比量智的内在演变，祁顺来教授特别注重藏传量论推理部分与亚里士多德逻辑的对比。

再次，不论是什么样的方法论，特别是在藏区寺院或藏语高校，藏传量论的入门课程“摄类学”，已经成为独立于“形式逻辑”之外的独特的藏族思维的另一“形式逻辑”体系，藏传量论摄类学的普遍应用和在教学方面（甚至在初中就开始推广）的普及，将是藏传量论在学界研究领域真正步入格西旺杰等所开创的量论研究之“弗吉尼亚学派”的基础。

藏传量论在当代的独特历程不仅是一种贡献，其研究文献的丰富，构成内容的独特，解决问题的深邃，对于未来建立人类更高层面的大全式的逻辑体系而言，将具有非常重要的启迪作用。以下，将藏传量论研究前后六十年的历史分为三期，按照时间的先后以及核心问题的归纳，逐一展示其基本风貌和学术内涵。

二 新的起点 不幸夭折（1949—1979）

新中国成立后前30年，是藏传量论研究最为曲折跌宕的30年，又可分为两个阶段：即从1949年到1966年的17年，是为新中国藏传量论开出一个新的起点；但十年浩劫一直到改革开放之初的1979年左右，这一研究领域几乎完全停滞。伴随着“四人帮”被粉碎、“两个凡是”被抛却，随后迎来了藏传量论研究的真正春天。

新中国成立后前17年左右的藏传量论研究，虽然成果不多，但它是民国时期“因明研究”极为兴盛之格局的一种自然延续，虽然遭遇到十年浩劫的影响，但它仍是1979年以后这一研究领域得以格外辉煌的根基。这一时期发表与藏传量论相关的论文有十篇左右，数量虽少但具有划时代的意义和价值，它标志着现代藏传量论研究的真正开端。如果从整个中国近代以来古老因明复兴到佛教逻辑研究的展开来看，它实质代表着汉语学界单一“二论”研究的结束，亦即现代藏传量论研究的重点已经从“二论”转向了陈那的《集量论》，特别是法称的《正理滴论》，此两部论典不仅是藏传佛教所依的根本经典，而且是西洋现代量论的第一个时期即以舍尔巴茨基等为代表的“一般比较逻辑学学派”所依据的根本经典，中国汉语学界的藏传量论研究，终于走出了单一的“因明”研究之格局，并汇入到了世界现代学界藏传量论即佛教知识论研究的主流之中。其代表人物有吕澂、虞愚、王森、法尊等。

吕澂先生（1896—1989）可以说是汉语学界藏传量论研究的开拓者和奠基人，其研究早在民国时期就开始了，由于注重梵、藏、汉多语对刊并结合英、德、日的研究成果，因此使他成为步入佛教逻辑现代藏传量论研究领域的第一人。早在1928年，吕澂就依据藏文本译出陈那的两部著作，分别题名曰《集量论略抄》、《因轮论图解》①、《集量论》的再次汉译，是在唐代玄奘、义净法师后印度量论经典的第一次汉译，而且也是继朗德尔《陈那之残篇》② 后当时学界最重要的陈那原典的译述成果，《因轮论图解》对后来美国的齐思贻、日本的武邑尚邦的相关研究均起到了借鉴作用。1933年在商务印书馆出版了《西藏佛学原论》，主要依据多罗那他

---

① 均见于《内学》，1928年12月第四辑。

② Henry N. Randle, *Fragments from DinnAga*（London：The Royal Asiatc Society 1926）.

《印度佛教史》、布顿仁波切《善逝教法史》、罗桑崔季尼玛《一切宗义明镜》等藏文原典，概括描述印藏佛教发展史，对陈那、法称一系量论研究亦做有高度概括，《附录》之一《藏译显乘论典略目八·因明类》译表印度量论原典藏译本计65种，汉语学界始知藏传量论因明资料之丰富。

1949年后，在多年的积累之上，吕澂开始全面系统地研究藏传量论，在《现代佛学》、《哲学研究》等刊物先后发表了《佛家逻辑——法称的因明说》（1954）、《西藏所传的因明》（1961）、《因明学说最初在中国的发展》（1963）[①] 以及《佛家辩证法》（1953）等重要论文，其中前两篇最具代表性。《法称的因明说》一文，《序说》部分是高度凝缩的印度逻辑史，之后是法称《正理滴论》的全文译述性的讲解，这是汉语学界关于《正理滴论》最早发表的译本，从此汉语系藏传量论研究进入了一个崭新的时代，即不仅由陈那“二论”转向《集量论》而且由陈那转向了陈那后学量论集大成者的法称，不仅与藏语系藏传量论接通而且与世界藏传量论接轨，具有重大的开创价值，文中说：“佛家因明到了陈那的时候，就从论义的性质变成了‘量论’。量是有关知识的，所以‘量论’带着认识论的意味，其后瑜伽一系的学者即依着‘量论’的解释成立他们的唯识理论。”《发展》一文也强调法称及其后学是“以‘量论’为中心的一个学派。”《辩证法》一文概括了从小乘到中观、唯识乃至量论阶段的辩证法因素，可惜未能够再深入展开。代表吕澂藏传量论研究之终结的应是《西藏所传的因明》以及《印度佛学略讲》[②] 一书中的相关章节，由于唯藏传量论代表印度本土佛教逻辑之大全，故这两篇文献的内容基本在学理上概括了量论的基本问题，诸如佛教量论简史、量论的地位、量论的构成、七部量论诸家性质分类，亦强调法称《释量论·成量品》的解脱道意蕴，以为《成量品》“把量论贯彻到佛教全体去了。陈那早就有这样的企图，但从他的著作中还看不出有这个组织来；法称却在这一品里实现了陈那的理想，这可以说是法称发展量论的最大成就，也是他主要的目的。”[③]

法尊法师（1902—1980）为现代入藏求法译述藏文经典取得最高成就的一位高僧，民国时期就有多种译述流传，所译“龙树六论”中的《精研

① 以上三篇均收入刘培育、周云之、董志铁编《因明论文集》，甘肃人民出版社1982年版。

② 此书虽1979年由上海人民出版社出版，但本是作者1961—1966年五年间的成文讲稿，故于此加以论述。

③ 《吕澂佛学论著选集》（四），齐鲁书社1991年版，第2269—2270页。

论》、《七十空性论》为中观量论的主要著作且为汉译之首译，而《精研论》是龙树批评正理派逻辑学“十六句义”的经典之作，在国际学界有广泛影响。这一时期法尊的研究和贡献主要在中观派量论和“都扎”即摄类学的译介方面，而更大的贡献将在下文梳理。新中国成立后先后在《现代佛学》发表或以讲法形式公开研究成果多篇，如《佛护、月称的中观宗问题讲座》（1—5，1959—1960）、《龙树菩萨的六部论》（1960）、《甘肃嘎登协主却课寺学习五部大论的课程》（1961）、《法称因明学中“心明”差别略说》（1962 北京菩提学会讲）①。前两项研究代表了藏传量论所传印藏中观量论的最高成就，其中所涉二谛论、名言与外境、自证分等问题都是研究龙树、月称中观量论观与陈那、法称量论观要直面的深层问题，至今仍有极高的参考价值。后两项研究开启了汉语系藏传量论摄类学研究的先河并结合寺院扎仓（学院）教学的实际，展示了摄类学学问体系的核心骨架，开拓了藏传量论重要的研究领域。

虞愚先生（1909—1989）的研究主要依据汉文和英文资料，在舍尔巴茨基《佛教逻辑》、维迪亚布萨那《印度逻辑史》的节译方面筚路蓝缕，又从整个印度逻辑史的演变来分析陈那、法称的体系，对学界产生了持久的影响。在《现代佛学》上先后发表《因明学发展过程简述》（1957—1958）、《试论因明学中关于现量与比量》（1958）② 等论文，对印度量论简史、遮诠、量之内涵、法称之喻论等做出概括，《简述》一文以为“陈那在因明学的贡献，可以说是结束了一个旧的时代，又开辟了一个新的时代。他前期的代表作，是以‘逻辑’为中心，后期的代表作，是以‘量论’为中心”，而法称“已摆脱论辩术的羁绊，使逻辑与知识论紧密地结合在一起，他把逻辑部分抉择的更精纯，逻辑的基础——知识论树立的更巩固”，均是经得起岁月考验的结论。

王森先生（1912—1991）的研究与吕澂类似，以梵、藏、汉为基本依据，参以英、日文献，为藏传量论做了许多奠基性的工作。其于 1940 年就依据梵本、参考藏本译出法称《正理滴论》全本，可惜到了 1981 年才得以发表。收在《哲学资料汇编》第一辑的《关于因明的一篇资料》

① 均收在《法尊法师佛学论文集》，中国佛教文化研究所印行，1990 年。

② 均收入刘培育、周云之、董志铁编《因明论文集》，甘肃人民出版社 1982 年版。

(1957)[①] 是1956年为科学院哲学所拟与匈牙利科学院合作研究藏传因明（量论）时所撰写的长篇论文，分《因明在印度逻辑史上的地位》、《因明在印度》、《现存印人因明著述及近代学者研究成果》、《因明在西藏》四节，提供了古典与现代极为丰富的量论资料简介，特别是对藏传量论演变史的梳理具有开创意义，不仅如此，此文在量论之学理研究上有重大进展，诸如“陈那创新因明，颇用唯识义，法称改造陈那学说，多采经部义”、格鲁派与萨迦派量论见地不同、宗喀巴量论主解脱义、藏传量论辩经方式具有独特价值等观点，一直影响到今天的学界。又以为如果能够弄清陈那到法称在学理依据上的演变“则于哲学基本见解与认识论与逻辑学说之关系，可以从历史上的具体学说体系中予以阐明，并能深入了解因明学说之底蕴”，即提出要从哲学的高度来研究量论，这在今天依旧是藏传量论研究的难点和重点。又虽然出版于1987年但早在1965年就已经铅印的《西藏佛教发展史略》是王森的一部力作，于2006年被评为“首届中国藏学研究珠峰奖汉文研究专著类一等奖”，该书已经成为西藏佛教史研究的经典之作，从书中对宗喀巴大师学经、讲经、立量等经历中所关量论经典的历史梳理，可以更细地看出《释量论》的重要，以及格鲁派早期量论体系形成的历史渊源，这对研究藏传量论史来说是一个至关重要的环节。

除以上所述外，如丁彦博的《略论因明正理的现代意义》[②]，文虽不长却意味深长，这是较早一篇从西洋现代逻辑、现代哲学角度梳理量论因明的文章，尽管作者对胡塞尔现象学等持批判态度，但现代哲学、现代逻辑与量论之比较确实是当时国际学界的一个热点。还值得一提的是台湾学者欧阳无畏教授（1913—1991），由于民国间曾有为格鲁派僧人（1934年起）并系统研习“五部大论”特别是“摄类”以及《释量论》的经历，又精通外文文献，加以具有现代眼光，因此其对藏传量论的把握非常深刻，先后发表的《陈那以后的量论》（1956）、《后期量论一瞥》（1957），可以说是在现代学术与藏传量论双重背景下在汉语系藏传量论研究中自觉性地建构量论研究体系的开山之作，有许多内涵如建构研究体系的自觉性、依一世嘉木样（1648—1721）活佛的著作详述法称量论与月称中观量

① 后收入王森：《藏传因明》，中华书局2009年8月版。

② 《文汇报》1961年3月28日。

论的内在差别、对于古典量论的现代反思与批判等，均为其他研究者所未道。

总之，1949—1966的17年中，我国的藏传量论研究虽然从业者不多但水平颇高，已经基本达到1945年以前“一般比较逻辑学学派”的水平，已经出现了与国际接轨的可能，特别是从《正理滴论》到《释量论》的转移，已经预示了中国藏传量论研究即将平行步入西洋现代量论的第二期即“新古典量论学派”的阶段。但十年文化浩劫的到来，使这一高水平的起步顿成泡影。从1963—1979的16年间，除了港台学者如霍韬晦、李润生有相关论文发表外，大陆学者几乎没有论文发表。同时，在藏传量论传承的核心即藏传寺院，至迟到1959年一直保持摄类辩经、精研“五部大论”之一《释量论》的传统，但在“五九叛乱”之后，寺院正常教学的传统被完全打破，辩经答辩的格西考试被废止，量论习得及研究被迫中断，直到1977年才逐渐恢复。十年浩劫给中国的藏传量论研究造成了巨大的破坏，首先，使中国学界步入国际学界并可能通过努力领先于国际学界的良好开端被斩断；其次，一大批研究人员被迫中止正常研究，致使本来良好的研究势头被迫停止滞后了十余年之久，而此时的西方正是代表国际学界藏传量论研究最高水平的“维也纳学派”的真正形成期；最后，由于研习传承的中断和思想改造的极端化，致使研究队伍严重断层，虽然在接下来的20年（1979—1999）中国的藏传量论研究一时极为兴盛，但基本是汉藏间的交流，其重要成果基本没有现代国际学界的背景。也就是说，经过十年浩劫人为折腾，中国的藏传量论研究“人为地”退出了国际学界，这是60年来这一学术研究领域最大的不幸。

三　走出低谷 臻于辉煌（1979—1999）

粉碎“四人帮”后，特别是1979年改革开放以后的20年，是藏传量论研究走出低谷臻于辉煌的时期，民国以来的藏传量论前辈，在“老夫喜作黄昏颂，满目青山夕照明”、“攻城不怕艰，攻书莫为难，科学有险阻，苦战能过关”[①] 精神的感召下，抱着为“四化建设”贡献力量的使命感，发挥出生命的最后能量，由此形成了60年来藏传量论研究最为辉煌的时

① 均为叶剑英元帅的诗，当时天下颂传（即杨化群所译名为普巴·强觉所著的《因明学启蒙》）。

期，受到国际学界的高度认可与评价；同时，新一辈的专家学者逐渐成长、薪尽火传，绝学再有人续。首先，前十年中先后召开了“抢救因明座谈会”（北京1982）、“全国首次因明学术讨论会”（敦煌—酒泉1983）、“藏汉因明学术交流会”（北京1989），三次会议对中国整个佛教逻辑特别是藏传量论之研究的推动作用是巨大的，由此缘起，先后出版了《因明论文集》（刘培育、刘文英、董志铁编，甘肃人民出版社1982）、《因明新探》（刘培育、崔清田、孙中原编，甘肃人民出版社1989）、《因明研究》（刘培育编，吉林人民出版社1994），同时，全国多种学报、研究期刊开始雨后春笋般发表论文。据初步统计，这20年中与藏传量论相关的汉文论文（含译文）近70篇左右，藏文论文数十篇，出版汉文藏传量论专著（含译著）近20部，藏文著作十余部，可谓成果颇丰。另外，藏文古典量论原典以及相关典籍大量刊行，如多吉杰博选编的《古印度因明学选编》（1—4，民族出版社1988年版）、萨班的《量理宝藏论》（西藏人民出版社1989年版）、贾曹杰的《正理滴论释妙言心要宝库》（甘肃人民出版社1995年版）、克主杰的《因明七论除臆暗庄严疏》（民族出版社1984年版）、根登嘉措的《堪钦摄类学》（青海民族出版社1988年版），特别是作为摄类学之集大成的著作即杨增普居巴·罗藏次成木仙巴嘉措所著《因明学入门》（甘肃民族出版社1982年版）[①]一再加印，对藏传量论的知识传播起到了极大的推动作用。另外，如答热纳塔（多罗那他）的《印度佛教史》（四川民族出版社1986年版）、布顿仁波切的《布顿佛教史》（中国藏学出版社1988年版）等重要史书现代版的出版也为藏语系藏传量论之研究提供了极大便利。其次，随着高考制度的恢复，本科以及硕博教育甚至寺院教育的正规化，都为培养人才打下了基础，逐渐形成了老、中、青三代人的研究团队。最后，国际交流日益增多，研究人员眼界渐开，成为触动提高本土学者研究水平不断提高的动力，同时，现代哲学、现代逻辑、现代宗教理论的大量引进，为藏传量论的比较研究提供了先决条件。天时、地利、人和，终于使藏传量论研究迎来了真正的春天。“一花独放不是春，百花齐放春满园”。

（一）原典译述

即使从国际学界的角度来看，原典的它种语文之翻译仍旧是研究的基

① 即普巴·强觉所著、杨化群所译《因明学启蒙》。

础前提和重中之重，梵文、藏文、汉文原典的英、德、法、日之译述，仍旧是研究的核心，而汉译藏传量论成为这一时期最重要的收获，并为汉语系藏传量论研究的拓展打下了坚实的基础，而藏语系研究系统，整理出版了大量的藏文原典，跨越了新旧两个社会的优秀学者也写出了他们的重要著作，这都是先前一个时代所无法比拟的。

这一时期汉译藏文量论原典的最高成就者是法尊法师。早在1938—1939年，法尊既已译出一世达赖根敦主巴的《正理庄严论》发表在《海潮音》杂志上，这是藏传本土古典量论著作的第一个汉译本，此一创举被誉为“实可上继一千四百余年前玄奘大师之盛业矣！”[①] 1981年中国佛协又印行了他的《释量论·释量论释》，这是《释量论》的首次汉译而且是全本汉译，1982年中国社会科学出版社出版了他的《集量论略解》，在唐玄奘、义净之后，印度乃至藏传佛教量论的最高经典才以全本的形式展示在汉语学界面前。《释量论》全本译出也为我国学界走出以研究《正理滴论》为核心的“一般比较逻辑学学派”而达于以《释量论》为研究核心的“新古典量论学派”提供了文本依据，同时也为真正揭示藏传量论体系之大全提供了依据，特别是作为法称宗教哲学之核心的《成量品》的译出，使我们基本能够看到藏传量论的归宿和宗喀巴大师抉择量论见地的文本依据之所在。法尊法师的两部译著，开创了藏传量论研究的新纪元。直至目前为止，国际学界尚无在梵藏语文之外一人独立译出《集量论》、《释量论》全本，由是我们就能知道法尊法师的学术地位。

法称《正理滴论》的汉译也取得了巨大的成绩，有王森依据梵藏的译本和杨化群、韩镜清依据藏文的译本，前两种刊于《世界宗教研究》1982年第1期，并与后一种同时收在由刘培育所编《因明研究》一书中。1994年，民族出版社出版了剧宗林先生的《藏传佛教因明史略》一书，作为《附录》的《〈正理滴论〉译介》，不仅从藏文再次全本译出法称原文，还参考藏文注释以及自家几十年的研究心得，对《滴论》全文做了精准简练的疏解，由是可见藏传量论的原生态境界，且能与西洋逻辑相对比，发前人所未发，如带有“喻依”的量式绝不等同于西洋三段论、法称“胜义有”与时间之关系等，彻底纠正了学界以往含糊不清的说法，进一步体现出藏传量论的独特性格。1999年香港密乘佛学会出版李润生的《〈正理滴

① 阳无畏：《后期量论一瞥》。

论〉解义》一书，主要依据英译藏文资料参以汉文因明旧典而成，又依舍尔巴茨基英译本以偈颂体译出《正理滴论》全本，是《滴论》的第五个汉译本，此书亦有较高的参考价值。

《释量论》、《正理滴论》的翻译之外，西藏本土的量论著作也在这一时期得以真正出现，译述成就最高者当属杨化群先生（1922—1992）。1984年他与宋晓嵇译出波米·强巴洛卓（1916—2002）的《入因明阶梯》[①]，这是现代西藏量论大师著作的首译。1990年西藏人民出版社出版了他的《藏传因明学》一书，除《正理滴论》外，尚有藏地古典量论经典共四部，即宗喀巴大师的《因明七论入门》、阿旺洛桑与阿旺达杰的《因明学名义略集》、元丹嘉措的《量学》、普觉·强巴的《因明学启蒙》，杨先生译著亦具有划时代的意义，即中国的藏传量论研究已从印度经典的研究真正进入到了藏传量论西藏原典研究的新阶段，其研究工作与当时北美学界的"弗吉尼亚学派"形成时期大致相同，代表了独以藏文资料为依据的研究走向，特别是《因明七论入门》与《因明学启蒙》的翻译在学理研究上意义重大：一是格鲁派量论的核心骨架展露无疑，二是藏地所独孕的"摄类学"的本来面目至少在文本层面和盘托出。

萨迦派在西藏的量论演变史上也占有重要地位，萨迦班智达·贡噶坚赞的《量理藏论》共有十一品，至今仍是必读的经典，也是"弗吉尼亚学派"研究的一个重点。1991年罗炤先生译出此书，略去九、十、十一三品，收在虞愚等主编的《中国逻辑史资料选·因明卷》，由甘肃人民出版社出版。1994年，台湾明性法师译出此书全本，题名曰《量理宝藏论》，由台北东初出版社出版。这两个译本为研究萨迦派的量论学说提供了依据。还值得一提的是，韩镜清从藏文译出佛教经典70余部，其中法称"七部量论"以及一些重要注释均有译出，可惜只能以电子版手抄本流传，多未正式出版，但已逐渐被学界引用。还有欧阳无畏教授，早已译出一世嘉木样的名著《因明理论略明妙解·金鬘美疏》，并作有详细讲解，亦正由台湾林崇安先生整理待版，相信这些藏传量论前辈的译著问世，必定会推动藏传量论研究的进一步深入。

这一时期与藏传量论研究相关的重要译述还包括藏文历史著作的汉文翻译，如郭和卿所译布顿大师《佛教史大宝藏论》（民族出版社1986年

---

① 载于《世界宗教研究》1984年第1期，后收入《因明研究》中。

版)、张建木所译多罗那他的《印度佛教史》（四川民族出版社 1988 年版)、郭和卿所译廓诺·迅鲁伯《青史》（西藏人民出版社 1985 年版)、蒲文成等译益西班觉《如意宝树史》（甘肃民族出版社 1994 年版)、刘立千所译土观·罗桑却吉尼玛《土观宗派源流》（西藏人民出版社 1984 年版)、格桑曲批所译根敦群培《白史》（中国藏学出版社 1996 年版）等，这都是研究印度与西藏佛教量论史的第一手资料，都是享誉国际学界的一流文献，像《印度佛教史》对陈那、法称的记述非常详尽，早就有德、俄、英、日译本，但有的译本不甚准确，再从这些外文译本转回译成汉文，其可信度可想而知。因此，一些藏学专家将这类著作直接译成汉文，其嘉惠于汉语系藏传量论之研究可谓功德无量。

工具书类的汉译和编撰也是重大收获之一，如王沂暖主编《藏汉佛学词典》（青海民族出版社 1988 年版)、民族出版社重印《藏汉对照丹珠尔佛学分类词典》（1992)、张怡荪主编《藏汉大辞典》（民族出版社 1993 年版)，其中包含非常重要的藏传量论的相关词条。量论专门工具书最重要的一种是《藏汉大辞典》编写组所编的《藏汉逻辑学词典》（四川民族出版社 1987 年版)，基本囊括了印藏所传重要的量论人物、著作、概念等，是一部难得的工具书。吴汝钧编著的《佛教大辞典》（商务印书馆国际有限公司 1992 年版)，内涵部分量论词条，并有藏文索引。另外，收在《因明新探》（甘肃人民出版社 1989 年版）一书中由孙文景编、黄明信校定的《藏文因明书目》是比较权威性的藏汉对刊的印藏量论著述目录，亦有极强的工具书作用。

还值得一提的是，这一时期有若干国外重要的与藏传量论密切相关的佛教量论著作译成汉文，如王世安所译渥德尔的《印度佛教史》（商务印书馆 1987 年版)、宋立道等译舍尔巴茨基的《佛教逻辑》（商务印书馆 1997 年版）均是享誉国际学界的名著，特别是《佛教逻辑》一书，从 20 世纪中叶开始就对中国学界起着近乎神秘的影响，虽有虞愚、张尚德、姚南强等的翻译但都是节译，神龙见首不见尾，第一卷全本的译出使我国学界终于得观欧洲“一般比较逻辑学学派”之印藏量论研究的本来面目。1986 年中州古籍出版社出版了钟美珠所译真兼绫子所编《西藏研究文献目录日文·中文篇 1877—1977》，内中包含作为国际学界藏传量论研究重镇之一的日本学者的相关研究目录，亦有较强的参考价值。

这一时期的汉文译著受到了国际同行的高度评价，日本已故佛教量论大家武邑尚邦先生曾经研读过法尊《集量论略解》、王森译《正理滴论》、杨化群等译《入因明学阶梯》，将其与日本户崎宏正氏所著《佛教认识论之研究》等一同评价为是“呕心沥血之作，清晰地展示了关于佛教逻辑学的研究现状，对此应该加以参照。”①

（二）原典研究

前述汉译藏传量论经典当然是建立在对原典的精深研究之基础上的，它们代表着这一阶段汉语系藏传量论研究的最高水平，同时，这一时期藏语系藏传量论之研究也取得了崭新的成果如：

格西次旺（1926—2006），原为扎什伦布寺僧人，后在西藏大学任教，著有《因明七论要点注释》（西藏人民出版社 1988 年版），以专题的形式，对法称之学的要点做了精准的阐释。

格西益西旺久（1928—1997），色拉寺高僧，早在 1984 年就“应印度色拉寺麦扎仓的要求，编著了《因明学庄严》，连同四章概要及其辨析，共约 100 万字，此书现已成为印度三大寺僧众的教科书。”② 所著《释量论注疏》（西藏人民出版社 1989 上册、1992 下册）是对《释量论》全文的权威疏解。

朗仁大师（1922—1997），哲蚌寺高僧，著有《释量论新注》（西藏人民出版社 1997 年版上、下册）。全书以贾曹杰所著《释量论详解·能明解脱道论》及所有正传注释为依据，以个人几十年修行为见地，言简意赅、通俗易懂，对《释量论》全书做了详尽的阐释，对量论“历代学术界有争议的问题，他有许多新颖独到的见解，断疑解惑，具有极强的说服力，内行从他的著作中可以看出他超群的智慧和学术功力。”③ 实为一部不可多得的量论力作。

这三部著作再加上前述波米仁波切的《因明学阶梯》等，仍然代表着中国藏语系佛教藏传量论原典研究的最高水平。

（三）通论研究

如何在现代语境通观把握藏传量论的入门基础和基本构造，完成由古典量论寺院教育“教徒”式量论习得向现代量论大学教育“学徒”式量论

---

① 武邑尚邦．仏教論理学の研究—知識の確実性の論究—［Z］，京都百華苑 1988 年版。

② 益西旺秋：《拉然巴格西益西旺秋仁波切自传》，“格鲁修学社区网站”。

③ 多识仁波切：《菩提道次第新传录·代后记：一位伟大的修行者—兰仁巴大师的生平简介》，甘肃民族出版社 2003 年版，第 203 页。

习得的转变，确实是现代量论的一大难题。为此，毛尔盖·桑木旦创作了《ཤེས་བྱའི་རྣམ་གྲངས་བློ་གསལ་རིགས་སྒོ》（《因明学入门》，青海民族出版社 1981 年版）一书①，包括具有藏传量论基本术语小词典性质的《问答宝藏记述》（共计 113 条目）与对“摄类学”中“小理路”、“中理路”以及部分“大理路”核心内容的讲解，作为格鲁派著名学者的桑木旦大师创作这样一本著作，缘起于“现今学校的讲学辩论的风气已然衰败的原故，已舍破立的喜好，为开思辨之门，故作如是之论。”② 即为适应由寺院口头“辩论”向大学默读“思辨”的转变而作，这部书自初版以来，每年都在增印，在藏语系文化圈中影响巨大。青海民族出版社 1998 年出版了洛桑却扎（བློ་བཟང་ཆོས་གྲགས་，即祁顺来先生）的《ཚད་མ་རིག་པའི་སྤྱི་དོན》（《量学概论》）。

（四）专题研究

以上所列的相关著作本多包含专题研究之性质，只为展示更加清晰，故略为展开。

1. 藏传量论史方面：

就现代学术眼光而言，藏传古典量论史是藏传量论研究的基础，但因量论因明“未曾有过藏文专史，藏传佛教史虽有多种，但其中谈及因明者却大都很简略，许多佛教大师当有的因明事迹也都不入史册。这就给藏传因明史的撰写造成很大困难”③，为此，我国学者作了开创性的研究。首先是《中国逻辑史·唐明卷》第八章由王森所撰写的《藏传因明》（甘肃人民出版社 1989 年版）。藏传量论史由于特殊的历史渊源实质包括印度佛教量论史和西藏本土佛教量论史两个部分，如何统摄这千余年独立的一门学科体系，确实是比较棘手的，王先生的研究一如他在《西藏佛教发展史略》为藏传佛教史领域奠定了框架一样，其亦为藏传量论史的写作奠定了理论框架。通观《藏传因明》，虽然是以印度量论、藏传量论，在藏传量论亦以前宏期、后弘期以及“新量论”、“旧量论”的时间为框架，但它却有更深的义理框架为统摄，即依据印藏量论的“释文派”、“阐义派”、

① 该书由宝僧汉译，编在《般若中观因明宝鬘集》中，青海人民出版社 2005 年版，第 162—400 页。

② 毛儿盖·桑木旦：《因明学入门后记》，见宝僧汉编译：《般若中观因明宝鬘集》，青海人民出版社 2005 年版，第 400 页。

③ 剧宗林：《藏传佛教因明史略·前言》，民族出版社 1994 年版，第 3 页。

“庄严派”为观照骨架，将千余年的量论史尽收眼底，实是大手笔之作，其中所摄印藏量论演变、重要人物、基本著作、核心问题都一一交代清楚。载于1988年版《中国大百科全书》宗教卷的“因明”词条，以及前述《关于因明的一篇资料》（1959）都有藏传量论的专门论述，与《藏传因明》交相辉映，共同构成了中国学界“藏传量论史”的真正开山之作。杨化群也发表了相关论文，其研究集中汇集于《藏传因明学》一书中，即《藏传因明学提纲》、《藏族学者的因明著作初探》、《藏传因明学发展概况》三篇，将印藏量论演变史清晰地勾勒出来。藏族学者多识教授《谈藏族对因明学的贡献》一文也是一篇力作，在学界亦有较大的影响，其对藏传古典量论划分为三期，这与王森类似，并引萨迦派学者高冉巴的概括曰：“对于正理二祖论，雪域共有三种说：七论相互参照说，选择诸家长处说，各凭自己见解说”①，为学界提供了崭新的参考。剧宗林的《藏传佛教因明史略》，是第一部以独立专书的形式出版的这一研究领域的专著，也是一部藏传量论史的力作，全书分《因明藏传的背景》、《因明藏传的历史分期》、《藏传佛教因明的特点》三章，亦在深层次问题的关联上历史性地展示了藏传量论的基本风貌。以上四位的研究，皆依据梵藏文本故非常可信，成为这一研究领域的经典和典范之作。另有如刘培育、祁顺来、沈剑英、姚南强、郑伟宏、阿旺丹增、曲干·完玛多杰等或在论文或在专著的一些章节讨论这一主题，但多不出以上四位学者之右。藏语系古典量论研究，由于寺院教育对印藏经典普遍熟悉，所以关于藏传量论史并不是他们要研究的重点，但在现代背景的著作中，其专著的序论部分依旧要简要勾勒印度量论的主要线索、基本著作、陈那与法称生平等，如前述益西旺久、格西次旺的著作皆是如此。新一代的藏族学者对此却有较为详尽的研究，如吉美桑珠的《ཚད་མའི་འབྱུང་ཁུངས་གཞུང་དོན་གསལ་བྱེད།》（《量论起源及其理论探讨》，中国藏学出版社1996年版）等。

对1949年以来藏传量论研究史的相关概括与总结也是这一时期的学术课题之一，刘培育的《因明三十四年》、《因明研究·序》以及姚南强的《因明研究四十年述要》、《百年来的中国因明学研究》等都是必参考的资料，元金的《全国藏汉因明学术交流会述评》也提供了藏传量论研究的重要信息。乐逸鸥整理的《四十年因明论著索引1949—1989》亦为研

① 多识：《爱心中爆发的智慧》，甘肃民族出版社1998年版，第415页。

究提供了极大便利。同时，关于国外与藏传量论相关研究的介绍也值得参考，如收在《因明研究》中巫白慧先生的《国外因明学研究》将百年来的国际因明学研究分为“寻找和还原梵文”、“系统研究和比较研究”、“采用现代最新手段来研究”三个阶段，代表了中国学者的一种看法，为国内研究提供了借鉴，该文附录的《梵、藏、汉因明著作表》是影响颇大的极具参考价值的目录，同时表明，中国学界的藏传量论史研究已经普遍开启国际视角。最后，剧宗林《藏传因明教学刍议》（《中央民族学院学报》1986 年第 1 期）、阿旺丹增《藏传因明的发展特点及其现状》（《西藏研究》1990 年第 1 期）分别介绍了中央民族学院、西藏大学创举式地开设量论因明课程及研究队伍建设、具体教法等情况，这一由寺院“教徒”辩经到现代大学“学徒”教育的飞跃，将成为下一时期藏传量论史研究的一个崭新专题。

2. 藏传量论性质特点方面：

藏传量论的性质特点实质关乎两个问题，一是陈那和法称体系的不同，一是汉传因明和藏传量论的不同，这都是宏观上研究藏传量论在“藏传量论史”下面的核心问题并由此引发出量论体系基本义理问题。第一个问题是一个深层的理论问题，在 1959 年所写《关于因明的一篇资料》中，虽然王森认为“陈那创新因明，颇用唯识义，法称改造陈那学说，多采经部义”①，两者的区别在于陈那以为“识外无境”而法称主张“识外有境”，但并未十分肯定，但在 1989 年所著《藏传因明》一章中，就基本肯定了这一结论。这一结论确有其印度文献的依据和王森的自家分析，但剧宗林通过对藏传量论关于“境”与“所缘”的分析，认为“外境实有”是“言过其实”的②，这是研究量论内在演变的难点，也将是未来的一个基本课题。由于王森认为陈那与法称不同，他由此推出“汉、藏所传因明学说之所以不同，实导源于陈那、法称因明学说之相异”③，这确实是一个非常重要的结论，但研究有待深入。从汉藏对比来看，一般以为汉传因明偏重论辩具有“形式逻辑”的特征，但藏传量论不仅是论辩形式更主要是包含了认识论部分，这从基本概念的界定上就已然如是，因此，“关于

① 见于《哲学资料汇编》，后收入所著《藏传因明》，中华书局 2009 年 8 月版，第 82 页。
② 剧宗林：《藏传佛教因明史略·前言》，民族出版社 1994 年版，第 3 页。
③ 《中国大百科全书》（宗教卷），中国大百科全书出版社 1988 年版。

‘藏传因明’的概念，剧宗林指出有明显的混乱性，因为它直译意义应是‘藏传量论’，而因明只是量论的后半部分。”[①] 多识《谈藏族对因明学的贡献》也以为：“严格地讲以‘因明’代替‘量学’并不全面。”[②] 杨化群以为：“‘择玛’意译为‘量’。‘量’按从藏文转写的梵语叫‘扎麻那’”，因此，择玛日巴直译即为“量学”或“量明”，在藏文中“因明学”理解为“量理学”才“比较契合原意和所包含的内容”[③]。总之，虽然尚未形成定论，但汉传与藏传并不相同各有特色已成事实，而且，藏传量论或藏传量学更能表白其本来面目。

3. 藏传量论的哲学认识论以及逻辑学研究：

从纯粹哲学的角度来看，近代以来西方对东方的文化影响在哲学特别是认识论方面，根据中国的实情，对藏传量论从西洋文化角度做一评述基本有两个视角，一是属于唯物论哲学的宗教观与辩证法，二是属于西方现代哲学范畴的逻辑观与认识论。从唯物论宗教观的角度来看，1949 年以后对藏传量论的宗教内涵一般持否定态度，一直延续到 1988 年左右。随着对唯物论认识的提高，以及思想解放运动的洗礼，这一观点的细微之处有所改变，即对藏传量论解脱道特别是格鲁派强调量论的内明意义的判定态度有所缓和，已经从单一政治批判转向了深层哲理的阐释。由于恩格斯对印度逻辑辩证法因素有过极高的评价，故学界对藏传量论的辩证法因素是给予充分肯定的。从西洋近现代哲学的角度解读藏传量论，也是 1979 年关于真理标准讨论即思想解放运动的兴起在佛教逻辑研究领域的突破和表现，发表于《世界宗教研究》1982 年第 2 期由宋立道所撰《因明的认识论基础》一文具有代表性，全文主要以舍尔巴茨基《佛教逻辑》等英文文献为主，参以汉传唯识学文献，详细解读“量”、“现量”等的认识论意趣，凸显出藏传量论作为佛教哲学的独特性质。另外，李庆元与高银秀的《浅谈因明学中‘量’的认识意义》（见于刘培育等编《因明新探》，甘肃人民出版社 1989 年版）、祁顺来的《浅谈藏传佛教哲学量论》（见于佟德富等编《藏族哲学思想史论集》，民族出版社 1991 年版）、巫白慧的《国

① 金元：《全国藏汉因明学术交流会评述》，见刘培育编：《因明研究》，吉林人民出版社 1994 年版，第 425 页。

② 多识：《谈藏族对因明学的贡献》，《西北民族学院学报》1992 年第 1 期。

③ 杨化群：《关于藏传因明的几个问题》，刘培育：《因明新探》，甘肃人民出版社 1989 年版，第 51—52 页。

外的因明学研究》（刘培育编《因明研究》，吉林教育出版社1994年版）、姚南强的《略论藏传量论“摄类”的哲学意义》（《上海教育学院学报》1995年第1期）、顺真的《佛教量论（因明学）本体论意蕴的现代阐释》（《中山人文学术论丛》1997年第1辑）等论文都是较有代表性的成果。

从西洋逻辑学的视角来看藏传量论与西洋哲学认识论有着密切关系，这是因为，藏传量论本身所承继的印度佛教量论系统即是认识论与逻辑学的二元统一，这一时期研究基本关乎三个主要问题：一是藏传量论认识论与逻辑学的关系，祁顺来的《从〈量论略义集〉看藏传因明》（《青海民族学院学报》1985年第4期）以为应将二者分开，即含有解脱道内涵的是量论的哲学观点而讨论概念、推理、周遍规律的是“略义集”中的“因明”成分；二是佛教量论推理理论的性质问题。一般而言，如王森等前辈学者主张即在陈那已经达到演绎推理的层次，但郑伟宏《陈那新因明是演绎论证吗?》（刘培育编《因明研究》，吉林教育出版社1994年版）以为陈那的三支论式是“最大限度的类比推理”，而只有法称从自性、果性、不可得三种因确立同品除宗有法的因宗不相离关系保证了依因、喻推出宗的必然性才是真正的演绎推理，这一观点引起学界的广泛讨论；三是与此相关藏传量论论式的“前提”与三段论大前提之关系的深入探讨，剧宗林以为“三段论中绝无带喻之理，而因明论式中需要带喻；这恰恰是因明与西方形式逻辑不同的一个极突出之点。可以说，因明较之形式逻辑，具有更严格的究竟性。”① 即三段论的大前提是“待证的”，而法称“同法式”、“异法式”带“喻依”即“前提+喻依”的形式比三段论的大前提更具有标准性；最后，藏传量论形成了独特的“因类学”，并使印度中观应成推论式得以细密的展开，对此，祁顺来先后发表了十余篇论文给予仔细辨析。

（五）藏传量论的独特贡献

由于藏传佛教最为全面地保存并发展了印度大乘佛教的量论体系，因此，藏传量论的独特贡献是不言而喻的。对此贡献，学者们给予了充分的肯定和细密的总结。

第一，到目前为止，藏文量论文献是最为丰富的，详索吕澄、黄明信、杨化群、巫白慧等给出的目录就可以知晓。多识以为，藏传量论传承

① 剧宗林：《藏传因明学史略》，民族出版社1994年版，第164页。

史上“历代培养出来的因明人才之多，著作之丰富，普及程度之广，就连因明学的故乡印度也是无法相比的”[①]，杨化群以为：“说实话，哪一地方都没有像西藏保存的因明学著作之多”[②]，确是不易之论。同时，藏区所传印度梵文文本亦包含大量佛教量论的珍贵文本，早在1929—1938年，印度罗睺罗四次进藏，主要在萨迦寺发现梵文文本，内含智作护《释量论庄严疏》等，一经公布震惊当时学界。1987年前后，我国学者罗炤赴西藏地区访察梵文古本并编成目录，目前已确知“西藏地区所存梵文写本的数量之多、意义之重，堪称第二敦煌，而较之敦煌幸甚之至的是，这些写本原件都还悉数藏于国内”[③]，故“其中肯定有不少的因明著作，将来整理出版，定会在这个学术领域中大放异彩”[④]，亦即藏传量论在藏文以及梵文文献方面的贡献不仅是过去的而且具有未来的深层价值，21世纪初维也纳大学与中国藏学中心联合研究藏区所发现的梵文量论文献已经说明了这一点（详见下）。

第二，藏传量论作为一种活生生的教育实践模式的价值。藏传量论从来都不是一种孤立的单纯的文本理论之研究，在藏传佛教特别是后弘期的教派实践中，量论是习得佛法系统的基础，格鲁派“五大部论”以法称《释量论》为首就说明了这一问题。而要真正进入“五大部论”的学习，又要以辩经为基础，它是学习“五大部论”共同的基础。藏传量论实质上是一种保存、研习、实践佛陀教正二法的教育模式，杨化群从“组织”、“制度”、“课本”、“学风”四个方面对此作了高度概括，并且认为“从这些方面，形成独具特色的藏传因明学的发展。”[⑤] 进入21世纪以来，寺院量论辩经的教育模式，已经在藏区的部分中学中开始推广，藏传量论所含独特的思维方法作为教育实践之模式的价值对未来而言是难以估量的。

第三，辩经实践的文本依据是“摄类学”著作，而摄类学著作如《因明学启蒙》一般分为“小理路”、“中理路”、“大理路”三个层次，层层递进，是在认识论的逻辑学意义上对佛教所关基本概念的逻辑习得与确

① 多识：《谈藏族对因明学的贡献》，《西北民族学院学报》1992年第1期。

② 杨化群：《藏传因明学》，西藏人民出版社1990年版，第33页。

③ 《北京大学梵文写本研讨会》，网络文档。

④ 巫白慧：《国外因明学研究》，见刘培育编：《因明研究》，吉林人民出版社1994年版，第408页。

⑤ 杨化群：《藏传因明学》，西藏人民出版社1990年版，第17—19页。

认，这一确认既是经验的同时又是判断的，它不单单是思维训练而且是内观层面的“思维修”，“摄类”以及辩经的理论与实践高度合一的认知方式，可以说是独立于欧洲形式逻辑之外的一种独具特色的“形式逻辑”，这一认识论“形式逻辑”刻塑着藏族人民的基本思维方法和一般心理模式，渗入到西藏文化的各个方面。多识从“开发智力、培养逻辑思维能力”、“用于佛学的学习”、“用于学术研究”、“用于写作、演讲等其他方面”[①] 来概括藏传因明学在实践中的应用。

第四，藏传量论是认识论与逻辑学共融的体系，并细化为“心明论”与“因明论”两个部分作为“摄类学”的结尾，这实质是对陈那量论二量说的进一步确认，而且一如龙朵活佛所说：“特别是因明学（＝因明论）与心理学（＝心明论），乃《释量论》的核心。”[②] 在此基础上再强调“因明论”的独立性就不是断章取义的做法，也就从学理上避免了以“因明”取代“量论”并最后干脆取消“现量”的可能走向，更加全面本真地保持传承了陈那、法称体系的原貌。

四 深入拓展 继往开来（1999—2009）

这是60年来藏传量论研究的最后一个时期。至晚到迎来21世纪之前的1997年，出生于1930年之前的一大批藏传量论大家如法尊、虞愚、王森、杨化群、欧阳无畏、益西旺久、朗仁大师等相继去世，这些巨星的陨落标志着一个时代的结束，但薪尽火传，一个新的时代也必然地随之而来。总体来看，这十年的研究呈现出新的特点。

第一，学术队伍年轻化以及梯队建设专业化。在法尊等一代宗师去世后，剧宗林、祁顺来、刘培育等第二代专家扛起大梁，同时，郑伟宏、姚南强、张忠义、郑堆等年富力强的学者担起重任，特别是2006年6月“首届国际因明学术研讨会”在杭州举行以来，许多青年学者的出现，使藏传量论研究的队伍真正扩大。同时，1999年以前，只有中国社会科学院哲学所、华东师范大学、中央民族大学、青海民族大学、中国人民大学等为数不多的机构招收数量极少的量论因明学硕士、博士，而2000年起，

---

① 多识：《谈藏族对因明学的贡献》，《西北民族学院学报》1992年第1期。

② 龙朵：《因明学名义略集》，见杨化群《藏传因明学》，西藏人民出版社1990年版，第267页。

先后有西藏大学、复旦大学、西北民族大学、燕山大学、贵州大学、西南民族大学、杭州佛学院等开始规模较大地招收量论因明学硕士或博士，培养人数已经超过了新中国成立50年以来的总和，以藏传量论研究为毕业设计的选项越来越多，这些青年才俊将成为未来藏传量论研究的接班人。

第二，学科归类明确化。1983年在全国首届因明会议上成立了因明研究工作小组，一直到2006年的23年间，先后隶属于“中国逻辑史研究会”、“中国逻辑学会中国逻辑史专业委员会”。在2006年杭州会议上，经刘培育先生的建议和推动，拟筹建“中国逻辑学会因明专业委员会”，并于当年的11月22日得到中华人民共和国民政部的正式批准，汉传因明以及藏传量论即中国的佛教逻辑研究终于有了自己的专业委员会，并在杭州佛学院、甘肃民族出版社的大力支持下从2008年起开始汇集汉、藏、英文本出版发行由张忠义与光泉主编的专业委员会学术专刊《因明》杂志，2008年出版了第1、第2两辑，2009年出版了第3辑，成为发表藏传量论最为集中且最为前沿的刊物。2007年、2008年、2009年先后在西宁（青海民族大学）、兰州（西北民族大学）、呼和浩特（内蒙古师范大学）召开了三次因明专业委员会年会，藏传量论的研究得到了高度重视，在2010年的洛阳年会上，佛教量论首次作为研讨会的重要主题，2011年将在成都（西南民族大学）召开因明年会，核心议题是全面回顾与展望藏传量论研究的过去与未来，藏传量论日益成为中国佛教逻辑研究的主要领域。

第三，学术研究深入化以及真正意义上的国际化。由于前50年的不断积累，为藏传量论研究不仅提供了重要的原始资料，而且提供了丰富的研究经验，因此在原典译述、量论内涵、量论解脱道、量论与西方逻辑、哲学、宗教之比较等方面都有了长足进展，在英、日德等之外的独立的汉文与藏文研究体系中，逐渐形成了自己的理解进路与体系。同时，自1999年开始的中国藏学中心与奥地利科学院的合作研究及其成果的发表，标志着新中国成立以来藏传量论研究国际化的真正起步。2006年6月在台湾政治大学举办了“陈那与法称知识论讲座”，邀请桂绍隆、提勒曼作专题演讲，台湾地区的佛教量论研究也开始了国际研究视野的真正拓展。

（一）原典校刊以及译述

这一时期原典译述仍是基础工作，主要有刊于《正观杂志》2004年第31期由何建兴依梵本所译法上著《正理滴论广释·现量品》，刊于2006年上海三联书店版《徐梵澄文集》中徐先生由梵译汉的《因明蠡勺论》

（即法称《正理滴论》），刊于2008年《因明》第一辑的王森依据梵本参照藏译而汉译吉答利所造的《因真实论》，刊于2008年《因明》第二辑的韩镜清依藏文本所译胜自在慧的《正理滴点论广释》以及同期所刊汤铭钧的《法称〈正理滴论〉梵汉对照和新译》（译文包括梵汉对照本的《现量品》和《自义比量品》），刊于《因明》2009年《因明》第三辑的剧宗林依据藏文本所作《〈“释量论·成量品·首颂”广注〉翻译、疏解与评说》中的法称《释量论·成量品》的第一颂以及天主慧的注释，以及由缘宗依据甘丹寺香泽扎仓藏文本《心明学》所汉译的《藏传心明学》。又白玛旺杰所译《章嘉国师论中观》（甘肃民族出版社2004年版）可以看出藏传量论中观应成派的根本特征和推理奥义。由奥地利科学院院士斯坦因凯尔勒指导的中国藏学中心郑堆研究员所作《大译师俄·洛丹喜饶传》（校注本）2004年由维也纳大学出版社出版。2005年由中国藏学出版社出版了由中国藏学研究中心拉巴平措总干事与奥地利科学院院士斯坦因凯尔勒教授共同协办并担任主编的“梵文文本系列”丛书的第一卷即关于印度量论大师吉年陀罗菩提的《〈集量论〉注释》之第一品的校定专著《〈集量论注释〉之梵文转写及校注版》（上、下两册），2007年又出版了斯坦因凯尔勒教授校定的法称《定量论》的前两品。另有宝僧由藏文汉译毛儿盖·桑木旦大师的《因明学入门》（见《般若中观因明宝鬘集》，青海人民出版社2005年版），使这一影响甚广的名著得为汉语系学者研习，就中看到传统量论辩经学向现代学术语境的转变。宝僧另有《汉藏对照丹珠尔所载因明部目录及简述》（《因明》第二辑，甘肃民族出版社2008年版），代表了藏传量论著作目录藏汉对刊的最新进展。尤其值得一提的是四川色达五明佛学院索达吉堪布的汉译著作，如所译麦彭仁波切（即米滂仁波切，为近代红教派著名学者）的《〈释量论·成量品〉释》（《显密宝库》28）、《解义慧剑论颂》（《显密宝库》21）以及拉色丹毕嘉村尊者著《〈解义慧剑论〉释》（同上），乃藏传佛教红教教派量论因明学文献系统性之首译，填补了学术空白。其又译出萨迦派量论经典萨迦班智达贡噶坚赞的《量理宝藏论》以及近代萨迦派高僧蒋阳洛德旺波尊者（1847—1914）的《〈量理宝藏论〉释》（同上），以及中观量论著作即龙树所造、先潘囊瓦尊者著积的《〈七十空性论〉略释》，这些译著在居士学者、有藏汉双语背景的学者以及研究生中产生了广泛影响。剧宗林的《藏传佛教因明史略》（2006）、杨化群的《藏传因明学》（2009）又列在由释妙灵主编由中华书局出版的《真如·因明学丛书》中再版，这对藏传量论原典资料的提供起到了巨大的推动作用。

相关的重要藏文历史著作有蒲文成所译《布顿佛教史》（甘肃民族出版社2007年版）。还有国外与藏传量论密切相关的佛教量论著作论文译成汉文或藏文，如由苏发祥所译澳大利亚乔治·德莱费斯所著《藏传佛教认识论中的感觉与知觉》（王尧、王启龙主编：《国外藏学研究译文集》第十六辑，西藏人民出版社2002年版），通考印藏文献，详析量论认识论的核心问题“自明”（即“自证”），代表着“弗吉尼亚学派”的一般见解，具有较大的启迪意义。玉郎·阿旺丹增将舍尔巴茨基、杜奇等的著作译成藏文，题名曰《外国人研究因明学》（民族出版社2005年版），是一部具有开创性的译著。最后，词典类有姚南强主编的《因明词典》（上海辞书出版社2008年版），内立“藏传因明”专类词条，两个附录中还有“藏传因明类”著作与论文的详细所引。

（二）原典研究

基本原典研究成就较高者为杭州佛学院刚晓法师，先后出版了《正理滴点论》（宗教文化出版社2007年版）、《〈集量论〉解说》（甘肃民族出版社2008年版）、《〈释量论〉讲记Ⅰ》（甘肃民族出版社2009年版），以及《〈量理宝藏论〉讲记》（甘肃民族出版社2008年版），虽属讲疏性质，但对通读原文有甚佳帮助。剧宗林《藏传佛教因明史略》在中华书局再版，书中附录《〈正理滴论〉译介》于十年后再次进入学界，成为必读书之一。在网上广泛流传的见悲青增格西教授所著《释量论·成量品》的注释，也是非常重要的研究成果。

（三）通论研究

经过多年的系统研究，总体综合藏传量论的条件已经成熟，藏族学者祁顺来的《藏传因明学通论》（青海民族出版社2006年版）以及其博士生达哇的博士论文《藏传因明思维逻辑形式研究》（青海人民出版社2008年版）是重要的研究成果。前书分《因明的产生与发展》、《摄类学》、《量学认识论》、《因明推理论》、《为他比量》，依于教内传承，旁通现代知识，详尽展示出藏传量论的整体框架与核心内容，资料详尽可靠，尤其强调“藏传因明实际上是藏传量论”（第44页），而“藏传量论是一种佛教哲学学说，它可以跟唯识论、中观论相提并论。”（第45页）。后一部著作以“本体论”、“认识论”、“关系论”、“推理论”为结构框架，是用比较逻辑学的方法来“探讨藏传因明思维逻辑形式，揭示藏传因明逻辑哲学内涵的论著”（第1页），在诸多义项的一一比照中，特别强调藏传量论的内在特质。

（四）专题研究

为论述方便，故设若干类专题研究子目以便综述。

1. 藏传量论史方面

与前一时期相比，这一时期的藏传量论史研究有两个特征：首先，是带有总结先前成果的性质，如姚南强所著《因明学说史纲要》（上海三联书店2000年版）一书中的《印度因明》、《藏传因明》部分，又在《二十世纪的因明研究》一编中，对法尊、杨化群、王森、林崇安、剧宗林等的藏传量论研究做了介绍，这标志着藏传量论史的古典时代与现当代的内在连接，该书的相关内容后编入沈剑英主编的《中国佛教逻辑史》（华东师范大学出版社2001年版）一书中，与此类似的最新研究成果是贡保扎西的《藏传因明学研究历史与现状综述》（《西南民族大学学报》2008年第6期）。藏族学者也用藏文发表了这方面的研究成果，如更登的《藏传佛教逻辑源流考》、吉美桑珠的《量学在藏区的传播与发展》（均见《因明》第一辑）。其次，是量论人物以及相关传承的专论，如郑堆《俄·洛丹喜饶大译师与藏传因明》（张忠义、光泉、刚晓主编《因明新论》，中国藏学出版社2006年版）、桑德《简析恰巴·却吉僧格对藏传因明发展的重要贡献》（同前）、图·乌力吉等《蒙古族学者用藏文研究因明学的概况》（《因明》第一辑）、祁顺来《萨班的因明思想及其传承》（《因明》第二辑）、边桑东觉《简论恰巴曲僧大师的因明学教学的创新与贡献》（《因明》第三辑），这将是未来藏传量论研究亟待开拓的领地。

国外藏传量论研究发展史的译介也是这一时期的重要收获。其中刘宇光《西方学界的佛教论理学——知识论研究现况回顾——（上篇）专书、论文集及研究院学位论文》（见《汉语佛学评论》第一辑，上海古籍出版社2009年版）最为详尽，对早期的“彼得堡学派”以及“维也纳学派”特别是北美“弗吉尼亚学派”的研究做了全面的展示，若再加上其所著《当代西方的藏传佛教哲学研究1980—2005》（见其所译《藏传佛教中观哲学·附录1》，中国人民大学出版社2006年版）以及所译B. K. Matilal《西方的印度佛教哲学研究撮评上下》，则英、法、德等西语关于印度量论与藏传量论的全貌得窥一般，具有极强的参考价值。杜永彬译美国唐纳德·小洛佩兹的《北美藏传佛教研究》（王尧、王启龙主编《国外藏学研究译文集》第十七辑，西藏人民出版社 2004 年版），最为真切地展示了 1960 年以来藏传佛教特别是藏传量论在北美的传播以及量论在北美藏传佛教研究中的核心地位及其历史过程，由于小洛佩兹是“弗吉尼亚学派”的第二代“传人”，故能真正把握北美藏传量论的内核，由此明了其与“维也纳学派”在方法论上的本质不同，是一篇具有极高启示价值的文献。索珍《奥地利主要涉藏研究机构和研究人员现状分析》（《中国藏学》2007）以及李学竹《西藏贝叶经中有关因明的梵文写本及其国外的研究情况》（《中国哲学》2008 年第 1 期），介绍了“维也纳学派”的历史、西藏地区梵文文本的发现历史以及最新的藏传量论研究之进展，特别是“维也纳学派”和中国藏学中心合作的情况。另外，贵州大学孙婷的硕士论文《佛教量论因明学的历史演变》部分章节，展示了日本现代量论的内在转变，并提供了主要的研究著作的目录。Gustav 的《佛教知识论研究计划介绍》（网络文档）一文，立足台湾学界而展示国际量论走势，以为“现代学门的佛教学研究起源于欧洲，发煌于日本，开花于北美”，亦将国际藏传量论的研究脉络一语道尽。以上研究为我们展开了国际学界藏传量论研究的视野，其对未来我国的藏传量论研究不仅是在文本上更主要是在方法论上具有重大的启示作用。

2. 藏传量论性质特点方面

在这一时期，藏传量论与汉传因明的不同得到了进一步的明确，藏传量论包含内明内容也得到了学理上的阐释，祁顺来以为：“因明是量论的重要组成部分，佛教所讲因明完全量论中的佛学成分是量论的主题，从主题引申出的比量规则，却是因明的内容，量论是佛教哲学认识论、方法论和思维逻辑形式的有机结合，把量论看做因明，那么量论中的不少内容与因明毫无关系，这就不好解释陈那、法称的量学思想。”① 而从印度佛教的整体背景来看藏传量论所传陈那与法称的量论学之地位，顺真将其概括为“顺承唯识、上达中观、开启密教、涵盖小乘、归宗佛陀。”②

3. 藏传量论的哲学阐释以及解脱道研究

① 祁顺来：《藏传因明学》，青海民族出版 2006 年版，第 43 页。

② 顺真、张俊祥：《佛教量论因明学解脱道之逻辑展开》，见《因明》第二辑，甘肃民族出版社 2008 年版，第 73 页。

这一时期关于藏传量论的哲学研究取得了新的进展和突破。顺真的《量论》（见其专著《经验与超验·中卷》，贵州人民出版社2003年版）、《佛教量论因明学的正智观与笛卡尔探求真理的指导原则》（见《因明新论》）、《佛教量论因明学“六因说”及其相关问题》（《因明》第一辑）、《佛教量论因明学解脱道之逻辑展开——〈释量论·成量品〉解脱道浅释》（《因明》第二辑）、《佛教量论因明学视野下的信仰解脱与哲学认识论》（《因明》第三辑）、《陈那、法称“量—现量说”与笛卡尔、布伦塔诺“悟性—知觉论”之比较研究》（《杭州师范大学学报》2009年第6期）、《量论因明学的理性精神与批判精神》（《江西社会科学》）（2009年第8期）以及许为勤的《陈那、法称的现量说——暨布伦塔诺的表象论》（《因明新论》）、王翔《知识的确立——现量（直观）与比量（演绎）》（同上）、张俊祥（陈那量论因明学略说）（同上）等系列论文中，一方面阐释了陈那、法称与笛卡尔、布伦塔诺之哲学逻辑学体系的可比性进而纠正舍尔巴茨基将陈那等同于康德的错谬，同时通过文本的深切解读揭示出藏传量论的最高宗旨在于解脱道的理性实现，初步构成了一个崭新的比较认识论与逻辑学的基本框架和核心内容。倪梁康《从现象学角度看佛教因明中的遮诠问题》（鞠实儿主编《逻辑学研究》2008年第1期），秉承舍尔巴茨基“一般比较逻辑学学派”的基本见地，通过对陈那、法称“apoha”（遮诠）理论与现象学的对比，认为“胡塞尔的现象学与其说是20世纪的笛卡尔主义不如说是20世纪的新陈那主义。”

4. 藏传量论“摄类学”研究

“摄类学”代表着藏传量论对印度量论的发展和深入，关涉“心类学”、“因类学”等问题，又是量论习得的入手点，并且是国际学界中“弗吉尼亚学派”教学的基础，故自然引起研究者的兴趣。如索果《论藏族摄类学中“批驳他宗”部分的逻辑意义》（藏文，《因明》第二辑），改码本《试论〈俱舍论颂〉对摄类学的影响》（藏文，《因明》第三辑），闹桑《结合量理宝藏论浅析摄类之心明与因明》（藏文，同前），朱立的《“恰巴传归质法和体法”细解》（汉文，同前），都对这一问题做了不同层面的阐释。

5. 藏传量论的现代发展及其教学问题研究

20世纪80年代起，古老的藏传量论也开始走出寺院进入到现代教育之中，新一代的量论研究者以及研究生基本上是在这一巨大转型中成长起来的，因此，古老藏传量论的现代化就成为一个必须直面的问题，自然引起最直接的思考。如万果等的《略论逻辑教学改革对因明发展的启示》（《因明》第一辑），更登的《谈因明教学中的几个疑点》（藏文，《因明》第二辑），更登·三木旦《藏传因明教学中的论证论题的特殊正理新探》（藏文，同前）等，这也将是未来藏传量论研究的一个原发领域。

6. 藏传量论的独特作用与贡献

在前两期的研究中，对古典量论的特质与贡献已经基本概括出来，这一时期的进展主要是对当代藏传量论之贡献的总结与分析，古典与现代在这一问题上得到了很好的链接。如祁顺来在《略论藏传因明的特征及其逻辑意义》（《青海民族研究》2007 年第 4 期）概括道："藏传因明不再是纯讲推理形式和辩论法则的古印度因明，也不像只研究陈那因明思想的汉传因明，它是一种富有藏民族文化特色的新兴的逻辑学说，是一种活跃在青藏高原的现实的文化现象。对这样一种新兴的具有广泛实践性和应用性的逻辑学说，我们应当很好地总结和研究，肯定它在中华民族文化史上的地位，以科学发展观和开拓创新精神开辟这一新的逻辑研究领域，为进一步发扬光大因明学说作出贡献。"并将其概述为四个方面，即"运用因明辩论方式进行课堂教学取得良好的教学效果"、"运用因明论式进行书面辩论"、"运用因明论式撰写学术论文"、"运用因明论式进行论文答辩"。

60 年的藏传量论研究波澜曲折，其研究经验、研究成果是一份丰厚的遗产，特别是东西方汇通情境下的不同层次研究方法论的展示，将为未来的进展打下坚实的基础。新一代的藏传量论研究者也必将在前辈学者的基础上取得更加辉煌的成绩。

参考文献

[1] 阿旺丹增：《藏传因明的发展特点及其现状》，《西藏研究》1990 年第 1 期。

[2] 白玛旺杰：《章嘉国师论中观》，甘肃民族出版社 2004 年版。

[3] 宝僧：《般若中观因明宝鬘集》，青海人民出版社 2005 年版。

[4] 宝僧：《汉藏对照丹珠尔所载因明部目录及简述》，张忠义、光泉主编：《因明》第二辑，甘肃民族出版社 2008 年版。

[5] 《北京大学梵文写本研讨会》，http://pkunews.pku.edu.cn/xwzh/2008 - 11/11/content_ 132009.htm。

[6] 边桑东觉：《简论恰巴曲僧大师的因明学教学的创新与贡献》，张忠义、光泉主编：《因明》第三辑，[8] 甘肃民族出版社 2009 年版。

[7] 蔡伯铭：《试论中国逻辑史的研究对象与方法》，载《中国逻辑史研究》，中国社会科学出版社 1982 年版。

[8] 蔡伯铭：《把中国逻辑史的研究提高一步》，《湖北师范学院学报（哲社版）》1992 年第 2 期。

[9] 陈波：《哲学逻辑的兴起》，《教学与研究》1989 年第 1 期。

[10] 陈波：《荀子的名称理论：诠释与比较》，《社会科学战线》2008 年第 12 期。

[11] 陈波：《逻辑哲学引论》，人民出版社 1990 年版。

[12] 陈波：《逻辑哲学导论》，中国人民大学出版社 2000 年版。

[13] 陈波：《逻辑哲学》，北京大学出版社 2005 年版。

[14] 陈波：《西方逻辑哲学研究述介》，《哲学动态》1993 年第 10 期。

[15] 陈道德：《20 世纪意义理论的发展与语言逻辑的兴起》，中国社会科学出版社 2007 年版。

[16] 陈孟麟：《墨辩逻辑学》，山东人民出版社 1979 年版。

[17] 陈孟麟：《惠施一派的辩证逻辑思想和〈墨辩〉对它的批评》，《中国逻辑史研究》，中国社会科学出版社 1982 年版。

[18] 陈晓平：《概率归纳逻辑的三大流派》，《哲学研究》1985 年第 10 期。

[19] 陈晓平：《归纳逻辑与是归纳悖论》，武汉大学出版社 1994 年出版。

[20] 陈晓平：《关于归纳逻辑的若干问题——对现代归纳逻辑的回顾与展望》，《自然辩证法通讯》2000 年第 5 期。

[21] 陈寅恪：《审查报告一》，冯友兰：《三松堂全集》（第二卷），河南人民出版社 2000 年版。

[22] 陈宗明：《关于语言逻辑问题》，《思维与智慧》1984 年第 1 期。

[23] 陈宗明：《语言逻辑的历史和现状——语言逻辑漫话之一》，《思维与智慧》1986 年第 3 期。

[24] 陈宗明：《中国语用学思想》，浙江教育出版社 1997 年版。

[25] 程仲棠：《从诠释学看墨辩研究的逻辑学范式》，《学术研究》2005 年第 1 期。

[26] 程仲棠：《近百年“中国古代无逻辑学论”述评（续）》，《重庆工学院学报（社会科学版）》，2007 年第 11 期。

[27] 程仲棠：《中国古代逻辑学解构》，中国社会科学出版社 2009 年版。

[28] 崔清田：《显学重光——近现代的先秦墨家研究》，辽宁教育出版社 1997 年版。

[29] 崔清田：《名学与辩学》，山西教育出版社 1997 年版。

[30] 崔清田：《墨家逻辑与亚里士多德逻辑比较研究——兼论逻辑与文化》，人民出版社 2004 年版。

［31］《中国逻辑学会大事记》，2007 年 12 月，逻辑中国（http：//www. logic - china. info/index. php？ q = jigou）

［32］［德］亨利希·肖尔兹：《简明逻辑史》，张家龙等译，商务印书馆 1977 年版。

［33］邓生庆：《归纳逻辑：从古典向现代类型的演进》，四川大学出版社 1991 年版。

［34］邓生庆：《论现代归纳逻辑及其研究范围》，《四川大学学报（哲学社会科学版）》1992 年第 3 期。

［35］邓生庆、任晓明：《归纳逻辑百年历程》，中央编译出版社 2006 年版。

［36］董志铁：《名辨艺术与思维逻辑》，中国广播电视出版社 2007 年版。

［37］杜国平：《真的历程》，中国社会科学出版社 2003 年版。

［38］杜国庠：《杜国庠文集》，人民出版社 1962 年版。

［39］杜声锋：《现代西方归纳逻辑研究评述》，《江汉论坛》1984 年第 6 期。

［40］多吉杰博：《布顿佛教史》，蒲文成译，甘肃民族出版社 2007 年版。

［41］多识：《谈藏族对因明学的贡献》，《西北民族学院学报》1992 年第 1 期。

［42］多识：《爱心中爆发的智慧》，甘肃民族出版社 1998 年版。

［43］法称：《正理滴论》，王森译，《世界宗教研究》1982 年第 1 期。

［44］法称：《正理滴论》，杨化群译，《世界宗教研究》1982 年第 1 期。

［45］法上：《正理滴论广释·现量品》，何建兴译，《正观杂志》2004 年第 31 期。

［46］法尊：《集量论略解》，中国社会科学出版社 1982 年版。

［47］法尊：《法尊法师佛学论文集》，中国佛教文化研究所印行 1990 年版。

［48］改码本：《试论〈俱舍论颂〉对摄类学的影响》（藏文），张忠义、光泉主编：《因明》第三辑，甘肃民族出版社 2009 年版。

［49］刚晓：《汉传因明二论》，宗教文化出版社 2003 年版。

［50］刚晓：《正理滴点论》，宗教文化出版社 2007 年版。

［51］刚晓：《〈量理宝藏论〉讲记》，甘肃民族出版社 2008 年版。

［52］刚晓：《〈集量论〉解说》，甘肃民族出版社 2008 年版。

［53］刚晓：《〈释量论〉讲记 I》，甘肃民族出版社 2009 年版。

［54］更登：《藏传佛教逻辑源流考》（藏文），张忠义、光泉主编：《因明》第一辑，甘肃民族出版社 2008 年版。

［55］贡保扎西：《藏传因明学研究历史与现状综述》，《西南民族大学学报》2008 年第 6 期。

［56］关兴丽：《〈墨子〉语义学和语用学思想研究》，社会科学文献出版社 2004 年版。

［57］郭良鋆：《因明入正理论梵汉对照》（上、下），《南亚研究》杂志 1999 年第

2 期，2000 年第 1 期。

［58］郭桥：《逻辑与文化——中国近代时期西方逻辑传播研究》，人民出版社 2006 年版。

［59］弓肇祥：《简论哲学逻辑》，《内蒙古师大学报》1985 年第 4 期。

［60］弓肇祥：《真理理论——对西方真理理论历史地批判地考察》，社会科学文献出版社 1999 年版。

［61］弓肇祥：《可能世界理论》，北京大学出版社 2003 年版。

［62］何向东：《归纳逻辑研究述评》，《自然辩证法研究》2007 年第 3 期。

［63］何应灿：《中国逻辑史要加强古代辩证逻辑的研究》，载《中国逻辑史研究》，中国社会科学出版社 1982 年版。

［64］何兆清：《逻辑史研究的对象和作用》，《北京大学学报》1962 年第 2 期。

［65］胡泽洪：《哲学逻辑与逻辑哲学》，《自然辩证法研究》2002 年第 11 期。

［66］胡泽洪：《哲学逻辑：一个新兴交叉研究领域》，《广东社会科学》2008 年第 2 期。

［67］胡泽洪：《逻辑的哲学反思——逻辑哲学专题研究》，中央编译出版社 2004 年版。

［68］胡泽洪：《20 世纪我国逻辑哲学研究的回顾与反思》，《学术研究》2008 年第 11 期。

［69］黄斌：《语言逻辑哲学——难题与解析》，重庆出版社 1999 年版。

［70］黄豆：《归纳逻辑在当代的发展——简评当代西方哲学家对归纳逻辑的研究》，《广东社会科学》1993 年第 1 期。

［71］黄志强：《因三相管见》，《社会科学战线》1997 年第 6 期。

［72］黄志强：《佛家逻辑比较研究》，香港新风出版社 2002 年版。

［73］乐逸鸥：《四十年因明论著索引 1949—1989》，《因明研究》，吉林教育出版社 1994 年版。

［74］李匡武：《形式逻辑》，广东人民出版社 1962 年版。

［75］李匡武：《略论中国逻辑史的研究对象与方法》，载《中国逻辑史研究》，中国社会科学出版社 1982 年版。

［76］李匡武：《西方逻辑史》（上卷），上海人民出版社 1985 年版。

［77］李匡武：《中国逻辑史》，甘肃人民出版社 1989 年版。

［78］李建华：《逻辑哲学的对象、范围及与相关学科的关系》，《湘潭师范学院学报（社会科学版）》2006 年第 6 期。

［79］李润生：《〈正理滴论〉解义》，香港密乘佛学会 1999 年版。

［80］李庆元、高银秀：《浅谈因明学中“量”的认识意义》，刘培育、崔清田、孙中原编：《因明新探》，甘肃人民出版社 1989 年版。

［81］李先焜：《名辩学、逻辑学与符号学》，《哲学研究》1998 年增刊。

［82］李先焜：《语言、符号与逻辑》，湖北人民出版社 2006 年版。

［83］李先焜：《语言逻辑研究的意义、历史和现状》，《湖北大学学报（哲学社会科学版）》1984 年增刊。

［84］李小五：《1993 年国外哲学逻辑研究的新进展》，《国外社会科学》1994 年第 6 期。

［85］李小五：《现代归纳逻辑与概率逻辑》，科学出版社 1992 年版。

［86］李小五：《何谓现代归纳逻辑》，《哲学研究》1996 年第 9 期。

［87］李学竹：《西藏贝叶经中有关因明的梵文写本及其国外的研究情况》，《中国哲学》2008 年第 1 期。

［88］李元庆：《关于中国逻辑史的研究对象和内容》，载《中国逻辑史研究》，中国社会科学出版社 1982 年版，第 18 页。

［89］梁彪：《逻辑哲学初步》，广东人民出版社 2002 年版。

［90］梁启超：《饮冰室合集》，中华书局 1989 年版。

［91］林铭钧、曾祥云：《名辩学新探》，中山大学出版社 2000 年版。

［92］刘邦凡：《中国古代数学及其逻辑推类思想》，人民日报出版社 2006 年版。

［93］刘培育、周云之、董志铁：《因明论文集》，甘肃人民出版社 1982 年版。

［94］刘培育、崔清田、孙中原：《因明新探》，甘肃人民出版社 1989 年版。

［95］刘培育：《逻辑学家汪奠基》，《文献》1993 年第 3 期。

［96］刘培育：《因明研究》，吉林人民出版社 1994 年版。

［97］刘培育：《中国逻辑史研究 50 年概览》，《信阳师范学院学报》哲社版 2003 年第 2 期。

［98］刘培育：《中国名辩学》，载张家龙：《逻辑学思想史》，湖南教育出版社 2004 年版。

［99］刘新文：《新版〈哲学逻辑手册〉的内容结构》，《哲学动态》2004 年第 8 期。

［100］刘宇光：《西方学界的佛教论理学——知识论研究现况回顾——（上篇）专书、论文集及研究院学位论文》，《汉语佛学评论》第一辑，上海古籍出版社 2009 年版。

［101］刘宇光：《当代西方的藏传佛教哲学研究 1980—2005》，《藏传佛教中观哲学·附录 1》，中国人民大学出版社 2006 年版。

［102］刘壮虎：《哲学逻辑概论》，《北京航空航天大学学报（社会科学版）》2000 年第 1 期。

［103］吕澂：《集量论释略钞注》，成都佛学社 1934 年版。

［104］吕澂：《佛家逻辑——法称的因明说》，刘培育、周云之、董志铁编：《因

明论文集》，甘肃人民出版社 1982 年版。

[105] 吕澂：《因明入正理论讲解》，中华书局 1983 年版。

[106] 吕澂：《吕澂佛学论著选集》，齐鲁书社 1991 年版。

[107] 《逻辑学辞典》编辑委员会编：《逻辑学辞典》，吉林人民出版社 1983 年版。

[108] 罗竹风：《中国大百科全书》（宗教卷），中国大百科全书出版社 1988 年版。

[109] 吉美桑珠：《量学在藏区的传播与发展》（藏文），张忠义、光泉主编：《因明》第一辑，甘肃民族出版社 2008 年版。

[110] 江天骥：《西方逻辑史研究》，人民出版社 1984 年版。

[111] 江天骥：《归纳逻辑的新进展》，《哲学研究》1986 年第 2 期。

[112] 晋荣东：《逻辑何为——当代中国逻辑的现代性反思》，上海古籍出版社 2005 年版。

[113] 鞠实儿：《逻辑学的问题与未来》，《中国社会科学》2006 年第 6 期。

[114] 鞠实儿：《论逻辑的文化相对性》，《中国社会科学》2010 年第 1 期。

[115] 剧宗林：《藏传因明教学刍议》，《中央民族学院学报》1986 年第 1 期。

[116] 剧宗林：《藏传因明》，中华书局 2009 年版。

[117] 剧宗林：《藏传佛教因明史略》，民族出版社 1994 年版。

[118] 剧宗林：《〈“释量论·成量品·首颂”广注〉翻译、疏解与评说》，张忠义、光泉主编：《因明》第三辑，甘肃民族出版社 2009 年版。

[119] 奎因：《逻辑哲学》，邓生庆译，三联书店 1991 年版。

[120] 闹桑：《结合量理宝藏论浅析摄类之心明与因明》（藏文），张忠义、光泉主编：《因明》第三辑，甘肃民族出版社 2009 年版。

[121] 马采：《哲学与美学文集·哲学原始》，中山大学出版社 1994 年版。

[122] 马玉珂：《西方逻辑史》，中国人民大学出版社 1985 年版。

[123] [美] 罗·格勃尔：《哲学逻辑》，张清宇、陈慕泽等译，中国人民大学出版社 2008 年版。

[124] [美] 唐纳德·小洛佩兹：《北美藏传佛教研究》，杜永彬译，王尧、王启龙主编《国外藏学研究译文集》第十七辑，西藏人民出版社 2004 年版。

[125] 莫绍揆：《〈墨子·小取〉篇的逻辑体系》，《中国逻辑思想论文选》（1949—1979），三联书店 1981 年版。

[126] “南开大学哲学系逻辑研究班”：《语言逻辑》（上、下），《思维与智慧》1989 年第 4—5 期。

[127] 倪梁康：《从现象学角度看佛教因明中的遮诠问题》，《逻辑学研究》2008 年第 1 期。

［128］欧阳中石：《中国逻辑思想史研究的对象与范围》，载《中国逻辑史研究》，中国社会科学出版社 1982 年版。

［129］彭漪涟：《中国近代逻辑思想史论》，上海人民出版社 1991 年版。

［130］祁顺来：《藏传因明学》，青海民族出版 2006 年版。

［131］祁顺来：《略论藏传因明的特征及其逻辑意义》，《青海民族研究》2007 年第 4 期。

［132］祁顺来：《萨班的因明思想及其传承》，张忠义、光泉主编：《因明》第二辑，甘肃民族出版社 2008 年版。

［133］任晓明：《当代归纳逻辑探赜——论柯恩归纳逻辑的恰当性》，成都科技大学出版社 1993 年版。

［134］任晓明：《美国归纳逻辑与人工智能研究概况》，《科学技术与辩证法》2007 年第 1 期。

［135］［日本］梶山雄一：《印度逻辑学的基本性质》，张春波译，商务印书馆 1980 年版。

［136］桑德：《简析恰巴·却吉僧格对藏传因明发展的重要贡献》，张忠义、光泉、刚晓主编：《因明新论》，中国藏学出版社 2006 年版。

［137］上海逻辑学会编：《逻辑学文选》，百家出版社 1988 年版。

［138］舍尔巴茨基：《佛教逻辑》，宋立道、舒晓炜译，商务印书馆 1997 年版。

［139］沈剑英：《玄奘和唐初的因明研究》，《中国历史上的逻辑家》，人民出版社 1982 年版。

［140］沈剑英：《关于〈“因”的三相可以缺一吗?〉》，刘培育、崔清田、孙中原编：《因明新探》，甘肃人民出版社 1989 年版。

［141］沈剑英：《玄奘和唐初的因明研究》，《中国历史上的逻辑家》，人民出版社 1982 年版。沈剑英：《因明学研究》（修订本），广东世界图书出版公司 2003 年版。

［142］沈剑英：《敦煌因明文献研究》，上海古籍出版社 2008 年版。

［143］沈剑英：《佛家逻辑》，开明出版社 1992 年版。

［144］沈剑英：《中国佛教逻辑史》，于 2001 年出版。

［145］《沈有鼎文集》，人民出版社 1992 年版。

［146］石村：《因明述要》，中华书局 1982 年版。

［147］顺真：《佛教量论（因明学）本体论意蕴的现代阐释》，《中山人文学术论丛》1997 年第 1 辑。

［148］顺真：《经验与超验 · 中卷》，贵州人民出版社 2003 年版。

［149］顺真：《佛教量论因明学的正智观与笛卡尔探求真理的指导原则》，张忠义、光泉、刚晓主编：《因明新论》，中国藏学出版社 2006 年版。

［150］顺真：《佛教量论因明学“六因说”及其相关问题》，张忠义、光泉主编：

《因明》第一辑，甘肃民族出版社 2008 年版。

［151］顺真：《佛教量论因明学解脱道之逻辑展开——〈释量论·成量品〉解脱道浅释》（《因明》第二辑）。

［152］顺真：《佛教量论因明学视野下的信仰解脱与哲学认识论》，张忠义、光泉主编：《因明》第三辑，甘肃民族出版社 2009 年版。

［153］顺真：《陈那、法称“量—现量说”与笛卡尔、布伦塔诺“悟性—知觉论”之比较研究》，《杭州师范大学学报》2009 年第 6 期。

［154］顺真：《量论因明学的理性精神与批判精神》，《江西社会科学》2009 年第 8 期。

［155］宋立道：《因明的认识论基础》，《世界宗教研究》1982 年第 2 期。

［156］宋文坚：《逻辑学的传入与研究》，福建人民出版社 2005 年版。

［157］宋文坚：《西方形式逻辑史》，中国社会科学出版社 1991 年版。

［158］［苏联］巴·谢·波波夫：《近代逻辑史》，马兵译，上海人民出版社 1964 年版。

［159］孙志成：《试论因明和佛家逻辑的关系》，刘培育、崔清田、孙中原编：《因明新探》，甘肃人民出版社 1989 年版。

［160］孙中原：《论墨家逻辑》，《哲学研究》1998 年增刊。

［161］孙中原：《中国逻辑研究》，商务印书馆 2006 年版。

［162］孙中原：《中国逻辑史》（先秦），中国人民大学出版社 1987 年版。

［163］孙中原：《中国逻辑史研究若干问题》，《哲学动态》2001 年第 7 期。

［164］孙中原：《中国逻辑元研究》，《中国人民大学学报》2005 年第 2 期。

［165］孙中原：《中国逻辑研究百年论要》，《东南学术》2001 年第 1 期。

［166］孙中原：《试论中国逻辑史的对象与方法》，载《中国逻辑史研究》，中国社会科学出版社 1982 年版。

［167］孙中原：《印度逻辑与中国、希腊逻辑的比较研究》，刘培育编：《因明研究》，吉林人民出版社 1994 年版。

［168］索果：《论藏族摄类学中“批驳他宗”部分的逻辑意义》（藏文），张忠义、光泉主编：《因明》第二辑，甘肃民族出版社 2008 年版。

［169］索珍：《奥地利主要涉藏研究机构和研究人员现状分析》，《中国藏学》2007 年第 3 期。

［170］谭戒甫：《墨辩发微》，中华书局 1964 年版。

［171］汤铭钧：《法称〈正理滴论〉梵汉对照和新译》，张忠义、光泉主编：《因明》第二辑，甘肃民族出版社 2008 年版。

［172］汤用彤：《印度哲学史略》，上海古籍出版社 2006 年版。

［173］佟德富：《藏族哲学思想史论集》，民族出版社 1991 年版。

［174］图·乌力吉等《蒙古族学者用藏文研究因明学的概况》，张忠义、光泉主编：《因明》第一辑，甘肃民族出版社 2008 年版。

［175］万果：《略论逻辑教学改革对因明发展的启示》，张忠义、光泉主编：《因明》第一辑，甘肃民族出版社 2008 年版。

［176］汪奠基：《中国逻辑思想史料分析》，中华书局 1961 年版。

［177］汪奠基：《中国逻辑思想史》，上海人民出版社 1979 年版。

［178］汪奠基：《关于中国逻辑史的对象和范围问题》，《哲学研究》1957 年第 2 期。

［179］汪奠基：《丰富的中国逻辑思想遗产》，《光明日报》1961 年 5 月 21 日。

［180］汪奠基：《先秦逻辑思想的重要贡献》，《哲学研究》1962 年第 1 期。

［181］汪堂家：《哲学的逻辑表达与逻辑的哲学分析——从概念、定义与命题理论看莱布尼兹的逻辑哲学观》，《复旦学报（社会科学版）》2005 年第 3 期。

［182］王靖华：《西方逻辑史语言逻辑思想概观》，《思维与智慧》1987 年第 3—6 期、1988 年第 2 期。

［183］王森：《藏传因明》，中华书局 2009 年版。

［184］王克喜：《古代汉语与中国古代逻辑》，天津人民出版社 2000 年版。

［185］王路：《中世纪逻辑的现代研究》，《哲学动态》1991 年第 1 期。

［186］王路：《亚里士多德逻辑的现代意义》，《世界哲学》2005 年第 1 期。

［187］王路：《世纪转折处的哲学巨匠：弗雷格》，社会科学文献出版社 1998 年版。

［188］王路：《逻辑哲学研究述评（上、下）》，《哲学动态》2003 年第 4、第 5 期。

［189］王路：《逻辑的观念》，商务印书馆 2000 年版。

［190］王路、张立娜：《中国逻辑史的研究为什么需要“比较”》，《哲学动态》2007 年第 5 期。

［191］王路：《对象的明确和方法的更新——论有关中国逻辑史研究的几个问题》，《哲学研究》1995 年第 1 期。

［192］王宪钧：《数理逻辑引论》，北京大学出版社 1982 年版。

［193］王宪钧：《数理逻辑史节录》，《哲学研究》1981 年第 6 期。

［194］王翔：《知识的确立——现量（直观）与比量（演绎）》，张忠义、光泉、刚晓主编：《因明新论》，中国藏学出版社 2006 年版。

［195］王尧、王启龙主编：《国外藏学研究译文集》第十六辑，西藏人民出版社 2002 年版。

［196］王雨田：《归纳逻辑导引》，上海人民出版社 1992 年版。

［197］韦卓民：《亚里士多德逻辑》，科学出版社 1957 年版。

［198］温公颐：《墨子的逻辑思想》，《南开大学学报》1964 年第 4 期。

［199］温公颐：《先秦逻辑史》，上海人民出版社 1983 年版。

［200］温公颐：《中国中古逻辑史》，上海人民出版社 1989 年版。

［201］温公颐：《中国近古逻辑史》，上海人民出版社 1993 年版。

［202］温公颐：《中国逻辑史教程》，上海人民出版社 1988 年版。

［203］温公颐、崔清田主编：《中国逻辑史教程》，南开大学出版社 2001 年版，第 21 页。

［204］《温公颐文集》，山西高校联合出版社 1996 年版。

［205］吴克峰：《易学逻辑研究》，人民出版社 2005 年版。

［206］吴允曾：《近年来中古逻辑史方面若干研究结果的简述》，《哲学研究》1957 年第 3 期。

［207］巫白慧：《国外因明学研究》，刘培育主编，《因明研究》，吉林人民出版社 1994 年版。

［208］巫寿康：《〈因明正理门论〉研究》，三联书店 1994 年版。

［209］武邑尚邦：《仏教論理学の研究—知識の確実性の論究》，京都・百華苑 1988 年。

［210］夏年喜：《自然语言逻辑研究的现状与趋势》，《哲学动态》2004 年第 6 期。

［211］熊立文：《归纳逻辑在现代的发展》，《哲学研究》2008 年第 2 期。

［212］熊立文：《现代归纳逻辑的发展》，人民出版社 2004 年版。

［213］《徐梵澄文集》，上海三联书店 2006 年版。

［214］许为勤：《陈那、法称的现量说——暨布伦塔诺的表象论》，张忠义、光泉、刚晓主编：《因明新论》，中国藏学出版社 2006 年版。

［215］杨百顺：《西方逻辑史》，四川人民出版社 1984 年版。

［216］杨百顺：《比较逻辑史》，四川人民出版社 1989 年版。

［217］杨化群：《藏传因明学》，西藏人民出版社 1990 年版。

［218］杨芾荪：《墨家论辩》，《中山大学学报》1962 年第 1 期。

［219］杨芾荪：《墨家论证学说述略》，《中山大学学报》1963 年第 3 期。

［220］杨芾荪：《墨家思维形式概要》，《中山大学学报》1964 年第 1 期。

［221］杨芾荪：《中国逻辑思想史教程》，甘肃人民出版社 1988 年版。

［222］姚南强：《略论藏传量论“摄类”的哲学意义》，《上海教育学院学报》1995 年第 1 期。

［223］姚南强：《因明学说史纲要》，上海三联学术文库 2000 年版。

［224］姚南强：《百年来的中国因明学研究》，《中国社会科学》1994 年第 5 期。

［225］姚南强：《因明辞典》，上海辞书出版社 2008 年版。

［226］姚南强：《因明研究四十年述要》，《哲学研究》1989 年第 11 期。

［227］姚卫群：《古印度六派哲学经典》，商务印书馆 2003 年版。

［228］［英］齐亨：《逻辑史选择》，王宪钧、吴允曾等译，三联书店 1961 年版。

［229］［英］威廉·涅尔和玛莎·涅尔：《逻辑学的发展》，张家龙等译，商务印书馆 1985 年版。

［230］虞愚：《因明的基本规律》，刘培育、周云之、董志铁编：《因明论文集》，甘肃人民出版社 1982 年版。

［231］虞愚：《中国逻辑史资料选·因明卷》，甘肃人民出版社出版 1994 年版。

［232］玉郎·阿旺丹增：《外国人研究因明学》（藏文），民族出版社 2005 年版。

［233］袁野：《论中国逻辑史的两个主要问题》，载《中国逻辑史研究》，中国社会科学出版社 1982 年版。

［234］曾祥云：《中国近代比较逻辑思想研究》，黑龙江教育出版社 1992 年版。

［235］曾祥云：《还名学和辩学以本来面目——评〈名学与辩学〉》，《学术月刊》1999 年第 4 期。

［236］曾祥云：《20 世纪中国逻辑史研究的反思——拒斥名辩逻辑》，《江海学刊》2000 年第 6 期。

［237］曾昭式：《中国现代文化视野中的逻辑思潮》，科学出版社 2009 年版。

［238］翟锦程：《从〈逻辑史手册〉看逻辑史研究与逻辑学发展的新趋势——兼谈中国逻辑研究的问题》，《东南大学学报（哲学社会科学版）》2007 年第 4 期。

［239］翟廷瑨、周山：《科学史是逻辑思想史研究的重要对象》，载《中国逻辑史研究》，中国社会科学出版社 1982 年版。

［240］詹剑峰：《墨家的形式逻辑》，人民出版社 1956 年版。

［241］章士嵘：《国外归纳逻辑研究近况》，《国外社会科学》1983 年第 4 期。

［242］张斌峰：《近代〈墨辩〉复兴之路》，山西教育出版社 1999 年版。

［243］张家龙：《数理逻辑发展史——从莱布尼兹到哥德尔》，社会科学文献出版社 1993 年版。

［244］张家龙：《数理逻辑的产生和发展》，《北京航空航天大学学报（社会科学版）》2000 年第 1 期。

［245］张家龙：《西方逻辑史研究中的几个问题——杨百顺〈西方逻辑史〉读后》，《哲学动态》1986 年第 9 期。

［246］张家龙：《逻辑学思想史》，湖南教育出版社 2004 年版。

［247］张家龙：《从数理逻辑观点看〈周易〉》，《哲学动态》1989 年第 11 期。

［248］张家龙：《模态逻辑与哲学》，中国社会出版社 2003 年版。

［249］张建军：《逻辑悖论研究引论》，南京大学出版社 2002 年版。

［250］张俊祥：《陈那量论因明学略说》，张忠义、光泉、刚晓主编：《因明新论》，中国藏学出版社 2006 年版。

[251] 张清宇:《逻辑哲学九章》,江苏人民出版社 2004 年版。

[252] 张清宇、郭世铭、李小五:《哲学逻辑研究》,社会科学文献出版社 2007 年第 2 版。

[253] 张晴:《20 世纪的中国逻辑史研究》,中国社会科学出版社 2007 年版。

[254] 张学立:《金岳霖逻辑哲学思想研究》,贵州人民出版社 2004 年版。

[255] 张忠义、光泉、刚晓:《因明新论》,中国藏学出版中心 2006 年版;张忠义:《因明蠡测》,人民出版社 2008 年版。

[256] 赵纪彬:《名辩与逻辑》,《新中华》1949 年第 12 卷第 4 期。

[257] 赵总宽:《逻辑学百年》,北京出版社 1999 年版。

[258] 兆柯:《哲学会座谈中国逻辑思想史研究问题》,《光明日报》1961 年 5 月 11 日。

[259] 郑堆:《俄·洛丹喜饶大译师与藏传因明》,张忠义、光泉、刚晓主编:《因明新论》,中国藏学出版社 2006 年版。

[260] 郑杰文:《20 世纪墨学研究史》,清华大学出版社 2002 年版。

[261] 郑伟宏:《汉传佛教因明研究》,中华书局 2007 年版。

[262] 郑伟宏:《因明研究百年述评》,《因明新论》,中国藏学出版中心 2006 年版。

[263] 郑伟宏:《论印度佛教逻辑的两个高峰》,《复旦学报》2007 年第 6 期。

[264] 郑伟宏:《因明正理门论直解》,复旦大学出版社 1999 年版。

[265] 郑伟宏:《佛家逻辑通论》,复旦大学出版社 1996 年版。

[266] 郑文辉:《逻辑哲学的历史背景、含义及其范围》,《中山大学学报(社会科学版)》1991 年第 3 期。

[267] 郑文辉:《欧美逻辑学说史》,中山大学出版社 1994 年版。

[268]《哲学大辞典·逻辑学卷》编辑委员会编:《哲学大辞典·逻辑学卷》,上海辞书出版社 1988 年版。

[269] 周礼全:《亚里士多德关于推论的逻辑理论》,《光明日报》1963 年 3 月 22 日,3 月 29 日。

[270] 周礼全:《逻辑百科辞典》,四川教育出版社 1994 年版。

[271] 周山:《中国逻辑史论》,辽宁教育出版社 1988 年版。

[272] 周山:《易经新论》,辽宁教育出版社 1991 年版。

[273] 周山:《绝学复苏——近现代的先秦名家研究》,辽宁教育出版社 1997 年版。

[274] 周文英:《中国逻辑思想史稿》,人民出版社 1979 年版。

[275] 周文英:《周文英学术著作自选集》,人民出版社 2002 年版。

[276] 周云之:《中国先秦的名辩逻辑是形式逻辑的世界三大源流之一》,《中国

哲学史研究》1989 年第 4 期 。

[277] 周云之：《“因” 的三相可以缺一吗?》，刘培育、崔清田、孙中原编：《因明新探》，甘肃人民出版社 1989 年版。

[278] 周云之：《中国逻辑史讨论会讨论对象和方法问题》，《哲学动态》1981 年第 2 期。

[279] 周云之：《再论中国逻辑史研究的对象和方法》，《哲学研究》1991 年第 6 期。

[280] 周云之：《中国历史上的逻辑家》，人民出版社 1982 年版。

[281] 周云之、刘培育：《先秦逻辑史》，中国社会科学出版社 1984 年版。

[282] 周云之：《墨经逻辑学》，甘肃人民出版社 1994 年版。

[283] 周云之：《名辩学论》，辽宁教育出版社 1996 年版。

[284] 朱立：《“恰巴传归质法和体法” 细解》，张忠义、光泉主编：《因明》第三辑，甘肃民族出版社 2009 年版。

[285] 朱水林：《西方逻辑史简介》（上、下），《世界科学》1993 年第 8、第 9 期。

[286] 朱水林：《形式化：现代逻辑的发展》，人民出版社 1987 年版。

[287] 朱水林：《二十世纪逻辑史话》，《世界科学》1986 年第 2 期。

[288] 朱志凯：《墨经中的逻辑学说》，复旦大学出版社 1987 年版。

[289] 邹崇理：《蒙太古语义学简介》，《国外语言学》1993 年第 3 期。

[290] 邹崇理：《自然语言逻辑研究》，北京大学出版社 2000 年版。

[291] 邹崇理：《逻辑、语言和信息》，人民出版社 2002 年版。

附录　台湾地区60年(1949—2009)逻辑学研究

第一节　概述

台湾地区自1949年至今，几乎没有任何与逻辑学有关的研究机构（系所）、学会（协会）或专业期刊；① 台湾逻辑学的研究与发展全靠少数学者们的独立研究、发表与推动。尽管如此，在这些学者的个别努力与推动之下，逻辑学的研究在台湾仍然开出了美丽的花朵，总共有着近200篇的相关研究成果，同时在近几年来也开始出现了一些规模较大的逻辑学专业会议。本研究汇整了近60年（1949—2009）来台湾学者在台湾及大陆地区出版或发表的与逻辑学有关的书籍、期刊论文博硕士论文及翻译作品，并作一综合性的叙述与评论。为撰写本研究报告，笔者一共搜集了179笔相关的资料；其中专书计有61本，期刊论文计有62篇，博硕士论文计有21篇，翻译作品则有35篇。台湾学者在海外地区出版或发表的论文与书籍，因搜集不易（部分为会议后论文集），或对台湾本地逻辑学的发展并无直接影响，故没有

---

① 根据台湾教育部门2008年的统计，台湾地区2008年时一共有171所大专院校，其中包括156所大学，15所技术学院。在171所大专院校当中，有哲学系所的共有13所，有逻辑系所的则有0所。除了缺乏逻辑学的研究机构之外，台湾也几乎没有任何与逻辑学相关的协会或组织，唯一的例外是台湾于1979年正式成立的“国际科学史与科学哲学学会之逻辑、方法论与科学哲学组台湾委员会”这个半官方单位，但该委员会对于逻辑学教育、研究与推广的功能并不太显著（关于该委员会的详细说明，详见本报告的第5节）。对于这个现象，笔者的揣测是：这部分与殷海光教授曾经触怒台湾执政当局有关。殷海光教授是1950—1960年代在台湾最有影响力的哲学家与逻辑学者，但他经常撰文批评国民党的党化教育、反攻大陆等时政，并鼓吹在台湾组织新政党，因而触怒了当时的台湾执政高层。他于1966年被迫离开台湾大学哲学系，而于1967年罹患胃癌，1969年病逝，享年49岁。自殷海光教授公开批评时政之后，长期以来，台湾教育部门可能并不乐见任何有关于逻辑学的机构、学会或专业期刊出现。

收录在这一份研究报告内。笔者希望这份资料在搜集上是齐全的，没有任何遗珠之憾。

除了这一部分的资料说明之外，本研究的内容还分为6节：第1节说明近60年来由台湾学者所发行与逻辑学相关的专书，时间上横跨1953年至2009年这57年；第2节说明近60年来由台湾学者所发行与逻辑学相关的期刊论文，时间上横跨1964年至2009年这46年；第3节说明近60年来由台湾学者所发行与逻辑学相关的博、硕士论文，时间上横跨1986年至2008年这23年；第4节说明近60年来由台湾学者所发行与逻辑学相关的翻译作品，时间上横跨1957年至2008年这52年。第5节则说明在台湾与逻辑学有关的学术组织，以及近几年来开始出现的逻辑学专业会议。第6节为笔者的结论。

第二节　60年来台湾学者所出版与逻辑学相关的专著

1953年殷海光教授出版《逻辑究竟是什么?》一书，标志了台湾逻辑学的萌芽。自此之后，至2009年彭孟尧[①]教授出版《基础逻辑》为止，由台湾学者出版的逻辑学专书（就笔者搜集范围所及）一共有61本，平均每一年约有一本出版。为了让读者一目了然起见，以下笔者将这61本逻辑学专书依它们出版年份的先后胪列于下（同一年内有多本逻辑书籍出版时，则依作者姓名笔画的多寡依序加以排列；一书多次再版者，则将再版书局与再版年份胪列于第一版书局及年份之后）[②]：

1. 殷海光：《逻辑究竟是什么?》，台北，水牛出版社1953、1990、2003年版。

2. 殷海光：《逻辑新引》，台北，亚洲出版社、桂冠出版社1957、1990年版。

---

① 彭孟尧教授为美国爱荷华大学哲学博士，曾任中正大学哲学系教授、东吴大学哲学系教授兼系主任、台湾大学哲学系教授等职。除了出版过两本逻辑学教科书之外，他也曾经规划、主办、或执行过多次在台湾举办的大型逻辑学活动，对于台湾逻辑学的教育与推广有着相当大的贡献。关于他的贡献部分，详见本报告的第5节。

② 其中，柴熙教授虽然是德国人，但他长期在台湾辅仁大学哲学系任教，所出版的书籍《逻辑哲学》也以中文写成，由商务印书馆出版发行，所以搜录在此；何秀煌教授虽然长期在香港中文大学任教，而他的《中译逻辑学词汇》与《逻辑语汇初编》也在香港出版，但他原籍台湾，曾在台湾大学哲学系任教（1964—1965年以及1992年），对台湾逻辑学发展的贡献也相当大，所以他的几本书也一并收录在此。

3. 陈祖耀:《理则学》,台北,三民书局 1959 年版。

4. 何秀煌:《0 与 1 之间》,台北,文星书店 1964 年版。

5. 陈大齐:《实用理则学》,台北,远东图书公司 1964 年版。

6. 何秀煌:《记号学导论》,台北,大林出版社、水牛出版社 1965、1991 年版。

7. 金澍:《逻辑》,台北,台湾商务印书馆 1965 年版。

8. 吴定远:《逻辑概论题解》,台北,台湾商务印书馆 1966 年版。

9. 张尚德:《逻辑》,台北,华冈出版社 1968 年版。

10. 石元健:《命题逻辑》,台北,大江出版社 1970 年版。

11. 林正弘:《逻辑》,台北,三民书局 1970 初版,1973 增订版。

12. 刘福增:《逻辑观点》,台北,牧童出版社 1970 年版。

13. 牟宗三:《理则学》,台北,正中书局 1971、2004 年版。

14. 刘顺德:《综合逻辑》,台北,三民书局 1971 年版。

15. 何秀煌:《逻辑语汇初编》,香港:大学生活出版社 1972 年版。

16. 柴熙:《哲学逻辑》,台北,台湾商务印书馆 1972 年版。

17. 何秀煌:《思想方法导论》,台北,三民书局 1974 年版。

18. 洪成完:《衍推与相干——内涵逻辑之数学研究》,台北,台湾中华书局 1974 年版。

19. 林正弘:《白马非马》,台北,三民书局 1975 年版。

20. 刘福增:《逻辑探讨》,台北,牧童出版社 1976 年版。

21. 许乃红:《逻辑简介》,台北,幼狮文化出版社 1979 年版。

22. 何秀煌:《中译逻辑学词汇》,香港,中文大学出版社 1982 年版。

23. 林玉体:《逻辑》,台北,三民出版社 1982 年版。

24. 陈大齐:《大众理则学》,台北,台湾中华书局 1982 年版。

25. 刘福增:《逻辑与设基法》,台北,东大图书股份有限公司 1982 年版。

26. 刘福增:《逻辑思考》,台北,心理出版社 1984 年版。

27. 林正弘:《知识、逻辑、科学哲学》,台北,东大图书股份有限公司 1985 年版。

28. 林正弘:《符号逻辑》,台北,正中书局 1986 年版。

29. 何秀煌:《逻辑:逻辑的性质与逻辑的方法导论》,台北,东华书局 1987 年版。

30. 林杰斌等编译,杨维哲审定:《佛似集合论入门》,台北,银禾文化

1987 年版。

31. 杨士毅：《逻辑与人生：语言与谬误》，台北，书林出版社 1987 年版。

32. 蔡力行：《趣味的逻辑》，台北，长弓出版社 1987 年版。

33. 九章出版社编辑部：《数学悖论集锦》，台北，九章出版社 1988 年版。

34. 台湾“国防部”总政治作战部：《理则学》，台湾“国防部”总政治作战部 1988 年版。

35. 杨士毅：《语言、演绎逻辑、哲学》，台北，书林出版社 1991 年版。

36. 杨士毅：《逻辑、民主、科学：方法论导论》，台北，书林出版社 1991 年版。

37. 李正宏：《什么是逻辑与集合?》，台北，建兴出版社 1992 年版。

38. 杨祖陶：《德国哲学逻辑进程》，台北，汉威出版社 1993 年版。

39. 林照田：《从古典逻辑到检证逻辑》，台北，水牛出版社 1997 年版。

40. 翁文祥：《逻辑与集合》，台北，绿天出版社 1997 年版。

41. 郑伟宏：《逻辑 EQ》，台北，圣环图书公司 1997 年版。

42. 林正弘等著：《思想、语言与真理》，台北，桂冠图书出版社 1998 年版。

43. 叶新云：《现代逻辑要义》，台北，三民书局 1999、2005 年版。

44. 彭孟尧：《符号逻辑》，台北，心理出版社 2000 年版。

45. 何典恭编著：《逻辑导论》。台北，图文出版社 2001 年版。

46. 邝芷人：《逻辑基础》，台北，文津出版社 2001 年版。

47. 林玉体：《实用逻辑》，台北，五南出版社 2002 年版。

48. 高哲翰：《逻辑原理与应用》，台北，扬智文化出版社 2002 年版。

49. 余永平著、彭孟尧译：《罗素早期的逻辑哲学》，台北，学富文化 2003 年版。

50. 张智光：《逻辑的第一本书》，台北，先觉出版社 2003 年版。

51. 刘福增：《基本逻辑》，台北，心理出版社 2003 年版。

52. 刘福增：《逻辑思考》，台北，心理出版社 2003 年版。

53. 王传世：《理则学浅说》，台北，天山出版社 2004 年版。

54. 林照田、蔡承志：《逻辑学入门》，台北，双叶书廊有限公司 2004 年版。

55. 陈文江、秦美珠：《智者的逻辑》，台北，究竟出版社 2004 年版。

56. 黄庆明:《逻辑讲义》，宜兰，佛光人文社会学院 2005 年版。

57. 陈瑞麟:《逻辑与思考》，台北，学富文化 2005 年版。

58. 傅皓政:《思考的秘密》，台北，三民书局 2006 年版。

59. 辛静宜、叶秋呈:《逻辑入门》，台北，东华书局 2007 年版。

60. 林玉体:《逻辑入门》，台北，文景书局 2008 年版。

61. 彭孟尧:《基础逻辑》，台北，学富文化 2009 年版。

在这些学者当中，特别值得注意的是殷海光、何秀煌、林正弘、刘福增以及林照田等五位教授，他们五位所出版的逻辑学书籍共有 20 本，占全部总数的 1/3；我在稍后将对他们的作品再作进一步的说明。①

从上面这一份简单的清单，读者们应该不难看出台湾逻辑学发展上的两个显著特性。首先，过去 60 年来台湾学者所出版的逻辑学书籍，大多冠有“基础”、“入门”、“讲义”、“浅说”、“实用”、“趣味”、“大众”等字眼，由此可知大部分这一类书籍的目标只在于简单地介绍逻辑学（特别是经典逻辑）的基本方法、使之能够成为大学导论课程所使用的教科书，或对于基本的（经典）逻辑概念与语言现象做一些简略的说明及厘清的工作、以便能够引起读者学习逻辑的兴趣；因之，这些书籍当中既少有个人独到的见解，更难能看到真正深入而又前沿化的研究。其中，林正弘教授所著的《白马非马》与《知识、逻辑、科学哲学》、林照田教授所著的《从古典逻辑到检证逻辑》，以及洪成完教授的《衍推与相干—内涵逻辑之数学研究》是少数的几个例外（关于它们的内容，详见以下及注释 4 中的说明）。② 这个现象之

① 另一位值得注意的学者以及他的逻辑学专书则是洪成完教授的《衍推与相干——内涵逻辑之数学研究》(1974) 一书。该书是一本介绍相干逻辑最新发展的书。全书默认读者具有一定的基础逻辑与后设逻辑的训练，是一本在台湾极为罕见的高水平逻辑读物。全书一共分为十二章，分别说明或介绍逻辑哲学与形式逻辑、纯衍推命题演算、衍推命题演算系统 E、含量符的衍推演算系统 EQ、内涵逻辑 E 与 E 之扩展、模态系统 S4、系统 S4 与系统 E 的比较、非古典正命题演算系统 X^+、非古典正命题演算系统 X^+ 之语意论、非古典正命题演算系统 X 之语意论、内涵络以及原基句式，等等。

② 另一个例外则是余永平博士所著的《罗素早期的逻辑哲学》一书。该书原为余永平博士 1995 年在美国爱荷华大学所撰写的英文博士论文，后经彭孟尧教授改译为中文在台湾出版。该书主要探讨罗素的指称概念理论，内容包含对罗素〈论指称〉一文中著名而又晦涩的葛雷哀歌论证的解读，以及对于量限逻辑的哲学问题的讨论。该书一共分为五章，第一章简述当代逻辑史的发展，第二章介绍罗素在《数学大论》的指称概念理论，第三章讨论罗素〈论指称〉一文里的三大困惑，第四章将讨论重点放在葛雷哀歌论证之上，并提出了对该论证的几种解读方式，第五章则置重点于量限词的逻辑形式。余博士于 1995 年 8 月 4 日（取得博士学位之次日）不幸溺水逝世，英年早逝，享年仅 30 岁。

所以产生，或许是因为台湾市场导向的经济体制所致，或许是因为出版学术专著对于许多学者在高校中的升等并无太大帮助所致。但不论是什么原因，该现象至少凸显了两点令人忧心的事实：第一，长久以来，台湾的中文出版界一直缺乏较为深入的逻辑学专门著作，这对于有心进一步借着中文书籍而研究逻辑学的学生来说是不利的。[①] 第二，长久以来，台湾哲学界及逻辑学界似乎也一直不太关注逻辑学专业人才的养成。

其次，前述提到的殷海光等五位教授，（除了何秀煌教授之外）都是长期执教于台湾大学哲学系的教授。在笔者看来，这一个事实有两个重大的意义。第一，长期以来，台湾逻辑学的教学与推广，似乎一直是由哲学界的学者来推动与主导，数学界和计算器学界的学者只居于辅助的地位[②]。第二，长期以来，台湾逻辑学的教学与推广，似乎一直以台湾大学为主要的中心，而其他的大学则只居于次要的地位。以此而论，说台湾逻辑学界过去60年教育与推广中心在台湾大学的哲学系，这样的说法似乎并不为过。

笔者之前提到过，台湾过去60年间出版过逻辑学书籍的学者当中，最值得注意的是殷海光、何秀煌、林正弘、刘福增以及林照田五位教授。他们的作品之所以值得重视，一部分是因为它们有着不错的水平，但更重要的理由是因为它们对于台湾学术界所产生的影响力：不论是不是逻辑学专业学者，许多台湾知识分子都至少读过它们当中的一本。其中，殷海光教授（1919—1969）是台湾著名哲学家和逻辑学家，师从金岳霖，被称为“自由主义思想的领港人”、“阐发逻辑的社会文化功能第一人”，其民主与学术思想在海内外学界有广泛而持久的影响。殷海光教授所遗留下来的逻辑著作主要有《逻辑究竟是什么?》（1953）以及《逻辑新引》（1957）这两本普及性的书籍，但严格说起来，只有后者才是一本逻辑学的著作，前者则是一本杂文集。《逻辑究竟是什么?》一书一共包含九篇文章，但只有第一篇（说明逻辑究竟是什么）、第六篇（殷译《逻辑基本》（1937）中的“译者引语”）、第七篇（论选取推论底解析）与第八篇（论定言三段论式）才与逻辑学有关，而且都只是浅显的说明性作品。《逻辑新引》则是一本用对话体

① 但这并不是说台湾缺乏前沿化的逻辑学期刊论文；关于台湾相关的学术期刊论文，详见本报告第2节中的说明。

② 几个例外分别是台湾 Academia Sinica 数学所的刘世超教授、李国伟教授、台湾大学数学系的洪成完教授以及中原大学数学系的董世平教授，关于他们几位对台湾逻辑学发展上所作出的贡献，详见注释4、以下第2节、第3节以及第5节中相关的说明。

写成的逻辑教科书，该书各单元用“次”作为区别，共分为 20 次。第一次：逻辑的用处；第二次：真假与对错；第三次：推论是什么；第四次：选取推论；第五次：条件推论；第六次：二难式；第七次：语句和类；第八次：位换和质换；第九次：对待关系；第十次：三段式；第 11 次：续三段式；第 12 次：变式；第 13 次：关系；第 14 次：关于思想三律；第 15 次：语意界说；第 16 次：分类与归类；第 17 次：诡论；第 18 次：科学方法；第 19 次：种种谬误；第 20 次：余话。读者应该不难从这个目录中看出，殷海光教授的《逻辑新引》其实只是一本相当基本的逻辑教科书。殷海光教授在台湾逻辑学发展史上的贡献，因而并不在于他的逻辑学成就，而在于他对于后来学者的启发与影响。台湾大部分著名的逻辑学家，如刘世超教授、洪成完教授、刘福增教授、何秀煌教授、林正弘教授、林照田教授以及叶新云教授等，都是殷海光教授曾经教过的学生。

何秀煌教授（1938—）原籍台湾，台湾大学哲学学士及硕士，美国密执安州立大学哲学博士，曾任香港中文大学哲学系教授、系主任，研究院哲学学部主任，文学院院长，大学通识教育主任，2001 年自香港中文大学退休。除了《0 与 1 之间》（1964）这本哲学味浓厚的散文书以及《逻辑语汇初编》（1972）与《中译逻辑学词汇》（1982）这两本为了推广逻辑而汇编的工具书之外，何秀煌教授的主要逻辑学著作还有《记号学导论》（1965）、《思想方法导论》（1974）以及《逻辑：逻辑的性质与逻辑的方法导论》（1987）这三本书。《记号学导论》一书共十七章，除了前两章所构成的序论以外，其余十五章分为三个部分，分别说明语言的语用（包含三章对于谬误的讨论）、语意（包含对于语意谬误与界说的说明）以及语法（逻辑；包含对语句演算与三段论法的说明）。《思想方法导论》一书分为五个部分，60 个小章节。第一部分八个小节说明问题与思考，第二部分 14 个小节说明解答问题与种种核验解答的方法，第三部分 12 个小节说明语言的意义与用途，第四部分十个小节说明真理的类型与界说，只有第五部分的十六个小节才真正讲解逻辑的方法：这部分包括基本的逻辑概念、语句逻辑、三段论法、谓词逻辑、模型论、推理系统与归纳法，等等。《逻辑：逻辑的性质与逻辑的方法导论》一书则分为六章，分别说明逻辑的对象、语言的性质、意义与对于语言的理解、语言逻辑与真理、语句逻辑与三段论等主题。何秀煌教授的三本逻辑学著作有几个共同的特性：第一，文字平易近人，内容浅显易读，因而在台湾甚为普及。第二，将逻辑放在思想和语言这个较大的脉络下来检视，并特别强调语言各个面向（语意、语法、语用）之间的关联。第三，尽管这三本书都属于导论型的教科书，但有较为宏观的哲学思想在背后支撑。虽然何秀煌教授长期在香港中文大学任教，不过，由于他这三本通俗的逻辑作品都在台湾出版，因而对于台湾逻辑学的推广起了相当重大的影响。

林正弘教授（1939—）为美国加州柏克莱大学哲学博士，曾经担任台湾大学哲学系教授，美国普林斯顿大学傅尔布莱特访问学人，英国剑桥大学达尔文学院访问学人，专长及研究领域为知识论、逻辑与科学哲学，65 岁后转任东吴大学哲学系担任讲座教授至今。林正弘教授是台湾长期以来最热心推动逻辑教育与研究的学者之一（详见本报告第 5 节），他所撰写的与逻辑学有关的书籍有《逻辑》（1970）、《白马非马》（1975）、《知识、逻辑、科学哲学》（1985）与《符号逻辑》（1986）这四本书。其中，《逻辑》与《符号逻辑》只是大学使用的基本教科书，涵盖的范围包括基本逻辑概念的介绍、语句逻辑的语意论、语句逻辑的自然演绎法与公理化方法、述词逻辑的语意论、述词逻辑的自然演绎法、带等同符号的述词逻辑以及函数符号与确定描述词的处理方式，等等。《白马非马》由林正弘教授的 12 篇论文汇编而成，内容以逻辑学与语意学为主，但有两篇涉及科学哲学。其中有关于逻辑的论文一共有六篇，它们的篇名及内容分别为：第一篇“白马非马”，对中国战国时期公孙龙子的白马非马论作出了当代逻辑学的解释；第五篇“内涵逻辑浅说”，简略介绍了当代内涵逻辑的发展；第七篇“现代逻辑引论”，简略介绍了当代逻辑的内容；第八篇“公设彼此矛盾的结果”；第九篇“何著《记号学导论》中的一项错误”，指出何秀煌教授某本书中的错误以及第 12 篇“确定描述词与运算符号”，是一篇对罗素确定描述词理论的深入说明。《知识、逻辑、科学哲学》则由林正弘教授过去的四篇论文所组合，其中只有第二篇“逻辑悖论与公设集合论”真正与逻辑有关。在该篇文章中，林正弘教授介绍了逻辑悖论发现的背景、罗素悖论的两种形式、几种企图解决逻辑悖论的方案如简单类型论、杰美乐—佛兰克的 ZF 系统、蒯因的 NF 系统以及范诺耶曼—勃纳斯—葛戴尔的 NBG 系统，等等并比较了这些解决逻辑悖论方案的优缺点，是一篇相当深入的当代集合论导读作品。比起他的台湾前辈及大部分同时期的学者所写的逻辑书来说，林正弘教授的作品显然有着较高的水平。

刘福增教授为美国加州大学洛杉矶分校博士候选人，长期在台大任教，主授逻辑、逻辑哲学、语言哲学、弗列格、罗素、维根斯坦、老子和先秦名家；在美国加州大学研究期间，曾修习丘崎（A. Church）、张辰中（C. C. Chang）、邓南伦（K. S. Donnellan）、伯吉（C. T. Burge）、卡普兰（D. Kaplan）等著名学者的课程，65 岁时自台湾大学退休。刘福增教授是台湾最多产的一位逻辑学者，除了大量的翻译书籍、期刊论文之外，还写了六本逻辑书籍:《逻辑观点 a》（1970）、《逻辑探讨》（1976）、《逻辑与设基法》（1982）、《逻辑思考 b》（1984）、《基本逻辑》（2003）与《逻辑思考》（2003）。其中，《逻辑观点》、《逻辑思考 a》、《基本逻辑》与《逻辑思考 b》这四本书籍是大学使用的基本教科书，涵盖的范围包括逻辑基本概念、论证分析、语句逻辑、述词逻辑、范恩图解、谬误、设基系统等。《逻辑探讨》与《逻辑与设基法》这两本书则是由数篇论文所组成，两书的内容大同小异，各篇论文涵盖的范围则包括论证与推演、自然语言的逻辑符号化、语言的定义、逻辑名词的中译商讨、中文语法和逻辑以及设基法要义等。总的来说，刘福增教授的著作虽多，但见解及深度均不及同时期的其他几位重要学者；他的贡献主要仍在于逻辑学教育的推广。

林照田教授（1940—）为加拿大英属哥伦比亚大学哲学博士，曾经担任台湾大学哲学系教授，2007 年自台湾大学退休后转任教于中国文化大学，现为中国文化大学哲学系系主任。林照田教授的逻辑学著作并不算太丰富，除了与蔡承志教授合写的一本供大学使用的逻辑教科书《逻辑学入门》（2004）之外（讲授命题逻辑、述词逻辑、公理法、后设定理、三段论与谬误等主题），主要的著作便是《从古典逻辑到检证逻辑》（1997）这部作品。在这本书中，林照田教授指出了经典逻辑所遭遇的许多困难，并认为检证逻辑可以解决这些问题。这本书一共分为十节，第一节说明逻辑的基本重要性；第二节介绍一个简单的经典量化逻辑的公理系统；第三节从逻辑的观点略论孟子的人禽之辩；第四节说明西方的二值真理观与中西合璧的三值真理观；第五节说明检证逻辑以及一些相关的问题；第六节介绍了几个三值逻辑系统 K3 、L3 与 C3；第七节介绍了古德曼的验证理论，并对之作了一些批评与改进；第八节讨论检证吊诡与所谓亚里士多德的解答；第九节检讨了尼可判准；最后一节则略论罕普把中立视为不相干之不当。在笔者看来，这本书与洪成完教授的《衍推与相干——内涵逻辑之数学研究》是台湾自 1949 年以来仅此两本为非经典逻辑辩护、充满哲学色彩与个人洞见的深入作品，可惜在台湾并未能获得太多的重视与回响。

第三节　60年来台湾学者所出版与逻辑学相关的期刊论文

相较于逻辑学书籍的通俗化与平庸化，台湾学者在过去60年间所发表的逻辑学期刊论文显然有着更高的水平，不仅研究的课题更为前沿化，论文内容所表现出来的深度与见解也都让人耳目一新。台湾学者在这个时期所发表的逻辑学期刊论文（就笔者所搜集者）一共有62篇，时间上横跨1964年至2009年这46年，平均每一年有多于一篇的论文出版。这些论文的作者来自于台湾地区各大学院校，但以台湾大学哲学系、数学系、语言学研究所以及中正大学哲学系为骨干，出版论文的期刊则包括《台湾大学文史哲学报》（以下简称“文史哲”）、《台大哲学论评》（以下简称“哲学论评”）、《思与言》、《东海学报》、《数学传播季刊》（以下简称“数学传播”）、《国立编译馆刊》（以下简称“编译馆”）、《东海哲学研究集刊》（以下简称“东海集刊”）、《哲学与文化》（以下简称“哲学文化”）、《哲学论集》、《中原学报》、《台湾哲学研究》（以下简称“哲学研究”）、《鹅湖》、《东吴哲学学报》、（以下简称“东吴学报”）、《揭谛》、《欧美研究季刊》（以下简称“欧美研究”）、《哲学研究》、《逻辑学研究》（以下简称“逻辑学”）、《政治大学哲学学报》（以下简称“政大学报”）以及《东海大学文学院学报》（以下简称“东海文学”）等19种。为了让读者能够一目了然，笔者将这些论文依据期刊及出版年份整理如下表（表中灰色的部分为最近十年内的数据）：

年份	文史哲	哲学论评	思与言	东海学报	数学传播	编译馆	东海集刊	哲学文化	哲学论集	中原学报	哲学研究	鹅湖	东吴学报	揭谛	欧美研究	哲学研究	逻辑学	政大学报	东海文学
1964	1																		
1966	1																		
1971		1																	
1972		3																	
1973		2																	
1974	1																		
1975	1																		

续表

年份	文史哲	哲学论评	思与言	东海学报	数学传播	编译馆	东海集刊	哲学文化	哲学论集	中原学报	哲学研究	鹅湖	东吴学报	揭谛	欧美研究	哲学研究	逻辑学	政大学报	东海文学
1980	2																		
1981		2	2																
1982		1																	
1984		1		1															
1985		1																	
1986					1														
1987	1					1													
1989		1																	
1990		1																	
1991					1														
1992	1																		
1994		2			1														
1995							1												
1996		1																	
1997		1						2	1										
1998										1									
1999	1																		
2000		1						1			2								
2001												1							
2002													1						
2003								1						1					
2005											1		1						
2006								1					1		1				
2007		1											1		1	1			
2008								3							1		1		
2009																1		1	1

从出版的期刊来看，历年来《台湾大学文史哲学报》与《台大哲学论评》所出版的逻辑学论文篇数最多，占全部论文的 45%，其他 17 种期刊则

居于陪衬的地位。以学校而论，除了少数的学者之外，发表逻辑学论文的学者几乎清一色都是任教于台湾大学（哲学系、数学系、语言学研究所）或中正大学（哲学系）的教授。从时间上来看，台湾逻辑学期刊论文的发表可以大致分为两个阶段：第一个阶段是 1964 年到 1999 年这 36 年（上表白色处）之间，共有 38 篇论文出版，平均每年有 1 篇论文出版；第二个阶段则是从 2000 年到 2009 年的这十年之间（上表灰色处），发表的论文共有 24 篇，平均每年有 2.4 篇论文出版，是台湾逻辑学论文发表最密集的阶段。以下笔者便依据这个时间上的区分，分别说明台湾逻辑学界在这两个阶段内期刊论文的发表情形。

一　第一阶段：1964—1999

这个阶段台湾出版的逻辑学期刊论文一共有 38 篇，撰写论文的学者计有刘福增教授（11 篇，1 篇为合写）、陈文秀教授（5 篇，1 篇为合写）、洪成完教授（3 篇，1 篇为合写）、林照田教授（2 篇）、黄金穗教授（2 篇）、黄宣范教授（2 篇）、成中英教授（1 篇）、林正弘教授（1 篇）、杨金穆教授（1 篇）、杨植胜教授（1 篇）、董世平教授（4 篇）、丁福宁教授（2 篇）、何秀煌教授（1 篇）、张复教授（1 篇）、邝芷人教授（1 篇）、邝锦伦教授（1 篇）以及刘世超教授[①]（1 篇，为合写）等 18 位，其中前十位教授是在台湾大学任教的教授，而台大教授当中除了洪成完教授（数学系）与黄宣范教授（语言学研究所）以外，其他的八位都是在台大哲学系任教的教授。总计台大教授所发表的逻辑学期刊论文占这一阶段全部逻辑学期刊论文的 71%，而台大哲学系教授所发表的逻辑学期刊论文则占这一阶段全部逻辑学期刊论文的 53%；整个逻辑学界几乎呈现着台大“一校独大”的现象，而且大部分的作品都刊载于台湾大学所主办的两份期刊《台湾大学文史哲学报》与《台大哲学论评》之上。在这些学者当中，黄金穗教授、董世平教授、刘福增教授、陈文秀教授以及洪成完教授五人便发表了 24 篇期刊论文，

---

① 根据陈世昌教授的考证（《台湾逻辑学发展的系谱与现状》，《自然辩证法研究》，2002 增刊，pp. 1—4），刘世超教授是殷海光教授的大弟子、美国维士康辛大学数学博士，专长逻辑及数学基础，曾任 Academia Sinica 研究员，1991 年退休。据知，他是台湾第一位获得逻辑学方面博士学位者，也是首位研究成果被刊登在国际期刊上的台湾逻辑学研究者，他的作品曾刊登在 *Journal of Symbolic Logic*、*Proceedings of American Mathematical Society* 以及 *Proceedings of Kleene Symposium* 之上。除此之外，刘世超教授还是“国际科学史与科学哲学学会之逻辑、方法论与科学哲学组台湾委员会”第一至第四届的主席（详见本报告第 5 节）。

占这一阶段全部逻辑学期刊论文的63%。以下笔者便简单地说明这五位学者所发表的期刊论文内容。

黄金穗教授（1915—1967），日本京都帝国大学哲学系毕业，曾任台北延平中学教务主任，开南商工学校、大同工学院教授等职，1958年起在台湾大学哲学系任教，是殷海光教授相当推崇的一位台湾逻辑学家。[①] 正当台湾科学发展委员会准备送他到德国研究深造前夕，不幸于1967年4月2日病逝于台大附属医院，享年52岁。黄金穗教授生前遗留下来的逻辑学期刊论文一共有两篇，全部都由英文写成。他的第一篇期刊论文“Protological Operations”发表于《台湾大学文史哲学报》第13期（1964年12月，第443—462页），讨论的是有关于数学哲学中的两个主张：形式主义与直觉主义。他认为这两个主张虽然不同，但它们都以“操作性的数学”（the operative mathematics）作为对象，因而将两者结合的想法非常自然，并且在G. Gentzen（1938）以及P. Lorenzen（1955）的著作中已经可以找到类似的想法。他这篇论文的目标就是要在Lorenzen著作的基础上，自由发挥创意，进而提出他所谓的“前设逻辑运作方法”（method of protological operations）。黄金穗教授的第二篇期刊论文“Theses on ‘Logical Maniforld’”发表于《台湾大学文史哲学报》第15期（1966年8月，第1—22页），主要目的是去提出一个抽象的、完全不同于现行逻辑理论的新逻辑理论；同时，这个新的逻辑理论并不包含现行逻辑理论当中普遍存在的三个预设。这三个预设分别是：（1）每一个命题都是由简单命题以及逻辑操作词组合而得；（2）每一个命题都或者真或者假；（3）每一个命题都可以被形变为（transformed into）一个抽象的式子，而后者在经过替换之后，则可以再形变为一个实际的命题。总的来说，黄金穗教授的研究是相当大胆而有创意的，不拘泥于当时流行的看法。对于台湾的逻辑学界来说，他的英年早逝是一个不幸的损失。

董世平教授为美国伊利诺大学数学博士，专长代数计算、逻辑、计算生物学、计算理论与生物信息，曾任中原大学数学系教授兼系主任、第七届亚洲逻辑会议筹备主任、美国符号逻辑协会“东亚委员会”委员，目前仍在中原大学任教，有多篇逻辑学或数学论文在*Journal of Symbolic Logic*、*Annals of Pure and Applied Logic*、*Information and Computation*、*Journal of Symbolic* Computation等国际期刊发表，是台湾少数具有国际出版品的逻辑学家之一。他

① 见赵天仪《我所认识的殷海光》一文，http：//www. douban. com/group/topic/11674641/。

在台湾出版的逻辑学期刊论文有四篇，第一篇《数学归纳法》发表于《数学传播季刊》第10卷第4期（1986年，第49—51页），该篇论文的主要目的一方面在于说明皮阿诺的算数公理系统，特别是其中的第五个公理，也就是一般所谓的数学归纳法公理，另一方面则在举Goodstein定理与Kirby & Paris的“九头蛇怪问题”作为例子，以便于去说明：皮阿诺的算数公理系统及其公理化的延伸都是必然地不完备的系统。他的第二篇期刊论文“戈德尔不完备性定理”发表于《数学传播季刊》第15卷第4期（1991），主要目的在于简单介绍戈德尔不完备性定理的背景（即所谓的希伯特计划）、它的简洁叙述和简略证明（包括第一和第二不完备性定理）以及它对于数学（包括Paris和Harrington的发现）、计算器科学（包括递归函数的发展）以及对于哲学的影响，是一篇为纪念刘世超教授七十大寿而撰写的论文。他的第三篇期刊论文《数学与真理》发表于《数学传播季刊》第18卷第1期（1994年3月，第3—6页），主要目的在从数学的普世性、合一性与应用性三个层面去论证说：人类对于数学的知识是真理的一部分。在说明数学的这三个性质时，董世平教授也举了许多数学和物理学的例子，这些包括质数有无穷多个、皮阿诺算数公设、质数定理、马克斯威尔的电磁学方程式，等等。他的第四篇论文“Logical and Computational Problems of Arithmetical Sentences”发表于《中原学报》第26卷第1期（1998年2月，第1—6页），是一篇由英文撰写的论文。在这篇论文中，董世平教授对于算术句型中的逻辑问题做了一个综览，特别是算术句型的可定义性与可决定性问题。对于具可决定性的算术句型，董世平教授并给出了其计算繁度的上界与下界。总的来说，在过去的60年当中，董世平教授（与Academia Sinica的李国伟教授）可以说是台湾无出其右、最具有国际水平的数学哲学家。

不论是逻辑书籍或期刊论文，刘福增教授都是台湾过去最多产的一位作家。他关于逻辑学的期刊论文一共有11篇，其中的第一篇《论证与推演》发表于《台大哲学论评》第1期（1971年7月，第83—103页），主要目的在于说明论证（argument）与推演（inference）之间的不同；前者是语句的集合，而后者则是语句的序列；前者把其前提断定为真，而后者把其设提假定为真；前者是证据性的思想活动，而后者则是理由性的思想活动。他的第二篇期刊论文《量词词组的指称》发表于《台湾大学文史哲学报》第29期（1980年12月，第157—174页），主要目的在于说明像“很多苹果”、“很多水”、“很多箱苹果”、“所有苹果”、“一些苹果”这类量词词组的指称。

他的第三篇期刊论文《逻辑命题性质之研究》发表于《台大哲学论评》第 4 期（1981 年 1 月，p. 25—60），主要论旨在于反驳维根斯坦“逻辑命题没说什么”的看法。他的第四篇期刊论文“The Functions of ‘Yes’ and ‘No’ in Chinese and English”由英文写成，发表于《台大哲学论评》第 8 期（1985 年 1 月，p. 65—83），主要论旨在于论证：中文的“是”和“不是”分别用来肯定与否定，但英文的‘Yes’和‘No’经常用来当做某种说话的约定或力量，并不是用来肯定与否定。他的第五篇期刊论文《逻辑简史》发表于《国立编译馆馆刊》第 16 期（1987 年，第 133—151 页）是一篇简要介绍西方逻辑发展史的介绍性文章，介绍范围从亚里士多德的三段论法及设基系统的发展，到近代哥德尔对于初阶逻辑完备性的证明，和高阶逻辑的不完备定理的证明。他的第六篇期刊论文“On Frege's Sense and Meaning”也是由英文所写成，发表于《台湾大学文史哲学报》第 35 期（1987 年 12 月，第 255—284 页），主要目的在对弗列格的指称与意义理论作出批判，并提出修正的指称与意义理论。他的第七篇期刊论文《维根斯坦〈论说〉哲学需要可能世界》发表于《台大哲学论评》第 12 期（1989 年 1 月，第 283—312 页），主要目的在于论证：维根斯坦的《论说》哲学不仅本有地涉及了“可能世界”的概念，拥有一个原创性的、独特的可能世界理论，更在许多地方诉诸了“可能世界”或类似的概念—尽管《论说》中从未使用过“可能世界”一词，而“想象的世界”也只在《论说》中出现过一次。他的第八篇期刊论文“Sentence Structure and Natural Philosophy”由英文写成，发表于《台湾大学文史哲学报》第 39 期（1992 年 6 月，第 213—222 页），主要目的在于以中文和英文为例而去论证说：一个文化的自然哲学会影响一个语言的基本语句结构。他的第九篇期刊论文《逻辑连词，心思做行与命题连系》发表于《台大哲学论评》第 20 期（1997 年 6 月，第 1—49 页），一方面阐释和论证逻辑连词是用来表示一种心思做行（mental acts），一种说话做行（speech acts），和一种命题做行（propositional acts）；另一方面则根据这个逻辑连词是一种命题连系的持题，去推论一些重要的命题，譬如，每一个语句或命题都必须含有（至少）一个逻辑连词，等等。他的第十篇期刊论文《事态的形式——一个可能世界的解释》发表于《台湾大学文史哲学报》第 50 期（1999 年 6 月，第 59—83 页），主要目的在于论证：维根斯坦《论说》中所谓的结构的可能性，可以被解释为可能的结构，而且我们可以把一个事态的形式看做是这一事态的所有可能结构所形成的集合。他的第 11 篇期刊论文《集合论的哲学基础》是一篇与洪成完教授（第一作者）合写的论文，关于该论文的简单内容，详见以下的说明。总的来说，刘福增教授所发表的逻辑学期刊论文大多与逻辑哲学或语言哲学有关，这些论文当中虽然包含了一些不错的见解，但却缺乏重要的发现或系统性的理论。

陈文秀教授为台湾大学哲学系教授，专长逻辑学与形上学，退休后不久即于2007年12月16日不幸因病逝世，享年66岁。陈文秀教授生前遗留下来的逻辑学期刊论文一共有五篇。他的第一篇期刊论文《一阶述词演算的完备性》发表于《台湾大学文史哲学报》第29期（1980年12月，第119—156页），是一篇与刘世超教授（第一作者）共同撰写的论文，该论文的主要目的在于提出对初阶逻辑完备性的 Henkin 式证明的一个异形证明。他的第二篇期刊论文《模态命题逻辑树法的切当性》发表于《台大哲学论评》第4期（1981年1月，第187—220页），是一篇以语意树枝法研究模态逻辑系统 T、系统 S4 以及系统 S5 的论文；而且，就笔者所知，也是台湾第一篇研究模态逻辑的期刊论文。他的第三篇期刊论文（量限模态逻辑的语意研究）发表于《思与言》第19卷第3期（1981年9月，第17—41页），主要目的在于介绍从卡纳普到克理普克所发展出来的三种量限模态逻辑语意论 T + BF、S4 + TF、S5，并加以比较。他的第四篇期刊论文《基于守恒论域语义的量限模态逻辑的树法》发表于《台大哲学论评》第5期（1982年，第177—202页），主要目的在于设计量限模态逻辑树状证明法的规则，并证明所设计的规则的切当性（可靠性与完备性）。他的第五篇期刊论文《理则学与通识教育》发表于《台大哲学论评》第17期（1994年1月，第73—93页）。在该篇论文中，他首先检讨了台湾各大学通识教育的现况，接着举例说明批判性思考的重要性。最后，他举了两个例子来说明如何将笛卡儿在《方法导论》中所主张的四个原则（自明律、分析律、综和律、枚举例）应用在对于某些问题的思考上。总的来说，陈文秀教授可以说是台湾研究模态逻辑的先驱；从技术性方面来说，他的研究水平也比他同时期的学者来得优异许多。

最后，洪成完教授是台湾大学数学系的教授，专长逻辑、语言哲学、计算科学与离散数学，目前已从台大数学系退休，据闻，他的一些作品曾在 *Journal of Symbolic Logic* 上出版，是台湾少数具有国际出版品的逻辑学家之一。除了《衍推与相干——内涵逻辑之数学研究》这一本相当前沿性的、在台湾1970年代可说是极为少数的高水平逻辑书籍之外，他在台湾所出版的逻辑学期刊论文一共还有三篇,① 第一篇《量符之独立性》发表于《台大哲学论评》第 2 期（1972 年 1 月，p. 47—72），主要的目的是想回答下述这四个相当技术性的问题：（1）给予一组基设连符 c_1，c_2，…，c_n，一组（可列的）命题变元与一组（可列的）句式之语构变元，如果我们形构了一个涉及这些连符的命题演算 P（P 可以是任何中间命题逻辑或任何模态命题逻辑），并且 P 是一致的，如何证明这些基设连符都是独立或者有些是独立的?（2）通常所使用的量符是“∀”，“∃”。如果我们将有关量符∀，∃的一些公设型与推演规则附加于上述命题演算 P，在那些情况下，量符∀，∃都是独立的?（3）使用 Prawitz 的方法，能否证明任何中间逻辑的一些基设连符与量符都是独立的? 除了 McKinsey 的方法与 Padoa 的方法以外，能否有其他方法可用来证明连符和量符之独立性?（4）应用 McKinsey 方法于所给命题演算时，所使用的模表除了满足这命题演算外，是否可不加任何限制? 他的第二篇期刊论文《衍推、涵蕴诡论与 Lewy 之论据》发表于《台大哲学论评》第 3 期（1973 年 5 月，第 35—49 页），主要的目的在于讨论 Lewy 的“二难式的论据”。Lewy 企图论证“一个适然的命题衍推一个必然命题”，但洪成完教授认为，所有“涵蕴”概念都有一个共同的要求：我们不可能从真前提得到假归结。在这一篇论文中，洪成完教授说明 Lewy 的论证，并以相关逻辑系统 E 及模态逻辑系统 S4 来分析 Lewy 的论证与他所接受的原理。在经过这样的分析后，洪成完教授结论说：在任何衍推逻辑内，Lewy 所接受的原则（5’）并不成立，因此，他的论据也不成立。洪成完教授的第三篇期刊论文《集合论的哲学基础》发表于《台大哲学论评》第 7 期（1984 年 1 月，第 91—115 页），是一篇与刘福增教授（第二作者）合写的论文，主要目标在于：第一，分析朴素集合论所依凭的哲学信念与一些预设，提出一鸟瞰性的综合批评；第二，引介当今公设化集合论之哲学基础—迭聚层级(cumulative hierarchy theory)；第三，建构两个关于迭聚层级的形式化理论：

① 2000 年时洪成完教授发表了第四篇逻辑学期刊论文《思想追踪：由初阶逻辑至哲理逻辑，一些层面的探讨》。该论文发表于《台大哲学论评》第 23 期（2000 年 1 月，第 175—296 页），目标在于介绍形式逻辑自 19 世纪末叶以来的几个发展方向。在这篇长达 121 页的论文中，他详细分析、评论的项目包括：初阶语言与初阶逻辑、古典逻辑之缺点与缺陷、指称的透明脉络与晦暗脉络、逻辑模态“必然性”、Quine 对模态逻辑的挑战与模态悖理、模态之崩溃、模态命题演算、与模态有关的概念与问题、哲学家如何响应 Quine 的挑战、哲理逻辑之养分资源与重要论题以及哲理逻辑与形式逻辑在指称与方法上的异同，等等。此外，他的《逻辑》一文，也在 2005 年时被收录在《中华百科全书》当中（http：//ap6. pccu. edu. tw/encyclopedia_ media/main—s. asp？ id = 10447）。

阶段理论（stage theory）与层理论（level theory），而后者在刻画上又强于前者；第四，解释 ZF 系统如何可以在阶段理论或层理论中被导出。总的来说，洪成完教授的逻辑学论文不仅表现出了高度的技术水准，同时也表现出了深刻的哲学理解与见解，他所发表的逻辑学期刊论文可以说是台湾这一阶段当中最优秀的逻辑学作品之一。

二　第二阶段：2000—2009

2000 年之后，台湾逻辑学界有了一些较大的变动。过去服务于台湾大学的逻辑学家们（林正弘、林照田、洪成完、刘福增等）逐渐退休或转至其他学校任教，而中正大学哲学系则逐渐新聘了一批国外毕业返台的逻辑学家，如李瑞麟教授、王文方教授、Thomas Benda 教授、王一奇教授与蔡行健教授。逻辑学界的重心一时之间似乎有从台湾大学转移到中正大学的倾向。在 2000—2009 年这短短的十年当中，台湾逻辑学期刊论文的发表共有 24 篇，其中，中正大学的王文方教授一个人就发表了 12 篇之多（二篇与王一奇教授合写），占了全部数量的 50%。这个时期发表逻辑学论文的学者计有洪成完教授（一篇）、李国伟教授（一篇）、王文方教授（12 篇，二篇为合写）、林景铭教授（三篇）、杨金穆教授（二篇）、米建国教授（二篇）、蔡行健教授（一篇）、侯维之教授（一篇）、庄家珣教授（一篇）等九位，其中，王文方教授、蔡行健教授、与侯维之教授都是或曾经是中正大学哲学系的教授。在这些学者当中，李国伟教授、王文方教授以及杨金穆的期刊论文作品最值得注意，以下笔者便简单地说明这三位学者所发表的期刊论文内容。①

李国伟教授为杜克（Duke）大学数学博士，曾任 Academia Sinica 数学研究所的研究员与所长，专长组合学、数学哲学、逻辑、计算理论与数学史，他的主要作品多在国外以英文发表，颇受国际所重视，他的“Type Two Partial Degrees”曾在 *Journal of Symbolic Logic* 刊登，是台湾少数具有国际出

① 除此之外，王一奇教授、李瑞麟教授和蔡行健教授也值得一提。王一奇教授是美国德州大学哲学博士，专长形式语言学与认识论，目前在中正大学任教。除了两篇与王文方教授合着的逻辑学期刊论文之外（详见本节中的说明），他的其他论文大都以语言学或知识论为主题，并多半以合写的形式在国外出版，是一个相当具有潜力的台湾哲学家。李瑞麟教授是美国伊利诺大学数学博士，专长计算理论，曾经任教于中正大学，目前任教于虎尾大学，是台湾少数的计算理论学家，可惜除了几篇会议论文曾在国外以会议后论文集的形式发表之外，著作并不多见。蔡行健教授是美国哥伦比亚大学哲学博士，专长逻辑学与形上学。在本报告撰写时，他的期刊论文著作只有一篇，讨论的是哥德尔不完备性定理对于心灵问题的冲击，显现出不错的学术背景；其潜力如何仍有待观察。

版品的数学家与逻辑学家之一，也是台湾过去60年来最好的数学哲学家之一，但他在台湾正式期刊出版的逻辑学作品似乎只有《证明的流变：一个数学哲学与数学史的综合观察》一篇论文,[①] 发表于《台湾哲学研究》第3期(2000年3月，第1—22页)，主要目的在于说明数学证明的流变。根据李国伟教授的看法，数学证明的典范可以说是由Euclid的《几何原本》所建立的，但是它本身并非无懈可击。而且在希腊时代的数学工作中，也没有处处遵循《几何原本》式的严谨性。在往后的数学发展史中，受制于严谨性掌控的阶段更属少数。大部分的时候，数学家以各种活泼的方法，生动大胆的想象力，发掘出种种抽象的模式。近年来从理论物理学与数学的加强互动，到计算机对数学发展的深刻影响，都使数学家对证明的基础产生新的讨论。这篇论文的目的便在于对这些发展择要加以介绍，并归结到应该重视证明是一种说服的过程，必须注意它的辩证演化，以及其社群的基础。这种体认也提供了一种新的架构，可以重估中国古代数学的意义与价值。除了这一篇文章之外，李国伟教授同时也是“国际科学史与科学哲学学会之逻辑、方法论与科学哲学组台湾委员会”第五、第六和第七届的会长以及许多有关于数学与逻辑学通俗作品的作者，对于台湾逻辑学的推广与普及有着相当大的贡献。

王文方教授为美国爱荷华大学哲学博士，40岁以前服务军旅，40岁以后转任大学教书，专长包括逻辑学、形上学与语言哲学，曾任中正大学哲学系教授，2008年后转任阳明大学心智哲学研究所任教，曾有两篇论文刊登于美国的*Journal of Philosophical Research*之上。王文方教授在这一阶段中所发表的逻辑学期刊论文共有12篇之多，其中的第一篇论文《非得有Possibilia不可吗?》发表于《台湾哲学研究》第3期（2000年3月，第99—123页），主要目的在于借着对Rosen、Forbes、Menzel以及Ray等人的作品的讨论而去论证说：（一）模态述词逻辑的语意论并不会迫使我们去接受possibilia的存在；（二）Menzel及Ray对possibilia问题的处理方式远优于Forbes或Rosen的处理方式。他的第二篇期刊论文《蒯因论模态》发表于《哲学与文化》第27卷第10期（2000年10月，第931—944页），主要目的在于：（一）说明Quine之所以认为量化模态逻辑是不一贯的理由；（二）讨论维护模态逻辑的学者们如何响应Quine的批评，并适度评论这些学者们的响应本身；以

① 但他在台湾发行的《科学月刊》、《科学人》、《书与人》等普及性刊物上却发表了数十篇关于逻辑与数学的推广性文章，对于推动台湾逻辑学与数学的普及化来说，贡献非常大。

及（三）提出自己对于这个问题的解决方案。他的第三篇期刊论文《“超一致性逻辑”与中国古代哲学思想中的矛盾观》发表于《哲学与文化》第30卷第12期（2003年12月，第931—944页），主要目的在于论证说，双面真理论（dialetheism）以及超一致性逻辑不仅在解释我们对于这个世界的信念上不必要，而且是形上学上自我击溃（self-defeating）的一个理论。他的第四篇期刊论文《国王的新衣裳与旧衣裳》发表于《东吴哲学学报》第11期（2005年2月，第27—56页），主要目的探讨：由Chisholm（1946）和Goodman（1947）所提出的可推导性途径、由Stalnaker（1968）与Lewis（1973）所倡导的世界选择途径以及由Alchourron、Gardenfors和Makinson（1985）所共同奠基的信念修正途径（简称AGM理论）是否都有Hansson（1995）所认为的三个限制：“非演绎性”限制、“循环性”限制以及“可移转性”限制；而王文方教授的结论是：这三种语意论途径并没有或不必然有Hansson所宣称的限制。他的第五篇期刊论文《Rosen的模态虚构主义述评》发表于《台湾哲学研究》第5期（2005年9月，第121—151页），主要目的在于说明Rosen模态虚构主义产生的背景、其主要的论旨、其理论的好处，等等，并仔细分析了一些对模态虚构主义的批评，特别是Brock、Hale、Diver及Nolan等人的批评，最后说明他自己认为这些批评站不住脚的理由。他的第六篇期刊论文《古朴塔及贝尔那普的真理修正理论述评》发表于《欧美研究季刊》第36卷第1期（2006年3月，第75—120页），主旨在于介绍并评论古朴塔及贝尔那普的真理修正理论。在该论文的第五部分中，王文方就授仔细检视真理修正理论的一些结果，讨论针对该理论所发现的反例，并简略提出他对于真理问题的看法。他的第七篇期刊论文《古德曼的共同支撑理论述评》发表于《东吴哲学学报》第15期（2007年2月，第109—145页），主要目的在于说明古德曼的共同支撑理论，并指出该理论的一个主要问题：循环性的问题。在这篇论文中，王文方教授讨论并驳斥了几个解决这个循环性问题的建议，但也借着区分可断说性与真值条件而提出了一个他认为可行的、解决循环性问题的建议。他的第八篇期刊论文《虚拟条件句理论述评》发表于《台大哲学论评》第33期（2007年3月，第133—182页），该论文说明并评论了从1940年代至1970年代中几个重要的、关于虚拟条件句的理论，包括可共同性支撑理论、严格条件句理论、世界选择语意论、集合选择语意论与范围语意论。王文方教授驳斥了可共同性支撑理论、严格条件句理论与世界选择语意论，同时论证说，某种形式的集合选择语意论或范围语意论是到目前为止来说最合理的理论。他的第九篇期刊论文《对路易斯虚拟条件句语意论的一个修正》发表于《哲学研究》2007 增刊（2007 年 3 月，第 76—79 页），是一篇与王一奇教授（第二作者）合写的论文。在这篇论文中，王文方教授批评了关于虚拟条件句的主流理论（路易斯、杰克森和史多内克的理论），认为它们无法说明一些关于虚拟条件句的特殊语言现象。为了说明这些现象，王文方教授着手修正路易斯原有的虚拟条件句理论，并提出了一个修正后的语意论。主要的创新之处在于在原有的路易斯语意论中加入一个新的“观点函数”。他的第十篇期刊论文《我们需要一个关于条件句的统一新理论》发表于《欧美研究季刊》第 38 卷第 1 期（2008 年 3 月，第 65—102 页），是一篇与王一奇教授（第二作者）合写的论文。在这篇论文中，王文方教授提出了两个关于条件句的新难题，而且论证几个哲学上与条件句有关的主流理论（路易斯、杰克森和史多内克的理论）对于这两个难题所做出的答复都不令人满意。王文方教授在论证中指出，能够解决这两个难题的理论，必须是一个同时能够处理虚拟条件句及指示条件句的新理论，而他在论文的最后一部分则提出这样的一个新理论。他的第 11 篇论文《塔斯基的真理定义与物理论》发表于《逻辑学研究》第 1 卷第 1 期（2008 年 6 月，第 84—101 页），主要目的是想回答关于塔斯基真理定义的三个问题。首先，塔斯基实际上所给出的真理定义是不是一个物理论者可以接受的化约性定义？其次，费尔德所设想的那种可被物理论者所接受的化约性真理理论是否可能成功？最后，如果塔斯基实际上所给出的定义并不能符合物理论的化约目标，那么，一个物理论者是否便应该据此去反对塔斯基的真理定义？本文的最终结论是：这三个问题的正确答案都是否定的。他的第 12 篇期刊论文《必然等同与 Qua－语句》发表于《哲学研究》2009 年增刊（2009 年 12 月，第 36—46 页），主要目的在为必然等同论提出辩护。在这篇论文中，王文方教授指出偶然等同论必须面对几个困难，并辩护说这些困难不是必然等同论必需面对的困难。为了论证这些困难不是必然等同论必需面对的困难，王文方教授发觉自己被迫去分析 Qua－语句的语义特性。除了辩护必然等同论之外，本论文的另一个贡献便在于提出一个新的、关于 Qua－语句的语义分析。总的来说，王文方教授的研究领域主要在于逻辑哲学方面，但有时也有一些较为形式化的作品出现，无论是就作品的深度、广度、前沿性、创新性与见解来说，他似乎比同时期的台湾学者都有更好的表现。

杨金穆教授为英国牛津大学哲学博士，毕业后即在台湾大学哲学系任教至今，专长包括逻辑学与语言哲学。杨金穆教授在这一阶段所发表的逻辑学期刊论文共有两篇，[①] 其中的第一篇“Proper Names as Quantifiers: A Neo – Fregean Account of the Sense of Names”用英文写成，发表于《欧美研究》第37卷第2期（2007年6月，第183—225页），该论文的主要目的在于利用量限（quantificational）的概念来说明专名的意含。在这一篇论文中，杨金穆教授论证：当一个专名出现在一个语句中时，其意含可被理解为是用来指示一种特殊的量限功能。因此，在标准的述词逻辑语言中语句“Fa”应理解为“axFx”（在此a系指一常元量限词），而在既予的论域当中，该常元量限词将会有至多一个对象a，如果有的话，作为其指称项。而每当变项x出现在被a所局限的范围内，x将以a之指称项作为其语意值。他的第二篇期刊论文《蒯因论模态》发表于《哲学与文化》第35卷第8期（2008年8月，第91—110页），目的在于辩护与澄清蒯因对于 *de re* 模态性的批评。杨金穆教授认为蒯因反对事物本身具有模态性质基本上是正确的，但是，蒯因所谓的《模态系我们用以谈论事物的方式》并不够清楚。杨金穆教授提出一个他认为比较适当的理解方式：模态系指具现于（embodied in）我们所谈论的事物之《所以以如是的方式呈现着》的样态。杨金穆教授进一步指出，依照这种理解方式，只有一般用来表达事物模态的表式才能表达必然性与可能性这种模态。总的来说，杨金穆教授的论文所涉及的主要是逻辑哲学的问题，他的作品当中包含了一些有趣的看法，也表现出对于相关问题的深入理解。

第四节　60年来台湾学者所出版与逻辑学相关的博硕士论文

自1986年台湾出现第一篇关于逻辑学的硕士论文开始，台湾各大学

① 但早在1997年时，杨金穆教授便发表了他的第一篇逻辑学论文“Rules for Negation in Natural Deduction Systems”，该论文由英文写成，发表于《台大哲学评论》第19期（1996年1月，第197—221页）。在这一篇论文中，杨金穆教授首先指出，在一个自然演绎系统中，与一个连接词有关的一组规则必须是局部完备的。但他在文中论证说，目前所常见的否定记号之推衍规则，有些虽是完备的却不够自然，有些虽是自然的确本身并非完备。此一观察显示出自然演绎法并非如一般所认为的优雅。就其自然性而言似乎比树枝法要略逊一筹。就规则之局部完备性而言显然又不如序列算法。

研究所出版的与逻辑学有关的博硕士论文一共有21篇，其中，博士论文有两篇，硕士论文有19篇，时间上横跨1986年至2008年这23年，平均每一年约有一篇与逻辑学有关的博硕士论文出版。出版相关博硕士论文的学校计有台湾大学、东海大学、政治大学（法律学研究所）、佛光大学（政治学研究所）、中正大学、东吴大学以及高雄师范大学（中文研究所）等七个学校，出版相关论文的系所则有哲学所（18篇）、中文研究所（一篇）、政治学研究所（一篇）以及法律学研究所（一篇）等四个系所。为了让读者能够一目了然，笔者将这些博硕士论文依据出版学校及年份整理如下表（括号内为博士论文篇数）：

年份	台湾大学	东海大学	政治大学	佛光大学	中正大学	东吴大学	高雄师范
1986	1						
1989	1	1					
1997		1	1				
2003	1						
2004				1	1		
2006	1（1）				3		
2007					3		
2008					4（1）	1	1
合计	4（1）	2	1	1	11（1）	1	1

就算只看一眼上面的列表，读者也不难得到几点结论。第一，从时间上看，1986年之后台湾才有关于逻辑学的论文出版，起步时间可说已较许多国家或地区都晚许多；可喜的是，近十年间（2000—2009），台湾博硕士生对逻辑学的研究兴趣显然较以往来得高昂许多，所出版的博硕士论文数量也大幅增加，占了台湾全部逻辑学博硕士出版总量的75%以上。这个现象之所以出现，可能与一些台湾逻辑学学者（如王文方教授、李瑞麟教授、杨金穆教授、蔡行健教授等）于十多年前纷纷从英、美等国学成归台任教有关，也与中正大学过去十年间曾经聘用多位逻辑学者有关。第二，从数量上看，一年将近一篇的博硕士论文出版，数量并不能算多，且大多数的论文为硕士论文，水平也不能算高，可见台湾学界始终未能真正重视

逻辑人才养成的问题。第三，论文偏重在哲学所内指导和出版，数学系以及计算器学系对于逻辑学研究的兴趣并不高[①]；逻辑学作为一种纯理论性的研究，显然并未在台湾获得学术界应有的重视。第四，就学校而论，台湾设有哲学系所的大学共有 13 所大学，但这 13 所大学在过去曾经出版过逻辑学博硕士论文的只有台湾大学、东海大学、中正大学以及东吴大学这 4 所学校，占全部有哲学系所大学总量的 25% 弱。显然，台湾各大学不论是从整体而言，或单就哲学系所来说，都缺乏逻辑学研究的师资，遑论指导逻辑学博硕士论文。第五，单纯以哲学系所来看，显然，2000 年之前，台湾大学是台湾逻辑学博硕士论文的指导中心，但 2000 年之后，这个重心转移到了中正大学。中正大学以黑马之姿，在过去十年间指导的逻辑学论文量占了全台湾历来逻辑学论文总量的 50% 以上，几乎可以确定是全台湾唯一有机会培养逻辑学人才的地方。不幸的是，近两年来（2008 年之后）中正大学人才流失严重，王文方教授、卞拓蒙（Thomas Benda）教授及李瑞麟教授相继离职他去，未来中正大学是否仍能保持逻辑学上的优势地位，仍然有待观察。

而如果我们仔细检视这些论文的内容，我们就会发现，这些论文无论从题目的重要性或问题的前沿性来看，都是相当不错的，而这似乎反映出前一节报告中的评论。从题目方面来说，这 21 篇论文可以分为四组。第一组是有关于逻辑哲学的研究，一共有十篇论文，分别是龚维正（1986）的硕士论文《维根斯坦的逻辑形式理论》（邬昆如教授指导，台湾大学哲学研究所）、杨景德（1989）的硕士论文《弗雷格的“思想”》（方万全教授、林正弘教授指导，台湾大学哲学研究所）、王鹏翔（1997）的硕士论文《规范与逻辑——Hans Kelsen 晚期规范理论之研究》（颜厥安教授指导，政治大学法律学研究所）、徐金云（1997）的硕士论文《条件句逻辑探究》（邝芷人教授指导，东海大学哲学研究所）、洪子伟（2003）的硕士论文《威廉森论模糊性与堆垛悖论》（杨金穆教授指导，台湾大学哲学研究所）、余学贤（2006）的硕士论文《从条件句到几率式理论》（王文方教授指导，中正大学哲学研究所）、傅皓政（2006）的博士论文《信念变迁与条件句——消解瑞姆济试验和保存判准不兼容性的一个进路》（林正弘教授、杨金穆教授指导，台湾

① 唯一例外的数学家是李国伟教授，他在 2004 年与中正大学的李瑞麟教授共同指导了傅子耕的硕士论文 *On the Metatheory of Classical Propositional Logic*。

大学哲学研究所)、刘吉宴（2006）的硕士论文《指示条件句的几率与可断说性》（王文方教授指导，中正大学哲学研究所)、康力孝（2008）的硕士论文《蒯因论逻辑真》(米建国教授、王文方教授指导，东吴大学哲学研究所）以及苏庆辉（2008）的博士论文《迈向条件句：真值条件与可接受条件》(王文方教授指导，中正大学哲学研究所)。第二组是有关于数理逻辑的研究，一共有六篇论文，分别是：麦永锦（1989）的硕士论文《亚里士多德三段论逻辑的当代诠释》（俞懿娴教授指导，东海大学哲学研究所)、傅子耕（2004）的硕士论文 *On the Metatheory of Classical Propositional Logic*（李国伟教授、李瑞麟教授指导，中正大学哲学研究所)、苏哲平（2006）的硕士论文《空泛取消与保持古典不一致性》（李瑞麟教授指导，中正大学哲学研究所)、吴子瑜（2007）的硕士论文《直观述词逻辑的扩充完备性定理》（李瑞麟教授指导，中正大学哲学研究所)、徐佑璋（2008）的硕士论文《可决定性与不可决定性普遍理论之研究》（蔡行健教授指导，中正大学哲学研究所）以及熊立宇（2008）的硕士论文《克雷格内插定理》(李瑞麟教授、蔡行健教授指导，中正大学哲学研究所)。第三组是有关于集合论、计算理论或数学哲学的研究，一共有三篇论文，分别是李东阳（2007）的硕士论文《实无限与实数的完备性》(Thomas Benda 教授指导，中正大学哲学研究所)、蔡瀛赋（2007）的硕士论文《哥德尔不完备定理之研究》（李瑞麟教授、蔡行健教授指导，中正大学哲学研究所）以及陈昭玮（2008）的硕士论文《递归可数集与可计算函数之概论》(蔡行健教授指导，中正大学哲学研究所)。第四组则是有关于中国逻辑学或应用逻辑的研究，一共有两篇论文，分别是李欣晏（2004）的硕士论文《政治语言与非形式逻辑谬误：以立法院国是论坛为例》（张锦隆教授指导，佛光人文社会学院政治学研究所)以及郑秀萍（2008）的硕士论文《荀子名学之逻辑思想研究》(杜明德教授指导，高雄师范大学中文硕士班)。从问题来说，这些论文研究的范围涵盖了当代集合论、计算理论、数学哲学、数理逻辑以及逻辑哲学里的重要问题与前沿性的理论，显然跟上了欧美逻辑学界的脚步。可惜的是，除了两篇博士论文之外，其余的都是硕士论文，深度上可能还有待加强。

第五节　60 年来台湾学者所出版与逻辑学相关的翻译作品

在殷海光教授出版《逻辑新引》（1957）的同时，台湾也出现了第一本与逻辑学有关的翻译作品。自此之后至2008年这52年间，由台湾学者所翻译的逻辑学作品（就笔者搜集范围所及）一共有35篇，其中，除了1篇以论文的形式登载于期刊之外，其余的34篇作品都以专书的形式出版。在这许多的翻译作品当中，最令人惊讶的一件事情莫过于：刘福增教授一人长期以来即翻译了14本逻辑书籍之多，几乎占了以下全部收录作品的1/2，这对于台湾逻辑学的推广来说，无疑有很大的帮助。以下为了让读者一目了然起见，笔者将这35篇逻辑学翻译作品依据它们出版年份先后作一列表（同一年内有多本逻辑书籍出版时，则依译者姓名笔画的多寡依序加以排列）：

1. Max Black 著，译者不详：《逻辑引论》，台北，东方书店1957年版。（原书名为 *Critical Thinking*：*An Introduction to Logic and Scientific Method*。）

2. Andrew H. Bachhuber 著，曾子友译，《逻辑导论》，台北，教育部1960年版。（原书名为 *Introduction to Logic*。）

3. William Shanner 著，芮鹤延译：《逻辑思想指引》。台北，教育部侨民委员会，1966。（原书名为 *A Guide to Logical Thinking*。）

4. A. H. Basson & D. J. O' Connor 著，刘福增译：《现代逻辑引论》，台北，台湾商务印书馆，1966。（原书名为 *Introduction to Symbolic Logic*。）

5. Irving Adler 著，张乃文译，《逻辑初步》（上、中、下三册），台北，广文书局1967年版。（原书名为 *Logic for Beginners Through Games*，*Jokes*，*and Puzzles*。）

6. Robert Blanche 著，刘福增译：《设基法概说》，台北，水牛出版社1967年版。（原书名为 *L' Axiomatiqu*。）

7. Patrick Suppes 著，刘福增译：《现代逻辑与集合》，台北，水牛出版社1968年版。（原书名为 *Introduction to Logic*。）

8. Joseph Breuer 著，严梦辉译：《集合论要义》，台北，水牛出版社1968年版。（原书名为 *Introduction to the Theory of Sets*。）

9. Seymour Lipschutz 著，李树仁译：《集合论》，台北，文源书局1969年版。（原书名为 *Set Theory and Related Topics*。）

10. P. H. Nidditch 著，刘福增译：《数理逻辑发展史》，台北，水牛出版社1969年版。（原书名为 *The Development of Mathematical Logic*。）

11. Wesley Salmon 著，何秀煌译：《逻辑》，台北，三民出版社1970年版。（原书名为 *Logic*。）

12. R. R. Stoll 著，刘福增译：《集合、逻辑与设基理论》，台北，水牛出版社1970年版。(原书名为*Set, Logic, and Axiomatic Theories*。)

13. Gerald J. Massey著，何秀煌译：《符号逻辑导论》，台北，三民出版社1972年版。(原书名为*Understanding Symbolic Logic*。)

14. James Carney著，刘顺德译：《形式逻辑》，台北，三民书局1972年版。(原书名为*Fundamentals of Logic*。)

15. E. J. Lemmon著，刘顺德译：《逻辑的起点》，台北，台湾商务印书馆1973年版。(原书名为*Beginning Logic*。)

16. Arnold Reymond著，何兆清译：《逻辑之原理及现代各派之评述》，台北，商务印书馆1975年版。(原书名为*Les principes de la logique et la critique contemporaine*。)

17. 拉比著，刘福增译：《如何想得清楚和正确》，台北，水牛出版社1976年版。

18. L. Wittgenstein著，陈荣波译：《逻辑哲学论丛》，《哲学论集》，第12期1979年3月。(原书名为*Tractatus Logico-philosophicus*。)

19. Morris Cohen and Ernest Nagel著，张身华译：《逻辑通论》，台北，幼狮文化出版社1982年版。(原书名为*An Introduction to Logic*。)

20. J. L. Pollock著，刘福增译：《现代逻辑导论》，台北，三民书局1983年版。(原书名为*An Introduction to Symbolic Logic*。)

21. N. Ya Vilenkin著，九章出版社编辑部译：《集的故事》，台北，九章出版社1984年版。(原书名为*Stories About Sets*。)

22. 嘉理锡、孟塔库、马尔原著，刘福增译：《形式推理的技术》，出版社不明，1986年版。(原书名为*Logic: Techniques of Formal Reasoning*。)

23. A. J. Ayer著，译者不详：《语言、真理与逻辑》，台北，弘文馆出版社1987年版。(原书名为*Language, Truth, and Logic*。)

24. Alfred Tarski著，吴定远译：《逻辑概论》，台北，国立编译馆1987年版。(原书名为*Introduction to Logic and to the Methodology of Deductive Science*。)

25. W. V. O. Quine著，刘福增译：《数理逻辑》，台北，国立编译馆1987年版。(原书名为*Mathematical Logic*。)

26. D. Hilbert and W. Ackermann著，吴定远译：《数理逻辑原理》，台北，水牛出版社1988年版。(原书名为*Grundzuge der Theoretischen Logic*。)

27. W. V. Quine著，陈中人译：《从逻辑的观点看》，台北，结构群文化事业有限公司1990年版。(原书名为*From a Logical Point of View*。)

28. 柏森·奥康诺著，吴定远译：《符号逻辑入门》，台北，水牛出版社 1991 年版。（原书名为 *Introduction to Symbolic Logic*。）

29. Seymour Lipschutz 著，刘福增译：《集合论导引》，台北，水牛出版社 1991 年版。（原书名为 *Set Theory and Related Topics*。）

30. H. Kahane & P. Tidman 著，刘福增译：《逻辑与哲学》，台北，心理出版社 1996 年版。（原书名为 *Logic & Philosophy*: *A Modern Introduction*。）

31. Sybil Wolfman 著，刘福增译：《哲学逻辑》，台北，国立编译馆 1996 年版。（原书名为 *Philosophical Logic*。）

32. Virginia Klenk 著，刘福增译：《逻辑新论》，台北，心理出版社 1998 年版。（原书名为 *Understanding Symbolic Logic*。）

33. Jill Leblanc 著，刘福增译：《实用逻辑》，台北，心理出版社 2001 年版。（原书名为 *Thinking Clearly*: *A Guide to Critical Reasoning*。）

34. Paul Tidman & Howard Kahane 著，庄文瑞编译：《逻辑与哲学》，台北，双叶书廊出版社 2004 年版。（原书名为 *Logic and Philosophy*: *A Modern Introduction*。）

35. Bernard M. Patten 著，黄翌文译：《是逻辑还是鬼扯?》，台北，商周出版社 2008 年版。（原书名为 *Truth*, *Knowledge*, *or Just Plain Bull*。）

从前列许多书名都冠有"实用"、"导引"、"导论"、"入门"、"概论"、"故事"、"通论"、"起点"、"概说"、"初步"、"引论"、"指引"等字眼来看，读者们应该不难再度看出，过去 60 年来台湾出版的大部分逻辑学翻译著作，其目标仍然仅止于介绍基本的逻辑学（特别是经典逻辑）方法、以作为大学中导论型的教科书，或对于基本的（经典）逻辑概念与语言现象做一些简略的说明与厘清的工作以吸引普罗大众对逻辑的兴趣，而很少有内容深入的研究型作品。[①] 笔者个人觉得，这个现象只是再度凸显了笔者曾经提到过的、两个令人忧心的事实罢了：第一，长久以来，台湾的中文出版界一直充斥着逻辑学导论型的基本书籍，缺乏较为深入与前沿化的逻辑学专门著作，这对于有心藉中文书籍而研究逻辑学的台湾学生来说是不利的；第二，长久以来，台湾学界似乎也一直不太重视逻辑学专业人才的养成。

---

① 其中的两个例外是 A. J. Ayer 原著、译者不详的《语言、真理与逻辑》，以及 W. V. Quine 著、陈中人译的《从逻辑的观点看》。

第六节　60 年来在台湾成立的与逻辑学相关的学术组织和学术会议、工作坊

笔者如前说过，台湾自 1949 年以来，几乎没有任何与逻辑学有关的研究机构（系所）、学会（协会）或专业期刊，而唯一的例外则是于 1979 年成立的“国际科学史与科学哲学学会之逻辑、方法论与科学哲学组台湾委员会”。该委员会于 1960 年 8 月申请加入“国际科学史与科学哲学学会之逻辑、方法论与科学哲学组大会”获得通过，并由 Academia Sinica 数学研究所所长林致平教授担任主任委员。因委员会活动时断时续，组织未周，因此在 1979 年第六届国际大会举行之前，聘请新任委员 21 位，正式成立第一届委员会，定宗旨为促进台湾关于逻辑、方法论与科学哲学的各项研究与活动。但实际上，除了李国伟教授担任主席任内于 2003 年 6 月 21 日在 Academia Sinica 数学所，及 2007 年 4 月 28 日在台湾大学各举办过一次较大的逻辑、方法论、与科学哲学综合性的研讨会之外，该委员会对于台湾逻辑学的推动与发展似乎并没有太积极的作用。该委员会成立至今各届主席及执行秘书名单如下：

届别 职称	第一届	第二届	第三届	第四届	第五届	第六届	第七届	第八届
主席	刘世超	刘世超	刘世超	刘世超	李国伟	李国伟	李国伟	洪裕宏
执行秘书	李国伟	李国伟	李国伟	李国伟	洪裕宏	洪裕宏	洪裕宏	王文方

虽然台湾缺乏推动逻辑学研究的相关机构与协会，但近十余年间却举行过多次中大型国际或两岸逻辑学专业会议与台湾本地的逻辑教学工作坊，这些活动的主要推动者有林正弘教授、李国伟教授、董世平教授、洪裕宏教授①、彭孟尧教授、王文方教授与杨金穆教授。

① 洪裕宏教授，美国印第安纳大学哲学博士与认知科学博士，曾任 Academia Sinica 欧美研究所研究员、中正大学哲学系教授兼系主任（该系为洪裕宏教授于 1999 年时所创设；但中正大学哲学研究所却早于 1993 年时便由洪裕宏所创设）以及阳明大学教授等职，现为阳明大学心智哲学研究所所长（该所为洪裕宏教授于 2008 年时所创设）。虽然洪裕宏教授不能算是逻辑学家，但台湾大多数的逻辑学活动都是他在系所主管任内亲自规划与推动，他因而对台湾逻辑学的发展与推广有着相当大的贡献。

洪裕宏教授于1998年6月中正大学哲学系系主任任内，即在台湾溪头承办过“逻辑、语言与计算的信息理论途径第三届会议”（3rd Conference on Information - Theoretic Approaches to Logic, Language, and Computation），是台湾承办中大型逻辑学专业（国际）会议的滥觞。1999年6月7—10日，洪裕宏教授、李国伟教授与董世平教授（组织委员会主席）共同举办“第七届亚洲逻辑会议”（7th Asian Logic Conference），除台湾本地数字学者参与会议之外，并邀请到多位国际知名的一流学者作专题演讲包括C. Chihara（美国加州柏克莱大学）、F. Cucker（香港城市大学）、R. Downey（新西兰威灵顿的维多利亚大学）、M. Dunn（美国印第安纳大学）、E. Eells（美国维士康星大学）、B. Kim（美国麻省理工学院）、Ker - I Ko（美国纽约州立大学）、M. Ozawa（日本Nagoya大学）、J. van Benthem（荷兰阿姆斯特丹大学）等。该次会议除了实质上促进台湾本地逻辑学的学术活动，并加强了台湾逻辑学界与国际之间的交流之外，更借此提升了台湾逻辑学者的国际学术地位。

除了前述两次国际性的逻辑学会议之外，台湾还发起了一项以台海两岸三地（大陆、台湾、港澳）逻辑学者为主的“两岸逻辑教学学术会议”，并主办了其中的第一届与第三届会议。① 第一届“两岸逻辑教学学术会议”由林正弘教授发起、中正大学哲学系与台湾大学哲学系联合主办、洪裕宏教授策划、而由彭孟尧教授与王文方教授负责执行。该会议于2002年6月28—30日在台湾大学哲学系系馆内举行。参与会议的学者有70多位，其中发表论文者有大陆学者张家龙教授、吴家国教授、刘培育教授、何向东教授、崔清田教授、冯棉教授、刘壮虎教授、张建军教授、田立刚教授、王左立教授等10人，台湾学者林正弘教授、林义正教授、洪成完教授、林照田教授、黄庆明教授、彭孟尧教授、赵之振教授、杨金穆教授、李瑞麟教授、王文方教授、米建国教授、邱建硕教授等12人，以及香港学者王启义教授、叶锦明教授、卢杰雄教授、陈强立教授等四人。由于该会议是两岸逻辑学界学者之间的第一次交流，不仅轰动一时，更为两岸逻辑学界之间的学术交流奠定了良好的基础。第三届“两岸逻辑教学学

① 第二届“两岸逻辑教学学术会议”于2006年10月26—28日在南京大学举行，由南京大学哲学系主办。第四届“两岸逻辑教学学术会议”则于2009年6月24—25日在香港浸会大学举行。

术会议”由时为东吴大学哲学系系主任的彭孟尧教授所规划，东吴大学哲学系主办，而由彭孟尧教授与王文方教授共同执行。该会议于 2008 年 5 月 30—31 日在东吴大学国际会议厅举行。参与会议的学者人数较历届都来得多，其中发表论文的学者计有大陆学者张家龙教授、吴家国教授、刘培育教授、何向东教授、崔清田教授、孙中原教授、冯棉教授、周北海教授、刘壮虎教授、邹崇理教授、张建军教授、刘晓力教授、李小五教授、蔡曙山教授、潘天群教授、瞿麦生教授、张小燕教授、赵希顺教授、任晓明教授、张晓芒教授、熊明辉教授、杜国平教授、王克喜教授、付殿英教授、袁正校教授、王建芳教授、刘虎副教授、郭佳宏副教授、顿新国教授、张力峰教授、熊卫副教授、刘奋荣副教授、贾国恒博士、曾昭式教授、谢耘博士、徐敏博士、林渊雷博士、王磊博士等 38 人，台湾学者林正弘教授、洪裕宏教授、彭孟尧教授、王文方教授、李贤中教授、杨金穆教授、蔡承志教授、Thomas Benda 教授、侯维之教授、林景铭教授、傅皓政教授、苏庆辉博士、张峰宾博士、刘吉宴先生等 14 人，以及港澳学者周柏乔教授、王启义教授、陈强立教授、高基存教授等四人。该次会议不仅盛况空前，更在彭孟尧教授的努力下出版了经审查的会议后论文集“逻辑与哲学”（林正弘主编，彭孟尧、王文方执行编辑，学富文化出版社 2009 年版），为两岸的逻辑学交流留下了正式的历史记录。

近十年来台湾与逻辑学有关的地区性会议一共有五项，前四项是由彭孟尧教授、王文方教授以及梁益堉教授所共同规划与轮流主办的第一次至第四次“经验与真理会议”，第五项则为台湾大学哲学系“逻辑、心灵与方法论（LMM）研究室”所规划与主办的“第一届台湾逻辑与分析哲学会议”。但这些会议都不纯粹是逻辑学的会议，而多少掺杂了一些哲学性的论文在内。“经验与真理会议”是一个小规模的、以英文为主的会议，发表论文的人数通常在6—15 人之间。该会议的第一次于 2005 年 3 月在台湾大学哲学系内举行，第二次则于同年的 6 月 24—25 日在台湾大学哲学系内再度举行，并邀请了国际著名学者 A. Gupta 与广州中山大学的鞠实儿教授在会中发表论文与担任各论文的评论人。第三次的“经验与真理会议”于 2006 年 11 月 24—25 日在东吴大学国际会议厅举行，并邀请国际著名学者 N. Asher 在会中发表论文与担任各论文的评论人。第四次的“经验与真理会议”则于 2007 年 11 月 9—10 日在台湾大学举行，并邀请国际著名学者 I. Hacking 在会中发表论文与担任各论文的评论人。这个举办了四次的

“经验与真理会议”很可惜在第四次之后便不再举行。“第一届台湾逻辑与分析哲学会议”在杨金穆教授的规划下则于2009年10月31日至11月1日在台湾大学举行，与会学者除了台湾本地学者之外，还邀请了日本的小野宽晰教授、新加坡的庄志达教授、杨跃教授、纽约州立大学的S. Chopra教授以及香港的王启义教授等五人参加，会议规模较“经验与真理”来得更大一些。但该会议将来是否还会继续举办，仍有待继续观察。

台湾曾经举办过的逻辑学教学工作坊一共有三次，而且都是在最近十年间。第一次的工作坊名为“逻辑、信息与知识研习营”，由洪裕宏教授规划，彭孟尧教授与王文方教授负责执行，并于2003年9月2—6日在台北福华国际文教会馆内举行。授课的国外讲者有G. Landini教授（美国爱荷华大学）、D. McCarty教授（美国印第安纳大学教授）以及E. Mares教授（新西兰威灵顿大学）三位，台湾本地的讲员则有彭孟尧教授、王文方教授、杨金穆教授与米建国教授四位。工作坊的招生对象为台湾各公私立大学院校讲师级以上之教师及博硕士班学生，共招收25人。台湾第二次举办的逻辑教学工作坊则是2007年1月20—22日、在东吴大学所举行的“逻辑与批判思考教学工作坊”。该工作坊由彭孟尧教授规划与执行。担任授课的学者包括徐光台教授（台湾清华大学）、李念祖律师、简成熙教授（屏东教育大学）、杨金穆教授以及陈瑞麟教授（中正大学）。该工作坊招生的对象为台湾各公私立大学院校讲师级以上之教师及博硕士班学生，共招收30人。台湾第三次举办的逻辑教学工作坊则是2009年5月15—17日、在东吴大学所举行的“台湾逻辑学工作坊”。该工作坊由彭孟尧教授所规划，而由米建国教授所执行。担任授课的学者来自美国及台海两岸，包括D. McCarty教授、周北海教授（北京大学）、熊明辉教授（广州中山大学）、王文方教授、傅皓政教授（中国文化大学）以及蔡政宏教授（东吴大学）等六位。工作坊招生的对象为台湾各公私立大学院校讲师级以上之教师及博硕士班学生，共招收30人。

第七节　结语

总结来说，台湾地区关于逻辑与逻辑哲学的研究从1953年开始便一直有着为数不能算少，但也不能算多的研究产量，这个情况直到2000年时仍然如此。2000年之后逻辑与逻辑哲学的研究较为热烈，但集中在少数一两个学校，特别是台湾大学哲学系与中正大学哲学系。台湾的逻辑与逻辑哲学研究人员当中，2000年之前以台湾大学为主要的人力来源，出版的期刊论文或博硕士论文也都与该校有关联，但2000年至2009年之间研究人员似乎集中在中正大学，目前则重心不明。另外，虽然台湾在过去60年间所发出版的逻辑学期刊论文有着相当不错的学术水平，但台湾地区逻辑学书籍出版的主要方向却一直自限于介绍基本的逻辑方法或大学通识教育所需的导论教科书，对于当代逻辑与逻辑哲学中快速发展的各个主要议题，都缺乏足够的研究人员及兴趣去从事较为专精和专门化的研究。这一点显示出台湾地区逻辑学研究的限制与困境。最后，台湾各大学研究所对于逻辑学研究人才的培养显然是不重视的，这对于未来台湾地区逻辑学教育与研究的发展来说是不利的；这一个显然的缺陷值得台湾地区各校及教育、研究主管单位共同注意。

作为本报告的结语，让笔者引用笔者在一年前所撰写的一篇专文，以呼吁台湾地区各教育机构共同重视逻辑与逻辑哲学人才的养成。

在台湾，几乎每个有点学问的人都会说：“逻辑很重要!”有的人甚至会说：“逻辑是其他一切学术的基础!”毕竟，逻辑教人如何正确思考，思考的方式正确了，一个人才能在他的学术领域里获得丰硕的成果。所以，说逻辑是其他一切学问的根本，这个话一点也不夸张。

当然，还有许多东西也很重要，甚至也都可以说是其他一切学问的基础，比方说，中文、英文和数学。由于中文、英文和数学很重要，所以，台湾的大学里普遍设有中文系、英文系以及数学系，以便培养更多相关的师资与人才。但奇怪的是：台湾的大学里，并没有任何一个学校设有逻辑系或逻辑研究所。那么，重要的逻辑学人才养成和师资培育工作，在台湾是如何进行的呢?

答案是：“靠天吃饭!”台湾逻辑学师资及人才的养成是这样进行的：当“碰巧”有学者出国学逻辑回来，我们便有了逻辑师资；当“碰巧”有学生对逻辑产生兴趣，我们便有了“潜在的”逻辑人才。不幸的是，碰巧毕竟只是碰巧，它不是常态。当碰巧这两件事都没发生时，台湾的逻辑学人才也就中断了。

长此以往，台湾的逻辑学发展势必没有前景可言。而如果逻辑学的影响如此广泛，其他的学术发展也就要跟着堪忧了。显然，有计划的、经常性的逻辑人才培养是必要的；我们似乎只有一条路可以选择：成立逻辑研究的相关机构，比方说，一个逻辑研究所。

但现在台湾的教育政策可说是越来越保守；在目前的政策下，新的系所想成立，可说是越来越困难。作为一个暂时性的替代途径，我们呼吁成立台湾逻辑学会。它的最终目标，是说服台湾官僚系统，推动成立至少一个逻辑研究所。在达到这个目标之前，它的工作在结合台湾地区逻辑工作者、爱好者与支持者，经常性的举办逻辑教学工作坊、逻辑研究研讨会、出版逻辑研究成果、并经营网站以作为逻辑信息交换的平台。

索　　引

(2 + f(m)) - HAST 模型　77

A

admissible 序数　73,74
阿旺丹增　478,479,486,490
艾思奇　5,40,372

B

back - and - forth 性质　62
Baire 树　82
BDI 结构　93
DSPACE(n) - 完全问题　75
BM 证明器　94
Boole 格　87
Borel 子群　87
巴斯卡　171,190,193 - 198,218,219,221,229,232,234,236 - 240,245,254,440
巴斯卡概率逻辑　194,195,198,203,219 - 221,231,233,239,255,256
巴·谢·波波夫　497
白马非马　297,298,505,507,510
白马论　296 - 298,411
白玛旺杰　485,490
般若中观　477,485,490
半开染色公理 SOCA　84
半锁(semi - lock)消解　94
包(hull)　60
宝僧　477,485,490
贝叶经　488,494
贝叶斯公式　199,202,217,221,222
贝叶斯确证理论　242,243
贝叶斯认证逻辑系统　192,228
悖论　25,42,53,81,126,127,129,133,141,154,155,157,161,167,171,172,179,190,197,198,200,201,213 - 215,222,223,249 - 251,253,254,263,264,313,315,333,344 - 355,364,376,377,383,384,387 - 394,419,427,432,433,439,491,500,506,510,526
比量　449,453,462,463,466,469,485,486,488,489,498
闭有序微分域　61
边桑东觉　487,490
辩学　2,30,47,256,300,301,328,390,400,408,411 - 414,416 - 418,425,450,491,494,500,502
辩证逻辑　4,9,11,12,19,21,44,149,

150,153,154,157,158,167,173,174,180,313,318,321 - 323,329,345,346,367 - 386,388,390,394,400,404,408,409,411,463,491,493
表象 270,273,308,402,489,499
并存论 19
波普尔 208,209,222,224,238,434
勃克斯理论 193
博弈逻辑 40,47,131 - 134,162,179,324
不定摹状词 266
不可成杯定理 69
不可数 Polish 群 86
不可延拓性(non - extendability) 86
不确定信念 251
不确定性推理 142,146,147,243,244
不稳定(nonstationary)理想 82
布顿佛教史 472,486,492
布莱尔 28
布伦塔诺 489,497,499

C

CB - 秩 62
Cholak - Groszek - Slaman 的主要定理 69
CKML 92
co - NP - 完全集合 76
core 模型 82,83
Craig 内插定理 63,64
猜想 57,58,60,62,64 - 66,68,85,92,102,175,222,247
蔡伯铭 408,412,413,416,491
蔡曙山 130,163,166,258,259,276,292,305 - 307,426,436,533
参数化可逼近理论 78
参态逻辑 125,172
藏传因明 397,441,442,444,464,466,469,470,474,477 - 483,485 - 488,490,492,495,496,498,499,501
藏学 442,448,470,472,475,478,482,484 - 488,495 - 499,501
藏族哲学思想史 480,498
曹汝鸣 166
曹予生 258,307
曹子宁 134
常识推理 92,128,154,181
超单纯性 62
超积基本定理 63 - 65,105
超内涵逻辑 258,261 - 263
超稳定模理论 60
超稳定性 60,62
陈波 24,41,42,124,166,205,214,225,253,271,307,315,316,325,326,331 - 335,337,338,341,343,345,347,349,350,353,354,357 - 360,362 - 366,387,398,429,438,439,491
陈昌曙 191,253
陈丹 150,166
陈道德 258,274,277,295,299,300,307,436,437,491
陈克艰 193,225,226,228,253,434
陈孟麟 405,406,409,491
陈慕泽 25,41,127,167,324,327,387,431,495
陈那 444 - 453,457,460 - 463,465 - 470,475,478,479,481,483,484,488 - 490,497,499,500
陈强业 124,142,170
陈书开 142
陈挺槐 124

陈炜 193,198,245,253
陈文 191,253
陈文彬 166
陈晓平 190,192,193,196,200,213,215-218,224,227-229,232,235,236,245,251,253,271,307,343,387,432-434,491
陈仪香 139,140,167
陈寅恪 397,491
陈志成 150,167,174
陈自立 154,157,167,169,381
陈宗明 45,258,259,269,279-282,289-291,295,297,300,301,304,307,308,412,413,435,436,491
成帽现象 73
-乘积 86,99
程仲棠 273,307,325,333,387,415,417,418,491
抽象逻辑 127,171
-稠密实数集 84
初等链定理 63
初等逻辑 9,12,369,372
-初等子模型 63
初等子模型 64,106
初基函数 53,67
褚平 191,256
"处处逐点"(everywhere pointwise)性质 78
次指数归约(serf-reduction) 78
崔建英 133
崔清田 327,387,413-418,472,491,493,494,496,497,499,502,532,533
存在 1,3,6,13,15,17,19,21,24,25,28,57,60-66,68-74,76-79,81-87,91,92,96,97,104,130,133,134,141,143,145-152,154-158,161,163,167,195,197,208,209,211,212,215,218,220,221,223,227,230,232,233,237-239,241-243,245,251,254,262,264,275,284,285,287,288,290,293,294,298,321,322,328,329,331,338,343,344,347,352,358,360,361,363-368,372,374-376,379,381,383,384,410,417,418,420,429,430,438,446,447,452,453,456-459,462,463,515,521
存在弱紧基数 85
存在性公理 57

D

DAML + OIL 92
Daniell-Stone 定理表 79
Daniell 积分 79
Davis-Putnam 纯文字化简规则 97
Dirichlet 定理 65,103
D-S 理论 242,251
大基数公理 81
单分划量词 62
单向(one-way)置换 77
当代归纳逻辑 190,213,229,230,255,433,496
道义逻辑 34,123,124,130,160,161,179,181,270,293,425,429,431,432
"得"字模态句 282
德·菲耐蒂 194,216,217
邓国彩 137,179
邓生庆 190,193,200,204,252,253,301,307,314,433,435,438,492,495
笛卡尔 128,143,175,489,496,497
递归函数 51-53,66,67,71,75,91,99,

102,516
递归结构 57,67,100
递归紧集 79
递归开集(闭集) 79
递归可枚举开集(闭集) 79
-递归论 54
递归算法 53,67,75
递增集公理 ISA 84
递增连续 82
迭代算术系统 57
丢番图方程 65,67
董志铁 412,468,469,472,492,494,495,500
动态认知逻辑 128,129,133,159,161,162,169,172,267,268
动态语义 259,263,266,267,310,437
杜国平 123,141,155,156,167,272,307,415,492,533
杜国庠 399,400,492
杜声锋 432,492
度结构 68,73,74,78
对角线 85,86
多吉杰博 472,492
多识 466,476,478,480-483,492
多项式复杂性核 76
多项式可对准(PLAA) 76
多项式空间归约 77
多值逻辑 23,52,53,60,97,106,123,124,132,134-136,141,142,170,174,335,381,419,425,429,431,432
多主体语境 262

E

Ehrenfeucht-Fraisse 博弈 61
e-兼纳 70
恩格斯 9,41,367-371,378,379,384,387,480
二次代数整数环 64
二阶模糊量词 268
二维逻辑 59,130,275
二维系统 225,226
二型能行理论(TTE) 78
二值弱模型 64

F

FPT(固定参数易解问题类) 77
f-伴随理论 66
法称 441,445-451,462,464-470,473-476,478,479,481-485,488,489,492,495,497,499
法律论证 28,32,37-43,45,46,48
法律推理 32,35-41,43-48,192
法上 24,70,130,157,269,287,305,320,404,433,453,461,463,464,484,492,518
法尊法上 445,466,467,473
法尊法师 445,466,468,469,473,476,483,487,492
反驳 92,94,148,204,209-211,213,234,244,300,316,320,322,332,338,363,364,403,447,517
反事实 193,266,267,342,357,359
反映性质 83
泛逻辑 59,124,141,149,150,167,169,173,174,178,180,385
-范畴 61,99
范畴类型逻辑 165,286,287,311
-范畴理论 61,62
-范畴性 61
范畴语法 165,260,268,269,287,

306,309
范艳峰 150,167
非巴斯卡 194
非巴斯卡概率逻辑 192
非标准模型 66,81
非单调逻辑 39,154,163,172,243,431,432
非单调推理 127,163,192
非分配模格 71
非经典世界语义 262
非连续量词 287,311
非模格 71
非囿界度 NB 70
费马定理 65
分划逻辑 57,62,63,104
分划齐一性定理 58
分离规则 38,98
分支时间 134
冯棉 124,125,165 - 168,273,307,315,338,341,362,363,387,532,533
佛教量论 463 - 465,468,473,475,477,481,482,484,486,488,489,496,497
佛教论理学 487,494
佛教逻辑 396,441,444,445,447 - 450,454,463,467 - 469,472,475,476,480,484,487,492,496,501
否定消解法 208
弗雷格 26,263,304,315,316,336,339,340,343,369,389,419,420,422 - 424,426,428,430,431,437,439,498,526
弗协调逻辑 58,123,153 - 157,167,172,179,180,346,351,391,431
符号二元论 289
符号解释 97,290
符号情境 291,293
符号三元论 289
符号学 258,259,288 - 292,294 - 310,411 - 413,418,419,494
付利华 150,168
附加量词逻辑 $L(Q)$ 63
复杂性核 57,76
傅小兰 129,171

G

Gödel - Bernays 系统（GB） 81
Gödel 不完全定理 61
generic - r. e. 57
Goldbach 猜想 57
Graev 度量 86
GRM 58,94
Groebner 基方法 97
Grzegorczyk 分层框架 79
改码本 489,492
概词 279
概率逻辑 150,170,171,190,192 - 194,196 - 199,202,204,213,216,219,221 - 232,234,236 - 240,242 - 244,253 - 256,425,429,431 - 435,494
概率逻辑系统 λ 223
概率模态逻辑 129,430
概率全知者假设 194
概率演算的语法系统 I 192,228
概念获取 245
刚晓 444 - 446,486,487,492,496,498 - 501
刚性逻辑 150,151
高等逻辑 9,12,372
高东平 165,168,267,268,307
高尔斯基 6,44
高恒珊 125,166,168,174

高济 100,163,172
高银秀 480,493
哥德巴赫性质 64,65,105
哥德尔不完全性定理 66,67,348,349,383,395,427,431
格蕴涵代数 98,142－144,146－149,179
格值逻辑 63,98,142,144,146－149
格值命题逻辑系统 LP4(X) 98,102
格值模型论 54,57,63,64,98,103,105
格值有穷状态量子自动机(LQA) 91
葛力 191,253
更登 487,490,492
弓肇祥 124,131,168,316,331,364,388,429,439,493
公开宣告逻辑 128,129,133,162,267－269,311
公理系统 ACG 81,107
公孙龙子 295,297,408,413,510
宫宁生 168,179
共尾数理论 81
共尾枝原则 82
贡保扎西 487,492
古代汉语 411,414,498
古德曼 197,201,214,215,511,522
古德曼悖论 223
古印度六派哲学 500
谷晓巍 150,168,169
故理类 404
关兴丽 328,388,492
冠世琪 193
光泉 484,487,490,492,495－502
广义归结 58,94,99,105
广义连续统假设(GCH) 62
广义量词 60,62,64,261,268,284,285,287,312,437
广义量词理论 261,268,284,437
广义模理论 $T(Q)$ 66
－归结 94,97,98,104,175
归结原理 96－98,102,139,147,148,177
归纳概率分级句法理论 195,198
归纳环 65,105
归纳机器学习 244
归纳逻辑 2,24,170,190－204,206,207,213－231,233,235,239－246,248－250,252－256,320－323,329,369,375,386,391,397,419,420,423－425,428,429,432－435,491－496,498－500
归纳推理 6,21,36,133,191,197,203－213,215,220,222－226,241,242,244,248,249,253,255,256,399,410,433,462
归纳问题 204,205,207,208,210,213,214,217,218,253,432
归纳域 65,105
归纳原则 205,206
归纳支持 192,195,196,198,203,219,230－236,239,240,244,245,254,255,432,434
归纳支持的逻辑系统 VIL 196,235
规范模态语句 282
桂起权 154,157,166,167,169,190,192,193,202,203,219－222,230－232,234,235,253,315,346,350,351,353－355,376,381－383,385,388
郭佳宏 130,132,164,169,533
郭良鋆 444,493
郭桥 415,493

郭世铭　26,180,431,501
郭维德　57,127,174

H

Hjorth 猜想　59,86
Harrington－Shelah 定理　69
Hausdorff 测度空间　80
Hausdorff 空间　78,80,85,86,101
Henkin 方法　66
Hilbert 零点定理　57,105
HORN 公式　77,94
哈金(Ian. Hacking)　217
韩诚　140,169
汉传因明　396,397,441,442,444,463,465,466,479,484,488,490,492
汉语量化句　283－285
汉语逻辑　259,279－282,307
汉语模态语句　282
郝建设　36,39,41
郝旭东　157,169
合信悖论　264
合一(unification)算法　95
何汉明　150,169
何华灿　59,149－151,166,167,169,170,174,178－180,182,385
何向东　24,42,124,141,169,175,191,213,214,217,218,253,273,310,434,493,532,533
何应灿　20,23,42,409,493
何颖俞　140,169
何兆清　401,493,529
洪龙　138,169,170,181
洪谦　196,199,253,254
胡茂如　2,191,253
胡世华　16,50－55,57,67,88,100,101,124,170,317－319,321,388
胡霞　130,170
胡泽洪　123,126,170,258,259,270,273－275,307,308,315,325,340,388,429,430,438－440,493
话语表现结构　265
话语表现理论　259,261,263,265,311,437
黄斌　439,493
黄豆　434,493
黄华新　24,29,42,130,163,170,172,258,259,270,271,274－276,289－291,304,305,307,308,310,322,354,379,388,389,436
黄志强　451,454,493
回溯推理　36,42,48,49,197,223
会话含义　304,305
惠施　295,298,299,406,409,413,491
惠小静　140,170
霍书全　141,170,274,308

I

ineffable 基数　85

J

机器学习　59,93,134,243－245
积拓扑空间　83
基数不变性　82－84
吉利斯　218
吉美桑珠　478,487,495
极大几乎不交函数集　84
极小塔公开问题　83
集量论　445,446,452,457,462,463,465－468,473,476,485,486,492,494
几乎可判定性　79

计量逻辑 59,139,140,177
计算复杂性 50,54,55,61,66,75,77,78,90,91,101,106,231,245,259,305,306
贾澎涛 150,170
假说归纳可靠度理论 234
假说似规律度的句法理论 233
江天骥 6,9,10,42,190,191,196,197,199－205,207,221,222,254,314,372,419,424,433,438,495
蒋维乔 3,42,191,254
交换环 60,64
交换群 57,61,86
交际模式 259
结构式语义 262
解释项 290
解释语义学 260
界 2,4,5,8－11,13,15,16,19,21,23,27,30,33,36,37,43,51,53,55,56,58－61,63,66,68－71,73－76,80,81,84,86,88,90,91,96,97,103,107,125－128,131,132,134,142,149,152,156,157,159,160,164,165,167,169,172,175,190,199,202,210,214,218,222,225,227,228,232,237,239,244,247－250,252,256,259,261－265,267,270,277,281,282,288,289,292,295,297,301－304,307,308,311,315－329,332,335,337－344,346－355,362－373,375－380,382,383,385－389,396,398,401,405,407,408,411－414,417,418,421,423,426－431,434,436－441,445,446,450,463－476,478－482,486－489,492－494,496－498,502,508,509,514－517,520,522,525－527,530,532
金建国 193,254
金翊 150,170
金岳霖 6,11,15,29,42,50,52,101,191,201,205,206,214,254,255,317,318,321,322,329,330,373,374,377,386,388,389,393,398,415,501,508
－紧 86,99
紧致性定理 63,65,66,105
进程代数 57,58,89,90
进化逻辑 166,169
近代逻辑史 421,497
晋荣东 30,42,327,389,415,495
静的逻辑 9
静态语义学 267
旧证据问题 242,255
鞠实儿 59,126,129－132,169－172,190,192,196－198,200,203,205,207－213,218,228,231－238,244,245,250－252,254,256,258,261,267,306,308,323,324,327,328,389,398,434,436,489,495,533
局部合理性理论 211
剧宗林 466,473,477－481,483,485－487,495
聚合 81,107,284

K

K－1 度 76
Keisler－Shelah 同构定理 64
Kleene 定理 91
Knaster 条件 83
－Kurepa 树 84
K－归约 74
卡尔纳普 190,193,198,213,220,221,

223－229,231,244,245,253,255,261,316,433－436
开放逻辑　58,92,127
开染色公理 OCA　84
康托空间　73
柯恩　190,195,196,198,203,213,219－221,229－236,239,244,245,255,433,496
柯匹　22,24,43
科学史　321,403－405,409,500,503,514,521,531
可逼近理论　78
可测基数　62,82,83
可计算测度空间　59,79
可计算函数　67,79,90,527
可计算算子　80
可满足性准则　93
可逆限自动机理论　91
可数序数　86
克里普克　42,155,314,316,331,336－344,350,365,366,389,391,398,419,430,437,438
克卢格　32,33
奎因　316,332,364－367,387,393,425,430,438－440,495

L

Lachlan－Yates 的极小对定理　68
Lachlan－Yates 定理　69
Lindenmayer 系统　91
Löwenheim－Skolem－Tarski 性质　63
L－互模拟　90
莱布尼茨　296,383,392,419,422,423,425,426
莱欣巴赫　193,213,214,226,227,229,231,253,433
兰贝克后承演算　287
蓝姆赛　194,216,241,242,251
乐逸鸥　478,493
类　6,9,12,16,17,20,23,25,31,36－39,48,53,60,61,63－69,71,72,75－78,81,84,85,87－93,96,98,100,103,106,107,123－130,133,135,141,143,144,147,149－151,154,156－158,163－169,174,190－192,197,198,202,203,205,207,209,214,215,218,220,221,223,227,230,236,240,243,245－249,252,253,255,256,260－263,267－272,274－283,285－290,297－300,305,306,308－311,316,320,322－329,331,335－339,341－353,355－360,362,365,366,368－370,374,375,377,378,381,389,390,393,394,396,399－404,408－414,417,420,422,427,429,433,436,437,443,446,447,451,452,455,460－466,468－472,474,475,477,478,481－484,486,487,489,492,494,495,497,499,507,509,510,515－517
类比　6,20,107,150,168,169,191,197,223,243,246－248,256,277,288,369,400－403,408,410,414,460,461,463,481
类比演算　58
类型逻辑　129,165
离散拓扑空间　83
黎曼型积分　80
黎曼映射定理　79
李壁镜　139,177
李福安　167

李洪兴 138,171
李建华 124,171,271,307,429,441,493
李骏 140,171
李匡武 400,407,408,415,417,425,493
李娜 87,126,169,171
李庆元 480,493
李润生 463,471,473,493
李舒 135,171
李未 56,58,92,95,125,127,154,171,172
李先焜 45,258,259,274,277,289,291,292,295-305,307,309,412,413,417,418,435,494
李小五 126,128,129,163,165,171-173,180,190,192,200,226-228,230,231,254,314,322,389,429-431,433,434,494,501,533
李旭燕 218,254
李学竹 488,494
李元庆 408,494
李志才 9,44,220,255,372,378,381
力迫方法 63,64,80,82,84-86,103
-链 82
良紧性 138
梁彪 438,494
梁启超 198,397,402,414,417,494
梁庆寅 24,29,30,37,39,40,43,272,309,379,380
量词模态逻辑 125,166,168,174
量词消去 61,99,101,103
量化布尔公式 59
量论 287,396,397,445,446,462-490,492,495,497,499,500
量子逻辑 59,91,140
量子有穷自动机(qGFA) 91
量子正规文法（qQRGs） 91
廖备水 163,172
林铭钧 412,413,494
林作铨 92,102,125,154,163,172
刘邦凡 411,494
刘奋荣 158,160,162,172,180,533
刘虎 59,130,172,533
刘华文 138,141,172
刘丽 150,172
刘练珍 140
刘培育 317,326,327,389,399,405,406,408,412,441,468,469,472,473,478,480-484,493-497,499,500,502,532,533
刘任任 135,136,171,173,175
刘瑞胜 128,163,173,176
刘新文 429,494
刘叙华 55,57,58,94,97,99,101,104,105,108,124,125,128,142,173,176
刘宇光 487,494
刘玉珍 135,136,173
刘壮虎 32,41,126,129,173,192,196,232,235,254,255,271,309,359,390,428,429,434,494,532,533
柳昌清 158,173,385
李生素数命题 65
罗敏霞 150,173
罗素 25,26,50,93,193,205,264,314,316,329,336,343,348-350,353,354,356,357,390,392,419,423-428,431,432,434,436-439,506,507,510
罗翊重 157,158,173,174,386
罗竹风 495
罗铸楷 124,135,136,174
逻辑大讨论 8,12-14,313,316-318,

321,372,395
逻辑导论 21,22,24,26,27,30-32,41,46,49,51,52,175,180,181,190,193,197,199,203,204,207,215,222,241,254,255,317,318,320,379,380,382,430,440,506,528,529
逻辑全知者假设逻辑导论 194,195
逻辑史选择 421,422,500
逻辑通识教育 17-24,31
逻辑现代化 15-19,34,35,51,322,391
逻辑学的发展 14,57,270,272,273,309,318,324,326,355,389,394,421,422,427,500,503,531
逻辑哲学 157,167,180,201,203,205,214,217-220,225,239,253,313-317,320,325,329,331,333-338,341,345,347,349,352-357,359-362,364,366,367,382,386,387,392,394,397,415,420,422,425,428,430,437-441,487,491,493-495,498,501,504,506,507,510,518,523,524,526,527,529,534,535
逻辑专业教育 16,19,21,22,31
驴子句 259,265-267
吕澂 441,444,450,462,466-469,494,495
吕建安 125,174

M

Malitz 插入定理 64
Malitz 量词 63
Martin Maximum 公理 82
Martin 公理 54,82,84-86,107,108
MAX-SAT 59,96
MDPR 定理 67
MMCM 90
MOQFA(仅测一次量子有穷自动机) 91
Morley 猜想 62
马采 464,495
马尔可夫算法 75
马克思 3,4,8,9,36,43,292,311,315,346,367-371,377-379,384,386
马克思主义庸俗化 4
马亮 167
马佩 9,10,20,43,309,315,322,323,336,349,380,381,383,390
马钦荣 167
马特 2,8-10,43
马文俊 242,255
马希文 55,91,102,124,127,162,174
马盈仓 150,169,174
马玉珂 15,20,371,424,495
玛莎·涅尔 421,422,500
毛明毅 150,174
毛翊 126,181
毛宇光 166,175
毛泽东 3-7,12,13,41-43,49,52,202,317
矛盾论理 4,47
枚举度 68-73
蒙太格语法 258-261,263,265,266,283,284,292,310-312,436,437
蒙太古语义学 435,502
密尔 2,18,22,57,336,421
描述逻辑 92,93,96,97,101-103,139,363
名辩逻辑 411,412,417,418,500,502
名家 295,298-300,400,411,414,415,501,510
名实论 296,297,309

名学 2,3,45,47,191,198,199,253,256,295,300,404,406,411,413,414,416,418,447,459,477,485,491,500,511,527,533
模糊集理论 268
模糊量词 267,268,307
模糊逻辑 28,97,98,138,140,141,150,152,154,157,171,179,180,243,381,431,463
模糊拓扑学 138
模态归结 97,104,108,125,176
模态逻辑 16,22 - 24,58,87,90,97 - 99,107,123 - 125,127,139,156 - 158,162,167 - 169,174,177,179 - 181,219,221,227 - 233,260,264,292,294,315,334 - 336,338,341,342,361 - 367,386,392 - 394,408,425,429 - 433,439,500,518,519,521
模型化推理 246 - 248
模型完全理论 63,103
莫绍揆 15,16,50 - 54,57,67,80,81,88,102,103,124,125,141,175,199,222,317 - 319,321,344,353,390,408,495
墨辩 328,388,399,400,403 - 407,409 - 411,415 - 418,491,497,500
墨家论证 400,499
墨家思维形式 400,412,499
墨经 295,299,301,309,397,399,401,402,405 - 407,411,413,417,502
墨子 397,399,400,407,408,410,492,495,499
穆勒归纳法 191,192,256

N

NC - 消解 94
NDSAIL 93,102
NP - 完全 57,76,77,96
NP - 完全集 76
n - 强成杯 69
闹桑 489,495
内涵逻辑 163,260 - 263,267,268,292,309,325,407,410,415,436,505,507,510,511,518
内容蕴涵 270
内学 40,67,75,92,93,138,199,222,250,259,264,286,337,342,344,348 - 351,354,435,438,439,467
能行拓扑空间（recursively presented effective topological space） 78
能指 158,290,291,297,300,301
倪鼎夫 191,255
倪梁康 489,495
拟物拟人算法 - Solar, 95
涅尔 57,421,422,500
诺尔特 28,30

O

oforking 性质 60
orbit - 等价 86
OWL 92,96,121,182,184,187,244,250,256,257,267,268,294
欧美逻辑学说史 425,501
欧阳建权 135,175
欧阳中石 409,496

P

paddable 集 76
PAM 89
Peano 算术公理系统 66
Petri/Riemann（P/R）网 57,89

PETRI 网论 57,89
PI 着色碰撞 94,102
proper 力迫 82
proper 力迫公理 82
PS 理论 237－239
pumping 引理 91
p－兼纳 70
p 阶拟循环群 62,108
潘天群 22,43,128,133,175,241,255,352,390,533
潘吟 137,179
潘正华 137,175
裴道武 140,175
彭漪涟 191,255,378,380,386,414,496
批判性思维 21,27－29,31,32,38,41,46,47,324
普通逻辑 12,15,18－22,44,46,47,285,318,320,345,390,403,404,409

Q

齐亨 421,500
齐性模型 60,102
祁顺来 464,466,477,478,480,481,483,486－488,490,496
恰巴曲僧 487,490
前束范式 63
钱磊 71,72,137,175
潜在惊奇理论 171,195,196,198,236,238
强反映原则 59,82
强极小理论 62
强升、强降 Löwenheim－Skolem 定理 63
强蕴涵演算 81
秦豪 131
秦克云 98,102
秦玮远 141,175
情景语义学 261,263,264,308,312
情境演算 93,101
丘奇论题 66
区间函数理论 194
取代论 19,21,22,318－320
全对称群 84
缺省逻辑 58,163,173

R

Radu 猜想 59,82
Ramsey 基数 57,82,85
Ramsey 理想 82
Ramsey 算子 57,82
RM 94
Robinson 插值定理 71
Robinson 和谐定理 63,64
人工智能 15,45,55,57,59,75,76,88,127－130,142,149,154,156,162,163,166,168－170,174,179,180,182,190,192－194,196,198,200,202,236,243－245,249,256,261,263,264,276,277,306,323,346,381,385,388,426,434,496
人工智能逻辑 40,128,130,162
认知机制 129,171,294
认知科学 59,93,130,131,166,192,198,239,249,252,277,289,305,307,328,384,531
认知逻辑 59,123,124,126,127,129,130,133,134,155－157,162,166,168,169,171,173,227,228,270,293,305,307,324,430,432
认知模式 246,248,293
认知模式推理 246,248

认知模态语句 282
任芳 140,171
任晓明 133,166,169,190,192,193,196,203,204,213,215,219-221,229-232,234,235,241,253,255,336,395,433-435,492,496,533
柔性逻辑 150,151,153,167,168,170,172
弱互模拟 89
弱紧基数 85
弱力迫 66,103,127

S

Sacks 稠密性定理 68
Shoenfield 猜想 68-70
Shoenfield 猜想 68,70
SHOIQ(D) 92,96,107
Skolem 范式 63
SL-归约 77
Stone-Cech 紧致化 82
Stone 向量格 79
sw-归约 74
s-兼纳 70
桑德 487,496
沙克尔 190,195,196,198,212,219,229,236-239
商结构 R/M 70
舍尔巴茨基 445,448-450,464,467,469,474,475,480,486,489,496
沈浩 134,176
沈剑英 303,443,444,451,454,455,457,459,460,478,487,496
沈有鼎 15,50,53,54,103,153,344,348,377,382,390,398,399,401,402,405,417,447,496
沈宗灵 35,44
生成语法 258,260,261,283,436
-省略型定理 62,104
省略型定理 63,64,98,105
石村 6,44,443,450,451,456,496
时段逻辑 57,88
时态逻辑 23,88,123,124,131,134,154,167,176,180,260,286,334,425,429,431
时态语句 282
时序逻辑 57,88,99,134
实质推理 35,36,39,43
实质蕴涵 271-274,307,309-311,333,356-361
世界语义框架 262
树程序 91,102
数理逻辑 1,11,14,18-20,22,23,26,27,31,33,35,50-60,66-68,75,77,80,81,87,88,91,93,98,100,101,138,139,153,158,173,177,229,259,263,296,305,316-321,323,324,348,371,372,382,383,388-392,394,401-403,407,408,415,420-423,425-429,445,498,500,527-529
顺真 481,488,489,496,497
“说谎者”悖论 42
思维逻辑 378,381,410,412,486-488,492
斯大林 4,8
四层次理论 270,294
宋立道 445,448-450,475,480,496,497
宋士吉 138,176
宋文淦 131,176,259,350
宋文坚 18,21,23,24,43,44,191,200,

228,236,244,245,252,255,415,421,425,432,497
宋云波 137
苏越 124,176,379,380,384,385
素理想 70
素数阶群 61,103
溯因推理 36,276,277
算法随机性 66,67,74;75
算术超滤积 85
算子 67,79,80,82,87,96,97,99,106,125,127,138,147,150,152,159,162,171,227,228,231,260,261,286,288,351,359,362,366
随机性 74,75,151,217
孙吉贵 58,94,97,99,104,107,108,125,128,173,176
孙志成 450,497
孙中原 4,7,9,43,45,47,400,406,409,411,412,415－417,445,460,472,493,494,496,497,502,533
所指 134,158,264,290－292,301,302,323,337－340,374,407,455
索果 489,497
索珍 488,497
锁消解 94

T

tableaux 推理算法 92
Tietze 延拓定理 79
覃锋 140
谭戒甫 399,400,497
汤铭钧 485,497
汤用彤 448,497
唐同浩 131,176
唐晓嘉 127,133,176,259
陶宏伟 167
特征列方法 97
条件概率 217,223,228
条件句逻辑 154,164,165,171,172,196,236,271,431,432,526
同质性 86
佟德富 480,498
统一论 19,319
统一逻辑 19
投影稳定集 82
投影稳定原则 59,82
图灵度 66,68,71－74,78,87,101
图灵归约 74,76
图灵跃迁 71,72
图演算 89
屠孝实 3,45
脱殊模型 63
拓扑分子格 138,176,177

U

U－秩 62

V

Vaught 猜想 62

W

Woodin 基数 82,83
W－分层 77
W－分层 78
完备弱可补格 64
完全 Ramsey 基数 82
完全布尔代数 61
完全稠密二叉偏序理论 61,99
完全二叉树理论 61,99,101
完全理论 60－63,99,104

完全析取范式(CDNF)算法 96
万果 490,498
汪奠基 50,399,401-406,417,494,498
汪堂家 440,498
王方名 9,10,45,191,255,269,310
王国俊 59,80,87,98,138,139,169-172,175-178,180,181
王国维 2,47,191,256,418
王浩 53,55,56,75,81,93,153,382,391
王靖华 274,310,435,436,498
王克喜 411,498,533
王澜 150,178
王路 21,45,180,314,315,322,330,331,335,336,366,391,398,420,424,426,428,439,440,498
王启龙 486,488,495,498
王三民 140,178
王森 445,464,466,467,469,470,473,476-479,481,483,485,487,492,498
王万森 150,178
王维贤 45,258,259,281,310
王宪钧 15,18,50,52,55,101,106,318,319,391,421,426,427,498,500
王翔 489,498
王湘浩 135
王延直 191,255
王尧 486,488,495,498
王拥军 150,178
王雨田 193,194,198-200,222,244,253,255,256,322,391,433,498
王章焕 3,45
韦卓民 418,421,432,499
维特根斯坦 329,336,425,436,437,439
梶山雄一 445,496
温公颐 191,256,400,406,409,410,414,417,499
文静华 134,179
稳定性 60-62,105,373
稳定性定理 86
巫白慧 444,479-482,499
巫寿康 443,447,452,453,456,458,461,499
无碰撞(collision-free) hash 函数 77
无穷长语言 60,62-64,85
无限全称命题概率为0 223-225,256
无限线性方程组 65
吴洪博 140,179
吴家国 11,15,20,46,191,256,313,322,327,390,391,432,532,533
吴克峰 411,499
吴望名 63,137,142,179
吴允曾 52,55,88,106,421,426,499,500
五则函数 53,67
武宏志 29-32,38,45,46
武邑尚邦 467,476,499

X

XSDL 92
XYZ/E 57,88
XYZ 系统 57,88,104
西方逻辑史 18,21,396,418-426,428,436,443,444,493,495,498-500,502
吸收论 19-22,24,49,319,320
希尔伯特零点定理 65
希腊逻辑 423,450,460,497
夏年喜 214,259,265,266,310,437,499
夏彦 198,256
先秦逻辑史 406,411,499,502
显前提 274,275

现代归纳理论 196,244
现代逻辑 14-17,19-24,26,29,30,32-35,43,50,123,176,193,226,228,229,236,244,245,249,255,279,291,292,294,313,314,318,320-323,331,336,348,356,369,370,372,373,376,380,382,383,386,388,398,403,411,412,415,419,420,423-425,427,428,436,450,464,470,472,502,506,510,528
现量 462,466,469,480,483-485,489,492,497-499
线性时间 134,306
线性自动机 91,100
相对可计算性 79
相干变量法 229,231
相关蕴涵 272,310
消解 93-97,101,165,166,179,201,204,242,243,255,343,348-350,352,391,526
肖尔兹 396,420-422,492
肖凡 135
肖奚安 124,136,137,141,169,170,176,179-182,348,349,395
心理现实 263
欣迪卡 225,226,431,434
新逻辑体系 11
信念悖论问题 250
信念函数理论 250
信念逻辑 126,129,130,164,170,172,250
信念偏好逻辑 158,160,172
信念修正 130,161,164,354,430,522
形式论理 4,5,47
形式逻辑 1,3-6,8-15,17-20,22-34,36-49,149,150,158,174,192,258,291-293,311,313,314,316-321,323,324,344,345,350,368-382,384,386-392,394,396,399,400,402-404,407-409,411,412,415-418,420-422,424-426,430,445,447,463,466,479,481,483,493,497,500,502,507,518,527,529
形式推理 28,35-37,39,43,529
形式演算 CCS 88
形式语义学 89,140,226,258,259,261,263,265,308,430,437
形式蕴涵 85,272,309,356-359
熊立文 190,200,228,236,240-245,252,255,256,434,435,499
熊明辉 30,31,38-41,43,46,47,192,350,391,533,534
熊卫 241,242,250,251,255,256,533
休谟问题 170,197,198,201,204-214,216,218,223,253,432
虚拟蕴涵 271,307
徐梵澄 484,499
徐明 131,179
徐扬 98,102,142,144,147,179
许为勤 489,499
许兴凯 4,47
序数可定义集合 85
玄奘 442,444,451,454-456,459,467,473,496
选择公理 72,80,85
薛占熬 150,179
荀子 299,300,398,404,411,491,527

Y

亚里士多德 1,13,159,180,199,322,

327,329,331,341,353,365,368,373,377,387,391,407-409,416-419,421,422,424-426,428,431,435,439,449,450,466,491,498,499,501,517,527
严复 2,45,47,191,198,256
言语行为 133,269,270,276,292,293,298,304,305,307,323,340,437
衍合 270
杨百顺 419,422,425,426,444,499,500
杨芾荪 400,406,417,499
杨化群 445,466,471-474,476,478,480-483,485,487,492,499
姚南强 444,450,456,457,475,478,481,483,486,487,499,500
姚卫群 445,500
一致化原理 73
一致性准则 93
遗传 85,90,166,224
易经 259,289,295,301,310,413,414,501
易学逻辑 411,499
意义理论 106,259,294,307,313,316,323,336,437,491,517
因果性概念 252
因明入正理论 441,443,444,493,495
因明学 405,441-444,450,452,454,457,459,464-466,468-472,474,476-490,492,493,496-500
因明学说史 444,450,457,487,499
因明正理门论 443,444,447,453,458,461,499,501
因三相 406,442,447-449,451,453,454,456,458,460,461,493
隐涵 270,271
隐前提 275
隐喻逻辑 277,278,288,310
印度逻辑学 445,451,496
印度哲学史 448,497
优势理论 238
有穷补格 *L* 63
有穷公理化 62
有穷加标图 63
有穷力迫 63
有穷损害优先方法 68
有限环 64
有限可换主理想环 66,106
有限自动机公开钥 91
于祺明 246,248,256
余俊伟 130,155,179
虞愚 417,441-443,460,467,469,474,475,483,500
语境预设 274
语形悖论 264
语形学 127,258,291,292,296,297,348,354,413
语言逻辑 45,130,165,258,259,261,265-270,274,276,277,279,282,285,286,288,289,291-295,299,303,305-312,322,323,325,397,411,428,435-437,491,494,495,498,499,502,509
语义悖论 53,264,316,345,347-352,355,384,391,392,394
语义学 126,127,139,165,168,174,227,228,258-261,263-267,271,285,286,290-293,296,300,302,307,308,311,316,334,336,337,340,344,348,350-352,354,359,367,384,388,391,392,413,415,419,420,430,436,

437,492
语义预设 274,275,308
语用逻辑 24,163,166,259,276,291-293,295,305-307,443
语用推理 130,276,299,304,308
语用学 24,130,258,270,271,276,277,282,290-294,296,297,300,301,303-305,307-309,348,350,353,354,389,392,413,491,492
语用预设 274-276,308
预群 306
预设 29,44,90,130,156,169,204,207,212,250,259,270,273-276,282,291-293,304,305,307,308,310,334,335,343,348,349,354,394,430,436,437,447,461,515,519
袁野 310,319,392,409,500
愿望度量函数 D 238
约翰逊 26,28
蕴涵怪论 53,125,272-274,308,309,319,360

Z

ZFC 系统 57,74,80
Z-自动机 63
曾祥云 412,413,415,417,418,444,494,500
曾昭式 415,500,533
翟锦程 411,423,424,500
翟廷瑨 409,500
詹剑峰 399,402,417,500
张斌峰 37,48,295,326,392,415,417,418,500
张春波 445,496
张东摩 137,168,179,180,182
张家龙 17,18,34,57,159,180,191,192,256,314,315,318,338,341,342,345,347,348,350,352,353,355,356,360,363-365,382,383,392,408,412,420-422,425-428,438,439,492,494,500,532,533
张建军 22,43,315,320,323-328,342,343,345-355,374,376,377,384-386,388,390,392,393,439,500,532,533
张剑 150,180
张金成 158,180
张俊祥 488,489,500
张清宇 58,124,154,157,180,315,347-349,353,356,357,361,366,392,394,431,438,495,501
张晴 415,501
张小红 150,180
张学立 48,415,501
张玉平 66,107,127,171
张忠义 443,456,483,484,487,490,492,495-502
章士嵘 353,432,500
兆柯 404,501
赵彬 140,176
赵纪彬 399,501
赵艺 30,41,47,129,171
赵总宽 48,50,157,180,200,206,213,215,224,226,228,233,234,237,248,249,252,256,322,345,350,377,379-383,394,415,501
遮诠 446,459,469,489,495
折延宏 139,141,178,180
哲学逻辑 34,123,124,128,130,153,156,159,161,166,167,170,171,174,

180,182,228,314,315,322,323,325,332,361,381,382,385,397,419,425,428 - 432,438,440,489,491,493 - 495,501,505,506,530
真值模态语句　282
整数环　61,64,65,68,98
正规局部紧拟仿紧空间　86
正理滴论　445,446,462,463,467 - 469,471 - 474,476,484 - 486,492,493,497
郑堆　483,485,487,501
郑杰文　399,501
郑伟宏　443,444,447,448,454,459,461,462,466,478,481,483,501,506
郑文辉　124,175,425,439,501
郑毓信　141,315,348,353,381,383,384,394,429
知识表示与推理　261,267,269,308,311
知识发现　244
知识论　205,206,254,328 - 330,388,391,399,467,469,484,487,488,494,510,520
直觉主义逻辑　123,127,154,155,166,429 - 432
指物论　289,295 - 297,309
秩　60 - 62,99,352
置信度　197,216,222,240
中古逻辑史　426,499
中国古代数学　494,521
中国近代逻辑思想史论　415,496
中国近古逻辑史　406,499
中国逻辑史　3 - 5,48,396 - 399,401,403 - 418,441 - 444,448,474,477,484,491,493,494,496 - 502
中国逻辑思想史　399,403 - 406,409,444,454,457,496,498,499,501
中国名辩学　3
中国文化　2,511,534
中国中古逻辑史　406,499
中介代数系统　137,179
中介逻辑　136,137,168,170,175,179 - 182,383
中介模态逻辑系统　137
中世纪逻辑　419,420,425,426,428,498
周北海　21,58,124 - 126,158,180,181,258,259,267 - 269,311,366,367,394,533,534
周谷城　9,10,12,49
周红军　139,140,178,181
周礼全　11,48,124,180,181,258,259,270,274,286,289,292 - 294,302,311,323,372 - 377,385,394,421,501
周宁宁　138,170,181
周青　56,79,251,256
周山　407,409,414,415,500,501
周文英　405,406,444,447,448,454,457,501
周湘南　140,178,181
周延泉　150,181
周易　301,386,408,413,414,500
周云之　400,406,408,411,412,415 - 417,451,455,457,458,468,469,494,495,500,502
周祯祥　130,181
朱朝晖　137,181
朱福喜　154,169,381
朱立　489,502
朱水林　57,258,260,311,315,383,395,426,427,502
朱梧槚　101,124,136,137,141,168 - 170,175,179 - 182,348,349,353,

383,395
朱新民 124,182
朱志方 192,202,203,219,220,230 - 232,234,235,241,253,256
朱志凯 406,407,502
诸葛殷同 21,23,49
主观贝叶斯主义 197,202,222,240,241,251,435
主观主义概率论 216,218,253
主体交互解释理论 218
祝峰 150,182
着色归结方法 94
子弹算子 261
子结构逻辑 166,168
自动机 63,90,91,98,104,134,176,306
自动推理 50,52,55,57,59,93,95 - 98,137,142,147,149,168,179,180,182,249
自主性的智能体结构 AASC 93
综合逻辑 19,505
邹崇理 228,236,244,245,255,258,260,261,263 - 265,267,283 - 288,292,311,312,435,436,502,533
邹晶 137,182